Teoria social

COLEÇÃO SOCIOLOGIA
Coordenador: Brasilio Sallum Jr. – Universidade de São Paulo

Comissão editorial:
Gabriel Cohn – Universidade de São Paulo
Irlys Barreira – Universidade Federal do Ceará
José Ricardo Ramalho – Universidade Federal do Rio de Janeiro
Marcelo Ridenti – Universidade Estadual de Campinas
Otávio Dulci – Universidade Federal de Minas Gerais

Dados Internacionais de Catalogação na Publicação (CIP)
(Câmara Brasileira do Livro, SP, Brasil)

Joas, Hans
    Teoria social : vinte lições introdutórias /
Hans Joas, Wolfgang Knöbl ; tradução de Raquel
Weiss. – Petrópolis, RJ : Vozes, 2017. – (Coleção Sociologia)

Título original : Social theory : twenty introductory lectures.
Bibliografia.
ISBN 978-85-326-5390-1

1. Ciências sociais – Filosofia – História – Século XX
2. Sociologia – Filosofia – História – Século XX I. Knöbl, Wolfgang.
II. Título. III. Série.

16-09231   CDD-300.1

Índices para catálogo sistemático:
1. Sociologia : Filosofia   300.1

Hans Joas
Wolfgang Knöbl

Teoria social
Vinte lições introdutórias

Tradução de Raquel Weiss

EDITORA
VOZES

Petrópolis

© Hans Joas and Wolfgang Knöbl, 2009

Título original em inglês: *Social Theory: Twenty Introductory Lectures*
Publicado por Cambridge University Press 2009, 8th printing 2014.

Direitos de publicação em língua portuguesa:
2017, Editora Vozes Ltda.
Rua Frei Luís, 100
25689-900 Petrópolis, RJ
www.vozes.com.br
Brasil

Todos os direitos reservados. Nenhuma parte desta obra poderá ser reproduzida ou transmitida por qualquer forma e/ou quaisquer meios (eletrônico ou mecânico, incluindo fotocópia e gravação) ou arquivada em qualquer sistema ou banco de dados sem permissão escrita da editora.

CONSELHO EDITORIAL

Diretor
Gilberto Gonçalves Garcia

Editores
Aline dos Santos Carneiro
Edrian Josué Pasini
Marilac Loraine Oleniki
Welder Lancieri Marchini

Conselheiros
Francisco Morás
Leonardo A.R.T. dos Santos
Ludovico Garmus
Teobaldo Heidemann
Volney J. Berkenbrock

Secretário executivo
João Batista Kreuch

Editoração: Fernando Sergio Olivetti da Rocha
Diagramação: Mania de Criar
Revisão gráfica: Nilton Braz da Rocha / Nivaldo S. Menezes
Capa: Juliana Teresa Hannickel
Arte-finalização: Editora Vozes

ISBN 978-85-326-5390-1 (Brasil)
ISBN 978-0-521-69088-1(Inglaterra)

Editado conforme o novo acordo ortográfico.

Este livro foi composto e impresso pela Editora Vozes Ltda.

Sumário

Apresentação da coleção, 7

Introdução, 9

I O que é teoria?, 15

II A clássica tentativa de síntese: Talcott Parsons, 35

III Parsons no caminho para o funcionalismo normativo, 60

IV Parsons e a elaboração do funcionalismo normativo, 87

V Neoutilitarismo, 114

VI Abordagens interpretativas (1): interacionismo simbólico, 145

VII Abordagens interpretativas (2): etnometodologia, 173

VIII Sociologia do conflito e teoria do conflito, 197

IX Habermas e a teoria crítica, 223

X A "teoria do agir comunicativo" de Habermas, 247

XI A radicalização do funcionalismo de Niklas Luhmann, 275

XII A teoria da estruturação de Anthony Giddens e a nova sociologia do poder britânica, 307

XIII A renovação do parsonianismo e a teoria da modernização, 335

XIV Estruturalismo e pós-estruturalismo, 368

XV Entre estruturalismo e teoria da prática – A sociologia cultural de Pierre Bourdieu, 402

XVI Antiestruturalistas franceses (Cornelius Castoriadis, Alain Touraine e Paul Ricoeur), 432

XVII Teorias sociais feministas, 463

XVIII Uma crise da modernidade? – Novos diagnósticos (Ulrich Beck, Zygmunt Bauman, Robert Bellah, e o debate entre liberais e comunitaristas), 494

XIX Neopragmatismo, 531

XX Como as coisas estão, 561

Referências, 593

Índice onomástico, 627

Índice temático, 641

Apresentação da coleção

Brasilio Sallum Jr.

A *Coleção Sociologia* ambiciona reunir contribuições importantes desta disciplina para a análise da sociedade moderna. Nascida no século XIX, a sociologia expandiu-se rapidamente sob o impulso de intelectuais de grande estatura – considerados hoje clássicos da disciplina –, formulou técnicas próprias de investigação e fertilizou o desenvolvimento de tradições teóricas que orientam o investigador de maneiras distintas para o mundo empírico. Não há o que lamentar o fato de a Sociologia não ter um *corpus* teórico único e acabado. E, menos ainda, há que esperar que este seja construído no futuro. É da própria natureza da disciplina – de fato, uma de suas características mais estimulantes intelectualmente – renovar conceitos, focos de investigação e conhecimentos produzidos. Este é um dos ensinamentos mais duradouros de Max Weber: a Sociologia e as outras disciplinas que estudam a sociedade estão condenadas à eterna juventude, a renovar permanentemente seus conceitos à luz de novos problemas suscitados pela marcha incessante da história. No período histórico atual este ensinamento é mais verdadeiro do que nunca, pois as sociedades nacionais, que foram os alicerces da construção da disciplina, estão passando por processos de inclusão, de intensidade variável, em uma sociedade mundial em formação. Os sociólogos têm respondido com vigor aos desafios desta mudança histórica, ajustando o foco da disciplina em suas várias especialidades.

A *Coleção Sociologia* pretende oferecer aos leitores de língua portuguesa um conjunto de obras que espelhe o tanto quanto possível o desenvolvimento teórico e metodológico da disciplina. A coleção conta com a orientação de comissão editorial, composta por profissionais relevantes da disciplina, para selecionar os livros a serem nela publicados.

A par de editar seus autores clássicos, a *Coleção Sociologia* abrirá espaço para obras representativas de suas várias correntes teóricas e de suas especialidades, voltadas para o estudo de esferas específicas da vida social. Deverá também suprir as necessidades de ensino da Sociologia para um público mais amplo, inclusive por meio de manuais didáticos. Por último – mas não menos importante –, a *Coleção Sociologia* almeja oferecer ao público trabalhos sociológicos sobre a sociedade brasileira. Deseja, deste modo, contribuir para que ela possa adensar a reflexão científica sobre suas próprias características e problemas. Tem a esperança de que, com isso, possa ajudar a impulsioná-la no rumo do desenvolvimento e da democratização.

Introdução

Este livro se baseia em aulas originalmente preparadas por um dos autores (Hans Joas) para um curso como professor visitante na Universidade de Chicago, em 1985, e que, desde então, passou a ser por ele oferecido regularmente em outras universidades. Até o final dos anos de 1980, os primeiros alunos eram estudantes da Universidade de Erlangen-Nuremberg, seguidos, por mais de uma década, por estudantes da Universidade Livre de Berlim, juntamente com alguns colegas de várias universidades americanas e europeias. O mais jovem dos dois autores (Wolfgang Knöbl) contribuiu com o planejamento e com constantes aprimoramentos dessas aulas; e o fez em diversos estágios de sua carreira acadêmica: como estudante em Erlangen, como professor júnior e professor-assistente em Berlim e Nova York, e, subsequentemente, já como um colega de trabalho na Universidade de Göttingen.

Outra observação que devemos fazer é que o caráter preciso dessa série de aulas mudou consideravelmente ao longo do tempo – não apenas por causa do óbvio imperativo de manter seu conteúdo constantemente atualizado, mas também em resposta às necessidades dos estudantes, o que demandou o esclarecimento de aspectos cujo entendimento se mostrou mais difícil; além disso, os próprios projetos teóricos tocados pelos autores ao longo desse tempo tiveram impacto importante nessas alterações. Agora chegamos a um momento em que sentimos bastante confiança na abordagem básica que adotamos e na validade de nossa visão geral, de tal modo que decidimos extrapolar o ambiente das salas de aula e apresentar essas ideias ao público leitor. Esperamos que nosso exame da teoria social satisfaça as necessidades tanto dos estudantes de ciências sociais como daqueles leitores que não são especialistas, contribuindo, assim, para o entendimento mais amplo a respeito dos desenvolvimentos internacionais ocorridos no campo da teoria social desde o final da Segunda Guerra Mundial.

Em favor da inteligibilidade, mantivemos o estilo mais coloquial, característico da oralidade de uma aula. Proeminentes trabalhos de filosofia serviram-nos de modelo, tais como *Traditional and Analytical Philosophy: Lectures on the Philosophy of Language*, de Tugendhat, e as aulas de Manfred Frank, *What is Neostructuralism?* Existe também um trabalho comparável ao nosso numa área temática mais próxima: *Twenty Lectures: Sociological Theory since World War II*, de Jeffrey Alexander. Seguimos o exemplo de Alexander não apenas no que se refere ao número de lições contidas no livro, mas igualmente no que se refere à inclusão de um capítulo inicial sobre filosofia da ciência. Também concordamos com Alexander que o desenvolvimento da teoria depois de 1945 pode ser dividido em três principais fases: a primeira é um período no qual as forças dominantes eram o trabalho de Talcott Parsons e a teoria da modernização, atualmente considerada excessivamente convencional; a segunda ocorreu com o fim desse predomínio e a desintegração da sociologia em "abordagens" rivais – algumas vezes parecendo conflitos violentos entre famílias – cujos argumentos políticos e morais também se chocavam, principalmente no final dos anos de 1960 e início dos anos de 1970; e a terceira etapa se deu com a subsequente emergência – conforme denominação de Alexander – de um "novo movimento teórico", ou seja, do florescimento de ambiciosas sínteses teóricas, em parte ancoradas em abordagens concorrentes, em parte inspiradas por novos motivos.

Mas termina aí nossa concordância com Alexander. *Tematicamente*, apenas nossas primeiras oito lições se sobrepõem às de seu livro. O trabalho de Alexander é totalmente centrado na perspectiva norte-americana e busca justificar, em moldes quase históricos, seu intento de produzir uma síntese neoparsoniana (para uma crítica desse aspecto, cf. JOAS. *Pragmatism and Social Theory*, p. 188-213, esp. p. 209-212). Mas, dado que o foco do debate mudou dramaticamente para a Europa desde 1970, particularmente no campo da teoria – sendo que os projetos mais ambiciosos e produtivos se desenvolveram na Alemanha (Habermas, Luhmann), França (Touraine, Bourdieu) e Grã-Bretanha (Giddens, Mann) –, o empreendimento de Alexander já era inadequado quando veio a público, em 1987; e é ainda mais inadequado agora. Fizemos nosso melhor para evitar a reprodução, de maneira inversa, dessa parcialidade. Com esse propósito, examinamos como os proponentes da teoria da modernização e o parsonianismo tentaram revisar e desenvolver essas tradições, e escrutinamos o renascimento do pragmatismo, assim como a emergência do comunitarismo – todos estes produtos intelectuais totalmente norte-americanos.

A reivindicação de completude, proporcionalidade e equidade expressa nas observações aponta para o fato de que miramos o potencial uso deste livro como uma ferramenta no ensino acadêmico. Todavia, este livro não é estritamente um manual. Esta não é uma apresentação neutra de um conhecimento seguro. Assim como na filosofia, não há certeza na teoria social científica, particularmente quando ela extrapola o plano empírico e explicativo, dois níveis que, embora clamem pela certeza, também frequentemente falham. Na medida em que a neutralidade está em causa, a única coisa que qualquer um pode almejar é a apresentação de argumentos honestos e compreensíveis em favor de sua posição; uma vez que é impossível que alguém renuncie à sua perspectiva teórica. De forma alguma abriremos mão da crítica e do julgamento. Pelo contrário, percebemos muito claramente este livro como parte de nossa tentativa de produzir uma teoria social compreensiva que corresponda às necessidades contemporâneas; e isto só pode ser feito pelo enfrentamento das conquistas, dos problemas e das tarefas relevantes desse campo.

Diferentemente da maioria das aulas que serviram de base para este livro, decidimos não chamá-lo de "moderna teoria sociológica". Embora esse título seja bastante adequado aos currículos universitários dos cursos de Sociologia, ele sempre se mostrou inapropriado para a inclusão de ideias e estoques de conhecimento (tais como o estruturalismo e o pragmatismo) cujas residências intelectuais se situam fora da sociologia. Ao invés de filiação disciplinar, o que sempre nos guiou foi o modo pelo qual um autor ou movimento contribuiu para as teorias relativas ao mundo social. Mas o que exatamente queremos dizer quando falamos em "teoria social"?

Carecemos de uma história do uso do termo "teoria social". Este parece ter se desenvolvido, sem maiores justificativas, no final do século XIX. Por um lado, na ausência de uma definição mais precisa, algo como o termo "pensamento social" foi usado por um campo de reflexão que seria posteriormente reivindicado pela sociologia: refere-se às afirmações generalizadas acerca das realidades sociais ou das regularidades da vida social. Por outro lado, todavia, estudiosos aplicaram o termo a um modo de pensamento, seja deles próprios ou de outros, que atacava o "individualismo" ou que aspirava transcendê-lo. A "teoria social" então se contrapôs a premissas-chave do pensamento econômico, político e psicológico do mundo anglo-saxônico – nisso estava implicada uma perspectiva teórica sobre os processos culturais e sociais. Esse foi um trabalho permanente, marcado por persistentes embates teóricos. Uma tendência similar de crítica ao individualismo e a abordagem específica dos fatos sociais que essa postura crítica fez emergir influenciou a disciplina da sociologia à medida que ela se tornou institucionalizada. Como resultado, a tensão entre os diferentes significados de "teoria social" – um deles referindo-se às realidades empíricas específicas e o outro a uma perspectiva específica sobre esses fenômenos – parece ter passado desapercebida.

Todavia, conforme essa área tornou-se mais estabelecida, e, acima de tudo, conforme ela foi se tornando incrivelmente profissionalizada, essa tensão, inevitavelmente, acabou ficando ainda mais aparente. Do ponto de vista da sociologia profissional, com sua orientação ao mundo empírico, a teoria, em grande parte, queria dizer "teoria empírica", ou seja, asserções explanatórias com alto nível de generalidade (para maiores explicações, cf. Lição I). Essa concepção *estreita* de teoria tendia a desencorajar a produção de proposições normativas e modelos interpretativos. Todavia, mesmo quando essas visões predominaram, os estudiosos continuaram engajados no trabalho teórico no sentido mais amplo. Entendida desse modo, a teoria sempre foi considerada útil, pelo menos como uma fonte para a construção de hipóteses e como um meio de sustentar a identidade histórica da disciplina. Nossas lições são dedicadas a essa concepção de teoria. Há boas razões para isso.

Não foi apenas o entendimento do papel da teoria nas ciências em geral que mudou substancialmente ao longo das últimas décadas (mais sobre isso também pode ser encontrado na Lição I). Novos rivais também emergiram nas disciplinas vizinhas. O campo da "teoria política", por exemplo, que logrou estabelecer-se, discute questões normativas relacionadas com a vida comunal em sociedades boas, justas e bem-organizadas – o trabalho nesse campo frequentemente obtém substancial atenção do público. E as humanidades geraram uma "teoria cultural" que, embora muito nebulosa, existe pelo menos como um campo discursivo que também aborda questões de relevante interesse normativo, pertinentes às relações de gênero ou interculturais, por exemplo. Se a teoria sociológica tivesse se fixado apenas em sua dimensão puramente empírica e explicativa, ela teria inevitavelmente sucumbido diante de seus competidores.

Se se permitisse que tal coisa acontecesse, ocorreriam duas consequências negativas. A primeira, dentro da própria Sociologia, seria um excessivo estreitamento da concepção de teoria a ponto de isolar os trabalhos teórico e empírico, algo que seria prejudicial às duas áreas e poria em risco a coesão da disciplina. A segunda seria provavelmente manter inexplorado o enorme potencial da tradição sociológica, desde Max Weber, Émile Durkheim e George Herbert Mead, tanto num contexto público mais amplo como no âmbito do diálogo interdisciplinar, minando a perspectiva de ser levada a sério enquanto concepção abrangente que incorpora as dimensões política e cultural. O termo "teoria social" certamente aspira a tal *status* de abrangência – o que não significa dizer que realizamos esse ideal plenamente neste livro. Nossa preocupação aqui não é fazer afirmações definitivas, mas sim com o lugar para o qual voltamos fixamente nosso olhar intelectual.

Dada sua precária posição na grade das disciplinas acadêmicas, alguns estudiosos reivindicaram recentemente que a "teoria social" seja institucionalizada como uma disciplina autônoma; eles sugerem que ela já tem o requisito da maturidade intelectual em sua forma nascente (cf. os argumentos de Stephen Turner em "The Maturity of Social Theory"). Nós não compartilhamos dessa visão; pelo contrário. Tal separação nada mais faria do que cimentar o estado de ignorância mútua que arriscamos ver emergir entre a teoria social e a ciência social empírica. De qualquer modo, na ausência de substância empírica e escrutínio, a teoria social perderia aquele aspecto que a distingue da Filosofia e da mera troca de ideias.

Agora algumas palavras sobre a distinção entre o termo *teoria social* e o termo alemão *Gesellschaftstheorie* ("teoria da sociedade"), o qual contém conotações problemáticas. *Gesellschaftstheorie* frequentemente implica uma instância mais normativa, de esquerda, crítica, do que na teoria sociológica. Não obstante, conforme argumentamos com maior detalhe na Lição XII, o conceito de *Gesellschaft* ou sociedade está tão implicitamente vinculado à concepção de ordem baseada no Estado-nação, que tem um território claramente demarcado, que foi sempre incluído na bagagem conceitual. Mas, agora, os estudiosos estão mais alertas para o conteúdo dessa bagagem, de tal modo que o conceito de *Gesellschaft* finalmente passou a ser percebido como problemático. Nosso entendimento das sociedades constituídas enquanto Estado-nação, assim como de todas as sociedades, devem primeiramente ser ancorado numa teoria do social.

O presente trabalho está preocupado essencialmente com o desenvolvimento da teoria social desde o final da Segunda Grande Guerra. Nosso ponto de partida é o livro publicado poucos anos antes desse grande ponto de viragem histórica, por Talcott Parsons, intitulado *The Structure of Social Action* (1937). Abstivemo-nos de um tratamento mais aprofundado das figuras clássicas da Sociologia, cujos grandes potenciais apenas tangenciamos. Aqueles desejosos por maior aprendizado sobre eles terão de procurar outros livros. Todavia, como logo ficará evidente, isso certamente não significa que seu pensamento foi ignorado aqui. Suas presenças são constantemente sentidas tanto no livro de Parsons, que, é claro, pretendeu sintetizar as ideias dessas figuras clássicas, como nos escritos de todos os autores subsequentes que incorporaram aspectos mais específicos daqueles pensadores em seus trabalhos. Os clássicos foram alçados a esse *status* precisamente porque suas obras se provaram incessantemente produtivas – inesgotáveis, na verdade. Mas aqueles que acreditam que alguns elementos dos trabalhos dos clássicos permanecem inexplorados não devem apenas se debruçar sobre essas figuras; eles também devem refletir acerca do lapso de tempo transcorrido desde os dias de glória daqueles teóricos e esforçar-se para explorar seu potencial em seus trabalhos teóricos dos dias atuais. O dinamismo da "teoria social" é gerado pelos estudiosos que recorrem de maneira incessante e produtiva às teorias mais antigas para refletir sobre os problemas contemporâneos; neste livro, pretendemos despertar o interesse por esse tipo de dinamismo.

Somos imensamente gratos a todos os amigos e colegas que leram e nos ofereceram comentários críticos às versões iniciais deste texto. Fizemos nosso melhor para incorporar as sugestões. Devemos agradecer a Frank Adloff, Jens Beckert, Sibylle Kalupner, Christoph Liell, Nora Lindner, Katja Mertin, Gabriele Mordt, Florian von Oertzen, Hans-Joachim Schubert, Peter Wagner, Harald Wenzel, Patrick Wöhrle e Heinrich Yberg. Bettina Hollstein (Erfurt) nos deu a mais eficiente assistência na identificação extraordinariamente precisa de inconsistências, com sugestões para resolvê-las. Também somos muito gratos à Universidade de Chicago (Albion Small Fund) e à Universidade de Göttingen, que financiou a tradução deste livro para o inglês.

I
O que é teoria?

Nossa decisão de começar esta série de lições sobre a teoria social moderna com a pergunta "O que é teoria?" pode fazer com que algumas pessoas arregalem os olhos. Afinal, vários de vocês assistiram a aulas sobre as grandes figuras da teoria sociológica – tais como Émile Durkheim, George Herbert Mead e Max Weber – que não passaram por nenhuma discussão a respeito da "natureza" da teoria. Os organizadores dos cursos pressupuseram acertadamente que vocês já possuem um conhecimento intuitivo a respeito do que é "teoria", ou em breve o terão. De todo modo, a este ponto vocês já estão em condições de caracterizar as abordagens muito diferentes a respeito da vida social que foram feitas por Weber, Mead ou Durkheim. Tal como é bem sabido, Weber descreveu o Estado ou o fenômeno político a partir de um ponto de vista completamente diferente daquele de Durkheim; portanto, o primeiro possui uma concepção *teórica* bastante diferente sobre a natureza da política com relação ao segundo, embora ambos se refiram aos mesmos fatos empíricos em suas explicações sociológicas. A concepção de ação social de Mead difere claramente daquela de Weber, embora alguns dos termos utilizados por ambos fossem similares, e assim por diante. Todos esses autores construíram suas explicações sociológicas com diferentes *teorias* (no plural!). Mas será que esse *insight* não nos permitiu dar um passo decisivo na resolução da questão acerca da "natureza" da teoria? Se compararmos todas essas teorias e apontarmos aquilo que elas compartilham, encontrando o denominador comum mais básico, será que não chegaríamos a uma compreensão adequada do que é uma teoria (no singular)? Uma comparação desse tipo certamente nos forneceria os elementos formais que constituem uma teoria (sociológica); poderíamos apreender o que uma teoria social de fato é.

Infelizmente, essa solução não consegue nos levar muito longe. Desde que a sociologia foi estabelecida, no século XIX, seus realizadores no âmbito da academia nunca conseguiram chegar a um consenso realmente estável acerca de seu objeto e de sua missão. Eles nunca realmente concordaram nem sequer a respeito de conceitos fundamentais. Portanto, não é de se surpreender que o entendimento "correto" acerca do que é uma teoria também tenha sido duramente debatido. A *relação entre teoria e pesquisa empírica* foi um dos temas da controvérsia, porque alguns cientistas sociais pressupuseram que primeiramente nós precisamos realizar um intenso trabalho empírico para, então, preparar o terreno para a construção de uma teoria científica decente, enquanto outros afirmam que uma pesquisa empírica sem uma reflexão teórica abrangente *a priori* seria sem sentido na melhor das hipóteses e, na pior, traria resultados errôneos. Os pensadores sociais também possuem ideias muito diferentes a respeito da *relação entre teorias e visões de mundo*. Enquanto alguns enfatizam que a teoria sociológica ou teoria social é uma questão muito distante de cosmologias religiosas ou políticas, outros destacam que as humanidades e as ciências sociais não podem nunca estabelecer uma ruptura completa com essas crenças, e que a ideia de uma ciência "pura", como por exemplo no caso da Sociologia, seria apenas uma quimera. A disputa em torno da *relação entre teoria e questões morais ou normativas* sempre esteve diretamente ligada a isso. Enquanto alguns sociólogos acreditavam que a ciência deveria abster-se de fazer juízos de natureza normativa, política ou moral, outros pronunciavam-se em favor de uma ciência engajada social e politicamente, que não deveria abster-se de falar sobre o "dever ser". (Como as pessoas devem agir? Como deveria ser estruturada uma sociedade boa ou justa?) Nessa perspectiva, a ciência e em particular as ciências sociais não devem agir como se sua única função fosse tornar disponíveis os resultados das pesquisas, sem qualquer responsabilidade sobre como estes são usados. As pesquisas sociais científicas certamente possuem consequências. Em virtude disso, essa disciplina não pode permanecer indiferente em relação a seus achados. Finalmente, a *relação entre teoria e o conhecimento do senso comum* também foi objeto de um acirrado debate. Enquanto alguns postularam que a ciência, inclusive as ciências sociais, é em geral superior ao conhecimento do senso comum, outros têm afirmado que as humanidades e as ciências sociais são por demais enraizadas no mundo da vida cotidiana, e dependentes dele, para que possam fazer afirmações tão presunçosas. Portanto, como se pode ver, o próprio conceito de teoria é sujeito a disputas. Qualquer tentativa, como as do tipo que foram mencionadas acima, de tentar apreender um denominador comum das teorias que foram produzidas pelas figuras centrais da sociologia não levaria a lugar algum; continuaria a ser impossível responder à questão "O que é teoria?" Até mesmo um empreendimento desse tipo não o ajudaria a chegar a uma decisão a respeito dos debates que esboçamos brevemente.

Mas, para começar, é realmente necessário clarificar de modo muito preciso o que é uma "teoria"? Afinal de contas, vocês já "compreenderam" os autores clássicos da Sociologia, e talvez até já participaram de seminários sobre eles, sem terem precisado questionar explicitamente o conceito de teoria. Por que, então, nós propomos um debate acerca dos princípios básicos que concernem à "natureza" da teoria apenas nesta etapa – quando analisamos a teoria sociológica ou a teoria social *moderna*? Há duas respostas para esta questão. A *primeira* está ligada à história ou à história da disciplina. Quando, dentre outros, Weber, Durkheim e Simmel, os chamados pais fundadores, fizeram surgir a disciplina da "Sociologia", os processos em questão geralmente envolviam indivíduos lutando para afirmar a reputação científica da disciplina e disputas com outras disciplinas que queriam negar a legitimidade da Sociologia. Evidentemente, os sociólogos também divergiam entre si, com bastante frequência, mas isso não era nada se comparado à situação da sociologia que estava finalmente estabelecida nas universidades, na metade do século XX em diante. A sociologia moderna, bem como as ciências sociais modernas como um todo, agora se caracteriza por uma plêiade de escolas teóricas em competição – e não é sem razão que precisamos de outras dezenove lições para sermos capazes de apreciar essa diversidade. E nesse contexto de tremenda competição teórica, as questões epistemológicas desempenham um papel crucial, pois dizem respeito aos pré-requisitos de uma ciência, à construção de uma teoria científica. A disputa entre várias escolas de teorias sociais científicas geralmente foi e ainda é a respeito de qual é o correto entendimento do que é a teoria. Em relação a isso é preciso que se tenha algum grau de compreensão desses assuntos para que se consiga apreender como e por que as modernas teorias sociais científicas se desenvolveram desse modo.

A *segunda* resposta diz respeito tanto à história da disciplina quanto a questões pedagógicas. As ciências sociais modernas são caracterizadas não apenas por um grande número de teorias em competição, mas também por uma divisão extremamente perigosa entre conhecimento empírico e conhecimento teórico. Algo como uma espécie de divisão do trabalho, ou algo assim, surgiu entre aqueles que se concebem como teóricos e aqueles que se consideram empiristas ou pesquisadores empíricos. Como resultado dessa estrita divisão do trabalho, esses dois grupos raramente tomam conhecimento dos resultados produzidos pelo outro. Mas os conhecimentos teórico e empírico não podem ser realmente separados. Essa lição sobre a "natureza" da teoria tem como objetivo oferecer uma oportunidade para pensar sobre o que é a teoria, sua importância para a pesquisa empírica e o modo como o conhecimento empírico sempre informa sua contrapartida teórica. Nesta lição esperamos convencer aqueles que dentre vocês são entusiastas da teoria – se é que existe algum – de que as teorias sociais nunca são completamente isentas de observações empíricas e de pressupostos. Portanto, é um erro olhar com desprezo para quem faz pesquisa empírica quantitativa. Nesta lição também esperamos ajudar os atuais ou futuros entusiastas da pesquisa empírica e (possíveis) antipatizantes da teoria a perceber que as observações empíricas, por mais banais que possam ser, nunca estão livres de pressupostos teóricos; portanto, não há mal nenhum em avançar em discussões teóricas. Isso é verdade em parte porque, a despeito de toda a discussão que se faz a respeito do declínio da influência das ciências sociais, nós devemos ter em mente que as teorias sociais científicas continuam a exercer um enorme impacto; basta pensar na teoria marxiana no passado, ou nos debates cheios de consequências a respeito da globalização e da individualização nas colunas dos jornais. As teorias não apenas fornecem instrumentos para a pesquisa social empírica, mas também provêm informações para o próprio mundo que queremos estudar; essa razão já seria suficiente para que até mesmo os cientistas sociais com inclinações mais empíricas não passem simplesmente por cima dessas teorias, afirmando que gostariam de ficar longe de qualquer especulação teórica para dedicar-se apenas à realidade (empírica). Ainda mais uma vez: o conhecimento empírico e teórico são muito intimamente vinculados para que tal atitude seja justificada.

Mas se, como descrito acima, no âmbito das ciências sociais nunca surgiu um entendimento incontestável a respeito do que seja a teoria, se até o momento se mostrou impossível clarificar de forma definitiva a relação entre conhecimento teórico e empírico, entre teoria e visões de mundo, entre teoria e questões normativas e entre teoria e conhecimento do senso comum, isso então significa que as questões acerca da "natureza" da teoria são sem importância? Não, não significa. Não há qualquer razão para resignação ou cinismo, por dois motivos diferentes. *Primeiro*, vocês rapidamente perceberão, se vocês estudam Sociologia, por exemplo, que essa não é a única disciplina na qual o estatuto da teoria é discutido. As outras ciências sociais, da ciência política à história e à economia, enfrentam problemas similares, ainda que as discussões a respeito de questões nucleares tendam a desempenhar nelas um papel menos central. Como vocês verão, nem mesmo as impávidas ciências naturais são imunes a tais disputas. *Segundo*, é certamente possível chegar a um entendimento capaz de obter algum consenso, ainda que seja algo que se desdobra em diversas etapas, lidando com as controvérsias a respeito do estatuto das teorias, algumas das quais já vêm de longa data. Contudo, isso exige que examinemos com precisão onde e em que medida existiu algum consenso sobre a "natureza" da teoria, em que ponto esse consenso foi rompido e quando, mediante a reconstrução histórica dessas controvérsias, foram feitas reiteradas tentativas de reestabelecer o consenso prévio. É precisamente isso que queremos elucidar.

Em um nível bastante básico, as diferentes escolas e disciplinas teóricas possuem alguma concordância com o fato de que as teorias devem ser entendidas enquanto generalizações. Para dizer de outro modo, que talvez torne as coisas mais fáceis de entender, podemos afirmar: toda generalização já é uma teoria. Usamos teorias desse tipo o tempo todo, especialmente em nossa vida cotidiana. Sempre que usamos o plural, sem primeiro ter verificado se nossa generalização realmente se aplica a todos os casos, nós estamos fazendo uso de uma teoria: "todos os alemães são nazistas", "todos os homens são machões", "a maioria dos sociólogos diz coisas incompreensíveis" etc. são todas teorias desse tipo. Com base em nossa observação de que alguns alemães de fato são fascistas, de que muitos homens realmente se comportam de modo misógino e que alguns sociólogos se esforçam para falar em uma linguagem difícil, nós concluímos que *todos* os alemães são assim, que *todos* os homens comportam-se desse modo, que a *maioria* dos sociólogos fala de tal jeito. Evidentemente, nós não verificamos isso. Nós não conhecemos todo alemão e todo homem, tampouco conhecemos a maioria dos sociólogos. Quando fazemos pronunciamentos abstratos como esses, não estamos fazendo mais do que utilizar uma teoria. Vocês também podem dizer que estão aventando uma hipótese. Charles Sanders Peirce (1839-1914), lógico, semiótico e filósofo norte-americano, mostrou de que modo toda nossa percepção sobre o mundo cotidiano e nossas ações baseiam-se sobre nada mais do que um conjunto de hipóteses (ou abduções, em sua terminologia), sem as quais seria impossível viver uma vida significativa:

> Olhando pela minha janela nessa linda manhã de primavera, eu vejo uma azaleia florescendo. Não, não! Eu não vejo isso; mas essa é a única forma que encontro para descrever o que eu vejo.
>
> *Aquilo* é uma proposição, uma sentença, um fato; mas o que eu percebo não é uma proposição, sentença ou fato, mas apenas uma imagem que eu torno inteligível mediante a enunciação de um fato. Essa enunciação é abstrata; mas o que eu vejo é concreto. Eu realizo uma abdução quando eu expresso em um enunciado algo que eu vejo. A verdade é que todo o tecido de nosso conhecimento é constituído apenas por hipóteses... Não se pode fazer nem mesmo um pequeno avanço no conhecimento quando permanecemos apenas no estágio de um olhar vago sobre as coisas, pois esse avanço só é possível se fizermos a abdução a cada etapa (PEIRCE. Ms. 692. Apud SEBOK, T.A. & UMIKER-SEBOK, J. "You Know My Method". *A Juxtaposition of Charles S. Peirce and Sherlock Holmes*, p. 23).

A teoria é tão necessária quanto inevitável. Sem ela seria impossível aprender ou agir de modo consistente; sem generalizações e abstrações o mundo existiria para nós apenas enquanto uma bricolagem de experiências discretas e desconexas e de impressões sensórias. Evidentemente, em nossa vida cotidiana nós não falamos de "teorias"; nós as utilizamos sem qualquer consciência do que estamos fazendo. Em princípio, operar e pensar *cientificamente* não é muito diferente disso, exceto pelo fato de que aqui a formação e o uso de teorias ocorre de modo *bastante deliberado*. Hipóteses ou teorias específicas são propostas para lidar com problemas específicos; depois disso alguém tenta combinar diversas teorias específicas para construir uma teoria mais geral, que articule as várias generalizações de forma consistente. Em suma, a construção de teorias e de proposições generalizantes é um componente importante tanto da vida cotidiana quanto da ciência. É nossa única forma de abordar a "realidade". O filósofo anglo-austríaco Karl Raimund Popper (1902-1994) expressou isso de modo elegante, ainda que de forma não muito diferente de Charles Sanders Peirce:

> As teorias são redes tecidas para conseguirmos apreender aquilo a que chamamos "o mundo": para racionalizá-lo, explicá-lo e dominá-lo. E nos esmeramos para tornar a trama cada vez mais refinada (POPPER. *The Logic of Scientific Discovery*, p. 59).

Esse entendimento da teoria, de sua função em relação à generalização, é quase universalmente aceita.

Historicamente, as primeiras controvérsias começam no nível seguinte; mas elas também foram superadas porque, como veremos em breve, uma perspectiva consagrou-se vitoriosa, e sua superioridade foi amplamente reconhecida.

O objetivo do empreendimento científico não é simplesmente produzir generalizações de qualquer tipo. Preconceitos também são teorias. Eles também são generalizações, ainda que problemáticas ou errôneas, como nos exemplos dados acima sobre o comportamento dos alemães, dos homens e dos sociólogos. Mas preconceitos são exatamente aquilo que os cientistas dizem não produzir; eles se preocupam em formular generalizações *acuradas* a partir de casos individuais (a inferência a partir de um ou mais casos individuais para a construção de uma afirmação geral é também chamada pela filosofia da ciência de "indução") ou para explicar *acuradamente* casos individuais com base em teorias ("dedução" – inferir explicações para casos individuais a partir de uma generalização). Mas para poder falar de teorias "acuradas" ou "não acuradas", nós precisamos de um padrão de medida. É preciso estipular que teorias são científicas (em vez de meros preconceitos) somente se passam por um rigoroso escrutínio à luz da realidade, ou se ao menos são passíveis de ser verificadas no confronto com a realidade.

É nesse ponto que o consenso foi rompido. As pessoas têm diferentes ideias sobre *o que* esse processo de verificação a partir da realidade deveria envolver. Parece óbvio, por exemplo, que a *verificação* deveria ser o ideal da ciência. Por um longo tempo, ao menos até o início do século XX, essa era a visão comumente defendida pelos cientistas e pelos filósofos da ciência. Se as premissas teóricas devem ser testadas no confronto com a realidade, então a melhor forma de fazer isso – era o que se achava naquela época – deveria ser primeiramente retirar da ciência todos os pré-conceitos oriundos do conhecimento do senso comum, de modo a reconstruir o edifício do conhecimento científico sobre um terreno absolutamente sólido. Nessa perspectiva a observação meticulosa levaria a enunciados gerais que – repetidamente confirmados pelas observações e experimentos individuais – tornar-se-iam cada vez mais certos. Esses princípios e enunciados, verificados desse modo, isto é, tendo confirmada sua pretensão de verdade, seriam então combinados, de modo que lenta e consistentemente os novos tijolos de conhecimento *verificado* seriam acumulados e integrados. Isso levaria então à certeza, ao conhecimento "positivo", como ele era chamado, e por isso os defensores dessa concepção de ciência são conhecidos como "positivistas".

O problema da posição positivista, identificado inicialmente pelo autor que já mencionamos acima, Karl Raimund Popper, é que a verificação não pode ser um bom padrão de medida para a validade científica dos enunciados, pela simples razão de que é impossível verificar a maioria dos enunciados teóricos. Como Popper destaca em seu famoso livro *A lógica da descoberta científica*, publicado pela primeira vez em 1934, no caso da maior parte dos problemas científicos nós não podemos ter certeza se uma generalização, isto é, uma teoria ou uma hipótese, *realmente aplicam-se a todos os casos*. Mesmo considerando todas as probabilidades, nunca seremos capazes de verificar de forma definitiva o enunciado astrofísico segundo o qual "todos os planetas movem-se ao redor de seu sol em uma trajetória elíptica", porque muito dificilmente seremos capazes de conhecer todos os sistemas solares do universo, e por isso presumivelmente jamais conseguiremos confirmar com absoluta certeza que cada planeta de fato segue uma trajetória elíptica em torno de seu sol, e não qualquer outro tipo de trajetória. O mesmo aplica-se ao enunciado "todos os cisnes são brancos". Mesmo se você já viu milhares de cisnes e todos eles eram realmente brancos, você nunca poderá ter certeza de que em algum momento não encontrará um cisne preto, verde, azul etc. Como regra, um enunciado universal não pode ser confirmado ou verificado. Para dizer de outro modo: argumentos indutivos (i. é, uma inferência a partir de casos individuais para se chegar a uma totalidade) não são nem logicamente válidos e nem realmente convincentes; a indução não pode ser justificada puramente em termos lógicos, porque não podemos descartar a possibilidade de que *uma* observação feita possa refutar o enunciado geral que *se pensava corroborado*. As tentativas dos positivistas de fazer as leis retrocederem a observações particulares ou de postular leis a partir de observações de casos mais elementares e depois verificá-las estão condenadas ao fracasso.

Esse é precisamente o ponto central da crítica de Popper. A partir disso ele propôs outro critério, que o tornou bastante famoso, segundo o qual seria possível separar as ciências empíricas das demais formas de conhecimento – tanto do conhecimento do senso comum quanto da metafísica. O critério por ele defendido foi o da *falseabilidade*, destacando que "*um sistema científico empírico deve ser passível de refutação pela experiência*" (POPPER, *Logic*, p. 41; ênfase no original). A posição de Popper é a de que enquanto as generalizações ou as teorias científicas não podem ser provadas ou verificadas, elas podem ser testadas intersubjetivamente, isto é, no âmbito da comunidade de pesquisadores; elas podem ser repudiadas ou *falsificadas*. Isso pode soar trivial, mas na verdade foi um argumento bastante engenhoso para encontrar um novo fundamento para a "ciência empírica" e para estabelecer um critério de demarcação frente às demais formas de conhecimento. Com sua referência à falseabilidade e à possibilidade de teste das proposições científicas, Popper excluiu os "enunciados existenciais" universais do âmbito da ciência. Enunciados tais como "OVNI's existem", "Deus existe", "há formigas do tamanho de elefantes" não podem ser falsificadas: eu não posso oferecer qualquer evidência de que existam OVNI's, Deus, ou formigas do tamanho de elefantes, pois é possível admitir, ao menos teoricamente, que, se procurarmos por tempo suficiente, eventualmente poderíamos encontrar um OVNI, Deus ou um elefantinho em algum lugar. Popper não nega que tais enunciados possam ser significativos. O enunciado "Deus existe" é claramente muito importante e significativo para muitas pessoas. Popper apenas afirma que não há muito sentido em uma disputa científica acerca da existência de Deus, precisamente porque esse tipo de argumento não pode ser empiricamente falsificado.

Segundo, o critério de falsificação agora nos permite testar e verificar, de fato, os assim chamados enunciados universais ("Todos os alemães são nazistas"), porque uma única observação – de um alemão que não é nazista – pode fazer com que essa afirmação ou teoria colapse. Para Popper, o critério da falseabilidade é o único realmente produtivo e é o padrão de medida mais eficaz para permitir uma diferenciação entre os enunciados científicos e os demais tipos de enunciado.

Isso traz para o trabalho científico uma dinâmica muito diferente daquela que vigorava quando predominava uma concepção "positivista" de ciência, eliminando do cenário a ideia de verificação. A abordagem popperiana, que triunfou sobre a positivista, desafia a visão da ciência como um lento processo de acumulação de conhecimento; para ele, a ciência significa o *constante teste e questionamento* de nossos pressupostos teóricos mediante a exposição deliberada destes ao risco da falsificação. Somente as melhores teorias sobrevivem nesta luta (darwiniana). A ciência, segundo Popper, não está estabelecida sobre uma rocha: ela é incapaz de alcançar o conhecimento absoluto, a verdade ou mesmo a probabilidade; a ciência é antes a marcha firme em uma direção; é um processo que consiste em "achar" baseando-se em enunciados teóricos que são constantemente testados. Portanto, as teorias podem apenas ser consideradas como "provisoriamente garantidas":

> Não é tanto o número de instâncias de corroborativas que determinam o grau de corroboração, mas *o rigor dos vários testes* aos quais a hipótese em questão poder ser ou já foi sujeita (POPPER. *Logic*, p. 267; ênfase no original).

Popper está menos preocupado com a demanda de o cientista ter que manter distância frente ao conhecimento do senso comum e de seus preconceitos do que em encorajar a disposição em examinar repetidamente a própria teoria (ou teorias) com vista a uma potencial evidência falsificadora, de modo a livrar-se de todas aquelas teorias que não têm chance de sobreviver. Os cientistas não devem buscar evidências que confirmem suas teorias, mas devem despir-se constantemente de todas as falsas certezas mediante o uso consistente do princípio da falsificação! Popper coloca a questão da seguinte maneira: "Aqueles que dentre nós não querem expor suas ideias ao risco da refutação não tomam parte no jogo científico" (*Logic*, p. 280).

A superioridade da concepção popperiana de ciência sobre seus predecessores positivistas é agora amplamente reconhecida; a falsificação é geralmente concebida como um critério melhor para definir o que é a ciência do que a verificação. Com relação a isso, há novamente um consenso sobre o que é a teoria e sobre o que ela pode fazer. Reconhecidamente, os cientistas discordam se a ênfase popperiana nas teorias científicas como sendo generalizações testáveis e, portanto, falsificáveis, é realmente tudo o que pode ser dito sobre o conceito de teoria. Os defensores da abordagem da "escolha racional", que examinaremos na quinta lição, são da opinião de que seria melhor reservar a expressão "teoria" apenas para aqueles sistemas de enunciados cujos fatos sociais são *explicados* explicitamente *com o auxílio de um enunciado universal*, de uma lei geral. Aqui, a "teoria" é compreendida *apenas* como um sistema explicativo: "Toda explicação começa com a pergunta sobre por que o fenômeno investigado existe (ou existiu) desse modo, por que funciona (ou funcionou) desse modo ou por que transforma-se (ou transformou-se) dessa maneira" (ESSER. *Soziologie – Allgemeine Grundlagen*, p. 39). Para explicar as coisas é preciso um enunciado universal – e são apenas os sistemas explicativos baseados em enunciados universais que podem ser chamados de "teorias" do ponto de vista dessa abordagem. A abordagem da escolha racional recusa a honra de chamar de "teoria" outros tipos de reflexão que não estejam diretamente comprometidos com a produção de proposições que tenham o caráter de lei.

Num primeiro momento essa abordagem que dialoga com a concepção popperiana de teoria pode até parecer plausível e relativamente imune a críticas. Ademais, essa definição de "teoria" tem a vantagem de ser razoavelmente concisa e precisa: sabe-se exatamente o que se quer dizer quando se usa o termo "teoria". Entretanto, isso não é tão tranquilo e evidente quanto parece, pois a relação entre conhecimento empírico e teórico levanta sérios problemas para a abordagem popperiana. A aplicabilidade do critério da falseabilidade advogado por Popper (bem como o critério de verificação condenado por ele) baseia-se sobre o pressuposto de que o nível da observação empírica e o da interpretação teórica ou explicação podem ser claramente distinguidos, e que enunciados puramente teóricos podem ser testados separadamente das observações puramente empíricas. É possível falsificar e refutar um enunciado teórico com absoluta certeza somente se as observações, mediante as quais se busca falsificá-lo, forem corretas e acima de qualquer tipo de disputa. As observações não podem engendrar novas teorias, porque de outro modo seria possível, em virtude do fato de as observações conterem uma teoria falsa, que se estivesse falsificando (ou verificando) erroneamente um enunciado. Em outras palavras, para que a falsificação (ou verificação) possa ocorrer de modo adequado, seria necessário um acesso direto a uma forma de observação imediata e livre de qualquer teoria.

Mas nós sabemos, como ficou bastante claro na longa citação de Peirce que trouxemos anteriormente, que este não é o caso. Toda observação feita na vida cotidiana, e todo enunciado feito sobre ela, é permeado pela teoria. O mesmo se aplica às observações e aos enunciados científicos. Dentro de uma comunidade de cientistas, as observações empíricas devem ser formuladas na linguagem do observador que ou utiliza a sua linguagem cotidiana, ou de uma terminologia especializada, cujos termos podem ser explicados e definidos com o auxílio da linguagem cotidiana. E, evidentemente, essa linguagem cotidiana já está "infectada" pela teoria. Peirce mostrou que *toda* observação é uma generalização e é, portanto, uma teoria elementar: as linguagens observacionais *inevitavelmente* engendram teorias, que dirigem nossa atenção para certos fenômenos e ajudam a determinar a maneira como os percebemos. Mas isso também significa que nunca podemos descrever instâncias individuais sem generalizações implícitas. Portanto, é impossível sustentar uma divisão estrita entre conhecimento teórico e conhecimento empírico. E a ideia, que remonta a Popper, de que é possível falsificar teorias de modo simples e direto, é insustentável.

Se não há polaridade, nem uma divisão rigorosa entre conhecimento teórico e conhecimento empírico, como podemos definir a relação entre ambos? O sociólogo norte-americano Jeffrey Alexander, cuja obra iremos mencionar novamente no decorrer destas lições (cf. Lição XIII), fez uma sugestão bastante útil a esse respeito. Em vez de "polaridade", ele fala de um "contínuo":

> A ciência pode ser entendida como um processo intelectual que ocorre em um contexto com dois ambientes distintos, o mundo empírico observacional e aquele metafísico não empírico. Embora enunciados empíricos possam ser dirigidos mais a um ou a outro desses ambientes, eles nunca podem ser determinados exclusivamente por apenas um deles. As diferenças entre o que são percebidos como tipos de argumentos científicos claramente distintos devem ser representados como posições diferentes em um mesmo contínuo epistemológico (ALEXANDER. *Theoretical Logic in Sociology*, vol. 1, p. 2).

Portanto, de acordo com Alexander, o pensamento científico move-se constantemente entre os extremos, aos quais nunca chegamos de forma definitiva, daquilo a que chamamos de "ambiente metafísico" e de "ambiente empírico" – que se coaduna com o argumento peirceano de que não somos capazes de acessar o mundo diretamente, sem teoria. Alexander tentou esboçar isso na Figura 1.1. (p. 3). O núcleo da mensagem é o de que as observações são de fato realmente próximas da realidade, isto é, do "ambiente empírico", mas que é impossível reproduzir a realidade diretamente porque as observações são atreladas a pressupostos metodológicos, leis, definições, modelos e mesmo "pressupostos gerais", que são relativamente próximos ao polo do "ambiente metafísico". Mas isso significa – e voltaremos a esse ponto mais tarde – que é enganoso tentar limitar o trabalho científico à construção de teorias apenas no sentido de sistemas explicativos e tentar falsificá-las. Se a argumentação científica não ocorre no decorrer do contínuo esquematizado por Alexander, então a tarefa da teorização científica sem dúvida remonta a algo mais do que aquilo que foi advogado pela abordagem da "escolha racional", por exemplo. Se as "pressuposições gerais", as "classificações", os "conceitos" etc., desempenham o mesmo papel no processo de pesquisa que as "leis" e observações – ou ao menos um papel que não é sem importância – não há qualquer razão para aceitarmos que podemos avançar nosso entendimento apenas nos concentrando sobre essas leis e observações. Também seria difícil sustentar a noção de que o termo "teoria" deve ser reservado exclusivamente a sistemas que consistem em leis e observações. E muitos cientistas sociais de fato adotaram uma concepção mais ampla de teoria.

Figura 1.1

Mas vamos retornar imediatamente ao fato, problemático para o falseabilismo popperiano, de que é impossível estabelecer uma linha demarcatória precisa entre os níveis do conhecimento teórico e do conhecimento empírico. O próprio Popper – em sua defesa – certamente reconheceu essa dificuldade: "*Não há observações puras*: elas são permeadas por teorias e guiadas tanto por problemas quanto por teorias" (POPPER. *Logik der Forschung*, p. 76; ênfase no original)[1]. Ele também enfatizou que toda exposição de uma observação, todo enunciado sobre um evento, todo "enunciado básico", utiliza conceitos que não podem ser corroborados por dados sensíveis imediatos. Ele também era da opinião de que qualquer tentativa de testar uma teoria deve concluir ou começar com algum enunciado básico com cuja correção os pesquisadores devem concordar com base em uma *convenção* ou mediante uma *decisão*. Para Popper, portanto, a ciência não se fundamenta sobre uma rocha, mas, em certo sentido, sobre dogmas

---

[1]. A citação do livro *Logik der Forschung*, de Popper, aparece em um adendo inserido pelo autor em 1968; isso não foi inserido na tradução inglesa, que recebeu o título de *The Logic of Scientific Discovery*.

(provisórios), sobre convenções ou sobre as decisões (mais ou menos) arbitrárias dos cientistas de reconhecer como corretos certos enunciados básicos sobre as observações. Mas esse não era um grande problema para Popper, pois ele achava que – *se* surgisse qualquer dúvida sobre sua correção – bastaria sujeitar tais enunciados a um escrutínio, isto é, *testá-los*.

No fim das contas, filósofos da ciência e cientistas que faziam pesquisas sobre como os cientistas realmente trabalham estavam insatisfeitos com a defesa popperiana do método da falsificação. Um livro, que se tornou quase tão famoso como o *A lógica* de Popper, desempenhou um importante papel nesse debate: o livro de Thomas S. Kuhn: *A estrutura das revoluções científicas*, de 1962. Kuhn (1922-1996), um americano formado na área de Física, investigou o processo de pesquisa na área em que atuava, de um modo quase sociológico, focando primariamente no desenvolvimento histórico da Física (e da Química) e de modo mais geral sobre a forma como surgiam novas teorias nas ciências naturais. Kuhn fez uma descoberta surpreendente, bastante diferente do princípio da falseabilidade defendido por Popper. A história da ciência certamente oferece inúmeros casos em que enunciados científicos específicos foram falseados. Contudo, o que Kuhn observou em sua análise sócio-histórica foi que, via de regra, isso *não* levou à rejeição de teorias inteiras, das quais tais enunciados eram derivados, nem à sua substituição por outras teorias. Kuhn mostrou que a história das ciências naturais era repleta de descobertas, invenções etc. que fundamentalmente contradiziam a teoria dominante da época: a descoberta do oxigênio feita por Lavoisier, por exemplo, contradizia a teoria do flogisto, de acordo com a qual essa "substância" seria expelida por todos os corpos em chama. Ainda assim, a descoberta de Lavoisier não levou à rejeição da "antiga" e – como agora sabemos – incorreta teoria do flogisto. Pelo contrário, esta foi tornada ainda mais detalhada, modificada e reconstruída de modo a tornar compreensível a descoberta de Lavoisier; tal descoberta não foi encarada como uma falsificação, mas apenas como uma observação problemática, um quebra-cabeça temporário, uma "anomalia" no interior de uma teoria já provada. Kuhn documentou uma infinidade de casos similares na história da ciência, chamando a atenção para o fato de que – e esse é o ponto central – a adesão às teorias existentes não era a expressão de dogmatismo ou irracionalidade. Reiteradamente foram apresentadas boas razões para esse conservadorismo: as teorias antigas provaram seu valor no passado; poderia ser possível integrar as novas descobertas mediante um desenvolvimento das teorias antigas, pelo uso de hipóteses auxiliares, por exemplo; a nova teoria não está ainda plenamente desenvolvida e é frequentemente deficiente ou incompleta; é possível que estejamos lidando apenas com mensurações falhas e não com uma genuína falsificação, e assim por diante. Em suma, no contexto da prática científica, frequentemente tem havido uma completa falta de critérios claros mediante os quais se pode afirmar *quando* uma teoria deve ser considerada como tendo sido falsificada.

O livro de Kuhn lida exclusivamente com a história das ciências naturais. Mas investigações similares sobre o processo da pesquisa podem ser também encontradas nas humanidades e nas ciências sociais, em que parece ainda mais difícil destruir uma teoria, isto é, falsificá-la inteiramente, a partir de uma observação empírica. Basta pensar na história do marxismo. Enquanto uma teoria científica social, o marxismo pode – e ele não pede nada menos do que isso – ser testado no confronto com a realidade social. No entanto, muitos dos enunciados teóricos formulados ou defendidos por Marx ou pelos marxistas, para colocarmos a questão de modo cuidadoso – conflitam com a realidade empírica. Muito daquilo que foi previsto por Marx nunca aconteceu: a polarização da população entre uma classe de capitalistas ricos e de um enorme contingente de proletários nunca aconteceu realmente; as revoluções socialistas previstas por Marx e Engels não aconteceram, ao menos não do modo como eles imaginavam, isto é, nos países industrialmente avançados, sob a liderança da classe trabalhadora; revoluções bem-sucedidas ocorreram na periferia global e foram protagonizadas sobretudo por camponeses, ou seja, pelo grupo de pessoas "errado"; a dissolução de todos os laços particularistas, previstos por Marx e Engels no *Manifesto comunista*, que seriam propelidos pela economia – dentre outras coisas, eles previram que as nações-estado desapareceriam – também não aconteceu. Na verdade, o que ocorreu no final do século XIX e no século XX virou os pressupostos de Marx e Engels de pernas para o ar: esse foi o grande momento do nacionalismo e dos estados-nação. Seguindo o princípio popperiano de falsificação, todas essas observações levariam inevitavelmente à refutação conclusiva do marxismo e, logo, à sua rejeição definitiva. Mas isso não ocorreu. Aqueles convencidos da validade do marxismo como uma abordagem válida para a investigação sempre conseguiram persuadir a si mesmos, e também a outros, do caráter profícuo do paradigma marxista, mediante uma série de hipóteses auxiliares. A proletarização da maior parte da população nos países altamente industrializados, assim segue o argumento, não aconteceu porque o capitalismo conseguiu mitigar a pobreza "em casa", ao intensificar a exploração no "Terceiro Mundo"; essa também foi a razão pela qual as revoluções não aconteceram nos países ocidentais, nos quais os trabalhadores foram "comprados" pelo "capital", pelos benefícios do Estado de Bem-estar Social, por exemplo, mas aconteceram nos países mais pobres e explorados do Terceiro Mundo; Marx e Engels podem ter se precipitado ao prever o fim do Estado-nação, mas hoje – na era da globalização – as coisas estão acontecendo exatamente do modo como eles previram, e assim por diante. Em síntese, não se diz que a teoria marxista está errada, ela apenas requer uma adaptação às transformações nas condições históricas.

Vocês podem decidir por si mesmos suas posições a respeito dessa defesa do marxismo. Para nossos propósitos, tudo o que importa é a ideia de que as ciências naturais e sociais, incluindo também o marxismo, estabelecem um grande número de frentes nas quais se pode lutar pela defesa da teoria contra a falsificação empírica. Na verdade, as teorias das ciências sociais provaram-se ainda mais resistentes às falsificações ambíguas do que as ciências naturais. Aquelas não apenas divergem sobre o que constitui definitivamente uma falsificação, mas também sobre o que realmente está implicado na teoria. Enquanto as teorias das ciências naturais costumam ser claramente formuladas, as ciências sociais e humanas são mais frequentemente confrontadas com o problema de que não há realmente uma concordância quanto ao conteúdo de uma teoria. Vocês podem já estar familiarizados com esse fenômeno, desde quando tiveram os seminários sobre os autores clássicos, ou por terem lido alguma literatura secundária sobre eles. O que Marx, Durkheim, Weber etc. *realmente* disseram? Qual é a *intepretação* correta e definitiva das teorias de Marx, Durkheim e Weber, dentre outros? Uma teoria cujo conteúdo é contestado é, logicamente, dificilmente sujeita a uma segura falsificação empírica.

Mas vamos retornar a Kuhn e a seu livro *A estrutura das revoluções científicas*. De acordo com ele, nas ciências naturais não há quaisquer argumentos lógicos convincentes contra uma teoria; não pode haver uma falsificação sem qualquer ambiguidade. Kuhn ainda sugere que não devemos nos surpreender se a rotina diária de pesquisa acontecer sem grandes sinais de avaliação crítica. As teorias existentes são usadas por longos períodos sem passar por qualquer escrutínio, precisamente porque aqueles que as seguem estão convencidos de que são profícuas. Esse tipo de pesquisa rotinizada é o que Kuhn chama de "ciência normal". Ocorrências confusas ou contraditórias, experimentos problemáticos etc. não são considerados como falsificações no curso da "ciência normal", mas como anomalias, que se espera remover ou resolver *em algum momento* com os meios teóricos disponíveis. A "ciência normal" é a pesquisa

> firmemente baseada sobre uma ou mais realizações científicas passadas, realizações que alguma comunidade científica particular reconhece como provedoras de fundamento para suas práticas ulteriores (KUHN. *Structure*, p. 10).

Ademais, de acordo com Kuhn, na história da ciência apenas muito raramente se viu cientistas abraçando *individualmente* um novo edifício teórico em resposta a algum argumento persuasivo ou a um experimento realmente impressionante. O surgimento e a consolidação de teorias realmente novas geralmente ocorrem de uma forma que tem pouca relação com critérios realmente científicos. As antigas teorias frequentemente tornam-se demasiado complexas em virtude do acréscimo de novas hipóteses auxiliares para explicar as "anomalias", intensificado a necessidade de teorias mais simples. E essa necessidade geralmente é articulada por uma geração mais jovem de cientistas que desafiam a antiga teoria e que mobilizam *um grande número daqueles* que estão dispostos a olhar de forma renovada para as novas descobertas e "anomalias" e, portanto, são mais receptivos a inovações teóricas. Esse é o momento ao qual Kuhn chama de "revolução científica". Tal como afirma Kuhn, o que ocorre é uma mudança de paradigma. Um "paradigma" antigo – um modo antigo de olhar para o fenômeno, uma antiga teoria de base e antigos métodos de pesquisa – é então substituído bastante rapidamente por um novo "paradigma", tal como no passado a "astronomia ptolomaica" e a "dinâmica aristotélica" foram respectivamente substituídas pelas contrapartidas "copernicana" e "newtoniana", e a "ótica corpuscular" deu lugar à "ótica de ondas".

O ponto crucial dessas revoluções no trabalho científico descrito por Kuhn é que nunca houve um claro critério *empírico* que tornasse possível justificar para cada cientista de forma contundente e persuasiva a necessidade de afastar-se do antigo paradigma e a necessidade de mudança na direção do novo paradigma. No decorrer da história da ciência não foi exatamente o conhecimento empírico enquanto tal que levou à rejeição definitiva de uma teoria antes considerada correta. Em vez disso, decisões dessa natureza geralmente foram moldadas por circunstâncias "cotidianas" e banais. Frequentemente foram fatores "biológicos" que ajudaram a consolidar uma nova teoria quando, por exemplo, uma geração de cientistas se torna muito velha, e uma nova geração, que seguia seus passos, promove transformações teóricas. Mas isso também significa que aqueles períodos de "ciência normal", bem como os de "revolução científica", são acompanhados de lutas por poder e confrontos entre interesses opostos (entre pesquisadores *outsider* e aqueles já estabelecidos, entre cientistas jovens e aqueles mais antigos). A ciência é um empreendimento que não pode ser plenamente desvinculado do fenômeno social que desempenha um papel relevante na vida cotidiana, bem como em outros contextos.

As novas e as velhas teorias são, tal como afirma Kuhn, "incomensuráveis"; elas não podem ser comparadas e contrastadas. Portanto, as revoluções científicas não promovem uma alternância entre teorias similares, mas entre teorias tão diversas que podem ser descritas como "cosmologias" diferentes, um termo também utilizado por Kuhn:

> Vamos agora assumir que as diferenças entre sucessivos paradigmas são necessárias e irreconciliáveis... a recepção de um novo paradigma geralmente implica a redefinição da ciência correspondente. Alguns antigos problemas podem ser relegados a outra ciência ou considerados inteiramente "não científicos". Outros que anteriormente não existiam ou que pareciam triviais, com o novo paradigma se tornam o arquétipo daquilo que é considerado uma questão científica importante. E na medida em que os problemas mudam, geralmente também mudam os critérios que distinguem uma solução realmente científica de uma especulação metafísica, de um jogo de palavras ou de uma brincadeira matemática. A tradição científica normal que emerge de uma revolução científica não apenas é incompatível com a anterior, mas geralmente também é incomensurável com esta (KUHN. *Structure*, p. 102).

Quando a revolução completa-se de forma bem-sucedida, a ciência adentra novamente a fase "normal", e a pesquisa realizada pela comunidade científica passa a ser baseada em certas normas e regras que não são questionadas, tal como acontecia antes, até que ocorra uma nova revolução científica.

As análises de Kuhn seguindo parâmetros da história e da sociologia da ciência trazem consequências importantes para a filosofia da ciência, conforme ele próprio destacou. Para dizer mais uma vez, o processo do fazer científico não funciona nem de perto segundo o "princípio da falsificação" preconizado por Popper. Com base nas análises de Kuhn, é "bom" quando os cientistas não seguem estritamente o princípio da falseabilidade. A ciência normal, isto é, aquela que opera de forma acrítica e rotinizada com relação a certos pressupostos teóricos, pode ser altamente produtiva. Pode até ter algum sentido não rejeitar inteiramente uma teoria sempre que surge uma observação que a contradiz. Isso iria sabotar ou minar a prática da pesquisa. Faria mais sentido primeiramente considerar as observações que contradizem a teoria enquanto meras anomalias, com a esperança de que os problemas que ameaçam a lógica interna da teoria possam ser resolvidos em algum momento. Na verdade, na história da ciência isso foi o que quase sempre aconteceu. Além disso, Kuhn mostrou que um bom número de teorias *novas e eventualmente bem-sucedidas* inicialmente foram falsificadas com base em experiências e observações aceitas na época. Portanto, se os cientistas aceitassem o critério popperiano de falsificação, essas teorias teriam desaparecido imediatamente. O critério de Popper, afirma Kuhn, não é nem um guia útil para a história da ciência, nem ajuda muito no processo prático da pesquisa.

Finalmente, podemos extrair mais uma conclusão da análise de Kuhn sobre a história da ciência. A própria escolha dos termos, a sua argumentação sobre as "mudanças de paradigma" e "revolução científica", mostra-nos que o progresso científico não se dá de forma ininterrupta, mas é repleto de períodos de tranquilidade e de períodos de turbulência. Aqui, Kuhn toma uma posição tanto contra o positivismo, cujos defensores acreditavam em um lento e contínuo desenvolvimento do conhecimento científico, apoiado por observações empíricas precisas, quanto contra Popper, que subestimou a importância da fase da ciência "normal" e rotinizada. A ciência, como nos mostra Kuhn, é um processo de desobediência das diretrizes racionais concebidas pelos filósofos da ciência em seus gabinetes. Na ciência, fatores aleatórios desempenham um papel tão importante quando os conflitos por poder e *status* que são travados entre diferentes gerações de cientistas mencionados acima. (Se vocês tiverem interesse em um livro relativamente curto, e bem escrito, sobre os debates no âmbito da filosofia da ciência eu recomendo aquele de A.F. Chalmers: *What is this Thing Called Science?*)

Em todo caso, os trabalhos de Kuhn foram o ponto de partida para um veemente debate travado no interior da filosofia da ciência acerca do *status* da ciência, em particular nos anos de 1960 e de 1970. Enquanto alguns criticaram

Kuhn por abrir caminho para o relativismo (seu discurso sobre a "incomensurabilidade" das teorias, cujo valor não poderia ser estabelecido *empiricamente*, foi acusado de colocar a ciência no mesmo nível de qualquer outra cosmologia, tornando impossível o discurso racional), enquanto outros receberam bem suas conclusões relativistas, as quais – assim acreditavam – poderiam ser extraídas das análises de Kuhn. O filósofo "anarquista" Paul Feyerabend, que na época estava bastante na moda, afirmou, por exemplo, que nem seus métodos nem seus resultados poderiam legitimar as ambições dos cientistas: "A ciência é apenas uma ideologia dentre muitas" (*Science in a Free Society*, p. 106), ou seja, é apenas uma forma de conhecimento dentre outras (como a magia).

Mas tanto os defensores mais ortodoxos da ciência quanto seus críticos anarquistas interpretaram Kuhn erroneamente, ou ao menos de modo muito individual. Kuhn *não* afirmou que paradigmas em competição constituem visões de mundo ou totalidades hermeticamente fechadas, sem qualquer relação entre si, dentre as quais é impossível escolher com base em sua fertilidade empírica, mas em relação à qual tudo o que se pode é professar uma fé – tal como se faz em relação às diferentes religiões. Ele apenas afirmou que em muitos casos não há um critério *empírico* claro que nos permita decidir por que devemos escolher um paradigma em vez de outro. Entretanto, isso não é o mesmo que dizer que não há qualquer argumento que possa ser mobilizado para a aceitação ou rejeição de uma teoria (sobre essa linha de raciocínio, cf. BERNSTEIN. *The Restructuring of Social and Political Theory*, p. 152-167). De modo algum Kuhn fez um ataque frontal à racionalidade da "ciência" quando fez sua análise histórica. Em sua visão, a transição de um paradigma para outro não é nem uma escolha sem fundamento entre vocabulários distintos nem uma misteriosa mudança de um discurso a outro. Certamente há *razões* que justificam a escolha de um novo paradigma. É possível *discutir racionalmente* a mudança de paradigma a que se aspira ou aquele que se rejeita; os prós e contras de uma teoria podem ser *sopesados*, mesmo se devemos abdicar da esperança de que um "experimento crucial" poderá tomar essa decisão por nós.

Ademais, a análise da história da ciência feita por Kuhn – ainda que sua radical e problemática noção de "incomensurabilidade" dos paradigmas pareçam excluir isso – quase sempre mostra que os paradigmas se sobrepõem substancialmente. Os vários edifícios teóricos são interligados por muitos corredores. Na realidade, não apenas a histórias das ciências naturais, como também das ciências sociais, mostra que certas descobertas *empíricas* são unanimemente endossadas pelos representantes dos diferentes paradigmas, e que até mesmo um bom número de enunciados *teóricos* encontra uma aprovação geral para além dos limites dos paradigmas.

O que significa tudo isso para as ciências sociais ou para a teoria social? Podemos extrair duas conclusões a partir de nossa discussão da filosofia da ciência até o momento, em particular a partir da análise kuhniana, que tem grande importância para as lições seguintes. *Primeiro*: o fato de que o atual cenário teórico das ciências sociais pareça ser confuso, o fato de que existam muitos paradigmas ou teorias sociais, alguns dos quais apresentam variações extremas de um em relação ao outro, não significa que essas teorias ou seus teóricos sejam incapazes de travar um debate racional. Nas dezenove lições que virão apresentaremos um vasto número de teorias. Vocês verão – e essa é uma das teses centrais desta série de lições – que os vários teóricos se comunicam uns com os outros, de modo que há inclusive uma sobreposição entre suas teorias, que em alguns casos até se assemelham ou se complementam em certa medida. O fato de que a Sociologia, por exemplo, não seja baseada em *um único* paradigma ao qual se chega mediante abstrações (como é o caso da Economia, em que uma escola teórica específica é claramente dominante ou hegemônica), o fato de que nela prevaleça uma confusa e lamentada variedade teórica *não* significa que seu conteúdo seja fragmentado ou que tenda a ser fragmentado em uma coleção de abordagens desconexas.

Para vocês, que agora estão sendo introduzidos no mundo da teoria social moderna, isso conduz a uma conclusão inescapável. Presumivelmente, vocês não se tornarão especialistas em todas as escolas teóricas apresentadas aqui no decorrer de seus estudos; ninguém espera que isso aconteça, até porque vocês teriam dificuldade em encontrar um professor de Ciências Sociais que realmente seja capaz de dar conta de todas essas correntes teóricas. Mas não tentem escapar dessa confusão buscando refúgio na primeira teoria que lhes parecer mais atraente. Há muitos estudantes que conhecem apenas uma única teoria realmente bem, que são entusiastas com relação a ela, e que olham com desdém para as outras abordagens. Infelizmente, um bom número de seus professores, que não raro se especializaram em apenas uma teoria e consideram todas as outras como sendo em princípio "ruins" ou inúteis, são também um exemplo vivo desse tipo de comportamento. Tal como dissemos, as várias abordagens que existem no interior da Sociologia apresentam um grande potencial de trocas mútuas. Por essa razão nós os aconselhamos a dialogar com *diferentes* escolas teóricas no decorrer de seus estudos. Isso irá evitar um olhar parcial e cego a outras perspectivas. Afinal, como mostramos, o conhecimento empírico e teórico são muito conectados, essa atitude poderia resultar em uma armadilha que atrapalharia seu trabalho empírico.

A *segunda* conclusão a ser extraída desse "debate" entre Popper e Kuhn é diretamente relevante para as próximas lições. Se é verdade que as questões teóricas não podem ser resolvidas apenas por instrumentos empíricos, que os níveis de conhecimento empírico e teórico não podem ser claramente separados, que – como elucidado pela Figura 1.1, produzida por Alexander – precisamos trabalhar com a premissa de que os ambientes empírico e metafísico como pontos dispostos em um contínuo, então também está claro que o trabalho teórico no âmbito das ciências sociais deve consistir em mais do que a criação e falsificação de leis e de enunciados universais, como seria o caso se seguíssemos as teses de Popper e dos teóricos da escolha racional. A teoria social também precisa preocupar-se com as "pressuposições gerais" que aparecem no diagrama de Alexander. Questões teóricas podem variar de generalizações empíricas a sistemas interpretativos abrangentes, que vinculam atitudes básicas com relação ao mundo que são de caráter filosófico, metafísico, político e moral. Ninguém interessado em fazer parte do mundo social científico pode evitar engajar-se em um debate crítico em todos esses níveis. Aqueles que pretendem vincular-se apenas a teorias puramente empíricas irão se desapontar. (É desnecessário repetir que nossa concepção de teoria não é inconteste. Como já dissemos, os defensores das teorias da escolha racional não descreveriam como "teorias" muitas daquelas apresentadas a seguir. Então, caso vocês queiram dar uma olhada na controvérsia em torno da questão "O que é teoria (social)?", aconselhamos-lhes a comparar o primeiro capítulo do livro de Jeffrey Alexander: *Twenty Lectures: Sociological Theory since World War II*, com os comentários feitos por Hartmut Esser, um dos principais teóricos da escolha racional na Alemanha, em seu livro *Soziologie – Allgemeine Grundlagen*, cap. 3 e 4.)

Se tomamos como base esse amplo conceito de teoria, isso não significa que o debate deva sair do controle, sendo que cada pesquisador se torna seu próprio teórico, sem que nada impeça um aumento arbitrário no número de teorias? De modo bem simples, a resposta é "não". Na verdade, já ficou evidente no âmbito das disciplinas das ciências sociais – e isso nos remete à nossa primeira conclusão – que, a despeito da grande diversidade teórica, há um amplo consenso entre os pesquisadores sobre quais são os tópicos fundamentais ou nucleares. E esses tópicos podem ser identificados. Acreditamos que o desenvolvimento teórico das ciências sociais giram ao redor de três questões bastante específicas. Estas são "O que é ação?"; "O que é ordem social?"; e "O que determina a mudança social?" Todos os teóricos – e isso se aplica tanto aos autores *clássicos* quanto aos teóricos sociais *modernos* – enfrentaram essas três questões. É preciso ainda acrescentar que essas três questões são intimamente vinculadas: as *ações* dos seres humanos nunca são inteiramente aleatórias. As *ordens sociais* sempre se desenvolvem, e são sujeitas à *mudança* histórica. Embora os teóricos que veremos a seguir tenham discutido essas questões de formas bastante diferentes – alguns estavam mais interessados na ação do que na ordem, muitos estavam mais ocupados com a estabilidade do que com a mudança social – essas questões mutuamente conectadas sempre estiveram presentes. O que torna essas questões particularmente interessantes é o fato de que o processo de respondê-las quase sempre levou os teóricos a realizar um diagnóstico de seu tempo. As ideias geralmente muito abstratas desses teóricos sobre a ação social, sobre a ordem social e sobre a mudança social encontram expressão – direta ou indiretamente – em avaliações bastante concretas sobre o estado das sociedades contemporâneas, sobre seus futuros "caminhos de desenvolvimento" e mesmo sobre seus passados. Lidar com essas três questões não é um mero exercício formalista ou um fim em si mesmo, mas algo que nos leva diretamente ao coração do campo de atividade que torna as ciências sociais tão intelectualmente estimulantes e atraentes para o público mais amplo: sua luta para compreender as sociedades contemporâneas e para detectar tendências futuras.

Esse fato já basta para nos fornecer uma base para estruturar as lições seguintes. Nossa tese é a de que o desenvolvimento da teoria social moderna pode ser compreendido como uma incessante busca por respostas a essas três questões mencionadas acima e que o debate teórico a esse respeito foi levado a outro nível nos anos de 1930 pelo grande teórico americano ao qual os teóricos que o sucederam sempre se referiram – implícita ou explicitamente, aprovando-o ou criticando-o – até os dias de hoje. Estamos nos referindo a Talcott Parsons; considerando a importância de sua obra para a teoria social moderna, as três próximas lições serão dedicadas a ele. A história da recepção da obra de Parsons mostra com grande clareza um ponto que já discutimos e destacamos mais acima: de modo algum está correto o diagnóstico de que a Sociologia simplesmente desintegrou-se em várias escolas teóricas, e esse nunca foi o seu destino. Ao contrário, trata-se de uma disciplina na qual o desenvolvimento da teoria foi impelido mediante a comunicação, o desacordo racional e debates controversos. Dentre outras coisas, a tendência dos pesquisadores em referir-se constantemente ao sistema de pensamento desenvolvido por Talcott Parsons criou a unidade com a qual iremos nos confrontar nas dezenove lições subsequentes.

Esperamos apresentar em todo detalhe possível, considerando-se os limites do presente contexto, o modo como Talcott Parsons compreendeu a ação social, como concebeu a ordem social, o que ele disse sobre a mudança social, como ele interpretou "sua época" – e como e por que outras escolas teóricas contrastam com suas visões. Também almejamos apresentar brevemente a vocês os mais importantes autores, fundadores das várias escolas teóricas. Pretendemos apresentar-lhes uma visão geral dos campos de pesquisa empírica em que essas várias escolas teóricas desenvolveram-se com maior força, mas também aqueles que expuseram suas fraquezas. Esse último aspecto deve ser de particular interesse para aqueles que dentre vocês possuem maior interesse nas pesquisas empíricas. Isso reforçará um argumento que já mencionamos diversas vezes: a impossibilidade última de estabelecer uma clara linha demarcatória entre conhecimento empírico e conhecimento teórico.

II
A clássica tentativa de síntese: Talcott Parsons

Sem nenhuma dúvida, no decorrer dos seus estudos ou a partir de suas próprias leituras vocês já se depararam com os pais fundadores da Sociologia, as figuras *clássicas da disciplina*. Indisputavelmente, nesse grupo estão incluídos o alemão Max Weber (1864-1920) e o francês Émile Durkheim (1858-1917). Seus contemporâneos alemães Georg Simmel (1858-1919) e Ferdinand Tönnies (1855-1936), e os americanos Georg Herbert Mead (1863-1947), William Isaac Thomas (1863-1947) e Charles Horton Cooley (1864-1929) são frequentemente mencionados na mesma categoria daqueles dois gigantes da disciplina. Podemos debater incessantemente quem mais devemos ou não incluir na lista dos autores-chave, no "cânone" dos teóricos clássicos da sociologia. Os nomes de Adam Smith (1723-1790) e sobretudo de Karl Marx (1818-1883) aparecem bastante nesse contexto, e inspiram intensa controvérsia. Embora não sejam sociólogos no sentido mais estrito do termo, eles exerceram enorme influência no pensamento sociológico e, sobretudo, na edificação das teorias nas ciências sociais como um todo.

Conquanto seja interessante esse debate sobre o *status* de certos autores enquanto clássicos, é notório que os debatedores tendem a esquecer *quem* foram os responsáveis pela formação desse cânone, por compilar essa lista de autores clássicos, *quem* originalmente estabeleceu a estrutura básica do cânone que perdura ainda hoje. Para examinarmos essa questão usualmente negligenciada, não podemos deixar de mencionar o nome do americano Talcott Parsons (1902-1979). Foi Parsons quem, nos anos de 1930, durante um período muito complicado para a sociologia mundial, conseguiu juntar as peças de uma discussão teórica cada vez mais fragmentada que se seguiu após o momento fundacional da disciplina e, dentre outras coisas, declarou que o conteúdo dos escritos de Durkheim e Weber deveriam constituir o cerne do pensamento sociológico. A primeira grande obra de Parsons, *The Structure of Social Action* (geralmente abreviada como *Structure* ou SSA), de 1937, foi uma tentativa de criar um cânone, que determinou o futuro desenvolvimento da sociologia em uma extensão tal que é difícil apreender hoje, especialmente considerando-se o tempo que levou até exercer um real impacto. Justamente porque o *status* de Durkheim e Weber enquanto clássicos agora parece algo autoevidente, até mesmo entre os estudantes neófitos, como também certamente entre os mais "antigos", tende-se a não se considerar muito importante gastar tempo em debater *como* eles adquiriram esse *status*. Devemos isso a Parsons, o que já seria suficiente para justificar uma cuidadosa investigação do livro *A estrutura da ação social*. Mas esse livro de quase 800 páginas, que é altamente exigente e longe de ser fácil de ler, e que incompreensivelmente ainda não foi traduzido para o alemão[1], foi o marco no processo de formação do cânone. Parsons engajou-se explicitamente no esforço de constituir um arcabouço de uma teoria sociológica compreensiva a partir dos escritos dos autores clássicos, que tinham um caráter fragmentário, e que foram moldados por seus contextos nacionais e pessoais, com o intuito de reunir todo esse material no espectro geral das ciências sociais. Temos, portanto, boas razões para dedicar essa segunda lição e até mesmo partes da terceira a analisar essa obra pioneira em muitos aspectos, mas que foi pouco lida logo que foi publicada, até mesmo na América, e que foi "descoberta" pela comunidade acadêmica muito depois.

A história da vida de Parsons não é particularmente interessante, mas representa uma típica e bem-sucedida carreira acadêmica. Podemos então nos limitar a fazer algumas observações biográficas (para maior detalhe, cf. CAMIC, C. "Introduction: Talcott Parsons before *The Structure of Social Action*"). Parsons nasceu em Colorado Springs, Colorado, e lá foi criado em uma ascética família protestante. Seu pai, inicialmente um ministro da congregação, era professor de Inglês e diretor do Colorado College, antes de a família mudar-se para a cidade de Nova York, em 1917, onde o jovem Parsons se preparava para ingressar na universidade. Ele escolheu a Amherst, focando inicialmente em Biologia, que depois se mostrou importante para o desenvolvimento de suas obras da metade da carreira em diante, e acabou optando por Economia. Depois de graduar-se em Amherst, em 1924, ele deixou os Estados Unidos por um tempo, com o auxílio de uma bolsa, e continuou seus estudos na London School of Economics, onde, dentre outras coisas, entrou em contato com importantes representantes da antropologia social, tal como Bronislaw Malinowski. Em 1925 ele foi para Heidelberg, onde a atmosfera ainda era imbuída da presença de Max Weber, que havia morrido cinco anos antes; Weber vivera e ensinara ali por muitos anos, deixando uma impressão duradoura na vida intelectual do local. Ali, Parsons estudou as obras de outros importantes cientistas sociais alemães, de forma mais intensa que antes. Ele concluiu de forma bem-sucedida a sua tese de doutorado sobre o conceito de capitalismo na obra de Karl Marx, Werner Sombart e Max Weber, em 1927. Naquela época, ele já havia retornado a Amherst para trabalhar meio período como professor de Economia, durante o ano acadêmico de 1926/1927. Portanto, quando Parsons conseguiu uma posição em Harvard, no outono de 1927, sua orientação disciplinar ainda não estava plenamente estabelecida. Inicialmente ele deveria ensinar aos estudantes

---

1. Esse livro foi traduzido para o português, pela Editora Vozes, em 2010 [N.T.].

seu conhecimento básico sobre as teorias *econômicas* alemãs – que haviam sido discutidas em sua tese. Isso durou até 1930, quando seu crescente interesse pelas questões sociológicas encontrou expressão em sua atuação profissional: Parsons começou a lecionar no departamento de sociologia de Harvard, que havia sido fundado há pouco pelo imigrante russo Pitrim Sorokin. Como resultado das diferenças pessoais e acadêmicas para com Sorokin, ele encontrou inicialmente algumas dificuldades ali. Foi apenas em 1937 – depois da publicação do *Structure*, que ele se tornou professor-associado, com a perspectiva de uma posição permanente. Mas a partir desse momento Parsons ao menos estava estabelecido no departamento de sociologia, local em que permaneceu durante o resto de sua vida acadêmica. Ele tornou-se um professor altamente influente e formou estudantes brilhantes; dos anos de 1950 em diante ele conseguiu articular isso com a produção de um grande número de publicações. *The Social System*, seu segundo grande trabalho, surgiu em 1951, e numerosos livros e ensaios, geralmente de um calibre teórico de primeiro nível, foram publicados logo depois. Parsons então se tornou o sociólogo mais respeitado, e sem dúvida o mais importante, das décadas de 1950 e de 1960, não apenas nos Estados Unidos, mas por todo o mundo, sendo que sua influência chegou até mesmo à União Soviética. Contudo, a sua estrela começou a apagar-se no final dos anos de 1960. Ele passou por vários ataques críticos. A ideia que se espalhou, especialmente no âmbito do movimento estudantil e da influente esquerda acadêmica, era a de que seus escritos de caráter mais empírico tinham uma estrutura básica conservadora e americocêntrica; passou-se então a acreditar que seria necessário destruir o consenso parsoniano "ortodoxo" na sociologia. A despeito do fato de que tal caracterização do trabalho de Parsons estivesse longe de ser acurada – estudos sobre sua vida revelaram que ele tinha simpatia pelo New Deal de Roosevelt nos anos de 1930 e considerava-se um liberal de esquerda, o que explica que tenha sido observado de perto pelo FBI – ela exerceu um impacto negativo sobre a recepção de sua obra nos anos de 1970. Ainda que continuasse produtivo mesmo no final de sua vida, ele geralmente era tratado como um autor ultrapassado, que já não pareceria encaixar-se no território teórico contemporâneo.

Surpreendentemente, contudo, isso mudou imediatamente após sua morte repentina, em 8 de maio de 1979 em Munique, onde Parsons estava para um *tour* de palestras. No final da década de 1970, pesquisadores de vários países tentavam superar a diversidade teórica que predominava na sociologia, pois a consideravam algo pouco satisfatório, e o faziam mediante ambiciosas tentativas de síntese. Ao fazê-lo, alguns teóricos consideraram útil recorrer ao edifício teórico parsoniano. Um movimento teórico desse tipo, modelado sobre a obra de Parsons e almejando realizar uma síntese deste, foi desenvolvido nos Estados Unidos e também na Alemanha, sob rótulos tais como "neofuncionalismo" ou mesmo "neoparsonianismo"; voltaremos a esse movimento mais tarde (Lição XIII). Também na Alemanha duas importantes figuras do pós-guerra construíam seus argumentos a partir de ideias nucleares da obra de Parsons: Jürgen Habermas desenvolveu as ideias de *A teoria do agir comunicativo* (1981) a partir de uma referência explícita ao *Structure*; e Niklas Luhmann foi inspirado sobretudo pelos escritos tardios de Parsons, mas não por sua obra inicial. Analisaremos esses dois autores com maior profundidade mais adiante (Lições IX-XI). Aqui, no entanto, é preciso dizer o seguinte a respeito de *The Structure of Social Action*: foi precisamente porque Parsons foi tão bem-sucedido nesse primeiro grande livro, em sua articulação entre capítulos interpretativos das figuras centrais da sociologia e a construção de uma teoria sistemática, que ele pôde servir de modelo para novas tentativas de *sínteses*, isto é, tentativas de estabelecer ligações entre teóricos muito diferentes de modo a construir uma grande teoria de caráter mais abrangente.

Isso nos leva finalmente à análise do livro *The Structure of Social Action*, que mencionamos diversas vezes, e que exerceu um tremendo impacto na história da sociologia, um livro que traz um subtítulo bastante monótono: *A Study in Social Theory with Special Reference to a Group of Recent European Writers*. Mas esse subtítulo refere-se ao elemento do qual ele retira muito de seu sugestivo poder: para fundamentar sua "teoria social", Parsons escolhe um modo de apresentação brilhante, articulado de modo bastante específico, que se tornou famoso sob o título de "tese da convergência". Parsons afirma que entre 1890 e 1920 quatro grandes pensadores europeus, que eram renomados cientistas sociais de sua época, inconscientemente e, sobretudo, sem fazer referência um a outro, caminharam na direção da construção de um arcabouço teórico semelhante; portanto, havia uma convergência em torno de aspectos significativos e de interessantes argumentos teóricos. Esses quatro autores – o alemão Max Weber, o francês Émile Durkheim, o inglês Alfred Marshal (1842-1924) e o italiano Vilfredo Pareto (1843-1923) –, a despeito de serem oriundos de diferentes meios teóricos e de tradições intelectuais divergentes, tinham, segundo Parsons, um denominador comum no que se refere a importantes aspectos teóricos que se fizeram presentes no desenvolvimento de suas obras. Enquanto o economista Marshall e o economista e sociólogo Pareto eram originalmente expoentes da tradição utilitarista, e os sociólogos Durkheim e Weber eram afiliados, respectivamente, ao positivismo francês e ao idealismo alemão, quando iniciaram seus percursos, Parsons afirma que eles acabaram por modificar essas raízes teóricas, e isso foi feito *independentemente uns dos outros*; isto é, sem influência mútua, eles chegaram a uma crítica comum ao utilitarismo que era surpreendentemente semelhante (algo que iremos explicar em breve) e ao final elaboraram uma primeira formulação de uma "teoria voluntarista da ação". Portanto, suas teorias haviam "convergido". Essa era a contundente afirmação de Parsons, que serve como ponto de partida para os argumentos que desenvolveremos a seguir. Tudo o que importa por ora é saber *por que* Parsons defendeu uma "tese da convergência" desse tipo, e não tanto discutir o significado dessa expressão intimidadora. Esclareceremos isso mais tarde.

O primeiro elemento crucial é, portanto, a afirmação de Parsons de que *ele próprio* teria identificado essa similaridade ou convergência, da qual os autores não teriam consciência. Ele almejava alcançar duas coisas com isso. Primeiramente, é claro, ele afirmava ter sido bem-sucedido, mediante uma interpretação particularmente interessante, em inaugurar uma nova forma de olhar para pensadores que antes eram concebidos como sendo muito diferentes. Isso em si mesmo já seria uma grande realização. Mas Parsons tinha ambições maiores para sua tese da convergência. Em segundo lugar, ele pretendia fornecer ao leitor evidências quanto à precisão de seu próprio empreendimento teórico. Parsons (supostamente) concordou com as críticas ao utilitarismo feitas pelos quatro pensadores mencionados acima, e esperava usar essas objeções construtivamente, para desenvolver sua própria teoria. Ao mesmo tempo, ele também afirmava ser capaz de assimilar e até mesmo sintetizar os *insights* positivos no âmbito de uma abordagem nova e mais abrangente. Precisamente pelo fato de que esses quatro cientistas sociais – era isso que Parsons pretendia que fosse a essência de sua tese da convergência – chegaram ao mesmo resultado de forma independente (nas ciências sociais contemporâneas dir-se-ia o seguinte: precisamente porque ocorreu uma "descoberta múltipla"), ele pôde afirmar a plausibilidade de seu argumento de que a crítica ao utilitarismo era tão necessária quanto inevitável. Parsons afirmou que de modo algum essa crítica poderia ser o mero resultado de sensibilidades individuais, dado que mentes tão diferentes, em lugares diferentes, haviam expressado seu descontentamento para com o utilitarismo e se aventuraram em adotar uma nova teoria:

> De fato, no interior da grande unidade cultural, a Europa Ocidental e Central no final do século XIX e começo do século XX, seria muito difícil escolher quatro homens que tenham tido importantes ideias em comum que tivessem sido menos influenciados a *desenvolver esse corpo comum de ideias* por fatores outros que não o desenvolvimento imanente da lógica dos sistemas teóricos em relação aos fatos empíricos (SSA, p. 14; ênfase no original).

A ambição de Parsons, portanto, era a de destilar as importantes ideias levantadas por esses quatro autores, que se faziam presentes de forma algo nebulosa, e formulá-las com clareza analítica, com o intuito de fornecer à sociologia, e quiçá às ciências sociais como um todo, uma fundamentação sólida, ou ao menos mais sólida. A forma que ele escolheu para fazer isso foi a de apresentar longos capítulos interpretativos sobre os quatro autores, com exposições puramente teóricas, relacionando tudo isso com sua tese da convergência. Esse procedimento foi a um só tempo brilhante e sedutor, em grande parte porque sua referência a esses famosos autores o colocou "sobre seus ombros", isto é, sobre os "ombros de gigantes". Ele então interpretou explicitamente a história das ciências sociais (ou da sociologia) como uma história do progresso científico. Presumidamente, Parsons pensou (cf. a conclusão a que ele chega na citação acima) algo como: "A história do utilitarismo necessariamente resulta em sua própria crítica sob a forma de uma mudança teórica imanente; ao mesmo tempo, foram feitas as primeiras e ainda imperfeitas tentativas de libertar o sistema teórico do utilitarismo (tal como se pode ver na obra dos quatro autores), antes que eu, Parsons, consiga desenvolver uma teoria mais clara e mais positiva, a qual, não obstante, provavelmente será modificada e aperfeiçoada ainda mais no futuro".

De acordo com a interpretação de Parsons, a história das ciências sociais pode ser escrita com o mesmo sucesso que a história das ciências naturais. Segundo essa visão, seria possível discernir claramente o progresso no interior das ciências sociais, especialmente na sociologia, o que, evidentemente, seria algo de extrema importância para a legitimidade da disciplina (e para as disciplinas de ciências sociais em geral). Em *The Structure of Social Action*, dentre outras coisas, Parsons estava sempre preocupado em traçar o perfil dessa disciplina que era ainda relativamente jovem, a Sociologia, tendo como parâmetro o modelo das ciências naturais, mas também da Economia, que já havia passado por um desenvolvimento muito mais significativo e por uma maior matematização. Seu modelo de apresentação, que sublinha o progresso científico, não é de modo algum acidental. Mas estaríamos fazendo uma injustiça com Parsons se o acusássemos de ter interpretado a história do pensamento social científico do modo como o fez apenas por razões disciplinares egoístas, ou se sugeríssemos que essa interpretação foi feita apenas para legitimar seu *status* como aquele que aperfeiçoou o edifício teórico erigido por aqueles quatro pensadores. Se estes tivessem sido seus únicos objetivos, Parsons poderia ter tornado as coisas mais simples para ele.

Precisamos recordar aqui que Parsons, um americano, colocou quatro autores *europeus* no centro de suas interpretações. Isso é relevante porque, quando seu estudo foi publicado, a influência das ciências sociais europeias nos Estados Unidos havia se tornado negligenciada, se considerarmos o crescente número de imigrantes alemães que chegavam ao país a partir de 1933. Antes da Primeira Guerra, quase todos os cientistas americanos famosos estudaram na Europa, e em particular na Alemanha, pelo menos uma vez no decorrer de suas carreiras. Mas isso começou a mudar, porque a guerra diminuiu substancialmente o prestígio da Alemanha. Para muitos americanos, toda a Europa estava naufragando no atoleiro político; basta pensar no surgimento do fascismo nos anos de 1920, a ascensão de Hitler ao poder em 1933, o início da Guerra Civil espanhola em 1936, ou as revoltas do governo do fronte popular na França. Do ponto de vista americano, poderia ser difícil entender por que, tal como sugeriu Parsons, alguém deveria tomar como ponto de partida a obra de pensadores *europeus* – exclusivamente, na verdade – para poder estabelecer uma disciplina e consolidar sua posição dentro da academia. No entanto, foi exatamente isso o que ele fez, ainda que não houvesse qualquer garantia de sua proposta ser bem recebida, considerando a origem desses pensadores. Portanto, Parsons não tornou as coisas fáceis para ele. Ele assumiu um risco considerável ao colocar esses autores em um pedestal, em particular Durkheim e Weber, a quem ele devotou as seções mais longas de seu livro. Ao fazer isso ele contribuiu de forma decisiva para a emergência desses dois autores como as figuras centrais do atual cânone sociológico. Por isso devemos ter uma coisa em mente. Não se trata apenas de que foi em grande medida por causa de Parsons que as obras de Durkheim e Weber encontraram uma duradoura aceitação dentro da sociologia *americana*; nem se trata somente de que sua forma de construir uma teoria seja responsável pelo fato de que a sociologia *americana* viu grandes progressos no campo teórico e atingiu um novo e muito maior grau de sofisticação a partir do final da década de 1930. O que devemos notar particularmente é que *mesmo na Europa* o *status* de Durkheim e Weber também não estava (mais) garantido; após a morte de um grande número de seus pais fundadores, a sociologia americana adentrou um período de estagnação no início dos anos de 1920. Sem dúvida, essa crise ocorreu em parte em virtude das tensões políticas da época, mas fatores intelectuais também estiveram envolvidos. Foi Parsons quem, ao concentrar-se em um pequeno número de figuras europeias clássicas, redirecionou a atenção de pesquisadores de todo o mundo para as fundações da disciplina. Foi Parsons quem desenvolveu de forma bem-sucedida um cânone – com enormes consequências para o futuro desenvolvimento da sociologia, tal como mencionado acima. Isso em si mesmo já constituiria razão suficiente para justificar por que um livro sobre teoria sociológica moderna deve começar com Parsons.

Já dissemos bastante para uma apresentação introdutória à abordagem adotada por Parsons em *The Structure of Social Action* e sua tese da convergência. Nossos comentários até aqui fizeram pouco mais do que traçar a estrutura formal da obra de Parsons, mas ainda não disseram nada concreto sobre seus argumentos ou interpretações teóricos. É isso o que faremos agora em três etapas, na medida em que explicamos o significado de termos essenciais mencionados acima.

Parsons devotou uma significativa porção de sua argumentação em *The Structure* para criticar o utilitarismo. A *crítica* a sistemas de pensamento existentes, nesse caso o utilitarismo, é um dos principais componentes do livro. Parsons assumiu corretamente que seria preciso primeiramente refutar essa influente corrente antes que pudesse considerar seriamente construir sua própria teoria. Para ele, o trabalho construtivo deve ser precedido por um ato de destruição.

O que exatamente é o utilitarismo? Somos imediatamente confrontados com a dificuldade de tentar responder a essa questão, pois esse termo não é muito claro, e o próprio Parsons muitas vezes o utilizou de forma bastante imprecisa. Entretanto, a clarificação é algo vital, e vocês são cordialmente convidados a unir-se a nós em uma breve excursão pela história da filosofia.

Primeiramente, a expressão "utilitarismo" (do latim *utilitas* = utilidade, benefício) denota um movimento da filosofia inglesa do final do século XVIII e início do século XIX. Trata-se de uma abordagem profundamente associada ao nome de Jeremy Bentham (1749-1832), que formulou os princípios básicos do utilitarismo enquanto uma teoria da ação humana e uma teoria da moralidade. Bentham pressupôs que a ação humana é governada pelos ditames da "dor e do prazer", isto é, que os seres humanos agem em todas as circunstâncias de modo a evitar a dor e buscar o prazer, porque eles – para dizer de um modo um pouco diferente – desejam aumentar a sua utilidade. A partir disso ele derivou o princípio ético segundo o qual a qualidade moral da ação humana deve ser calculada com base na extensão em que esta contribui para a maior felicidade, para a maior utilidade, do maior número possível daqueles afetados ou da sociedade. As ideias básicas de Bentham, que esboçamos muito brevemente, exerceram um grande impacto na história intelectual, em particular em suas vertentes inglesa e anglo-americana, na medida em que ele teve sucessores brilhantes ou intérpretes que introduziram suas ideias a um público mais amplo. Um deles foi John Stuart Mill (1806-1873); em 1863, em um tratado intitulado "Utilitarismo", ele tomou como ponto de partida alguns argumentos de Bentham, ao mesmo tempo em que os modificou em alguma medida. Para ajudá-los a adentrar no mundo conceitual dos utilitaristas devemos deixá-lo falar nessa breve citação a seguir. Sugerimos que vocês prestem particular atenção às frases que destacamos em itálico, que têm relação com uma teoria da ação.

> O credo que aceita a Utilidade como fundamento da moral, ou o princípio da Maior Felicidade, sustenta que as ações são corretas na medida em que tendem a promover felicidade, e são erradas quando tendem a produzir o inverso da felicidade. Por felicidade entende-se o prazer e ausência da dor; por infelicidade entende-se dor, a privação do prazer. Para dar uma ideia do padrão moral que resulta desta teoria, muito mais precisa ser dito; em particular, que coisas estão incluídas nas ideias de prazer e de dor; e em que medida esta permanece uma questão em aberto. Mas essas explicações suplementares não afetam a *teoria da vida na qual essa teoria da moralidade é fundamentada – nomeadamente que o prazer e a liberdade da dor são as únicas coisas desejáveis como fins* (MILL. *Utilitarianism*, p. 118).

Portanto, assim como Bentham, Mill também define a ação humana como sendo orientada pelo princípio da utilidade como processo de evitar a dor e obtenção de prazer. É precisamente essa consideração teórica da ação que privilegia uma orientação na direção da utilidade que é veementemente criticado por Parsons – por razões que exporemos mais adiante.

No entanto, antes de apresentar sua crítica, ele destaca que tal concepção de ação humana estava presente não apenas no pensamento de Bentham e J.S. Mill, que podem ser considerados utilitaristas no sentido mais estrito do termo e que de fato se consideravam como tal. De acordo com Parsons, a concepção utilitarista sobre a ação humana teve uma influência profundamente formativa em uma disciplina inteira, isto é, a economia, no final do século XIX e no século XX. Isso parece algo plausível quando olhamos para como economistas famosos como David Ricardo (1772-1823) e Willliam Stanley Jevons (1835-1882) foram influenciados por pensadores utilitaristas (em alguns casos até pessoalmente). Mas Parsons dá um passo adiante. Ele vai tão longe a ponto de afirmar que os argumentos utilitaristas foram centrais para a maior parte da filosofia política muito antes de Bentham e Mill; ele vê Thomas Hobbes (1588-1679) como um exemplo particularmente bom desse argumento, algo que olharemos mais de perto mais adiante.

A noção de utilitarismo de Parsons é problemática. Em certo sentido, é concebida de forma muito ampla, atribuindo um único rótulo a um número muito grande de correntes da história da filosofia. Não obstante, sua abordagem é compreensível: algumas passagens centrais de *Structure* devem ser entendidas como a análise intelectual histórica das *raízes* do utilitarismo. Parsons chama nossa atenção, por exemplo, para os precursores desse pensamento, que ele chama de "orientado pela utilidade" (bem como de "individualista" ou "atomista" já no início do cristianismo, que considera como formas iniciais cujas características típicas foram nuançadas pelo catolicismo medieval. De acordo com Parsons, foi somente durante a Reforma, que enfatizou não tanto a liberdade do indivíduo, mas sobretudo sua *liberdade para escolher seus fins*, que o foco sobre a utilidade voltou a ganhar uma forma mais radical (cf. SSA, p. 51ss.). De acordo com Parsons, é aqui que estão as verdadeiras raízes do utilitarismo, um modo de pensar que é unilateral e que, no que se refere à questão da ação, está interessado primariamente nos meios que podem garantir de forma mais eficiente a obtenção de determinado fim. A obtenção eficiente da utilidade é o elemento central. Essa tradição de pensamento passa a ser vinculada, de forma bastante opaca, com a ciência empírica moderna, que também surge no início da era moderna: a experimentação científica, racional, foi praticamente equiparada com uma ação orientada pela utilidade. Inversamente, a ação destinada a aumentar a utilidade era entendida como o único tipo de atividade realmente racional e, portanto, como uma ação *per se*:

> Na medida em que busca fins possíveis dentro das condições da situação e pelos meios que dentre aqueles disponíveis para o ator são intrinsecamente melhor adaptados para o fim por razões compreensíveis e verificáveis por uma ciência empírica positiva (SSA, p. 58).

Nesse sentido Parsons é capaz de argumentar – isso nos traz um outro termo especializado ainda não explicado – que o utilitarismo é um tipo de corrente que faz parte daquilo a que ele chama de "positivismo". Essa é uma escola de pensamento que segundo Parsons é especialmente característica do Iluminismo francês e da Filosofia francesa, de acordo com a qual a ciência positiva é um modo de pensar baseado nos métodos das ciências naturais, é o único meio que o ator possui para acessar a realidade (SSA, p. 60ss. e Lição 1).

Isso é o que podemos dizer de mais essencial sobre o conceito de utilitarismo mobilizado por Parsons, sobre sua concepção sobre o mesmo e sobre as teorias vinculadas a ele. O elemento-chave para seu exame é Thomas Hobbes, *o filósofo político* que, segundo Parsons, colocou com mais clareza as premissas da concepção teórica utilitarista sobre a ação e que, acima de tudo, discutiu sistematicamente suas consequências sem, no entanto, perceber a fragilidade de sua concepção de ação.

Em um momento crucial do argumento apresentado por Hobbes em sua principal obra, *Leviatã* (1651), ele conduz um experimento mental, que Parsons considera muito interessante. Hobbes pergunta o que aconteceria se as pessoas agissem em um "estado de natureza", isto é, numa situação de ausência de regras externas, de constrangimentos, leis etc., e de um modo consoante à concepção utilitarista, isto é, se *privilegiassem a utilidade* mediante uma tentativa de aumentar seu prazer tanto quanto possível e evitar a dor. O que aconteceria se os indivíduos se comportassem exatamente desse modo – e em circunstâncias nas quais os bens são escassos? (Podemos conceber tais circunstâncias como algo garantido. Quando tudo é dito e feito, um excedente de todos os bens desejáveis não existe em nenhum outro lugar fora de Xangrilá; em todos os demais lugares, as pessoas precisam competir por esses bens.) A resposta perfeitamente plausível de Hobbes foi a de que sob tais circunstâncias a ação humana estava destinada a fazer uso da "força e da fraude", porque quando as pessoas competem por bens escassos na ausência de regras que imponham constrangimento às suas ações, cada indivíduo busca apenas sua vantagem imediata, sua utilidade. As outras pessoas são apenas utilizadas como meios para satisfazer as necessidades e desejos do indivíduo que age, ou podem ser até mesmo escravizadas ou mortas, ou ludibriadas em situações de trocas de bens etc. Essas estratégias violentas ou traiçoeiras, afirma Hobbes, seriam utilizadas simplesmente por terem se mostrado meios eficientes para a obtenção dos propósitos do indivíduo, e porque todos devem operar sob o pressuposto de que seus semelhantes também recorrerão a esses meios e estratégia para obter maior vantagem. O resultado dessa situação, desse "estado de natureza", é a violência cotidiana e uma permanente situação de insegurança, de nunca conseguir descansar, e até mesmo de medo da morte. Até mesmo o gozo de sua propriedade está sob risco, porque seus proprietários podem ser dominados por outras pessoas a qualquer momento. Em tal situação, na qual cada indivíduo apenas persegue de forma egoísta a sua utilidade, não pode haver confiança; em um "estado de natureza" a guerra de todos contra todos (*bellum omnium contra omnes*) seria o resultado necessário da ação humana engendrada pelo princípio da utilidade. E tal estado, nos diz Hobbes, é incapaz de satisfazer verdadeiramente a qualquer pessoa.

Se as pessoas realmente pautam suas ações pelo princípio do aumento da utilidade, tal como retratado por Hobbes em seu experimento mental sobre o estado de natureza, só poderia haver um modo de acabar com essa situação anárquica, belicosa e insustentável. Hobbes ao menos acreditava que isso envolveria a subjugação de todos os indivíduos a uma única vontade, mais especificamente, à autoridade de um governante ou estado, que finalmente conseguiria dar fim a essa situação de guerra de todos contra todos, estabelecendo um monopólio do uso da violência e obtendo a paz mediante o uso da força. Hobbes chama a este estado – e a seu livro – de *Leviatã*, um nome originário do Antigo Testamento, que se refere a um poderoso monstro dos mares. Essa escolha de nome bastante peculiar aponta para o fato de que Hobbes é ambivalente no que se refere à "solução proposta", a hegemonia do *Leviatã*, porque ao mesmo tempo em que esse monstro realmente consegue trazer a paz, ele o faz à custa de uma imensa desigualdade (política) entre o governante, no topo do Estado, e o resto da população. Mas, de acordo com Hobbes, é apenas o Estado que é capaz de fazer com que as pessoas consigam escapar dessa condição anárquica e promover uma realidade social na qual se possa fruir em paz, por exemplo, dos frutos de seu trabalho ou, em outras palavras, da propriedade privada.

Agora podemos, a partir de uma perspectiva da história das ideias, investigar por que Hobbes conduziu esse experimento mental descrito como "estado de natureza", e por que introduziu o conceito de Leviatã. O livro foi certamente escrito em um período de grandes tensões sociais e políticas; a Inglaterra estava à beira de uma guerra civil (religiosa). Também foram feitas tentativas de relacionar sua obra à emergência de uma nova estrutura social, pois o capitalismo começava a transformar a economia agrícola. Portanto, Hobbes poderia estar pensando na Inglaterra de seu tempo quando pensou na violência cotidiana de uma situação de guerra civil, ou – e esta é a outra interpretação – sobre as profundas consequências do início do capitalismo, que poderia ser domado apenas por um "monstro", assim o *estado* absolutista todo-poderoso apareceria para ele como *a* solução para os problemas contemporâneos. Contudo, a solução de Hobbes foi compartilhada por outros. Outra estratégia que precisa ser mencionada neste contexto tem suas origens no pensamento econômico. A obra de Locke (1632-1704) e Adam Smith, pensadores que, dentre outros, colocaram as bases da economia ou que propiciaram seu desenvolvimento na Grã-Bretanha, apresentaram o argumento segundo o qual a ação humana almejava a maximização da utilidade, e que ela seria inofensiva se essa busca fosse "direcionada" para o reino da troca de *commodities*, do comércio. De acordo com Locke e Smith, o mercado, no âmbito do qual os participantes apenas almejam obter o maior grau possível de utilidade, caracteriza-se pelo fato de que os atos de troca ocorrem de modo a promover a vantagem mútua de todos os participantes. O escambo consiste em uma atividade moralmente saudável orientada pelo princípio da utilidade, mediante a qual *todos* os participantes lucram; trata-se de uma atividade que consiste na própria condição de uma ordem social duradoura, isto é, a ordem do mercado. Desse modo, a ideia é a de que ao garantir a sociedade de mercado, isto é, fazendo com que as relações sociais se tornem o máximo possível relações de natureza mercadológica, garante-se a manutenção dos cálculos utilitários e não a ação pautada por paixões ou desejos irrefreados, que assim são contidos, "canalizados" na busca de fins racionais no mercado, coordenados de forma harmoniosa. Para colocar essa concepção de ordem em termos estereotipados: quanto mais mercado se tem, tanto menos as pessoas irão sucumbir às paixões e à guerra, e tanto mais as trocas pacíficas e universalmente benéficas irão fazer com que as pessoas persigam racionalmente seus interesses, aumentando o grau de harmonia (cf. o excelente livro de Albert Hirschman: *The Passions and the Interests: Political Arguments for Capitalism before its Triumph*).

Mas uma interpretação intelectual histórica não era de modo algum a intenção de Parsons. Seu interesse era a *lógica interna* desses argumentos. Ele criticou a ideia lockeana e smithiana de que a ordem é estabelecida via transações de mercado, por se tratar de uma afirmação baseada em uma premissa metafísica, que não recebe qualquer outro tipo de justificação, segundo a qual há uma identidade natural dos interesses dos participantes do mercado. Parsons afirmou que a economia política clássica pressupunha que todos os participantes do mercado tinham objetivos que poderiam ser harmonizados de forma não problemática, e que sua interação traria como resultado uma vantagem mútua. A despeito de tratar-se de uma premissa correta ou não (Parsons questionou isso), trata-se de uma evasão – afirmou Parsons – do problema central colocado por Hobbes de forma drástica: como a ordem pode ser estabelecida dada a existência *de interesses que não são de fato compatíveis* (cf. SSA, p. 97ss.). Ao fazer essa pressuposição metafísica, o modelo apresentado pela economia política clássica faz com que se desperdice a oportunidade de pensar de modo *radical* a questão levantada por Hobbes. Portanto, não é nenhuma surpresa que Parsons concentre-se primariamente no experimento mental conduzido originalmente por Hobbes. Sua questão, a que Parsons chama de "problema hobbesiano" ou "problema da ordem", era a seguinte: Como é possível estabelecer a ordem sob condições de uma ação predominantemente orientada pelo princípio da utilidade?

Parsons agora não questiona se o Estado ou o mercado são capazes de criar ordem. Mas sua opinião é a de que a ordem social é um fato inquestionável, isto é, que *existe* ordem, que portanto a ordem *não* é um fenômeno realmente misterioso. Em nossa vida cotidiana, experienciamos um grande número de regularidades sociais, que ocorrem sem que tenha havido influência do Estado ou do mercado. Basta pensar o quão uniformes – poder-se-ia até dizer monótonas – são as interações no âmbito da família ou no círculo de amigos, pois dias vão, dias vêm, e continuamos a saber que podemos continuar a agir do mesmo modo como sempre agimos. Para Parsons seria sem sentido questionar a existência da ordem social. Isso não quer dizer, como muitas vezes a literatura secundária deu a entender, que sua intenção era tratar empiricamente do problema da ordem de modo a conferir-lhe uma solução superior àquela oferecida por Hobbes ("absolutismo") ou Locke ("liberalismo"). Esse mal-entendido surgiu em virtude de uma interpretação errônea da natureza mais precisa do argumento de Parsons. O que ele questionou foi a afirmação de que é possível a existência de uma ordem estável (qualquer que seja sua forma) *se as pessoas agirem puramente para maximizar sua utilidade*. Aqui ele critica o argumento "transcendental" que lembra aquele apresentado pelo grande filósofo alemão Immanuel Kant. Assim como Kant pensou quais condições para que a ciência da física possa operar, como de fato opera (Kant não realizou nenhum experimento e nem acrescentou qualquer novo elemento ao edifício teórico da física; ele apenas tentou – e é isso o que ele chama de "transcendental" – iluminar as condições necessárias ao sujeito cognoscente para que algo, nesse caso a pesquisa das ciências naturais, seja possível), *Parsons perguntou acerca de quais as qualidades necessárias dos atores humanos para tornar possível a ordem social*. E no quadro geral dessas considerações transcendentais, Parsons tentou mostrar que nenhum autor que partiu da premissa da ação pautada pelo princípio da utilidade conseguiu explicar a existência da ordem social "normal, isto é, uma ordem que não é resultado da subjugação (como em Hobbes) ou dos mecanismos de mercado (como em Locke e Smith). Não apenas isso, mas afirmou ainda que a ordem pela violência ou pelo mercado é baseada em elementos que o modelo da ação pauta pelo princípio da utilidade não é capaz de conceber.

Parsons demonstrou isso muito concretamente com referência à solução proposta por Hobbes para superar a anarquia do "estado de natureza". Tal explicação teria falhado em explicar por que de uma hora para outra as pessoas chegam à conclusão de que devem abdicar do poder que possuem e transferi-lo para um Leviatã. Elas podem perguntar-se: Quem exatamente irá garantir que outros farão do mesmo modo que eu, que não serei apenas eu que irei abrir mão de minhas armas (e de meu poder), mas que todos os demais farão o mesmo? Por que aqueles que estão se dando bem no estado de natureza, isto é, que são ricos e poderosos, concordariam em dar esse passo, quando poderiam muito bem esperar manter esse poder no longo prazo? Afinal, eles possuem os meios para tanto. Na verdade, dado que a criação do Leviatã significa que todos, com a exceção de um, irão perder poder, e apenas um irá ganhá-lo massivamente, por que alguém iria participar desse jogo tão arriscado, especialmente considerando-se o fato de que agora que a temida guerra civil chegaria ao fim, após o estabelecimento desse estado todo-poderoso, pela primeira vez estariam postas as condições perfeitas para uma não menos terrível guerra *entre* estados? Como aconteceria esse *insight* sobre a necessidade do Leviatã, como esse acordo para efetivá-lo surgiria de uma hora para outra entre os seres humanos, que sempre teriam agido apenas para ampliar a sua utilidade, é algo que permaneceu um mistério na teoria de Hobbes. Parsons então assumiu a ideia de que a solução sugerida por Hobbes estaria claramente calcada em uma concepção de ação humana que não teria como base apenas a maximização da utilidade, pois de outro modo seria impossível que todo mundo consentisse com o estabelecimento do Leviatã. De acordo com Parsons, a solução de Hobbes para o problema do Leviatã

> Envolve, em um determinado ponto, um alargamento da concepção de racionalidade para além do escopo estabelecido no resto de sua teoria, até um ponto em que os atores são capazes de perceber a situação de uma forma global, em vez de simplesmente perseguir seus fins nos termos de uma situação mais imediata, e então tomam as medidas necessárias para eliminar força e fraude e, para comprar a segurança necessária, à custa das vantagens que poderiam ser obtidas por um futuro uso desses recursos aos quais abdicam (SSA, p. 93).

Contudo, se uma teoria concebe a ação como sendo *exclusivamente* orientada pelo princípio da utilidade é incapaz de explicar satisfatoriamente a ordem ou suas origens, então – conclui Parsons – o modelo utilitário de ação deve estar errado ou ao menos estar inadequado em sua estrutura. Mas antes de seguir o argumento de Parsons mais adiante, vamos pausar por um momento para resumir suas ideias, que até aqui foram apresentadas de forma mais abstrata.

Toda teoria da ação sociologicamente interessante – e o utilitarismo embasa uma teoria desse tipo – deve ser capaz de explicar como é possível a existência da ordem social. Os eventos que acontecem em nossa sociedade, bem como aqueles que aconteceram na Inglaterra de Hobbes, seguem ou seguiram certas regras, porque os objetivos dos membros de uma sociedade são frequentemente idênticos. Mas isso significa que nós *não podemos* assumir simplesmente a premissa da "aleatoriedade dos fins" (um termo frequentemente utilizado por Parsons) entre os membros de uma sociedade; é errado assumir que as pessoas possuem apenas objetivos e concepções de utilidade específicos e individuais, que nunca, ou apenas às vezes, coincidem com os de outros sujeitos. Sob qualquer circunstância, não é suficiente – como acontece na Economia e em outras disciplinas profundamente influenciadas pelo utilitarismo – somente postular a identidade de interesses entre os sujeitos. Os economistas levaram muito tempo para começar a considerar as origens e objetivos da noção de utilidade dos atores. Eles simplesmente assumiam como pressuposto que as pessoas agem de modo a maximizar sua utilidade, sem examinar mais de perto o que os atores estabelecem como seus objetivos ou declaram ser estes objetivos a sua utilidade e, acima de tudo, por que e em que circunstâncias eles fazem isso. Parsons não poderia aceitar essa abordagem, que simplesmente ignora problemas que ele considerava cruciais. Em vez de aceitá-la, ele colocou o seguinte problema: se a ordem realmente existe, a teoria da ação deve ser capaz de *explicá-la*; ela precisa explicar como a "aleatoriedade dos fins" que o utilitarismo falha em problematizar não é algo pertinente e como, em vez disso, a cotidiana coordenação de fins é geralmente alcançada sem maiores dificuldades. Nesse ponto, afirma Parsons, o utilitarismo nos decepciona, porque é incapaz de oferecer uma resposta à questão "De onde vêm os objetivos da ação, as noções de utilidade dos atores e seus "fins"?" Teóricos do utilitarismo ou pesquisadores que se valem desta teoria apenas estabelecem que existem desejos, necessidades, ideias de utilidade, "fins" etc. Eles deixam a questão de *como* eles surgem para ser respondida por psicólogos ou biólogos, não dizendo nada a esse respeito. Mas isso é deixar passar a oportunidade de explicar por que os fins da ação humana convergem com tanta frequência; compreender as origens desses "fins" poderia nos fornecer um indicador mais preciso, senão definitivo, a esse respeito.

Em suma, o utilitarismo padece desse grave problema teórico, e isso era algo reconhecido. O positivismo, que segundo Parsons seria apenas uma das formas do utilitarismo, certamente tentou responder a essas questões, mas segundo o autor todas essas tentativas de respostas são insatisfatórias. Na verdade, todas elas conduzem a um ponto em que toda a noção de ação humana percebida enquanto um processo ativo acaba por evaporar, tornando a teoria utilitarista um modelo de ação *inútil*. Por quê?

a) O "positivismo racionalista radical" lida com o problema original de que os objetivos, desejos, concepções de utilidade e "fins" dos atores, segundo as premissas do utilitarismo, podem coadunar-se apenas aleatoriamente, e que não podemos esperar uma coordenação das ações, isto é, ordem, no longo prazo, argumentando que cada ator persegue seus fins mediante métodos quase-científicos. De acordo com esse modelo conceitual, atores altamente racionais coordenam os fins de suas ações, e a própria racionalidade segundo a qual eles perseguem esses fins supostamente garante um equilíbrio dos interesses. A despeito do fato dessa racionalidade promover ou não um equilíbrio, as consequências desse modelo são as seguintes. Os seres humanos encontram-se constantemente em situações que não deixam espaço para qualquer manobra. Eles apenas se adaptam a essas situações, nas quais a escolha dos meios racionais já se encontra fixada. Segundo Parsons, os atores são incapazes de formular seus próprios fins; no máximo, o que eles podem fazer é cometer erros, na forma de erros científicos.

> Mas essa premissa tem a inevitável consequência lógica de assimilar os fins à situação da ação e destruir a sua independência analítica, tão essencial para a posição utilitarista. Pois a única base possível para o conhecimento empírico de um futuro estado de coisas é previsão com base no conhecimento de estados passados e presentes. Então a ação torna-se inteiramente determinada por suas condições, pois sem a independência dos fins a distinção entre condições e meios torna-se desprovida de sentido. A ação torna-se um processo de adaptação racional a essas condições (SSA, p. 63-64).

b) Enquanto isso, o "positivismo anti-intelectualista radical" tentou afastar a enfadonha "aleatoriedade dos fins" dos vários atores ao enfatizar a influência determinante das circunstâncias em uma conotação vinculada à ideia de meio ambiente, ou a influência das características genéticas constitutivas dos indivíduos, tal como entendida no contexto das teorias sobre a hereditariedade. Os expoentes dessa abordagem acreditavam que fatores ambientais, tais como a estrutura urbana ou rural, com seus constrangimentos e restrições, ou as características genéticas das pessoas, que de forma mais ou menos inevitável os forçariam a agir de determinado modo ou dentro de uma ordem particular. Esse modelo conceitual consiste no polo oposto ao do "positivismo racionalista radical": ele não pressupõe que a racionalidade dos atores garante que eles coordenem suas ações de forma ordenada. Em vez disso, a ordem surge em virtude de forças que estão *além* do controle racional dos atores e que impelem suas ações num sentido determinado, garantindo que certos padrões de ação, e portanto, a própria ordem social, sejam reproduzidos. O problema, contudo, é que aqui novamente o elemento da *ação*, no sentido original da teoria da ação utilitarista, simplesmente desaparece, porque os atores, tal como às vezes aparece nos romances naturalistas de Émile Zola, são retratados como sendo influenciados por seu meio, ou são vítimas de uma constituição genética frágil, incapazes de escolher seus próprios fins.

Em ambas as tentativas de explicação os objetivos, as noções de utilidade, de "fins" etc., que são característicos da ação humana, coincidem com a situação na qual a ação ocorre ou com as condições para a ação. *A incapacidade inerente ao utilitarismo de explicar a ordem social faz com que a própria ação desapareça das soluções propostas pelo positivismo.*

Com isso Parsons tem elementos para concluir que o modelo utilitarista de ação é muito restrito, porque incapaz de lançar qualquer luz sobre temas centrais, tais como a origem dos objetivos ou "fins" e, portanto, sobre como objetivos e "fins" dos diferentes atores podem ser articulados. De acordo com Parsons, o utilitarismo precisa ser superado; nossa discussão sobre as variantes do positivismo mostra claramente que qualquer teoria da ação mais refinada deve incluir um componente ativo. Ao explicar como as pessoas articulam as finalidades de sua ação, é preciso que o aspecto realmente subjetivo da ação humana, a liberdade de escolha, desempenhe algum papel.

Aquele que dentre vocês for mais observador, já deve possuir uma pista sobre por que dissemos inicialmente que Parsons pretendia construir uma "teoria voluntarista da ação", quando nos referimos à sua interpretação das quatro figuras clássicas; o adjetivo "voluntarista" (Latim: *voluntas* = livre-arbítrio, decisão) contempla a ideia de liberdade de escolha, que é exatamente o que Parsons pretende enfatizar quando constrói sua própria teoria. Mas não vamos colocar o carro na frente dos bois. Está claro que a despeito de suas duras críticas ao utilitarismo, Parsons deseja assimilar as intuições dessa perspectiva teórica que ele considera corretas. Para Parsons as contribuições do positivismo residem na correta ênfase que atribuem aos fatores circunstanciais que são a condição da vida humana. Esse é um ponto importante para o autor em questão. É com base nisso que ele rejeita as abordagens teóricas "idealistas" que, conquanto enfatizem o elemento da vontade na ação e destaquem a dimensão do livre-arbítrio, quase sempre – ao menos esta é a interpretação de Parsons – esquecem as condições (materiais) às quais a ação é sujeita. Parsons então interpreta o idealismo como uma espécie de "emanacionismo", um modo de pensar segundo o qual a ação humana emana de um espírito coletivo, seja como a expressão de um *Volsksseele* ou espírito nacional, de certas visões de mundo, ideais, complexos de ideias etc. Essa unilateralidade também precisa ser evitada, e Parsons, mais uma vez com vistas a elaborar uma síntese, faz um grande esforço para conectar os melhores *insights* do idealismo e do utilitarismo, de modo – e isso nos leva à segunda parte de nossa análise de *The Structure of Social Action* – a avançar positivamente na direção do estabelecimento de uma teoria voluntarista da ação.

Para ir direto ao ponto: Parsons vincula a teoria voluntarista da ação à teoria da ordem social que ele descreve como "normativa"; ambas são inter-relacionadas precisamente porque, como já estabelecemos, as teorias da ação, para que sejam sociologicamente persuasivas, devem também ser capazes de explicar a ordem social. "Normativo", portanto, refere-se tanto à ação quanto à ordem, porque para Parsons a normal desempenha um papel decisivo em ambas.

Vamos primeiro nos debruçar sobre "a teoria normativa da ordem". O que isso significa exatamente? O que Parsons quer dizer com isso é que toda ordem social sempre repousa, de um modo ou de outro, em valores e normas compartilhados, ainda que sua força varie conforme as circunstâncias. Portanto, ele afirma que os utilitaristas se equivocaram ao pressupor a "aleatoriedade dos fins", pois estes na verdade são condicionados pela presença de normas e valores compartilhados, ao menos na maior parte dos casos. Nesse sentido, as normas e valores pré-estruturam os objetivos da ação que são perseguidos pelos atores individuais, garantindo algum grau de sincronização de seus objetivos. Parsons demonstra exatamente o que tem em mente ao distinguir entre "ordem normativa" e "ordem factual". Vamos começar por esta última. Com isso o autor se refere a uma ordem que acontece de forma *não intencional*. Um ótimo exemplo disso são as estradas congestionadas na Alemanha durante as festas de fim de ano. Um grande número de pessoas quer ir para o sul o mais rápido possível, mas como uma consequência não intencional desse deslocamento de todos ao mesmo tempo, acabam se vendo parados em estradas lotadas. O resultado é uma ordem específica, o engarrafamento. Essa é uma ordem factual que ninguém concordou em estabelecer: as pessoas geralmente não saem de casa com a intenção de ficar paradas em um engarrafamento. Nenhuma regulamentação específica estabelece que deve ser formado um grande contingente de carros nos arredores de Munique ao menos uma vez no ano, e que cada alemão que desesperadamente precise de um feriado deva ir pra lá, todo ano, precisamente por essa razão. Outro exemplo que já abordamos é a ordem factual que emerge no mercado. Ninguém realmente quer que o preço de certos produtos ou serviços sigam em conformidade com as demandas do mercado; mas mesmo assim, essa ordem desenvolve-se como um efeito colateral das ações econômicas de numerosos indivíduos. Não há qualquer acordo entre os atores envolvidos, nenhuma regra que estabeleça que um pote de manteiga deva custar menos do que 1 Euro, mas de fato a manteiga custa menos do que isso na maiorias das lojas.

É preciso distinguir isso na "ordem normativa", na qual Parsons está claramente mais interessado, e que ele considera um dos objetos centrais da sociologia. Essa ordem é baseada no fato de que os atores – de modo consciente ou, no mais das vezes, pré-consciente – orientam-se na direção de uma norma comum, segundo normas de comportamento que são compartilhadas. Então é sempre possível discernir um acordo ou entendimento tácitos de um tipo ou de outro entre os atores envolvidos com relação ao estabelecimento da ordem. Parsons, começando com a ordem normativa, descreve como esses dois diferentes tipos de ordem podem ser vinculados:

> Ordem nesse sentido significa que um processo ocorre de acordo com os caminhos estabelecidos no sistema normativo. Dois outros pontos devem, entretanto, ser observados com relação a isso. Um deles é que o colapso de qualquer ordem normativa determinada, isso é um estado de caos de um ponto de vista normativo, pode bem resultar em uma ordem no sentido fatual, isso é um estado de coisas suscetível de análise científica. Assim a "luta pela existência" é caótica do ponto de vista da ética cristã, mas isso não quer dizer de forma alguma que ela não esteja sujeita à lei no sentido científico, ou seja, sujeita às uniformidades de processo nos fenômenos. Segundo, apesar da possibilidade logicamente inerente de que qualquer ordem normativa possa se decompor em um "caos" sob certas condições, pode ainda ser verdade que os elementos normativos sejam essenciais para a manutenção da ordem factual *específica* que existe quando os processos estão até certo ponto de acordo com aqueles elementos. Assim uma ordem social é sempre uma ordem factual na medida em que ela é passível de análise científica, mas [...] é uma ordem que não pode ter estabilidade sem o funcionamento efetivo de alguns elementos normativos (SSA, p. 91-92; ênfase no original).

Parsons afirma que embora exista uma diferença fundamental entre uma ordem factual e uma ordem normativa, até mesmo a persistência de uma ordem factual *no longo prazo* pode ser explicada apenas pelo efeito das normas. Os exemplos acima podem ajudar a ilustrar isso: o engarrafamento é uma ordem social, tal como revelado por análises estatísticas (se um mesmo número de pessoas vai para o sul ao mesmo tempo, então há um grau específico de probabilidade, dependendo das condições do complexo viário, de que as estradas aos arredores de Munique estarão congestionadas). Mas tal congestionamento constitui uma ordem com duração muito específica, que não é dependente de normas. Já a tirania é algo diferente. A subjugação violenta de seres humanos é um ato que não é baseado em normas que são comuns tanto aos governantes quanto aos governados. Mas a tirania pode durar somente na medida em que os governados consintam com a dominação, ao menos em algum grau. O mesmo é válido para o mercado. Nós já indicamos que o funcionamento dos mercados é melhor compreendido como o resultado de uma interconexão aparentemente não intencional do comportamento de participantes orientados pelo princípio da utilidade. Os participantes não realizam suas transações com o intuito de garantir que o mercado funcione. Não obstante, e isso foi descoberto por Durkheim (que de forma reveladora se refere aos elementos não contratuais do contrato) e demonstrado por Parsons em numerosos escritos, os participantes do mercado indubitavelmente partilham certas normas sem as quais o mercado não poderia funcionar. Tal como Parsons destacou em um trabalho publicado logo depois, o que aparece como um comportamento autointeressado dos participantes do mercado não representa a camada motivacional mais fundamental, pois existem motivos mais "profundos", como fica evidenciado pelo fato de que o mercado opera de forma diferente em diferentes culturas.

> A tese principal é a de que [...] a "motivação econômica não é uma categoria de motivação que pertence a um nível mais profundo, mas apenas um ponto no qual muitos motivos diferentes são mobilizados para enfrentar determinado tipo de situação. Sua notável constância e generalidade não é resultante de uma correspondente uniformidade na natureza humana definida, como o egoísmo ou o hedonismo, mas de certas características da estrutura dos sistemas sociais de ação os quais, não obstante, não são inteiramente constantes, mas sujeitos a variações institucionais (PARSONS. "The Motivation of Economic Activities", p. 53).

Se isto está correto, se as normas são cruciais para gerar *toda* ordem social estável e garantir seu funcionamento, logo, Parsons conclui, claramente nós precisamos de uma teoria da ação na qual as normas e valores desempenham um papel central. Ele então afirma que, ao analisar a ação, junto com os objetivos, cálculos de utilidade, fins etc., que são enfatizados pelos utilitaristas, devemos conceder no mínimo a mesma atenção aos valores e normas. Estes teriam sido ignorados pelos utilitaristas, ou foram explicados de forma errônea. Isso de modo algum significa que as normas e valores possam ter sua origem identificada do mesmo modo que os cálculos de utilidade e tampouco ser considerados como idênticos a estes, como alguns utilitaristas pareciam acreditar. Isso é evidenciado, dentre outras coisas, pelo fato de que é simplesmente impossível fazer de nossos próprios valores o objeto de cálculos utilitários. Eu não posso ser seriamente convencido do valor da lealdade absoluta de meu companheiro se ponho em questão esse valor toda vez que surge a possibilidade de existir um caso, apenas porque isso pode me oferecer vantagens momentâneas, como sexo ou prestígio, ou seja, utilidade. Eu não posso simplesmente manipular ou contestar meus *próprios* valores. Se eu quiser tentar isso, ou mesmo se eu for bem-sucedido em fazê-lo, então estes não podem ser considerados realmente valores, mas no máximo algumas ideias mais ou menos estabelecidas às quais em determinado momento resolvi aderir. Evidentemente, é possível manipular valores: profissionais de *marketing* e torturadores, especialistas em lavagem cerebral, fazem isso constantemente, ou ao menos tentam fazer. Mas não são seus próprios valores, ou aqueles sobre os quais estão convencidos, que tentam manipular, mas aqueles dos *outros*. E isso é uma coisa bem diferente. Parsons então define o normativo, isto é, normas e valores, como "um sentimento imputável a um ou mais atores de que algo *é um fim em si mesmo*" (SSA, p. 75; ênfase adicionada). Com relação aos valores, que em certo sentido são mais gerais e envolvem um maior grau de comprometimento pessoal do que as normas, Parsons se refere a "fins últimos", porque não há circunstâncias sob as quais alguém faria desses fins meros meios. Eles são, de fato, *fins em si mesmos*, valores últimos, os quais eu não posso questionar sem que com isso eu provoque rupturas em minha própria autoimagem: "É aqui que me detenho; não posso fazer nada diferente disso", tal como Lutero proclamou de forma impressionante. Se este é o caso, segue-se então que as noções de utilidade podem emergir desses valores últimos, isto é, os cálculos da utilidade podem ser baseados em convicções individuais, mas também em convicções coletivas ("um sentimento imputável a *um ou mais atores*), pois eu posso determinar minha utilidade, meus "fins, somente com base em valores. Portanto, valores e normas não podem ser sujeitos a cálculos utilitários, porque são os elementos constitutivos dos próprios critérios que estabelecem os parâmetros para tais cálculos. Parsons acreditava ter resolvido o quebra-cabeça que minara o utilitarismo de forma fatal. O mundo social é quase sempre ordenado porque a ação humana é fundamentalmente moldada por valores e normas compartilhados.

Com isso Parsons depurou aquilo que considerava como os aspectos essenciais da ação humana, de forma a desenhar um modelo de ação que utiliza alguns *insights* relevantes do utilitarismo, mas que vai muito além deste. Esse modelo, esse esquema, é o que ele chamou de "quadro referencial da ação" – uma espécie de aparato conceitual básico para compreender a ação humana. Nesse contexto, o que Parsons chama de "unidade-ato" tem os seguintes elementos constitutivos:

1) o ator;

2) o que Parsons chama de "fim", "objetivo" ou "propósito" da ação;

3) a situação da ação, que é subdividida em condições da ação, isto é, aqueles elementos da ação que estão além do controle do ator, e os meios da ação, isto é, aqueles elementos à sua disposição;

4) as normas e valores da ação (cf. SSA, p. 44).

Quando observamos a discussão de Parsons sobre o utilitarismo, fica evidente que os três primeiros elementos já estavam presentes na teoria utilitarista da ação, mas que a quarta e crucial dimensão, a das normas e valores, estava faltando. E isso, poderíamos acrescentar, é importante porque o "normativo" não faz com que desapareça o livre-arbítrio, a capacidade do indivíduo de agir, ao contrário dos elementos explicativos positivistas discutidos acima (meio ambiente, capacidades genéticas). Muito pelo contrário: eu posso até opor-me às regras e valores, eu posso sentir-me atraído por uns e repelido por outros; alguns exercem um poder irresistível sobre mim, outros não. O normativo, para Parsons, é o aspecto especificamente humano da ação e é, portanto, o núcleo da teoria da ação. Portanto, o "quadro referencial da ação" completo pode ser representado sob a forma de um gráfico, tal como na Figura 2.1.

As normas e os valores influenciam o curso da ação de dois modos. Eles exercem um efeito seletivo sobre os meios da ação, na medida em que alguns meios são permitidos e outros proibidos com base em critérios normativos. Se eu adiro a certos valores e normas, então eu sou expressamente proibido de utilizar meios *quaisquer* para realizar meus objetivos. Mas como já estabelecemos, as normas e os valores também estruturam de maneira decisiva os *fins* da ação; portanto, eles determinam aquilo que consideramos bom. Não consideramos automaticamente tudo o que queremos ou desejamos como algo bom. Eu posso, por exemplo, ter certos desejos sexuais, mas de modo algum isso significa que considero todos esses desejos realmente desejáveis, isto é, como algo que deve ser feito. Eu frequentemente resisto a eles porque são moralmente inaceitáveis para mim.

Figura 2.1

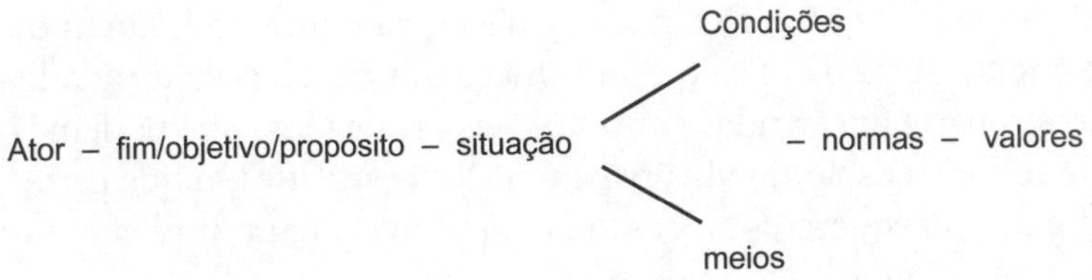

Ator – fim/objetivo/propósito – situação ⟨ Condições – normas – valores / meios ⟩

Em todo caso, essa influência dos valores e normas sobre os meios e os fins torna possível a coordenação da ação, da qual depende a ordem social, porque os valores e normas não são construtos idiossincráticos ou altamente específicos, válidos apenas para um pequeno grupo, mas são partilhados, são tidos como algo comum a um grupo específico.

Essa discussão sobre o quadro de referência da ação nos conduz ao final do segundo passo necessário para a compreensão de *A estrutura da ação social*. Mas antes de dar o terceiro e último passo, gostaríamos de levantar outro argumento. É necessário manter uma imagem tão clara quanto possível sobre a forma do "quadro de referência da ação", apreender como e por que Parsons concebia a ação humana desse modo particular. Isso é útil porque as próximas lições são organizadas tendo em mente esse modelo de ação parsoniano. Utilizamos esse modelo para ajudá-los a compreender o trabalho de outros teóricos. Nossa tese é a de que é possível entender bem teoria sociológica moderna somente na medida em que a compreendemos como um debate, ora aberto, ora velado, com o modelo teórico de Parsons.

Isso nos conduz ao terceiro passo de nossa análise. Afirmamos mais cedo que a tese da convergência de Parsons é uma interpretação específica da obra de figuras clássicas nas ciências sociais e que, em certo sentido, ajuda a "provar" a pertinência de sua própria empreitada. Depois que ele delineou sua crítica ao utilitarismo e apresentou sua teoria voluntarista da ação, nas cerca de 125 páginas restantes de seu livro, a discussão das figuras clássicas feita ali o permitiu demonstrar que esses autores já estavam se movimentando na direção de sua posição. Ainda que seus trabalhos fossem um tanto vagos e nebulosos a esse respeito, afirma Parsons, eles também haviam se tornado conscientes da importância dos elementos normativos da ação. Apresentaremos agora essas interpretações extensivas de forma resumida.

O economista inglês Alfred Marshall sem dúvida desempenhou um papel substancial na formulação de importantes elementos da teoria econômica moderna, que bebeu abundantemente do pensamento utilitarista. Ainda assim, ao mesmo tempo Marshall era um dos poucos economistas de seu tempo a perguntar explicitamente acerca da origem das necessidades, das noções de utilidade, desejos etc. (SSA, p. 134), ao mesmo tempo em que declarava que esta era uma questão não econômica. Marshall via claramente que a ação econômica é vinculada a valores, de várias formas. Isso é mais aparente na figura do homem de negócios, que certamente gosta da ideia de gerar lucro e aumentar sua utilidade, mas suas ações são em parte alicerçadas sobre valores arraigados, que podemos expressar mediante termos tais como virtuosismo e "honestidade", o que certamente coloca limite a seus "quereres" e aos meios possíveis para implementá-los. Portanto, a ação econômica não pode ser reduzida apenas à maximização da utilidade. Consequentemente, a existência de uma ação orientada pela utilidade não basta para provar que os valores não desempenham nenhum papel nessa esfera. Marshall viu claramente – ao menos essa é a interpretação de Parsons – que a economia falha em dar atenção suficiente aos valores como uma dimensão da ação, indo tão longe a ponto de equivaler o egoísmo e ação orientada pela utilidade com o comportamento racional de forma bastante problemática, o que conduz a análises empiricamente falsas. Afinal, no exemplo de Marshall, o homem de negócios não pode ser reduzido a um simples esquema de maximização da utilidade. Nesse ponto de vista, o homem de negócios não é racional porque se trata da coisa mais sagaz a fazer, ou porque age somente segundo seu autointeresse. Frequentemente, de fato, ele demonstra uma obrigação ética para ser racional; a sua racionalidade e sua luta por eficiência têm um fundamento moral (SSA, p. 164). Isso é o que o permite fazer certos investimentos de risco e trabalhar tenazmente para garantir o sucesso de seus investimentos em primeiro lugar. Nesse sentido, diz-nos Parsons, Marshall já mostrava claramente uma saída para escapar do utilitarismo clássico; a essência de sua obra já aponta na direção da "teoria voluntarista da ação" elaborada por Parsons, a qual, dentre outras coisas, reconhece e aceita o significado dos valores para a ação.

As ideias elaboradas pelo economista e sociólogo italiano Vilfredo Pareto diferiam das de Marshall em muitos sentidos. Na obra de Marshall, o homem de negócios racional representa o coroamento do processo civilizatório. A visão de Pareto, ao contrário, *não era* evolucionista; ele não acreditava em um processo histórico constante e unilinear, isto é, no "progresso". Ele colocava muito mais ênfase no papel dos conflitos, da "força e da fraude", do que Marhsall, por exemplo, e tinha uma visão sobre a história muito mais pessimista. Ademais, suas ideias epistemológicas também divergiam, e os argumentos de Pareto a esse respeito eram muito melhor elaborados; de fato, ele defendia uma posição que posteriormente foi em grande parte desenvolvida por Parsons. Ainda assim, a despeito das muitas diferenças, ambos chegaram a conclusões semelhantes a respeito da teoria da ação. No caso de Pareto isso teria ocorrido por que ele se tornou consciente dos componentes não lógicos da ação (econômica), os quais ele se dedicou a investigar. Sua análise não apenas destaca a importância dos instintos, mas também dos rituais e de certos propósitos subjetivos (não lógicos) no âmbito da ação humana. Assim, Pareto logrou afastar-se do edifício do pensamento utilitarista e positivista que havia sido seu quadro de referência inicial. E tal como Marshall ele acabou por chegar a uma concepção muito próxima àquela dos "fins últimos".

> O estabelecimento de exigências econômicas conflitantes entre indivíduos envolve mais do que considerações econômicas, porque aqui as considerações econômicas são subsidiárias de questões políticas, aquelas do poder coercitivo, de modo que toda distribuição econômica é possível somente no âmbito do quadro geral de justiça distributiva. Mas todas essas questões distributivas concernem somente ao surgimento de potenciais conflitos em relação às reivindicações individuais de riqueza e poder, sem indicar a base da unidade sobre a qual repousa toda a estrutura. Pareto encontra essa base da unidade na existência de um "fim perseguido pela sociedade". Isto é, os fins últimos dos sistemas de ação individual são integrados de modo a formar um único sistema comum de fins últimos (SSA, p. 249ss.).

Émile Durkheim, por sua vez, ao contrário de Pareto e de Marshall, não veio de um meio imbuído dos debates teóricos da economia. De acordo com

Parsons, as raízes do trabalho de Durkheim são oriundas da tradição do positivismo francês, à qual ele ainda estava vinculado na fase inicial de sua obra, antes de finalmente romper (quase inteiramente) com ela em seus últimos escritos. Em seus primeiros estudos, Durkheim descrevia as estruturas sociais como algo sólido, externo, com as quais o indivíduo via-se confrontado e que operava como uma força coercitiva. Argumentos desse tipo estão sobretudo em seu livro *As regras do método sociológico*, no qual ele fala sobre os "fatos sociais" que supostamente restringem e moldam a ação quase da mesma forma que os fatos materiais, talvez até mesmo como a constituição genética – lembremos aqui como Parsons enfrentou o positivismo anti-intelectualista radical. Apenas gradualmente, mediante sua análise crítica do conceito de consciência coletiva, Durkheim logrou separar-se da ideia de coerção física e elaborou uma ideia sobre as diferentes formas de coerção que afetam os indivíduos. Na última fase, o autor teria deslocado o poder coercitivo da consciência para uma categoria muito diferente daquele exercido pelas leis naturais ou pelas inibições sociais garantidas pela violência ou pelos poderes dos outros. Ela constrange os indivíduos precisamente porque estes sentem a necessidade de sustentar seus próprios valores e normas e aqueles de sua sociedade; eles não podem agir de outro modo. Segundo Parsons, a noção de consciência coletiva, com a qual Durkheim se debateu durante muito tempo, somada às suas observações empíricas o levou a conseguir perceber como os valores e normas sociais, isto é, compartilhados, podem ser internalizados.

> Então ele faz a observação empírica de longo alcance de que, dado que os indivíduos são, em princípio, ilimitados, é uma condição tanto da estabilidade social quanto da felicidade individual que eles devem ser regulados por normas. Mas aqui são normas concebidas não apenas externamente, como aquelas contratuais, que regulamentam as condições de tomar parte em relações de contrato – elas devem fazer parte da própria constituição dos fins dos atores... Os elementos individuais não são mais identificados com o indivíduo subjetivo concreto, mas este é reconhecido como um compósito de diferentes elementos. Este é um passo tão importante para Durkheim que, de fato, constitui uma ruptura radical com a teoria social positivista (SSA, p. 382).

Na medida em que Durkheim, cuja obra tem suas raízes no positivismo, move-se na direção de uma "teoria voluntarista da ação" mediante a investigação dos valores, Max Weber, segundo Parsons, faz exatamente o oposto. De acordo com Parsons, a obra de Weber era ancorada na tradição intelectual do idealismo, que era particularmente forte na Alemanha; portanto, ele nunca correu seriamente o risco de negligenciar os valores e as normas. Em um contraste radical, o risco aqui era o risco igualmente fatal de esquecer as condições e os meios que são igualmente importantes para a ação. Weber evita esse risco ao enfatizar a forma (utilitarista) da "ação racional com relação a fins" em sua tipologia da ação, que reconhece e inclui plenamente a ação orientada segundo valores (normativa), conseguindo manter-se protegido das tentações do idealismo.

Portanto, nesse estágio crítico inicial da obra metodológica de Weber apareceu o conceito com o qual toda sua obra teve início, o de tipo de ação racional, que envolve a relação meios-fins como sendo verificável em termos de generalização científica. Para ele, também a racionalidade nesse sentido desempenha um papel central, tanto metodologicamente quanto substantivamente. E é especialmente interessante que seu papel metodológico surge em uma oposição crítica a uma teoria idealista (SSA, p. 584-585).

Com isso, Parsons chega ao fim de seu exame dos escritos de cientistas sociais famosos. Ele julgou ter conseguido mostrar que o caminho na direção de uma teoria voluntarista da ação estava claramente traçado na obra daqueles autores muito diferentes, e que, portanto, seus vários estudos convergiam. Ao mesmo tempo, tal como esperamos ter evidenciado, com sua crítica ao utilitarismo e com as referências às críticas que Pareto e Marshall dirigiram à sua própria disciplina, Parsons afirmou que ele, e a sociologia, possuíam uma compreensão superior da ação humana, que conseguia conectar positivismo e idealismo, e que incorporava também a ação econômica. Em um movimento crucial, ele então definiu a sociologia como uma ciência da *ação*.

Isso encerra nossa análise de *A estrutura da ação social*. A próxima lição é dedicada às críticas feitas a essa obra extremamente importante; nós investigamos o caminho teórico trilhado por Parsons *depois* que esse livro foi publicado em 1937, quando ele batalha para construir elaborações sobre as bases da teoria compreensiva da ação que ele havia elaborado.

III
Parsons no caminho para o funcionalismo normativo

A *estrutura da ação social*, que apareceu em 1937, atraiu muitas críticas, precisamente porque Parsons tinha grandes ambições em relação a essa obra (cf. CAMIC, C. *Structure after 50 Years*: The Anatomy of a Charter. • JOAS, H. *The Creativity of Action*, p. 18ss., para uma visão abrangente). Algumas das críticas foram feitas imediatamente após a publicação do livro, mas outras surgiram apenas quando ele se tornou bastante conhecido. Assim como apontamos na lição anterior, *A estrutura* foi recebido muito lentamente no início. Contudo, com o passar do tempo, enfrentar Parsons se tornou cada vez mais central para outras tentativas de explicar e contextualizar suas igualmente ambiciosas teorias, e as inevitáveis críticas tornaram-se mais sistemáticas e abrangentes. A seguir apresentaremos *aquelas críticas que tiveram mais importância para o desenvolvimento da teoria*; na segunda parte da lição examinaremos se e em que extensão Parsons respondeu ou até mesmo antecipou algumas dessas críticas enquanto tentou refinar seu edifício teórico.

Se olhamos inicialmente para o debate sobre a assim chamada tese da convergência, fica evidente que ele trouxe à tona uma série de problemas-chave; os examinamos aqui. Podemos entender a forma às vezes apaixonada com que pesquisadores lidaram com essa tese apenas se tivermos consciência de que não estamos diante de um problema puramente historiográfico resumido na questão "Qual interpretação das figuras clássicas é (ao menos em alguma medida) melhor?" Parsons afirmou ter produzido uma *síntese* da obra dessas figuras. Mas se devemos provar que a tentativa de Parsons de reconstruir a história da sociologia foi comprometida em virtude de suas principais omissões ou equívocos interpretativos evidentes, isso lançaria sérias dúvidas acerca da plausibilidade dos principais argumentos em *A estrutura*. Acima de tudo, sua asserção de que sua obra constituía uma continuação (legítima) daquela das figuras clássicas seria insustentável. Portanto, precisamos conceder algum espaço aqui para as críticas sobre a tese da convergência.

1   Enquanto afirmavam que Parsons havia falhado em interpretar adequadamente as quatro "figuras clássicas", os críticos também atacavam especificamente sua tese da convergência por ter considerado apenas europeus e *nenhum americano*. De fato, isso era peculiar naquela Sociologia enquanto disciplina que encontrou ampla expressão institucional nos Estados Unidos mais cedo do que na Alemanha, França, Reino Unido ou Itália. No que se refere a cadeiras de Sociologia e à publicação de periódicos sociológicos, os Estados Unidos foram sem dúvida pioneiros. Ainda assim, a sociologia americana foi obviamente insignificante para Parsons e para as ambições de sua obra teórica. Como podemos entender isso? Na última lição nós demos destaque para o fato de Parsons ter colocado cientistas sociais *europeus* "em um pedestal" com muito vigor, durante os difíceis anos da década de 1930. Essa é uma posição que reiteramos inequivocamente. Mas, ao mesmo tempo, isso teve a desafortunada consequência de que ele negligenciou outros contextos nos quais a sociologia havia emergido, ou os incluiu apenas de forma muito abreviada e, em alguns casos, distorcida. Com relação à história intelectual dos Estados Unidos, ele pareceu sugerir que os pensadores utilitaristas, individualistas e/ou evolucionistas como Spencer (1820-1902) haviam dominado a cena e que portanto não havia motivo para buscar uma *crítica* instrutiva na América. Sem dúvida, Herbert Spencer, a quem Parsons dedica as três primeiras páginas do primeiro capítulo de *A estrutura*, teve uma influência significativa e muitos admiradores nos Estados Unidos. Mas é injusto descrever toda a história intelectual americana anterior a 1937 como sendo inteiramente herdeira de Spencer. Não seria apenas injusto, mas bastante equivocado aplicar essa descrição à sociologia, psicologia social e filosofia social americanas em particular, porque muitos de seus mais destacados representantes, tais como George Herbert Mead, John Dewey, Charles Horton Cooley, William Isaac Thomas e Robert Park (1864-1944) nunca chegaram perto de abraçar o utilitarismo ou a obra de Spencer. Contudo, Parsons não faz nenhuma menção a esses autores, e muito menos discute suas teorias da ação, bastante inovadoras, cuja origem está na tradição filosófica americana do pragmatismo (cf. Lição VI) e que poderia ter oferecido uma inspiração importante para ele. O pensamento de Spencer não era de modo algum representativo da sociologia americana, como Parsons parece sugerir. Na verdade, para citar a incisiva formulação de R. Jackson Wilson (*In Quest of Community,* p. 155), Spencer era "mais um bode expiatório do que um mestre" nessa disciplina e nas matérias vizinhas. Parsons tinha claramente uma visão diferente e estava pronto a negar que a história intelectual americana tivesse qualquer relevância para seu próprio projeto teórico.

Mais tarde Parsons admitiu as deficiências de sua interpretação em *A estrutura* a esse respeito; mas até mesmo nesse momento subsequente ele concedeu apenas que a internalização de valores, que discutimos na lição anterior, poderia ter sido discutida de forma mais eficiente pela psicologia social e pela sociologia americanas. Mas isso era tudo que estava disposto a ceder. Por que, então, Parsons se recusou tão firmemente a reconhecer aspectos significativos da história intelectual americana? Tratava-se de uma questão de genuína ignorância? Ou talvez o contexto no qual atuava era caracterizado por uma competição velada entre a Universidade de Harvard, onde Parsons ensinava, e a Universidade de Chicago, onde ensinavam muitos dos pensadores e sociólogos pragmatistas e onde o pragmatismo ainda podia ser percebido em 1937? Nós diremos um pouco mais sobre isso mais adiante, quando discutirmos o "interacionismo simbólico", que era tributário do pragmatismo americano. Isso irá esclarecer mais precisamente a importância desse déficit na teoria da convergência de Parsons. Seu fracasso em levar em consideração essas questões tão importantes pode apontar para dificuldades em seu edifício teórico.

2 Até mesmo a sua seleção de pensadores *europeus* gerou algum protesto. Por exemplo, causou perplexidade o fato de que Parsons não tenha dito quase nada sobre Georg Simmel em *A estrutura*, ainda que mais tarde ele tenha admitido, no prefácio à nova edição do livro, que inicialmente ele havia pretendido incluir um capítulo razoavelmente longo sobre esse autor e que de fato chegou a redigir tal capítulo em 1937. Em conexão com isso, ele também admitiu de forma autocrítica a sua negligência em relação à psicologia social e à sociologia americanas, tal como mencionado acima:

> Ao lado dos psicólogos sociais americanos, notadamente Cooley, Mead e W.I. Thomas, a mais importante figura negligenciada em *A estrutura da ação social*, e em importante medida em meus escritos subsequentes, é provavelmente Simmel. Provavelmente é interessante dizer que eu havia esboçado um capítulo sobre Simmel em *A estrutura da ação social*, mas em parte por razões de espaço eu acabei por decidir não incluí-lo. Simmel era mais um micro do que um macrossociólogo; ademais, em minha opinião ele não era um *teórico* do mesmo nível que os demais (SSA, p. xiv).

Parsons atribui sua negligência em relação a Simmel, isto é, sua decisão de não analisar sua obra em detalhe em *A estrutura*, à falta de espaço ou à falta de uma clara orientação teórica na obra de Simmel. É possível aceitar esse argumento. Ainda assim, podemos hesitar em fazê-lo, particularmente no que concerne à última asserção. Na verdade, Simmel produziu uma teoria altamente sofisticada. No entanto, ela não era baseada na ação realizada por indivíduos singulares, mas na ideia de *relação e interação entre indivíduos*. Simmel não tomou a ação individual (orientada pela utilidade) como seu ponto de partida autoevidente e, portanto, ao contrário de Marshall e Pareto, não se viu confrontado com a questão da importância das normas e dos "fins últimos". Em vez disso, Simmel sempre trabalhou a partir da premissa de que os seres humanos já começam como seres sociais, de que uma pessoa jovem está entrelaçada em contextos sociais desde o seu nascimento e assim prossegue no decorrer de sua vida. Nesse sentido, Simmel certamente reconheceu a importância dos valores e das normas, mas seria difícil descrevê-lo como um teórico da ação "normal" e o desenvolvimento de sua obra como um processo de convergência na direção de uma teoria voluntarista da ação. Incluir Simmel em *A estrutura* certamente teria perturbado o "roteiro" da "história" de Parsons de forma significativa. O próprio Parsons admitiu isso em 1979, em uma carta a um de seus admiradores, o sociólogo americano Jeffrey Alexander, que discutiremos mais adiante. Sua falha em levar Simmel em consideração pode, então, apontar para um problema teórico escondido.

3 O modo com que Parsons lidou com a obra de Karl Marx também é problemático; ele decidiu não dedicar um capítulo exclusivamente a ele, como o fez com as outras quatro figuras clássicas europeias, mas ao menos o discutiu em dois diferentes momentos de seu livro. Mas essa discussão é demasiadamente curta, sobretudo porque, e isso é interessante, Parsons interpreta Marx de um modo que, à luz de sua tentativa de desenvolver uma teoria voluntarista da ação, faz com que ele pareça uma figura central. Parsons interpreta corretamente Marx como um autor que, por um lado, especialmente durante seu exílio na Inglaterra, estava situado na tradição do utilitarismo em virtude de seu crescente interesse pelas questões de economia política. Mas, por outro lado, como resultado de seu *background* alemão, Marx também havia internalizado, ao menos parcialmente, o edifício do pensamento idealista característico de Hegel. Se Parsons havia entendido sua própria teoria da ação como uma ponte entre o idealismo e o positivismo ou utilitarismo (SSA, p. 486), teria feito muito sentido que ele analisasse em profundidade um autor que fundia o espírito de ambos.

> Marx pode ser considerado um autor entendido em termos da estrutura lógica do utilitarismo inglês, mas [...] de uma forma diversa da dos demais utilitaristas. Aqui, no entanto, ele vinculou sua análise a uma teoria "dialética" da evolução com origem amplamente hegeliana. Portanto Marx constrói uma importante ponte entre as tradições de pensamento idealista e positivista (p. 486).

Mesmo que Parsons tenha assumido corretamente que a obra de Marx falhou em integrar de forma bem-sucedida esses elementos teóricos, teria sido interessante, se não vital, particularmente com respeito aos propósitos de seu próprio trabalho teórico, determinar por que esse autor, que teve tanto impacto na história mundial, mostrou-se incapaz de produzir uma verdadeira síntese. Por que Marx falhou nesse aspecto? Em relação a isso, Parsons nos deixou no escuro.

4 Além disso, há boas razões para duvidar da precisão do pressuposto de Parsons de que a vida intelectual francesa era dominada pelo positivismo. O ce-

nário intelectual francês era provavelmente muito mais variado do que ele reconheceu. Se assim não o fosse, seria muito difícil explicar por que correntes tais como a filosofia da vida (*Lebensphilosphie*) teriam sido capazes de se espalhar tão rapidamente na França no final do século XIX, e por que tradições teóricas alemãs foram abraçadas de bom grado na metade do século XX (cf. Lição XIV). Parsons até pode ter se detido na tradição do "moralismo" (cf. HEILBRON, J. *The Rise of Social Theory*), que era tão forte nos séculos XVIII e XIX e em Alexis de Tocqueville, para poder encontrar argumentos como aquele que aplica a Durkheim, e que serviriam ao propósito de dar suporte para sua própria obra teórica, isto é, aqueles que enfatizam os valores e as normas.

5 Do mesmo modo, a afirmação de Parsons de que a história intelectual alemã era amplamente moldada pelo "idealismo" é aberta a críticas; não tanto porque sua afirmação esteja completamente equivocada, mas porque aplicar esse rótulo de maneira generalizada faz com que seja muito fácil negligenciar outros ramos dessa história que é tão importante para a teoria da ação. Certamente é verdade que em algumas fases da história alemã se deu muita atenção a temas como *Volkgeist* (o espírito do povo), ao "espírito alemão" etc. Especialmente durante a Primeira Guerra Mundial, os intelectuais alemães esforçaram-se para utilizar esses termos com conotações marciais, dirigidos contra o inimigo, argumentando que todo fenômeno cultural encontrado na Alemanha encarnava um "espírito heroico". Nesse sentido, a caracterização de Parsons sobre a tradição teórica predominante na Alemanha como um tipo de "emanacionismo" não era de todo infundada; esse era um modo de pensar que sugeria que os fenômenos sociais e culturais não são mais do que a expressão de totalidades suprapessoais tais como o "espírito" de um povo ou de uma "época". Mas a filosofia do idealismo alemão também repousava em grande medida em uma concepção de ação humana que permitiria lançar dúvida, com boas razões, sobre um aspecto central do "quadro referencial da ação" parsoniano. Johann Gottfried Herder (1744-1803), por exemplo, colocou certas formas de ação em um lugar central de suas reflexões, formas que o aparato conceitual de Parsons falha em capturar: a ação *expressiva*, na qual o indivíduo expressa a si próprio, não envolve nem a busca de objetivos predeterminados de forma racionalista (como imagina o utilitarismo) nem o ajuste do indivíduo aos valores e normas de uma comunidade ou grupo (algo que aparece muito evidenciado em Parsons). Em uma interpretação brilhante dessa "antropologia expressivista" alemã, o grande filósofo social canadense Charles Taylor (n. 1931) descreveu esse tipo de ação da seguinte maneira:

> Se pensamos em nossa vida como realização de uma essência ou forma, isso significa não apenas a encarnação dessa forma na realidade,

mas também definir de uma determinada maneira o que é essa forma [...] a ideia que um homem realiza não é totalmente determinada *a priori*; ela só totalmente determinada na medida em que ela é preenchida. Portanto, a ideia herderiana de que minha humanidade é algo único, não equivale à sua, e essa qualidade única só pode ser revelada em minha própria vida. "Cada homem tem sua própria medida, como se ela fosse um acordo peculiar a ele, de todos os seus sentimentos um em relação a outro" [Herder]. A ideia não apenas de que os homens são diferentes – isso não seria algo novo –, mas de que as diferenças definem a forma única com que cada um é chamado a perceber. As diferenças ganham uma importância moral; então essa questão poderia levantar pela primeira vez a questão se uma forma de vida era uma expressão autêntica de certos indivíduos ou povos (TAYLOR. *Hegel*, p. 16ss.).

Podemos extrair duas observações importantes a partir dessa citação de Charles Taylor (para a discussão que se segue, tenha-se como referência em particular o livro de Joas: *The Creativity of Action*, p. 75ss.). Primeiramente, Herder e os outros pensadores dentro dessa tradição da antropologia expressivista compreendem a ação não como sendo planejada racionalmente, guiada por certos objetivos, concepções de utilidade etc., mas como um fenômeno no qual o significado da ação para o ator emerge apenas no próprio ato. Em segundo lugar, essa ação não é guiada por uma norma social. Ela surge a partir de dentro; é mais do que uma mera submissão às normas. Talvez alguém esteja se perguntando sobre que exemplos podemos ter de ações expressivas no cotidiano, então podemos sugerir inicialmente que se você se imagina fazendo um desenho, cantando uma música, a produção estética do *self* mediante a decoração do corpo, os tipos de movimento como dança etc. Então certamente você poderá admitir que, quando dança, via de regra você não está buscando um objetivo predeterminado (ou ao menos não apenas isso); tampouco está se submetendo a uma norma. Mas Herder não pretendia restringir essa concepção de ação como autoexpressão do ator a formas apenas estéticas. Incomodado com a grande habilidade dos autoproclamados "gênios", ele enfatizou cada vez mais vigorosamente que a autorrealização por meio da ação também pode ocorrer mediante atos de ajuda, de estabelecimento da paz etc.

A concepção de ação não racionalista e não normativa de Herder pode parecer estranha num primeiro momento. Mas há diversas situações familiares, sobretudo aquelas do cotidiano, nas quais começamos uma ação não porque fomos movidos por necessidades irracionais, mas pelo sentimento de que aquela ação em si mesma era mais importante do que os objetivos ou "fins" que ela poderia realizar: a expressão do ego, e não apenas o propósito da ação ou sua adequação a normas era a principal prioridade. Nós vamos elaborar melhor os fenômenos e problemas relacionados a isso na aula sobre o neopragmatismo, mas primeiro queremos deixar claro que esse modelo de ação expressiva não pode ser apreendido pelo "quadro referencial da ação" apresentado por Parsons, que é, portanto, indubitavelmente deficiente. O fato de que ele falhou em perceber isso está conectado, entre outras coisas, com a forma específica de sua tese da convergência e de sua desconsideração de tradições intelectuais nacionais inteiras. Ele falhou em perceber que a noção de "expressão" de um "espírito nacional" estava, em última instância, ancorada em um modelo expressivista de ação. Enquanto sua crítica ao "emanacionismo" estava bastante correta, ele equivocou-se em ignorar esse modelo.

Resumindo, nós podemos criticar a tese da convergência de Parsons porque ela implica uma noção de progresso relativamente unilinear. Pelo menos, ele não vê contradição entre sua preferência por Pareto em detrimento de Marshall, tão claramente expressa em *A estrutura* (Parsons tem Pareto em tão alta conta em parte porque este *não* partilhava o otimismo sobre o progresso típico da era vitoriana) ou entre sua crítica às construções evolucionistas sobre a história *à la* Spencer e sua própria interpretação da história intelectual com sua crença implícita no progresso. E sua interpretação certamente encoraja tal crença na medida em que pressupõe um caminho que conduz das figuras clássicas da sociologia até o próprio Parsons (o termo "convergência" incorpora essa noção). Pode até ser que o quadro teórico de Parsons seja superior ao das figuras clássicas. Mas não é isso o que nos importa aqui. Ao contrário, queremos chamar a atenção para os perigos de escrever a história intelectual *muito genericamente* a partir da perspectiva dos "vitoriosos", isto é, das construções teóricas vitoriosas. Pois como acabamos de ver em relação ao exemplo de Herder, havia, sempre houve e sempre haverá abordagens teóricas que têm algo a dizer para as futuras gerações, ainda que inicialmente o "progresso" ignore amplamente essas abordagens. Geralmente podemos aprender muitas coisas importantes com elas. A ideia, válida no passado, de que o "progresso" nas humanidades nos levaria a "capturar" o conteúdo *inteiro* da vida humana e da ação, para então apreendê-lo teoricamente, parece algo bastante estranho para nós, ou ao menos uma ideia que inspira menos confiança do que outrora. Os sociólogos, e não apenas os historiadores, são aconselhados a olhar para trás, através da história intelectual. Há sempre algo novo a ser descoberto ali. Os sociólogos alemães talvez gastem demasiado tempo tentando interpretar as figuras clássicas e explorando a história de sua própria disciplina. Mas essas atividades são plenamente legítimas, e até mesmo imperativas, na medida em que envolvem a busca por fontes intelectuais esquecidas, que são sempre "novas", para poder aprimorar as teorias atuais e resolver problemas teóricos.

Isso é o que acreditamos ser mais essencial em relação às objeções à tese da convergência de Parsons. Outras críticas nos parecem menos importantes, ou até um tanto deslocadas. Mas dado que algumas delas emergem de quando em quando, precisamos examiná-las ao menos brevemente.

Na última lição nós mencionamos o uso extremamente abrangente que Parsons faz do termo utilitarismo. Mas falta ainda abordar a afirmação de que ele interpretou o utilitarismo de forma equivocada e que ignorou alguns, ou até o mais importante, dos argumentos de sua filosofia moral e de sua teoria social. Aqueles que defendem uma interpretação "adequada" do utilitarismo geralmente enfrentam a dificuldade de delimitar com precisão essa escola teórica, e em alguns casos podemos até mesmo indagar se todos os argumentos filosófico-morais que mencionam são realmente *utilitaristas* em sua natureza ou se os autores que supostamente documentam a amplitude e a diversidade do utilitarismo eram realmente *utilitaristas*. Parsons apenas afirmou que boa parte da filosofia e da economia-política anglo-saxãs são imbuídas de argumentos utilitaristas. Mas isso não significa que todo autor que opera nessa tradição fosse um utilitarista convicto ou que todo autor assim descrito tenha formulado argumentos estritamente utilitaristas. Portanto, não é muito convincente criticar a tese de Parsons (cf., p. ex., as críticas formuladas por Charles Camic em "The Utilitarians Revisited") a partir, por exemplo, de citações da obra de Adam Smith ou de outros autores para mostrar que eles apresentam argumentos altamente sofisticados que vão muito além do "princípio da maior felicidade" formulado por Bentham. Parsons teria aceitado esse argumento sem hesitação. A sua linha de raciocínio era centrada na lógica e nas consequências teóricas do modelo de ação focado de forma estreita sobre a utilidade (i. é, o utilitarismo), e não primariamente em alcançar uma definição ou classificação historicamente adequada dos autores. Seu objetivo não era o de retratar a história do pensamento britânico em toda sua complexidade; ele estava preocupado sobretudo com a economia, que somente a partir de meados do século XIX passou a extrair seu princípio norteador do modelo de ação pautado pela utilidade.

Além disso, Parsons é criticado por ver convergência onde na verdade havia divergência. Alguns críticos (cf. POPE; COHEN & HAZELRIGG. "On the Divergence of Weber and Durkheim: a Critique of Parsons Convergence Thesis") afirmaram que os argumentos e tópicos encontrados na obra de Durkheim e Weber em particular divergiram cada vez mais no decorrer de suas trajetórias, e essa razão bastaria para considerar absurda a tese de Parsons. Para eles, a verdadeira tese a ser defendida era a da divergência. Mas isso também é um equívoco interpretativo. Parsons não estava preocupado em mostrar como a obra desses autores convergia em todos os aspectos, mas que convergiam em um ponto particular, qual seja, o desenvolvimento e a elaboração de uma teoria voluntarista da ação, isto é, com respeito ao tratamento sincronizado dos problemas sociológicos básicos da ação e da ordem social.

Agora podemos deixar para trás o debate sobre a tese da convergência. Voltaremos nossa atenção para a disputa acerca do "quadro referencial da ação", isto é, às críticas dirigidas à sua concepção de ação. Aqui, mais uma vez, precisamos mencionar uma série de objeções importantes.

1 A primeira crítica já foi mencionada em nossa discussão sobre a "ação expressiva" de Herder. Portanto, agora apenas perguntaremos se toda instância da ação pode realmente ser encaixada no esquema meios-fins, se não a um tipo de ação que não está circunscrita pela obtenção de metas e pela correspondência a normas. Tal como mostrou nossa breve discussão de Herder, os rituais religiosos, a arte etc. resistem a essa categorização (cf. JOAS, H. *The Creativity of Action*). Mas, mesmo no lado "oposto" ao do espectro da ação, há atividades que o esquema meios-fins falha em capturar. Pense, por exemplo, em todas as ações rotineiras, que são realizadas de forma pré-consciente, sem que se esteja realmente pensando nelas. Você irá notar que um grande número de ações cotidianas acontece exatamente desse modo: preparar o café da manhã, por exemplo, assumindo que essa não é uma tarefa que você realiza apenas uma vez por ano, não é algo que envolve uma cadeia de fins bastante claros à luz de determinados meios, tampouco referência a normas e valores. As ações realizadas na cozinha (colocar a manteiga na frigideira, preparar o café, arrumar a mesa etc.) certamente não acontece como resultado de uma série ininterrupta de atos calculados. Isso até pode acontecer quando você prepara o café para seus pais pela primeira vez quando ainda é criança, e precisa refletir bem se o preparo do café realmente envolve manteiga, café e colocar a mesa. Então você precisa fazer com que todas essas coisas aconteçam pensando sobre elas e levando a cabo uma série de ações individuais. Hoje em dia, quando você prepara seu café da manhã habitual, o processo de estabelecimento da relação entre meios e fins está absorvido há muito tempo; não é mais preciso pensar sobre ele. Essa é a ação rotineira, na qual aqueles fins já estão diretamente incorporados na realização da ação; não se reflete sobre o que exatamente está sendo feito ou que finalidade se quer atingir. Nós voltaremos a tudo isso na Lição XII quando da discussão do autor britânico Anthony Giddens, que reconheceu que o quadro da ação de Parsons apresenta algumas deficiências em relação a esse aspecto.

2 O "quadro referencial da ação" de Parsons também foi criticado por suas inclinações "objetivistas". Segundo essa visão, Parsons não tomou em consideração as capacidades cognitivas e fraquezas dos atores como algo relevante para a forma com que lidam com a situação da ação. A obra de Parsons cria a impressão de que é evidente que os atores veem os meios e as condições da ação tal como eles são – isto é, objetivamente. Mas o que os atores sabem a respeito de suas ações pode variar muito; isso não pode ser determinado externamente – objetivamente –, mas os cientistas sociais devem primeiro examinar como os atores percebem subjetivamente as coisas antes que seja possível enunciar juízos sobre como eles irão agir em dadas circunstâncias (cf. WARNER. "Toward a Redefinition of Action Theory"). Um argumento similar pode ser feito em relação às normas e aos valores de uma sociedade: estes não estão simplesmente presentes ou dados, mas precisam sempre ser *interpretados* pelos atores.

Precisamos ir até o fundo do argumento implicado nesse tipo de interpretação se quisermos entender a ação realizada; a mera referência a normas e valores existentes "objetivamente" não nos permite avançar muito. Contudo, todos esses aspectos desempenham um papel central no debate das teorias sociológicas somente mais tarde, como ficará mais claro nas lições sobre o interacionismo simbólico, sobre a etnometodologia e sobre a obra de Anthony Giddens.

3 Estreitamente ligado a esse último ponto está a questão de por que Parsons, em sua análise do "ato-unidade", escrutina os requisitos para toda ação referindo-se à situação da ação, mas ignora suas *consequências*. Parsons escreve como se a ação estivesse pronta e acabada uma vez atingido seu objetivo. Mas isso é uma forma de análise que considera o ato individual de forma praticamente isolada. Ela ignora o fato de que as consequências da ação frequentemente exercem um efeito imediato sobre o ator. Configurações ordenadas são formadas não apenas pela ação individual de vários atores; *minhas próprias* ações também formam uma cadeia interligada, porque a ação produz consequências às quais eu preciso responder. Portanto, teria sido uma boa ideia examinar essas consequências com mais profundidade, especialmente quando Parsons descreveu e discutiu as tentativas de Pareto de resolver os problemas dos efeitos colaterais. Mas, curiosamente, ele falhou em partir dos *insights* de Pareto para formular seu próprio quadro referencial da ação. Dentre outras coisas, a distinção crucial entre as consequências "pretendidas" e as "não pretendidas" da ação, isto é, aquelas que eu quis produzir e aquelas que eu não pretendia, foi introduzida apenas mais tarde por intelectuais próximos a Parsons, tal como o sociólogo americano Robert Merton (1910-2003). Mas mesmo esse passo é provavelmente insuficiente, porque com a categoria de consequências não pretendidas ainda é necessário distinguir entre aquelas antecipadas e aquelas às quais essa característica não se aplica. Minhas ações podem ter consequências que não foram pretendidas, que na verdade eu não tinha intenção de produzir – e eu sou bastante consciente disso. Não obstante, irei agir conforme planejado, porque alcançar as consequências pretendidas de minha ação parece mais importante para mim do que os efeitos colaterais desagradáveis. Portanto, nesses casos eu incluo esses efeitos colaterais em meus cálculos na medida em que eu pude prevê-los. Mas é claro que nem todas as ações não pretendidas podem ser antecipadas; na verdade, as que podem ser são uma raridade. A vida social é tão complexa que uma única ação frequentemente produz consequências tremendas, que são impossíveis de prever quando a ação é iniciada. Basta pensar no assassinato que teve lugar em Sarajevo em 1914, quando a morte do herdeiro do trono austríaco trouxe consequências certamente não imaginadas pelos assassinos, porque ninguém – nem eles próprios – poderiam ter imaginado que isso desencadearia a carnificina da Primeira Guerra Mundial (sobre isso, cf. as observações muito elucidativas feitas por Anthony Giddens: *The Constitution of Society,* p. 10-14).

4   Com relação às consequências da ação, a questão que surge é em que medida faz sentido tomar como ponto de partida a ação do indivíduo como uma ação isolada. Será que a análise do "ato-unidade" de Parsons não compromete nossa perspectiva ao assumir que o ator gera sua ação mais ou menos autonomamente, a partir apenas de seus próprios esforços? Não seria talvez necessário abordar essa questão a partir de outro ângulo, tal como aquele que mencionamos brevemente quando discutimos a negligência, em *A estrutura*, da tradição da teoria americana e de Simmel, que foi tão criticada? O ponto de partida de Simmel não era o ator individual, mas a *relação social* na medida em que ele considerava a socialização do ser humano como aquilo que tornava a ação possível. O ser humano não vem ao mundo como um ator, mas como um bebê ou criança indefeso, inserido em uma estrutura social, e então *adquire dessa estrutura a capacidade para a ação*. Nessa visão, a socialização precede a capacidade para a ação, problematizando toda a tentativa de fazer do ator social isolado o cerne do edifício teórico. Os pragmatistas americanos, em particular George Herbert Mead, argumentaram nessa mesma direção, ao trazer os aspectos sociopsicológico e teórico da ação de forma muito mais sofisticada e precisa. Mas, como vimos, Parsons deixa Mead de fora de sua equação em sua reconstrução do pensamento sociológico. Veremos bem mais sobre isso na lição sobre o interacionismo simbólico.

5   O quadro referencial da ação de Parsons também foi criticado pelo caráter obscuro do que chama de "normativo". Em *A estrutura*, Parsons fala de normas e valores e, com relação ao último, também se refere a "fins últimos", sem deixar realmente claro se e como normas e valores diferem e como estão conectados. Quando ele fala de "fins últimos", faz uma diferenciação entre "fins últimos" pessoais e aqueles que podem dizer respeito a toda a sociedade, mas ele falhou em indagar se e como ambos se relacionam. Ironicamente, pode-se criticar Parsons do mesmo modo que ele criticou os utilitaristas. Ele afirmou que os utilitaristas falharam em indagar sobre as origens da noção de utilidade, desejos, "fins últimos" etc. De modo semelhante, podemos criticar Parsons por não ter feito qualquer esforço para investigar a gênese dos valores, de onde eles surgem, a despeito do fato de eles serem tão centrais para sua teoria voluntarista da ação, e nenhum termo de sua teoria parece ser mais importante do que "valores". Quando se lê *A estrutura* (bem como os escritos subsequentes de Parsons), tem-se a impressão de que os valores são simplesmente algo dado. Mas como podemos conceber o processo mediante o qual algo se torna um valor para um indivíduo? E de que modo valores passam a ser *compartilhados*? Parsons silencia a esse respeito, e precisamos buscar respostas em outros lugares (para um exame dos elementos centrais dessa questão, cf. JOAS. *The Genesis of Values*). Isso será discutido em profundidade nas lições sobre a sociologia francesa, em particular sobre Alain Touraine, e naquelas sobre o neopragmatismo.

6 A crítica final concerne a um nível bastante distinto do que os discutidos acima, uma vez que o *próprio Parsons* percebeu um déficit em sua teoria, que foi logo reconhecido por ele. *A estrutura da ação social* falha em explorar aquilo que motiva a ação humana. Alguém pode ter certos objetivos e valores, e até mesmo os meios necessários para realizá-los, e ainda assim pode ser que não seja motivado a agir. Portanto, de onde vem a vontade, o empenho, a energia necessários para agir? Notando essa lacuna, o próprio Parsons falou de "esforço", de força dinâmica que leva os objetivos e fins para além de seu estado inicial enquanto mera cognição e faz com que *se tornem realidade*. Ele próprio percebeu que seria necessário trabalhar mais sobre esse assunto.

É vital que se tenha em mente essas seis críticas ao *quadro referencial da ação* por duas razões. Primeira, é claro que *A estrutura* não era a obra final de Parsons, mas a primeira. A questão que surge é se ele acolheu essas críticas e trabalhou em uma resposta a elas. Isso é de fundamental importância para a forma com que avaliamos seu trabalho final. Segunda, como já demos a entender em nossa menção a numerosas escolas teóricas e autores enquanto tratamos dos seis pontos acima, e tal como ficará claro no modo como estruturamos essa lição, muitos sociólogos subsequentes trabalharam assiduamente no quadro referencial da ação de Parsons. O desenvolvimento de teoria sociológica moderna pode ser apresentado essencialmente como uma discussão com o edifício do pensamento parsoniano.

Agora nós chegamos na segunda parte da lição, na qual deixamos *A estrutura* para trás e nos concentramos nas obras subsequentes de Parsons. Em termos da evolução de sua obra, é bastante claro que ele realizou um refinamento de seu quadro de referência da ação em *um* aspecto. Conforme já mencionado, ele reconheceu plenamente que havia negligenciado a verdadeira motivação para a ação, isto é, falhou em analisar o verdadeiro motivo da ação, não analisou suficientemente quais energias impelem os seres humanos a realizar as metas e os valores. É nesse momento que Parsons começa a considerar mais profundamente a psicanálise. Ele até mesmo passou por um período de formação como analista e estudou outras teorias psicanalíticas da época para explicar quais fatores motivacionais estão ancorados na personalidade das crianças muito jovens e que as influenciam pelo resto de suas vidas. Esse envolvimento intensivo com a psicanálise encontra clara expressão em seus escritos, pois ele considerou as críticas à versão original do quadro referencial da ação resumida no sexto tópico apresentado acima, e fez um uso produtivo delas. No período imediatamente após 1937, contudo, ele estava focado em outros tópicos e tarefas que, ao menos à primeira vista, pareciam fundamentalmente empíricos e não teóricos.

Primeiramente, Parsons começou a desenvolver um interesse pela profissão médica, estudando o comportamento dos estudantes de Medicina da Harvard Medical School por mais de um ano. Os médicos, junto com os advogados etc., estão entre os representantes das profissões, que, ainda que sua tradição remonte a relações pré-capitalistas, não perderam sua importância nas sociedades modernas (capitalistas). Ao contrário, o número de médicos e advogados tem crescido, e outras profissões estruturadas da mesma forma também ganharam em importância. Isso é notável porque enquanto profissionais como os médicos são pagos de acordo com os princípios do mercado em uma sociedade capitalista, o princípio egoísta do mercado também está sujeito a claras restrições em virtude da ética firmemente ancorada nesse grupo profissional. De acordo com esses princípios, o médico deve ver a si mesmo como um servidor, como alguém que ajuda seus pacientes, como alguém que certamente não pode fazer ou exigir o que quiser para fazer avançar seu mercado ou seu autointeresse financeiro imediatos. Por exemplo, o médico deve ajudar seu paciente mesmo se circunstâncias desesperadas fazem com que ele esteja impossibilitado de pagar; ele não pode realizar procedimentos médicos sem sentido, mesmo que o paciente peça e esteja disposto a pagar etc. Para Parsons, a natureza das profissões é tão importante porque demonstra que o capitalismo não segue uma inexorável lógica própria, na qual os princípios da utilidade pessoal são *tudo* o que conta, de modo que todos os demais elementos são gradualmente erradicados. Ao contrário, segundo o autor, a existência das profissões revela que os sistemas éticos podem afirmar-se mesmo quando circundados pela lógica do mercado; portanto, nem todo fenômeno não mercadológico desfaz-se no ar, como Marx e Engels haviam previsto em seu *Manifesto comunista* e como os oponentes e defensores contemporâneos da globalização continuam a sustentar. Como se pode perceber, os estudos empíricos de Parsons também têm uma conotação teórica. Quem desejar saber mais sobre isso, o melhor a fazer é ler o ensaio de Parsons intitulado "The Professions and Social Structure, de 1939 (in: PARSONS, T. *Essays in Sociological Theory*).

O outro ponto central das investigações de Parsons no final da década de 1930 e começo da década de 1940, de natureza mais empírica, pertence ao campo da análise política. Parsons, como muitos outros cientistas sociais americanos, foi empregado pelo governo dos Estados Unidos para ajudar no período durante a guerra e no pós-guerra, simplesmente porque era necessário conhecer sobre a sociedade do inimigo, os problemas que a afetavam, as perspectivas para a reconstrução democrática etc. Portanto, Parsons escreveu artigos e memorandos, alguns deles brilhantes, sobre a sociedade alemã do período imediatamente anterior a 1933 e sob o nacional-socialismo. Aqui, ele analisou as condições nas quais Hitler subiu ao poder e indagou, dentre outras coisas, se havia o risco de que um "Hitler americano" emergisse nos Estados Unidos. Considerados documentos secretos, muitos desses ensaios não foram publicados na época. É claro que atualmente sua obra sobre o nacional-socialismo pode ser acessada sem nenhum problema. Nós recomendamos a antologia elaborada por Uta Gerhardt (*Talcott Parsons on National Socialism*, 1993) ou – para quem preferir uma visão mais breve – o ensaio de 1942 intitulado "Democracy and Social Structure in Pre-Nazi Germany" (in: PARSONS, T. *Essays in Sociological Theory*). Se os argumentos de Parsons têm sido superados pelos achados dos historiadores contemporâneos em muitos aspectos e requerem uma relativização, suas análises eram, em sua maior parte, muito mais avançadas do que a dos outros sociólogos americanos da época.

Dada a natureza de nossa discussão até o momento, pode-se suspeitar que o foco da obra de Parsons mudou de rumo significativamente na direção de problemas empíricos a partir de 1937, ou – dado seu engajamento com Freud e a psicanálise – que ele avançou em seu trabalho sobre o quadro referencial da ação, tentando remediar suas fraquezas mais evidentes, identificadas acima. Mas não foi bem isso que aconteceu.

Na verdade, quase no mesmo período em que estava engajado com a escrita de *A estrutura*, Parsons começou – o que sabemos apenas com base em manuscritos publicados muito tempo depois (cf. o texto "Actor, Situation and Normative Patterns", 1939) – a pensar sobre uma *teoria compreensiva da ordem social*. Portanto, Parsons considerava completo e adequado o quadro referencial da ação que ele havia desenvolvido. A sua prioridade, agora, era claramente produzir um teoria capaz de apreender e explicar as diferentes formas de ordem empírica. Como já dissemos em nossa exposição de *A estrutura da ação social*, o ponto de partida de Parsons aqui era a observação de que a ordem social existe e que, portanto, o conceito utilitarista de ação era equivocado ou ao menos demasiadamente estreito. Ele desenvolveu então sua própria teoria voluntarista da ação, que pretendia tornar compreensível o fato inquestionável da ordem social. Essa ordem, enquanto tal, não estava no cerne de suas preocupações; naquele momento ele não apresentou nenhuma elaboração teórica a esse respeito. Era isso o que ele pretendia fazer. Vamos direto ao ponto: Parsons moveu-se na direção de uma teoria da ordem, a qual a literatura sobre esse autor taxou corretamente de "funcionalismo normativo", e que pode ser encontrada em seu pleno desenvolvimento em sua segunda grande obra, *The Social System*, de 1951. Dado que esse rótulo talvez signifique pouco a vocês, começaremos por explicar o termo "funcionalismo", para ajudá-los a compreender a essência da teoria da ordem de Parsons.

"Funcionalismo" é um modo de pensar que descreve e explica os fenômenos sociais ao apontar as funções que eles desempenham em relação a um todo maior. É possível mostrar, por exemplo, que contribuição (funcional) a família traz para a sociedade como um todo. É possível pensar espontaneamente em contribuições tais como criar as pessoas mais jovens, motivá-las em relação ao trabalho que irão desempenhar, uma tarefa social da mais alta importância, ou na transmissão de normas dos pais para os filhos etc. Alguém *poderia* então afirmar que a família surgiu porque ela garantia que funções importantes para o todo social fossem preenchidas. De forma bastante resumida, essa forma de argumentação tem uma história bastante longa e esteve presente em diferentes sistemas de pensamento e disciplinas no decorrer dos séculos XIX e XX. Quem ou o que mais influenciou Parsons em relação a sua adoção dos conceitos funcionalistas é algo difícil de determinar. Talvez seu contato com Bronislaw Malinowski na London School of Economics tenha sido decisivo; afinal, foi Malinowski (1884-1942) quem desempenhou um papel importante no avanço da análise funcionalista dentro da antropologia. Talvez tenha sido seu estudo inicial na área da Biologia que fez com que Parsons se tornasse consciente, por exemplo, das *funções* dos órgãos em relação ao corpo como um todo e sua importância para sua sobrevivência dentro de certo ambiente. Talvez, e com isso pretendemos aqui fazer uma provocação, sua leitura de Marx tenha desempenhado um papel central, pois também nesse autor há elementos funcionalistas. Para nossos propósitos, a questão acerca do que influenciou Parsons não tem grande importância. Em vez disso, queremos apresentar um exemplo notável de um argumento funcionalista oriundo de um contexto teórico marxista, para explicitar a lógica específica do pensamento funcionalista, suas peculiaridades e as dificuldades nele implicadas, para ajudá-los a entender que o funcionalismo é importante não apenas naqueles casos em que os autores o mencionam explicitamente.

    Em sua análise do capitalismo, Marx, dentre outras coisas, chamou a atenção repetidas vezes para a existência do "exército industrial de reserva", constituído pelos desempregados, e que em sua opinião era uma característica típica do capitalismo. Esse exército de reserva, ele afirmava, era extremamente útil para os capitalistas na medida em que reduz as perspectivas de que os trabalhadores empregados melhorem seus salários. Os trabalhadores não teriam meios de exercer pressão: no caso de greves, por exemplo, haveria um grande número de pessoas dispostas a trabalhar, e que o fariam de bom grado por um salário menor. A greve não teria muito impacto. Pode-se dizer, portanto, que o exército dos desempregados desempenha uma função vital para a estrutura e dinâmica do capitalismo, porque permite aos capitalistas produzir por um preço menor e explorar os trabalhadores. Mas Marx vai ainda mais adiante, reivindicando em alguns momentos de sua obra que os desempregados, em última instância, existem *porque* eles servem aos interesses do capital ou do capitalismo, porque eles são funcionais para o sistema capitalista. Ele então argumenta que o capitalismo cria os desempregados.

    Tudo isso parece plausível à primeira vista, mas uma vez que se começa a pensar sobre o assunto percebe-se que talvez seja problemático fazer *ambas as afirmações ao mesmo tempo*. Se alguém o faz – como é típico em muitos argumentos funcionalistas – as causas e as consequências de um fenômeno são fundidas de forma peculiar. No primeiro argumento, o desemprego é em princípio o *pré-requisito para* ou (*uma das*) *causa do* bom funcionamento do sistema capitalista. No segundo argumento, o desemprego é a *consequência* do funcionamento do capitalismo. Em termos lógicos, isso é muito problemático, uma vez que as consequências ou efeitos de um fenômeno podem ser vistos apenas em uma fase posterior, enquanto os pré-requisitos e as causas precisam existir antes. Os argumentos funcionalistas como este do exemplo acima precisam ser tomados com cautela, dada a superposição entre causa e efeito, isto é, a tendência em tratar os efeitos como causas. Acima de tudo, é preciso ter em consideração que a apreensão das funções de um fenômeno geralmente não é suficiente para explicá-lo. Os animais podem desempenhar uma função importante para uma família e especialmente para as crianças dessa família: aprende-se a ter responsabilidade, tem-se aceso ao mundo natural etc. Mas isso de modo algum significa que todas as famílias devam ter animais de estimação, bem como seria absurdo afirmar que os canários ou tartarugas evoluíram *porque* eles devem desempenhar essa função para a família. É vital que se esteja alerta para o risco de simplesmente estabelecer uma equivalência entre argumentos funcionais e explicações.

Contudo, como vocês verão, as ciências sociais e em particular a sociologia estão repletas de asserções ou explicações funcionalistas. Tais asserções aparecem em vários contextos, tanto entre autores de esquerda quanto de direita, entre marxistas e não marxistas. O uso do termo "função" tornou-se inflacionário. Aqueles que o utilizam geralmente falham em estabelecer precisamente em que um fenômeno *contribui* para um todo maior, ou em explicar se, ou como fazer uma afirmação funcionalista significa ou pode significar o mesmo que *explicar* algo. Portanto, não é de surpreender que a sociologia apresente o que podemos chamar de "preconceito funcionalista". Isso se refere ao pressuposto de que o que quer que esteja acontecendo em dado momento é sempre necessário, isto é, funcional, para a sobrevivência do todo. Se a taxa de desemprego sobre, então, segundo essa visão, seria porque é algo funcionalmente necessário ao "capital", especialmente porque, como vimos, diminui a margem de ação dos trabalhadores na indústria e os salários podem ser rebaixados; se nesse meio-tempo o número de desempregados cai, aqueles que aderem a essa perspectiva afirmam que isso serve para mostrar como o capital efetivamente usa e explora a força de trabalho e o quão funcional é a queda no desemprego e o aumento no número de postos de trabalho. A natureza arbitrária desses argumentos não tem freios; não existe forma de considerar que eles ofereçam uma explicação genuína. Nós voltaremos a esse ponto na lição sobre Anthony Giddens, um dos mais astutos e duros críticos do funcionalismo na sociologia, que foi longe a ponto de sugerir que a sociologia estaria melhor sem o uso do conceito de função por algumas décadas em vez de usá-lo de forma imprecisa.

Isso quer dizer que os argumentos funcionalistas sempre são vazios ou errados? Não, nem sempre. Primeiro, tais argumentos realmente desempenham um papel heurístico no processo de pesquisa, isto é, eles podem nos ajudar a ganhar mais contato com a realidade. Certamente é verdade que as referências funcionais na literatura científica sobre a realidade social frequentemente são vinculadas com evidências de que essas relações de fato existem. Nesse sentido, inicialmente um argumento não é mais do que uma pressuposição plausível. Mas as pressuposições podem ser sujeitas a pesquisas empíricas. Em outros termos, os argumentos funcionalistas podem fornecer hipóteses úteis passíveis de falsificação. Ainda que um argumento funcionalista não seja uma explicação, ele pode *apontar na direção de uma*. Além disso, a superposição entre causa e efeito, tão característica do funcionalismo, é admissível somente na medida em que se pode mostrar *um real processo de feedback*. Isto é, a afirmação de Marx de que os desempregados existem *porque* eles servem aos interesses do capital ou do capitalismo e que por isso são funcionais pode ser considerada correta somente se ele puder mostrar não apenas que um exército de desempregados é útil para os capitalistas, mas que também no âmbito do capitalismo alguns atores específicos – como os capitalistas – perseguem estratégias que produzem uma reserva de trabalhadores desempregados ou ao menos que estabilizem essa tendência. Para colocar a questão em termos mais abstratos é preciso mostrar as consequências de um fenômeno específico e como essas consequências, por sua vez, têm um efeito específico – no sentido de um mecanismo de *feedback* – sobre o fenômeno, isto é, que também o causam.

Esses efeitos de *feedback* podem ter uma natureza simples ou dinâmica. A temperatura corporal é um exemplo do último caso. O corpo humano possui uma temperatura bastante específica, que é mantida com um suplemento de energia, com os pelos corporais, com os movimentos etc. Quando a temperatura é elevada em virtude de um excesso de movimento, ela é equilibrada com a produção de suor (refrescante); uma vez encerrado o movimento, isso pode gerar uma queda excessiva na temperatura corporal; então o corpo pode começar a resfriar-se, fazendo com que os pelos fiquem eriçados para aquecê-lo novamente, e o corpo pode precisar de energia na forma de comida etc. Aqui estamos diante de um equilíbrio dinâmico, em constante transformação; é possível observar um *processo concreto de feedback* que nos permite utilizar a linguagem funcionalista de modo não problemático. A questão, é claro, é se os argumentos funcionalistas podem ser usados de forma tão direta em todos os contextos e disciplinas.

De qualquer modo, nosso excurso sobre o funcionalismo teve a intenção de mostrar que esse construto teórico *pode* conduzir rapidamente a conclusões questionáveis, em particular nas ciências sociais. Parsons faz uso do funcionalismo para construir uma teoria da ordem social, e o que devemos perguntar é se ele foi capaz de evitar todos os problemas e armadilhas. Mas antes de avançar nesse tema precisamos formular um último argumento conectado com isso. Nós já estabelecemos que *toda* teoria da ação faz referência a uma teoria da ordem, que uma teoria da ação requer uma teoria da ordem. De 1937 em diante, Parsons dedicou-se vigorosamente ao estabelecimento de tal teoria. Mas o funcionalismo (em particular o "funcionalismo normativista" de Parsons) é apenas *um* exemplo de teoria da ordem; não é *a* teoria da ordem. Isso quer dizer que a teoria da ação de Parsons *não causou de forma inelutável* a adoção de ideias funcionalistas. Ainda assim, ao passo em que rejeitou o conceito de sistema, Parsons abraçou esse tipo de funcionalismo, inspirando-se em ideias da biologia, tal como fica claro em seu artigo de 1939: "Actor, Situation and Normative Patterns", mencionado acima:

> Em certo sentido um sistema social tende a um "equilíbrio estável", à manutenção enquanto algo "em funcionamento", *tal como* um sistema, mediante a manutenção de um padrão sólido ou de um curso de desenvolvimento. A esse respeito é análogo (*não* idêntico) ao organismo e a sua tendência a manter, do ponto de vista de períodos curtos, um equilíbrio fisiológico ou "homeostase", e, no longo prazo, a manutenção da curva do ciclo da vida (p. 103; ênfase no original).

Em breve esclareceremos o que Parsons quer dizer com "sistema social" em relação à nossa análise de *Toward a General Theory of Action* e *The Social System*, dois livros de 1951 nos quais seus pensamentos sobre o funcionalismo apareceram em sua forma mais madura até aquele momento. Mas primeiro precisamos lançar luz sobre o que significa chamar seu funcionalismo de *normativo*. Isso é algo relativamente bastante autoevidente, agora que vocês já sabem bastante sobre a fase inicial da obra de Parsons e sobre a tremenda importância que os valores e as normas tinham para ele. O funcionalismo de Parsons difere de outros tipos de funcionalismo pelo fato de que ele atribui um valor central aos valores e normas tanto no que se refere à ação realizada pelos indivíduos quanto em relação à estabilidade da ordem social. De fato, examinar todos os fenômenos sociais em termos de como funcionam para manter e transmitir normas e valores tornou-se o cerne do projeto intelectual de Parsons. Portanto, as normas e os valores são o ponto de partida do funcionalismo parsoniano, seu principal ponto de referência analítico; isso não se aplica, é claro, nem aos biólogos, para quem a sobrevivência de um organismo em um ambiente representa seu ponto de referência último, nem para os demais cientistas sociais funcionalistas, nem mesmo para Marx, que pode ser considerado como um "funcional-materialista". O termo funcionalismo *normativo* é bastante adequado, ainda que Parsons não o tenha utilizado, uma vez que chamava a esta forma de análise de "estrutural-funcionalismo" (cf. *The Social System*, p. vii).

Como vocês já devem ter percebido a partir da citação acima, Parsons utiliza o conceito de sistema para construir sua teoria da ordem. Ele refere-se a "sistema social", o que indica que ele está consciente da existência de *outros* sistemas. Mas vamos tratar de uma coisa de cada vez. Para tanto, é útil delinear precisamente aquelas ideias que ele desenvolveu com mais profundidade em *Toward a General Theory of Action*, um volume em coautoria.

Tal como está implicado no nome, *Toward a General Theory of Action*, ao elaborar sua teoria da ordem, o ponto de partida de Parsons é a teoria da ação, isto é, seu "quadro referencial da ação", com o qual vocês já estão familiarizados em virtude da lição anterior, e que Parsons modificou muito pouco. Ainda que se trate de uma terminologia um pouco diferente, o autor manteve sua postura teórica sobre a ação: o ator sempre age em uma situação específica, isto é, relaciona-se com objetos específicos, tanto sociais quanto não sociais (físicos), e no primeiro caso relaciona-se com outros indivíduos (o ator pode até mesmo tematizar a si mesmo como um indivíduo) ou a grupos e coletividades. No processo de execução da ação, o ator seleciona em quem ou em que ele deseja focar-se, na direção de quem ou de que ele se move. Aquilo em cuja direção o ator move-se depende, portanto, de um processo de seleção, e se essas orientações da ação se agrupam, se são formadas regularidades, Parsons refere-se a um "sistema de ação":

> A palavra *sistema* é utilizada para dizer que determinadas relações de interdependência existem no interior de um complexo de fenômenos empíricos. A antítese do conceito de sistema é a variabilidade aleatória. No entanto, aqui não está implicada nenhuma rigidez (*Toward a General Theory of Action*, p. 5, nota 5).

A preocupação primordial de Parsons em *A estrutura* era a de investigar como as ações de *um número de atores* pode ser vinculada, e seu objetivo era o de resolver o problema utilitarista da "aleatoriedade dos fins". Parsons agora dá um passo adiante e interroga como essas orientações da ação regulares podem emergir *para um mesmo ator.* Isso também é uma "resposta" à crítica mencionada acima, de que em *A estrutura* ele teria falhado em esclarecer o que realmente motiva o ator. Parsons faz valer seu engajamento mais intensivo com a psicologia e a psicanálise, que teve início após 1937. Ele descreve como são desenvolvidas orientações para a ação de caráter *cognitivo* e emocional ou *catéxico*, apontando para processos de aprendizagem passados, em particular as experiências na infância, nas quais os aspectos sexuais da relação entre pais e a criança enfatizados por Sigmund Freud (1858-1939) desempenharam um papel importante. Parsons tentou capturar as formas emocionais de vinculação a objetos utilizando o termo "catexia" – o conceito freudiano de ligação libidinal. As orientações cognitivas e catéxicas são então integradas por orientações *axiológicas*, isto é, relacionadas a valores.

> A tendência do organismo na direção da integração requer avaliação e comparação dos objetos imediatos cognoscíveis e dos interesses catéxicos em termos de suas consequências mais remotas para a unidade de avaliação mais ampla. A valoração repousa sobre critérios que podem ser tanto padrões cognitivos de verdade, padrões apreciativos de pertinência ou padrões morais de retidão (*General Theory*, p. 5).

Nós podemos colocar isso de forma mais simples e dizer que tanto as motivações cognitivas, catéxicas e em última instância – na medida em que envolve essas duas – emotivas estão presentes em toda ação e tudo isso explica o "esforço" e irá estimular o ator a agir.

Esse quadro dá sentido ao fato de que Parsons compreende a pessoa como um "sistema de ação", pois é na própria pessoa que se forma um *agregado* estável de orientações, a partir do entrelaçamento entre cognição, catexis e valoração – formados a partir das experiências e processos de aprendizagem, conforme já discutimos. A ação realizada pelo indivíduo não é aleatória; suas orientações para a ação formam um padrão. É por isso que Parsons fala de um "sistema de personalidade": as ações realizadas pelo indivíduo apresentam certa consistência como resultado de experiências passadas.

> Esse sistema será chamado de personalidade, e será definido como o sistema organizado da orientação e motivação da ação de um ator individual (p. 7).

Mas é claro que as orientações da ação *não são articuladas apenas no indivíduo*, mas também *entre indivíduos* – tal como já sabemos a partir de nossa análise de *A estrutura*. Por que há normas e valores, são desenvolvidas orientações e expectativas estáveis para a ação, oferecendo uma base para o vínculo ordenado das ações executadas por *um certo número de atores*. Parsons chama isso de "sistema social":

> O sistema social é [...] feito de relações entre indivíduos, mas é um sistema organizando em torno de problemas inerentes à interação social de uma pluralidade de atores individuais, ou oriundos dela, e não em torno de problemas que emergem em conexão com a integração das ações de um ator individual (p. 7).

Mas o "sistema de personalidade" e o "sistema social" são fenômenos que não podem realmente ser separados empiricamente"; eles não são esferas de realidade em si mesmos. Ao contrário, tal como a filosofia da ciência coloca, esse modo de expressão envolve claramente uma distinção *analítica*: conforme meu interesse como pesquisador, eu posso conceder mais atenção ao "sistema de personalidade" ou ao "sistema social". Pois, por um lado, o ator é um indivíduo. Mas, por outro, ele está inserido em contextos de interação com outros atores mediante uma porção de sua personalidade, por isso eu não estou realmente lidando com dois "objetos" ou "fenômenos" realmente separados.

Parsons então distingue ainda um terceiro sistema, que ele *não* considera como um sistema de *ação* nesse ponto de seu desenvolvimento. Trata-se do "sistema cultural", que para ele significa o vínculo ordenado das simbolizações culturais. Aqui ele aborda a questão sobre como ideias ou sistemas de crenças são vinculados, como símbolos expressivos, estilos ou tendências na arte formam uma unidade relativamente homogênea ou como os valores de uma sociedade apresentam um grau de coerência:

> Os sistemas de cultura possuem suas próprias formas e problemas de integração, que não são redutíveis àqueles da personalidade ou social, ou a ambos em conjunto. A tradição cultural em sua importância tanto como objeto de orientação e como um elemento na orientação da ação deve ser articulada tanto conceitual quanto empiricamente com as personalidades e com os sistemas sociais. À parte sua incorporação nos sistemas de orientação dos atores concretos, a cultura, ainda que exista como um corpo de artefatos e sistemas de símbolos, não é organizada enquanto um sistema de ação (p. 7).

Não será uma surpresa dizer que esse sistema adquire importância no âmbito da teoria parsoniana, uma vez que concerne aos valores e normas que em *A estrutura* Parsons já declarou centrais para a coordenação das ações. De fato, ele acreditava que os valores do sistema cultural precisam ser ancorados nos dois sistemas de ação, mediante dois processos: pela *internalização* no sistema da personalidade e pela *institucionalização* no sistema social. Dado que veremos mais detalhadamente sobre a institucionalização mais adiante, nesse momento nos restringiremos a mais algumas breves considerações sobre a internalização.

Parsons tentou aprimorar ao menos *um* dos pontos fracos de seu quadro de referência da ação original, concedendo maior atenção aos *motivos* da ação, distinguindo entre motivos cognitivos, catéxicos e valorativos. A noção de catexia refere-se à vinculação a objetos ou rejeição de certos objetos e aqui, baseando-se em elementos da teoria freudiana, Parsons enfatizou o papel da sexualidade e mostrou como necessidades biológicas são transformadas em fantasias específicas e depois em motivos para a ação. Essas energias que impulsionam o ser humano são articuladas com valores culturais. É o processo de "socialização" que facilita o vínculo entre os motivos catéxicos e os motivos axiológicos, porque os pais, por exemplo, transmitem valores, símbolos e sistemas de crença e sua absorção e adoção no longo prazo ocorre mediante o desvio dos impulsos oriundos do reino da sexualidade infantil. Os impulsos são então fundidos com os valores mediante a socialização, fazendo com que se tornem socialmente toleráveis. A criança "internaliza" as normas e os valores da sociedade.

Aqui está presente o papel desempenhado pelo sistema cultural no processo de internalização. Pode-se então perceber que o "sistema da personalidade", o "sistema social" e o "sistema cultural" são distinções meramente analíticas.

Olhando para os passos nos argumentos de Parsons descritos até agora, fica aparente que ele procurou manter seu quadro referencial da ação, que foi expandido em alguma medida com a menção às *motivações* cognitivas, catéxicas e axiológicas: o que é realmente novo é a introdução do conceito de sistema em um momento crucial, com base no qual ele desenvolve sua teoria da ordem social. Tudo isso, até mesmo a noção de diferentes sistemas, já estava presente de forma embrionária em *Toward a General Theory of Action*, um texto de autoria múltipla.

No entanto, as ideias de Parsons a esse respeito só ganharam a forma de um genuíno projeto intelectual com sua segunda grande obra, que ele publicou no mesmo ano e que traz o revelador título de *The Social System* (O sistema social). Aqui, Parsons advoga a tese de que uma teoria geral da ordem e da ação deve prestar atenção aos três sistemas, mas diferentes disciplinas ou subdisciplinas devem focar diferentes aspectos. Enquanto a tarefa de analisar o "sistema cultural" caberia sobretudo à sociologia do conhecimento (e talvez à filosofia, teologia etc.), e à psicologia caberia examinar o sistema da personalidade, a sociologia teria que lidar primariamente com o "sistema social". Os problemas teóricos e os fenômenos empíricos que emergem nesse "sistema social" deveriam constituir o principal objeto da sociologia.

Mas é claro que só podemos descobrir alguma coisa sobre o objeto da sociologia se perguntarmos o que é, em termos concretos, um "sistema social"; até aquele momento, Parsons oferecerá uma definição muito abstrata, dizendo-nos apenas alguma coisa sobre como esse sistema difere dos outros dois. Parsons então primeiramente sublinha que a sociedade é a epítome do "sistema social":

> Um sistema social [...] que possui todos os pré-requisitos funcionais para uma persistência de longo prazo a partir de seus próprios recursos será chamado de *sociedade*. Não é essencial para o conceito de sociedade que não seja de modo algum interdependente com outras sociedades, mas importa que deve conter todos os fundamentos funcionais e estruturais de um sistema que subsiste de forma independente (*The Social System*, p. 19).

Nessa visão, a sociedade é um sistema social fundamentalmente independente, autocontido, que ao mesmo tempo contém em si um número indeterminado de outros sistemas sociais, isto é, que são menos extensos, mas ainda assim constituem relações de ação ordenadas entre indivíduos (tais como instituições, grupos, famílias etc.). A ideia é que grupos, famílias etc. também são sistemas sociais, ainda que não autossuficientes como uma "sociedade", o que também significa que esses sistemas menores são interligados de um modo ou de outro com a "sociedade" como o sistema social mais amplo.

Parsons destaca que o primeiro elemento essencial é analisar de modo geral a *estática* dos sistemas sociais, isto é, quais elementos constituem um "sistema social", e só depois disso podemos investigar a *dinâmica*, isto é, como e por quais meios um sistema social muda. Essa ênfase na estática dos sistemas sociais conduz imediatamente à ideia de "pré-requisitos funcionais", *as* condições que precisam existir para que um sistema de ação, nesse caso um "sistema social", possa existir no longo prazo:

> Primeiramente, um sistema social não pode ser tão estruturado de modo a ser radicalmente incompatível com as condições de funcionamento de seus componentes, atores individuais que são tanto organismos biológicos quanto personalidades, ou da integração relativamente estável de um sistema cultural. Em segundo lugar, o sistema social, por sua vez, depende, em ambas as frentes, do requisito de um mínimo de "apoio" dos demais sistemas. Isto é, é preciso ter uma concordância mínima com os requisitos de seu papel enquanto sistema, que positivamente significa a satisfação das expectativas e, negativamente, a abstenção de comportamentos muito perturbadores, ou seja, desviantes. Por outro lado, deve evitar o comprometimento com padrões culturais que irão falhar em definir um mínimo de ordem ou que estabelecerão exigências impossíveis às pessoas e, assim, irão gerar desvio e conflito em uma extensão incompatível com as condições mínimas para a estabilidade ou o desenvolvimento ordenado (p. 27-28).

Mesmo que vocês não tenham compreendido todas as palavras desse trecho, deve ter ficado claro que Parsons se refere ao funcionamento de um "sistema social", indicando a necessidade de certa estabilidade e relativa ausência de conflitos; mas isso pode ocorrer somente se os sistemas de personalidade das partes que interagem dentro do sistema social desenvolveram uma motivação suficiente para "jogar o jogo" desse "sistema social", e se o sistema cultural é capaz de oferecer valores e símbolos capazes de incentivar a interação das partes dentro do "sistema social" de forma ordenada. A interpenetração entre o sistema social e o sistema de personalidade ou do sistema social e cultural é, portanto, o pré-requisito mínimo para a existência de um "sistema social". Ademais, Parsons acrescenta que todo sistema social deve conseguir lidar de forma efetiva com os problemas de alocação (alocação = a distribuição de bens; o termo refere-se ao fato de que todo sistema necessita de recursos materiais de um ou de outro modo), bem como diferenciar suas tarefas internas (*Toward a General Theory of Action*, p. 25). Portanto, a família em uma sociedade moderna requer tanto dinheiro quanto uma forma de organizar a divisão do trabalho entre os membros da família para que possa sobreviver sem maiores dificuldades no longo prazo.

Seguindo para a questão de quais *elementos* constituem os sistemas sociais, não é de surpreender que Parsons aponte a ação individual e o ator (este pode ser também um grupo ou uma coletividade). Mas ele se refere também a outro elemento, que já apareceu na citação acima, qual seja, o "papel social":

> Nós temos, então, três diferentes unidades de sistemas sociais que se referem ao ator individual, que vão desde o mais elementar até o mais complexo. O primeiro é o ato social, performado por um ator e orientado por um ou mais atores tomados como objetos da ação. O segundo é o papel de *status* como subsistema organizado de atos ou atores ocupando certas posições de *status* recíprocas e agindo um em relação

ao outro em termos de orientações recíprocas. O terceiro é o próprio ator enquanto uma unidade social, o sistema organizado de todos os papéis e *status* referíveis a ele enquanto objeto social como "autor" de um sistema de atividades que desempenha um papel (*The Social System*, p. 26).

A razão pela qual os papéis sociais ou papéis de *status* tornaram-se tão importantes para Parsons está ligada ao problema da ordem, com o qual vocês já estão mais do que familiarizados. Essa questão emerge sempre que as ações realizadas por certo número de atores ocorrem com referência a outros atores: em primeiro lugar, como os atores conseguem agir de forma coordenada? De fato, trata-se de uma questão bastante problemática e quase autoevidente no âmbito da perspectiva do cientista social, a despeito do fato de que isso não é um problema real na vida cotidiana. Como é bem sabido, a resposta de Parsons foi a referência aos valores e normas. Mas estes precisam ser *especificados, traduzidos* em regras claras e ancorados em instituições, isto é, *institucionalizados* – e é aqui que o conceito de papéis adentra a equação, um *dos* conceitos centrais na sociologia das décadas de 1950 e de 1960. Os papéis são padrões comportamentais, conjuntos de regulamentações a respeito de como agir, que eu normalmente defendo por mim mesmo, que eu sou conclamado a defender e que eu também quero defender. Os outros seres humanos próximos a mim esperam que eu assim o faça, e se eu desapontar suas expectativas ao não agir corretamente, corro o risco de sofrer as sanções impostas a mim sob forma de punição, desprezo etc. Com relação à interação, os papéis – dado que eles interpretam valores – garantem que as pessoas coordenem suas ações de forma bem-sucedida.

> É apenas em virtude da internalização de valores institucionalizados que pode ocorrer uma integração motivacional genuína do comportamento na estrutura social, que as "camadas" motivacionais mais profundas recebem o revestimento necessário para o preenchimento das expectativas vinculadas aos papéis. É somente quando esse processo ocorre em grau bastante elevado que é possível dizer de um sistema social que ele é altamente integrado, e que os interesses da coletividade e os interesses privados dos membros que o constituem aproximam-se de uma coincidência (p. 42).

O conceito de papel era crucial para a teoria que Parsons estava construindo no período em dois aspectos. Primeiro, ao colocar esse conceito no centro do palco, ele conferiu à sociologia uma identidade bastante clara. Isso permitiu a Parsons continuar aquilo que ele já havia tentado fazer em *A estrutura* e em outros escritos, isto é, distinguir claramente a Sociologia das outras disciplinas. É porque ele considerava o conceito de papel tão importante para a análise dos "sistemas sociais" que defendeu que o social não pode ser derivado da natureza; com isso Parsons distancia-se da biologia. Mas isso não era suficiente. O conceito de papel também permitiu a ele apontar que o social também não pode ser derivado da cultura (esse foi seu modo de distanciar a sociologia das ciências culturais e, em alguma medida, da antropologia cultural), sem falar da mera agregação de atos individuais (isso deveria se contrapor aos argumentos da psicologia). O conceito de papel era um meio excelente de demonstrar a independência do social e, portanto, a necessidade da Sociologia como disciplina.

Em segundo lugar, o conceito de papel incorpora as ideias mais fundamentais ao "funcionalismo normativo" de Parsons. Por um lado, os papéis são normas e valores tornados específicos; por outro, eles vão ao encontro das necessidades funcionais do sistema:

> Do ponto de vista do funcionamento do sistema social, os papéis são o mecanismo primário mediante o qual se encontram os mecanismos funcionais essenciais do sistema (*The Social System*, p. 115).

O conceito de papel é uma forma elegante de ilustrar quais "tarefas" específicas são realizadas dentro de um sistema social, tais como o papel de mãe ou de pai, que são necessárias para o funcionamento do sistema social da família. Que funções são realizadas pelos "comediantes" ou "esquisitos" em uma classe de escola infantil ou em um pequeno grupo? O papel dos políticos nas sociedades modernas, saturadas pela mídia, transformou-se, e por quê? Como exatamente é definido o papel da chefe executiva de uma grande corporação, qual é sua função ali? Articular todas essas questões no conceito de papel em um quadro coerente parece uma questão de necessidade imediata.

O próprio Parsons não entendia sua "teoria dos papéis" como algo que implicava que os atores não teriam outra escolha a não ser "encarnar" seus papéis mais ou menos automaticamente, sem fazer qualquer contribuição pessoal. Em alguns momentos de sua obra ele afirmou que assim como podem comportar-se em conformidade com as normas, os indivíduos também podem experimentar um profundo senso de alienação em relação ao sistema, bem como podem lidar de forma criativa com as expectativas em relação ao papel ou mudar a forma como lidam com ele de uma situação para outra (*Toward a General Theory of Action*, p. 24). E alguns de seus colegas, tais como Robert Merton, que já mencionamos anteriormente, sublinharam o fato de que há inevitavelmente conflitos e contradições dentro e entre papéis desempenhados por indivíduos, o que pode ser particularmente relevante para uma teoria da mudança social. Mas na obra de Parsons o foco analítico sempre recaiu sobre os pré-requisitos para a *manutenção* dos sistemas – o que também explica as desconfianças que recaíram sobre o pensamento de Parsons por parte dos movimentos sociais nas décadas de 1960 e de 1970; afinal, as questões críticas levantadas por estes eram diretamente vinculadas com o potencial de *superar* os sistemas existentes. Enquanto isso, o conceito de papel é adequado principalmente para descrever o funcionamento de estruturas *existentes*. Parsons raramente menciona mudanças no sistema. Chama a atenção que até esse momento Parsons tenha trabalhado quase exclusivamente com a ação social e com a ordem social em sua obra teórica. A análise da *mudança social,* tão importante para a sociologia, permaneceu marginal em seu pensamento por um longo tempo. Voltaremos a essa questão na próxima lição.

De todo modo, com sua teoria estrutural-funcionalista Parsons conseguiu estabelecer boa parte dos fundamentos da prática de pesquisa empírica dentro da sociologia da época. Gostaríamos de discutir isso brevemente, no final da presente lição. Para os sociólogos, e não apenas para Parsons, o funcionalismo estabelecido por ele tornou-se o ponto de partida para um extensivo programa de pesquisa empírica focado principalmente em duas áreas prioritárias – áreas que haviam sido prefiguradas pelo próprio Parsons; *The Social System* incluía um capítulo sobre a aprendizagem de papéis, ou socialização, e outro sobre comportamento desviante. E de fato a obra de Parsons conferiu grande ímpeto às pesquisas sobre socialização. Isso, por sua vez, deve ser compreendido tendo-se em consideração que a sociologia ansiava por afirmar-se; as pesquisas sobre a *aprendizagem de papéis sociais* era uma boa forma de conquistar uma clara diferenciação entre a Sociologia e outras disciplinas como Biologia e Psicologia. O foco da atenção aqui não é o desenvolvimento das capacidades cognitivas e morais da criança, que seguem uma lógica inerente, mas como o indivíduo consegue adequar-se à ordem social – um processo cujo término não coincide com o fim da infância, mas que dura e deve durar e se repetir durante muito mais tempo na vida de um indivíduo.

O outro foco temático está em absoluta correlação com o primeiro: a sociologia criminal ou "sociologia do comportamento desviante" tematiza as circunstâncias que levam à *falência* na internalização dos valores em alguns indivíduos, ou indaga por que a institucionalização de valores em algumas esferas da sociedade falha em ocorrer em extensão suficiente, e como resultado produz o comportamento desviante, isto é, aquele que colide com as normas. A teoria de Parsons exerceu uma importante influência nesse campo, porque forneceu instrumentos importantes para a estruturação teórica do campo de pesquisa preocupado com o comportamento desviante. Contudo, é importante evitar potenciais mal-entendidos aqui. Parsons e os sociólogos que trabalham nessa tradição apenas afirmaram que a ordem social é mantida por valores e normas, e que os desvios em relação a estes podem acontecer de um modo ou de outro em todo tipo de ordem – eles podem ser punidos severamente, zombados ou apenas repreendidos com um balançar da cabeça. Parsons e seus colegas não disseram que o desvio *deveria* ser punido. Ainda que os críticos do programa de pesquisa parsoniano muitas vezes tenham sugerido o contrário, a teoria funcionalista do comportamento desviante foi uma tentativa de descrever e (talvez) explicar tal comportamento. Certamente não havia a intenção de propor uma agenda política ou sociopolítica.

Mas vamos concluir esta lição com um retorno à pura teoria. Parsons não ficou agarrado à sua posição teórica tal qual delineada aqui – e isso reflete sua tremenda produtividade, particularmente na década de 1950. Em vez disso, ele trabalhou em aspectos cruciais do edifício a que ele chamou de teoria "estrutural-funcionalista". Algumas ideias anteriores foram abandonadas, alguns desenvolvimentos teóricos se mostraram becos sem saída, mas em muitos aspectos ele também radicalizou as posições já desenvolvidas em *Toward a General Theory of Action* e *The Social System*. Agora nos voltaremos para essa elaboração ulterior de sua teoria.

IV
Parsons e a elaboração do funcionalismo normativo

Tendo estabelecido os fundamentos centrais de sua *teoria da ação* em *A estrutura* em 1937 e de ter feito esforços vigorosos para desenvolver uma *teoria da ordem* em *The Social System* e *Toward a General Theory of Action*, o livro que foi publicado em coautoria no começo de 1950, a obra subsequente de Parsons também foi marcada por tentativa consistente de resolução de problemas teóricos. Todavia, rapidamente tornou-se evidente que existia certa tensão entre sua teoria da ação e sua teoria funcionalista da ordem; não estava claro como uma se relacionava com a outra. Enquanto Parsons conseguia refinar e enriquecer sua teoria da ação, bem como acrescentar novas ideias ao conceito funcionalista de ordem, no fim das contas ele não foi capaz de integrar os dois modelos teóricos. De fato, foi exatamente o oposto que pareceu ocorrer: quanto mais ele lapidava suas subteorias, tanto mais evidente tornava-se o fato de que elas estavam fora de sincronia. Olhando para o desenvolvimento da teoria parsoniana no período que vai do começo da década de 1950 até sua morte em 1979, temos a impressão de que enquanto ele realizou muitos avanços em pontos cruciais de sua teoria (ou teorias), ele nunca mais conseguiu alcançar uma verdadeira síntese, uma grande teoria coerente. Conforme discutirmos essa fase do desenvolvimento da obra parsoniana no decorrer desta lição, vocês provavelmente suspeitarão, não sem razão, que a teoria da fase "intermediária" ou "final" da trajetória de Parsons é mais um conjunto disparatado de tijolos teóricos do que uma teoria unificada. De fato nós podemos identificar ao menos cinco assuntos teóricos importantes, mas muito diferentes, de 1950 em diante.

1 Primeiro, durante o mesmo período em que surgiu *The Social System*, em *Toward a General Theory of Action*, já citado muitas vezes, Parsons concebeu a ambição de desenvolver mais a sua teoria da ação. Ele pretendia com isso pegar um caminho *direto* para a teoria da ordem, isto é, estabelecendo uma vinculação entre as teorias da ação e da ordem. Até aquele momento ele havia desenvolvido seu "quadro referencial da ação" de forma puramente abstrata, apenas identificando os componentes da ação, sem dizer nada sobre o que a impulsiona, quais são os possíveis objetivos concretos etc. É possível afirmar que em *A estrutu-*

ra, bem como em seus trabalhos subsequentes, influenciados pela psicanálise, Parsons lidou quase que exclusivamente com a "forma" abstrata da ação, mas não com seu "conteúdo". Depois isso começou a mudar. No começo dos anos de 1950, Parsons assumiu a tarefa de articular a teoria da ação que ele já havia desenvolvido com uma tipologia compreensiva das orientações da ação ou ações alternativas, de modo a ser capaz de fazer enunciados sobre o conteúdo ou *potenciais* conteúdos da ação humana, ou sobre quais são os possíveis objetivos e orientações da ação. Parsons tinha como modelo a famosa tipologia da ação desenvolvida por Max Weber (cf. WEBER. "Conceitos sociológicos fundamentais". In: *Economia e sociedade*), que distingue entre ação racional com relação a fins, ação racional com relação a valores, ação afetiva e ação tradicional. Parsons tinha em mente um sistema similar, e para desenvolvê-lo desenhou o que chamou de "padrões variáveis". O que ele queria dizer com esses padrões variáveis, ou mais especificamente, esse esquema de padrões variáveis, é que todos os seres humanos devem escolher entre cinco diferentes dicotomias, isto é, entre opções mutuamente exclusivas, toda vez que executa uma ação. De acordo com Parsons, essas opções podem ser resumidas da seguinte forma:

(i) Afetividade – neutralidade afetiva;

(ii) Auto-orientação – orientação para a coletividade;

(iii) Universalismo – particularismo;

(iv) Atribuição – realização;

(v) Especificidade – Difusão (*Toward a General Theory of Action*, p. 77).

Em relação à primeira dicotomia, isso significa que eu posso e devo deixar que minha ação seja motivada por emoções, ou posso abster-me de fazê-lo. No caso de algumas de minhas ações, as emoções desempenham um papel, algumas vezes até determinam de modo decisivo que ação irei realizar. Esse é provavelmente o caso do que ocorre na vida privada e na vida amorosa. Em outros campos ou situações, as emoções devem desempenhar um papel mais subordinado, como em minha vida profissional, por exemplo, na qual meu papel em avaliar o desempenho de um estudante é melhor desempenhado se eu conseguir evitar emoção excessiva ("neutralidade afetiva"). Não obstante, preciso sempre decidir o que é apropriado com relação a minhas emoções em todas as situações concretas.

Toda ação, contudo, também impõe uma escolha entre a "auto-orientação" e a "orientação coletiva", isto é, tenho que escolher se irei perseguir apenas os meus interesses ou aqueles da comunidade. Afinal, o indivíduo não é capaz de perseguir sempre seus próprios objetivos, que são possivelmente egoístas; algumas vezes ele precisa ter em mente a coletividade e seus fins.

Com relação a todas as minhas decisões e ações – e aqui estamos na terceira dicotomia – também preciso perguntar-me se estou agindo de acordo com critérios que dizem respeito a *todos* os seres humanos, ou se apenas a um grupo específico. Dado que segundo Parsons há sempre uma dimensão normativa inerente à ação humana, eu preciso ter clareza da extensão da validade da norma, isto é, a quem a norma se aplica. Minha ação é pautada pelos mesmos padrões de medida em relação a todo mundo, ou eu aplico critérios especiais a meus vizinhos, amigos ou parentes? O preceito "Não matarás" serve para proteger todo mundo (fazendo dele uma lei universal), ou se refere apenas àqueles que vivem em minha comunidade ou ainda apenas a alguns membros desta, de modo que matar estrangeiro ou qualquer pessoa "diferente" poderia ser perfeitamente permitido, implicando uma orientação particularista para a ação?

A quarta dicotomia refere-se ao fato de que minha ação e os juízos sobre a ação alheia podem diferir se eu pretendo avaliar os outros com base em suas origens sociais, descendência, beleza etc., isto é, por coisas que eles não são responsáveis (atribuição) ou se eu os avalio com base em suas próprias "realizações".

A dicotomia final é entre a ação que leva em consideração todos os aspectos possíveis em detrimento daquela que é mais difusa, e que é dedicada a tarefas mais delimitadas, sendo, portanto, mais específica. As ações que eu tomo enquanto chefe de família são difusas na medida em que aquilo que se espera que eu faça envolve aspectos econômicos (eu tenho que prover para a família), sociais (eu posso ter responsabilidades no conselho de pais e mestres na escola) e emocionais (como o pai amoroso de meus filhos). Meu trabalho como engenheiro é definido de modo mais específico: eu preciso realizar minhas responsabilidades profissionais exatamente do modo como foram definidas.

É crucial que evitemos dois mal-entendidos com relação a esse agora famoso esquema das variáveis padrão.

Primeiramente, a tipologia da ação que Parsons estabelece aqui é notadamente mais complexa do que aquela de Max Weber. Não se trata apenas de uma diferença numérica. Por exemplo, não podemos apenas dizer que o modelo de Weber difere do de Parsons porque o primeiro identifica *quatro* tipos de ação enquanto o segundo aponta *cinco* variáveis padrão. É verdade que Weber identifica quatro tipos de ação. Para ele, uma ação é, por exemplo, ou racional com relação a fins ou tradicional, mas não ambas ao mesmo tempo; é ou afetiva ou racional com relação a valores, mas não ambas ao mesmo tempo. Contudo, os cinco padrões de variáveis de Parsons não são tipos de ação, mas *dicotomias*, a partir das quais, ao menos teoricamente, podem ser derivados 32 tipos de ação, porque cada dimensão dessas dicotomias pode, em princípio, ser combinadas. (Essa também é a origem do termo "*variáveis* padrão".) A combinação de cada dimensão com outras dimensões produz 32 tipos de ação, tal como vocês podem calcular. Isto é, uma ação afetivamente neutra pode ser realizada de forma completamente diferente em relação a cada uma das dimensões restante; ela pode ser simultaneamente auto-orientada, universalista, orientada pelas realizações e difusa, ou pode envolver uma combinação completamente diferente dessas variáveis e, portanto, resultar em uma orientação diferente. Mas o fato de que Parsons mobilize um número maior de tipos de ação do que Weber não significa muito em si mesmo. Afinal, as tipologias primeiro precisam provar seu valor no contexto da prática da pesquisa, e o próprio Parsons foi o primeiro a admitir que nem todos os tipos de ação deriváveis teoricamente das variáveis padrão podem ser encontrados na realidade empírica. Ainda assim, isso oferece a Parsons um conjunto de instrumentos que permitem a ele conceber a amplitude da variação de orientações que podem caracterizar a ação humana com uma sensibilidade maior do que Weber, mesmo que sejamos céticos acerca de sua afirmação de que esses padrões de variáveis são tão exaustivos e sistemáticos que dão conta de *todo* tipo de ação concebível. Vocês podem sugerir outra dicotomia em acréscimo àquelas identificadas por Parsons.

Segundo, quando Parsons afirma que todo ator faz ou deve fazer uma escolha entre cinco dicotomias sempre que precisa agir, ele não quer dizer que a ação sempre ocorre de modo altamente racional ou que o ator, mais ou menos como um calculador, reflete sobre a natureza exata das consequências da complexa escolha das cinco dicotomias toda vez que age. Parsons apenas diz que uma escolha *é feita* – explícita ou *implicitamente*, de forma consciente ou pré-consciente. A última, a "escolha" implícita ou pré-consciente, sugere que essa escolha já é pré-estruturada de acordo com essas dicotomias, no nível do sistema da personalidade, do sistema social ou cultural. Todos os três sistemas sempre pavimentam um caminho para nossa ação, mitigando a necessidade de uma escolha de orientação da ação sempre inteiramente livre e consciente. No caso do sistema da personalidade: "a pessoa tem um conjunto de *hábitos* de escolhas, geralmente relativos a certos tipos de situações, conforme um lado ou outro desses dilemas". No nível do sistema social a pré-estruturação ocorre porque envolve definições de papéis, isto é, "definições de direitos e deveres dos membros de uma coletividade *a qual especifica as ações dos incumbidos de cada papel, e que geralmente especifica que o ator desempenhando aquele papel deve ter o hábito de escolher um ou outro lado desses dilemas.* E finalmente, com relação ao sistema cultural, a escolha de alguém não é inteiramente livre porque a maior parte dos valores, que só são postos em prática quando se age, são "regras e prescrições para as orientações de nossa ação" (*Toward a General Theory of Action*, p. 78; ênfase nossa). Quando se trata das orientações de nossa ação, nossa educação e a cultura na qual vivemos nos negam liberdade total. As orientações de nossa ação são sempre pré-estruturadas.

Enquanto essas afirmações aparecem de modo isolado, Parsons parece conseguir realizar uma vinculação de sua teoria da ação, agora aumentada pela noção de "variáveis padrão", com a teoria da ordem, a qual conhecemos de nossa análise de *The Social System* e da discussão dos três sistemas. Tal como vimos na citação acima, Parsons parece conseguir "incorporar" variáveis padrão aos seus três sistemas. E essas variáveis permitem a Parsons fazer algo mais: ele logo percebeu que elas são importantes não apenas para sua *teoria da ação*, mas também porque prometem solucionar problemas centrais com relação à descrição de *ordens sociais* concretas, problemas que rondaram a sociologia clássica praticamente desde o seu início.

Para poder compreender isso precisamos dar mais uma breve olhada para a teoria sociológica *clássica*. Certo número de autores que escreveram no início da sociologia categorizaram os tipos de ordem social em termos de dicotomias. Ferdinand Tönnies, por exemplo, introduziu a diferença entre *Gemeinschaft* e *Gesellschaft* no vocabulário da sociologia e, para diferenciar formas específicas de sociedade, Émile Durkheim fez uso dos conceitos de "solidariedade mecânica e orgânica". Dicotomias simples como essas foram encontradas não apenas na obra desses autores. É preciso acrescentar que elas conduziram a especulações históricas – se não já nas obras de Durkheim e Tönnies, então certamente na obra de muitos de seus sucessores. Parecia possível que o processo histórico necessariamente se daria na direção das sociedades mecânicas para as sociedades com solidariedade orgânica, da *Gemeinschaft* para a *Gesellschaft*. Nesse momento Parsons estava conscientemente lidando com essas questões. Ele referiu-se diretamente a Tönnies e viu em suas variáveis-padrão uma reconstrução da dicotomia do autor alemão, que ele considerava demasiadamente simplista. Reagrupando os elementos encontrados na citação da página 88, ele sugeriu que apenas *um* aspecto das cinco dicotomias caracteriza o espectro de ação típico da *Gemeinschaft* ("afetividade", "orientação para a coletividade", "particularismo", "atribuição", "difusão"), e outro o da *Gesellschaft* ("neutralidade afetiva", "auto-orientação", "universalismo", "realização", "especificidade"). Não se trata apenas de que o esquema parsoniano de variáveis padrão permite uma descrição mais precisa daquilo que Tönnies pretendia fazer com os termos *Gemeinschaft* e *Gesellschaft*. De fato, o recurso às variáveis padrão nos permite resolver a polaridade fundamental entre essas duas formas sociais que aparecem, por exemplo, na obra de Tönnies e de seus sucessores, precisamente porque as dimensões das cinco dicotomias podem, em princípio, ser combinadas umas com as outras de forma absolutamente variável. De acordo com Parsons, as ordens sociais podem ser altamente complexas, muito mais do que está implicado no esquema conceitual de Tönnies, porque misturas e combinações muito variáveis de orientações de ação e de tipos de ação podem ser institucionalizadas. No mínimo, isso permite a Parsons deixar para trás a filosofia da história latente que muitas vezes esteve atrelada aos conceitos de Durkheim e Tönnies. Pois o argumento implicado no esquema de variáveis padrão é o de que não se trata de dizer que as formas sociais antigas ou tradicionais são caracterizadas exclusivamente por orientações da ação afetivas, orientadas para a coletividade, particularistas, atribuidoras e difusas, enquanto as ordens sociais modernas ou contemporâneas encarnam exatamente os polos opostos. Todavia, tal como até mesmo seus defensores à época falharam em perceber, Parsons está enunciando um argumento muito diferente aqui. Ele percebe – como apenas o esquema dos padrões de variáveis pode mostrar – que a sociedade moderna, por exemplo, pode ser vista como a institucionalização muito peculiar de uma mistura *bastante diferente* de orientações da ação. Inversamente, é claro que isso também se aplica às formas de vida coletiva tradicionais, que não envolve apenas os elementos típicos de uma *Gemeinschaft*, se quisermos adotar a terminologia de Tönnies. Esse estranho compósito de realidade pode ser ilustrado pelo exemplo dos médicos modernos, uma profissão que, tal como discutimos na lição anterior, Parsons já havia discutido em sua trajetória. Na prática de sua profissão, a médica defronta-se com orientações da ação quase contraditórias. Por um lado, ela tem a obrigação de lidar com os corpos de seus pacientes como objetos afetivamente neutros, que devem ser examinados e tratados cientificamente, e não como objetos investidos de conotação emocional ou sexual. Ao mesmo tempo, em sua vida privada a médica é um ser humano com desejos sexuais. A médica simplesmente precisa conseguir lidar com essa tensão, que é exacerbada ainda mais pelo fato de que não pode manter a frieza científica e a autoridade à custa dos demais elementos de sua vida profissional, pois também deve ser capaz de mostrar empatia, compreensão, emotividade etc., para que a relação médico-paciente possa ser produtiva. Mas mesmo se considerarmos o médico apenas no contexto de seu papel profissional, não se segue que suas opções para a ação sejam restringidas a aspectos do esquema dos padrões de variáveis relacionados à *Gesellschaft*. Se a atitude do médico em relação ao paciente deve ser científica, fria e calculadora, focada em tarefas específicas e afetivamente neutra, isso não origina, como se poderia esperar, uma orientação da ação que privilegia a busca de *seus* próprios objetivos e fins. A profissão médica, tal como vimos na lição anterior, desenvolveu um conjunto de princípios éticos profissionais que incitam a obrigações para com a *coletividade*, tais como o dever de sempre oferecer assistência médica, mesmo em casos em que não há perspectiva de compensação financeira.

O conceito de "variáveis padrão" abriu a possibilidade de descrever formas sociais muito diferentes *em toda sua complexidade*, e Parsons percebeu imediatamente que sua caixa de ferramentas conceituais também poderia ser usada para estudos comparativos. Com que diferenças e com quais graus de variação as sociedades institucionalizaram as dimensões das "variáveis padrão"? Por exemplo, como a sociedade alemã difere da americana com relação à institucionalização das orientações para as realizações? Como exatamente as "sociedades primitivas" diferem das sociedades ocidentais modernas em termos da ancoragem e do desenvolvimento de orientações universalistas da ação e da norma? Parsons, e isso é algo que vale repetir, era muito cuidadoso em seus argumentos em relação a isso, ao contrário dos defensores da teoria da modernização, que veremos mais adiante, e que em alguma medida evocaram a obra parsoniana. As várias dimensões das "variáveis padrão" mudam de forma independente, e é por isso que Parsons afirma que as dicotomias simples que procuram dar conta da ordem social, tais como "sociedades tradicionais *versus* sociedades modernas", ou *"Gemeischaft* versus *Gesellschaft"* mais distorcem do que elucidam a realidade. Como vimos, Parsons assumiu a existência de misturas *complexas* de orientações da ação institucionalizadas – e de acordo com ele isso se aplicaria às sociedades mais "simples", bem como às sociedades ocidentais "modernas".

Até o momento, nossas observações acerca do conceito parsoniano de variáveis padrão parecem extremamente positivas. Até hoje consiste em um importante meio para analisar a orientação da ação e as formas particulares assumidas pelos padrões de ordem social. Todavia, o próprio Parsons – a seguir vamos expor as razões disso – não estava completamente satisfeito com esse instrumento, sobretudo em virtude de dois problemas interconectados que se tornaram cada vez mais vinculados. *Primeiro*, dado o número de orientações da ação institucionalizadas possíveis em uma sociedade emergiu a dificuldade de elaborar um sistema classificatório fácil de utilizar, que permita lidar com as diferentes sociedades de modo simples e convincente, que poderia ser utilizado com facilidade para a realização de estudos empíricos, em particular estudos comparativos. As variáveis padrão eram demasiadamente complexas. A dicotomia entre sociedades tradicionais e modernas, tão sugestiva nas teorias sobre a modernização, não era plenamente apropriada; mas era significativamente mais fácil de usar, especialmente porque essa polaridade permitia uma distinção entre o Ocidente moderno e o "resto" do mundo que à primeira vista era bastante convincente. A substituição dessa dicotomia pelas variáveis padrão tremendamente complexas parecia uma tarefa fadada ao fracasso. *Segundo*, as variáveis padrão também se revelaram mais difíceis de ser integradas na teoria de Parsons do que parecia inicialmente. É verdade que era bem fácil de entender a ideia de que somente uma expressão particular das "variáveis padrão", específicas do indivíduo, tecido social ou cultura, pré-estrutura as ações realizadas dentro de um sistema de personalidade ou de um sistema social, ou os padrões identificáveis dentro de um sistema cultural. Portanto, era possível sugerir que as "variáveis padrão" poderiam facilmente ser reconciliadas com a teoria funcionalista dos papéis; afinal, os papéis também prefiguram as opções para a ação que se colocam para o indivíduo. Mas como o *conteúdo* das "variáveis padrão" ou suas expressões concretas na ação pode ser articulado com a noção de que os vários sistemas apresentam requisitos funcionais abstratos? Por exemplo, se ação é afetivamente neutra, difusa, particularista etc., isso tem alguma relação com os pré-requisitos à sobrevivência de um sistema? E, em caso afirmativo, qual seria essa relação? Parsons não foi capaz de responder a essas questões, tal como ele admitiu em *Toward a General Theory of Action*:

>Deve ficar claro que a classificação dos valores das disposições de necessidade) e as expectativas de papel em termos das variáveis padrão é um *primeiro passo* na construção de uma teoria dinâmica dos sistemas de ação. Para avançar na direção de uma maior importância empírica, essas classificações terão de ser vinculadas aos problemas dos sistemas de ação em curso (p. 93).

Nos desenvolvimentos ulteriores da obra de Parsons, ele tentou reiteradamente incorporar as "variáveis padrão" a seu esquema da ordem funcionalista. Ele tentou explicar como elas são articuladas com os requisitos dos sistemas de ação, ou como as "variáveis padrão", mais *especificamente*, essas cinco dicotomias da ação, podem ser derivadas desses requisitos funcionais; nesses trabalhos ele se mostrou muito mais loquaz do que efetivamente convincente. Com tremenda tenacidade, tentou mostrar que as variáveis padrão, elaboradas tendo em mente a teoria da ação, conduziam a uma teoria da ordem. Ainda assim, talvez o próprio Parsons tenha percebido secretamente que nada disso parecia realmente plausível, o que poderia explicar seus esforços teóricos subsequentes, voltados para uma maior elaboração da teoria da ordem, que envolvia o refinamento e até mesmo a radicalização de suas ideias funcionalistas; ele pode ter feito tudo isso em virtude da percepção de que, tendo falhado em mostrar a possibilidade de avançar de uma teoria da ação para uma teoria da ordem, ele agora tomava a direção oposta, *avançando de uma teoria da ordem para uma teoria da ação*. Isso nos conduz ao segundo foco da obra teórica de Parsons a partir da década de 1950, que claramente se consolidou somente após a publicação de *The Social System* e *Toward a General Theory of Action*.

2 Parsons começou a dedicar um enorme esforço para desenvolver a teoria funcionalista da ordem, tentando sistematizar as funções que devem ser desempenhadas pelos diferentes sistemas. Como apontamos brevemente na lição anterior sobre o edifício do pensamento funcionalista, sempre é possível identificar uma ampla gama de funções quando observamos os fenômenos sociais, que estes desempenham em relação a um todo maior. Supondo que essas funções possam ser provadas plausíveis, certamente não seria muito satisfatório se um grande número de funções muito diferentes fossem atribuídas em cada caso específico. Parsons, compreensivelmente, sentiu a necessidade de realizar uma sistematização em relação a esse respeito, indagando se as funções que um sistema precisa realizar poderiam ser resumidas de algum modo. Seria possível afirmar que todo sistema social possui um número identificável de funções que devem ser realizadas? Para os propósitos de sistematização, isso certamente seria o ideal. Parsons passou a acreditar que seria impossível responder afirmativamente a essa questão.

Em *The Social System* e *Toward a General Theory of Action*, Parsons já havia dado os primeiros passos nessa direção. Dentre outras coisas, ele estabeleceu que ao menos duas funções precisariam ser realizadas para manter o equilíbrio dos sistemas: a função de alocação, isto é, a provisão de recursos para o sistema particular, e a função de integração, isto é, a coordenação entre as subunidades dentro do sistema (cf., p. ex., *Toward a General Theory of Action*, p. 180). Seu trabalho em colaboração com o psicólogo Robert Bales (1916-2004), com quem já havia produzido uma série de estudos sobre a dinâmica de pequenos grupos, permitiu a Parsons desenvolver mais esse argumento. No âmbito de seu trabalho com Bales, Parsons chegou à conclusão de que é possível fazer afirmações generalizadas sobre as funções que precisam ser desempenhadas dentro de pequenos grupos, que foram muito além de suas tentativas anteriores de determinar funções. Em uma aventura colaborativa (*Working Papers in the Theory of Action*), com Robert Bales e Edward A. Shils (1910-1995), Parsons se referiu do seguinte modo aos trabalhos de Bales:

> Baseando seus escritos sobre as fundações mais amplas da teoria sociológica, um de nós tem trabalhado há alguns anos sobre os processos de interação em pequenos grupos. Esse estudo incluiu o desenvolvimento de métodos de observação empírica e de análise teórica. [...] Nosso interesse presente não é nos métodos empíricos, mas no esquema teórico envolvido. A abordagem essencial consistiu em conceber o pequeno grupo como um sistema funcional. Assumiu-se que tal grupo teria quatro "problemas funcionais" que foram descritos, respectivamente, como *adaptação* às condições da situação externa, de *controle instrumental* sobre as partes da situação na realização de atividades orientadas por um objetivo, o gerenciamento e *expressão* de sentimentos e tensões dos membros e de preservação da *integração* dos membros uns com os outros como uma coletividade solidária (p. 64).

Parsons e os demais coautores generalizaram ainda mais essas hipóteses já generalizadas para o pequeno grupo, afirmando que *todo* sistema, e não apenas o pequeno grupo, precisa realizar quatro tarefas fundamentais. Para modificar um pouco a citação acima, essas tarefas podem ser resumidas pelos termos "Adaptação", "Alcance de Objetivos", "Integração" (que se refere à coesão das subunidades do sistema e "manutenção de Padrões (i. é, a manutenção do comprometimento com valores constitutivos de identidades, ou, de forma mais simples: a preservação da estrutura mediante comprometimento com valores).

Parsons também utilizou o termo "Latência" para referir-se à última função, porque muitas vezes esses valores normalmente não estão explícitos. Agora vocês já estão familiarizados com o famoso esquema AGIL[1] – um esquema feito com as quatro iniciais com as funções que cada sistema deve realizar. A tese de Parsons é a de que cada sistema precisa adaptar-se ao meio externo ou a outro

---

1. Manteremos o acrônimo em inglês, que se refere às expressões "*A*daptation", "*G*oal attainment", "*I*ntegration" e "*L*atency". Em português poderíamos usar o acrônimo AOIL, que, no entanto, não possui a mesma força simbólica que AGIL.

sistema; formular e atingir certos objetivos; integrar suas subunidades e suas diferentes partes; e organizar-se de modo a possibilitar a aplicação de valores de modo a garantir um vínculo.

Nessa obra colaborativa Parsons mais uma vez gastou muito tempo tentando explicar como as "variáveis padrão" relacionam-se ao esquema AGIL, e talvez alguém, com uma boa dose de boa vontade, até poderia aceitar seu raciocínio (cf. *Working Papers*, p. 88ss.). Em todo caso, é evidente que seu argumento aqui diz respeito não primariamente a um dado ato, mas aos pré-requisitos para a manutenção dos sistemas. O que estamos tentando ressaltar é que Parsons tornou-se cada vez mais preocupado com os problemas teóricos do pensamento *funcionalista* e que isso fez com que ele gradualmente perdesse de vista o tema da ação, pois, como veremos ao examinar sua obra tardia, ele não tentou descrever a ação de modo funcionalista, nem tampouco *derivá-la* das necessidades do sistema.

Parsons define os sistemas como "sistemas de manutenção de fronteiras", que são delimitados com relação a seu meio e a outros sistemas. A partir de uma perspectiva macrossociológica, se tomarmos sociedades inteiras como sistemas e aplicarmos o modelo AGIL, também chamado de paradigma das quatro funções, isso dá origem à teoria dos subsistemas sociais funcionalmente diferenciados. É possível então afirmar que dentro do sistema da sociedade (como um todo) o subsistema da economia desempenha a função adaptativa (A), o subsistema da política realiza o alcance de objetivos (O), o subsistema da "comunidade social", que é o termo de Parsons para designar genericamente as estruturas institucionais não econômicas e não políticas, desempenha a função de integração (I), e o sistema cultural, ou "sistema fiduciário", nos termos de Parsons, é encarregado de manter o comprometimento com valores formadores da identidade (L).

O ponto interessante aqui é que, de acordo com Parsons, esse método de atribuição das quatro funções pode ser aplicado a todos os sistemas. É possível considerar, como no esquema abaixo, a economia como um subsistema da sociedade e perguntar quais funções a economia deve desempenhar em relação a esse grande sistema. Contudo, enquanto cientistas sociais, é possível olhar para a economia a partir de sua própria lógica, enquanto um sistema mais ou menos independente, e mais uma vez indagar quais subsistemas existem *dentro* do sistema econômico, e que realizam as quatro funções necessárias para o sistema da economia. É possível continuar perguntando esse tipo de questão eternamente. Pode-se "descer" até o nível das empresas individuais, ou setores da mesma empresa, ou mesmo das equipes de trabalho das empresas etc., sempre indagando que funções devem ser desempenhadas por quais unidades. Portanto, quando se pergunta sobre as funções que devem ser realizadas, inevitavelmente surge a questão das referências do sistema, isto é, é preciso saber a qual sistema está se referindo. Com relação ao sistema da sociedade, a economia é um subsistema; se minha referência do sistema é a própria economia, então preciso interrogar quais subsistemas desempenham as quatro funções necessárias a esse sistema da economia. Portanto, dependendo dos interesses do observador, um sistema pode ou não ser um subsistema. Em outra publicação que data de pouco tempo depois, Parsons coloca isso de modo muito elegante:

> Uma economia [...] é um tipo especial de sistema social. É um subsistema funcional da sociedade mais ampla, diferenciado de outros subsistemas pela especialização na função adaptativa da sociedade. É um dentre os quatro subsistemas diferenciados a partir de um princípio semelhante e que devem ser distinguidos uns dos outros. Também precisam ser distinguidos de todas as coletividades concretas que, quaisquer que sejam suas funções primárias, são *sempre* multifuncionais. Enquanto um sistema social, a economia possui todas as propriedades de um sistema (PARSONS & SMELSER. *Economy and Society*, p. 306-307; ênfase original).

Figura 4.1

Entretanto, Parsons esperava ser capaz de fazer mais do que apenas sistematizar as atribuições funcionais do esquema AGIL. Ele parecia acreditar que esse esquema, ao referir-se aos diferentes requisitos funcionais de qualquer sistema, seria capaz de superar certas dicotomias "irritantes" que durante muito tempo importunaram a teoria sociológica. De acordo com Parsons, esse paradigma das quatro funções nos livraria da dicotomia marxista entre base e superestrutura, bem como do problema da relação entre interesses e convicções analisado exaustivamente por Max Weber, porque aparentemente nos permitiria mostrar que as instituições e ordens sociais *sempre* envolvem uma *fusão complexa* de diferentes requisitos funcionais e processos correspondentes, e portanto seria *fútil perguntar* se a base triunfa sobre a superestrutura ou se os interesses têm precedência sobre as ideias. A esse respeito, Parsons também pensou ser possível evadir-se de uma crítica dirigida a ele desde a época da publicação de *A estrutura* – e que continuou a ser feita até o fim de sua vida –, qual seja, a de que ele estava secretamente endossando o determinismo cultural e sobrevalorizando as normas e valores. O esquema AGIL parecia permitir a ele mostrar que sua teoria era de fato *multidimensional*, porque levava em consideração fatores e funções *muito diferentes*.

3 Subsequentemente Parsons continuou a trabalhar em sua teoria da ordem e a refiná-la com o esquema AGIL. Em 1956, junto com Neil Smelser (n. 1930), ele produziu o livro *Economia e sociedade* mencionado acima, no qual ele não apenas aplicou meticulosamente o paradigma das quatro funções a um subsistema social – a economia –, mas também apontou os *processos* que ocorrem entre esse sistema e os outros subsistemas sociais. Parsons e Smelser formularam uma espécie de teoria das relações de troca para a economia: O que a economia faz para os outros sistemas, quais os *inputs* que ela, por sua vez, recebe desses outros sistemas etc.? A ideia era que tudo isso trouxesse dinamismo para a teoria funcionalista da ordem. Anteriormente, Parsons falava apenas sobre as funções; agora ele buscava revelar os processos mediante os quais essas funções eram realizadas. Essa era uma tentativa de lidar com outro tipo de crítica há muito feita ao pensamento funcionalista, qual seja, a de que ele é fundamentalmente estático, que ele é um sinônimo para inflexibilidade. Para Parsons, sua ênfase sobre os *processos* é a primeira "resposta" de Parsons a essa crítica, uma resposta que se aperfeiçoaria na medida em que sua obra foi desenvolvida.

Em *Economy and Society* Parsons concedeu particular atenção ao dinheiro como modo de pagamento nas sociedades modernas; junto com Smelser ele investigou, dentre outras coisas, como o dinheiro pode funcionar como meio de pagamento. Em relação a isso, os dois autores examinaram o que é o dinheiro e quais funções realiza dentro dos processos de troca que ocorrem entre a economia e os demais subsistemas da sociedade.

Mas Parsons foi ainda mais adiante, tentando aplicar os achados que ele acreditava que emergiram de sua análise do subsistema da economia a outros subsistemas. Ele rapidamente teve a ideia de que não havia apenas um meio – o dinheiro –, mas vários outros, de modo que cada subsistema social teria um meio em particular mediante o qual poderia comunicar-se internamente e criar links com os outros subsistemas. O dinheiro enquanto meio da economia serviu como seu ponto de partida para reflexões sobre meios específicos dos subsistemas da política, da comunidade societal e da cultura. O resultado disso, expresso nas várias reflexões apresentadas em diversos ensaios publicados na década de 1960 (cf. "On the Concept of Influence" e "On the Concept of Value-Commitments"), é que podemos interpretar e definir "poder", "influência" e "comprometimento com valores" como sendo, respectivamente, os meios da política, da comunidade societal e da cultura. Captar esses passos no pensamento de Parsons é um verdadeiro desafio. Mas é muito mais difícil pensar nos três conceitos identificados por Parsons em termos similares. Como, exatamente, ele compreende suas noções de "poder", "influência" e "comprometimento com valores" *enquanto meios*?

Parsons muito conscientemente desenvolveu suas ideias a esse respeito em analogia com o meio dinheiro, ou seja, justamente porque o dinheiro é *o* meio clássico, Parsons tentou identificar fenômenos que exibiam as mesmas qualidades abstratas, isto é, que poderiam comunicar ou transmitir algo do mesmo modo que o dinheiro (tal como os preços nos dizem algo sobre as relações entre oferta e demanda de um determinado bem no mercado), fenômenos que podem ser armazenados (não é preciso gastar o dinheiro imediatamente, é possível guardá-lo para uso futuro), dos quais se pode dispor (eu posso trocar meu dinheiro por algum bem desejável) etc. Realmente existem outros meios comparáveis ao dinheiro? A resposta de Parsons é afirmativa. Para facilitar a compreensão de vocês em relação a esse aspecto, tentaremos apresentar a explicação de Parsons sobre o "poder" enquanto um meio, sobretudo em virtude do fato de que muitos acadêmicos que comentaram e criticaram a teoria parsoniana sobre os meios consideraram que a analogia monetária faz algum sentido aqui, ao contrário, por exemplo, do que acontece com os outros meios identificados por ele, a "influência" e o "comprometimento com valores".

Para Parsons, o "poder" é o meio ou medida usado para *ganhar controle sobre os fatores centrais para alcançar efetivamente os objetivos de uma sociedade*. Portanto, o poder é vinculado ao subsistema social que é definido em termos de sua função de consecução de objetivos – a política. De acordo com Parsons, o poder não é idêntico aos fatores que realizam esses objetivos. Isso resulta diretamente da analogia monetária, porque o dinheiro, meio da economia, não é um fator de produção (como o capital ou trabalho), mas simplesmente um meio. Alguns fatores comparáveis no subsistema político seriam, por exemplo, as leis de impostos, a esfera pública etc., que poderiam ser controlados pelo meio do "poder". Portanto, o poder permite influenciar certos fatores dentro do sistema político, tais como as leis sobre impostos e a esfera pública política. Mas, ao mesmo tempo, o poder também afeta outros sistemas sociais, porque, por exemplo, ele indica aos outros subsistemas que efetivamente existe uma liderança para a sociedade como um todo, que os políticos realmente possuem qualidades de liderança com relação a toda a sociedade, possibilitando que sejam feitas demandas para outros subsistemas, como um fluxo adequado de recursos do sistema econômico pela via de impostos. Mas vejamos como o próprio Parsons define "poder":

> Poder é a capacidade generalizada de garantir a realização das obrigações vinculativas por parte de todas as unidades em um sistema de organização coletiva quando as obrigações são legitimadas com referência a seu papel na realização dos objetivos coletivos e que, em casos recalcitrantes, há a presunção da garantia de seu cumprimento mediante aplicação de sanções situacionais negativas – qualquer que seja a agência

atual que deve garantir essa aplicação (PARSONS. "On the Concept of Power", p. 308).

Muita coisa pode ser dita sobre essa definição, e talvez em algum outro momento vocês até podem querer traçar alguma comparação com a definição de poder de Max Weber; como é sabido, ele entendia o poder como a oportunidade de conseguir fazer as coisas do seu modo a despeito de qualquer oposição existente. Aqui nós queremos apenas afirmar que Parsons entendia o poder como um "meio de comunicação *generalizado*", um meio simbólico que nos permite realizar ações de vários tipos, do mesmo modo que o dinheiro garante a possibilidade de adquirir e realizar coisas. Além disso, o poder – como é indicado na citação acima – não pode ser equacionado com violência. Parsons refere-se a uma "presunção de garantia de cumprimento", o fato de que o exercício implica uma ameaça implícita, mas que essa ameaça deve ser levada a cabo apenas nos casos mais raros; via de regra, trata-se apenas de uma intimação simbólica. Se o poder sempre tivesse que recorrer à violência real ele se tornaria embotado, ou pelo menos ineficaz no longo prazo. Nenhuma ditadura, e muito menos uma democracia, pode ser governada apenas pela violência. Se violência e poder coincidissem, o poder não seria mais um meio que simboliza algo – nomeadamente, a capacidade de realizar efetivamente os objetivos e obrigar os outros a obedecer mediante ameaça de uso de violência. O poder possui uma qualidade simbólica porque nem sempre é preciso recorrer à violência ou outros dispositivos; ele *simboliza* a efetividade e a capacidade de obrigar as pessoas a obedecer. Nesse sentido, podemos afirmar que o poder pode ser mantido ao longo do tempo, especialmente porque geralmente não é preciso fazer uso dessa ameaça que paira no ar. Isso quer dizer que o poder também pode ser armazenado.

Se vocês conseguem entender o pensamento de Parsons aqui, também serão capazes de compreender por que sua concepção difere das concepções alternativas, de maneira muitas vezes significativa; para Parsons, o modo como as pessoas lidam com o poder não é como se estivessem em um jogo de soma zero, no qual quem ganha o poder ganha todo o poder dos outros como resultado. Parsons pensava que seria perfeitamente possível que o poder legítimo crescesse em uma sociedade sem que certos grupos necessariamente perdessem seu poder. O pensamento dele aqui estabelece uma analogia com a economia e a lógica do dinheiro enquanto um meio: assim como a facilidade de crédito de alguém pode ser incrementada quando há mais confiança em sua eficácia econômica, também o poder pode ser aumentado dentro do sistema político se os atores centrais desse sistema conseguem comunicar simbolicamente suas habilidades de realizar os objetivos. Inversamente, o poder também pode passar por um processo de inflação, se essa credibilidade dos atores políticos de aumentar a eficiência desaparece. Eis o que gostaríamos de dizer sobre a analogia monetária de Parsons e sua concepção do poder – que é interessante em muitos aspectos, mas que exige bastante até que se consiga entendê-la.

Parsons segue mais ou menos a mesma lógica para estabelecer uma analogia entre o dinheiro e os meios envolvidos nos outros subsistemas sociais, quais sejam, o da "comunidade societal" e o "cultural". Porque ele entende o dinheiro como uma linguagem altamente especializada, como um meio de comunicação generalizado, para Parsons é bastante claro que o meio da "comunidade societal", por exemplo, deve possuir qualidades similares. No entanto, a analogia monetária enfrenta aqui problemas maiores do que no caso do subsistema político; a economia e a política são campos concretos mais ou menos bem-definidos, cujas funções são desempenhadas segundo regras específicas e identificáveis. Na esfera tangível da economia, o dinheiro desempenha um papel decisivo, e para uma pessoa leiga pode parecer bastante plausível que na esfera política, igualmente um campo bem-definido, também exista algo com funções semelhantes. Parsons disse que é o "poder", e somos tentados a aceitar seu argumento, a despeito da sensação de que o "poder" é de fato menos "concreto" do que o dinheiro. Entretanto, as coisas tornam-se imensamente mais complicadas – e o próprio Parsons admitiu que a analogia monetária estava se tornando cada vez mais problemática – se olharmos para um meio supostamente central para um sistema tão difuso como o da "comunidade societal". Esse subsistema não é um campo claramente delineado, ele não pode ser localizado do mesmo modo que a economia ou a política; ao contrário, ele contém tudo o que está fora da economia e da política (junto com a cultura, é claro). É plenamente justificável perguntar se realmente há um meio específico válido nesse emaranhado difuso de instituições, grupos e atores de diferentes tipos. Não obstante, é precisamente isso o que afirma Parsons quando ele afirma que a "influência" realiza aqui a mesma função que o dinheiro e o poder realizam nos dois sistemas discutidos até o momento.

> A influência é o meio de ter um efeito sobre as atitudes e opiniões dos outros mediante uma ação intencional (ainda que não necessariamente racional) – o efeito pode ou não mudar a opinião e evitar uma possível mudança ("On the Concept of Influence", p. 406).

Enquanto o dinheiro estrutura o comportamento de consumo e de produção dos atores no sistema econômico, e enquanto o poder ativa compromissos entre os atores do sistema político, no subsistema da "comunidade societal" a "influência" opera em virtude do fato de que as ações das partes que interagem são ativadas ou coordenadas por meio de razões e argumentos. É por isso que Parsons descreve a "influência" como um "meio simbólico de persuasão", afirmando que o montante de influência também mensura o grau de solidariedade na "comunidade societal". Todavia, os comentadores têm manifestado importantes dúvidas sobre como podemos conceber essa "influência" em termos concretos, se faz sentido falar de "influência" como sendo um meio e, sobretudo, se isso permite descobrir fatos sociologicamente interessantes. E o mesmo se aplica ao meio que Parsons atribui ao sistema cultural – o "comprometimento com valores", um meio que supostamente simboliza a integridade dos padrões culturais dentro de uma sociedade. "O comprometimento enquanto um meio deve ser definido como a capacidade generalizada e as promessas críveis de afetar a implementação de valores" ("On the Concept of Value-Commitments", p. 456). Aqui, Parsons imagina esse comprometimento com valores circulando dentro das sociedades do mesmo modo que o dinheiro em um sistema de mercado (p. 457).

À luz desses argumentos e definições vocês provavelmente terão dificuldade em saber como exatamente esses meios funcionam, especialmente considerando que "é evidente que a influência e o comprometimento com valores são menos suscetíveis de mensuração, de alienação e de armazenamento do que o dinheiro e mesmo o poder" (HABERMAS, J. *The Theory of Communicative Action*, vol. II, p. 275). Acima de tudo, parece cada vez mais duvidoso que, por razões de simetria, tenha sentido buscar desesperadamente por um meio que faça a mesma coisa que o dinheiro em relação ao subsistema da economia. É difícil resistir à suspeita de que Parsons mais construiu uma derivação lógica do que forneceu evidências empíricas acerca desses meios, ao menos no caso dos dois últimos mencionados, de acordo com a seguinte máxima: há quatro diferentes subsistemas, portanto, deve haver quatro tipos de meios diferentes. A aplicação *empírica* dessa teoria sobre os meios de fato se mostrou extremamente difícil, e poucos pesquisadores tentaram trabalhar seriamente com essa construção teórica de Parsons (para uma exceção, cf. WANZEL, H. *Die Abenteuer der Komunikation*).

Qualquer que seja a sua própria avaliação acerca da teoria parsoniana sobre os meios, o que quer que você pense de sua ideia de que esses quatro meios são mutuamente convertíveis, como moedas, estejam certos que voltarão a encontrar ideias semelhantes no decorrer desta série de lições. Especialmente os sociólogos alemães desenvolveram as ideias de Parsons a esse respeito, ainda que de formas muito diferentes em alguns casos. Isso ficará claro quando introduzirmos vocês à obra de Niklas Luhmann.

É evidente que o desenvolvimento do argumento de Parsons apresentado acima está vinculado a uma radicalização ou mesmo mudança em seu pensamento. Primeiramente, ao identificar os vários meios e focar sobre processos de troca, Parsons desistiu de conceder uma ênfase especial ao sistema cultural, algo que ainda acontecia em *The Social System*. Aqui, Parsons afirmava que o sistema cultural não era um sistema de *ação*. Essa ideia foi abandonada; ele passou a conceber o sistema cultural como qualquer outro subsistema. Além disso, o esquema AGIL e a noção de meios específicos a subsistemas andaram lado a lado com uma tendência crescente de formular explicações teóricas sobre os requisitos funcionais do sistema em uma linguagem que fazia uma referência clara à biologia (vocês lembram que na primeira lição Parsons inicialmente estudou Biologia) ou à cibernética, a estrela-guia teórica que se tornou influente na biologia, bem como nas outras ciências naturais nos anos de 1950 em particular. Por exemplo, com relação aos sistemas, Parsons referia-se à hierarquia cibernética para dar suporte teórico a seu funcionalismo *normativo*. Por exemplo, fazendo referência a um termostato que regula a temperatura de um cômodo ao reunir e processar informações para controlar o sistema de aquecimento, e dizia que do mesmo modo que esse pequeno equipamento controlava um grande sistema energético, o mesmo tipo de hierarquia poderia ser verificado no esquema AGIL. O centro de controle de cada sistema encontra-se no campo L, de modo que é possível afirmar que os valores de uma sociedade, o sistema cultural, mais ou menos controla os outros subsistemas sociais. Portanto, seria mais plausível usar a expressão LIGA em vez de AGIL, porque a função de "manutenção de padrões" ou "latência" tem prioridade sobre a função de integração, bem como a de integração sobre a de obtenção de objetivos, e esta sobre a de adaptação. Portanto, a ideia de hierarquia cibernética resume de forma elegante – ao menos era isso que pensava Parsons – sua tese acerca da importância central dos valores já presente em *A estrutura*.

Todavia, seus críticos – dentre os mais proeminentes Jürgen Habermas, que discutiremos mais à frente – afirmaram que Parsons misturou de forma problemática "conceitos básicos da teoria da ação, com a ajuda da teoria dos sistemas" (HABERMAS. *The Theory of Communicative Action*, vol. II, p. 247) e que ele converteu "sua teoria com um primado da ação em uma teoria dos sistemas" (p. 238): "Uma vez que o esquema das quatro funções básicas foi extraído da teoria da ação [...] os componentes analíticos da ação passaram a ser concebidos como soluções para problemas sistêmicos" (p. 245). A tentativa de Parsons de expandir sua teoria funcionalista da ordem, caracterizada por um refinamento cada vez maior, acabou fazendo com que ele perdesse de vista a ação, ou que fizesse com que ela *derivasse* dos requisitos funcionais dos sistemas. Mas isso não constitui uma síntese original entre teoria da ação e teoria da ordem, mas significa que a primeira foi mais ou menos englobada pela segunda. Sem dúvida, Parsons tentou derivar o esquema AGIL da teoria da ação em vários momentos de sua obra, para mostrar como o "quadro de referência da ação" poderia ser reformulado em termos da teoria dos sistemas; nesse sentido, ele nunca rompeu de vez o vínculo com a teoria da ação, como fez Luhmann em um momento posterior (cf. Lição XI). Mesmo assim, essas tentativas de derivação não eram exatamente plausíveis. A crítica de Habermas de que a teoria parsoniana passou a ter uma primazia sobre a teoria dos sistemas é muito pertinente.

Essa tendência foi reforçada na década de 1970 (cf. *Action Theory and the Human Condition*), quando Parsons tentou conceituar novamente *a própria ação* em um nível de abstração mais alto, com auxílio do esquema das quatro funções. O "sistema da ação" era entendido como um compósito de fenômenos que eram, por sua vez, constituídos por quatro subsistemas: o "sistema cultural", com a função de manutenção dos padrões, ou latência (L), o "sistema social", com a função de integração (I), o "sistema da personalidade", cuja função era a garantir objetivos (*goals*) (G), e o "sistema do comportamento", com a função de adaptação (A). E esse sistema da ação, por sua vez, era considerado como um subsistema mais geral do sistema da condição humana. Dentro do sistema da vida humana em geral, que por sua vez também tinha que realizar quatro funções, o sistema da ação deveria desempenhar a função de integração, o sistema físico-químico tinha a função de adaptação, o sistema do organismo humano tem a função de obtenção de objetivos e o que Parsons chamava de sistema "teológico" tinha a função de vincular as pessoas a valores; este subsistema deveria prover os valores últimos, os valores religiosos e transcendentais característicos da vida humana. Contudo, com relação a essas ideias, Parsons teve cada vez menos seguidores; até mesmo muitos dos seus colaboradores não conseguiram ver por que seria necessário compreender todo fato sociologicamente relevante sob o prisma do esquema AGIL ou por que isso enriqueceria a compreensão dos fenômenos. A atribuição de funções específicas a fenômenos específicos foi recebida como algo arbitrário e basicamente implausível. (Por que o sistema da ação realiza a função de integração dentro do sistema da condição humana? O que é que está sendo integrado aqui?) Não obstante, isso não significa que toda a obra tardia de Parsons seja irrelevante ou destituída de interesse. Pelo contrário, podemos identificar ao menos dois eixos temáticos que emergiram durante esse período de criatividade, que possuem uma relevância considerável até hoje, e em relação aos quais vocês devem ter ouvido ao menos alguma coisa.

4 Pelo menos desde 1956, ano de publicação de *Economy and Society*, Parsons achou que havia resolvido o problema central da construção da teoria funcionalista. Tendo mostrado como funcionam os meios e analisado os *processos* de troca entre os quatro subsistemas sociais, ele sentiu-se apto a contrapor-se às críticas de que o funcionalismo não faria mais do que descrever as coisas de forma estática. O foco sobre os processos parecia ter dado início à análise da *dinâmica* social.

Não obstante, Parsons logo teve que reconhecer que não conseguiu satisfazer seus críticos. De fato, Parsons e Smelser haviam apenas descrito processos de mudança *dentro* de sistemas sociais, e nunca mudanças *de* sistemas sociais. O *kit* de ferramentas de Parsons parecia ser capaz de dizer muito pouco sobre como as sociedades mudam de forma fundamental, ou explicar os processos de mudança social que ocorreram nas sociedades "primitivas" até chegar nas "modernas" sociedades ocidentais.

Quando Parsons tentou seriamente desenvolver uma teoria da mudança social na década de 1960, tanto seu ponto de partida quanto os problemas que teve de enfrentar eram muito complicados. Primeiramente, no início de sua carreira acadêmica – nas primeiras páginas de sua primeira grande obra, *The Structure of*

Social Action, Parsons adotou uma posição muito clara contra os modelos e conceitos evolucionistas oriundos da filosofia da história, e que tinham uma crença no progresso à la Herbert Spencer. Sentenças tais como "Quem hoje ainda lê Spencer? [...] Spencer está morto" (SSA, p. 1) eram uma clara expressão dessa posição, reforçada reiteradas vezes no decorrer do livro quando, por exemplo – como vocês devem lembrar da Lição II –, deu preferência a Vilfredo Pareto em vez de Alfred Marshall com sua fé no progresso. Com relação ao processo histórico, Parsons achava que o primeiro tinha uma perspectiva mais realista, não evolucionista.

Mas desenvolvimentos realizados no final da década de 1950 e na década de 1960 ensejaram uma ocasião de rever essa posição estritamente antievolucionista. Primeiramente, não era mais o caso de que disciplinas vizinhas – sobretudo a Antropologia Social, com seu forte foco empírico – tivessem suas explicações sobre o desenvolvimento da vida social excluídas. Pelo contrário, em particular dentro da antropologia social americana, a partir de 1940 emergiram correntes que tentaram levar Spencer a sério, bem como outras figuras centrais similares da história da ciência, ou tentaram identificar elementos de suas teorias sobre os quais valia a pena prestar atenção (cf. KNÖBL, W. *Spielräumen der Modernisierung*, p. 203-212). Entretanto, ao mesmo tempo havia o acordo entre os pesquisadores de que era necessário avançar com cuidado nesse "campo minado". Estava obviamente fora de questão simplesmente adotar toda a ideia evolucionista de Spencer e sua tese de que a humanidade desenvolveu-se de forma necessária e absolutamente linear das formas simples às mais complexas. Essa concepção era demasiadamente imbuída do espírito da era vitoriana com sua fé no progresso e seu etnocentrismo extremo, uma época em que os anglo-saxões viam a si mesmo como o pináculo da humanidade. Não obstante, nas décadas de 1940 e 1950 muitos antropólogos americanos e seus colegas de outros países pensaram que seria ao menos possível pensar sobre uma *teoria* da evolução, sem ficar presos nas armadilhas evolucionistas. Isto é, uma "teoria da evolução", uma teoria do desenvolvimento da humanidade e das sociedades humanas não teria que ser necessariamente "evolucionista". Se vocês acham confusos os termos "teoria da evolução", "evolucionário" e "evolucionista", sugerimos que vocês mobilizem os conhecimentos sobre Charles Darwin aprendidos em suas aulas de Biologia. Darwin e seus sucessores tinham diante de si uma teoria da evolução que identificava mecanismos – tais como mutações genéticas randômicas e sua seleção diferencial – que nos permitem explicar como surgiram certas formas de vida, e por que algumas conseguiram estabelecer-se, sobreviver ou mesmo sobrepor-se a outras etc. Essa construção não pressupõe nenhuma teleologia – como muitas vezes ocorre na linguagem acadêmica – segundo a qual as tendências naturais do desenvolvimento do mundo e sua finalidade são mais ou menos predeterminados. Muito pelo contrário: algumas mutações provam ser becos sem saída, desenvolvimentos podem cessar etc. Portanto, a teoria da evolução darwinista não é evolucionista.

Tendo consciência desse *insight* ou distinção e aplicando-o à antropologia e às outras ciências sociais, podemos perguntar: É possível identificar estágios na história da humanidade sem simultaneamente afirmar que *todos* os povos precisam passar por esses estágios de forma sucessiva, e sem assumir que, por exemplo, o desenvolvimento das sociedades "primitivas" até as sociedades ocidentais "modernas" foi uma ocorrência *necessária* conforme as leis da natureza?

Foi precisamente isso o que Parsons perguntou-se. Ironicamente, em parte ele fez isso porque modelos de mudanças foram elaborados a partir de sua própria teoria, particularmente na macrossociologia americana das décadas de 1950 e de 1960, que mostravam fortes elementos de evolucionismo e que precisavam ser corrigidas. No começo da presente lição nós mencionamos a teoria da modernização, uma tentativa de estabelecer um modelo dos processos de mudança social com o auxílio de elementos das "variáveis padrão" de Parsons. A tese defendida aqui era a de que processos macrossociológicos de mudanças resultam transição de formas sociais "simples" que apresentam orientações da ação particularistas ou prescritivas para tipos de ação voltados para a obtenção de resultados ou regras específicas governando os papéis, isto é, em suma, a mudança das sociedades "tradicionais" para as "modernas" (cf. Lição XIII).

Tal como mencionado acima, Parsons achava que essa visão sobre a mudança social era unidimensional; afinal, ele trabalhava com a ideia de uma combinação complexa de orientações da ação e expectativas em relação a papéis muito diferentes, tanto nas sociedades tradicionais quanto nas sociedades complexas. A afirmação de uma oposição simplista entre tradição e modernidade seria uma distorção em sua opinião. Isso quer dizer que, à luz dos desenvolvimentos na antropologia social e da predominância de uma visão muito simplista da teoria da modernização, ele sentiu-se compelido a elaborar sua própria abordagem teórica sobre o problema da *mudança social*, um assunto que ele havia negligenciado até o momento em virtude de seu foco quase exclusivo sobre a ação social e a ordem social.

Não é nenhuma surpresa que Parsons tenha se lançado nessa nova aventura teórica valendo-se novamente de seu esquema das quatro funções; tampouco vocês ficarão espantados em saber que muitos leitores e críticos consideraram essa abordagem pouco satisfatória e muito arbitrária. Mesmo assim, as ideias de Parsons apresentadas em dois livros, *Societies* (1966) e *The System of Modern Societies* (1971), mostraram-se tão interessantes que até hoje constituem o ponto de partida para teorias sobre mudança social.

A ideia de Parsons era descrever a mudança social de forma multidimensional, ou em quatro dimensões, para ser mais preciso, argumentando que o desenvolvimento das sociedades poderia ocorrer em todas essas quatro esferas funcionais. Sua tese – talvez aqui valha a pena dar uma nova olhada sobre o esquema AGIL – era a de que a mudança social e o desenvolvimento são possíveis, primeiramente, na esfera da adaptação (A), que Parsons chamou aqui de "melhora adaptativa", que significa uma maior capacidade de adaptação ao meio ambiente, com exploração mais eficiente das riquezas naturais etc. Na esfera funcional de obtenção de objetivos (G), Parsons afirma que é possível ocorrer um processo que pode ser descrito como "diferenciação". Aqui ele faz alusão ao fato de que as sociedades podem tornar-se cada vez mais complexas internamente, para que seja possível lidar com problemas, e com a divisão do trabalho surgem funções cada vez mais específicas realizadas por instituições determinadas. Spencer defendia uma ideia mais ou menos semelhante; em sua noção de evolução das formas simples às mais complexas ele já havia usado esse conceito de diferenciação, mas, em contraste com Parsons, ele enfatizou *apenas* a diferenciação, portanto ele tinha uma concepção *uni*dimensional de mudança. No âmbito da esfera funcional da integração (I) – de acordo com Parsons – a tendência à mudança se faz sentir em relação àquilo a que ele chama de "inclusão". Ele refere-se a um processo mediante o qual as sociedades tornam-se cada vez mais eficientes na integração das pessoas, enquanto cidadãos, na comunidade (política), mediante garantia de direitos civis, políticos e sociais. Tal como vocês provavelmente já sabem, a garantia de direitos tais como o direito ao voto, resultou de um processo longo e via de regra conflitivo, que na maioria dos países foi concluído só muito recentemente. Mesmo atualmente os direitos sociais não são garantidos em muitos países do Terceiro Mundo, portanto não podemos dizer que todo mundo é cidadão de sua sociedade no sentido pleno da palavra. Nos Estados Unidos levou-se muito tempo para que os direitos dos afro-americanos fossem reconhecidos – um assunto que Parsons discutiu em numerosas ocasiões (cf. "Full Citizenship for the Negro American?", 1967). Finalmente, dentro da esfera funcional de "manutenção dos padrões" ou "latência" (L), Parsons afirmou que podemos observar um processo a que ele chama de "generalização dos valores", na medida em que valores particularistas dão lugar a valores universalistas, um longo processo no qual estão envolvidas revoltas de natureza tanto religiosa quanto política.

Parsons combinou essas observações altamente abstratas com algumas proposições mais concretas. Com relação à história mundial, ele mencionou uma sequência específica de revoluções que supostamente abriram caminho para a formação das sociedades ocidentais "modernas". Ainda que Parsons tenha tentado produzir uma teoria fundamentalmente multidimensional da mudança social, como acabamos de mostrar, é bastante evidente que é o processo de diferenciação que orienta as suas afirmações substantivas. Parsons pressupõe que no início do processo de desenvolvimento da humanidade havia um estado relativamente *indiferenciado*, e que as esferas funcionais foram se tornando cada vez mais *diferenciadas* no decorrer dos vários estágios revolucionários, um processo que foi bastante acelerado na época da Reforma na Europa. Ele acreditava que a Revolução Industrial finalmente realizou a separação entre o subsistema da economia daquele da "comunidade societal", ou, como ele diz, a economia diferenciou-se em virtude de um processo desencadeado pela Revolução Industrial. As revoluções democráticas que ocorreram primeiramente na Grã-Bretanha, na França e nos Estados Unidos nos séculos XVII e XVIII representaram uma diferenciação na esfera política; a revolução educacional que ocorreu nas décadas de 1950 e de 1960, especialmente nos países altamente desenvolvidos da América do Norte e da Europa, tiveram efeito semelhante sobre o "sistema fiduciário", isto é, o sistema cultural.

Um bom número de objeções foram dirigidas a esses argumentos de Parsons apresentados aqui. Elas iam desde ataques à forma arbitrária com que o processo de diferenciação era atribuído à esfera funcional de obtenção de objetivos até o questionamento sobre a tese de que a revolução educacional estava efetivamente ligada à diferenciação do "sistema fiduciário". De fato, os críticos geralmente atacaram a obra de Parsons em virtude de seu alto grau de arbitrariedade. Entretanto, o que mais nos importa aqui é outra crítica, que acreditamos ser bem mais séria. O problema com toda a teoria da mudança de Parsons é que sua explicação baseada no processo com as quatro dimensões falhou em apresentar argumentos causais; a identificação desses quatro processos de "aperfeiçoamento adaptativo", "inclusão", "generalização dos valores" e "diferenciação" não conseguiram explicar nada. Se olharmos para o conceito de diferenciação – que desempenha um papel muito importante nas teorias sociológicas sobre as mudanças no final do século XX entre os sucessores de Parsons –, vocês verão que um processo de mudança está apenas começando a ser *descrito*. "Algo está se diferenciando", mas não é feita nenhuma afirmação sobre as *causas* dessa mudança ou diferenciação. As causas permanecem obscuras, e muitos críticos da teoria de Parsons tinham muita razão em perguntar quem, isto é, quais atores, quais grupos etc., estão de fato conduzindo esses processos, quem é responsável pela diferenciação ou "aperfeiçoamento da adaptação", pela "inclusão" ou pela "generalização dos valores". Além disso, e não sem justificativa, os críticos acharam que aos poucos Parsons aproximou-se de uma ideia de lento avanço do processo histórico, que aos poucos eliminava os *conflitos* e as *lutas* nos processos que ele descrevia.

Ao mesmo tempo, a despeito de todas as críticas, não podemos ignorar o fato de que a teoria fundamentalmente multifuncional sobre a mudança social de Parsons conseguiu mitigar substancialmente certos pontos fracos de sua teoria precedente sobre a mudança. Primeiramente, a sua teoria sobre a evolução era não evolucionista. Parsons não acreditava que *toda* sociedade estava predeterminada a seguir o caminho traçado pelos países ocidentais. É verdade que ele se referia a "universais evolucionários", isto é, instituições que foram plenamente realizadas apenas no Ocidente, tais como a burocracia racional, a economia de mercado e um sistema legal baseado em princípios racionais e a forma de governo democrática; em sua opinião, essas formas são melhor adaptáveis a ambientes cambiantes do que arranjos institucionais de quaisquer outros tipos.

Em última instância, ele estava profundamente convencido da superioridade do modelo de sociedade ocidental. Entretanto, ao mesmo tempo, ele acredita que outras formas de sociedade sobrevivem dentro de seus nichos e que algumas sociedades podem pular certos estágios de evolução, deixando claramente para trás a concepção unilinear de história típica de Spencer e de seus contemporâneos vitorianos. Mais ainda, e isso precisamos enfatizar, pois o coloca à parte de Spencer e de outros teóricos da mudança social, Parsons tinha uma teoria multidimensional da mudança social, mesmo que com isso ele tivesse que colocar mais ênfase sobre o processo de diferenciação do que sobre os outros três processos que ele trouxe em cena, ao menos em suas análises concretas. Ainda assim, sua abordagem fundamentalmente multidimensional lhe permitiu desenhar uma imagem mais multifacetada do desenvolvimento histórico e da modernidade do que seus adversários teóricos, e mesmo em relação a seus supostos apoiadores entre os teóricos da modernização, que simplificaram demasiadamente a realidade social e sua dinâmica com sua crua dicotomia entre sociedades tradicionais e sociedades modernas. Que a concepção de Parsons era muito mais sofisticada e adequada à realidade era evidente em suas observações sobre um tópico ao qual ele se dedicou durante os últimos anos de sua vida, a religião. Aqui, Parsons demonstrou uma surpreendente percepção e um prognóstico muito mais confiável do que o de seus contemporâneos. Concluiremos nossa lição com um breve exame desse assunto.

5 Em um de seus últimos grandes trabalhos, uma coleção de vários ensaios publicada em 1978 com o título de *Action Theory and Human Condition*, mencionado acima, Parsons comprometeu-se intensamente com assuntos religiosos. E é muito impressionante, especialmente a partir de uma perspectiva contemporânea, o quanto ainda é valiosa a leitura desses textos, que são praticamente negligenciados pela literatura secundária sobre o autor.

Primeiramente, Parsons oferece-nos uma interpretação da modernidade e da sociedade moderna que se contrapõe àquelas explicações da maior parte dos cientistas sociais das décadas de 1960 e de 1970 e que ecoam ainda hoje. Essa interpretação mais geral era construída do seguinte modo, de forma resumida. A ruptura provocada pela modernidade, da sociedade moderna com seus direitos civis e liberdades, garantias democráticas e ganhos institucionais é apresentada como se tivesse emergido *em oposição à* religião, ao catolicismo, por exemplo; supostamente teria sido apenas na época do Iluminismo, que era crítico à religião ou mesmo ateísta, que se percebeu, e que se podia perceber, os valores democráticos que são contrários à irracionalidade religiosa. E a vitória do Iluminismo supostamente teria sido definitiva, o que faria com que a religião retrocedesse ainda mais, levando ao que tem sido chamado de "secularização" do mundo, processo que faria com que os valores religiosos desaparecessem totalmente algum dia.

Nessa etapa de sua carreira Parsons volta-se de modo fervoroso contra essa interpretação. Ainda que nessa lição não seja possível acrescentar evidências de que muitas das opiniões de Parsons estavam bastante corretas, ao menos é pertinente tecer algumas considerações. Em *Action Theory and the Human Condition*, Parsons mostra em detalhe o quanto a tradição judaico-cristã moldou o mundo ocidental, um mundo sobre o qual os pensadores iluministas construíram suas edificações. Durante muito tempo não havia essa noção de disputa entre os pensadores do Iluminismo e a religião. A ideia de "inclusão", por exemplo, de irmandade entre todos os seres humanos, não era nenhuma novidade para o cristianismo; ela não foi uma invenção da Revolução Francesa. O individualismo, que acostumamos a considerar um fenômeno puramente secular, tem suas raízes em algumas seitas protestantes, tais como foi reconhecido claramente por Max Weber (cf., p. ex., os ensaios "Christianity" e "Durkheim on Religion Revisited". In: *Action Theory and Human Condition*). Se a perspectiva parsoniana está correta, se, por exemplo, os direitos humanos têm sua origem na religião (cf. JOAS. "The Gift of Life"), então isso exigiria de nós pensar se ainda há boas razões para oferecer proteção institucional para as religiões *remanescentes* nas sociedades que são continuamente secularizadas na Europa moderna, ao invés de simplesmente miná-las ainda mais por meio da legislação ou de dispositivos jurídicos. Em última instância, Parsons nos *sensibiliza* para essas questões.

Parsons consegue até mesmo corrigir a tese comum sobre a inexorável secularização do mundo. Neste momento já deve ter ficado claro que tal tese é inequivocamente eurocêntrica. A noção de que a religião está saindo de cena no mundo moderno aplica-se, quando muito, à Europa, mas é problemática até mesmo em relação aos Estados Unidos, e inclusive em muitas outras partes do mundo, onde a religião continua a dar mostras de tremenda vitalidade. O grande feito de Parsons foi mostrar em diversos ensaios que a religião não estava evanescendo, mas que o impulso religioso persiste, de modo que a impressão de avanço da secularização não seria mais do que uma impressão falsa. Em muitos contextos, tal como nos Estados Unidos, a religião não estaria simplesmente desaparecendo, mas ela estaria no máximo se transformando: os valores religiosos tais como a fraternidade e o individualismo estariam sendo retomados sob uma forma secular. De acordo com a apreciação de Parsons, a secularização estaria sendo interpretada como o declínio linear da religião ou como a substituição da religião por valores seculares, o que seria um diagnóstico problemático. Enquanto isso, outra interpretação que seria no mínimo tão plausível quanto esta estaria sendo tomada em consideração muito raramente, qual seja, "que a ordem secular pode se transformar na direção de uma maior aproximação com os modelos normativos providos por uma religião, ou pela religião de modo mais geral (*Action Theory and the Human Condition*, p. 240).

Mesmo agora, essa mudança em como vemos o processo de secularização, descrito tão frequentemente por cientistas sociais, para a qual Parsons chamou a atenção em 1970, pode deslocar perspectivas arraigadas no âmbito da sociologia da religião que muito frequentemente fazem emergir interpretações altamente problemáticas sobre a era contemporânea. Afinal, há algo acerca do qual quase todos concordam: a teoria tradicional da secularização tal qual formulada por muitos cientistas sociais a partir da década de 1960 falhou dramaticamente fora do contexto europeu. Recorrer à obra tardia de Parsons, praticamente esquecida, certamente ajudaria a retificar boa parte desse problema.

Estamos nos aproximando do final de nossas três lições sobre Parsons, cuja obra, tal como vocês já devem ter começado a perceber, era de uma complexidade impressionante, não equiparável à de outros autores. Se vocês tiverem interesse em dar mais uma olhada panorâmica sobre sua obra como um todo, nós os aconselhamos a ler a análise muito precisa realizada por Victor Lidz, "Talcott Parsons"; para um envolvimento mais aprofundado, recomendamos fortemente o quarto volume do livro *Theoretical Logic in Sociology*, de Jeffrey Alexander.

Ambas as análises demonstram simpatia para com o empreendimento teórico de Parsons e conseguem compreender e expor a lógica interna de seu sistema de pensamento. Mas tal como vocês já sabem, a obra de Parsons também foi recebida com boa dose de ceticismo, e no final da década de 1960 seus críticos eram muito mais numerosos do que seus advogados. Nas próximas lições mostraremos como diversos sociólogos esforçaram-se para desenvolver alguns *insights* de Parsons, mas agora concluiremos com a apresentação de um resumo das principais críticas feitas a sua obra, algumas delas pautadas por motivações políticas:

(a) Nós já tocamos no primeiro ponto inúmeras vezes. Dado que ele voltará a emergir aqui reiteradamente, não é necessário discuti-lo novamente neste momento: resumidamente, Parsons claramente falhou em articular sua teoria da ação com sua teoria da ordem de modo satisfatório. O funcionalismo estaria impedido de realizar tal missão. Ou, para colocar de outro modo: sua tentativa de sintetizar a teoria da ação e o funcionalismo foi malsucedida.

(b) Parsons – afirmam os críticos – em última instância apresentou a ordem social como um valor em si mesmo, em particular porque o seu *kit* de ferramentas parecia inadequado para analisar o conflito. Em parte essa crítica é baseada em uma compreensão equivocada, uma vez que os conceitos de Parsons pretendiam ser descritivos, e não normativos. Quando Parsons fala sobre comportamento desviante, ele não concebe que seu papel seja o de um terapeuta social que deve salvar a sociedade de conflitos sociais. Não obstante, há uma parcela de verdade nessa crítica. Isso é aparente, por exemplo, no fato de que a imagem de modernização de Parsons é condizente com a de um processo lento e com fluidez, sem rugas; pouca atenção é concedida às tensões internas, tal como reconheceram autores parsonianos americanos e alemães tais como Jeffrey Alexander e Richard Münch. Nesse sentido, não é muito difícil entender por que o movimento estudantil de esquerda da década de 1960 apresentou Parsons como representante do sistema social e político dominante, especialmente à luz do fato de que ele enfatizou as sociedades ocidentais, em particular os Estados Unidos, na medida em que ele acreditava que nelas estariam as formas mais puras daquilo a que ele chamou de "universais evolucionários". Hoje, é claro, após o colapso do socialismo, nós seríamos menos duros em nossa apreciação da visão de Parsons. Para muitas pessoas a tese da superioridade do estado de direito, da burocracia racional, da democracia e do mercado em relação a outras formas de ordenação já não parece tão estranha.

(c) Finalmente, Parsons foi ferozmente criticado porque sua influência e a natureza de sua contribuição supostamente levaram a um perigoso divórcio entre conhecimento empírico e conhecimento teórico. C. Wright Mills (1916-1962), sociólogo americano e firme crítico de Parsons, tinha este e sua "grande teoria" em mente quando escreveu:

> A teoria sistemática da natureza do homem e da sociedade torna-se prontamente um árido e elaborado formalismo no qual a separação de conceitos e seu rearranjo sem fim torna-se o empreendimento central (MILLS. *The Sociological Imagination*, p. 23).

Mas até mesmo autores com boa vontade com relação a Parsons endossaram essa crítica, temendo que esse foco em ficar remendando grandes teorias levaria a negligenciar o trabalho empírico, uma vez que muitos dos conceitos aventados por Parsons não eram passíveis de verificação empírica. Foi Robert Merton quem, contra Parsons, propagou o desenvolvimento das assim chamadas "teorias de médio alcance", compreendidas enquanto hipóteses claramente testáveis acerca de fenômenos e problemas sociológicos concretos, de modo a promover um vínculo mais estreito entre teoria e empiria. Mais uma vez, a crítica subjacente a Parsons era certamente justificada. Não obstante ela levou a algumas distorções por parte dos cientistas sociais. Parsons certamente estava consciente de que sua obra sobre os conceitos fundamentais nem sempre trazia em si a promessa de aplicabilidade empírica imediata, mas esse trabalho seria necessário para poder acessar a realidade de forma significativa. Se Parsons realmente conseguiu isso, já é outra questão. Ainda assim, é indiscutível a necessidade imperativa de operar com alguns conceitos fundamentais. Nesse sentido, a propagação das "teorias de médio alcance" pode ser interpretada como um voo que se afasta da teoria mais do que o estabelecimento de um compromisso entre a construção teórica e a pesquisa empírica, sobretudo porque dado que a obra dos sociólogos mais "próximos do chão" frequentemente levam a um "empirismo descuidado" não menos estéril do que os voos especulativos de Parsons.

Em todo caso, a teoria de Parsons estabelece o padrão para todos os trabalhos teóricos subsequentes. Isso faz com que o declínio de sua influência a partir da década de 1970 cause ainda mais surpresa. Muitos *insights* já presentes em sua obra tiveram que ser redescobertos por outros, e foram associados a seus nomes. Antes de nos voltarmos para as tentativas mais tardias de sínteses teóricas, é vital examinar as escolas teóricas que da década de 1950 em diante combateram de forma muito bem-sucedida a hegemonia de Parsons.

V
Neoutilitarismo

Devido à crescente dominância da escola parsoniana nos anos de 1940 e de 1950, primeiramente nos Estados Unidos e, depois, internacionalmente, poder-se-ia presumir que a era dos movimentos intelectuais utilitaristas havia finalmente terminado. Os argumentos incisivos de Parsons demonstraram a inadequação dos modelos de ação de orientação utilitarista; em seu primeiro trabalho mais importante, *A estrutura da ação social*, ele já havia mostrado como o edifício das ideias utilitaristas fora implodido, e como, em decorrência disso, os principais teóricos de várias disciplinas abandonaram esse modelo. De acordo com Parsons, isso se deu porque o utilitarismo nunca foi capaz de acomodar de forma consistente e não contraditória em sua rede conceitual a existência de uma ordem social estável. Depois dessa crítica precisa e compreensível do utilitarismo havia justificativas para a aceitação da perspectiva defendida por Parsons, qual seja a de que, na sociologia, já não era mais possível levar a sério como abordagens teóricas os modelos de ação de orientação utilitarista. Ele não discute a aplicabilidade desses modelos na economia, mas os considera inaceitáveis enquanto teoria integrativa das ciências sociais.

Apesar de tudo isso, o utilitarismo foi submetido a uma espécie de renascimento no final dos anos de 1950; seus apoiadores até lançaram contra-ataques ao edifício teórico parsoniano. Uma das razões do renascimento de um movimento intelectual que se presumia morto foi o fato de que o conceito de "utilidade" – um elemento constitutivo do utilitarismo, e que até deu-lhe o nome – era multifacetado e, portanto, aberto às mais variadas intepretações. Alguns acreditavam que as objeções de Parsons poderiam ser contornadas se o conceito de "utilidade" fosse entendido de um modo diferente.

Nas lições anteriores apresentamos o utilitarismo como uma escola teórica em que o ator é entendido como alguém que sempre persegue sua própria utilidade imediata e egoísta. Para demonstrar os problemas e contradições inerentes ao utilitarismo, Parsons também imputou-lhe o mesmo tipo de crítica. Tal caracterização foi e é justificada pelo fato de que os primeiros filósofos utilitaristas, tais como Jeremy Bentham, já mencionado anteriormente, declararam a maximização do prazer e a anulação da dor como as forças decisivas que governam a ação de todos os seres humanos. Adam Smith, o fundador da moderna economia, afirmou o mesmo, com admirável clareza e ironia: "Não estamos em condições de suspeitar que qualquer pessoa possa desviar-se do egoísmo" (apud BECKER, G. *A Treatise on the Family*, p. 172).

Agora, é claro, não somos obrigados a definir o conceito de "utilidade" de forma tão estreita. Certamente é possível expandir seu escopo. Na verdade, alguns pensadores utilitaristas do século XIX já haviam reconhecido isso ao dar uma posição central à noção da maior utilidade para o maior número de pessoas. Ênfase similar caracterizou o renascimento do utilitarismo na sociologia do final dos anos de 1950. Em última instância, "ação orientada à utilidade" também pode ser entendida como aquela que incrementa a utilidade da coletividade ou de outros. Nesse sentido, a utilidade certamente não seria definida nos termos do *egoísmo*. Poderíamos tomá-la para nos referir também ao comportamento *altruísta*. Reconhecidamente, estender o conceito de utilidade dessa maneira envolve perigos disfarçados. Descrever atos altruístas como orientados à utilidade é declarar que o aumento da utilidade dos outros (daqueles que se beneficiam da ação) promove o bem daquele que age, ou, na linguagem dos economistas: é declarar que o doador altruísta desfruta do consumo do beneficiário. À primeira vista isso não parece problemático. Todos nós sabemos o quanto fazer outras pessoas felizes nos faz sentir bem. Damos um presente de aniversário a uma amiga e sentimos prazer ao ver sua reação de encantamento. Nesse caso específico, podemos realmente afirmar que aumentamos nossa própria utilidade em decorrência do aumento da utilidade dos outros. No entanto, e este ponto é crucial para todos os argumentos deste tipo, a palavra "altruísmo" perde todo seu significado se tal comportamento é baseado *somente* no aumento da utilidade experimentada pelo doador, mesmo que ela tenha sido de fato obtida. No final das contas, o altruísta não seria nada mais do que um egoísta disfarçado e altamente sofisticado. Amitai Etzioni, um dos mais agudos críticos contemporâneos das velhas e novas formas de utilitarismo, desnuda o absurdo de tal argumento, dizendo que:

> Se alguém assume que somente a busca de prazer (e a fuga da dor) pode motivar as pessoas, devemos concluir que os santos se regozijam com seus sacrifícios; eles "devem ser" masoquistas (ETZIONI. *The Moral Dimension*, p. 26).

Este é claramente um problema real, e essas percepções acerca das dificuldades envolvendo o conceito de utilidade eram para levar muitos economistas e alguns que advogam a abordagem utilitarista na sociologia a despir o conceito de seu significado original ou então a abandoná-lo totalmente:

> De fato, ao longo da história inicial da análise econômica, assumiu-se que os bens eram capazes de prover utilidade ou usabilidade em algum sentido psicológico e mensurável. Embora essa concepção psicológica enganosa tenha sido abandonada, o termo "utilidade" ficou. Então, ela agora é simplesmente um nome para algum *ranking* de opções de

acordo com quaisquer preferências individuais (ALCHIAN & ALLEN, 1977, apud ETZIONI. *The Moral Dimension*, p. 29).

Muitas das vezes, entretanto, a sociologia voltada à persuasão utilitarista, à qual alguns autores também chamam de "teoria social individualista", já não fala mais em "utilidade" de modo algum, mas meramente em fins e preferências. O que era originalmente um conceito de utilidade claramente delimitado e psicologicamente definido, já não é nada mais do que uma categoria formal. Agora, pressupõe-se apenas que um ator persegue fins (egoístas, altruístas etc.) de um tipo ou outro, focado em metas bastante fixas, e que ele pode estabelecer, de modo consistente, um ordenamento de prioridades. Isto de fato nos permite deixar para trás os problemas do conceito de utilidade, que somente pode ser definido em termos psicológicos; contudo, imediatamente, incorremos em outro problema. Essa conversa, altamente insubstancial, de "preferências" inevitavelmente nos leva a questionar o que de fato nos compele a categorizar fenômenos tão tangíveis e diferentes como a maximização egoística de utilidades, por um lado, e devoção altruísta, por outro, sob um termo único, genérico e vago como esse. E ainda mais, tais termos nada dizem respeito a como tais preferências se formaram ou como elas podem mudar. O velho conceito de utilidade pelo menos se ancorava na psicologia, embora em sua versão primitiva, baseada no equilíbrio entre "prazer e dor"; o termo "preferências", enquanto isso, é uma mera casca que requer recheio, psicológico (Qual abordagem psicológica adotar?), biológico (Que variedade da Biologia?), sociológico (Que teoria da socialização?), e assim por diante. Conforme concordam até mesmo alguns defensores da abordagem neoutilitarista: "Até que tenhamos uma robusta teoria da formação das preferências, ou um rico estoque de dados, a persuasão das explicações baseadas nas preferências dependerá da percepção dos leitores acerca de seus apelos intuitivos" (FRIEDMAN & HECHTER. "The Contribution of Rational Choice Theory to Macrosociological Research", p. 203).

Então, como vimos, uma sociologia enraizada em argumentos utilitaristas enfrenta diversos problemas, uma vez que ela intenta se colocar à parte do velho utilitarismo do século XIX ou mesmo modificá-lo. Entretanto, essa sociologia conseguiu atrair novos apoiadores porque, no que se refere ao seu *kit* de ferramentas conceituais fundamental, ela abandonou a bizarra pressuposição de que os indivíduos agem de forma puramente egoísta e, assim, foi bem-sucedida, pelo menos à primeira vista, em imunizar-se contra as objeções, especialmente as parsonianas.

Todavia, antes de chegar a esse renascimento utilitarista, àquelas abordagens emergentes na segunda metade do século XX, às quais chamamos de neoutilitaristas, devemos lidar com a questão relacionada ao *status* lógico das teorias utilitaristas já submetidas a um feroz debate ao longo do século XIX. Podemos colocar este ponto do seguinte modo: No âmbito desta abordagem, o que, precisamente, significa afirmar que os atores sempre procuram maximizar suas utilidades, sempre perseguem suas metas ou expressam suas preferências? Isto implica uma reivindicação antropológica para o efeito de que as pessoas, por exemplo, *sempre*, independentemente do período histórico e da cultura, agem de acordo com tais máximas? Ou estamos apontando para uma proposição mais limitada, como, por exemplo, a de que as pessoas *frequentemente* se comportam dessa maneira ou assim o fazem *em certas circunstâncias*? Ou isso significa que as pessoas *devem* perseguir tais objetivos, preferências ou utilidades, embora saibamos que nem sempre as coisas se dão desse modo ou que, de fato, ocorrem raramente?

Se voltarmos nossos olhos para os debates e discussões sobre esse tema desde o século XIX, perceberemos que os participantes adotaram pelo menos três diferentes instâncias. Enquanto Bentham – esta é a primeira instância – produziu um tipo de antropologia com sua referência à dualidade "prazer e dor", ou seja, enquanto ele afirmou que, em termos empíricos, o equipamento psicológico básico dos seres humanos sempre os impele a evitar a dor e obter o máximo possível de prazer, outros cientistas sociais adotaram uma perspectiva bastante diferente. Max Weber, por exemplo – esta é a segunda instância –, não se preocupou muito com a degradada psicologia benthaniana, a qual lhe parecia uma simplificação demasiada da complexidade das decisões e ações humanas. Ao mesmo tempo, porém, Weber não atacou o prevalecente (utilitarista) modelo de ação característico de algumas vertentes da economia da época na medida em que elas permitiam o rastreamento do funcionamento dos mercados até a maximização de utilidades e, assim, até as decisões racionais dos atores de mercado. Em sua opinião, esse modelo de comportamento econômico descrevia apropriadamente até mesmo uma quantidade maior de aspectos da realidade social. Isso porque, conforme acreditava, esse modelo de ação captura o comportamento real dos participantes dos mercados modernos (capitalistas) com considerável acurácia (mas não o comportamento típico dos mercados pré-modernos), sendo aplicável também em contextos não econômicos que, em decorrência do avanço do "processo de racionalização", seriam igualmente caracterizados por atores orientados à utilidade. Para ele, o modelo de ator usado na economia era um meio cada vez mais apto à descrição da realidade. Dessa maneira, Weber não atribui um *status* antropológico ao comportamento orientado à utilidade; ao invés disso, coloca-o, como realmente era o caso, num contexto histórico: ele acreditava que somente com o advento do capitalismo a ideia de um ator maximizador de utilidade ganhava respaldo na realidade (cf., p. ex., WEBER. "Marginal Utility Theory and the So-Called Law of Psychophysics", esp. p. 33ss.). Enquanto isso – esta é a terceira instância –, outros argumentaram que a concepção de que os seres humanos são orientados à utilidade ou a fins não descreve e não deve procurar descrever a realidade empírica. Análises do comportamento orientado à utilidade devem meramente nos informar a respeito dos objetivos e fins realmente atingíveis, iluminar o ator em relação aos obstáculos que podem separá-los de seus objetivos, bem como mostrar-lhes a melhor maneira de atingi-los. Alinhado com isto, a concepção de um comportamento orientado à utilidade não implica a confirmação ou a falsificação empírica da teoria, mas é pensada como a apresentação de um modelo analítico normativo que, por examinar as condições e estabelecer e antecipar as características da busca racional dos objetivos abre opções para a ação e para ações alternativas. É somente quando o comportamento e as ações humanas reais aproximam-se da norma da racionalidade que esse modelo, inicialmente concebido apenas em termos normativos e analíticos, torna-se empiricamente produtivo. A disciplina da Economia, por exemplo, abraçou apaixonadamente essa ideia, uma vez que assume que os atores nas empresas e mercados, de fato, se comportam plenamente da maneira a mais racional.

Estas três instâncias muito diferentes em relação ao *status* lógico da teoria (ou das teorias) da ação orientada à utilidade ainda têm seus apoiadores, embora a influência da abordagem descrita acima como "antropológica" tenha diminuído enormemente. Obviamente, no presente momento não está claro no caso de um bom número de autores a instância à qual cada um deles está vinculado, e, portanto, em qual dos níveis eles baseiam seus argumentos: o empírico ou o normativo e analítico. Se olharmos para o desenvolvimento das teorias neoutilitaristas dentro da sociologia é perceptível que duas correntes teóricas centrais emergiram a partir dos anos de 1950, as quais, em parte – embora seja necessário evitar aqui afirmações peremptórias –, refletem as diferentes visões acerca do *status* lógico do modelo de ação orientado à utilidade esboçado acima (cf. DE WIESENTHAL. "Rational Choice", p. 436). Primeiramente, os advogados das assim chamadas "teorias das trocas" puxaram, de forma determinada, o fio do novelo dos primeiros economistas políticos e desejaram entender as realidades sociais como o acúmulo ou a agregação de ações individuais. Da mesma forma que, por exemplo, Adam Smith apresentou o mercado como o resultado dos atos de trocas econômicas levados a cabo por indivíduos, os intitulados teóricos da troca quiseram derivar a ordem social em geral das ações individuais inter-relacionadas orientadas à utilidade. Em segundo lugar, embora os proponentes da "abordagem da escolha racional também tenham se apoiado num modelo de ação orientado à utilidade usado acima de tudo na economia, sua visão acerca do *status* lógico da teoria é principalmente normativo e analítico, ao invés de empírico. No lugar de tomar a constituição social como produto das ações individuais, suas investigações têm o foco voltado especialmente para entender, antes de qualquer coisa, como – e aqui eles apenas retomam a discussão no ponto em que os teóricos contratualistas da Filosofia Política como Hobbes e Locke pararam – é possível que, a partir da ação de indivíduos racionais e orientados à utilidade-cooperação, possa emergir algo como a cooperação; como deveríamos perceber a relação entre as racionalidades individuais e coletiva, e quais constrangimentos e limitações podem haver à "escolha racional" individual, mas também que oportunidades ela pode ocasionar.

Foram os então chamados teóricos da troca os que atacaram primeiro a teoria de Parsons, no final dos anos de 1950. Devemos, portanto, começar por eles.

Um dos primeiros sociólogos do campo neoutilitarista da sociologia norte-americana do pós-guerra a obter substantivo grau de proeminência, em grande parte graças à sua brilhante crítica do funcionalismo parsoniano, foi George Caspar Homans. Homans mesmo havia sido aluno de Parsons e acabou tornando-se seu colega na Universidade de Harvard. Ele se tornou conhecido pela comunidade acadêmica mais ampla em 1951, em virtude da publicação de um de seus mais importantes trabalhos, *The Human Group*, uma investigação mais descritiva do que teórica sobre o comportamento humano em grupos pequenos. Em termos da proximidade ou distanciamento de Parsons, esse trabalho não era particularmente revelador ou espetacular. Àquela altura, entretanto, a atitude de Homans em relação à obra de Parsons estava prestes a mudar. De meados dos anos de 1950 até seu final, uma quantidade de publicações suas em revistas bem conceituadas acabariam posicionando-o como um leal crítico de seu velho professor.

A crítica ao trabalho de Parsons e seus seguidores funcionalistas concentrou-se principalmente em três pontos:

1 Homans afirmava que o edifício do pensamento parsoniano não poderia ser realmente caracterizado como uma teoria, pelo menos não uma teoria que pudesse reivindicar seriamente a capacidade de *explicar os fatos*. Homans estava disposto a concordar apenas com a posição de que o funcionalismo era um método por meio do qual alguns objetos sociais e fenômenos poderiam ser *descritos*. O funcionalismo, segundo ele, apenas nos fornece categorias, e por mais artificiosamente que elas possam ser ligadas e intercaladas, ainda assim elas não constituem uma teoria (cf., de Homans, "Bringing Men Back In", p. 810ss.). Essa crítica, é claro, baseia-se numa concepção de teoria específica e muito longe de ser incontestável – como mostrado na primeira lição deste livro. Para Homans, teorias são sistemas de proposições que fazem certas afirmações sobre as conexões existentes entre qualidades e objetos, seja no mundo social ou natural:

> Para constituir uma teoria, as proposições devem tomar a forma de um sistema dedutivo. Uma delas, usualmente chamada de proposição da mais baixa ordem, é a proposição a ser explicada; por exemplo, a proposição de que quanto mais industrializada é a sociedade, mais sua organização de parentesco tende para a família nuclear. As outras proposições são tanto proposições gerais como afirmações de dadas condições particulares. As proposições gerais são assim chamadas porque elas são, entre outros, talvez muitos outros, sistemas dedutivos para além do sistema em questão. Na verdade, o que com fre-

quência chamamos de teoria é uma rede de sistemas dedutivos que partilham as mesmas proposições gerais, mas que possuem diferentes explicações. O requisito crucial é que cada sistema deve ser dedutivo. Ou seja, a proposição de mais baixa ordem segue como uma conclusão lógica a partir das proposições gerais sob dadas condições específicas (HOMANS. "Bringing Men Back In", p. 811-812).

Conforme Homans afirmaria mais tarde, uma teoria não é nada se não puder explicar alguma coisa. No mesmo sentido da citação acima, uma explicação deve ser estruturada de tal forma que as conexões mais complexas e específicas (como aquelas entre industrialização e as tendências rumo ao núcleo familiar) podem ser derivadas diretamente de uma proposição enquanto uma lei em relação ao comportamento individual. Isto estabelece as bases do programa epistemológico de Homans. Para ele, as ciências sociais devem facilitar a explicação de fatos sociais complexos por meio de inferências dedutivas a partir de relações causais mais simples. Como não consegue fazer isso, o funcionalismo é incapaz de fazer avançar verdadeiramente nosso entendimento. Em última instância, para Homans, o funcionalismo era um beco sem saída que ameaçava paralisar a Sociologia.

2 Homans também criticou Parsons por ter produzido um "construto teórico" excessivamente normativo – se é que podemos chamá-lo de teórico, conforme já havia contestado. O ponto de partida de Parsons era a análise das normas. O comportamento social refreado pelas instituições, ou seja, constrangido por normas, sempre ocupava posição central. Não foi por acaso que o conceito de papéis se tornou o cerne da sociologia funcionalista. Perguntar como e por que as normas e instituições emergem eram questões negligenciadas, precisamente porque apenas se assumia que as pessoas agem num contexto institucional. Mas se aceitarmos essa descrição do funcionalismo e a subjacente crítica a Parsons, ou seja, se queremos explicar, antes de qualquer outra coisa, como surgem as instituições e normas, então, de acordo com Homans, precisamos voltar nossa atenção às formas de comportamento "elementares" que inicialmente compõem as unidades reguladas de forma superordenada e normativa:

> Uma vez que os sociólogos frequentemente denominam os papéis e suas sanções concomitantes de *instituições*, e o comportamento em conformidade com os papéis de *institucionalizado*, o comportamento social elementar pode ser chamado de *subinstitutional*. Mas, lembre-se sempre de que o enquadramento institucional do comportamento social elementar nunca é rígido e que alguns comportamentos sociais elementares, empreendidos o bastante por um número suficiente de pessoas, rompe com as instituições existentes e as substitui. Provavelmente, não há instituição que não tenha suas sementes plantadas no comportamento social elementar (HOMANS. *Social Behavior*, p. 5; ênfase no original).

Considerando que os funcionalistas sempre puseram ênfase nos "constrangimentos" (normativos) impostos sobre o ator ou nas inibições que ele enfrenta, a proposição de Homans aponta para a possibilidade e o fato dos atos de escolha normativamente irrestritos, os quais, por sua vez, são capazes de explicar a *gênesis* das instituições.

3 Finalmente, e isto está claramente articulado com a crítica anterior, Homans aponta para a falha da sociologia de Parsons como um todo, que, segundo ele, é anti-individualista ou coletivista, porque entende o comportamento dos indivíduos mais ou menos como consequência ou efeito dos arranjos institucionais. Homans deseja virar essa ideia de ponta-cabeça e mostrar o quanto os macrofenômenos podem ser entendidos, e, de fato, somente podem ser entendidos enquanto uma agregação, enquanto um feixe de escolhas e decisões individuais.

Todas essas críticas são refletidas na acachapante frase "Trazendo de volta os homens", que serviu de título para o discurso presidencial que Homans apresentou no encontro de 1964 da Associação Americana de Sociologia (ASA – American Sociological Association), publicado no mesmo ano: o funcionalismo, afirmou, tematizou as instituições, os papéis e valores, ou seja, as *circunstâncias* nas quais toma lugar a ação humana, mas não fez nada mais do que descrever tais coisas. Homans, por sua vez, exortou os sociólogos a dar lugar de destaque ao *real comportamento do ser humano* (o "homem") em suas análises, assim como a *explicá-las*. Mas o que é exatamente esse real comportamento humano? Como podemos conceitualizá-lo?

Em um importante ensaio programático intitulado "Social Behavior as Exchange", publicado em 1958, e então em seu trabalho seminal "Social Behavior: Its Elementary Forms", de 1961, Homans já não havia deixado dúvidas que não via respostas a tais questões na psicologia e na economia comportamentais. Homans queria entender as interações das pessoas enquanto "uma troca de bens, materiais e não materiais" ("Social Behavior as Exchange", p. 597). Em moldes tipicamente utilitaristas, ele admite que toda ação se dá com vistas a se evitar custos, dor, punição etc., e a se maximizar prazer ou recompensas – e ele acredita que isso seja empiricamente verificável. Em outras palavras, as barganhas que são travadas entre as pessoas são trocas de bens materiais ou não materiais, os quais atuam como recompensa ou punição dependendo da natureza do bem e do autor o querer mais, como no caso de recompensas, ou menos, como no caso da punição. Ele toma emprestado esses achados sobre a natureza humana dos chamados psicólogos comportamentalistas, cujo chefe americano mais proeminente era seu amigo B.F. Skinner (1904-1990) – Homans assume uma concepção de natureza humana imutável, que é a mesma em todo e qualquer lugar ("Social Behavior", p. 6). Skinner baseou suas proposições teóricas em experimentos de laboratório com animais, cujos comportamentos ele tentava condicionar e, então, influenciar por meio de incentivos: na forma de recompensas e punições, esses estímulos podem reforçar ou enfraquecer o comportamento animal, gerando proposições explicativas tais como a afirmação de que quanto mais frequentemente um animal é recompensado por certa atividade, mais frequentemente ele se engajará nela. Quanto maior a frequência, por exemplo, de recompensas dadas a um pombo por bicar certo lugar, mais frequentemente ele exibirá esse comportamento particular, bicando aquele ponto. Homans não supõe que o comportamento humano é completamente idêntico ao animal, mas afirma que há similaridades nas reações a certos estímulos e na aprendizagem que resulta deles.

> Partindo, então, do que sabemos sobre o comportamento animal, podemos estabelecer um conjunto de proposições que nos parecem fundamental na descrição e explicação do comportamento social humano, ou nas relações de troca humanas (HOMANS. "Social Behavior", p. 31).

Homans então avança na apresentação de toda uma série de princípios do tipo "x varia em função de y", ou seja, afirmações científicas semelhantes às das ciências da natureza, as quais, por exemplo, conduzem a proposições sobre a relação entre a similaridade dos incentivos e a probabilidade de um comportamento resposta, ou sobre a relação entre o valor de uma recompensa e a verossimilhança de um comportamento particular, sobre o teorema da utilidade marginal decrescente, usado pelos economistas, entre outros ("Quanto mais frequentemente um indivíduo recebeu no passado recente uma recompensa por uma atividade, menor se lhe torna o valor de cada unidade adicional de tal atividade", "Social Behavior", p. 55), ou a relação entre frustração e agressão ("Quanto maior a desvantagem de uma regra de justiça distributiva para uma pessoa, maior a probabilidade de ela apresentar um comportamento emocional que chamamos de raiva", "Social Behavior", p. 75).

Ao formular tais princípios, Homans é um neoutilitarista: ele aceita as premissas da economia política, com suas raízes utilitárias, quase sem exceção, embora ele corrija ou modifique a noção de *homo economicus* em um aspecto:

> O problema com ele ["o homem econômico"] não era porque ele não fosse econômico, que ele usasse seus recursos para obter alguma vantagem, mas sim que ele era antissocial e materialista, interessado somente em dinheiro e bens materiais, e pronto para sacrificar até sua velha mãe para obtê-los. O que havia de errado com ele eram seus valores: a ele era permitido um escopo limitado de valores; mas o novo homem econômico não é tão limitado. Ele pode ter quaisquer valores, do altruísmo ao hedonismo, desde que ele não desperdice totalmente seus recursos para a obtenção desses valores, seu comportamento permanece sendo econômico (HOMANS. "Social Behavior", p. 79).

Homans então dá um passo em direção àquilo que tratamos no início desta lição. Ele toma para si o conceito de utilidade estreito do utilitarismo inicial e o torna mais diferenciado, alargando-o. Ele acredita que isto permite a apreensão do comportamento altruísta, assim como ajuda a evitar as objeções parsonianas, por exemplo. Ao mesmo tempo, mais uma vez precisamos ter clareza a respeito do que exatamente Homans quer dizer com altruísmo ou valores. Para Homans, os valores são meramente o resultado de uma situação anterior em que alguém recebeu uma recompensa. Uma vez que novas formas de recompensa e punição podem surgir, elas não são de forma alguma "fins últimos", conforme dito por Parsons, mas dependem completamente da situação, a qual está sujeita aos cálculos do ator. Tal coisa é bem diferente do que Parsons entendia por valores e daquilo que tentamos ilustrar com nossos exemplos sobre Martin Luther. ("Aqui estou, não posso fazer outra coisa".)

A concepção de valores, de Homans, assim como as interpretações neoutilitaristas similares, é então circundada por uma tendência a negar sua importância ou a retrocedê-la a outra coisa. Certamente, Homans foi levado a isso por sua crença de que a melhor forma de as pessoas viverem juntas, de maneira sensível e funcional, não poderia ser outra que não pela sincera admissão de que os interesses, inclusive os divergentes, são um fato da vida. Ele estava convencido de que, vivendo juntos em sociedade, os seres humanos teriam mais a ganhar se as pessoas, que inevitavelmente se comportam de modo egoísta, admitissem tal fato umas para as outras, ao invés de escondê-lo sob o véu da moralidade: afinal, hipocrisia e criticismo moral, pensava ele, apenas levam a inúmeros conflitos irracionais. Para um bom número de outros autores, as abordagens neoutilitaristas têm certo apelo porque sua intenção é "desmascarar" a realidade social. Assim como o marxismo se ancorou com frequência em sua aparente habilidade em mostrar como as ideias e ideologias nada mais fazem do que conciliar certos interesses, poderiam também os descompromissados neoutilitaristas ostentar amiúde que desmascararam as nobres instâncias morais, reduzindo-as a meros cálculos de utilidade. Isto realmente não é mais do que um exibicionismo pretensioso, ou, nas adequadas palavras de James Buchanan (ETZIONI. "The Moral Dimension", p. 249), uma "cultivada grosseria empedernida" que poderia sugerir ao interlocutor ingênuo que alguém possui um conhecimento superior e que por isso, é claro, considerar-se-ia melhor do que os outros atores cujos motivos básicos um neoutilitarista já tinha antevisto.

Muito da análise de Homans acerca das formas elementares de comportamento e sua explicação da ação humana derivam da psicologia comportamentalista e das bases de sua forma particular de erigir uma teoria. Se indagássemos sobre o quanto esse tipo de sociologia difere, por exemplo, da psicologia comportamentalista liderada por B.F. Skinner, Homans responderia: somente no que se refere ao escopo mais amplo dos tópicos com os quais os sociólogos trabalham. E, de fato, Homans empenhou-se conscientemente para reduzir a sociologia às proposições derivadas da psicologia comportamentalista. Ele descrevia-se a si mesmo, de modo despretensioso, como um "irrevogável reducionista psicológico" ("Social Behavior as Exchange", p. 597). Por esta perspectiva, a tarefa da sociologia só poderia ser o estudo do comportamento de indivíduos, explicá-los psicologicamente conforme esquadrinhado acima, com vistas a determinar como diversos atores barganham uns com os outros, como esses comportamentos se combinam de forma a resultar em formas mais elevadas, ou, de maneira inversa, investigar como mesofenômenos (tais como os comportamentos em grupos) ou macrofenômenos (as estruturas de grandes organizações) emergem a partir do "comportamento elementar" de indivíduos. Contudo, devemos sublinhar aqui que Homans não produziu muita coisa no sentido desse tipo de pesquisa macrossociológica, uma vez que o foco de seu trabalho foi dirigido prioritariamente em nível micro. E ainda mais, apesar de ter criticado os parsonianos por terem apenas descrito as normas, ao invés de explicá-las, ele próprio não progrediu muito nesse campo. Mas esta é apenas uma crítica periférica. A principal crítica a Homans deve privilegiar outros aspectos, como de fato ocorreu, e que exploraremos a seguir.

Homans assentou sua crítica ao programa teórico de Parsons em termos espetaculares e, certamente, tocou numa série de "pontos sensíveis" com algumas de suas objeções mencionadas anteriormente. Na verdade, na crítica que nós mesmos apresentamos a Parsons nas últimas lições, também afirmamos repetidamente que as atribuições que ele deu à concepção de função era, por vezes, altamente arbitrária, e que o funcionalismo como um todo quase sempre apagava as fronteiras entre a descrição e a explicação. Portanto, mesmo que não partilhemos do limitado entendimento de Homans acerca do que seja uma teoria (que consiste meramente na formulação de asserções do tipo "x em função de y"), podemos muito bem concordar com sua primeira crítica, aludida acima. Homans também tem razão quando critica o excessivo normativismo da obra de Parsons: conforme tangenciamos anteriormente, Parsons foi longe demais ao *derivar* a ação humana dos requisitos funcionais de sistemas normativamente integrados, especialmente de meados de sua carreira em diante.

Uma crítica justificada, ou parcialmente justificada, é uma coisa, mas outra coisa é saber se Homans foi realmente bem-sucedido em oferecer uma alternativa teórica que atendesse suas próprias demandas científicas ou que pelo menos tenha sido melhor do que a teoria de seus "oponentes". Porém, parece um tanto duvidoso que o empreendimento de Homans com esse propósito possa ser descrito como exitoso. A tibieza de toda sua montagem teórica é bastante aparente.

Ninguém precisa ir mais longe do que as afirmações de Homans sobre a suposta capacidade de sua abordagem para satisfazer os critérios da pesquisa científica das ciências da natureza, ou seja, de que sua abordagem era verdadeiramente "explicativa" etc. Isto parece altamente questionável, pois sua abordagem é infectada pelo problema da tautologia, quer dizer, ela explica o fenômeno fazendo referência às coisas mesmas que precisam ser explicadas.

Se afirmamos – como o faz Homans – que as pessoas sempre buscam recompensa ou sua utilidade, temos que estabelecer o que exatamente os atores percebem como sua utilidade e o que precisamente eles interpretam como recompensa. Como, todavia, podemos fazer isso? Em princípio, há duas possibilidades. A primeira consiste em afirmar que todas as pessoas, em qualquer lugar e período histórico, possuem certos objetivos em comum. O problema disso, obviamente, é que não há tais objetivos específicos almejados por todos. A afirmação "todos lutam para aumentar sua riqueza" é, por suposto, empiricamente falso. Certamente, há pessoas, muitas pessoas, na verdade, que não lutam para aumentar suas riquezas. Temos que aceitar essa possibilidade; e, de fato, nenhum cientista social contemporâneo afirma seriamente que essa é uma rota convincente para determinar a utilidade. As diferenças entre as pessoas e culturas são muito grandes.

Temos, todavia, que procurar outra opção. A segunda possibilidade é imputar aos seres humanos um padrão subjetivo: O que exatamente faz um ator considerar algo uma utilidade ou recompensa? Temos que fazer perguntas sobre isso; ele tem que nos contar sobre seus motivos e, talvez, relatar o que o impulsiona a agir. Somente assim podemos saber se tal pessoa estava pensando em termos de utilidade, e que isto de fato levou-a a agir em conformidade, ou se, pelo contrário, os motivos subjacentes eram, na verdade, outros muito diferentes.

Não é preciso ir além da afirmação de Homans de que sua abordagem satisfaz os critérios da pesquisa científica natural, de que é verdadeiramente "explicativa" etc. Isso parece bastante questionável, pois sua abordagem é imediatamente invadida pelo problema da tautologia, ou seja, ela explica os fenômenos referenciando a coisas que precisam ser explicadas. Se nós alegamos – como faz Homans – que as pessoas sempre procuram recompensas ou sua utilidade, claramente temos que estabelecer o que exatamente os atores percebem como sua utilidade, o que exatamente eles interpretam como uma recompensa. Como, porém, vamos fazer isso? Existem, em princípio, duas possibilidades. Em primeiro lugar, pode-se afirmar que todos, em toda a parte e em cada período histórico, têm certos objetivos em comum. O problema aqui é que, claro, não existem esses objetivos específicos aos quais todos aspiram. A declaração "todos se empenham em aumentar sua riqueza" é clara e empiricamente falsa. Há, certamente, pessoas; de fato, há muitas pessoas que não se empenham em aumentar sua riqueza. Temos, assim, que descartar esta possibilidade, e, na verdade, nenhum cientista social contemporâneo afirma seriamente que esta é uma rota convincente para determinar utilidade. As diferenças entre as pessoas e as culturas são muito grandes.

Por isso temos que procurar uma outra opção. A segunda possibilidade é atribuir aos seres humanos um padrão subjetivo: O que exatamente um ator vê como utilidade ou recompensa? Temos que fazer perguntas sobre isso; ela deve nos contar sobre seus motivos, e talvez relatar o que a leva a agir. Só então poderemos estabelecer se a pessoa envolvida estava pensando em termos de utilidade, ou se isso de fato a fez agir conformemente, ou se os motivos subjacentes eram, na verdade, muito diferentes. O que precisamos, portanto, é de um padrão *independente do* comportamento, a fim de avaliar se a tese de que os seres humanos sempre buscam a sua utilidade, sempre procuram obter recompensas etc. é correta. Ou seja, precisamos saber *antes* de uma ação ser realizada o que o ator considera como utilidade. É somente quando observamos a ação que se seguiu que podemos realmente descobrir se o indivíduo que estamos estudando agiu com vistas à utilidade. Em todo caso, o que *não* devemos fazer é *inferir* a estrutura de utilidade ou de recompensa a partir da ação em si, pois fazer isso inevitavelmente nos aprisiona em um processo de raciocínio circular e abdicamos todas as possibilidades de apresentar proposições verdadeiramente causais. O problema aqui é que a ação de um indivíduo aumenta sua utilidade por definição. A teoria se tornou tautológica, e, portanto, inútil: ela não explica nada. O exemplo a seguir ilustra isso. Se eu, como um cientista social, omitir lançar luz sobre o que um determinado indivíduo entende como utilidade *antes* de a ação a ser investigada ser realizada, e se eu afirmar, ao mesmo tempo, como Homans, que as pessoas sempre buscam sua utilidade, então, se um ladrão armado roubar uma instituição de caridade, poderemos de fato descrever isso afirmando que o criminoso estava tentando aumentar sua utilidade forrando seus bolsos com o dinheiro de outras pessoas. O problema aqui é que, de acordo com as premissas de Homans, eu também poderia descrever e "explicar" o ato "oposto" precisamente da mesma maneira. Ao doar generosamente à associação local de bem-estar dos trabalhadores, o doador também simplesmente queria aumentar sua utilidade: ele agiu como agiu porque doar generosamente faz-lhe sentir como uma boa pessoa e lhe dá prazer e, portanto, utilidade. Isso significa que qualquer coisa que alguém faça, fá-lo-á com vistas a reforçar a sua utilidade. Tal teoria explica literalmente nada; e é completamente impossível de falsear. Mas isso significa que a própria teoria de Homans não cumpre sua exigência de uma abordagem de ciências da natureza. Neste contexto, suas críticas veementes à teoria parsoniana, por esta não ser capaz de explicar nada verdadeiramente, parecem vazias.

Além disso, o prestígio e a influência da psicologia behaviorista, a base da teoria de Homans, diminuiu acentuadamente dentro de sua própria disciplina, porque sua capacidade de produzir resultados significativos se provou limitada: ao final do dia, a suposição da maximização incessante da utilidade, seja entre os animais ou os seres humanos, não conseguiu captar de forma convincente a realidade do comportamento ou da ação. Outras abordagens se tornaram proeminentes na psicologia, e existem alternativas superiores até mesmo para a análise do comportamento animal (na pesquisa etológica orientada pela *Verstehen* de Konrad Lorenz, p. ex.). É certo que o pressuposto fundamental do utilitarismo não desapareceu totalmente; ele parece, em alguma medida, ter "migrado" para disciplinas ou subdisciplinas da sociobiologia e da genética. Aqui, com base na ideia darwinista de seleção, o pressuposto é de que os organismos que prevalecerão são aqueles que maximizarem sua "aptidão reprodutiva", que mantiverem seu terreno contra outros organismos ou espécies, ou seja, aqueles que, relativamente falando, conseguirem produzir o maior número de descendentes que sobrevivam. Este é o contexto em que a noção de "genes egoístas" surgiu. Mas, em um paralelo surpreendente com o debate sobre o conceito de utilidade no neoutilitarismo descrito acima, os estudiosos dessas disciplinas logo começaram a perguntar por que o comportamento "altruísta", na forma de cuidado da ninhada ou cuidar de "parentes", por exemplo, existe. Mais uma vez, os paralelos com o debate das ciências sociais são surpreendentes. A resposta que esses estudiosos propuseram foi estruturada de forma quase idêntica, no sentido de que eles acreditam ser possível afirmar que tal comportamento altruísta surge sempre em casos em que ele aumenta a "aptidão reprodutiva" da espécie, pelo menos a longo prazo. Mais uma vez, o altruísmo foi "elegantemente" remontado ao egotismo genético. Nada disto é extremamente convincente. No entanto, como a influência da sociobiologia e da genética de populações na sociologia permanece geralmente insignificante, estas questões não precisam mais nos preocupar aqui. O que realmente importa não é se a noção de "genes egoístas" é importante ou não. Mais importante para a teoria sociológica, neste contexto, é a questão de em que medida genes, de fato, influenciam a ação humana. Em todo caso, os resultados produzidos até agora por sociobiólogos não sugerem que a sociologia "tradicional" necessita urgentemente de uma ancoragem mais firme na biologia e na genética. Ela precisa, no entanto, sempre se engajar na biologia e em suas pretensões explicativas.

Finalmente, e este é o último dos nossos comentários sobre os problemas colocados pela teoria de Homans, também podemos perguntar se suas tentativas radicais de ancorar a sociologia no nível micro, se a forma como ele atribui fatos sociológicos complexos às ações de indivíduos (que ele interpreta em termos puramente psicológicos) são realmente tão viáveis quanto ele sugere. É, de fato, muito óbvio que comportamentos aparentemente "elementares" em microssituações são sempre predeterminados por quadros institucionais, normas e expectativas subliminares, padrões de orientação socialmente imbuídos etc. que não podem ser simplesmente retraçados às ações dos indivíduos. A história de Franz Fühmann, "Drei nackte Männer" ("Três homens nus") – praticamente o oposto do romance *Kleider machen Leute* ("A roupa faz o homem"), de Gottfried Keller, em termos de sua mensagem sociológica – expõe isso muito bem. A descrição, de Fühmann, de uma cena em uma sauna mostra como, mesmo em um estado de nudez, em que não há indicações externas de poder e dominação – afinal de contas, todos na sauna estão nus e, portanto, iguais, um caso de "comportamento elementar" puro –, as estruturas que prevalecem fora da sauna são imediatamente reproduzidas por meio de sutis rituais de dominação e subordinação. Os presentes riem mais rápido das piadas de seus superiores – mesmo sob essas condições. Assim, é impossível reduzir radicalmente a ação ao nível micro, ou seja, não podemos compreender microssituações sem remetermos a macroestruturas. O projeto de Homans vem, assim, também a sofrer, em consequência dessa demanda teórica, que ele mesmo impôs. Afinal de contas, as "formas elementares" de comportamento social que ele descreveu não são tão elementares assim – é muito grande "a suspeita de que as relações de troca também são orientadas por normas e que ordens, baseadas em trocas, às quais falte um quadro institucional e normativo (como a norma de que "os contratos devem ser respeitados") não podem durar" (WIESENTHAL. "Rational Choice", p. 436). No entanto, se nós sempre temos que pressupor a preexistência de instituições se atos de troca se passam sem problemas, então se torna altamente duvidoso que, como Homans persistiu em acreditar, podemos resolver o problema da *gênese* das instituições com os mesmos meios que o problema do *funcionamento* dessas instituições (p. 436).

Tendo em vista todas estas dificuldades intelectuais e teóricas, não é de se admirar que a teoria da troca, tal qual originalmente elaborada por Homans, não poderia ser muito mais desenvolvida. Isto ficou evidente, por exemplo, no trabalho teórico de Peter M. Blau (1918-2002), que era um pesquisador tremendamente produtivo de um ponto de vista empírico, principalmente no campo da sociologia organizacional e da sociologia da desigualdade social, mas que também tinha ambições teóricas de maior alcance. Blau publicou um trabalho teórico intitulado *Power in Social Life*, em 1964, cujo título evocava explicitamente o termo "teoria da troca", cunhado por Homans, embora essa abordagem tenha sido muitas vezes também denominada "sociologia comportamental" pelos sociólogos. Blau, que faz referência a Homans, entre outros, desenvolveu algumas de suas premissas: ele também se referiu a processos de troca entre indivíduos e até mesmo deu um passo além de Homans, expondo como as relações de poder e dominação são reproduzidas fora de processos de troca – um aspecto negligenciado por Homans: "Enquanto serviços recíprocos criam uma interdependência que equilibra o poder, a dependência unilateral nos serviços mantém um desequilíbrio de poder". (BLAU. *Exchange and Power*, p. 29; para uma perspectiva similar, desenvolvida aproximadamente ao mesmo tempo, cf. EMERSON, R.M. "Power-Dependence Relations".) No entanto, ao mesmo tempo, Blau se distanciou de premissas-chave de Homans: ele não se esforça em ancorar a ação humana no, ou reduzi-la ao, nível micro de forma radical, como Homans tentou fazer, porque ele reconhecia que nem todas as estruturas sociais podem ser remetidas ao comportamento individual; assim, ele recusou consistentemente o reducionismo psicológico. Ele estava até mesmo preparado para reconhecer o significado positivo de certos valores para processos sociais, sem imediatamente atribuir o consenso em relação a valores a cálculos de utilidade, como fez Homans. Isto em si aponta para o fato de que ele via o teorema de utilidade ou recompensas de uma forma significativamente menos radical do que Homans. Blau se referia tanto a bens "extrínsecos" como a bens "intrínsecos", ou seja, àqueles pelos quais nenhum *quid pro quo* material é demandado. Assim, ele deixou para trás o estreito modelo utilitário da ação de Homans: "Em vínculos amorosos intrínsecos [...] cada indivíduo dá recompensas ao outro não para receber benefícios extrínsecos proporcionais em troca, mas para expressar e confirmar seu próprio compromisso e promover o compromisso crescente do outro com a associação" (BLAU. *Exchange and Power*, p. 77).

Mas todas estas correções do quadro teórico original de Homans, tão necessárias e úteis como foram, em uma última análise tornaram turva a distinção entre esta abordagem e outras correntes teóricas, incluindo o parsonianismo. A abordagem foi quase forçosamente "diluída". Pode-se certamente colher ideias interessantes sobre as peculiaridades e as várias formas de interação social ao ler as análises de Blau. Contudo, ao mesmo tempo, dado que *Exchange and Power* seguidamente se refere a Georg Simmel como uma autoridade clássica, os leitores frequentemente questionaram se essas análises não poderiam ser realizadas, pelo menos com sucesso, com a ajuda de outra linguagem teórica que não a da troca. A fusão de Blau (cf. MÜLLER. *Sozialstruktur und Lebensstile* ["Estrutura social e estilos de vida"], p. 71ss.), ainda a ser completamente esclarecida, entre a aspiração a uma construção teórica quase de ciências naturais, que repousava sobre o legado de Homans, e dimensões e categorias teóricas muito diferentes (suas referências constantes a Simmel sendo um exemplo) acabou por ser responsável pelo fracasso de seu programa teórico em evoluir ainda mais, apesar de suas várias correções úteis à abordagem de Homans. Hoje é difícil citar um único teórico contemporâneo da troca que seriamente alegue buscar um programa teórico independente, especialmente um bem delimitado em relação a outras abordagens. O legado de Homans se provou, assim, um beco sem saída. Isso, no entanto, de modo algum se aplica ao projeto de neoutilitarismo como um todo.

A partir de meados dos anos de 1960, uma outra variante do neoutilitarismo começou a surgir na sociologia, uma escola teórica denominada "escolha racional" ou "ação racional". Seu ponto de partida era diferente daquele do projeto de Homans. A questão-chave, aqui, era a de como é possível, para os indivíduos orientados pela utilidade, unir forças em busca de um objetivo comum em primeiro lugar. Este é um ponto de contato com os expoentes da filosofia política e do contrato social dos séculos XVII e XVIII que perguntavam: Sob que condições tais indivíduos podem concordar em agir coletivamente para, por exemplo, celebrar um contrato? Parsons, é claro, já havia discutido esta questão, fazendo referência ao problema hobbesiano, e apontado para a existência de normas e valores como a "solução". Os expoentes do neoutilitarismo adotam uma abordagem diferente. Eles abordam o problema da ordem de uma perspectiva muito diferente; inicialmente, ela não era central para o seu trabalho. O mais inteligente sobre o seu argumento, que toma a suposição de que todos os atores buscam sua utilidade *como um modelo teórico em vez de uma observação empírica*, é que ele demonstra os macroprocessos ou consequências para a sociedade como um todo, muitas vezes paradoxais ou contraintuitivos, que podem resultar. Tudo isto pode parecer muito abstrato para o leitor, mas, felizmente, podemos lhe indicar um livro extremamente bem escrito que é relativamente simples de ler e que foi responsável pelo fato de que as questões abstratas esboçadas acima ganharam força mais uma vez dentro da sociologia. O livro em questão é *The Logique of Collective Action*, de Mancur Olson.

Este livro, publicado pelo economista americano (1932-1998) em 1965, foi tão impressionante porque rompeu com uma suposição amplamente aceita sobre a origem da ação coletiva, ou seja, as origens dos grupos, organizações, rebeliões, revoluções etc. Isto pode ser afirmado a grosso modo como segue: com base em interesses, fins e objetivos semelhantes entre indivíduos, ações coletivas ou formas organizacionais surgem quase que automaticamente para realizar esses interesses. Esta hipótese, que parece plausível à primeira vista, pode ser encontrada em várias teorias sociais científicas, e desempenha um papel particularmente importante na obra de Marx ou no marxismo, quando este assume, por exemplo, que a luta de classes organizada, em que os proletários se unem para derrubar a ordem capitalista com base em um interesse comum e que os capitalistas procuram defendê-la, resulta dos interesses divergentes de proletários e capitalistas, cada classe constituída daqueles com interesses semelhantes.

Qualquer um argumentando desta forma (em defesa de Marx, deve-se dizer que ele distingue claramente entre "classe em si" e "classe para si"), ou seja, qualquer pessoa que deseje obter uma ação coletiva da busca utilitarista de interesses dos atores individuais tem, de acordo com Olson, um problema. Na verdade, é possível demonstrar que, na impressionante formulação do sociólogo francês Raymond Boudon,

> um grupo não estruturado de pessoas com um interesse comum, cientes desse interesse e que, com os meios para realizá-lo, não fará, de fato, sob uma gama muito ampla de condições diferentes, nada para promovê-lo. A comunidade de interesses, mesmo quando bastante consciente, não é em si suficiente para acarretar a ação compartilhada que promoveria o interesse geral. A lógica da ação coletiva e a lógica da ação individual são duas coisas muito diferentes (BOUDON. *The Unintended Consequences of Social Action*, p. 30).

Mas por que é esse o caso? Por que a ação coletiva com base no cálculo de utilidade individual é tão improvável, se não impossível, apesar das condições que parecem altamente favoráveis? A razão é simplesmente que os bens coletivos ou os chamados "bens públicos" sempre levantam o problema do "parasitismo". Os bens públicos ou coletivos são aqueles que ninguém ou quase ninguém pode ser excluído do uso. "Ar limpo" é um exemplo deste tipo de bem, porque todo mundo pode apreciá-lo; "segurança militar" é um outro caso, pois não apenas algumas pessoas, mas, em princípio, todos dentro do Estado-nação se beneficiam dela. Poderíamos listar uma série de outros bens públicos deste tipo, tais como descobertas científicas, o patrimônio cultural de um país, sua infraestrutura de transporte etc. No que diz respeito ao proletariado, a partir de uma perspectiva marxista, um bem coletivo deste tipo seria, por exemplo, uma revolução bem-sucedida da qual *todos* os proletários (e não apenas alguns ou a maioria) se beneficiam significativamente. A provisão de todos esses bens públicos, no entanto, implica uma característica especial: eles são disponibilizados mais ou menos *independentemente da contribuição do indivíduo*. Todo mundo aprecia "ar limpo". Como um cidadão alemão, eu certamente aprecio. Ao mesmo tempo, entretanto, também sei que a minha contribuição para manter a qualidade ou a poluição do ar é relativamente pequena. Se eu me comporto, ou não, de maneira ecologicamente correta afeta muito pouco, ou em nada, a qualidade do ar no meu país. Mas porque eu sei disso, considerações de utilidade muito simples entram em jogo: porque eu me beneficio do bem público do "ar limpo", independentemente da minha própria contribuição a ele, eu já não vou me esforçar para agir com o meio ambiente em mente. Eu dirijo um carro que consome 20 litros de gasolina a cada 100km porque iria me custar muito dinheiro, esforço etc., para mudar para um modelo mais ecológico. Ao mesmo tempo, presumo que todo mundo vai se comportar de forma ambientalmente compatível, abstendo-se de poluir o ar. Eu, portanto, torno-me um "parasita" e desfruto dos benefícios do "bem público" sem contribuir em nada, assim como os que não pagam a tarifa do metrô desfrutam dos benefícios do transporte público, felizes em deixar que os outros paguem, mas não dispostos a pagar por si mesmos. As ações levadas a cabo por sindicatos apresentam-nos uma situação semelhante. Como um trabalhador, eu obviamente desejo me beneficiar das melhores condições de trabalho e dos salários mais altos conquistados pelos sindicatos. Mas, ao mesmo tempo, eu sei que a minha própria contribuição para o sucesso das estratégias sindicais é insignificante; que não depende de mim pessoalmente. Isso, então, dá origem à percepção de que é mais conveniente e racional para mim evitar a participação nos trabalhos dos sindicatos e não pagar taxas. Mesmo não sendo membro do sindicato, os frutos do trabalho dos sindicatos simplesmente caem no meu colo, porque a melhoria das condições de trabalho e salários mais elevados aplicam-se a todos os trabalhadores. Posso, portanto, esperar que eu vá, não obstante, beneficiar-me do que *outros* alcançaram por meio de seu trabalho duro e dos riscos que correram.

O ponto crucial em todos estes exemplos é *que não sou só eu que vou pensar desta forma, todos os outros provavelmente irão pensar assim também*. O resultado peculiar é que, embora todo mundo tenha um interesse em "ar limpo", todos os passageiros do metrô tenham interesse em um sistema de transporte público adequadamente financiado e todos os trabalhadores tenham interesse em um sindicato forte, na medida em que todos agem apenas com a utilidade em mente e em que outros fatores não entram em jogo, esses bens coletivos nunca estarão disponíveis. Essa perspectiva é, naturalmente, de importância singular, pois os problemas que Olson descreve surgem, em princípio, em *todas* as organizações; é, geralmente, função das organizações fornecer a seus membros os bens públicos ou coletivos. Deixemos que Olson, que examina os sindicatos e suas dificuldades de organização em profundidade em seu livro, ajude a elucidar o "problema do parasitismo":

> O membro individual da grande organização típica está em uma posição análoga à de uma empresa em um mercado perfeitamente competitivo, ou à do contribuinte no Estado: seus próprios esforços não terão um efeito significativo sobre a situação de sua organização, e ele pode desfrutar de todas as melhorias trazidas pelos outros independentemente de ter trabalhado em apoio à sua organização (OLSON. *The Logic of Collective Action*, p. 16).

Se aceitarmos a ideia de Olson, isso gera novas perspectivas de investigação. O foco da pesquisa não reside mais exclusivamente nos problemas sociais e nos interesses aparentemente objetivos resultantes – Olson mostrou que as ações coletivas não surgem automaticamente da experiência compartilhada de problemas sociais e de interesses idênticos. Em vez disso, pesquisadores estão prestando mais atenção nas razões pelas quais certos indivíduos agem para alcançar um bem coletivo em primeiro lugar e que estruturas sociais fazem que seja provável que as pessoas trabalhem em conjunto em prol de um objetivo comum; Olson tentou resolver isso em seu livro e a questão tem sido abordada por uma corrente do neoutilitarismo. O próprio Olson desenvolveu várias respostas a estas perguntas enquanto tentava estabelecer quais fatores em uma organização neutralizam o "problema do parasitismo", de modo que interesses comuns deem origem a uma ação comum. Olson está, é claro, ciente de que revoluções ocorreram, que organizações, especialmente no mundo moderno, desempenham um papel enorme, em suma, que a ação coletiva acontece, de fato, com bastante frequência na realidade.

1 De acordo com Olson, existe uma diferença fundamental entre grupos com muitos membros e aqueles que têm apenas alguns. Em grupos pequenos, a contribuição que cada indivíduo pode dar para alcançar o bem coletivo, isto é, o objetivo do grupo, é comparativamente grande – na verdade, quanto menor for o grupo, maior será a contribuição. Neste sentido, pode ser inteiramente racional para o indivíduo fazer um esforço para alcançar um bem coletivo valioso a um custo relativamente grande, mesmo que ele tenha que pressupor que outros irão "fugir" de suas responsabilidades. Em pequenos grupos, até mesmo a própria contribuição de alguém oferece boas perspectivas de assegurar a provisão de um bem coletivo muito valorizado:

> Assim, em um grupo muito pequeno, onde cada membro recebe uma proporção substancial do ganho total simplesmente porque há poucos

no grupo, um bem coletivo pode muitas vezes ser provido pela ação voluntária, autointeressada dos membros do grupo (*The Logic of Collective Action*, p. 34).

No entanto, quanto maior o grupo se torna, menos provável é que as ações de um indivíduo contribuam significativamente para a provisão do bem coletivo. A perspectiva de ação coletiva diminui. Mais do que isso, é significativamente mais fácil de "ficar de olho" nos membros individuais de grupos pequenos do que de grandes. Isto é, em pequenos grupos, as ações de indivíduos tendem a ser visíveis; um está sempre ciente do que o outro está fazendo. Mas isso também significa que uma espécie de controle social existe, o que torna as coisas bastante difíceis para os "parasitas", de modo que os membros do grupo estão mais dispostos ou são obrigados a contribuir para a provisão do bem coletivo. Em grupos maiores também, é claro, quanto mais visíveis os potenciais "parasitas" forem, maior a probabilidade de busca do objetivo comum. Grandes organizações podem incentivar isso, por exemplo, com a criação de unidades descentralizadas ou subunidades, estruturas quase federais em que os membros são mais capazes de controlar ou fiscalizar uns aos outros do que em uma grande instituição desestruturada.

2 Grupos, organizações etc. são, em grande parte, capazes de *forçar* seus membros a contribuir. Isto se aplica, por exemplo, à tributação. Todos os cidadãos, é claro, gozam dos bens coletivos financiados por receitas fiscais, do abastecimento de água a autoestradas. Aqui, novamente, existe uma grande tentação, para os "parasitas", de deixar de pagar impostos, porque a modesta quantia de imposto pago pelo indivíduo para a construção de uma autoestrada inteira, por exemplo, contribui apenas marginalmente, e todo mundo certamente irá pagar seus impostos. O perigo, porém, é que todo mundo pode pensar desta forma e, assim, sonegar impostos. Neste caso, o Estado não pode contar com a obediência voluntária dos cidadãos, mas deve supervisionar o pagamento de impostos e recolhê-los pela força se necessário, e punir a evasão fiscal com multa ou prisão etc. De forma parecida, organizações não estatais também têm certos meios de coação à sua disposição, como a expulsão ou a ameaça de expulsão da organização, negando ao ex-membro o acesso ao bem coletivo em questão. Ou – esta é a abordagem alternativa – as organizações procuram assegurar que a inscrição obrigatória seja prescrita em seu campo particular de atividade. Este é o caso, por exemplo, quando os sindicatos têm sucesso em estabelecer um sistema chamado *closed shop*, que significa que *apenas os membros do sindicato* podem trabalhar em uma empresa. Isso também permite que se resolva o "problema do parasitismo", porque a adesão a um sindicato e, portanto, o pagamento da contribuição sindical estão diretamente ligados a um lugar de trabalho particular. Olson está expondo, aqui, uma visão que contradiz claramente o preconceito de

um bom número de cientistas sociais de que os teóricos da "escolha racional" são liberais inveterados, orientados para o mercado em todos os aspectos. Olson afirma, assim, que os sindicatos têm o direito de recorrer a medidas coercivas, vendo-as como um meio legítimo de garantir que eles serão, de fato, capazes de prover eficazmente "seu" bem coletivo. Para Olson,

> o credo convencional, que diz que os sindicatos não devem ter o poder de coerção porque eles são associações privadas, e que a expansão do setor público implica inevitavelmente na perda da liberdade econômica, é baseado em uma compreensão inadequada (*The Logic of Collective Action*, p. 97).

3 Um número bastante grande de organizações também oferece os chamados "benefícios secundários" ou "incentivos seletivos" para motivar os membros a permanecerem na organização e a pagarem suas taxas. Os sindicatos, por exemplo, oferecem aos seus membros proteção legal, excursões, livros a preços baixos por meio de clubes do livro de propriedade dos sindicatos etc., para manter o "problema do parasitismo" sob controle de uma maneira diferente. Afinal, os aumentos salariais negociados pelos sindicatos beneficiam a todos os trabalhadores, não só aos do sindicato. Os sindicatos tentam prevenir esse quase-convite a consumir um bem coletivo gratuitamente, a "parasitar", oferecendo bens não públicos adicionais, reservados *exclusivamente para membros do sindicato*, como proteção legal, livros baratos etc. Isso aumenta o incentivo para permanecer ou filiar-se ao sindicato.

A teoria de Olson deu origem a toda uma série de tópicos de pesquisa e uma série de conclusões de interesse teórico. Ele mesmo já havia comentado que a chamada teoria pluralista da democracia, segundo a qual todos os grupos dentro de uma sociedade democrática têm uma chance mais ou menos igual para explicitar suas preocupações, estaria equivocada, no mínimo em virtude do fato de que o nível de dificuldade enfrentado por diferentes grupos na formação de organizações duradouras varia tremendamente. De acordo com Olson, o tamanho do grupo em si significa que grupos relativamente pequenos são mais capazes de organizar uma base voluntária, que é mais fácil para pequenos grupos articular as suas opiniões de forma eficaz na esfera pública (OLSON. *The Logic of Collective Action*, p. 126). Outros estudiosos desenvolveram estes temas ainda por investigar, por exemplo, os diferentes requisitos de organização de empregadores e empregados. Em um ensaio que foi construído sobre as ideias de Olson, mas que foi muito além dele, e que de modo algum se restringe a teoremas da escolha racional, por exemplo, os sociólogos alemães e cientistas políticos como Claus Offe (n. 1940) e Helmut Wiesenthal (n. 1938) têm apontado para o fato de que o comportamento organizacional dos empregados é *necessariamente* baseado em princípios muito diferentes do que o dos empregadores, porque o tamanho desses grupos é diferente, bem como seu potencial de mobilização ("Two Logics of Collective Action"). O *kit* de ferramentas teórico de Olson também tornou mais fácil de entender a "lei de ferro da oligarquia" formulada pelo sociólogo alemão Robert Michels (1876-1936), segundo a qual todas as organizações, inclusive democráticas, tendem a erguer estruturas de dominação que permitem que os líderes da organização fujam às demandas "normais" dos membros e aos esforços de supervisão. Eles, assim, impõem as suas ideias sobre eles, apesar do fato de que a constituição ou os estatutos permitem aos membros determinar as políticas da organização. Como um proeminente expoente francês da abordagem da escolha racional coloca, como consequência da proporção entre membros (numerosos e, portanto, difícil de organizar) e funcionários (poucos),

> quando a organização que representa os constituintes persegue uma política que diverge claramente dos seus interesses, eles são na maioria das circunstâncias incapazes de expressar sua oposição ao que está acontecendo (BOUDON. *Unintended Consequences*, p. 35).

Finalmente, na análise dos movimentos sociais e revoluções, os elementos da argumentação de Olson foram mobilizados para chamar a atenção para certos efeitos aceleradores no campo da ação coletiva. O teórico alemão Karl-Dieter Opp (n. 1937), por exemplo ("Repression and Revolutionary"), apontou que a estrutura de custos que as pessoas enfrentam dentro dos movimentos revolucionários pode mudar drasticamente, uma vez que o movimento atinge determinado tamanho. Seu sucesso não depende mais se eu, como indivíduo, tomo parte em manifestações ou combates etc., pois minha contribuição é insignificante. Eu poderia, portanto, racionalmente decidir "ficar em casa". Mas, ao mesmo tempo, é claro, o custo para o indivíduo de tomar parte no movimento revolucionário também diminui, porque é mais fácil iludir o olhar atento do Estado como parte de uma enorme multidão ou porque se tornou completamente impossível para o Estado punir um enorme número de manifestantes. As manifestações de segunda-feira em Leipzig antes da queda do regime da RDA, por exemplo, podem ser analisadas a partir desta perspectiva, pois o número crescente de manifestantes atraiu rapidamente cada vez mais alemães orientais descontentes, que, ao mesmo tempo, enfrentaram um risco cada vez menor de punição do indivíduo pelo Estado. Uma espécie de *momentum* foi, assim, capaz de desenvolver-se, pois os custos da ação dissidente mudou dramaticamente como resultado do crescente número de manifestantes; os custos despencaram na medida em que as "chances de ganhar" – de ocorrer uma mudança na situação política – aumentaram acentuadamente.

Assim, como podemos ver, a fecundidade das pesquisas com base na obra de Olson é incontestável. Ao mesmo tempo, no entanto, há igualmente pouca dúvida de que estas abordagens em si implicam problemas teóricos significativos. Isto é, de fato, reconhecido pelos teóricos da escolha racional. Ao identificar os três supostos pré-requisitos para a ação coletiva, Olson não consegue elucidar como o Estado é capaz de coagir seus cidadãos a pagar impostos, por exemplo, e por que e como eles se submeteram a essa coerção em algum momento no passado e continuarão fazendo-o. Portanto, Olson sempre pressupõe a existência do Estado ou algum tipo de poder coercitivo. Sua referência aos "incentivos seletivos" também é pouco convincente, em primeiro lugar porque é empiricamente falso afirmar que, por exemplo, o valor material dos incentivos determina ou explica a durabilidade ou transitoriedade das organizações de alguma forma. Em segundo lugar, esses incentivos, também, têm que ser produzidos coletivamente e, portanto, surge imediatamente a questão de quem exatamente está disposto a oferecer-se para tornar esses incentivos disponíveis: "Se os incentivos seletivos têm que ser produzidos de modo que assegurem a produção do bem comum, então eles são apenas outro tipo de bem comum, aquele cuja produção deve igualmente ser considerada cara, e, portanto, problemática" (HECHTER. *Principles of Group Solidarity*, p. 35-36). A referência à seletividade de incentivos, de acordo com Michael Hechter, portanto, apenas adia o problema original de como é possível para que a ação coletiva surja em primeiro lugar. Pode-se, é claro, tentar remediar esses déficits utilizando as ferramentas da teoria da escolha racional, que é precisamente o que Hechter faz, mas tudo isso em si aponta para o fato de que a teoria de Olson, tão elegante à primeira vista, é em última análise bastante difícil de aplicar.

Uma objeção mais grave, no entanto, diz respeito ao campo de aplicação da teoria olsoniana. Olson claramente havia compreendido seu modelo de indivíduo orientado para a utilidade como um modelo de análise; ele foi o primeiro a admitir que era completamente incapaz de lidar com certos fatos empíricos tais como fenômenos filantrópicos ou religiosos (OLSON. *The Logic of Collective Action*, p. 6, n. 6). Ao mesmo tempo, no entanto, ele afirmou que seu modelo certamente poderia ser aplicado para alguns, mesmo muitos, reinos da realidade, sobretudo o meio de organizações econômicas, precisamente porque devemos supor que os indivíduos dentro delas agem para melhorar a sua utilidade, e aquilo que essas organizações fazem serve primariamente aos interesses dos seus membros. Sem dúvida, quais esferas podem ser contadas como parte do *milieu* das organizações econômicas é uma questão de controvérsia. Estamos certamente no direito de perguntar se, por exemplo, podemos investigar, de forma relevante, as *origens* das revoluções com este *kit* de ferramentas teórico, como fazem os teóricos da escolha racional que desenvolveram a abordagem de Olson. Afinal de contas, ele apenas criticou a teoria da revolução e de luta de classes de Marx, ao invés de tentar analisar as revoluções, rebeliões ou movimentos sociais. Isto é marcante no livro de Olson, que saiu no auge dos protestos sociais da década de 1960 (cf. OLIVER & MARWELL. "Whatever Happened to Theory Critical Mass?", p. 294). E é, de fato, muito difícil, se não totalmente implausível, examinar esses fenômenos exclusivamente com base na premissa de que os indivíduos agem de acordo com seus fins ou utilidades.

Na verdade, tudo parecia sugerir que as revoluções não irromperiam – mas elas aconteceram. Repetindo, por que eu deveria participar das atividades em que cada ato pode custar não apenas dinheiro e tempo, mas até mesmo minha vida, e em que minha contribuição pode ser bastante insignificante? Mesmo a participação nas eleições é um mistério para os teóricos da escolha racional. Eles lutam para explicar por que as pessoas (ainda) votam em tão grande número, embora devam estar bem conscientes de que seu voto dificilmente pode ter muito impacto sobre o resultado. Por que gastam tempo e energia indo para o local de votação? Teóricos da escolha racional sempre tendem a recorrer a normas (ou crenças incondicionais) para ajudar em tais casos, que, no entanto, em seguida, tendem a subsumir sob o conceito de preferências individuais ou maximização da utilidade. Mas este ponto de partida é em si altamente implausível, como toda abordagem *radicalmente* individualista dos fenômenos sociais, que era, claro, a abordagem defendida pelo Olson. Como os teóricos da escolha racional em geral, ele sempre assumiu que cada indivíduo toma decisões de forma *isolada* e *independente* de outros atores sobre se deve ou não contribuir para um bem coletivo. No entanto, estudos empíricos sobre as revoluções têm mostrado repetidamente que, de fato, os *grupos* entram em ação, e que existiam *redes* sociais no âmbito das quais as decisões individuais foram tomadas e onde foram decisivamente moldadas. Sucessores de Olson, entretanto, compararam os dissidentes, revolucionários etc., com os clientes das empresas de venda por correio, que se sentam sozinhos no sofá estudando as melhores ofertas, pesando as coisas com precisão e maximizando a sua utilidade nesse confortável e acolhedor ambiente. Esta é também a crítica à teoria da escolha racional por parte da chamada abordagem da "mobilização de recursos" acerca da pesquisa sobre revoluções e movimentos, uma crítica que podemos até certo ponto categorizar como uma "discussão familiar". Embora esta abordagem não rompa com a "escolha racional" em um ponto bastante importante, ela sem dúvida a desenvolve ainda mais em outros aspectos. Podemos dizer que ela simplesmente contrabalança o caráter *individualista* da abordagem da escolha racional com uma perspectiva racional *coletivista*, segundo a qual a questão fundamental é como os organizadores dos movimentos sociais conseguem mobilizar recursos escassos, como tempo e dinheiro, para promover seus objetivos. Os expoentes dessa perspectiva (como os autores americanos Anthony Oberschall, Doug McAdam, John D. McCarthy e Mayer N. Zald) reconhecem que os movimentos e revoltas/revoluções sempre começaram a partir de grupos. Tais eventos coletivos em larga escala são inimagináveis sem a coesão social e normativa dos grupos, porque de outro modo emerge o problema do carona e a insatisfação política sentida pelos indivíduos não é convertida em ação coletiva. Neste sentido, os teóricos da mobilização de recursos rompem com o racionalismo *individualista* da "escolha racional". Mas eles então prosseguem com base em premissas racionalistas e afirmam que esses grupos ou coletividades relativamente estáveis certamente agem de acordo com considerações de custo e utilidade, quando, por exemplo, tentam prevalecer sobre outros grupos, derrubar a velha máquina do Estado etc. Se o Estado é fraco, de acordo com os teóricos de mobilização de recursos, pelo menos as revoluções ocorrem

> nas sociedades e nos momentos em que um grande número de grupos, com forte lealdade de seus membros individuais, tem expectativas racionais de benefício líquido positivo de ações revolucionárias ou protesto (GOLDSTONE. "Is Revolution Individually Rational?", p. 161).

Claro, nós também podemos questionar a tese de uma racionalidade grupal inequívoca – diremos algo sobre isso na próxima lição sobre o "interacionismo simbólico". Por enquanto, porém, ainda queremos descobrir o que aconteceu com o programa de pesquisa de Olson.

Ao mesmo tempo em que as teorias da escolha racional estavam crescendo em força, a assim chamada *teoria dos jogos* também decolou. Esta teoria dos jogos estratégicos, cujas bases foram estabelecidas no final da Segunda Guerra Mundial, está preocupada com as situações em que o resultado das medidas tomadas por cada participante é diretamente dependente das expectativas de como os outros se comportam. Vamos olhar o que exatamente isso significa dentro de alguns instantes. Primeiro, porém, é importante sublinhar que estamos lidando aqui com uma formulação analítica, abstrata de uma teoria racionalista da ação, isto é, uma teoria da ação que defende as premissas de neoutilitarismo. Situações de ação mais ou menos artificiais são simuladas e analisadas por meio de procedimentos matemáticos por vezes altamente elaborados, a fim de modelar a lógica da ação característica dos atores racionais e os resultados da sua ação agregada. A teoria dos jogos continua a obra de Olson na medida em que novamente enfrenta o problema de bens coletivos, mas de uma forma muito mais extrema. Os teóricos dos jogos lidam com situações em que a ação racional leva o indivíduo isolado – como naturalmente Olson já havia mostrado – a fazer ilações a partir dos resultados individuais e coletivos. E, inversamente, da mesma forma no livro de Olson, a teoria dos jogos contradiz o preconceito de que podemos fazer inferências sobre as ações dos indivíduos com base em seu potencial para aumentar a utilidade coletiva. Mesmo se o utilitarismo coletivo parece claramente evidente, agentes racionais não irão atuar de modo a garantir que ela ocorra. Assim, a teoria dos jogos também rompe com os pressupostos da teoria econômica clássica, que sempre assumiu que as ações dos indivíduos (no mercado) acabam, de um modo ou de outro, a produzir automaticamente resultados ótimos (através da "mão invisível" smithiana).

As diversas situações simuladas ou construídas dentro da teoria dos jogos geralmente têm seus próprios nomes, muitas vezes peculiares ou engraçados, tais como o "jogo do seguro", "jogo da galinha" ou "dilema do prisioneiro". O último deles é certamente o mais famoso, e é por isso que é tão frequentemente discutido por aqueles que não pertencem a essa perspectiva ou mesmo por seus críticos. Nós o descreveremos brevemente aqui.

Vamos supor que a seguinte situação surgiu (cf. as observações de Boudon, facilmente compreensíveis mesmo para os não matemáticos, em *Unintended Consequences*, p. 79ss.): Duas pessoas são presas, acusadas de realizar em conjunto o mesmo crime, mas cada uma é interrogada separadamente, de modo que não têm oportunidade de trocar informações. No tribunal, o juiz lhes oferece as seguintes opções para obter uma confissão: cada um receberá cinco anos de prisão se ambos confessarem, ou dois anos se ninguém confessar. Mas se apenas um deles confessar, ele será absolvido, enquanto aquele que não confessar receberá pena de prisão de dez anos.

Para os prisioneiros, vamos chamá-los de Smith e Brown, esta é uma situação complicada e peculiar. Porque o que quer que Smith faça, para ele é sempre melhor confessar: Smith recebe cinco anos (em vez de possíveis dez) se Brown confessar, e uma absolvição se Brown não confessar. Brown, é claro, pensará de acordo com o mesmo raciocínio. Se ele falhar em confessar, arrisca-se a dez anos de prisão (ou seja, se Smith confessar), mas se ele confessar, ele recebe cinco anos (se Smith confessar também) ou uma absolvição (se Smith não confessar). Embora, ou de fato, porque, tanto o Smith e Brown agem racionalmente e confessam, o resultado para eles é comparativamente pobre ou abaixo do ideal. Ambos são condenados a cinco anos de prisão, enquanto teria sido possível para eles safar-se com dois anos cada, negando consistentemente seu crime. Em forma gráfica isto é mostrado na figura 5.1; o número antes ou depois da barra refere-se ao número de anos de prisão a que Smith e Brown seriam condenados dependendo de qual estratégia escolherem.

Figura 5.1

		Smith	
		Confessa	Deixa de confessar
Brown	Confessa	5/5	0/10
	Deixa de confessar	10/0	2/2

Tudo isso pode parecer um pouco artificial para vocês. Esta é de fato uma descrição justa; estas são situações simuladas. Mas essas simulações podem servir não só para analisar o problema da cooperação descrito por Olson muito mais exatamente e com muito mais detalhes, mas também para separar situações de conflito muito reais e destacar opções de ação que de outra forma simplesmente permanecem ocultas ou pelo menos opacas. Outras maneiras em que tais análises podem ser utilizadas, para elucidar a imbricação mútua de atores coletivos, por exemplo, como a que caracteriza as associações de sindicatos, dos empregadores e do Estado – e os resultados líquidos, por vezes irracionais, produzidos por suas ações, podem ser vistos de forma exemplar na obra de Fritz Scharpf (n. 1935) (*Games Real Actors Play: Actor-Centred Institutionalism in Policy Research*). Scharpf não pode ser considerado um devoto da escolha racional, mas usa argumentos dessa teoria apenas como ferramentas auxiliares de análise. A corrida armamentista entre as grandes potências pode ser estudada quase da mesma maneira, porque, para decidir aumentar ou reduzir seu estoque de armas, os atores se encontram em uma situação semelhante à dos prisioneiros Smith e Brown no tribunal; as suas decisões inteiramente racionais podem levar a um resultado que, de um ponto de vista externo, é subótima, isto é, que precisa ser melhorada.

Nós gostaríamos de apresentar-lhes alguns outros expoentes proeminentes e, especialmente, brilhantes desta abordagem. Thomas C. Schelling (n. 1921), professor de Economia Política na Universidade de Harvard, causou um rebuliço no início dos anos de 1960 quando implantou ideias da teoria dos jogos em um livro sobre estratégia militar. *A estratégia do conflito* (1960) é uma brilhante análise das opções de ação abertas para estados opostos que, em circunstâncias muito diferentes ou com recursos muito diferentes, que têm ameaçado e continuam ameaçando uns aos outros com a guerra. Mais importante para os nossos propósitos, no entanto, é seu livro de 1978 *Micromotivos e macrocomportamento*. Aqui, de forma exemplar, ele mostra através de uma análise de vários fenômenos como o comportamento individual "inocente" pode levar a consequências coletivas altamente questionáveis no nível macro. Schelling apresenta isso em relação ao fenômeno da segregação "racial" ou étnica nas cidades através de um modelo ou jogo simples, que vocês mesmos serão capazes de conceber. Basta pegar um tabuleiro de xadrez com 64 quadrados e um total de 44 moedas, das quais 22 são de um centavo e 22 são de dois centavos. Primeiro deve-se distribuir as moedas aleatoriamente através das casas do tabuleiro. A sua tarefa agora é movimentar ou posicionar as moedas, de tal maneira que, se possível, a moeda de um tipo seja "minoritária", espacialmente falando, em outras palavras, em menor número de moedas do outro tipo. Isto é, alguns tipos de moedas não podem ser colocadas de tal maneira que estejam rodeadas por moedas de outro tipo; nenhuma "minoria" real deve surgir em qualquer área da placa. Mantendo esta regra em mente, você pode mover estas moedas ao redor do tabuleiro tão frequentemente como quiser: padrões que caracterizam uma elevada concentração de um tipo de moeda são sempre produzidos. Aplicado ao fenômeno da segregação étnica ou "racial" nas cidades, isto significa que as pessoas, mesmo quando não são racistas e, portanto, não têm vontade de ser espacialmente separadas de outros grupos étnicos, isto é, quando desejam simplesmente evitar ser uma minoria (numérica) na sua vizinhança imediata, produzem um padrão altamente segregador mediante seu comportamento quando mudam de casa ou migram. Ou seja, através de efeitos de agregação, as ações "inocentes" de indivíduos podem dar origem aos chamados "efeitos perversos", aqueles que ninguém realmente pretendeu produzir. À luz da onipresença de tais efeitos ou consequências não intencionais da ação, Raymond Boudon (n. 1934) tirou conclusões interessantes com relação a uma teoria da mudança social. Pois a difusão dessas consequências não intencionais contradiz a suposição, encontrada com muita frequência entre os sociólogos, de um processo histórico unilinear, assim como ele é cético em relação a todas as tentativas de "engenharia" social (BOUDON. *Unintended Consequences*, p. 7ss.).

O filósofo norueguês e cientista político Jon Elster (n. 1940) preocupa-se menos com as consequências agregadas de ação individual do que com esta ação individual em si. Elster explica em pormenor as diferentes formas que a ação racional pode assumir e o que pode, de fato, ser conseguido com meios racionais. Em um ensaio revelador intitulado "Racionalidade imperfeita: Ulysses e as sereias" (em seu livro *Ulysses e as sereias*), Elster mostra os mecanismos disciplinadores que os atores podem usar para proteger-se contra a possível irracionalidade do seu próprio comportamento futuro. Assim como Ulysses pediu para sua tripulação amarrá-lo ao mastro de seu navio porque ele era capaz de ouvir o canto das sereias sem sucumbir à sua sedução fatal, atores individuais, bem como coletivos, desenvolvem práticas disciplinadoras: as sociedades adotam constituições, por exemplo, para regular determinados procedimentos e vincular-se com relação ao futuro de tal forma que certas opções da ação não são mais abertas a eles. Mas Elster também mostrou que vários objetivos não podem ser atingidos ou fabricados de forma racional: é impossível fabricar espontaneidade, por exemplo. A exortação "Seja espontânea!" não tem perspectivas de sucesso, porque a espontaneidade é, no máximo, um subproduto de outras atividades, mas não pode ela própria ser o resultado da intenção, porque isso iria destruir a espontaneidade. Adormecer envolve questões similares; isso raramente acontece quando você mais quer. Além disso, Elster construiu uma reputação como crítico mordaz do funcionalismo, com seu ótimo faro para detectar nos escritos de vários sociólogos muito proeminentes explicações funcionalistas, que não são, de fato, nada do tipo, mas que nas principais suposições são vagas etc. (cf. tb. Lição III). O crescente ceticismo sobre a fecundidade da própria abordagem da escolha racional também é evidente na obra de Elster. Conforme seu trabalho se desenvolveu, Elster gradualmente admitiu a importância do normativo; é justo dizer que ele está refazendo os passos de alguns dos pensadores sociológicos clássicos, de economistas a sociólogos propriamente ditos. O grande livro de Elster (*Alquimias da mente: racionalidade e as emoções*), no qual ele tenta ancorar as ciências sociais em uma base social e psicológica, com base na sociologia e na psicologia das emoções, parece concluir este processo. Pouco resta do modelo de ação orientada para a utilidade fornecido originalmente pela economia.

A obra do grande sociólogo James S. Coleman (1926-1995) era desprovida de tais características "derrotistas". Coleman foi *o* grande nome da "escolha racional" nos Estados Unidos; ele combinou suas reflexões sobre a ação social com uma teoria convincente da sociedade. Coleman mostrou vividamente como os atores corporativos (organizações) determinam a dinâmica da ação nas sociedades contemporâneas e argumentou que as medidas tomadas pelos indivíduos exigem reavaliação à luz destas, porque estes indivíduos são sempre integrados em organizações ou são confrontados com organizações que agem (cf. COLEMAN. *The Assymmetric Society*). Teoricamente, Coleman foi particularmente inovador, já que foi um dos primeiros membros do campo neoutilitarista a tentar iluminar as origens das normas. Os neoutilitaristas de todos os matizes e tonalidades sempre lutaram para esclarecer a natureza das normas, fenômenos que, a menos que a sua própria existência seja negada, precisam ser tidos em conta, mas que não poderiam realmente ser elucidados utilizando os recursos disponíveis dentro desta teoria ou compatíveis com ela. Coleman pelo menos conseguiu mostrar como as normas, que ele definiu como legitimadoras de direitos de controle sobre determinados bens ou ações, assim, podem emergir em circunstâncias muito específicas:

> A condição sob a qual surgem interesses em uma norma, e, portanto, uma exigência da norma, é que uma ação tenha externalidades semelhantes para um conjunto de outros, ainda que o comércio de direitos de controle da ação não possa ser facilmente estabelecido, e nenhum ator possa lucrativamente se envolver em uma troca para obter os direitos de controle. Tais interesses não constituem eles próprios uma norma, nem se assegura que possam vir a existir. Eles criam uma base para uma norma, uma demanda por uma norma por parte daqueles que experimentam certas externalidades (COLEMAN. *Foundations of Social Theory*, p. 250s.; ênfase original).

No entanto, Coleman foi incapaz de demonstrar que este tipo de formação de norma é o mais comum. As condições que ele identifica para o desenvolvimento de normas, ao qual devem ser adicionados outros ainda (cf. COLEMAN. *Foundations*, p. 257), foram certamente demasiado restritivas, e também raramente encontradas no mundo empírico. Mas, independentemente disso, a influência de Coleman foi e é muito grande, principalmente porque ele conseguiu, no final de sua carreira, em *Fundamentos da teoria social*, mencionado acima, apresentar uma espécie de síntese que tenta resolver de forma consistente todos os problemas teóricos da sociologia que vale a pena mencionar a partir da perspectiva da abordagem da escolha racional. Um projeto igualmente ambicioso está sendo realizado na Alemanha por Hartmut Esser (n. 1943). Em seu volume introdutório *Soziologie* (1993) (o qual é seguido por mais seis volumes do mesmo título, cada um dos quais aborda um campo teórico específico no âmbito da disciplina), ele tenta alcançar uma codificação de sociologia semelhante à que Coleman aspirou em seus dias.

Finalmente, devemos mencionar o Prêmio Nobel de Economia, que mora em Chicago, Gary S. Becker (n. 1930), que contribuiu muito para o desenvolvimento da teoria do capital humano, que funcionou como um estímulo decisivo para a economia da educação. Foi também Becker quem tentou aplicar de forma consistente o modelo utilitarista da ação econômica aos fatos sociológicos. Ele o fez a partir de seus estudos sobre o comportamento da criminalidade desviante, bem como sobre a família, que descreveu a partir da perspectiva dos atores, os membros da família, todos os quais, afirmou, pais e filhos encontram-se em um processo de "negociação sobre sexo, subsistência e segurança" (RYAN, A. "When it's Rational to be Irrational", p. 20). Mas, como esta maneira concisa e provocadora pode ser intimidadora, Becker é frequentemente tentado a abandonar a compreensão normativa e analítica deste modelo de ação em que muitos teóricos da escolha racional chegaram a concebê-la, como Bentham, como uma tese quase antropológica com escopo abrangente. E isso é altamente problemático.

Vamos nos encaminhar para o fim desta lição com algumas conclusões sobre a importância do neoutilitarismo. Temos discutido como o ramo do neoutilitarianismo que pode ser rotulado de "escolha racional" ou "ação racional" difere da "teoria da troca" na medida em que o ator orientado para a utilidade é aqui entendido como um conceito normativo e analítico. O problema da tautologia é, portanto, menos preocupante do que na obra de Homans. No entanto, os teóricos aos quais nos referimos estão, naturalmente, interessados em aplicar este modelo à realidade, a fim de produzir explicações: todos estão interessados em produzir teorias empiricamente precisas da escolha e tomadas de decisão. A questão, então, é a quais campos pode-se realmente aplicar, com um grau razoável de plausibilidade, o modelo dos atores racionais. E aqui os limites deste modelo tornam-se evidentes muito rapidamente. É quase sempre possível, em todos os contextos, demonstrar empiricamente que os atores são constrangidos, de modo que é impossível para eles agir, mesmo remotamente, segundo o que modelo racional da ação atribuiria a eles. Aos atores sempre faltam determinadas informações; é, aliás, muitas vezes demasiado caro e difícil obter todas as informações necessárias para a tomada de decisões e escolhas com as quais são confrontados. Às vezes, há demasiada informação disponível, de modo que os atores não são mais capazes de compreender todos estes dados, e surge a questão de sua capacidade cognitiva para processá-los, e assim por diante. Mesmo aqueles estudiosos que trabalham com a "escolha racional" e a teoria da decisão têm cada vez mais reconhecido estes problemas. Uma das consequências foi a de que um certo número de autores desistiu da ideia da maximização da utilidade e trabalhou com a de "satisfação, que se refere à satisfação adequada das necessidades (SIMON, H. "Theories of Decision-Making in Economics and Behavioral Science", p. 262). O ator, cujo objetivo é a "satisfação adequada", já não é verdadeiramente "racional", mas interrompe sua busca por meios mais adequados de realização de uma ação ou a melhor informação para tomar uma decisão quando ele encontrou uma solução que se encaixa no seu nível de aspiração; ele muitas vezes age de forma bastante arbitrária a fim de obter sucesso na ação como um tudo, dado todas as dificuldades que surgem na vida real. O ator é então caracterizado como mais ou menos racional" ("racionalidade limitada"). Mas assim que se admite isso, nós imediatamente temos que perguntar o que exatamente "mais ou menos" significa aqui. Em que sentido esse ator é menos racional do que o ator típico-ideal que maximiza a utilidade? Apenas um pouco ou muito? Se este último for o caso, então é claro que o modelo do ator que maximiza a utilidade é geralmente um meio bastante inadequado de apreender fenômenos sociais empiricamente (para uma crítica cf. ETZIONI. *The Moral Dimension*, p. 144ss.).

Se este for o caso, a questão fascinante que surge é a respeito de quem na verdade realmente se comporta como os atores que maximizam a utilidade neste modelo. Estudos empíricos sobre estes problemas (como MARWELL & AMES. "Economists to Free Ride, Does Anyone Else?") foram produzidos. Curiosamente, o comportamento cotidiano da maioria dos grupos de pessoas é muito diferente do modelo de ação racional. De acordo com estes estudos, o modelo racional representa uma boa aproximação empírica do comportamento de apenas um grupo de pessoas, e este grupo era composto por estudantes de Economia! Se estamos lidando aqui com uma consequência da seleção ou socialização, se todos esses estudantes escolheram este assunto com base na afinidade ou se esta abordagem intelectual particular molda o seu comportamento, é uma questão que continua por se resolver. O que é certo é que o modelo neoutilitarista da ação apresenta demasiadas limitações e restrições. Nas duas lições seguintes iremos dedicar-nos a abordagens teóricas que, longe de se contentarem com um retorno ao modelo parsoniano da ação, mais abrangente do que este, o criticam por sua falta de sofisticação e abrangência.

VI
Abordagens interpretativas (1): interacionismo simbólico

Nesta e na próxima lição iremos confrontar duas teorias sociológicas diferentes – o interacionismo simbólico e a etnometodologia – que são frequentemente referenciadas na literatura pelo termo genérico "abordagem interpretativa" e como resultado disso acabam por ser confundidas. O termo é bastante problemático, mas pelo menos salienta o fato de que havia outra abordagem significativa além da teoria da troca ou da "escolha racional", do paradigma neoutilitarista, e da teoria normativo-funcionalista de Talcott Parsons no âmbito da sociologia dos anos de 1950 e de 1960 – abordagens, ademais, de vitalidade permanente. Os autores cujo trabalho nós podemos aplicar o termo "abordagem interpretativa" defendem, fundamentalmente, um modelo diferente de ação que é representado pela teoria da escolha racional, mas que também difere do que foi desenvolvido por Parsons, com sua ênfase nos aspectos *normativos* da ação. Isto também explica o significado literal do rótulo "abordagem interpretativa". Primeiro, ele expressa a existência de um campo hostil para Parsons e seu modelo de ação; as representações do "paradigma interpretativo" criticadas pela noção de normas e valores de Parsons, a qual a ação sempre se relaciona, foram insuficientemente complexas. Elas não estão disputando a importância das normas e valores na ação humana. Muito pelo contrário. Mas o que Parsons teria negligenciado, e eles reivindicaram, é o fato de que as normas e valores não existem abstratamente para o ator e não podem ser convertidas sem problemas na ação. Em vez disso, nessa visão, as normas e valores primeiro devem ser especificados e deste modo *interpretados* na situação da ação concreta. Parsons tinha, assim, ignorado a *dependência* dos valores e normas na *interpretação* – e isso foi pensado para ser a chave da deficiência de sua teoria, dando origem a uma série de consequências empíricas problemáticas.

Segundo, o termo "abordagem interpretativa" refere-se ao fato que as escolas teóricas envolvidas estão com frequência – embora não necessariamente – intimamente associadas com a tradição de pesquisa *etnográfica* e os métodos da pesquisa social *qualitativa*. Dado que se pode pressupor que a aplicação de normas e valores em situações concretas é sempre um processo complexo e não inteiramente consistente, bem como da aplicação de fins e intenções inteiramente não normativos, parece uma boa ideia examinar detalhadamente o meio no qual os indivíduos agem e assim interpretar as opções disponíveis para a ação, em vez de trabalhar com uma volumosa quantidade de dados em estado demasiadamente bruto, o que criaria outros grandes problemas. Para os representantes do "paradigma interpretativo" é inapropriado coletar grandes quantidades de dados comuns, por exemplo, em pesquisas de opinião sobre as atitudes, convicções etc., porque o material obtido desta forma e seu processamento estatístico pouco nos diz sobre como as pessoas na verdade agem em uma situação específica de ação. Naturalmente, aqueles com uma preferência pelo método qualitativo não diferem significativamente de Parsons, que nunca realmente se comprometeu tanto com questões metodológicas, mas que se diferencia daqueles sociólogos (e há um número razoável deles dentro do campo neoutilitarista em particular) que tentam se apoiar em enunciados teóricos principalmente com métodos quantitativos.

Portanto, o rótulo "abordagens interpretativas" foi e ainda é aplicado nas escolas teóricas tanto do interacionismo simbólico quanto da etnometodologia. Eles têm certamente pontos em comum, mas deve ser enfatizado que nós estamos lidando aqui com duas abordagens claramente distintas, cujas raízes se encontram em vertentes opostas da filosofia moderna. Enquanto a etnometodologia, com a qual devemos lidar no próximo capítulo, está na tradição da fenomenologia husserliana, nós olhamos agora para o interacionismo simbólico, que deriva do pensamento pragmático americano. Esta corrente filosófica, que devemos descrever com mais detalhes em breve, foi intimamente associada primeiro com a sociologia americana. O trabalho de autores como George Herbert Mead, William Isaac Thomas, Charles Horton Cooley e Robert Park foi uma continuação direta do pensamento desta tradição; de fato, estes pensadores ajudaram a criar e elaborar esta tradição. Na medida em que o interacionismo simbólico se apoiou fortemente no pensamento pragmático, ele não era uma *nova* teoria em tudo. Antes, ele foi uma *continuação* da sociologia da "Escola de Chicago", uma vertente de pesquisa ensinada e praticada com muito sucesso sob a direção de William I. Thomas e Robert Park entre 1910 e 1930 na Universidade de Chicago. Esta escola de pesquisa, que dominou a sociologia americana na época, foi mais tarde marginalizada pela hegemonia da escola de Parsons, cujo *status* estava se tornando aparente nos anos de 1940 e foi um fato estabelecido nos anos de 1950.

Como nós aprendemos na terceira lição, quando Parsons reconstruiu a história da sociologia em *A estrutura da ação social*, ele (conscientemente?) negligenciou sujeitar os representantes desta escola a uma avaliação séria. Mas quando o interacionismo simbólico, como uma abordagem explicitamente em competição com o funcionalismo, ganhou destaque dentro da disciplina da Sociologia em 1950 e especialmente em 1960, eram sociólogos que estudaram diretamente sob influência dos representantes da original sociologia da "Escola de Chicago" que formaram a linha de frente de crítica do trabalho de Parsons. Teremos mais a dizer sobre isso mais tarde. Primeiro é essencial explicar exatamente o que o pragmatismo americano e a adjacente sociologia da "Escola de Chicago" são na sua totalidade. Quatro pontos, parece-nos, são particularmente importantes de mencionar.

1 O que é bastante interessante sobre a tradição filosófica do pragmatismo americano é que ela se vê como uma filosofia da ação. Neste sentido, pontos significativos de contato podem ter sido explorados por Parsons, com suas primeiras ambições de formular uma teoria da ação. O fato é, contudo – e isto é também certamente porque Parsons negligencia esta tradição na *Estrutura* –, que os pragmáticos desenvolveram seu modelo de ação sobre uma base completamente diferente. Enquanto Parsons tinha como referência o problema da ordem social e tentava "resolvê-lo", em grande parte, pelos aspectos normativos da ação, no pragmatismo americano, cujos principais representantes foram o lógico Charles Sanders Peirce, o filósofo John Dewey (1859-1952), o psicólogo e filósofo William James (1842-1910) e o psicólogo social e sociólogo George Herbert Mead, que nós mencionamos no primeiro capítulo, o problema central é formulado de um modo bastante diferente. Para os pragmáticos, foi a conexão entre a ação e a consciência, em vez de ser entre a ação e a ordem, que ficou no lugar central; entre outras coisas, isso levou a novos *insights* filosóficos (no que se segue, cf. JOAS. "Pragmatism in American Sociology"). O que foi revolucionário no pragmatismo americano foi que ele rompeu com a premissa básica da filosofia ocidental moderna na abordagem deste tema. Desde o tempo do filósofo francês René Descartes (também conhecido como Cartesius, 1596-1650), esta filosofia tinha feito o indivíduo e sua cognição o ponto de partida para a filosofia e para a análise científica de qualquer tipo. O argumento de Descartes era que se poderia duvidar de tudo em princípio, mas não da própria existência, porque o próprio ato de duvidar remete a uma consciência que duvida, a um ego. Isto é, mesmo se eu estiver determinado a duvidar de tudo, eu não posso contestar que isto sou *eu* que estou pensando, que isso sou eu existindo: *Cogito, ergo sum*, como Descartes notoriamente colocou. Porque a própria autoconsciência é a única coisa que é certa, e ela deve – concluiu Descartes – ser tornada o ponto de partida da filosofia. Para colocar de outra maneira: a filosofia requer uma base sólida, e a autoconsciência, o ego, a certeza de que seu próprio ego existe, providencia isto. Com base nisto, neste fundamento absolutamente seguro, a filosofia, assim como a ciência, deve começar seu trabalho; ambos devem ser construídos sobre este fundamento.

A radical "dúvida cartesiana", como é conhecida na literatura filosófica, e sua tentativa de fornecer um fundamento para a filosofia e para a ciência tem um enorme impacto na cultura euro-americana como um todo; como acima esclarecido, esta é a forma de grande parte da filosofia moderna, pelo menos para aqueles que, como Descartes, fazem da consciência individual o ponto central da filosofia, e que estão, portanto, se engajando na "filosofia da consciência". Mas esta filosofia da consciência também enfrentou dificuldades teóricas substanciais centradas em torno da questão de saber se o movimento teórico realizado de forma exemplar por Descartes – recaindo sobre a consciência individual e o fato incontestável de sua existência – também implicaria problemas.

A dúvida cartesiana levou a uma situação na qual o ego foi a única coisa que poderia ser considerada como certa, e não se podia tomar como certo que o resto do mundo, incluindo objetos e seres humanos, existisse. Mas como este ego abstrato, imaginado de forma isolada, se reconecta com o mundo, os objetos, os outros sujeitos? Este foi um sério problema, um problema causado pelo dualismo radical entre o ego (a alma, o espírito, a consciência – ou qualquer termo semelhante que se queira mencionar) por um lado e o objetivo, do mundo animado ou inanimado, por outro, um dualismo entre a substância imaterial do espírito e a ação visível do mundo material. Desde o início, a filosofia da consciência procurou repetidamente, mas sempre em vão, superar este insatisfatório dualismo teórico tão carregado de problemas.

A razão pela qual o cartesianismo era incapaz de resolver isso, de acordo com a tese revolucionária do pragmatismo americano, formulada no final do século XIX, era que a própria dúvida cartesiana envolveu um movimento cognitivo altamente artificial, o que levou a filosofia a um caminho errado, ao dualismo mencionado acima. O argumento do pragmatismo era o de que a dúvida de Descartes era inteiramente abstrata, concebida apenas no contexto de seus estudos filosóficos; mas não tem e nunca poderia ter essa forma na vida cotidiana, incluindo o mundo cotidiano da filosofia e das ciências. É impossível duvidar *deliberadamente*. Qualquer um que tenta fazer isso sabe muito bem, em um determinado nível de sua consciência, que algo acontece. Além disso, é impossível duvidar *de tudo ao mesmo tempo*, pois isso levaria a uma completa paralisia e uma inabilidade da ação. Se eu desejasse seriamente duvidar que a universidade é uma instituição com o objetivo de pesquisar e ensinar em vez de, por exemplo, ser um entretenimento ou um passatempo, que cursar Sociologia é uma coisa significativa para se fazer, que há coisas tais como aulas, em primeiro lugar, que os alunos da sala de aula de fato existem etc., eu seria sobrecarregado por sérios problemas; eu não seria mais capaz de tomar uma ação diante de todas as questões que simultaneamente me atacam; assim, os pragmáticos não estavam pedindo uma atitude acrítica acerca dos conhecimentos transmitidos, mas para a adoção de uma postura dentro da filosofia que corresponde a uma "dúvida real e viva" (PEIRCE. "The Fixation of Belief", p. 232; sobre a dúvida cartesiana como um todo cf. seu ensaio "Some Consequences of Four Incapacities"), uma dúvida que realmente surge *nas situações concretas*, de fato *em situações de ação*. Se alguém argumentar desta forma, lançando dúvidas sobre a própria dúvida cartesiana, a hipótese de uma única consciência isolada como o ponto fixo de pensamento torna-se supérflua. Já não há necessidade de assumir um ego puramente abstrato, produzindo nada além de pensamento racional e separado do resto do mundo. Em vez disso, pode-se pensar no ego como um ego *sensorial*, um ego *dentro* do mundo e do meio social. Entre outras coisas, é então possível ver o processo cognitivo como uma cooperativa, aquela em que vários indivíduos podem estar envolvidos. Apesar de tudo, isto dá origem a problemas filosóficos completamente diferentes, mas também a novas e diferentes soluções daquelas propostas pelos "sucessores" de Descartes.

Os pragmáticos falaram da dúvida nas *situações de ação concreta* e negaram a legitimidade e a relevância da dúvida cartesiana, mas eles não pararam por aqui. Eles agora têm a oportunidade de superar o dualismo que tem afligido quase toda teoria da ação enraizada nas premissas cartesianas – o dualismo entre a substância imaterial do espírito, no entanto concebida, por um lado, e a ação visível, por outro. Os pragmáticos argumentaram que sem a ação seria impossível conceber a mente, a consciência, o pensamento etc., em primeiro lugar. Ou colocando de outra forma: pensamentos surgem na problemática situação-ação. Pensamento e ação estão intimamente relacionados. Isto prejudica ou dissolve o dualismo cartesiano, sem meramente combater a postura idealista da filosofia da consciência (baseada no princípio da ação que de alguma forma surge da mente) com uma postura radicalmente materialista (p. ex., segundo o argumento de que a consciência pode derivar somente de processos biológicos e psicológicos). Para os pragmáticos, a mente, o pensamento e a consciência não são substâncias materiais nem imateriais no todo. Em vez disso, a consciência, o pensamento e a mente são compreendidos *em termos do seu significado funcional no que diz respeito à ação*: na visão dos pragmáticos, o trabalho da consciência é feito sempre que nos encontramos diante de um problema em uma determinada situação. Este é precisamente o ponto no qual o pensamento ocorre. São as situações que se constituem enquanto problemas que estimulam o ator, fazendo necessariamente com que ele esteja consciente dos novos aspectos e objetivos da realidade. É isso que a consciência tenta ordenar e entender. Em resumo, o indivíduo começa a pensar. Somente quando o fluxo quase natural da ação cotidiana é interrompido por um problema, que os componentes da situação anteriormente tidos como certos, são reanalisados. Se a solução é encontrada, ela pode ser armazenada pelo ator, que a recuperará em uma situação similar no futuro.

Isso é o que podemos ressaltar no que diz respeito às consequências *filosóficas* do pensamento pragmático. A relevância *sociológica* provavelmente não está ainda aparente, excetuando talvez o fato de que esta tradição teórica concebe o ator como um ser *ativo*, buscando e resolvendo problemas, em vez de um ser passivo que estimula a ação somente se determinados estímulos aparecem. Assim, estímulos, como tais, não existem, mas são definidos dentro de uma situação-ação particular. Foi somente com os escritos de John Dewey e sobretudo

George Herbert Mead que a relevância do pensamento pragmático para as disciplinas de *Sociologia* e *Psicologia Social* tornou-se completamente clara.

2 O aspecto crucial sobre o pensamento de Mead é que, ao invés de focar sua análise nas situações de ação *vis-à-vis* o meio material, ele enfatiza situações de ação interpessoal (para o que segue, cf. JOAS. *G.H. Mead: A Contemporary Re-Examination of his Thought*). Particularmente na vida cotidiana há muitas situações nas quais eu mesmo afeto outros indivíduos, nas quais minha ação desencadeia algo no outro. Eu mesmo sou, por assim dizer, uma fonte de estímulos para os outros. No caso de surgir problemas de comunicação como este, os eventos interpessoais ganham lugar, eu percebo *como* afeto os outros na medida em que, por sua vez, estes outros reagem a mim. Nós poderíamos dizer que meu ego é refletido de volta para mim na reação do outro ou outros. Com esta ideia, Mead lançou as bases fundamentais para a teoria do processo de formação de identidade, que se tornou o núcleo de uma teoria da socialização. Com as ferramentas conceituais do pragmatismo, ele lançou luz na gênese da "autoconsciência" nas situações de interação. Nossa atenção aqui não pode ser focada no ator individual sozinho, mas no ator *entre outros atores*. Mead, assim, quebra fundamentalmente com a noção de que a Psicologia Social ou a Sociologia podem ser baseadas no sujeito individual. Em vez disso, ele sublinha que as ciências sociais e humanas devem abraçar decididamente uma perspectiva *intersubjetiva*. Mas, a fim de ser capaz de fazer isso, a fim de compreender a intersubjetividade, foi necessário constituir uma teoria antropológica da *comunicação*, para a qual Mead também lançou as bases.

3 Para Mead, os seres humanos são os únicos que usam símbolos. Símbolos são objetos, gestos ou linguagem os quais as pessoas usam para indicar algo para os outros, para representar algo. Crucialmente, o significado desses símbolos surge na interação. Os símbolos são assim definidos socialmente e, portanto, diferem muito de uma cultura para outra. Os animais usam gestos também, mas estes não são símbolos. Quando os cachorros mostram seus dentes, por exemplo, sua agressividade é certamente aparente. Porém, isto dificilmente afirma que o cachorro decidiu expressar sua raiva dessa forma especial. Estes gestos são instintivos e portanto, para além de algumas modificações formadas durante os estágios iniciais de desenvolvimento, são sempre os mesmos. Os gestos humanos utilizados como símbolos funcionam de forma bastante diferente. Estender o dedo médio da mão direita é um gesto comum agressivo e obsceno na Europa Central, mas o seu significado não é imediatamente entendido fora dessa área cultural, porque este significado é atribuído a um gesto físico diferente. Os seres humanos também podem pensar sobre os símbolos, conscientemente tentar implantar ou evitá-los, modificando-os, usando-os ironicamente etc., tudo isso

é impossível no reino animal. Essa foi uma das grandes conquistas que Mead conseguiu provocar, com a faculdade da fala sendo o fulcro de sua reflexão. Para Mead, a linguagem também só pode ser compreendida em função do gesto vocal, dos sons e dos próprios gestos.

4 Construindo esta teoria da comunicação, apenas sugerida aqui, e as ideias subjacentes sobre o potencial que surge da autoconsciência, Mead também desenvolveu uma psicologia altamente inovadora e extremamente influente centrada na questão de como as crianças aprendem a colocar nelas os sapatos dos outros, e como elas desenvolvem ao longo do tempo uma independência através desse mesmo processo. Mead explica que o eu se desenvolve em várias etapas. A princípio, o bebê ou a criança não entendem realmente as consequências das suas ações. Inicialmente, a criança não pode distinguir entre ela mesma e o mundo dos objetos. Partes do seu próprio corpo – tal como o dedo do pé na outra extremidade do cobertor – podem ser considerados objetos estranhos no ambiente. Mesmo quando se referem a si mesmas, as crianças falam como se fosse um objeto exterior, suas histórias implantam muitas vezes seu nome, em vez do "Eu". Joãozinho pode dizer "João não gosta disso" ao invés de "Eu não gosto disso". Isto não é porque ele desconhece a relatividade simples da palavra "Eu", mas porque ele ainda vê a si mesmo inteiramente pela perspectiva dos outros. Ele ainda tem que reivindicar sua própria perspectiva. Joãozinho entende que é *ele próprio* quem desencadeia a reação dos outros a ele, e neste sentido ele percebe como a mãe, o pai ou a irmã veem a *ele*. Ele portanto ganha uma imagem de si mesmo, mas dividida em percepções externas discretas ("eu-s"). Quando conseguimos sintetizar estas várias percepções externas dentro de uma autoimagem coerente, nós nos tornamos objetos sociais aos nossos próprios olhos. Nós começamos a olhar para nós mesmos e desenvolver um eu ou uma "(ego) identidade". Joãozinho agora vê a si mesmo em seu nome. Através da realização de diversas ações, ele aprendeu não só a se identificar com suas pessoas de referência imediata, mas também reconhecer sua própria função com respeito a eles. Através do "jogo" (como em "múmias e papais" ou "médicos e enfermeiras"), ele aprende a colocar a si mesmo no lugar dos outros; ele aprendeu com a reação dos outros o que suas ações desencadearam neles. Ele é capaz de adotar a perspectiva do seu pai, da sua mãe, dos seus amigos íntimos, e brincar em suas funções. Em uma fase posterior – com a ajuda, por exemplo, de jogos como o futebol, em que se deve aderir a regras abstratas – ele logo é capaz de entender não somente as regras dos indivíduos em seu ambiente imediato e suas expectativas, mas também as expectativas mais gerais de uma comunidade maior (o time) ou até mesmo da sociedade ("o outro generalizado"). Uma identidade claramente reconhecível toma, assim, forma, porque, como se lida com todos os tipos diferentes de pessoas, o seu próprio ego é refletido de volta através das reações deles. Ao mesmo tempo, o indivíduo é capaz de adotar a perspectiva de

um grande número de pessoas, como a da própria mãe, bem como a do lateral-direito relativamente desconhecido, do policial ou do vendedor.

Neste ponto do seu desenvolvimento, o ator é capaz de ver a si mesmo; ele pode conscientemente objetivar a si mesmo, porque é capaz de adotar a função ou a perspectiva do outro ("assumir papéis"). Mas isso também significa que para Mead e para todos os outros autores que defendem sua visão, o eu não é uma entidade realmente sólida e imutável, mas é constantemente definida e, conforme o caso, redefinida através do resultado da interação com os outros. O eu é, portanto, mais um processo do que uma estrutura estável, um constante ato de estruturação com nenhuma substância oculta.

Tais são as ideias centrais do pragmatismo americano, que passaram a exercer forte influência nos estudos mais estritamente *sociológicos* da "Escola de Chicago", ainda que a conexão entre os elementos oriundos da Filosofia e Psicologia Social presentes nessa teoria e as pesquisas empíricas realizadas naquela época não sejam plenamente evidentes.

Ambos, o pragmatismo e a Escola de Chicago, sofreram um declínio de popularidade nos anos de 1940 e de 1950, sua antiga grande influência foi diminuindo acentuadamente. Foi um dos estudantes de Georges Herbert Mead quem, mais do que ninguém, combateu essa tendência, finalmente conseguindo reunir em torno dele uma série de companheiros de luta. Nós estamos nos referindo a Herbert Blumer (1900-1987), que tinha sido um membro do Departamento de Sociologia da Universidade de Chicago entre 1927 e 1952, antes de se mudar para Berkeley na Califórnia. Conscientemente partindo do legado meadiano, Blumer tinha se estabelecido no Departamento de Chicago, tornando-se uma espécie de modelo intelectual para aqueles comprometidos com esse legado. Ao mesmo tempo, em nível *nacional*, ele surgiu como força motriz por trás dos esforços para organizar os sociólogos que desejavam fazer parte da tradição pragmática. Ele teve tanto sucesso nisto que serviu como editor da *American Journal of Sociology*, a mais influente revista sociológica americana, entre 1941 e 1952, e foi eleito presidente da Associação Americana de Sociologia em 1956.

Foi Blumer quem criou o termo "interacionismo simbólico" em um artigo de psicologia social em 1938. A composição deste conceito requer uma explicação. "Interação" refere-se à *reciprocidade da ação*, o meio no qual as ações realizadas pelos vários indivíduos estão mutuamente entrelaçadas; "interação" foi na verdade a tradução original do termo de Simmel, *Wechselwirkung*. Ele refere-se à visão, encontrada sobretudo no trabalho de Mead, de que a tarefa da sociologia não é ver o ser humano de forma isolada, mas como um ser que sempre atua em contextos *inter*subjetivos, que está envolvido em um arsenal de ações realizadas por dois ou mais indivíduos. Isto é a "interação". O componente adjetivo do termo "simbólico" não deve ser mal-interpretado. Isto não significa, certamente, que as interações são puramente simbólicas ou transmitidas por personagens;

que elas não são, por assim dizer, "reais"; nem significa que o interacionismo simbólico se preocupa somente com ações de uma alta carga simbólica, como podemos conhecê-los a partir de rituais religiosos. Em vez disso, o termo sugere que esta teoria entende a ação como uma interação "mediada simbolicamente" (esta é a expressão mais adequada introduzida por Jürgen Habermas), como a ação dependente de sistemas simbólicos, como a linguagem ou os gestos. E esse caráter mediado simbolicamente da ação humana recebe uma ênfase especial porque nos permite extrair conclusões indisponíveis em outras escolas teóricas.

O termo "interacionismo simbólico", no entanto, consolidou-se muito lentamente. Ele ganhou pouco valor ao longo das duas décadas seguintes, e foi somente em 1960 e 1970 que uma série de volumes e antologias que caracterizaram este título em seus rótulos foram publicadas, ajudando a garantir que o movimento teórico que remonta a Mead tivesse, de fato, um nome duradouro. Pode-se certamente questionar quão uniforme essa tendência realmente era (BLUMER. "Introduction: The Foundations of Interactionist Sociologies", p. xii), mas como as escolas ou tradições muitas vezes dependem de construções retrospectivas, isto não nos interessa aqui. Nós poderemos agora olhar como Blumer assumiu o legado de Mead, que tipo de sociologia ele propagou e quais os tópicos ele e seus companheiros conseguiram implantar no debate sociológico.

Em uma famosa coletânea de ensaios de 1969 (*Symbolic Interactionism: Perspective and Method*), Blumer definiu o "interacionismo simbólico" com referência a três premissas simples:

> A primeira premissa é que os seres humanos agem conforme as bases dos significados que as coisas têm para eles [...]. A segunda premissa é que o significado de tais coisas é derivado, ou surge, da interação social que um indivíduo tem com os outros. A terceira premissa é de que esses significados são tratados, ou modificados, por um processo usado pela pessoa que lida com as coisas que ela encontra (BLUMER. "The Methodological Position of Symbolic Interactionism", p. 2).

Essas três premissas, as quais podem ser descritas pela psicologia social e ainda por pressupostos antropológicos sobre a natureza da capacidade humana de atuar e a natureza humana da comunicação, são realmente muito simples. E provavelmente você deve estar se perguntando se é possível construir uma teoria com bases tão simples, talvez até mesmo de declarações triviais, capaz, por exemplo, de uma séria concorrência com a base complexa da teoria parsoniana. Não permita a si mesmo ser enganado. O que Blumer está identificando aqui não é mais do que premissas e pressupostos, não teorias completas. Se você estava procurando por essas premissas na construção teórica de Parsons, ou outras teorias muito complicadas, certamente se deparará com declarações da mesma simplicidade, embora não sejam, talvez, as mesmas. Parsons já deve ter aceitado essas três premissas sem protestar. Nós não podemos excluir essa possibilidade. No caso de um debate realizado indiretamente entre ele e Blumer em um ensaio de Jonathan H. Turner reveladoramente intitulado "Parsons as a Symbolic Interactionist" (cf. tb. as respostas de Blumer e Parsons de 1974 e 1975), Parsons ficou irritado com os ataques interacionistas ao afirmar que ele certamente sempre tinha integrado o pensamento interacionista e que essas premissas estão na sua teoria. "Onde" – como podemos parafrasear aqui a linha de pensamento de Parsons – "estão as diferenças teóricas? Quais as bases dos ataques interacionistas? Eu estou, afinal, bem consciente de que as pessoas conferem significados e têm a capacidade da linguagem". A resposta de Blumer pode ser resumida da seguinte forma: "Pode muito bem ser que você, Professor Parsons, concorde que estas premissas estão em um nível superficial. Mas na realidade você não as levou suficientemente a sério. Se você realmente tivesse aceito e aderido conscientemente a essas premissas, nunca teria sido capaz de produzir o tipo de teoria que de fato produziu!"

As três premissas blumerianas, que aparecem de forma tão simples, dão origem a um grande número de profundas consequências teóricas, que produzem um tipo de teoria completamente diferente do que aquela com a qual você está familiarizado das nossas leituras em Parsons, bem como a neoutilitarista.

Vamos começar com a primeira premissa, a proposição que as pessoas agem *vis-à-vis* com o objeto nas bases do significado que esse possui por eles. Isto implica, em primeiro lugar, a simples observação de que o comportamento humano não é determinado pela influência das forças ou fatores quase objetivamente existentes. Estas forças e fatores aparentemente objetivos são na realidade sempre já interpretados pelos atores; o significado é atribuído a eles pelos atores. Uma árvore não é simplesmente uma árvore no sentido de um objeto material, e nada mais. Em vez disso, para o ator, a árvore é situada dentro de um contexto específico de ação. Para os biólogos, por exemplo, ela deve ser um objeto empírico de pesquisa que pode e deve ser analisado de uma forma emocionalmente neutra; para outra pessoa, no entanto, ela tem um significado sentimental, talvez porque a árvore – o admirável carvalho na borda da floresta – lembra o seu primeiro encontro. Assim, os objetos não são determinados ou desencadeados pela ação humana. Muito pelo contrário: eles obtêm seus significados dos seres humanos porque eles são situados dentro de um contexto específico de ação. E isto, é claro, não se aplica só aos objetos materiais, mas também às regras sociais, às normas e valores. Isso não determina o comportamento humano, pois as pessoas têm que primeiro interpretá-los. Em outras palavras, uma norma pode ter impacto sobre o ator de forma bastante diferente de uma situação para outra, porque a forma como o ator interpreta esta norma torna-se clara apenas nas suas situações concretas. Mas isso deve levar-nos a concluir que qualquer concepção segundo a qual as sociedades apresentam normas que atuam como determinantes fixos de ação perde o fato crucial de que os atores conferem sentido e têm margem de manobra para fazer as suas interpretações. Abordamos este ponto específico no terceiro capítulo quando situamos as críticas ao quadro referencial da ação de Parsons. A crítica ao trabalho de Parsons apresentou um viés objetivista, centrado em sua falha em considerar seriamente como os atores atribuem significado e desempenham suas ações de forma geral.

Agora, a segunda e a terceira premissas, que nos dizem que "o significado dos objetos sociais surge através da interação" e que "significados estão constantemente reproduzidos e alterados em um processo interpretativo" não são realmente surpreendentes ou espetaculares. No caso da segunda premissa, Blumer apenas deseja transmitir a ideia de que os significados que os objetos têm para nós não são encontrados nos próprios objetos, como se o significado deles pudesse de alguma forma derivar da realidade física, ou que o objeto físico, como a árvore tivesse a ideia ou o significado de "árvore" – como se, isto é, a árvore encarnasse essa ideia. Mas ainda, de acordo com Blumer, são significados constituídos puramente na psicologia interna, mais ou menos de forma individual. Em vez disso, os significados se desenvolvem das interações entre as pessoas, parcialmente por causa do fato de que nós somos socializados dentro de uma cultura particular. Como você deve saber, os alemães dizem ter uma relação especial com os bosques e árvores – talvez como resultado do Movimento Romântico. Os alemães são, portanto, particularmente propensos a associar as árvores com experiências românticas, que podem aparecer de forma pouco compreendida em outra cultura. Em resumo, o processo pelo qual os atores dão significado à medida que agem está longe de ser puramente psicológico e realizado de forma isolada. De fato, os *contextos intersubjetivos* desempenham um papel importante aqui. No entanto, ao mesmo tempo – e esse é o real significado da terceira premissa –, Blumer também nos diz que os significados existentes podem estar sujeitos a repetidas mudanças. Consideremos, por exemplo, o computador, o qual você é capaz de operar habitualmente – até que de repente você se vê diante de um problema. Até aquele momento, o computador deve ser sido não mais do que um novo tipo de máquina de escrever, cujo bom funcionamento você pode tomar como certo. Mas esta "máquina de escrever" não está funcionando, e de repente você é obrigado a *lidar com* isso, ler manuais etc. Você entra em um processo de comunicação consigo mesmo, perguntando-se quais falhas podem estar envolvidas, o que deve fazer em seguida, qual senha deve usar, qual cabo deve inserir em qual tomada. E como você vai fazer disso uma tarefa potencialmente longa e estressante, esse objeto assume um novo significado, porque você aprende como ele funciona; você começa a vê-lo "com outros olhos".

Todas essas premissas parecem perfeitamente inofensivas – e Blumer de fato considera-as como autoevidentes. No entanto, ele tira conclusões sobre a sua base que permanecem inacessíveis ao funcionalismo parsoniano e ao neoutilitarismo.

Primeiro, as bases sobre as quais a teoria do interacionismo simbólico é construída é fundamentalmente diferente. Seu ponto de partida é sempre a *in-*

teração – e não, como em *A estrutura da ação social* de Parsons ou no neoutilitarismo, a ação ou o ator individual. Como Blumer diz, a interação social é "um processo que *forma* a conduta humana em vez de ser apenas um meio ou uma definição para a expressão ou a liberação da conduta humana" (BLUMER. "Methodological Position", p. 8; ênfase original). As ações dos outros são assim sempre já um componente da ação individual e não apenas o meio no qual ela ocorre. Blumer portanto se refere frequentemente à "ação conjunta" em vez de "ação social" (BLUMER. *Symbolic Interactionism*, p. 70), para evidenciar como as ações dos outros são sempre inseparavelmente já enredadas com a minha própria ação:

> uma ação conjunta não pode ser resolvida em um mesmo tipo único de comportamento por parte dos participantes. Cada participante ocupa necessariamente uma posição diferente, atua conforme aquela posição, e se envolve em uma ação separada e distintiva. É o encaixe desses atos, e não os seus aspectos comuns, que constitui uma ação conjunta.

Simultaneamente a isso, Blumer e os interacionistas simbólicos têm uma noção muito diferente da formação do eu se comparado ao que acontece em outras tradições teóricas – com consequências para a teoria da ação. Partindo diretamente das ideias de Mead sobre as origens da autoconsciência (cf. acima), os interacionistas enfatizam que o ser humano também é o objeto de sua *própria* ação: eu posso me relacionar comigo mesmo porque sempre estou envolvido em interações e minhas ações são refletidas de volta para mim através das reações correspondentes dos outros seres humanos. Eu posso assim pensar ou refletir sobre mim mesmo. Eu posso sentir-me irritado comigo porque me comportei estupidamente em uma dada situação. Eu posso afundar-me em autopiedade porque meu parceiro me deixou. Eu posso caminhar, com meu peito inchado de orgulho, tendo apenas realizado mais um ato heroico etc. Sociabilidade aqui significa, portanto, algo completamente diferente da teoria da ação parsoniana. Certamente, Parsons também trabalhou com o pressuposto de que os seres humanos são seres sociais. Se este não fosse o caso, seria impossível para as normas e valores, as quais Parsons nos dizem serem institucionalizados nas sociedades e internalizadas nos indivíduos, funcionarem como funcionam. Mas para Parsons este processo de internalização é um tanto quanto unilinear, que procede da sociedade para o indivíduo.

O ponto de partida dos interacionistas é concebido de forma bastante diferente. Para eles, a comunicação do eu consigo próprio é essencial – não há dúvida de que a internalização é um processo suave e contínuo. Em vez disso, como nós já tínhamos sugerido, para eles o eu é mais um processo do que uma estrutura fixa. Mas isso também significa que, como nós buscamos compreender esse eu processual e suas ações, não podemos simplesmente deixar de usar os conceitos que são comuns na sociologia ou na psicologia social. O mundo interior não pode ser capturado se for reduzido a elementos fixos da organização, como as atitudes, os motivos, os sentimentos e as ideias; ao invés disso, ele deve ser visto como um processo em que tais elementos são trazidos para dentro do jogo e estão sujeitos ao que acontece dentro desse jogo. O mundo interior deve ser visto como um processo interior e não como uma composição física interior fixa (BLUMER. "George Herbert Mead", p. 149).

Para a teoria da ação isto significa que é inapropriado assumir a existência de determinadas metas, desejos, intenções e cálculos de utilidade (como no caso do neoutilitarismo), e de normas e valores fixos e imutáveis (como a teoria parsoniana imagina), que são então convertidos em ação. Neste sentido, Blumer também considerava o conceito de papéis, como utilizado na teoria parsoniana (cf. Lição IV), altamente problemática, sugerindo que – a despeito da natureza processual do eu – existem expectativas de papéis fixos cumpridas diretamente pelo indivíduo na vida cotidiana. Esta perspectiva transforma o eu em nada mais do que um meio que meramente executa expectativas sociais para produzir ações; nega-se a ele qualquer componente ativo (BLUMER. *Symbolic Interactionism*, p. 73).

Isso conduz diretamente à próxima qualificação que deve ser feita para as ideias teóricas da ação típicas da sociologia. E isso nos traz mais uma vez para um ponto a que já chamamos sua atenção em nossa avaliação crítica da referência da estrutura de ação de Parsons (cf. Lição III). Certamente, quando Blumer e os interacionistas simbólicos sublinham o caráter processual do eu e o não determinismo natural da ação humana, parte do que eles desejam é transmitir a ideia de que os seres humanos não são seres passivos que meramente respondem aos estímulos. Em vez disso, o organismo humano (e animal) é descrito como aquele que age de forma ativa, que apresenta, por assim dizer, um comportamento de busca, cujos objetivos podem, portanto, alterar-se muito rapidamente à medida que novos impasses surgem, exigindo a atenção do ator para os novos fatores. Seus objetivos e intenções podem mudar muito rapidamente, porque os objetos produzem constantemente novos significados no processo incessante de interpretação tão típico dos seres humanos.

Isso coloca a ideia encontrada no trabalho de Parsons – de que meios e fins fixos são um componente vital do sistema referencial da ação – dentro de uma perspectiva bastante diferente. A ação humana, de acordo com Blumer, é embutida na relação meios-fins. Isso é evidente não apenas em certas formas distintas de ação como o ritual, o jogo, a dança etc.; isto é, atos expressivos que discutimos em nossas observações sobre Herder e a antropologia expressivista alemã na Lição III. Em geral, os atores muitas vezes não têm quaisquer metas ou intenções verdadeiramente claras de como eles vão agir sobre suas vidas cotidianas, assim como apenas raramente há normas claras, regulamentos etc., que têm somente que ser convertidos em feitos. O que nós temos que fazer, assim como o que nós desejamos fazer, muitas vezes é maldefinido. Em última instância, a ação é altamente indeterminada. A ação se desenrola apenas dentro de um processo complexo que é impossível determinar com antecedência. Em princípio, a ação é contingente ao invés de determinada.

Essa perspectiva sobre a ação humana difere marcadamente da visão típica de outras sociologias que, como muitos teóricos neoutilitaristas, assumem que o cálculo de utilidade e as preferências são, inequivocamente, predeterminadas e, portanto, que os meios da ação são também selecionados em bases racionais, ou aqueles que, como Parsons, assumem que as diretrizes normativas são claras. Os interacionistas, ao contrário, concebem a ação geralmente como bastante fluida e indeterminada. O sociólogo americano Anselm Strauss (1916-1996), ele mesmo um famoso interacionista, capturou esta ideia da seguinte forma:

> Mas o futuro é incerto; é, em certa medida, julgado, rotulado e conhecido depois que acontece. Isso significa que a ação humana necessariamente deve ser bastante experimental e exploratória. A não ser que o caminho da ação tenha sido bem discutido, seu ponto-final é, em grande parte, indeterminado. Fins e meios devem ser reformulados em trânsito porque resultados inesperados ocorrem. Concomitantemente, até mesmo a principal forma de vida ou destino está sujeita à revisão em processo (STRAUSS. *Mirrors and Masks*, p. 36).

A ação é um processo de interpretação, um processo interativo envolvendo a comunicação direta com os outros e consigo mesmo. É por isso que a noção de objetivos dados e imutáveis é enganosa (teremos mais a dizer sobre este assunto no capítulo sobre neopragmatismo).

Isso nos leva diretamente a outro ponto. Porque a ação individual nunca procede de forma unilinear e porque o eu deve ser entendido como ativo e processual, a noção de relações sociais *fixas* entre pessoas e, claro, as redes de ação *fixas* e *estáveis* maiores, como as instituições ou organizações, é também altamente problemática para os interacionistas. As relações entre as pessoas são de raramente pré-dadas ou definidas antecipadamente. Quando nós encontramos outra pessoa, há uma discussão sobre a definição da situação, que às vezes é realizada de forma aberta e outras vezes discretamente. Toda relação envolve um aspecto relacional que não está simplesmente presente, mas que deve ser *negociado*. Vocês mesmos terão tido essa experiência em inúmeras ocasiões, e ela, muitas vezes, é um processo difícil. Pense na sua relação com seus pais. Durante a sua infância, você certamente deve ter tentado de vez em quando falar ou negociar com eles como iguais, como se fosse ao "nível dos olhos". Não há dúvida de que algumas vezes você foi bem-sucedido nisto, e eles o aceitaram como um igual, racional, quase um indivíduo crescido. Mas sua mãe ou pai irão também agir como chefão às vezes, não reconhecendo você como um parceiro igual em certas discussões. Você tentou agir como um membro igual da família, mas foi rejeitado como tal. E tais situações ocorrem constantemente na vida cotidiana. Você permite que seus amigos próximos tenham muitas liberdades, mas nem todos estão autorizados a fazê-lo; você pode se recusar a tolerar as mesmas coisas de alguns de seus conhecidos. Em outras palavras, você iria rejeitar suas tentativas de propor uma certa definição da situação.

Podemos concluir, portanto, que as relações sociais estão sempre atreladas, de uma forma ou de outra, ao reconhecimento *mútuo* entre as partes sobre a interação e que, porque o resultado dessa definição compartilhada de uma dada situação não pode ser previsto ou uma das partes da interação pode deixar de produzir uma definição compartilhada, as relações sociais estão abertas em termos do seu desenvolvimento e forma. E, claro, o mesmo vale para as redes de relações mais complexas que consistem em um grande número de pessoas, como organizações ou sociedades. Os interacionistas, portanto, também concebem a "sociedade" como um processo de ação, em vez de um sistema ou uma estrutura, porque isso implica, problematicamente, que as relações sociais são fixas. O interacionismo simbólico

> vê a sociedade não como um sistema, quer sob a forma estática, em movimento, ou qualquer tipo de equilíbrio, mas como um vasto número de ações ocorrendo de forma conjunta, muitas intimamente ligadas, muitas não ligadas de modo algum, muitas prefiguradas e repetidas, outras devem ser esculpidas em novas direções, e tudo o que está sendo perseguido é para servir aos propósitos dos participantes e não aos requisitos de um sistema (BLUMER. *Symbolic Interactionism*, p. 75).

Os interacionistas simbólicos assim aspiram proceder *consistentemente* na linha da teoria da ação quando explicam e descrevem os fenômenos grupais. Você pode também encontrar expoentes do neoutilitarismo que tentam fazer isso. No entanto, o modelo de ação usado aqui é bastante diferente, pois concebe a ação como intersubjetivamente constituída.

Um cientista social, é claro, deve assumir que as ações são entrelaçadas – nós fazemos isso constantemente na vida cotidiana quando falamos sobre o casamento, os grupos, as organizações, a guerra etc., isto é, fenômenos em que, por definição, mais de um ator está envolvido. Mas é importante perceber que estes não são entidades extremamente estáveis, mas são, na verdade, compostos por ações realizadas por indivíduos e, portanto, fluidas. Até formas aparentemente estáveis de ação compartilhada – como encontradas nas organizações – são frequentemente mais variáveis do que se poderia supor. Mesmo medidas tomadas em contextos supostamente fixos dependem, em grande medida, dos processos de interpretação.

> Ao invés de ver as organizações em termos rígidos, estáticos, o interacionista vê as organizações como vivas, mudando de forma para que possam sobreviver à vida de seus respectivos membros e, como tal, abordar histórias que transcendem os indivíduos, as condições e as situações específicas. Ao invés de focar em atributos estruturais formais, o interacionista foca nas organizações como produções *negociadas* que

diferencialmente constrangem seus membros; elas são vistas como padrões de ajuste movendo-se entre partidos organizados. Apesar das organizações criarem estruturas formais, cada organização em suas atividades do dia a dia é produzida e criada pelos indivíduos; indivíduos que estão sujeitos e constrangidos pelos caprichos e incoerências da forma humana (DENZIN. "Notes on the Criminogenic Hypothesis: A Case Study of the American Liquor Industry", p. 905; ênfase original).

Os interacionistas são assim suspeitos por falar de "dinâmicas internas" das instituições e mesmo da noção de requisitos do sistema, argumento tão típico dos funcionalistas. Isso porque é sempre a ação, em si mesma um ato de interpretação, que produz, reproduz e muda as estruturas; não é a lógica de um sistema abstrato, de qualquer forma que seja concebido, que muda uma instituição ou que adapta-a de forma mais eficaz para o seu ambiente. (Para a crítica de Blumer a Parsons, cf. as observações feitas em COLOMY & BROWN. "Elaboration, Revision, Polemic, and Progress in the Second Chicago School", p. 23ss.)

Isso tem outra consequência imediata com respeito à conceptualização das sociedades. Blumer e os interacionistas são também céticos em relação ao elemento normativo do funcionalismo de Parsons. Porque as interações dos membros de uma sociedade são descritas como fluidas e dependentes de suas próprias ações de interpretação, a ideia de que as sociedades são mantidas juntas por um consenso sobre certos valores parece problemática. Discutir isso é ignorar o fato de que as sociedades emergem de interações, que pessoas diferentes estão em rede, ligadas ou isoladas de diferentes maneiras, e que as "sociedades" são, portanto, melhor descritas como redes compostas de mundos díspares de significado ou experiência – os "mundos" da arte, do crime, do esporte, da televisão etc. (cf. STRAUSS. *Mirrors and Masks*, p. 177. • BLUMER. *Symbolic Interactionism*, p. 76) – que são entidades totalmente integradas por valores fixos. Essa integração via valores pode ser finalmente investigada empiricamente, em vez de meramente postulada – como as premissas da teoria parsoniana.

Finalmente, as três premissas de Blumer, que parecem tão simples, conduzem a pelo menos uma outra conclusão de grande importância sociológica – relacionada ao problema de como conceituar a *mudança social*. Porque Blumer concede tanta importância ao elemento de interpretação ao descrever a ação e sublinhando o processo de definição mútua em situações, é evidente para ele que fatores imprevistos surgem de novo e de novo nesses processos de ação e definição. A ação – que é efetuada exaustiva e provisoriamente em contextos diários – é sempre cercada pela incerteza. Nós nunca sabemos precisamente onde nossa ação está nos levando, se estamos distraídos, ou se chegamos a novas metas etc. A ação, assim, envolve um elemento de *criação* e, portanto, de *contingência*. Mas se esse é o caso e se ao mesmo tempo a sociedade é considerada como muitas pessoas agindo juntas, isso significa que todo processo social, e de fato a história como um todo, procede de forma contingente: "Incerteza, contingência e transformação são partes integrantes do processo de ação conjunta. Assumir que as ações diversificadas conjuntas que compõem uma sociedade humana são definidas e estabelecidas por canais fixos é uma simples suposição gratuita" (BLUMER. *Symbolic Interactionism*, p. 72).

Blumer deixou isso bem claro, apesar do estudo do fenômeno da industrialização ter sido publicado postumamente (*Industrialization as an Agent of Social Change*). A industrialização, ou seja, o surgimento de indústrias modernas e infraestrutura urbana, abastecimento de eletricidade etc., de modo algum determina o caminho que a sociedade deve finalmente seguir. A ideia de que toda sociedade irá responder da mesma forma ao "impacto" da industrialização está completamente errada de acordo com Blumer. É errado porque existem pontos de contato muito diferentes e, além disso, *percebidos* de forma bastante diferente entre os grupos sociais e as "estruturas" econômico-tecnológicas. Dependendo do tipo de mercado de trabalho que é criado pela industrialização, qual o grau de solidariedade de grupo existente na sociedade pré-industrial, quais extensões rurais e áreas urbanas são incorporadas nas novas estruturas industriais, quanto a ação política intervém etc., a industrialização seguirá uma trajetória única em cada país – com consequências bastante diferentes. A visão que por muito tempo dominou a sociologia do desenvolvimento e a teoria da mudança funcionalista – que a sociedade ocidental mostrou aos países do Terceiro Mundo como seu futuro seria, porque, inevitavelmente, seguiriam exatamente o mesmo caminho e simplesmente porque tinham que alcançar o Ocidente – é para Blumer grosseiramente simplista e distorcida, por razões teóricas. A estrutura econômica não vem simplesmente de cima, objetivamente, por assim dizer, contra diferentes estruturas sociais; a interpretação novamente desempenha um papel decisivo aqui, porque cabe aos membros de uma sociedade interpretar o processo de transformação e agir de acordo (cf. tb. MAINES. *The Faultline of Consciousness: A View of Interactionism in Sociology*, p. 55ss.).

Tais são as consequências sociológicas profundas de três premissas de Blumer. Com base nisso, Blumer também formulou um programa *temático* destinado a ser claramente distinto de sua contrapartida parsoniana. Para Blumer está claro que o funcionalismo parsoniano, dominante por tanto tempo, ignorou vários temas ou não lidou com eles em profundidade suficiente. Blumer contrapõe-se à preferência inerente do funcionalismo pela descrição das condições estáveis do sistema com os estudos sociológicos de mudança social. Ele contrapõe-se ao foco típico do funcionalismo na ordem dos processos que infinitamente reconfirmam que os sistemas têm necessidade de estudar processos de desorganização social. Ele acha isso interessante, porque eles demonstram, continuamente, o potencial para a emergência de *novos* meios de ação e novas estruturas. Ele contrapõe-se à tendência funcionalista de ver ininterruptamente os processos de socialização (a internalização é a palavra-chave aqui) com o imperativo de ver tais processos como elementos de autocontrole e de controle social que coexistem, às vezes antagonicamente, em uma forma complexa (BLUMER. *Symbolic Interactionism*, p. 77).

Em seu auge, entre o final dos anos de 1950 e o começo dos anos de 1970, o interacionismo simbólico de fato se concentra em alguns, embora não em todos, destes tópicos. Um tipo de divisão do trabalho surgiu com o funcionalismo, em que o interacionismo simbólico focou principalmente em temas encontrados na psicologia social, na sociologia do desvio, da família, na medicina e no campo do comportamento coletivo, e que em grande parte e com muita boa vontade deixou os outros campos de investigação – particularmente a macrossociologia – para o funcionalismo. Com referência a essa fase histórica da sociologia, os observadores do cenário sociológico falaram sobre o interacionismo simbólico como uma "oposição leal" (MULLINS & MULLINS. "Symbolic Interactionism", p. 98), porque enquanto os interacionistas criticavam o funcionalismo, eles chegaram a um acordo com ele por meio de uma espécie de divisão do trabalho pontual. O interacionismo simbólico conseguiu tornar-se solidamente estabelecido, pelo menos nos campos que abordou seriamente. Ele conseguiu fundar genuínas tradições de pesquisa. Aqui, em muitos aspectos, o interacionismo simbólico levou adiante os estudos empíricos da Escola de Chicago.

1 Na *sociologia da família*, autores como Ralph Turner (*Family Interaction*) demonstraram em termos concretos que os membros da família não são, como pressuposto pelos utilitaristas, focados na utilidade e, portanto, indivíduos calculistas, mas também não se limitam, como Parsons assume, a realizar papéis definidos. Em vez disso, eles constantemente experimentam novas formas de interação, estão sempre engajados em novas formas de ação, estão envolvidos em um complicado processo de negociação etc. O que Turner (n. 1919) encontrou não foram estruturas fixas, mas processos fluidos de interação.

2 Outro campo de pesquisa em que o interacionismo simbólico também tem uma representação muito forte é a ainda jovem *sociologia das emoções*. Este campo, que existe somente desde a metade dos anos de 1970, é muito interessante na medida em que as emoções foram geralmente consideradas como biologicamente determinadas e, portanto, como algo associal. Os interacionistas conseguiram mostrar que as emoções são muito formadas por um meio social e – talvez ainda mais importante – que as pessoas *trabalham* essas emoções. As emoções são melhor compreendidas como um processo de autointeração. Sentimentos tais como a raiva, o medo ou o ódio são certamente muito reais e são fisicamente demonstrados em gestos e expressões faciais. Mas claro que isso não acontece de forma totalmente automática; nós temos certo grau de controle sobre eles. E porque nós o fazemos, também antecipamos como os outros reagirão às nossas emoções, o que por sua vez nos faz querer controlá-las de forma

mais eficaz ou expressá-las de forma diferente (cf. DENZIN. *On Understanding Emotion*, p. 49ss.). Se este for o caso, se nós trabalhamos os nossos sentimentos, então vale a pena investigar, por exemplo, onde dentro da sociedade e por quais grupos de pessoas uma determinada instância do trabalho emocional é realizada. Um inovador estudo nesse campo é o de Arlie Hochschild (*The Managed Heart*) sobre a mercantilização das emoções entre grupos ocupacionais específicos. Tomando como exemplo as aeromoças, Hochschild (n. 1940) mostra como elas são treinadas para controlar suas emoções, permitindo-lhes cumprimentar com um sorriso amigável o comportamento mais ultrajante dos passageiros e ver isso como "normal" – um tipo de trabalho emocional particularmente imperativo, já que infelizmente as aeromoças são incapazes de escapar dos lunáticos, do embriagado, do sexista etc. dentro dos estreitos limites do avião.

3 No campo da Psicologia Social, preocupado com a *formação e o desenvolvimento do eu*, Anselm Strauss é um dos principais autores, bem como um dos mais conhecidos. Seu *Mirrors and Masks*, ao qual nos referimos antes, é um pequeno livro ensaístico brilhante que elabora e desenvolve o pensamento de Mead e Blumer. Com uma grande sensibilidade, Strauss descreve o interminável processo humano de autoformação e autodescoberta, por que nós sempre interpretamos o passado de novas maneiras; o passado nunca está verdadeiramente acabado. Para Strauss, a socialização é um processo que ocorre ao longo da vida. Ele não termina durante a adolescência, com apenas mudanças marginais em sua identidade que ainda está por vir. Em vez disso, Strauss apresenta como novos e surpreendentes elementos constantemente invadem a vida das pessoas. Reiteradamente, isto obriga-os a reinterpretar eles mesmos e o seu passado. Strauss prestou uma atenção especial às fases nas vidas das pessoas em que tais atos de redefinição são particularmente notáveis; a vida, afinal de contas, é ela mesma uma série das chamadas "passagens de *status*" que todos devem dominar – a transição de uma criança "sem gênero" para um adolescente com desejos sexuais, de um adolescente interessado principalmente em ter diversão para um adulto com emprego remunerado, de um solteiro sexualmente promíscuo para marido fiel, de marido para pai, de mulher para mãe, e até mesmo da vida para a morte. Em outros textos, Strauss analisou esta última transição em colaboração com Barney G. Glaser em seu agora famoso livro intitulado *Awareness of Dying*, um estudo da interação entre uma equipe de enfermagem, pacientes terminais e seus parentes em um hospital. Isso traz à tona as diversas dissimulações apresentadas pelos envolvidos, bem como o doloroso processo de articulação e aceitação do fato da morte iminente. Aqui, a perda de opções para uma ação em si torna-se objeto de uma análise teórica da ação.

No campo vizinho de análises da apresentação do eu, um autor em particular se destacou. Enquanto seu livro era imensamente bem-sucedido, na melhor das hipóteses permanecia uma figura marginal dentro do interacionismo simbólico. Estamos nos referindo a Erving Goffman (1922-1982). Embora fosse um aluno de Everett Hughes, famoso interacionista da Universidade de Chicago, e ter assumido um posto na Universidade da Califórnia em Berkeley pelo convite de Herbert Blumer em 1958, em termos teóricos era como se ele fosse parte de uma banda de um músico só – sendo seu pensamento altamente independente e, talvez, excêntrico. Goffman foi um brilhante observador da vida cotidiana, como demonstrado em seu primeiro livro, *The Presentation of Self in Everyday Life*, no qual ele descreve em detalhes as técnicas de encenação e apresentação implantadas pelos indivíduos ao lidarem com outros seres humanos. Ele usou metáforas teatrais para sublinhar que as pessoas muitas vezes direcionam suas vidas cotidianas artisticamente, e executam-nas com muita sofisticação, como o ator em um palco. A literatura das ciências sociais muitas vezes tem se referido ao modelo de ação "dramatúrgico" com respeito ao trabalho de Goffman, porque tanto em relação ao livro acima mencionado quanto em estudos subsequentes, ao invés de descrever a ação, como os utilitaristas, guiados por preferências e pela máxima da utilidade, ou, como Parsons, voltado para as normas, ou ainda, como os pragmáticos e os interacionistas "normais", com explorações e buscas, Goffman descreveu que isso é uma questão de representação. Nosso objetivo é manter a nossa autoimagem, para *aparecer* como certo tipo de pessoa *vis-à-vis* aos outros; é por isso que gerenciamos a nós mesmos e tudo é frequentemente subordinado a este fim.

Nos estudos empíricos subsequentes, Goffman examinou a vida nas chamadas "instituições totais", como os hospitais psiquiátricos (*Asylums, Essays on the Social Situation of Mental Patients and Other Inmates*), e analisou as estratégias de ação das pessoas cuja identidade é danificada, por invalidez ou discriminação racial, por exemplo, e que têm que lidar e viver com essa deficiência (*Stigma: Notes on the Management of Spoiled Identity*). Foi somente em seus últimos livros (especialmente *Frame Analysis: An Essay on the Organization of Experience*) que Goffman começou a sistematizar suas observações empíricas e colocá-las dentro de um quadro teórico. Os livros de Goffman venderam e continuaram a vender muito bem não somente nos Estados Unidos, mas também na Alemanha. Entre outras coisas, isso está relacionado ao fato de que ele escreveu de forma muito simples, de uma maneira fácil de entender, sem muito jargão sociológico, bem como possibilitou a abertura de mundos interessantes e exóticos, como em seus estudos em psiquiatria, por exemplo. A maneira como ele apresenta suas ideias também sugere uma compreensão cínica de como nos comportamos na vida cotidiana, que muitos leitores, obviamente, acham atraente.

Existem interpretações concorrentes ao trabalho de Goffman com relação a este último ponto. Enquanto alguns críticos se queixaram que seu modelo de ação foi destinado meramente à manipulação cínica da outra parte e que sua descrição das instituições totais não leva em conta o poder de barganha dos pacientes e, portanto, ignora a natureza processual e variabilidade de ação que existe em cada instituição e organização (cf., p. ex., a crítica em MELTZER; PETRAS & REYNOLDS. *Symbolic Interactionism: Genesis, Varieties and Criticism*, p. 107ss.), outros apontaram que, em seu último trabalho, Goffman aproximou-se muito de Durkheim, secretamente adotando e desenvolvendo ainda mais a ênfase deste último sobre o significado dos rituais nas sociedades, de um modo inovador. Goffman é explicitamente seguidor de Durkheim em relação ao argumento de que a sociedade moderna é diferenciada, os deuses dos grupos isolados deram lugar à adoração do único "objeto sagrado" que todos nós temos em comum: o eu individual (COLLINS. *Four Sociological Traditions*, p. 156-157). Nesta visão, as práticas que ele analisa devem ser entendidas mais como atos mútuos de salvar a própria pele, em vez de uma estratégia unilateral de "impressionar" o outro. Em seus microestudos sobre as técnicas de autoapresentação individual, afirma-se que Goffman estava indicando a existência da sacralidade do indivíduo na sociedade moderna, que se manifesta também na crença nos direitos humanos.

4 O interacionismo simbólico tornou-se especialmente popular no campo do *comportamento desviante*, que novamente trabalhou com conceitos já conhecidos por vocês. O mais famoso e em muitos sentidos inovador livro neste campo foi de Howard S. Becker, *Outsiders: Studies in the Sociology of Deviance*, um estudo altamente legível e teoricamente substancial sobre a subcultura desviante e seus membros, tais como os músicos e os usuários de maconha (os estudos empíricos destes casos exemplares foram empreendidos nos anos de 1950; nós podemos ainda nos referir à subcultura dos usuários de droga hoje, embora os consumidores de maconha dificilmente seriam os primeiros a saltar à mente). O que foi inovador sobre o livro de 1963 de Becker foi, primeiro de tudo, o fato de que ele descreve o comportamento desviante como uma sequência de comportamentos ao invés de um ato único, um processo através do qual lentamente, mas seguramente, transforma-se em parte de uma subcultura desviante. Aqui, Becker (n. 1928) implantou o termo "carreira" para sugerir que o desvio é na verdade um processo fluido de resvalar para um comportamento que eventualmente torna-se solidamente estabelecido. Ao mesmo tempo – e este foi o segundo ponto verdadeiramente espetacular de Becker, que causou uma grande agitação – ele é um processo que se desdobra não somente entre o novato que se aproxima de uma determinada subcultura e aqueles que já fazem parte dela, mas especialmente entre os membros da subcultura e as agências de controle social, tais como o sistema jurídico e a polícia. Este é o último aspecto que desencadeou tanto um enorme debate teórico quanto inspirou uma controvérsia feroz, porque Becker viu o desviante não como um problema genuíno da subcultura, mas como alguém que se torna um problema apenas porque a sociedade interpreta-o como tal:

> Os grupos sociais criam o desviante fazendo regras cuja infração constitui o desviante, e pela aplicação dessas regras a um indivíduo particular e a *rotulação* desses como *outsiders*. Deste ponto de vista, o desvio não está na qualidade do ato que a pessoa comete, mas sim na consequência da aplicação pelos outros de regras e sanções ao "delinquente". O desviante é alguém a quem esse *rótulo* tem sido aplicado com sucesso: o comportamento desviante é um comportamento que as pessoas *rotulam* (BECKER. *Outsiders*, p. 9; grifo nosso).

Becker, por assim dizer, vira de ponta-cabeça a perspectiva familiar convencional da vida cotidiana (e a sociologia até esse momento). O comportamento desviante não é em si mesmo repugnante, "anormal", incomum etc.; em vez disso, um tipo particular de comportamento é tornado desviante por certos grupos e autoridades dentro da sociedade. Rotular um comportamento particular como desviante é assim ligado a relações de poder e interesse. São os grupos de poder dentro de uma sociedade que criminalizam pequenos furtos, enquanto a fraude fiscal é vista como uma infração trivial e que tem suas implicações legais reduzidas; é o poderoso quem conduz os viciados em heroína para fora dos parques enquanto cheira cocaína em festas da alta sociedade. "Quem pode, de fato, forçar os outros a aceitar suas regras e quais são as causas do sucesso deles? Isto é, com certeza, uma questão de poder político e econômico" (*Outsiders*, p. 17).

O trabalho de Becker sobre as culturas desviantes marcou o nascimento da assim chamada teoria do rótulo, que enfatiza esse aspecto do desvio e que foi associada a estudantes tais como John Kitsuse (1923-2003), Kai Erickson (n. 1931) e Edwin Lemert (1912-1996) (cf. referências para alguns de seus escritos). Sem dúvida, como vocês podem imaginar, particularmente na turbulência dos anos de 1960, a teoria atraiu um grande número de estudantes que viram a si mesmos como um poder de crítica; a perspectiva "dos oprimidos", típica da abordagem da rotulação (a questão de Becker "De que lado você está?", por exemplo, tornou-se muito famosa) servia-lhes perfeitamente. Todavia, isso deve ser dito, esta abordagem tem perdido muito de seu brilho no âmbito da sociologia criminal; tem se tornando claro que, com sua ênfase quase exclusiva no papel das agências de controle social, ela não consegue explicar satisfatoriamente o comportamento desviante. No entanto, o outro aspecto da teoria de Becker, sua referência ao aprendizado de certos padrões de comportamento como um processo, e sua noção de "carreira", não perdeu em nada sua influência em campos tais como pesquisa de subcultura; sua importância para o presente não pode ser diminuída (para um breve panorama do interacionismo simbólico dentro da sociologia do comportamento desviante, cf. ROCK, P. "Symbolic Interaction and Labelling Theory").

5 Outro importante campo no qual o interacionismo simbólico tornou-se bem-estabelecido foi o do *comportamento coletivo*. O próprio Blumer viu o com-

portamento coletivo, que ele havia estudado já nos anos de 1930, como um fenômeno de importância central para toda sociedade. Ele acreditava que poderia discernir aqui o potencial para o novo padrão social e as formas da ação social que emergem. De fato, os velhos membros da Escola de Chicago viram a análise do comportamento coletivo como tarefa fundamental da sociologia. O estrutural-funcionalismo, enquanto isso, tinha ignorado esse fenômeno inteiramente, e nos anos de 1950 e de 1960 os alunos de Blumer foram, de certo modo, os únicos que abordaram esse tema (cf. SHIBUTANI. "Herbert Blumer's Contribution to Twentieth Century Sociology", p. 26).

Uma ampla variedade de fenômenos foram incluídos sob o rótulo de "comportamento coletivo", desde moda, passando por rumores e pânico e chegando até movimentos de massa violentos. Os alunos de Blumer tiveram um faro particular para todos esses aspectos da realidade social; seus estudos sobre o que hoje denominamos de "movimentos sociais" surgiram como a mais importante contribuição nessa área. Os interacionistas foram a "linha de frente" dos estudos empíricos do movimento dos direitos civis americanos, do movimento internacional de estudantes, o movimento das mulheres, o movimento ambiental etc., desenvolvendo sua própria perspectiva teórica.

O que é interessante em relação à abordagem interacionista no que concerne a esse fenômeno é que ela contrastava com o tradicional estilo científico de pesquisa social e, portanto, lança luz sobre dimensões que permaneceram fora da sua esfera de competência. O primeiro foi o estrutural-funcionalismo, que tinha somente descoberto recentemente esse campo e remontava os estudos sobre os movimentos sociais àqueles sobre "pressão social". O problema com essa abordagem foi que uma clara distinção sempre foi feita entre movimentos sociais e as estruturas institucionais da sociedade. A impressão que se tinha era de que só grupos insuficientemente adaptados tendem a envolver-se em protestos; portanto, a irracionalidade sempre aparecia como um elemento central nas análises sobre protestos e movimentos sociais. Vocês já conhecem outra abordagem de importância central na época, qual seja, a da mobilização de recursos, apresentada na Lição V; essa abordagem coloca tanta ênfase sobre a racionalidade, que cria a impressão de que os movimentos sociais são apenas uma questão de grupos sociais que lutam para aumentar seu poder enquanto fazem um balanço entre riscos e oportunidades (políticas). Mas ambas as escolas, afirmaram os interacionistas, negligenciaram o fato de que a ação coletiva não é simplesmente unilinear – quer concebida como racional ou irracional. Além disso, o comportamento coletivo não pode ser entendido como mera agregação de formas de comportamento individuais. O interacionismo mostrou, por meio de estudos empíricos, como, por exemplo, os objetivos dos participantes mudam na e pela situação concreta do encontro de massa, e portanto o comportamento de massa está sujeito ao desenvolvimento de natureza processual, uma dinâmica específica que contradiz completamente a noção da busca racional de metas.

Dependendo do contexto e da natureza da situação, novos significados bastante diferentes de qualquer outro que já existia antes têm grande probabilidade de surgir dentro de movimentos sociais, e é isso que o modelo interacionista de ação pode levar-nos a esperar. Na análise dos distúrbios raciais em Watts, Los Angeles, em 1965, foi possível mostrar que uma nova definição da situação se desenvolveu muito rapidamente a partir de um incidente banal: um confronto com a polícia surgiu depois que um motociclista foi puxado e inicialmente uma pequena multidão de pessoas se reuniu. As ações do policial foram, de repente, reinterpretadas como uma típica repressão da força policial branca como um todo; uma comoção relativa a um evento local foi subitamente interpretada como revolta contra o "sistema branco". Nenhum daqueles originalmente presentes nesta pequena multidão de pessoas começou com essas ideias. Elas tomaram forma apenas com as diversas ações dos presentes, e neste processo perspectivas cognitivas e afetivas transformaram-se, assim como as crenças.

Esse é o momento da "emergência" de novas formas, visto que novos significados e padrões de comportamento surgem em uma situação dada; isso redefine a situação e reinterpreta a realidade, produzindo uma ruptura com as rotinas cotidianas. Os novos símbolos que surgem rapidamente atraem o interesse das pessoas – eles se tornam o foco da ação, para além de toda consideração da utilidade. A Queda da Bastilha na Revolução Francesa não ocorreu porque lá era estrategicamente o mais importante lugar na capital francesa, ou a prisão central em que o maior número de prisioneiros políticos foi encarcerado, mas porque esta fortaleza tornou-se um símbolo do governo real. Mas esse foco da ação coletiva nos símbolos não pode simplesmente ser interpretado como um sinal de irracionalidade, por que a ação na verdade segue uma certa lógica – independentemente do fato de que não é irracional atacar símbolos! Contudo, a abordagem interacionista no âmbito das pesquisas sobre movimentos sociais facilitou uma perspectiva bastante diferente sobre o fenômeno de massas, muitas vezes mais compatível com a realidade do que a "tradicional" teoria sociológica (sobre as características específicas da abordagem interacionista dentro das pesquisas sobre movimentos sociais, cf. SNOW & DAVIS. "The Chicago Approach to Collective Behaviour").

6 Finalmente, um dos mais importantes campos temáticos do interacionismo simbólico é a *sociologia das ocupações e do trabalho*, particularmente a sociologia das profissões. Aqui, claro, a competição com o funcionalismo surge inevitavelmente. O próprio Parsons, como vocês sabem pela Lição III, já tinha desenvolvido seu interesse neste assunto em um estágio muito precoce. Os sociólogos das profissões falaram da competição entre a abordagem de Harvard (Parsons) e a abordagem de Chicago, sendo a última intimamente associada a Everett Hughes (1897-1983). Hughes criticou Parsons por tomar tão seriamente

e não questionar sociologicamente a ética defendida pelos profissionais no que diz respeito à atitude de serviço aos clientes, à adequação objetiva do conhecimento acadêmico ou universitário, enfatizado tão frequentemente por Parsons, e da necessidade de autogestão profissional, que Parsons evocou com igual vigor. Em contraste, Hughes interpretou esse fenômeno, do ponto de vista de uma crítica da ideologia, como uma tentativa de manter o poder e excluir os outros grupos que invadem esta área profissional e ameaçam a sinecura das profissões estabelecidas, e como um meio de aumentar a autonomia *vis-à-vis* dos clientes. No mesmo sentido, ele interpretou os esforços dos grupos profissionais para desenvolver profissões "reais", para "profissionalizar", como uma busca por mais

> independência, mais reconhecimento, um lugar mais alto, uma distinção mais clara entre aqueles na profissão e os que estão fora, e uma medida maior de autonomia na escolha de colegas e sucessores. Uma validação necessária de tais mudanças de estado em nossa sociedade é a introdução do estudo para a profissão em questão na universidade (HUGHES. "Professions". In: *On Work, Race and the Sociological Imagination*, p. 43).

Em Eliot Freidson (1923-2005) e Andrew Abbott (n. 1948), cujos escritos mais importantes você pode encontrar nas referências, Hughes encontrou notáveis sucessores na sociologia das profissões. Eles ainda desenvolveram análises caracterizando esta orientação Parsons-crítica, com uma clara sobreposição emergente com a abordagem teórica do conflito discutido no capítulo seguinte.

Estas são as preocupações tradicionais do interacionismo simbólico. Há, contudo, outro campo no qual essa escola também tem exercido acentuada influência – o domínio dos métodos de pesquisa sociológica. Por causa de sua perspectiva particular sobre os fenômenos sociais, os interacionistas viram quão imperativo foi capturar essa realidade com métodos científicos sociais em consonância com o caráter desse fenômeno. O próprio Blumer já tinha referido ao fato de que, em função da fluidez dos processos sociais reconhecidos pelos pragmáticos, as pesquisas sociais empíricas também requerem conceitos especiais. Blumer falou de "conceitos sensibilizantes" (BLUMER. *Symbolic Interactionism*, p.149), aqueles que nos ajudam a compreender o significado de tudo o que estamos estudando, em contraste com aqueles que simplesmente permitem que os fenômenos sejam subsumidos sem entrar em detalhes sobre o que exatamente querem dizer e como foram gerados. Em seu livro *The Discovery of Grounded Theory*, Barney G. Glaser e Anselm L. Strauss colocaram esse argumento de forma sensacional. Glaser e Strauss produziram um manifesto de pesquisa social qualitativa, estabelecendo com a ajuda de inúmeros exemplos a "melhor estratégia" para a geração de teoria empiricamente fundamentada, de maneira detalhada. Nós não podemos – como Parsons foi criticado por fazer – deduzir logicamente a teoria de uma ação abstrata por um quadro referencial ou algo similar. Em vez disso, eles sugeriram que o caminho ideal para alcançar uma teoria empiricamente fundamentada consistiria em abordar o objeto de investigação cuidadosamente e sem preconceito, submetendo-o ao intenso estudo e comparando-o com outros objetos semelhantes e características em comum (muitas descrições de "teoria empiricamente fundamentada" esquecem tudo sobre a comparação), antes de criar categorias e formular hipóteses.

Concluímos com um olhar para as tendências atuais no interacionismo simbólico. Primeiro, alguns expoentes do interacionismo têm, desde o final da década de 1980, se tornado cada vez mais envolvidos no debate sobre o pós-modernismo, sendo um foco particular a análise intensiva da mídia e seu papel na sociedade moderna. Norman Denzin (n. 1941), que nós já conhecemos, pertence a essa categoria, na qual tem feito do filme o foco principal de vários estudos – em parte porque acredita que as identidades pós-modernas são inconcebíveis sem ele (e outros meios de comunicação); para ele, o filme e a televisão fornecem às pessoas imagens com as quais elas se identificam (DENZIN. *Images of Postmodern Society: Social Theory and Contemporary Cinema*). Denzin, sem dúvida, toca aqui em questões empíricas importantes sobre as mudanças na formação da identidade. Isso também se aplica ao seu trabalho sobre "epifanias", desconstruindo eventos, como o divórcio, estupro, perda de *status*, de conversão, e assim por diante. No entanto, a profunda radicalização do *insight* de Mead sobre a natureza fundamentalmente processual e interminável de formação de identidade, característica de alguns escritos pós-modernos, gerou exageros insustentáveis. Aqui, o interacionismo corre o risco de ser absorvido pelos chamados "Estudos Culturais", perdendo a sua identidade profissional como ciências sociais.

A segunda tendência recente dentro do interacionismo simbólico, o outro desenvolvimento da teoria da ação, parece mais promissora. Mais uma vez, Anselm Strauss realizou uma contribuição importante, formulada com enorme clareza em um grande número de hipóteses sobre a ação social em 1993 em seu livro *Continual Permutations of Action*. Mas muito dos desenvolvimentos neste campo da teoria da ação estão ocorrendo dentro da *filosofia* e da *filosofia social*, pois o pragmatismo ocupou de boa-fé um espaço nesse campo, a reboque de um movimento mais geral de renascimento dessa corrente. Temos mais a dizer sobre isso na Lição XIX.

Muitos ficaram surpresos que um campo particular foi afetado pela terceira e última tendência recente que mencionaremos aqui. Estamos nos referindo à macrossociologia. O desenvolvimento do interacionismo simbólico nos anos de 1950 foi moldado por uma divisão do trabalho com o funcionalismo, com os adeptos da primeira focando principalmente em temas da *micros*sociologia. É verdade que Blumer identificou a mudança social como um dos assuntos que o interacionismo simbólico deveria enfrentar, bem como buscou ampliar seu escopo. Contudo, seus companheiros, em geral, pouco fizeram para avançar sua agenda, particularmente no que diz respeito à mudança social. O próprio Blumer tinha certamente escrito uma quantidade razoável sobre a industrialização, mas esta era uma crítica das abordagens existentes, em vez de uma tentativa de produzir uma macrossociologia autônoma e construtiva.

A abstinência macrossociológica dos interacionistas era peculiar justamente porque a "Escola de Chicago" originalmente tinha interesses sociológicos mais amplos. Autores como Park e Thomas focaram muito diretamente na sociologia urbana e tinham escrito importantes estudos sobre imigração e migração, etnicidade e comportamento coletivo. Na verdade, no interacionismo simbólico dos anos de 1950 e de 1960, tudo o que restou desses tópicos macrossociológicos foi uma preocupação com o "comportamento coletivo"; problemas "maiores" foram deixados de fora. Inicialmente, então, o interacionismo simbólico apenas transportou os aspectos microssociológicos da antiga Escola de Chicago. Alguns estudantes então lamentaram, não inteiramente sem justificação, que, concentrando-se no nível micro de atores que interagem diretamente uns com os outros, essa abordagem adquiriu um viés a-histórico e ignorou inteiramente os aspectos econômicos e as relações sociais de poder, implicando um "viés não estrutural" (MELTZER; PETRAS & REYNOLDS. *Symbolic Interactionism*, p. 113).

O interacionismo simbólico foi de fato muito lento em enfrentar esse problema; seu percurso em direção à macrossociologia foi particularmente pedregoso. O ponto de partida foi a sociologia das profissões, com a investigação de organizações tais como hospitais, em que os membros de um grupo profissional trabalham. Mais uma vez, foi Anselm Strauss quem falou de "ordens negociadas" em relação a essas organizações, em outras palavras, das estruturas como resultados de processos de negociação que têm lugar em todas as organizações – por mais firmes e inabaláveis que possam parecer. Hospitais em hipótese alguma são estruturados com bases em uma meta organizacional ambígua; muitas estruturas podem ser entendidas apenas se compreendidas como arranjos oficiais ou não oficiais entre os vários grupos (médicos, enfermeiras, planos de saúde, pacientes etc.). O conceito de "negociação" forneceu uma oportunidade para considerar mais profundamente a relação entre ação e estrutura: "A estrutura não está "fora daqui"; e isso não deve ser reificado. Quando falamos sobre estrutura estamos, ou deveríamos estar, referindo-nos às *condições* estruturais que dizem respeito ao fenômeno em estudo" (STRAUSS. *Negotiations*, p. 257; ênfase original). Estes estudos em sociologia organizacional lançaram-se cada vez mais sobre a questão de saber se se poderia também implantar a figura de "negociação" para descrever configurações de atores em uma escala maior, *entre* instituições e organizações, e se, de fato, poder-se-ia até compreender sociedades inteiras desta forma:

> O modelo de uma sociedade que deriva da ordem negociada é caracterizado por uma complexa rede de grupos concorrentes e pessoas que atuam para controlar, manter ou melhorar suas condições sociais,

definido pelos seus *próprios* interesses. A realização desses interesses, materiais e ideais, é o resultado de situações de negociação, encontros e relações (HALL. "A Symbolic Interactionist Analysis of Politics", p. 45; ênfase original).

A ideia de "negociação" foi usada pela primeira vez para fins macrossociológicos com Norman Denzin no impressionante ensaio "Notes on the Criminogenic Hypothesis: A Case Study of the American Liquor Industry", em que ele examina com igual destreza o contexto histórico e a relevância dos atores coletivos e as estruturas envolvidas: as destilarias, os distribuidores, os bares, os consumidores e o sistema legal. As primeiras tentativas do campo interacionista para compreender fenômenos políticos são igualmente dignos de nota, no entanto o foco aqui foi em geral sobre as técnicas de cultivo de imagem implantados por representantes políticos e não os muitos e variados processos que ocorrem entre os atores políticos (HALL. "A Symbolic Interactionist Analysis of Politics").

Vários autores da escola do interacionismo simbólico então começaram a fazer vigorosos esforços para tornar sua teoria mais relevante para as questões macrossociológicas. Os nomes importantes aqui foram, mais um vez, Anselm Strauss, David R. Maines (n. 1940) e Peter M. Hall (cf. os dados relevantes nas referências), que pensaram muito sobre como o abismo entre o nível micro de atores e o nível macro das organizações e da sociedade poderia ser a melhor ponte através da interpretação teórica de redes de relações, práticas, convenções etc. O conceito de Maines de mesoestrutura ("In Search of Mesostructure: Studies in the Negotiated Order") foi e é um interessante ponto de partida aqui. No entanto, todos os três autores – Strauss, Hall e Maines – vieram a descobrir que eles não estavam sozinhos neste campo, porque as tradicionais teorias sociológicas (não interacionistas) continuaram a considerar o chamado problema micro-macro difícil de resolver e que os argumentos macroteóricos existentes são insuficientes. Por isso que, de repente, certos autores ficaram surpresos ao perceber a si mesmos interessados no trabalho um do outro, porque eles tinham até então se movido dentro de muitas diferentes áreas do conhecimento e tradições teóricas (cf. ADLER & ADLER. "Everyday Life in Sociology", p. 227ss.). Vocês irão escutar mais sobre isso nas lições que virão, tais como aquelas sobre as obras de Pierre Bourdieu e Anthony Giddens, na medida em que eles se aproximaram em parte do corpo de pensamento presente de forma igual ou semelhante no pragmatismo americano e no interacionismo simbólico. Um dos interacionistas simbólicos (MAINES. *The Faultline of Consciousness*) já tinha reivindicado que grande parte da sociologia contemporânea recorre às ideias interacionistas sem perceber totalmente. Novamente, isso confirma nossa hipótese, apresentada na Lição I, de que as várias teorias sociológicas, supostamente encerradas em si mesmas com tanta força, na verdade estão ligadas por várias vertentes.

VII
Abordagens interpretativas (2): etnometodologia

Tal como aprendemos na lição anterior, o interacionismo simbólico não é a única escola teórica à qual o rótulo "abordagem interpretativa" foi ligado. A outra é a que é conhecida como etnometodologia, cuja complexidade do nome pode assustar facilmente a qualquer um que o leia. De fato, o nome é menos complicado do que parece: ele consiste em dois componentes, cada um perfeitamente compreensível por si só. O primeiro elemento, "etnos", alude à disciplina vizinha da Sociologia (também conhecida como Antropologia), enquanto o segundo elemento é o termo metodologia. O conhecimento desses elementos nos ajuda a começar a compreender a agenda dessa abordagem teórica. Aqui, os métodos da Etnologia, uma disciplina que estuda outros grupos étnicos, são implantados para examinar outras culturas, com o objetivo de avaliar suas características específicas e tomadas como certas, o que nós frequentemente consideramos inconsciente – precisamente porque são tomadas como certas.

Desnaturalizar a cultura de alguém é pretender desvendar sua estrutura escondida. Mas os etnometodólogos têm objetivos mais ambiciosos em suas mentes. Eles não apenas buscam identificar as características desapercebidas da outra cultura; seu objetivo é descobrir o fundamento universal, estruturas quase antropológicas do conhecimento e ação de todo o dia, cotidiana. Como deve ser o conhecimento, o conhecimento mantido por cada membro de cada sociedade, e como ele está estruturado para habilitar a ação? Esse foi o assunto central com o qual etnometodólogos desejaram lidar – o qual eles acreditaram que estava completamente negligenciado pela sociologia tradicional.

Esse interesse na ação como teoricamente interessante não é uma coincidência. O fundador da etnometodologia, Harold Garfinkel (n. 1917), foi estudante de Talcott Parsons, por quem foi supervisionado para a conclusão de seu Ph.D., obtido em 1952. Ele era, assim, muito familiarizado com o trabalho deste último. De fato, concordante com a tese advogada no presente trabalho, a de que a moderna teoria sociológica começou com Parsons, Garfinkel deixou isso explícito: seu ponto de partida, do qual seus companheiros de armas também partem, foi *A estrutura da ação social*:

> Inspirada por *A estrutura da ação social*, a etnometodologia se comprometia com a tarefa de *especificar de outro modo* e prestar contas do que é eterno e cotidiano na sociedade. Ela o fez ao delimitar e investigar

fenômenos radicais. Na perseguição desse programa, uma certa agenda de temas, anunciada e estruturada em *A estrutura da ação social*, tem oferecido um ponto de partida para o interesse etnometodológico na reespecificação (GARFINKEL. "Respecification", p. 11).

Diferentemente do insinuado nessa citação, o trabalho teórico de Garfinkel foi desenvolvido em uma direção diferente da qual tomou Parsons. Nós devemos afirmar isso mais abruptamente: a etnometodologia, a qual se tornou tão enormemente elegante (e popular) nos anos de 1960, era fundamentalmente distante do parsonianismo. Mas, ao contrário do interacionismo simbólico, aqui não há "oposição leal" dentro de uma sociologia que ainda era dominada pelo funcionalismo parsoniano. Em vez disso, um significante número de etnometodólogos – incluindo Garfinkel em algumas ocasiões – assumiu o papel de crítico de aspectos fundamentais da Sociologia como um todo. Eles criticaram a disciplina por não ter elucidado o suficiente o conhecimento cotidiano, que é mantido por membros de uma sociedade. Por essa razão, o parsonianismo contribuiu em praticamente nada para a investigação da realidade social, segundo os etnometodólogos.

Mas vamos começar pelo começo, com os primeiros trabalhos de Garfinkel. Os pontos de divergência em relação à obra de Parsons já estão aparentes na sua dissertação não publicada. Nela, ele critica Parsons por ter falhado em verter luz sobre como e através de que procedimentos os atores definem sua ação em dada situação, sobre quais considerações são elencadas na execução da ação e que condições de completar uma ação estão em primeiro lugar. O "modelo de ação de referência" que Parsons reivindicava, não foi complexo o suficiente para denominar como coisa natural objetivos e valores quando vai examinar como atores relacionam-se com isso em termos concretos (HERITAGE. *Garfinkel and Etnometodology*, p. 9s.).

Com o prosseguir de sua carreira, Garfinkel foi aguçando sua crítica a Parsons, levando-a cada vez mais longe; isso foi devido, entre outras coisas, aos novos achados que emergiram de sua pesquisa empírica. Depois de completar sua dissertação em Harvard, seguida por uma permanência temporária em Ohio, Garfinkel assumiu um posto na Ucla (Universidade da Califórnia, Los Angeles), onde estudou, entre outras coisas, o comportamento no processo de formação de veredicto de membros de júri. Esse foi um assunto pouco estudado nos anos de 1950. Garfinkel concluiu que o comportamento dos jurados não era claramente previsível, mesmo que as normas jurídicas envolvidas e os fatos não fossem ambíguos. Qualquer um poderia dizer que um ou outro veredicto foi mais ou menos previsível em cada caso, dado o modo como o julgamento ocorreu. Mas todo esse desenrolar parecia não ser nada para os jurados pensarem a respeito. Mas, como Garfinkel mostrou, os jurados sempre encontravam essa dificuldade para aplicar a norma legal para os fatos do caso. Na percepção do autor, a complexidade da vida real teve sempre primeiramente de ser "alinhada" com a norma legal, e a realidade interpretada de maneira conforme. Especialmente tendo em conta que os lados opostos no julgamento geralmente forneciam relatos muito diferentes de delitos alegados e de suas particularidades. Adicionalmente, Garfinkel demonstrou que uma multiplicidade de considerações heterogêneas, localizadas entre o processo de tomada de decisão e a deliberação, o jurado apresentava sua visão do caso apenas gradualmente, de modo a apresentar compreensivelmente as partes contraditórias declaradas. De acordo com Garfinkel, esse processo surge constantemente em diversas formas. As suposições sobre o pensamento dos jurados, é claro, não se aplicam apenas ao grupo estudado por Garfinkel, mas para todos os seres humanos realizando uma decisão em contextos cotidianos – estes têm, *desde o princípio*, uma clara noção na qual condições prévias devem aplicar-se para alcançar um veredicto. Mas essa noção é problemática, se não errada. Existe apenas, segundo Garfinkel, um *após o evento*, uma retrospectiva. Mas aparece frequentemente na literatura a noção de que o que aconteceu foi uma decisão estratégica.

> No material relatado até aqui, jurados não têm uma compreensão das condições que definem a decisão correta até depois que ela esteja tomada. Apenas em retrospecto eles decidiram o que poderiam fazer para tornar sua decisão correta, depois do evento. Quando o resultado estava em mãos, eles olhavam para trás para encontrar o "porquê" dela, as coisas que os levaram ao resultado. Então davam alguma ordem para as suas decisões, que designadamente é a decisão "oficial" (GARFINKEL. *Studies in Ethnometodology*, p. 114).

Os resultados desses estudos demonstraram, para Garfinkel, que a sociologia está pobremente equipada para identificar normas e explicar por que as pessoas escolhem se comportar de um jeito e não de outro. A mera referência a normas e regras ignora a existência do complexo processo de deliberação no qual atores devem se engajar, até para aderir a uma norma em primeiro lugar. Também esconde o fato de que a validade da norma é estabelecida através do processo de deliberação. De acordo com Garfinkel, a sua pesquisa sugere, entre outras coisas, que o modelo teórico da ação – o qual Parsons toma como sua base – é excessivamente unilinear (e, é claro, a concepção neoutilitarista de ação o é mais ainda). É possível que não exista questões de metas fixas e de valores na ação cotidiana: os valores e as metas subjacentes a uma decisão são frequentemente determinados apenas *depois do evento*.

Alguém poderia pensar que Garfinkel teria se tornado um pragmatista americano e um interacionista simbólico para evitar uma crítica sobre certas conceptualizações teóricas sobre ação. Em última instância, como nós aprendemos na lição anterior, essas escolas de pensamento também colocaram uma interrogação sobre as noções mais lineares de ação, sublinhando a fluidez de processos sociais. Estudiosos como Herbert Blumer têm criticado fortemente o normativismo rígido inerente aos papéis na teoria parsoniana. Não é que os interacionistas rejeitem qualquer noção de papel – o conceito, afinal, é concebido a partir das análises de interação realizadas por Mead –, mas eles deixaram de usar o conceito de maneira significante. Ralph Turner, por exemplo, que exerceu a maior influência sobre a teoria do papel de cunho interacionista, sempre descreveu interação no contexto dos papéis como um "experimento". E ainda procura pelos processos. Ele tendia a se referir à "tomada de papel" ao invés de nutrir certas expectativas normativas.

> Papéis "existem" em vários graus de concretude e de consistência, enquanto a confiança individual enquadra seu comportamento como se eles tivessem uma clara e inequívoca existência. O resultado é que, em tentativas de tornar o papel explícito, ele está criando e modificando papéis, não apenas colocando-os em; o processo não é apenas sobre aquisição de papéis, mas também sobre fabricação de papéis (TURNER. "Role-Taking: Process versus conformity", p. 22).

Muito em breve se tornará aparente, contudo, que esta crítica da teoria parsoniana do papel não foi suficiente para Garfinkel e para os etnometodólogos. E é isso que eles desejaram construir: uma teoria da ação que pudesse chegar a um nível "profundo", para o qual o interacionismo simbólico tinha sido dirigido. De acordo com Aaron Cicourel (n. 1928), outro importante etnometodólogo, até mesmo a flexível teoria dos papéis de Turner negligenciou, por exemplo, o assunto sobre

> o modo como o ator reconhece estímulos e conduções para se orientar – localizando o estímulo em um contexto socialmente cheio de significados – para a exibição comportamental. Para que uma resposta organizada possa ser gerada e que possa ser relevante para outro (alter). O ator deve ser dotado de mecanismos ou regras básicas que o permitam identificar configurações, que vão guiá-lo para se apropriar de invocações de normas, onde *as normas seriam superficiais, e não básicas, sobre o modo como o ator faz inferências sobre assumir ou fazer papéis* (CICOUREL. "Basic and normative rules in negotion of status and role", p. 244; ênfase original).

Para colocar isso de maneira levemente diferente, significaria dizer que a referência para a criativa "fabricação de papéis" ainda não diz muito sobre como e de acordo com quais regras papéis são organizados ou em que, concretamente, o ator se guia para ir adiante etc.

Isso nos leva a diferenças-chave entre a agenda teórica de Garfinkel, de um lado, e o que pensava Parsons e o resto da sociologia, de outro. Isso é o que devemos listar aqui, ainda que essa lista só será clara na medida em que avançamos a lição.

1 Particularmente, em relação à teoria parsoniana, Garfinkel argumentou *que a relação entre o motivo de uma ação e a execução desta foram concebidas de*

maneira insuficiente. Parsons – Garfinkel afirmou – agiu como se a presença de um motivo – quando, por exemplo, uma norma ou um valor que necessitam de certa atividade foi internalizado – operasse como um gatilho direto para a execução da ação. Mas esse certamente não é o caso, como Garfinkel demonstrou, apelando para os complexos processos de deliberação, característicos dos jurados, que tinham a necessidade de alcançar um veredicto. Uma vez que Parsons rejeitou esses processos, Garfinkel, polemicamente, chamou os atores dessa teoria de "dopados culturais" ou "julgadores dopados".

> Por "dopados culturais" eu me refiro ao homem-na-sociedade-do-sociólogo que produz a estabilidade da sociedade ao agir em conformidade com alternativas preestabelecidas e legitimadas, as quais a cultura comum provém o tempo todo (GARFINKEL. *Studies in Ethnometodology*, p. 68).

O uso do termo "dopados culturais" sugeria que a teoria parsoniana não conferia nenhuma iniciativa própria para os atores; eles parecem incapazes de lidar com normas e valores de maneira autônoma. Meramente seguem normas de maneira cega, como se fossem controlados totalmente por forças externas. Parsons negou aos seus atores a habilidade de refletir sobre as normas e valores que eles internalizaram. Valores e normas – diz Garfinkel – são de fato descritos como entidades causais fixas na teoria parsoniana, às quais atores em última análise obedecem.

Se admitirmos que esta crítica é correta, então Parsons está perigosamente perto de advogar uma posição que ele criticou duramente em *A estrutura*, quando, por exemplo, atacou o positivismo pela falta de desenvolvimento de uma teoria da ação. Para Parsons, o positivismo roubou dos atores qualquer liberdade, apresentando-os como sendo guiados ou pelo seu ambiente ou pelo seu patrimônio genético – dessa maneira falhando em apreender a iniciativa envolvida na ação humana. De acordo com Garfinkel, o modelo parsoniano de ação não é tão diferente daquele preconizado pelos positivistas. A parte atribuída ao ambiente ou ao patrimônio genético para os positivistas é equivalente às normas e valores de Parsons. *Em ambos os pensamentos*, Garfinkel afirmou, a capacidade dos atores para a reflexão e para a deliberação é desconsiderada. Garfinkel duvida que o modelo parsoniano de ação seja capaz de capturar a realidade da ação cotidiana.

Pela mesma razão, ele reivindicava que, ao invés de uma teoria genuína da ação, Parsons tinha, na melhor das hipóteses, uma teoria de disposições em direção a certas ações. Isso porque ele falhou em preencher a "lacuna" entre o motivo *para* e a *execução* da ação. Garfinkel, por seu turno, ficou profundamente interessado em como ações ocorriam de fato. Para ampliar essa discussão, estudos empíricos devem primeiro revelar *o que os atores sabem*, que estoque de conhecimento eles têm disponível para basear-se em, e como eles implantam seu conhecimento de tal maneira que a ação colaborativa social pode efetivamente acontecer (cf. citação na p. 176 de Aaron Cicourel). Aqui, a preocupação de Garfinkel foi entender atores como "atores bem-informados" e a ação em si mesma como algo "inconcluso, contínuo e contingente" (GARFINKEL. *Studies in Ethnometodology*, p. 1). Ficará claro em breve que isso não apenas representa um afastamento em relação às ideias de Parsons, mas também do neoutilitarismo, com a sua influência do cálculo (fixo) de utilidade e de preferência. Porque esse arcabouço todo é empiricamente duvidoso – como aponta o estudo de Garfinkel sobre o processo de tomada de decisão entre jurados de *shows* – essas ações não seriam guiadas por normas em tais estilos lineares como Parsons assumiu. Etnometodólogos substituem o determinismo normativo parsoniano por um conceito de atores que realizam uma "prestação de contas normativa". Porquanto eles agem com referência às normas, as "considerações" dos atores de por que eles se comportam de um modo particular são melhor explicadas *retrospectivamente*. E isso não pode simplesmente ser equacionado antes da ação. Pois ambos, parsonianismo e neoutilitarismo, falharam em levar em conta, ou desconsideraram inteiramente o processo de deliberação no qual os atores estão envolvidos e as suas frequentes tentativas de dotar o que ocorreu com significados. Por essas razões, etnometodólogos sempre suspeitaram que essas teorias são capazes de explicar muito pouco os aspectos levantados acima (HERITAGE. *Garfinkel and Ethnomethodology*, p. 112).

2 A ênfase de Parsons sobre as normas foi sempre *inadequada para explicar como, exatamente, os atores entendem as normas*. Parsons *simplesmente* tomou como certa a compreensibilidade da linguagem e de outros sistemas simbólicos, nos quais as normas estão incorporadas, concebidas como dadas. Ele deixou em aberto a questão de como as normas compartilham o mesmo significado e como particularmente as partes em interação entendem as normas de maneira idêntica em situações de ação concretas. A Parsons – que pensou que isso, é claro se aplicava para outros também – faltou uma teoria da linguagem sofisticada o suficiente para remediar essa falha. Ele não atentou nem mesmo para o fato de que normas nunca são especificadas com uma clareza real, enquanto as regras são, na maior parte das vezes, extremamente vagas. Não podemos, diz Garfinkel, assumir que a coordenação da ação simplesmente segue-se da internalização das normas. Não podemos salientar tudo isso olhando para as formas de adequação externa à norma. Na nossa sociedade, por exemplo, existe a norma ou a regra de que alguém deve cumprimentar um conhecido ou responder aos seus cumprimentos quando com ele encontrar. Mas saber sobre essa norma nos ajuda muito pouco no nosso cotidiano. Contudo, nós a internalizamos firmemente. Para poder começar a aplicar essa norma nos contextos cotidianos, precisamos distinguir *grupos de pessoas para ser cumprimentadas de um jeito especial*. Para quem vamos balançar a mão ou vamos refutar balançá-la? Para quem nós meramente acenamos com a cabeça ou para quem a mexemos toda? Quem nós não queremos cumprimentar e quem

devemos, possivelmente, não cumprimentar (forasteiros de um tipo ou de outro)? Como, em um contexto consideravelmente aglomerado, por exemplo, nós cumprimentamos amigos próximos de maneira diferente, sem sermos tão explícitos por causa disso, procedendo de maneira semelhante com meros conhecidos e com pessoas que não conhecemos – uma vez que não queremos ofender nossos amigos etc.? Aderindo à simples norma de cumprimentar, precisamos também aderir a uma rica quantidade de conhecimentos de "parâmetros", os quais todos devem possuir para viver "verdadeiramente" a norma. E Parsons fala muito pouco sobre esse assunto. Ele falhou em analisar convincentemente o problema de especificação das normas, e seu conceito de papel também ajuda pouco.

3 Finalmente, Garfinkel e os etnometodólogos criticaram Parsons por lidar com o problema da ordem seguindo um caminho equivocado ou, ao menos, de modo muito superficial. Seu argumento foi que o problema da ordem não surge apenas quando o conflito de interesses brota entre atores. Na discussão sobre o problema hobbesiano, Parsons argumentou que a ordem social foi inconcebível a partir da base filosófica das premissas utilitaristas. Nesse caso, conflitos de interesse não regulados seriam levados a uma interminável guerra de todos contra todos; apenas as normas podem explicar a estabilidade da vida social. Garfinkel, por outro lado, enfatizou que a ordem cotidiana está sempre sendo estabelecida *independentemente das divergências de interesses*, porque, sem referenciar explicitamente à norma, os atores por si mesmos sempre confirmam mutuamente a significância de suas ações e de seus mundos enquanto interagem. Eles encontram a imediata confirmação de que suas declarações linguísticas são compreensíveis e, assim que suas ações encaixam-se com aqueles outros, mesmo assim, não existe sinal das normas sobre as quais Parsons tão frequentemente aludiu. Antes, normas até se transformavam em uma questão razoável, promoviam uma relação de confiança entre os atores – e isso é o fundamento da ordem social. Para colocar isso em outras palavras: porque as normas não determinam verdadeiramente e não estruturam como as ações se desenvolvem (cf. o primeiro ponto na crítica de Garfinkel a Parsons), a internalização de normas e valores, as quais Parsons sublinha frequentemente, *não são* o pilar central onde repousa a ordem social. Em vez disso, precisamos olhar em um nível muito mais profundo, para o mecanismo mediante o qual seres humanos encontram garantia de sua realidade na vida cotidiana (de novo, cf. a citação de Aaron Cicourel na p. 176). Ou seja, é a base desses mecanismos que pessoas podem relacionar-se explicitamente com as normas, em primeiro lugar. As bases reais da ordem social estão, assim, para ser encontradas em algum lugar diferente de onde Parsons supôs.

Essas três críticas à teoria parsoniana – embora se apliquem não apenas para ele, mas também para a maioria das abordagens sociológicas – podem soar erroneamente abstratas. Conforme avançarmos nesta lição, vocês poderão esperar um esclarecimento adicional sobre esse ponto, quando apresentarmos o programa de pesquisa *empírica* proposto por Garfinkel e pelos etnometodólogos. Mas, primeiramente, devemos voltar brevemente para os assuntos teóricos, resgatando as bases filosóficas sobre as quais o edifício da etnometodologia foi construído.

Na lição anterior, referimo-nos ao fato de que ambos – etnometodologia e o interacionismo simbólico – se aproximaram à chamada "sociologia interpretativa", e que podem ser rastreados das mais antigas para as mais atuais a partir da filosofia moderna. Enquanto as fundações teóricas do interacionismo simbólico residem no pragmatismo americano, Garfinkel e os etnometodólogos originaram-se da fenomenologia, fortemente alemã. Particularmente no trabalho de Edmund Husserl. Essa escola de pensamento recorreu aos etnometodólogos primeiramente porque eles desenvolveram ideias destinadas a jogar luz no que era geralmente pouco reconhecido, com características tomadas como certas da ação humana e da percepção humana; isso, é claro, está de acordo com o objetivo etnometodológico de interpretação de uma cultura não familiar com o objetivo de revelar suas estruturas escondidas.

Esse programa filosófico desenvolvido por Edmund Husserl – que nasceu na Morávia em 1859, lecionando em Hallen e Göttingen e a partir de 1916 em Friburgo, e que morreu em 1938 – foi em essência uma tentativa de elucidar as estruturas de nossa consciência, para investigar *como* objetos aparecem para a nossa consciência. Isso não deve parecer intelectualmente estimulante a uma primeira vista, mas é de fato um interessante esforço com consequências bastante vastas. Entre outras coisas, a justificativa de Husserl para conceber a fenomenologia como ciência "rigorosa" foi baseada em uma crítica de certos axiomas da então denominada psicologia positivista ou naturalista, que tomou como certa a existência de um tipo de consciência passiva que faz um pouco mais do que o papel de sensor para o processamento de dados. De acordo com Husserl, isso negligencia o fato de que dados sensíveis são dotados com significados, apenas na base das realizações da consciência por ela mesma. Essa percepção, como ela acontece, não é tão diferente daquela que discutimos na Lição I, quando citamos C.S. Peirce para apontar o fato de que toda percepção é necessariamente ou inevitavelmente derivada de uma teoria. Não nos interessa a relação entre essas duas correntes filosóficas: o caminho mais simples para entender as realizações da consciência, às quais Husserl se referiu, deve passar pela percepção dessa ambígua figura com a qual o observador, dependendo de onde ele foca sua atenção, deve ver duas imagens muito diferentes, das quais o significado assim deve "girar" dramaticamente.

Dependendo da direção para a qual você volta sua atenção, pode ver essa figura como um cálice estilizado ou como duas faces olhando uma para a outra. As realizações cruciais da consciência, em outras palavras, são parte e parcela da percepção; você não vê simplesmente as coisas livre de qualquer suposição. Mas isso, obviamente, não se aplica apenas para tais experimentos ou ao fenômeno exótico dessa figura ambígua. Em vez disso, como Husserl destacou, nossas percepções cotidianas são baseadas e ao mesmo tempo dependentes de tais realizações da consciência. Pense, por exemplo, no conferencista que mantém em mãos um importante livro durante uma palestra ou seminário. E ele os insta a ler. Você percebe o livro, apesar de, na realidade – e isso é o que faz o método husserliano de investigação tão fascinante – você obviamente não "visualizar" o livro de todo. O que você deve enxergar a distância é a maior parte da capa do livro. Você não vê a contracapa, nem provavelmente todas as suas bordas. O que você vê é mais uma superfície monocromática ou algumas palavras impressas, que a distância lhe permite ver. E você não vê mais do que isso. Portanto, você não "pode" "ver" o livro. Em vez disso, o que ocorre é que sua consciência trabalha para formar a imagem do livro cristalizada em sua percepção. Ele é um objeto sensível, no qual existe um lado reverso, bordas e até páginas, as quais você pode manejar, e de fato ler etc. Que isso apareça para você como um livro é o resultado final de uma série de operações automáticas e inconscientes, e ainda de realizações performadas por sua psique; você é ajudado pelo fato de que teve um livro em suas mãos antes, sabe como ele parece, como sentiu outros livros etc.

O que Husserl quis fazer foi verter luz sobre essas realizações da consciência, que estão sempre trabalhando no decorrer da vida cotidiana – na sua "atitude natural" como Husserl coloca – quando nós percebemos nosso mundo e tomamos ações. Sua fenomenologia assumiu a tarefa de analisar como os objetos são apreciados na sua atitude natural; mas, para estar habilitada a fazer isso, a fenomenologia deve conseguir se afastar dessa atitude natural. Isso deve, como Husserl estabelece, empreender uma "redução fenomenológica". Enquanto nós simplesmente percebemos o livro como tal na vida cotidiana, a fenomenologia deve analisar *como* nós vemos o livro *como* livro, como isso aparece na nossa consciência exatamente "como um livro". Por isso Garfinkel estava tão interessado na fenomenologia husserliana. Assim como Husserl desejava desenredar e, assim, lançar luz nos nossos modelos de percepção cotidianos, Garfinkel também se determinou a descrever o mundo não familiar ao iluminar suas estruturas internas e assim demonstrar o significado da "atitude natural" em relação ao mundo.

O programa fenomenológico de Husserl teve vastas consequências para a história da filosofia. Ele exerceu a maior influência na filosofia alemã da década de 1920, sendo talvez a filosofia de Martin Heidegger (1889-1976) o melhor exemplo disso. Transitando através de várias rotas complicadas, ela se tornou muito influente na França dos anos de 1930, enquanto autores como Jean-Paul Sartre (1905-1980) e Maurice Merleau-Ponty assumiram algumas ideias fenomenológicas, ligando-as a temas da filosofia existencial. Particularmente no fim dos anos de 1940 e começo dos de 1950, o existencialismo francês foi tremendamente influente e cativou numerosos intelectuais, particularmente na Europa Ocidental. Mas não foram esses últimos autores os que influenciaram Garfinkel, mas sim o economista austríaco e teórico social Alfred Schütz (1899-1959), que fugiu da Europa com o surgimento de Hitler e chegou aos Estados Unidos em 1939, assumindo um posto na New School, em Nova York. Schütz foi, desde o início, interessado em assuntos característicos da teoria da ação. No seu primeiro grande trabalho, *A fenomenologia do mundo social*, escrito em 1932, ele se defrontou com a noção weberiana de ação, da qual desejou se libertar ao sentir que o conceito era excessivamente estreito: uma camisa de força racionalista. Através de significados das ideias de Husserl, Schütz começou a romper mais ainda com Weber ao teorizar sobre como o significado é construído pelo ator, como é possível entender os outros etc. Schütz continuou a trabalhar nesses problemas pelo resto de sua vida. Ele se tornou consciente de um tema e de um conceito já presente nos trabalhos mais recentes de Husserl – que discutiremos nas lições sobre Jürgen Habermas – que se tornou muito influente nos debates teóricos com a sociologia alemã desde os anos de 1970 até tempos recentes. Estamos nos referindo ao conceito de *Lebenswelt* ou mundo da vida.

No seu último grande trabalho, *The Crisis of European Sciences and Transcendental Philosophy*, publicação de uma série de palestras que começou em 1935, Edmund Husserl lançou um duro ataque ao incessante avanço das ciências naturais e sua emergente hegemonia no pensamento ocidental como um todo. Em sua reconstrução crítica dos argumentos das ciências naturais desde Galileu e Descartes, Husserl destacou que elas tinham como base o mundo sensível, ou melhor, o mundo que pode ser percebido, *mas essa origem foi suprimida pelos cientistas naturais e por seus "filósofos" em favor de uma crescente matematização, idealização matemática, abstração etc., do mundo*, o que levou, entre outras coisas, a uma situação na qual até a psicologia tende a tornar natural o psicológico (HUSSERL. *The Crisis of European Sciences*, p. 67). De maneira diferente, Husserl acreditou que a prioridade deveria ser implantar a fenomenologia para verter luz sobre o assunto e para estender a reabilitação do conceito de cotidiano – "o mundo da vida como fundamento significativo esquecido da ciência natural" (*Crisis*, p. 48) –, assim procedendo para todos os outros contextos de ação. O que Husserl concebeu como "mundo da vida cotidiana" ou a "atitude baseada no mundo da vida" é largamente idêntico ao que caracterizamos anteriormente como atitude natural. Até certo ponto, o "mundo da vida" se refere ao oposto do universo abordado pelas ciências (naturais); ele se refere ao *caráter ingênuo daquilo que é imediatamente dado no mundo*, com o qual nos deparamos sem questionar e sem refletir, sobre o qual edificamos nossas ações cotidianas e que conseguimos problematizar apenas mediante considerável esforço. Husserl, em contraste, como meio de pensar das ciências naturais, apontou, assim como se segue:

> o significado ôntico [*Seinssin*] do mundo da vida predeterminado é uma estrutura *subjetiva* [*Gebilde*], isto é, a conquista da experiência, da vida pré-científica. Nessa vida o significado e a validade ôntica [*Seinsgeltung*] do mundo é construído – desse mundo particular, isto é, na realidade é válido para a experienciação individual. No que se refere ao mundo do "objetivamente verdadeiro", o mundo da ciência, tra-

ta-se de uma estrutura em um nível mais elevado, construído sobre experiências e um pensamento pré-científico, ou sobre aferição de validade [*Geltungsleistungen*] (*Crisis*, p. 69; ênfase no original).

Esse "mundo da vida", no qual nós estamos enredados como atores, é o resultado das ações e das experiências das gerações passadas, de nossos avós e de nossos pais, que criaram um mundo que nós tomamos como certo. O qual não questionamos na vida cotidiana, pelo menos no que diz respeito à sua estrutura básica, porque isso é constitutivo da execução da ação. O "mundo da vida", resumindo, é o fundamento de todas as nossas ações e conhecimentos.

Um grande feito de Alfred Schütz foi ter desenvolvido o conceito de mundo da vida, cunhado por Husserl, e depois torná-lo sociologicamente utilizável. (Sobre sua obra e sobre o autor, cf. WAGNER, H.R. *Alfred Schütz: An Intellectual Biography*. • SRUBAR, I. *Kosmion – Die Genese der pragmatischen Lebenswelt theorie von Alfred Schütz's und ihr antropologisch Hintergrund* [Cosmion: The Genesis of Alfred Schütz's Pragmatic Theory of life-world and its anthropological Background].) Isso ele fez em um grande número de ensaios e depois em um trabalho fragmentário postumamente publicado por seu estudante, o primeiro sociólogo fenomenologista Thomas Luckmann (n. 1927) (SCHÜTZ, A. & LUCKMANN, T. *The Structures of the Life-Worlds*). Aqui, Schütz ambicionou colocar em evidência as estruturas do *conhecimento cotidiano*, o componente principal do mundo da vida, que ele também descreveu como a "província da realidade", "o que os adultos conscientes e normais tomam como certo na sua atitude no senso comum. Por essa capacidade de tomar por certo, nós designamos tudo que nós experienciamos como inquestionável; todo estado de coisas que permanece não problematizado" (SCHÜTZ & LUCKMANN. *The Structures of the Life-Worlds*, p. 3ss.). Schütz elaborou em detalhe o processo de compreensão do outro, de suas ações. As pessoas, segundo esse autor, usam *tipificações*, atribuem motivos *típicos* e *tipificam* identidades, com as quais identificam ações típicas – concebendo-os dentro de modelos interpretativos tomados como certos, que são construídos socialmente para dar sentido à ação dos outros. Compreender, assim, depende de um grande número de condições sociais na medida em que precisamos conceber tudo dentro dos modelos interpretativos providos pelo mundo da vida. No mundo cotidiano tentamos perceber através de categorias tipificadas, buscando entender para *normalizar*, por assim dizer, até aquelas coisas que estamos inaptos para interpretar imediatamente. O processo todo de executar uma ação cotidiana é engendrado de modo a prevenir a dúvida sobre o mundo, tal como ele aparece para nós – uma compreensão que, como veremos, exerceu um efeito eletrizante em Garfinkel.

Porque esse é o caso, porque somos sempre dependentes de tipificações nas nossas vidas cotidianas, podemos estabelecer que nossas ações ocorrem tendo como "horizonte" aquilo que é familiar, tomado por certo; nós temos simplesmente modelos perceptivos e receitas para ação à disposição, as quais devemos implantar em contextos muito variáveis e específicos. Contextos os quais, portanto, não questionamos. Mas, ao mesmo tempo, existem também fenômenos – devaneios, experiências com doenças, crises tais como a morte, a posição teórica característica das ciências – nos quais o fato do mundo da vida é, por assim dizer, desfeito, no qual outra realidade de repente aparece ou o potencial para outra realidade se torna concebível (SCHÜTZ & LUCKMANN. *The Structures of the Life-Worlds*, vol. II, p. 117ss.).

Onde Schütz caminhou, os etnometodólogos o seguiram. Garfinkel e seu parceiro Harvey Sacks (1935-1975) colocaram a questão dessa maneira: "Os escritos de Schütz forneceram diretrizes intermináveis para nosso estudo sobre as circunstâncias e ações das investigações da sociologia prática" (GARFINKEL & SACKS. "On Formal Structures of Practical Actions", p. 342).

Em primeiro lugar, os modelos típicos de percepção e de receitas para a ação, vagamente referenciados por Husserl e ligeiramente mais referenciados por Schütz, devem ser demonstrados *empiricamente*, demonstrados de maneira mais efetiva e plausível do que o filósofo Husserl e o teórico da filosofia social Schütz conseguiram. A respeito disso, Garfinkel propôs uma engenhosa tática de metodologia, de maneira a "capturar" os fatos que os fenomenologistas tinham em mente. Seu método empírico foi baseado na ideia de que os modelos perceptivos tomados por certo e as receitas para ação são mais imediatamente aparentes quando alguém intencionalmente os destrói. Essa destruição deixa alguns atores angustiados. Essa exposição do "ser angustiado" evidencia que a regra tomada por certa na existência cotidiana está sendo quebrada. Garfinkel descreve isso dessa maneira:

> Levando em conta a persistência e a continuidade das características das ações combinadas, sociólogos comumente selecionam algum conjunto de características de uma organização de atividades e perguntam pelas variáveis que contribuem para sua estabilidade. Um procedimento alternativo parece ser mais econômico: começar com um sistema com características estáveis e perguntar o que pode ser feito para torná-lo problemático. As operações que alguém teria de performar para produzir e sustentar características anômicas de perceber o ambiente e desorganizar interações deveria nos falar alguma coisa sobre como as estruturas sociais são mantidas ordinária e rotineiramente (GARFINKEL. "A Conception of, and Experiments with 'Trust' as a Condition of Stable Concerted Actions", p. 187).

Os "experimentos de ruptura", os quais devemos discutir em alguns momentos, pretendem jogar luz nas "estruturas formais da ação prática" (GARFINKEL & SACKS. "On Formal Structures of Practical Actions", p. 345). Essas "estruturas gramaticais" (WEINGARTEN & SACK. "Etnometodologie", p. 15), por assim dizer, existem abaixo do nível de referência a normas, de disputas sobre normas etc., as quais Parsons sempre teve em consideração.

Em segundo lugar, alguns dos companheiros de Garfinkel desenvolveram um profundo interesse em "outros mundos", que também fascinaram Alfred Schütz. Especialmente no tocante a culturas não ocidentais e a outras racionalidades, que podem ser encontradas neles, porque as comparações ressaltam características tomadas como certas da cultura ocidental e do seu mundo da vida. Um interesse por outras maneiras de viver e em formas alternativas de racionalidade ficou altamente popular, o que prontamente culminou em um profundo debate sobre o relativismo, centrado na questão de se o conhecimento científico pode e deve, assim, reivindicar um elevado *status vis-à-vis* outros tipos de conhecimento.

Mas permitam-nos voltar para os experimentos com as situações de ruptura. Garfinkel pôs-se, a si mesmo e a seus estudantes, a tarefa de desnudar as estruturas implícitas da ação cotidiana, ao causar desvios controlados daquilo que alguém pode esperar (um comportamento "normal") em uma situação experimental. No que exatamente isso implica na prática? Garfinkel organizou jogos de xadrez, por exemplo, nos quais uma pessoa confiante é testada encarando o experimentador, que, frequentemente, quebra as regras do jogo, faz movimentos errados, repentinamente troca as posições de suas próprias peças, rearranja as peças de seus oponentes etc. O resultado foi quase sempre confusão por parte das pessoas testadas. Mas, ao mesmo tempo, isso foi também imediatamente aparente, e isso é uma coisa sociologicamente interessante, pois os indivíduos que estavam sendo testados tentaram *normalizar* a situação oferecendo explicações "normais", para poder, assim, tornar compreensível o comportamento do experimentador para *eles mesmos e para sugerir ao experimentador a existência de uma situação normal*. Eles tentaram interpretar a situação toda como uma piada ou uma brincadeira, ou perguntavam se o experimentador estava jogando algum tipo de jogo esperto e sutil com eles. Não "xadrez", mas talvez alguma coisa bastante diferente. Ou perguntavam ainda se o experimentador estava de fato jogando xadrez, mas se foi – ao invés de cogitar uma incapacidade – trapaça, ou, talvez, a coisa toda foi um experimento e, assim, "não real" etc.

Para Garfinkel, a compreensão teórica assim obtida foi a de que não apenas na situação semiartificial do jogo, mas também no contexto da ação cotidiana normal, as pessoas constantemente e quase desesperadamente fazem uma tentativa para categorizar o pouco usual, o aflitivo, buscando caracterizar o comportamento inadmissível do outro como normal, "para tratar o conhecimento observado como uma instância de um evento legalmente possível" (GARFINKEL. "Conception", p. 22). Ao outro são sempre imediatamente oferecidas, ou quase forçadas, explicações aceitáveis e plausíveis sobre sua conduta desviante. Sentimo-nos nada menos do que compelidos a nos referir à *significância* e à *compreensibilidade* de nossa ação. Na medida em que executamos ações na vida cotidiana, ativamente produzimos normalidade, assim assegurando para nós mesmos a normalidade do nosso mundo, enquanto categorizamos como desviantes e aflitivos eventos que fazem parte de nossa estrutura interpretativa familiar, explicando-os ou afastando-os. À luz dessa produção ativa da normalidade cotidiana, Garfinkel e os etnometodólogos descrevem a realidade com a qual somos confrontados não como uma coisa automaticamente dada, mas como uma "atividade reflexiva" (MEHAN & WOOD. "Five Features of Reality", p. 354).

Outra experiência de ruptura frequentemente descrita na literatura, que vocês mesmos podem facilmente realizar, fala sobre a corporeidade de nossas ações. A ação não é apenas um processo mental, mas também algo que envolve gestos, expressões faciais etc. e, assim, aspectos corpóreos desempenham um papel decisivo, tal como aprendemos de Mead, e dos interacionistas simbólicos em particular. Quando interagimos com outros, por exemplo, manter uma distância física *apropriada* entre as partes é vital, e a distância varia de cultura para cultura. Quando falamos com outra pessoa, intuitivamente posicionamo-nos a certa distância física dela, variante de acordo com a natureza da situação. E essa distância pode ser em longa medida determinada através de experiências de ruptura. É bastante irritante para um vendedor se você, como cliente, chega tão perto dele que seus narizes praticamente se tocam. Ele inevitavelmente se moverá para trás para restabelecer a distância "normal". Por outro lado, será considerado extremamente mal-educado e muito estranho se você insistir em deixar uma distância de 3,5m entre você e qualquer interlocutor cotidiano, na falta de qualquer necessidade de mantê-la.

Ao mesmo tempo, pessoas imediatamente tentam normalizar a situação sempre que a distância normal não é mantida. Habitantes da cidade, por exemplo, experienciam isso quase todo dia quando usam ônibus superlotados ou metrô. A distância culturalmente especificada como normal entre corpos é automaticamente violada, especialmente quando os rostos de completos estranhos estão a meros centímetros de distância ou quando o braço ou mão de alguém ficam próximos, possivelmente "perigosamente" dos genitais e do tórax alheios em um tumulto. A dita distância é necessária em uma situação definitivamente não sexual. Mas viajar de metrô não é uma situação desse tipo, de modo que é por isso que aquelas pessoas que se encontram nessa difícil situação e que não têm de fato intenções sexuais tentam normalizar o contexto, excluindo todo o conteúdo sexual da interação. Se você está em um metrô a apenas dois centímetros da ponta do nariz de um estranho, não tornará as coisas piores olhando-o nos olhos durante o trajeto; em vez disso, você olhará fixamente para o espaço, para o teto ou fechará os seus olhos etc.!

Finalmente, desejamos apresentar mais uma experiência de ruptura, o que mostra mais uma vez o quão os experimentos de Garfinkel foram grandemente influenciados e inspirados pelo pensamento de Schütz. Para Schütz e suas análises, Garfinkel sabia que, quando lidamos com o outro na vida cotidiana, as pessoas acabam por tomar como certo que as outras concordam sobre os aspectos da ação e com o que é relevante nas situações; quando uma pessoa encontra a outra, fala uma com a outra etc., uma delas tipicamente assume que deixa para trás os aspectos específicos e individuais da biografia de uma delas, e que elas estão operando em um nível no qual *ambas* as partes podem de alguma maneira relatar a mesma situação da mesma maneira. Essa afirmação soa mais complicada do que é. Então, permitam-nos voltar diretamente para o experimento executado por Garfinkel e seus colegas, que elucidaram isso.

Uma das estudantes de Garfinkel (Experimentador = E) relatou a seguinte situação envolvendo seu marido (Sujeito = S):

> Em uma sexta-feira à noite, meu marido e eu estávamos assistindo televisão. Meu marido comentou que estava cansado. Eu respondi: "Como você está cansado? Fisicamente, mentalmente ou apenas entediado?"
>
> (S) "Eu não sei, eu acho que fisicamente, principalmente."
>
> (E) "Você se refere à dor muscular, ou aos seus ossos?"
>
> (S) "Eu acho que sim. Não seja tão técnica."
>
> (S) (Depois de assistir mais TV) "Todos esses filmes velhos têm o mesmo tipo de cama com armação de ferro nas cenas."
>
> (E) "O que você quis dizer? Você se refere a todos os filmes antigos, ou alguns deles, ou apenas àqueles que você já viu?"
>
> (S) "O que tem de errado com você? Você sabe o que eu quis dizer."
>
> (E) "Eu só queria que você fosse mais específico."
>
> (S) "Você sabe o que eu quis dizer! Caia morta!" (GARFINKEL. *Studies in Ethnomethodology*, p. 221).

Esse experimento ilustra, finalmente, três fatos teoricamente interessantes:

1 No decurso da comunicação cotidiana, sempre assumimos que estamos de acordo com o que é relevante para os atores envolvidos. No comentário de sua própria canseira, o marido apenas estabeleceu que estava cansado (*de alguma maneira*), que ele sentia um *vago* sentimento de cansaço; ele não tinha um objetivo claro ao estabelecer isso. Ele estava meramente relatando seu humor. De fato, muito de nossa comunicação cotidiana é exatamente assim, com ambas as partes da interação não falando o objetivo da comunicação, nenhum deles procurando um objetivo claro e particular. Em seu papel como experimentadora, a esposa conscientemente recusou essa pretensão e adotou a abordagem técnica de um doutor para pedir por uma descrição do que exatamente o pobre marido estava querendo dizer com "cansado". Mas essa atitude é totalmente inapropriada enquanto se está vendo televisão à tarde na casa de alguém. E esse é o motivo pelo qual o marido reagiu com compreensível irritação.

O exemplo de comunicação delineado acima mostra como a linguagem cotidiana é inexata e vaga. Isso é particularmente explícito na segunda parte da conversação. Essa afirmação "todos esses filmes velhos" é de fato ambígua e provavelmente errada, principalmente se alguém for analisá-la pelo modo teórico-científico. Isso foi exatamente o que a esposa fez, o que abalou profundamente o marido. Isso desnuda como nós sempre atribuímos reciprocamente clareza para as afirmações que fazemos enquanto estamos engajados em interações. Assumimos que as nossas afirmações são significativas e que os outros captam esse significado sem problemas. Nossa palavra cotidiana é, assim, estruturada de tal maneira que podemos viver com a inevitável obscuridade de nossa comunicação sem um alvoroço adicional por conta disso. Garfinkel (*Studies in Ethnometodology*, p. 38s.) demonstrou isso ao gravar as conversações cotidianas e tentou reformulá-las em linguagem não ambígua e precisa na qual – na medida do possível – todas as afirmações tácitas e suposições são ditas de forma explícita (cf. o lado direito da coluna em itálico na Tabela 7.1).

2
Tabela 7.1

Marido: Dana foi bem-sucedido em botar uma moeda no parquímetro hoje, sem que eu tivesse que erguê-lo.	*Essa tarde, quando eu estava levando Dana, nosso filho de 4 anos, de casa para a creche, ele teve sucesso em atingir uma altura suficiente para colocar uma moeda no parquímetro quando estacionamos em uma zona determinada, enquanto antes ele sempre precisava ser erguido para atingir essa altura.*
Esposa: Você o levou para a loja de discos?	*Já que ele colocou a moeda no parquímetro, isso significa que você parou enquanto ele estava com você. Eu sei que você parou na loja de discos, ou no caminho de ida, ou no caminho da volta. Foi no caminho de volta, então por isso ele estava com você, ou você parou lá no caminho da ida para pegá-lo ou foi em outro lugar que não a loja?*
Marido: Não, em uma sapataria.	*Não, eu parei na loja de discos no caminho para pegá-lo e parei na sapataria no caminho para casa, quando ele estava comigo.*
Mulher: Para quê?	*Eu sei de uma razão por que você poderia ter parado na sapataria, mas você não a disse. Por que você fez isso de fato?*
Marido: Eu peguei uns cadarços novos para meus sapatos.	*Como você lembra, eu arrebentei um cadarço de um dos meus sapatos Oxford marrons outro dia, então parei para comprar alguns novos.*
Mulher: Seus sapatos de viagem precisam urgentemente de solas novas.	*Eu estava pensando em outra coisa que você poderia ter levado para a sapataria. Você poderia ter levado seus sapatos pretos de viagem, que estão com as solas ruins. É melhor você levá-los em breve.*

Em relação a isso, seguindo Husserl, Garfinkel refere-se à noção de que a linguagem cotidiana é saturada de "expressões ocasionais", por palavras "cujo sentido não pode estar nítido para um ouvinte sem este necessariamente conhecer ou assumir alguma coisa sobre a biografia e os propósitos do usuário da expressão, as circunstâncias da elocução, o sentido anterior da conversação, a relação particular entre a atual ou potencial interação que existe entre o expressante e o ouvinte" (GARFINKEL. "Aspects of the Problem of Common-Sense Knowledge of Social Structures", p. 60).

A referência ao caráter "ocasional" ou "indicativo" da linguagem é implicitamente central para entendermos a crítica de Garfinkel ao modelo parsoniano de ator, de acordo com o qual atores se relacionam sem ficar presos a normas e objetos. Para Garfinkel, toda declaração e todo ato são meramente o ponto de partida de um complicado processo de interpretação (HERITAGE. *Garfinkel and Ethnomethodology*, p. 140) no qual atores devem realizar atos e os sociólogos devem lançar luz sobre eles. Isso também tem consequências para a pesquisa social empírica: os etnometodólogos desconfiam de todos os métodos que falharam em prestar atenção ao inevitável caráter *indicativo* da linguagem cotidiana ou o que tendem a excluí-lo através de questionários padronizados, por exemplo. Eles duvidam que esses métodos são capazes de captar os processos cotidianos complexos de interpretação de modo significativo. Ao mesmo tempo, os etnometodólogos observam que o processo científico ele mesmo, cada instância de comunicação entre cientistas e toda interpretação das informações coletadas, é também dependente da linguagem cotidiana e, assim, a aparente objetividade da ciência é inevitavelmente "contaminada" por tudo isso. Nós precisamos pensar sobre tudo isso, em vez de varrer para debaixo do tapete [*airbrushing*], se quisermos evitar a produção de conclusões falhas. "Devemos assumir que a atitude normal encontrada na vida cotidiana reina não apenas em investigações práticas da sociologia realizadas *quotidianamente* pelos membros da sociedade, mas que isso também é executado por sociólogos profissionais. A atitude normal da vida cotidiana não é mais restrita ao "homem comum", mas se estende aos sociólogos profissionais" (p. 195; ênfase original). Quando Garfinkel se referiu às "investigações sociológicas" executadas por membros normais da sociedade, ele está se referindo ao fato de que certos etnometodólogos fizeram tentativas de negar esse fato, apelando para um suposto *status* especial e elevado comparado com outros "mundos" e recusaram fazer das ciências sociais elas mesmas assuntos de pesquisa (PSATHAS. "Die Untersuchung von Alltagsstrukturen und das ethnomethodologische Paradigma" ["Um estudo das estruturas do cotidiano e o paradigma etnometodológico"], p. 186ss.). Deveremos voltar a esse tópico mais adiante, quando discutiremos os campos de assunto preferido para pesquisa dos etnometodólogos.

3 O experimento comunicacional envolvendo o marido e a esposa assistindo televisão – particularmente a observação conclusiva do marido – em última análise dá origem para o *insight* altamente interessante, do ponto de vista teórico, de que nós depositamos confiança genuína na capacidade de interpretações dos outros, quando vivemos nossas próprias vidas diárias. "Confiança", um conceito essencial de Garfinkel, é um fenômeno diretamente conectado com o terceiro elemento de sua crítica a Parsons e confere plausibilidade à sua asserção de que Parsons discutiu o problema da ordem de modo errado.

O marido reagiu de modo irado e exasperado às perguntas e respostas de sua esposa. Mas, como Garfinkel demonstrou por meio de uma série de outros experimentos de ruptura, isso não é uma característica específica da pessoa testada em particular. De fato, *quase todas* as pessoas testadas responderam dessa forma. Se, ao longo do experimento, isso acontece, significa que sua fé na normalidade do mundo cotidiano está sendo subvertida. Sanções acontecem – a pessoa testada se torna furiosa, irritada, grita etc. – se as regras da vida cotidiana e do conhecimento cotidiano são quebradas, se os aspectos tomados por certo do mundo cotidiano são ameaçados. Isso é diferente do que acontece quando, por exemplo, certos atos são punidos ou pessoas são convertidas em infratores (desviantes). Como foi explorado na sociologia do comportamento desviante, a esposa não está ofendendo uma norma identificada como escrita ou não escrita. O que ela está infringindo ou causando colapso, ao invés, foi a *fé de seu marido na normalidade de seu mundo*, e é *contra isso* que ele reagiu tão raivosamente. O que garante a ordem social é a validade autoevidente de nosso mundo cotidiano, protegido e apoiado por um alto grau de confiança. Isso explica por que os etnometodólogos argumentam que as normas morais enfatizadas por Parsons são meramente um fenômeno secundário, como se a ordem social fosse constituída sobre um nível bem diferente e mais profundo do que este assumiu. Garfinkel mesmo forneceu uma descrição poderosa sobre isso. Em referência à relação entre a regulação normativa da ação (parsoniana) e aquilo que é tomado por certo, a estabilidade da ação cotidiana baseada na confiança (elucidada pela etnometodologia), ele afirmou que:

> o fenômeno crítico não é a "intensidade de afeto" com o qual a "regra" é "investida", ou o respeito, o *status* sagrado ou moral da regra, mas a normalidade percebida dos eventos do meio, no qual essa normalidade é uma função das proposições que definem os eventos possíveis (GARFINKEL. "Conception", p. 198).

A dimensão decisiva e comprobatória com relação à ordem social – Garfinkel nos fala – não é a "força" ou a natureza obrigatória das regras morais enfatizadas frequentemente pelos simpatizantes de Durkheim e de Parsons, mas a normalidade da vida cotidiana, com base na qual pessoas se relacionam com as normas, em primeiro lugar. Ou, para recordar novamente a citação de Cicourel: como as estruturas do conhecimento e da ação cotidianas, as regras fundamentais determinam a aplicabilidade das normas.

Desde o princípio, a etnometodologia, como um todo, estava preocupada em analisar a gramática escondida do conhecimento e da ação cotidianas. Um bom número de regras importantes e fundamentais foi sem dúvida "descoberto" aqui, o qual foi tremendamente importante para a teoria da ação e para a crítica das teorias sociais existentes. Mas isso não foi unicamente devido aos seus *insights* teóricos: a etnometodologia tornou-se altamente popular e atrativa para a nova geração de sociólogos, especialmente à dos anos de 1960. Essa vertente tinha apelo porque habilitava alguém a adotar – como nas experiências de ruptura – uma atitude desajeitada, comportar-se de maneira propositadamente "insensata", porque os experimentos foram destinados "a problemas os quais, do ponto de vista daqueles que desejam *fazer* alguma coisa no mundo, não são de modo algum problemas reais" (WIEDER & ZIMMERMANN. "Regeln im Erklärungsprozeb [Regras dentro do processo de explicação], p. 124). Alguém poderia se divertir destruindo a confiança nas estruturas do mundo cotidiano, apreendendo no processo aquilo que produz conhecimento relevante. A proximidade com o teatro do absurdo, que foi muito popular nos anos de 1960, foi inequívoca; em ambos os casos, normas e regras foram deliberadamente ofendidas. No caso da etnometodologia, existe sempre o risco de que esses eventos possam degenerar em "acontecimentos", comprometendo sua reivindicação ao *status* de teórico sério.

Esse perigo foi aumentado pelo grande interesse dos etnometodólogos nas culturas e racionalidades diferentes e não familiares. Nos tempos do movimento *hippie* e da então chamada contracultura, em que a drogadição exercia tanto fascínio como o mundo exótico da Índia e a literatura de Carlos Castañeda, o que erradamente foi considerado como sendo a etnografia, esse interesse era esperado e estava em plena sintonia com aquele momento histórico. Mas o que cativou muitos etnometodólogos foi a descoberta das diferentes visões de mundo as quais, quando alguém aceita suas premissas, funciona dentro de uma lógica consistente, na medida em que os atores "não familiares" se envolvem incessantemente na produção de *sua versão* da normalidade cotidiana. Ao fazer comparações entre gramáticas às vezes radicalmente diferentes, alguém poderia obter certos *insigths* sobre o funcionamento de nosso próprio mundo enquanto encoraja o entendimento das culturas não familiares e de suas suposições sobre a natureza da racionalidade. Por exemplo, etnometodólogos – de novo influenciados fortemente pelas ideias de Schültz – apontaram que uma das premissas essenciais de nossa cultura é a da constância dos objetos, a convicção que estes permanecem os mesmos, que eles não podem repentinamente mudar e se transformar em algo diferente e que eles não – enquanto estamos lidando com objetos inanimados – movem-se independentemente, desaparecem etc. (cf. tb. MEHAN & WOOD. "Five Features"). Isso talvez não seja mais do que um *insight* banal, mas em algumas circunstâncias isso pode se tornar bastante interessante.

Imagine que você tenha extraviado um objeto, algo como seus óculos de sol. Quando você entra em seu apartamento, em uma parte pouco iluminada, tendo vindo de fora, seu primeiro movimento costuma ser tirar os óculos e colocá-los na estante na frente da porta. Vinte minutos mais tarde, naquele bonito dia ensolarado, você quer novamente sair da casa. Você vai até a estante – e os óculos não estão mais lá, apesar de deverem estar lá e não haver mais ninguém no apartamento. Você pode jurar que colocou os óculos bem em cima da estante. Mas eles não estão lá. Você revira o apartamento em busca desses óculos, até que os descobre sobre a TV. Como regra, você reagirá a isso explicando a coisa toda para você mesmo: "Apesar de eu estar completamente certo de que coloquei os óculos na estante, obviamente não fiz isso. Eu estava provavelmente distraído, em outro mundo; isso acontece muito, na verdade. Sou bem distraído algumas vezes. Devo ter de alguma maneira subconsciente colocado o óculos em cima da TV". Esse é sem dúvida o tipo de pensamento que deve passar pela sua cabeça nesses casos. Apesar de estar completamente certo de que colocou o óculos na estante, quando você começa a procurar há uma coisa que você não faz: você não considera seriamente a possibilidade de os óculos moverem-se independentemente, que eles podem voar, possivelmente como o resultado de algum tipo de mágica, ou que eles algumas vezes preferem sentar-se na estante e em outras vezes na TV. Mas se você estava realmente tão certo sobre a localização dos óculos, então teria que ter uma explicação plausível e uma tentativa inteiramente racional de explicação – finalmente tão plausível e racional quanto sua atitude de buscá-los e, assim, sendo pouco convincente, sua admissão de sua própria confusão mental. Precisamente porque estamos convencidos da constância dos objetos em nossa cultura – o objeto nesse caso sendo inanimado – excluímos a possibilidade de que esses óculos possam voar. É por isso que procuramos por outra racionalização para explicar o que aconteceu.

Mas existem culturas nas quais as suposições da constância do objeto não são autoevidentes e nas quais a situação básica descrita acima deve ser explicada do seguinte modo: o desaparecimento de um objeto é devido à influência de deuses, ou aos poderes mágicos de um feiticeiro etc. Tal estratégia explanatória pode de fato ser encontrada em certas culturas. Etnometodólogos assinalaram que isso não é nada irracional. À luz das premissas características dessas culturas, tais estruturas explicativas são inteiramente compreensíveis. Em outras culturas também os atores incessantemente produzem normalidade e ato em um estilo inteiramente racional. E, tal como nós em nossa cultura ocidental, que sempre assumimos que nossas ações são racionais, o mesmo acontece com indivíduos de outras culturas – de uma maneira, de fato, isso é extremamente plausível, dada *as premissas particulares* em questão.

Essa linha de pensamento rapidamente levou a indagar se nossa cultura ocidental pode reivindicar maiores padrões de racionalidade do que culturas não ocidentais e se a ciência em particular pode se gabar de ser uma forma de racionalidade superior a outras formas de conhecimento, como a magia. Teve início um controverso e às vezes obscuro debate sobre o relativismo (cf., p. ex., KIPPENBERG & LUCHESI. *Magie – Die sozialwissenschaftliche Kontroverse über das verstehen fremden Denkens* ["Mágica: a disputa social científica sobre como entender outras maneiras de pensar"]. O valor desses debates foi questionável às vezes, particularmente porque, à luz do inegável fato de que o conhecimento é temporal e espacialmente limitado e, assim, dependente do contexto, muitos dos debatedores se apressaram na conclusão de que todas as formas de conhecimento são *igualmente* válidas ou que não podem ser comparadas, e que não podem ser passíveis para avaliação. Mas esse certamente não é o caso. É absolutamente possível comparar formas e estoques de conhecimento para depois produzir uma avaliação equilibrada. Isso é frequentemente difícil, às vezes é impossível se chegar a uma conclusão clara. Mas essa categoria não é de todo diferente daquela na qual cientistas encontram-se quando, como descrito na Lição I, eles têm que escolher entre dois paradigmas em competição. Mesmo na inexistência de um "experimento crucial" para esclarecer as coisas, é certamente *possível discutir e comparar razoavelmente*. Do mesmo modo, é possível contrastar o estoque de conhecimento cotidiano encontrado em diferentes culturas.

Um número significante de etnometodólogos rejeitou essa noção, o que os faz frequentemente derivarem conclusões relativistas de suas investigações. E o fato de que finalmente alguns desfrutaram de seu papel como duros críticos da ciência e da sociologia, em particular, teve uma consequência geral perniciosa nessa escola de pensamento. A partir da metade dos anos de 1970 os etnometodólogos rapidamente perderam influência nos Estados Unidos e em outros lugares. Esse fenômeno faz parecer que não foi mais possível para a etnometodologia oferecer à sociologia ideias inovadoras sobre o presente. O fato de que essa corrente teórica, por muito tempo ignorada, esteja atualmente passando por um renascimento na França, onde vem adquirindo nova importância – não tem impacto sobre isso (cf. DOSSE. *Empire of Meaning*, p. 67ss.).

Voltando para a temática central dessa teoria, é impressionante como a macrossociologia foi pouco afetada e que autores centrais dessa corrente raramente tenham feito declarações gerais sobre a mudança social. A força da etnometodologia reside na descrição bastante detalhada de *microssituações,* o que pode nos ajudar a receber importantes *insights* para a *teoria da ação.* Isso foi o que a pesquisa empírica estimulou: experimentos de ruptura que habilitaram Garfinkel e aqueles que o seguem a formular declarações de grande importância para a teoria da ação. O campo da pesquisa empírica conhecida como análise das conversações (SACKS & SCHEGLOFF, p. 1.937), desenvolvido a partir desses estímulos, foi uma tentativa para iluminar completamente os mecanismos de conversação, bem como a comunicação não verbal – como contato visual (cf., p. ex., SCHEGLOFF. "Accounts of Conduct in Interaction: Interruption, Overlap and Turn-Taking"). No que se refere à *teoria da ordem,* nós já endereçamos a crítica etnometodológica feita a Parsons e a ênfase concomitante na natureza tomada como certa do conhecimento cotidiano; de novo, *insights*-chave penetraram as "outras" abordagens teóricas dentro da sociologia, como veremos de novo, por exemplo, na Lição XII (sobre Antony Giddens).

Além disso, a etnometodologia continua exercitando uma importante influência em cinco áreas centrais dos campos empíricos:

1 A poderosa crítica etnometodológica da teoria da ação tradicional e o reconhecimento do caráter indicativo da linguagem cotidiana têm inspirado um novo cuidado e precaução com o debate sociológico geral sobre métodos. Sociólogos refletem muito mais sobre como os dados são gerados e obtidos antes de a etnometodologia aparecer na sociologia. Isto é devido em grande parte a um livro que continua a ter uma importância central, o *Method and Measurement in Sociology*, de Aaron Cicourel, uma investigação profunda sobre o processo de pesquisa, particularmente na adequação de certas ferramentas de coleta de dados. Para qualquer pessoa que queira encarar os problemas da pesquisa social quantitativa, por exemplo, o livro de 1964 de Cicourel continua indispensável. O livro de Jack Douglas, *The Social Meaning of Suicide* (1967), é uma exposição particularmente gráfica e espetacular da importância da crítica etnometodológica da metodologia. Em contraste com o projeto de Durkheim em seu livro sobre o suicídio, Douglas estava interessado principalmente *em como dados sobre o suicídio são* coletados por autoridades nacionais ou locais. Mostrando exatamente quais suposições e premissas subjacentes etc. estão envolvidas na construção de um suicídio "oficial", Douglas deixou claro que as estatísticas oficiais não podem ser tomadas como um "valor nominal". Isso, é claro, tem ramificações em alguns achados de Durkheim, porquanto ele tenha evitado considerações de como os dados foram produzidos e o alcance de suas considerações teóricas, sem uma consideração minuciosa sobre as bases da informação oficial disponível – o que as tornou altamente questionáveis de acordo com Douglas. Reservas similares são aplicáveis às estatísticas de crime. A pesquisa etnometodológica tem demonstrado como dados relevantes são produzidos. Investigações sobre essas estatísticas revelam, por exemplo, o curioso fato de que uma crescente presença da polícia conduz a um dramático aumento do número de criminosos. Isso não ocorre porque mais crimes são cometidos quando aumenta o número de policiais em uma dada vizinhança – um resultado imprevisível –, mas porque esses oficiais conseguem lembrar de mais crimes: sempre que se vai para um caminho ou para outro, eles registram mais ofensas mais ou menos graves.

2 Esse último ponto nos leva para o próximo campo no qual a etnometodologia tem uma forte presença: a sociologia do comportamento desviante. Aqui, o comportamento e as atividades da "produção da ofensa" de autoridades de

supervisão, como os policiais, foram investigados em grandes detalhes. Autores como Egon Bittner (n. 1921; "Police Discretion in Emergency Apprehension of Mentally Ill Persons") e Harvey Sacks ("Notes on Police Assessment of Moral Character"), destacaram a enorme margem de manobra dos policiais e o modo como eles agem diariamente em seus chamados, com base em critérios altamente contingentes, não têm nada a ver com a letra da lei, critérios que os impulsionam para a ação em certas situações e como suas percepções de incidentes cotidianos são estruturadas a partir daquelas enunciadas por "pessoas leigas".

3 À luz de nossas anotações anteriores, não é surpreendente afirmar que os autores influenciados por Alfred Schütz também exerceram uma importante influência no campo da sociologia do conhecimento. Aqui, mais até do que na etnometodologia, fundada por Garfinkel, nota-se a influência em certos aspectos do trabalho de Schütz, o que pode ser ligado com a crítica à ideologia característica de algumas das figuras clássicas da sociologia, as quais assumiram o centro do palco. Um trabalho foi particularmente importante para inaugurar um novo território a partir dessa concepção, *A construção social da realidade* de Peter L. Berger e Thomas Luckmann. Esse livro implantou as ideias de Schütz para embasar ou corrigir o trabalho de autores clássicos que lidaram com tópicos de sociologia do conhecimento, como Karl Marx, Max Scheler (1874-1928) e Karl Mannheim (1893-1947). Particularmente nos anos de 1960, que viram um renovado interesse no trabalho de Marx, esse livro, que apareceu em 1966, forneceu uma importante fonte para o pensamento a respeito do debate associado à "natureza" e ao conceito de ideologia. Apesar do fato de que as disputas ideológico-políticas características das sociedades ocidentais nos anos de 1960 terem se tornado menos significantes, e o mesmo destino aconteceu com a sociologia do conhecimento por consequência, o *status* do trabalho clássico por Berger e Luckmann com os quais, repetindo, tem pouco em comum com a tradição de pesquisa garfinkeliana, permanece grande.

4 Os temas cobertos pelo ponto 3 estão fortemente presentes na sociologia da ciência. Dado que os etnometodólogos propuseram examinar o modo como a realidade é produzida a partir da comparação de diferentes "mundos", não é surpresa que o holofote analítico em breve recairia sobre a ciência em si. Garfinkel mesmo estava envolvido em pesquisas desse tipo, seu interesse residia, por exemplo, na realidade do laboratório, os caminhos pelos quais os fatos são produzidos e interpretados a partir de tais definições (LYNCH; LIVINGSTON & GARFINKEL. "Temporal Order in Laboratory Work"). Desenhando pelas ideias metodológicas, uma sociologia da ciência adquire uma aproximação etnográfica, mostrando, por exemplo, o quão grandemente esse racional processo de pesquisa é moldado pelas estruturas da ação cotidiana, o modo como decisões arbitrá-

rias determinam esse processo, como acasos influenciam o desenvolvimento da pesquisa, como pesquisadores devem primeiramente adquirir a habilidade de ver "fatos" através da prática constante, como aparentemente ideias claras de pesquisa são frequentemente descartadas ou esquecidas, como mesmo aqui – como ocorria com os jurados – relatórios de pesquisa retrospectivamente estilizam o atual curso dos eventos e o quão grandemente dependente são os experimentos técnicos das interações dos cientistas, que decisivamente dão forma ao modo como os dados são analisados (cf., p. ex., KNORR-CETINA, K. *The Manufacture of Knowledge: An Essay on the Constructivist and Contextual Nature of Science*).

5 A etnometodologia tem também exercido uma relevante influência na pesquisa feminista e na construção de sua teoria. Nós vamos nos deter mais nisso na Lição XVII.

Isso nos leva para o fim de nossas lições sobre as "abordagens interpretativas". Juntamente com a rebeldia neoutilitarista, interacionista simbólica e etnometodológica, contra a hegemonia parsoniana nos anos de 1950 e de 1960, uma outra escola de pensamento existiu. Contudo, nós não mencionamos ainda, mas ela também competiu com a teoria de Parsons. Nós estamos nos referindo a um conflito teórico, que demandaria uma discussão antes que pudéssemos considerar um desenvolvimento subsequente, mas para o qual voltaremos na próxima lição. Os anos de 1970 assistiram a um ponto de virada: levando todas essas críticas em conta e tentando, de novo, continuar de onde Parsons parou em suas tentativas de síntese teórica, alguns sociólogos produziram em larga escala novas sínteses. Esse foi o único caminho para repelir o perigo de fragmentar o sujeito em uma desconexa justaposição de "escolas" ou "abordagens".

VIII
Sociologia do conflito e teoria do conflito

O neoutilitarismo e as abordagens interpretativas do interacionismo simbólico e da etnometodologia foram reações ao domínio da escola de Parsons nas décadas de 1950 e de 1960. Em ambos os casos, o conceito de ação foi o principal tema de debate. Enquanto os neoutilitaristas achavam o modelo de ação parsoniano excessivamente normativo e geralmente complicado, acreditando que ele tendia a enfraquecer o poder explicativo da sociologia, os interacionistas e os etnometodólogos pensavam que o conceito de ação normativo de Parsons era inadequado e insuficientemente complexo. Os neoutilitaristas ainda tentaram reviver a tradição do utilitarismo que Parsons tinha se despedido, enquanto os interacionistas simbólicos continuaram com o pragmatismo americano que Parsons tinha ignorado, especialmente em seu primeiro trabalho; tomando as ideias fenomenológicas, os etnometodologistas partiram para novos, poderíamos dizer dissidentes, caminhos. Mas todas as três escolas lutavam primariamente com o conceito de ação parsoniano, enquanto ao problema da ordem social foi dada pouquíssima atenção e muito menos ao da mudança social.

A emergência da assim chamada sociologia do conflito em meados dos anos de 1950 deve ser considerada nesse contexto; em todos os sentidos, ela representa uma antítese a Parsons ou a um certo entendimento sobre Parsons. Muitos sociólogos sentiram que a concepção teórica da ordem e da mudança de Parsons enfatizou demasiadamente os elementos normativos da realidade social. Como resultado, de acordo com eles, ele simplesmente assumiu a existência de uma ordem social estável, procedendo sem reflexão sobre a premissa de que as sociedades são estáticas e bem-ordenadas. Os sociólogos do conflito contrariaram isso com uma teoria alternativa que enfatizou o papel das relações de poder e os conflitos de interesses na vida social, destacando, assim, o dinamismo e, muitas vezes, a característica de rápida mudança das ordens sociais. Em suma, o "conflito" social foi solidamente colocado no palco central no processo de construção da teoria sociológica, em um esforço para escapar do modelo normativo de ordem de Parsons em um nível conceitual básico. Sem surpresa, esta sociologia do conflito exerceu um apelo particular na década de 1960, época em que vários movimentos sociais, especialmente o movimento estudantil, estavam se tornando cada vez mais críticos do modelo da sociedade ocidental, particularmente a americana, destacando a teoria parsoniana como uma defesa reacionária do estado da sociedade americana. Mas nós queremos destacar que a crítica sociológica do conflito de Parsons estava longe de ser restrita ao espectro da *esquerda* política.

Qualquer que tenha sido a motivação política dos críticos, o próprio Parsons sentiu que ele havia sido incompreendido, seriamente em alguns casos. Afinal, em suas análises teóricas iniciais sobre a ação – e a ordem – social, em *A estrutura*, ele construiu seus argumentos em um nível mais abstrato, do mesmo modo que no período intermediário de seus escritos estrutural-funcionalistas. De modo algum ele pretende defender uma ordem social e política particular tal como a dos Estados Unidos. Ele tinha pouco interesse em negar a existência dos conflitos sociais. O principal objetivo do seu argumento – pelo menos da forma que ele via as coisas – era na verdade "transcendental" no sentido kantiano: ele tinha perguntado o que são pré-requisitos básicos para a ordem social. E a resposta a esta questão não tem nada a ver com o fato de que a pessoa tende a ver evidência empírica em elementos que apontam para a construção da ordem em dada realidade social, ou se percebe os fatores de conflito que estão operando. Parsons trabalhou com a hipótese da existência empírica da ordem, mas certamente não negou a existência dos conflitos. Os ataques dos sociólogos de conflito, assim, inevitavelmente pareciam-lhes malformulados, sobretudo tendo em conta de que ele havia explicitamente tentado chegar a uma teoria da mudança social a partir da década de 1960 (cf. Lição IV). O crescimento da sociologia do conflito se deu com base em um mal-entendido, consequência de uma distorção ou simplesmente a percepção muito unilateral da teoria parsoniana? Sim e não. Parsons estava certamente correto em sua insistência de que suas análises teóricas da ação – e da ordem – foram além da crítica empírica direta. Para a maioria, ele de fato argumentou em um nível teórico mais elevado do que muitos de seus críticos da sociologia do conflito. Por outro lado, e até mesmo seguidores de Parsons eventualmente admitiram isso, todo o arcabouço teórico parsoniano carece de um conjunto de ferramentas conceituais sensíveis com as quais se pudesse compreender a natureza dos conflitos. Os críticos, portanto, de maneira alguma foram totalmente errados em criticar os escritos de Parsons – particularmente suas análises empíricas – em sua forte tendência para enfatizar a harmonia, geralmente desconsiderando a existência dos conflitos em massa e conflitos de interesse e apresentando, assim, a mudança social como contínua e linear de forma bastante inadequada. O último trabalho de Parsons no campo da teoria evolucionária, onde lidou com o problema da mudança macrossocial, falhou verdadeiramente, como já vimos, em refutar esta crítica. Havia, portanto, boas razões para alguma suspeita de que um "viés harmonioso" foi construído nas próprias bases do edifício teórico de Parsons ou de que este edifício foi construído de tal maneira que é difícil focar principalmente em conflitos sociais.

Mas voltemos agora para a própria sociologia do conflito, que imediatamente nos confronta com certa dificuldade ou ambiguidade conceitual. Uma pessoa pode usar o termo sociologia do conflito para se referir a uma subdisciplina sociológica: tal como a sociologia da família lida com a família, e a sociologia da religião preocupa-se com a religião, a sociologia do conflito, entendida desta maneira, lida com os conflitos. Esta é uma forma de entender o termo. Mas – e isso é o mais interessante para nós dentro do arcabouço de nossas leituras sobre a teoria social moderna – a sociologia do conflito pode também se referir a uma *abordagem teórica em si mesma*. Nós podemos, por essa razão, usar o termo "*teoria* do conflito" para se referir a esse último significado. Essa escolha de terminologia faz sentido para nós assim como ajuda a evitar confusão: historicamente, as origens da *teoria* do conflito são na verdade encontradas dentro da *sociologia* do conflito.

Há boas razões pelas quais sugerimos acima que a teoria parsoniana não conseguiu proporcionar um lugar central para o tema do conflito. Os conflitos na verdade nunca foram *centrais* para Parsons e seus seguidores, apesar do fato de que eles os estudaram como fenômeno empírico. Aqueles sociólogos próximos a Parsons começaram a modificar ou expandir o papel da teoria parsoniana em um estágio inicial, apontando – como Robert Merton (cf., p. ex., "Continuities in the Theory of Reference Groups and Social Structure) – os intra e interconflitos de papéis, pelo fato de que diferentes e conflitantes expectativas de comportamento muitas vezes devem ser cumpridas dentro de um único e mesmo papel (a mãe e o pai de uma criança têm diferentes expectativas dele, p. ex.) ou pelo fato de que os indivíduos quase sempre têm uma variedade de papéis para realizar (uma mulher muitas vezes realiza o papel de mãe e profissional ao mesmo tempo), que não pode ser vista como diretamente compatível e que então dá origem a conflitos. Mas estes novos desenvolvimentos não foram feitos como uma crítica profunda de Parsons, especialmente considerando que Merton imediatamente se referiu às técnicas com que os atores geralmente neutralizam ou dominam esses problemas; nem constituiu uma mudança de ênfase na teoria estrutural-funcionalista para a análise de conflitos sociais. O edifício da teoria normativa parsoniana manteve-se intacto; criou-se espaço apenas, por assim dizer, para o estudo de conflitos bastante específicos, isto é, os conflitos de *papéis*.

Um notável avanço ocorreu mediante o trabalho de Lewis Coser, que nasceu em Berlim em 1913 e emigrou para os Estados Unidos em 1941 (m. 2003). Enquanto o trabalho de Coser estava intimamente alinhado com o de Parsons e sua abordagem teórica, em 1965 ele formulou uma crítica detalhada em *The Functions of Social Conflict*. Entre outras coisas, ele criticou o fato de que os funcionalistas como Parsons tinham interpretado uma maior parte dos conflitos como fenômenos psicologicamente determinados, como lapsos individuais, às vezes até como "doença". Isto foi, segundo ele, porque essa tradição teórica interpreta o *status quo* social como normal, e qualquer desvio disso pode ser interpretado como um distúrbio, como casos de má adaptação individual. Em sua visão, Parsons, em particular, quase não tinha mostrado interesse sério nos processos sociais de conflito, em parte porque tinha sido muito durkheimiano e pouco weberiano. O que Coser quis dizer foi que Parsons adotou muito rapidamente a ênfase de Durkheim sobre os valores no que diz respeito à integração social, geralmente ignorando a percepção correta de Max Weber sobre o significado da luta para o sistema social (*The Functions of Social Conflict*, p. 21ss.).

Coser estava certamente à esquerda de Parsons politicamente, e frequentemente mencionava seus ideais socialistas democráticos de forma aberta e vigorosa. Mas sua crítica ao modelo geralmente estático do mundo social de Parsons não é unicamente devido a esta diferença especial. Em vez disso, um fator cultural parece ter desempenhado um papel aqui. Coser era judeu e foi influenciado por um autor judeu, um dos pais fundadores da sociologia alemã, que já havia feito uma contribuição substancial para a análise dos conflitos no limiar do século XX. Estamos nos referindo a Georg Simmel, cujo livro *Soziologie* (1908) contém um brilhante capítulo intitulado "Conflict". Aqui, entre outras coisas, Simmel apresentou a tipologia do conflito, analisou as consequências desta forma de relação social e forneceu dados reveladores sobre as situações em que um terceiro pode explorar uma disputa entre dois outros, elucidado com o ditado: "Quando dois lutam, o terceiro ganha". Mas essas não foram as observações específicas feitas por Simmel que foram cruciais para Coser. Muito mais importante foi o fato de que Simmel claramente divergiu da tradição cultural então (e talvez ainda) dominante na Alemanha, que imediatamente atribuiu um rótulo negativo aos argumentos, aos conflitos, às disputas etc. Simmel, ao contrário, tinha uma visão muito positiva desse tipo de relação social, que foi certamente devido em parte à cultura rabínica presente no argumento que tinha desenvolvido ao longo dos séculos, em que os conflitos de modo algum eram interpretados como ameaça para a comunidade. E é precisamente esta atitude positiva ou pelo menos neutra em relação à discussão e aos conflitos que Coser adotou e assimilou aos argumentos funcionalistas. Como o título do livro de Coser (*The Functions of Social Conflict*) sugere, e, como ele afirma explicitamente no prefácio, sua preocupação central é a função desempenhada pelos conflitos sociais. Coser entende o conflito como um tipo de dissociação:

> Isso significa essencialmente que [...] nenhum grupo pode estar completamente em harmonia, pois ele poderia então estar desprovido de processo e de estrutura. Os grupos requerem desarmonia tanto quanto harmonia, dissociação tanto quanto associação; e os conflitos dentro deles de modo algum são fatores perturbadores. A formação de grupo é o resultado de ambos os tipos de processo (COSER. *The Functions of Social Conflict*, p. 31).

Baseando-se, às vezes com dificuldade, em Simmel, Coser indicou o potencial dos conflitos para "limpar o ar" e, assim, atuar como uma espécie de válvula de segurança. Ele sublinhou que de modo algum cada conflito é inevitavelmente acompanhado por atos agressivos e, acima de tudo, isso foi diretamente direcionado contra o foco limitado da teoria parsoniana, que a ausência de conflitos em si não nos diz nada sobre a estabilidade de um sistema social: a falta de conflitos pode apontar para tensões subliminares, que podem entrar em erupção em um ponto posterior de forma descontrolada. Em outras palavras, se os conflitos são resolvidos de maneira aberta, este pode muito bem ser um sinal de estabilidade (COSER. *The Functions of Social Conflict*, p. 94). Coser dá um passo adiante. Particularmente em seu trabalho subsequente intitulado *Continuities in the Study of Social Conflict* de 1967, ele afirma que os conflitos, muitas vezes, têm um efeito altamente positivo em sociedades inteiras na medida em que podem desencadear processos de aprendizagem e proporcionar uma oportunidade para o estabelecimento de novas regras e instituições. Se as sociedades não permitem qualquer conflito, elas são, ele afirma, incapazes de aprender e, a longo prazo, incapazes de sobreviver.

> O que é importante para nós é a ideia de que o conflito [...] impede a ossificação do sistema social por exercer pressão pela inovação e criatividade (COSER. *Continuities*, p. 19).

A plausibilidade dessa tese é evidente no caso dos movimentos ambientalistas, que encontraram um grau significativo de resistência nos anos de 1970 e de 1980 na Alemanha Ocidental. Os conflitos de modo algum eram incomuns, e confrontos violentos ocorreram às vezes. Mas esses conflitos foram permitidos no âmbito da política democrática, dando origem a processos de aprendizagem que em última análise induziram todos os partidos políticos à defesa da proteção ambiental. Ainda que se considere as medidas realmente tomadas para proteger o meio ambiente bastante inexpressivas, e sentir que os partidos políticos têm diferentes graus de credibilidade ecológica, é certamente impossível negar que a repressão violenta de movimentos ecológicos na Alemanha Oriental e a retenção de informações relevantes nesse Estado dificultaram o processo de aprendizagem, de tal forma que a destruição ambiental continuou inabalável na década de 1980.

Apesar de todas essas críticas de Parsons, os argumentos de Coser essencialmente permaneceram em desenvolvimento *dentro* do funcionalismo. No entanto, no momento da publicação de *The Functions of Social Conflict*, outros desdobramentos, que deveriam levar a uma ruptura radical com essa crença, já estavam começando a surgir dentro da sociologia. O fenômeno do conflito era agora voltado *contra* o funcionalismo. Foram feitas tentativas, passo a passo, para estabelecer a sociologia do conflito como uma *abordagem teórica* independente em concorrência com ele.

Nos Estados Unidos, esse movimento emergente foi particularmente associado com o nome de Reinhard Bendix. Bendix (1916-1991), como Coser, de origem judaico-alemã, tinha emigrado para os Estados Unidos em 1938 e começou uma carreira acadêmica altamente bem-sucedida na Universidade de Chicago depois de se mudar para Berkeley. Enquanto Coser tinha encontrado sua atração teórica de forma bastante rápida em Simmel, que ele tentou vincular com a tradição teórica parsoniana de forma altamente complexa, o desenvolvimento do trabalho de Bendix é melhor descrito como uma busca provisória para "autores adequados" e uma teoria adequada de mudança. Bendix foi sem dúvida influenciado por Marx, mas foi, desde o início, profundamente consciente de suas grandes fraquezas teóricas; ele se esforçou para superá-las com as ferramentas conceituais fornecidas por Alexis de Tocqueville (1805-1859) e acima de tudo Max Weber. Seu ensaio "Social Stratification and Political Power de 1952 é característico desta translação no sentido de uma teoria adequada de mudança social. Nele, o autor critica com veemência o fracasso empírico da teoria marxista devido às suas tentativas desesperadas de fazer com que todos remontassem a conflitos de classe. Para Bendix, a diversidade de conflitos no mundo social é muito grande para que tal reducionismo reivindique qualquer poder explicativo. Entretanto, ele não está disposto a romper completamente com Marx; ele descreve o marxismo como uma teoria basicamente "interessante" de mudança social. O que era crucial, ele acreditava, era defender ideias sociológicas de Marx, resgatando-as do próprio Marx e de seus seguidores.

> Não devemos [...] abandonar a visão genuína que torna a teoria marxista atraente: a de que os muitos antagonismos criados em uma sociedade e, especialmente, os conflitos inerentes à sua estrutura econômica podem, mas não precisam, dar origem a uma ação coletiva, e que é a tarefa do analista descobrir as circunstâncias em que a ação coletiva surge ou não. Acredito que Marx perdeu sua visão genuína na indeterminação da relação entre a situação de classe e de ação de classe por seu fervor profético, o que o levou a prever o desenvolvimento do capitalismo com uma certeza, muitas vezes, desmentida por seu próprio sentido histórico ("Social Stratification", p. 600).

Este objetivo de resgatar as ideias marxistas de Marx surge reiteradamente na teoria do conflito, incluindo a teoria do conflito *europeu*, que vamos discutir no momento seguinte. A primeira coisa que podemos notar são as conclusões que Bendix tirou com respeito a isso, a reformulação maciça da teoria marxista. Bendix, como vimos na citação acima, coloca em dúvida a estreita ligação entre a situação de classe e de ação de classe e viu que a ação coletiva realizada por grupos e a ação política realizada por atores individuais é bastante independente da situação de classe abstrata. Ele, portanto, rejeitou a noção de que o processo de mudança social poderia ser previsto, que é uma característica constitutiva da teoria marxista. Em vez disso, ele defendia a ideia de que o processo histórico está sujeito a circunstâncias contingentes, que as partes em conflito e os movimentos sociais são continuamente moldados por "condições locais, antecedentes históricos, a intensidade da crise" ("Social Stratification", p. 602); generalizações a-históricas sobre estes fenômenos são, portanto, de valor altamente duvidoso. As proposições de Bendix foram claramente concebidas como um ataque à concepção marxista da história. Mas dado que ele adota uma visão de Marx sobre a importância dos conflitos para os processos históricos, não é nenhuma surpresa que uma postura cada vez mais crítica em relação às figuras do pensamento parsoniano surgiu com o desenvolvimento do seu trabalho, embora isso seja em grande parte ainda implícito.

O livro de Bendix, *Work and Authority in Industry: Ideologies of Management in the Course of Industrialization*, de 1956, foi um passo decisivo nessa direção. Seu estudo histórico-comparativo do processo de industrialização precoce na Inglaterra e na Rússia czarista e a industrialização "madura" nos Estados Unidos e na República Democrática da Alemanha estava completamente fora de sincronia com os relatos de organização de Parsons e os estudos em teoria da diferenciação e teoria evolutiva produzido por Parsons e seus alunos alguns anos mais tarde. Bendix começou o seu livro com a provocativa declaração teórica sobre conflito: "Qualquer que seja a empresa criada, poucos comandam e muitos obedecem" (*Work and Authority*, p. 1); no mesmo nível de descrição, ele adota uma perspectiva muito diferente de Parsons, que sempre tinha visto as organizações baseadas principalmente em uma divisão de trabalho, apoiada por certos valores, com o objetivo de melhorar a eficiência. E enquanto a literatura sobre a mudança social influenciada por Parsons interpretou a história mais ou menos como um processo linear no qual as estruturas sociais modernas tinham, por assim dizer, se estabilizado por causa de sua racionalidade superior, Bendix descreveu esses processos como altamente conflitivos. Para ele, a industrialização não era um processo autopropulsionado, mas aquele em que grupos (aristocracia e burguesia, empresários e trabalhadores, burocratas estatais e gestores) lutaram um contra o outro e na qual esta luta foi vestida em trajes ideológicos ou legitimada com o auxílio de ideologias. "Os poucos, no entanto, raramente têm sido satisfeitos a comandar sem uma justificativa superior [...] e os muitos raramente têm sido dóceis o suficiente para não provocar essas justificativas" (p. 1). No prefácio da nova edição do livro, Bendix sublinha que, enquanto ele utilizava Tocqueville e Marx em suas análises, estava na verdade muito em débito com a sociologia da dominação de Weber (*Work and Authority*, p. xxv). De fato, das figuras clássicas da sociologia, Max Weber viria a ser *o* autor de referência para um grande número de teóricos do conflito. Enquanto Durkheim, por exemplo, recebeu severas críticas e até foi encarado com desprezo dentro desta tradição (cf. a crítica incisiva de Coser em *Continuities*, p. 153-180), o trabalho de Weber parecia um ponto de partida adequado para atacar tanto o marxismo quanto o estrutural-funcionalismo. Isso, no entanto, foi um Weber muito diferente daquele que Parsons tinha apresentado ao público americano em obras como *Structure*. Aqui, Parsons tinha interpretado Weber principalmente com referência a sua tese de convergência, ou seja, no sentido de que seu pensamento, juntamente com o de Marshall, Pareto e Durkheim, cujo conhecimento estava nas tradições do utilitarismo ou do positivismo, tinha-o levado cada vez mais perto de uma "teoria voluntarista da ação" que reconheceu a importância especial das normas e dos valores. Em seu *Max Weber: An Intellectual Portrait*, Bendix explicitamente mirou nesta interpretação normativista de Weber. Nesse livro, que apareceu em 1960, Bendix coloca em disputa a então sociologia da dominação, palco central em sua interpretação de Weber, ao invés de suas análises de visões de mundo dentro da sociologia da religião como Parsons havia feito. E com essa interpretação, Bendix contesta que Parsons e os estrutural-funcionalistas tenham justificado a identificação de Weber como seu progenitor intelectual em primeiro lugar. Bendix faz, assim, o uso de Weber no intuito de criticar Parsons profundamente, ainda que de modo implícito:

> A visão da sociedade como um equilíbrio entre forças opostas é a razão pela qual Weber, de forma bastante explícita, rejeita a tentativa de interpretar as estruturas sociais como totalidades, pelo menos no âmbito das investigações sociológicas. Para ele, a sociologia era o estudo da compreensão do comportamento dos indivíduos na sociedade, e das coletividades como um estado ou uma nação ou de uma família não "agir" ou "se manter" ou "funcionar". [...] A abordagem de Weber concebeu a sociedade como uma arena de competição dos grupos de *status*, cada um com seus próprios interesses econômicos, o *status* de honra e a orientação em relação ao mundo e ao homem (BENDIX. *Max Weber: An Intellectual Portrait*, p. 261-262).

Provavelmente por causa do domínio esmagador do paradigma parsoniano, a crítica gerada dentro da sociologia americana em relação ao tema do "conflito social" foi inicialmente compatível com o funcionalismo (cf. Coser) ou foi realmente fundamental, mas ainda implícita e sem ambições teóricas claramente formuladas. Este foi o caso na obra de Bendix, mas também, por exemplo, no de um influente acadêmico *outsider*, o crítico social-esquerdista C. Wright Mills, que produziu um importante estudo sobre a sociedade americana, em *The Power Elite* (1956). Alguns sociólogos europeus, entretanto, particularmente na Alemanha e na Grã-Bretanha, eram muito mais abertos ao trabalho de Parsons em 1950. Após a crítica fundamental de Parsons, foram feitas tentativas para desenvolver uma alternativa teórica – a saber, a *teoria* do conflito.

Na Grã-Bretanha, dois autores em particular moldaram a teoria do conflito nos anos de 1950 e de 1960, David Lockwood e John Rex. Lockwood (n. 1929) construiu sua reputação durante esse período, principalmente por meio de estudos empíricos em grande escala sobre a teoria de classe, inspirando-se particularmente em categorias weberianas para analisar a consciência dos trabalhadores de colarinho branco – e azul. O que é mais importante no contexto do presente trabalho é que ele também foi um dos primeiros autores britânicos a lançar um veemente ataque sobre *The Social System*, de Parsons, e cujo objetivo era desenvolver sua própria perspectiva teórica independente daquela de Parsons. Seu agora famoso ensaio de 1956 "Some Remarks on *The Social System*" critica a ênfase excessiva sobre a marginalização do tema das "oportunidades de vida" material e dos interesses não normativos na obra de Parsons, que se colocava como perspectiva teórica concorrente. Lockwood chamou os estudiosos a assumir pelo menos uma abordagem equilibrada, que permitisse equilibrar as normas e os interesses materiais e a prestar muita atenção ao tema marxista da exploração (de grupos específicos) e os conflitos sociais resultantes, para articulá-lo ao tema parsoniano de socialização. Ainda assim, Lockwood certamente não assumiu que as categorias marxistas poderiam ser aplicadas sem maiores problemas. Muito pelo contrário: como Bendix havia feito, ele expressou a visão não marxista de que os conflitos sociais não resultam apenas de estruturas econômicas. Com referência aos estudos históricos de Otto Hintze (1861-1940) e acima de tudo a sociologia da dominação de Max Weber, ele sublinhou que é preciso também levar em conta o poder dos conflitos militares e políticos que não podem ser identificados pelas circunstâncias econômicas. Mas, independentemente disso, ele afirmou que, mesmo que as ideias de Marx exijam modificação, elas são importantes o suficiente para agir como um corretivo crucial para a estratégia analítica parsoniana. Em resumo, Lockwood salienta que a abordagem de Parsons e a abordagem teórica do conflito com suas raízes no marxismo são "complementares em seus enfoques". Ele exige, portanto, uma fusão de ambas as abordagens, porque a realidade social é caracterizada tanto por padrões normativos de ordem quanto pelo poder baseado nas "ordens factuais" – uma demanda que pretendia cumprir em um trabalho que apareceu muito mais tarde (cf. *Solidarity and Schism*: "The Problem of Disorder" em *Durkheimian and Marxist Sociology*). Mas já em 1956 ele declarou:

> Cada situação social consiste de uma ordem normativa com a qual Parsons está primariamente preocupado, e também de um substrato ou ordem factual. Ambas são "dadas" para os indivíduos; ambas fazem parte do mundo social exterior e constrangedor. A teoria sociológica está preocupada, ou deveria estar, com os processos sociais e psicológicos mediante os quais a estrutura social, nesse duplo sentido, condiciona os motivos e as ações humanas. A existência de uma ordem normativa de modo algum faz com que as pessoas ajam de acordo com ela; do mesmo modo que a existência de uma dada ordem factual de modo algum resulta necessariamente em certos tipos de comportamento (LOCKWOOD. "Some Remarks", p. 139-140).

John Rex (n. 1925) é outro representante britânico proeminente da teoria do conflito. Original da África do Sul, ele chegou na Inglaterra no final dos anos de 1940, fazendo seu nome principalmente através da análise dos conflitos étnicos. Em *Key Problems of Sociological Theory*, Rex criticou Parsons principalmente por seu desenvolvimento teórico unilateral. Enquanto *The Structure of Social Action* mereceu elogios como um trabalho "sem paralelo como uma história analítica do pensamento sociológico" e cuja perspectiva teórica da ação, pelo menos, nos permite pensar sobre a existência de conflitos, Parsons tinha, segundo ele, desde a sua fase estrutural funcionalista, o mais tardar, adotado uma postura que apenas permite exceções (como o comportamento desviante dos indivíduos) a qualquer outra forma de processos regulares e ininterruptos de institucionalização.

> Embora possamos argumentar com Parsons que os elementos normativos constituem a unidade-ato que ocorre nos sistemas sociais, isso não significa que os sistemas sociais são completamente integrados por esses elementos. E este é o ponto para o qual o pensamento de Parsons parece continuamente estar se movendo, mesmo em *The Structure of Social Action*, mas muito mais obviamente em *The Social System* (*Key Problems*, p. 98).

A construção teórica de Parsons, Rex afirma, era em última análise idealista, porque – e o argumento de Rex aqui é bem próximo do de Lockwood – ele não questiona mais se as ordens estáveis e os padrões normativos podem ser a expressão das estruturas de poder, se, por exemplo, a crença na legitimidade de uma ordem particular de propriedade é o resultado da institucionalização de conflitos de poder, possivelmente remontando a um longo período de tempo. Neste contexto, Rex refere-se ao fato de que o conceito de legitimidade tinha sido introduzido por Max Weber "como uma das possíveis bases de *coordenação imperativa*" e "não [...] como proveniente de qualquer tipo de consenso sobre as normas" (p. 181; ênfase original). Assim, ele pergunta retoricamente e tendo em vista a crítica a Parsons, "se não seria melhor começar sua análise com o equilíbrio do poder ou o conflito de interesses que este equilíbrio de poder deveria resolver, em vez de começar assumindo a existência de normas" (p. 116). Mas Rex não rejeita completamente a perspectiva parsoniana. Em vez disso, assim como Lockwood, ele se refere à "teoria da integração" parsoniana e à teoria do conflito weberiana-marxista como complementares: os problemas centrais, mas muito diferentes da vida social, acreditava ele, só podem ser resolvidos mediante uma combinação das duas abordagens teóricas: "Haveria um problema de propriedade, um problema de poder, um problema de valor e um problema religioso em qualquer sociedade" (p. 179).

Mas a crítica mais radical e a defesa mais enfática da abordagem teórica do conflito vêm de um alemão: Ralf Dahrendorf. Ele, que nasceu no mesmo ano que David Lockwood, é filho do líder social-democrata e lutador da resistência antifascista Gustav Dahrendorf, teve uma ascensão meteórica para o sucesso dentro da sociologia alemã como resultados de suas ideias brilhantes; entre outras coisas, ele ocupou a cátedra das universidades de Hamburg, Tübingen e Constance. Como ele também foi um enorme sucesso como jornalista, as oportunidades logo surgiram na esfera política. Em 1969, ele rapidamente foi secretário parlamentar da FDP no Ministério das Relações Exteriores, antes de se tornar um membro da Comissão das Comunidades Europeias em 1970. O seu percurso o levou para a Inglaterra, onde foi diretor da Escola de Economia de Londres, de 1974 a 1984 e onde ganhou título nobiliário, tornando-se Lord Dahrendorf (cf. DAHRENDORF, R. *Über Grenzen, Lebenserinnerungen* ["Across Boundaries: A Memoir"]).

Dahrendorf, que havia completado uma parcela substancial de sua educação acadêmica nas universidades britânicas, produziu uma crítica teórica do conflito ao estrutural-funcionalismo de Parsons *antes* de Lockwood e Rex. Assim, é bastante justo dizer que a teoria do conflito britânica deriva, em grande medida, de suas contribuições; mas, ao mesmo tempo, Dahrendorf foi profundamente influenciado pelas tradições britânicas de pensamento dentro da sociologia, o que também explica o fato de que seu trabalho gerou um impacto maior sobre o mundo de língua inglesa do que na Alemanha. Um importante ensaio de Dahrendorf "Struktur und Funktion. Talcott Parsons und die Entwicklung der soziologischen Theorie" ("Structure and Function: Talcott Parsons and the Development of Sociological Theory") de 1955 foi crucialmente influenciado pelos argumentos de Lockwood em relação a Parsons. Assim, não é surpresa que a crítica feita mais tarde no contexto britânico já estivesse em seu trabalho. No que diz respeito ao desenvolvimento do trabalho de Parsons, Dahrendorf concluiu que não houve, de fato, necessidade de passar da teoria da ação para uma teoria *funcionalista* da ordem (como vocês sem dúvida lembrarão, nós lidamos com essa crítica na Lição III), especialmente levando em consideração que esta inevitavelmente o levou a fugir da análise causal; além disso, as disfunções não receberam um tratamento sistemático, conferindo à teoria parsoniana seu caráter estático. Mas, neste momento, Dahrendorf ainda falou da extensão desejável da teoria parsoniana ao invés da sua refutação ("Struktur und Funktion", p. 237). Em seu livro *Class and Class Conflict in Industrial Society* de 1957, ele continua a aderir a esta linha: enquanto o estrutural-funcionalismo – Dahrendorf nos fala – é certamente capaz de analisar as forças integrativas dentro de uma sociedade, falta um instrumento de análise semelhante para explicar ou descrever as forças de *mudança de estrutura* (*Class*, p. 122s.). Como Lockwood e Rex, Dahrendorf vê o potencial para suprir a abordagem parsoniana com uma teoria marxista de classe altamente modificada, que, no entanto, deve ser purificada de todo o lastro "metafísico", ou seja, de qualquer vestígio da filosofia da história e da antropologia, mas também da economia política; ela deve ser reduzida até seu núcleo sociologicamente valioso – a explicação dos conflitos sociais. Neste sentido, ela pode avançar para o *status* de uma teoria da mudança capaz de explicar as forças de mudança de estrutura. Dahrendorf acredita que podemos superar a teoria de classe marxista somente se "pudermos substituir a posse ou a não posse, da propriedade privada eficaz pelo exercício da, ou a exclusão da, autoridade como o critério de formação de classes" (p. 136). Como Bendix, Rex e Lockwood, para Dahrendorf o controle dos meios de produção é meramente um caso especial de dominação; as relações de dominação também existem em outros contextos e estes não podem necessariamente ser reduzidos às estruturas econômicas.

> Mas Marx acreditava que a autoridade e o poder são fatores que podem ser rastreados a uma ação do homem em uma propriedade privada eficaz. Na realidade, o oposto é o caso. O poder e a autoridade são fatores irredutíveis a partir do qual as relações sociais associadas com a propriedade privada legal, bem como aqueles associados à propriedade comunal podem ser derivados. [...] A propriedade de modo algum é a única forma de autoridade; ela é, mas um dos seus inúmeros tipos (p. 137).

Este, então, é o programa intelectual de Dahrendorf: o poder e a dominação são os conceitos básicos da sociologia; outro fenômeno pode, por assim dizer, ser derivado deles, e neste sentido podemos analisar as dinâmicas da sociedade. Onde quer que haja dominação, há pessoas sujeitas a ela, que tentam lutar contra o *status quo* de uma forma ou de outra. Onde quer que haja dominação, há conflito, embora Dahrendorf acreditasse que a maioria das sociedades são caracterizadas por uma grande variedade de diferentes associações e, assim, por diferentes tipos de conflito: "Em teoria, pode haver tanto concorrência, contradição ou coexistência de grupos de conflito que dominam uma sociedade como haver associações" (p. 198).

Com esse tipo de teoria de classe, Dahrendorf agora parece ter à sua disposição a chave para uma *teoria da mudança social*. Mas sua ambição teórica encontrou sua expressão total somente mais tarde em um ensaio intitulado "Out of Utopia: Toward a Reorientation of Sociological Analysis". Embora Dahrendorf não tenha desejo algum de reivindicar para o seu modelo de conflito "aplicabilidade abrangente e exclusiva" (p. 127), ele, de fato, chega a uma alternativa clara ao programa teórico de Parsons nesse trabalho de 1957, e, na verdade, com uma concisão que o distingue de Rex e Lockwood, e particularmente de Coser e Bendix. Sua referência conciliatória para a possibilidade ou mesmo necessidade de cruzamento entre a abordagem parsoniana e a teoria do conflito não pode obscurecer o fato de que para Dahrendorf a teoria do conflito é a abordagem mais convincente e o futuro pertence a ela:

> Tanto quanto posso ver, o que precisamos para a explicação dos problemas sociológicos são tanto os modelos de equilíbrio quanto de conflito social; e pode muito bem ser que, em um sentido filosófico, a sociedade tenha duas faces de realidade igual: uma de estabilidade, harmonia e consenso, e uma de mudanças, conflitos e constrangimentos. Estritamente falando, não importa se selecionamos problemas de investigação que podem ser compreendidos apenas em termos do modelo de equilíbrio ou problemas para a explicação que o modelo do conflito é necessário. Não há critérios intrínsecos para preferir um ou o outro. O meu sentimento é, no entanto, que, em face dos recentes desenvolvimentos na nossa disciplina e as considerações críticas

oferecidas no início deste trabalho, podemos ser bem aconselhados a concentrarmo-nos no futuro não só sobre os problemas concretos, mas em problemas que envolvem as explicações em termos de restrição, conflito e mudança ("Out of Utopia", p. 127).

Agora já introduzimos os principais autores que desenvolveram a abordagem teórica do conflito nas décadas de 1950 e de 1960. O que é surpreendente em comparação com as outras abordagens que examinamos é o fato de que não havia um autor definitivo que "conduziu" o desenvolvimento da teoria do conflito; nem havia textos oficiais que poderiam ter demonstrado de forma conclusiva a fecundidade do novo "paradigma": não houve Talcott Parsons (como no caso do funcionalismo), Harold Garfinkel (como houve na etnometodologia) ou Herbert Blumer (como no caso do interacionismo simbólico), nem houve um livro como *The Logic of Collective Action* de Mancur Olson, que foi tão vital para o neoutilitarismo. Além disso, não havia uma tradição uniforme para nutrir a abordagem teórica do conflito. É verdade, como mencionado acima, que, entre as figuras clássicas da sociologia, Max Weber foi o autor de referência fundamental para os teóricos de conflito. Georg Simmel também desempenhou um papel importante. Eles também se depararam com Marx, embora, algumas vezes, com objetivos políticos nitidamente diferentes. Todos eles tentaram combinar as ideias marxistas com as de Weber ou exorcizaram os erros de Marx com meios weberianos. Até mesmo a distância que se deve colocar entre sua obra e Marx já foi tema de discordância. Os chamados marxistas weberianos ou weberianismo de esquerda, que se mantiveram relativamente próximos ao marxismo, atraíram muitos na esquerda política, especialmente na Grã-Bretanha; autores como Lockwood e Rex podem ser colocados dentro deste contexto bastante difuso. Mas enquanto eles apoiaram-se em ideias marxistas, como era evidente em sua maior parte, a teoria do conflito de modo algum era um projeto de esquerda. Raymond Aron (1905-1983), por exemplo, que mencionamos apenas brevemente aqui, foi o maior sociólogo francês da era do pós-Segunda Guerra Mundial, cuja principal inspiração foi Weber. Ele foi o primeiro a adotar os pontos de vista da teoria do conflito dentro de uma paisagem discursiva francesa fortemente moldada por Durkheim. Como jornalista, ele era um crítico mordaz de toda a política com tendências marxistas e foi o grande antagonista dos intelectuais franceses de esquerda em torno de Jean-Paul Sartre. No caso de Ralf Dahrendorf, como vimos, uma referência explícita a Marx certamente desempenhou um papel importante, mas ele também era certamente um marxista weberiano. Dahrendorf, o liberal social, *corrigiu intensamente* Marx com a ajuda de Weber, mas também com referência a pensadores como Gaetano Mosca e Vilfredo Pareto, alguns dos quais estavam próximos do fascismo italiano, e que eram bem conscientes do poder das elites políticas.

Tomando todas essas diferenças entre os teóricos individuais considerados, podemos realmente falar de uma teoria coerente? Havia tal coisa como a teoria do conflito, em primeiro lugar? A resposta é "sim", pelo menos em 1950 e 1960, antes desta teoria ser transformada ou encontrar um novo lar em várias subdisciplinas sociológicas. Teremos mais a dizer sobre isso adiante. Em primeiro lugar, vamos relembrar com maiores detalhes o que todos os autores e teóricos mencionados acima têm em comum. E faremos isso através de quatro pontos:

1 O ponto de partida para a teoria do conflito não é o problema da ordem social, mas a questão de como explicar a *desigualdade social* entre indivíduos ou grupos. O problema da desigualdade social não é, com certeza, algo novo e tem preocupado muitos pensadores, incluindo alguns muito importantes. Além dos escritos de filosofia social, tais como os de Jean-Jacques Rousseau (1712-1778), a bem conhecida pré-história da sociologia foi marcada também pela investigação jornalística, basicamente, de Friedrich Engels, *A situação da classe trabalhadora na Inglaterra*, publicado em 1845, e os estudos cartográficos sobre as diferentes condições de vida nas cidades norte-americanas, como o famoso Inquérito de Pittsburgh, que apareceu em seis volumes entre 1909 e 1914. Esta, então, continuou durante o período em que a sociologia foi constituída como uma disciplina; certamente não havia qualquer falta de análises sobre desigualdade e pobreza. Mas o que distinguia a teoria do conflito das meras descrições, e claro o que ela tinha em comum com o marxismo, foi a pergunta *teoricamente* informada sobre as *causas* desta desigualdade. Gerhard Lenski (n. 1924), um autor que tentou integrar a teoria do conflito e a abordagem funcionalista em 1966 em um grande livro sobre estratificação social (*Power and Privilege: A Theory of Social Stratification*), embora o elemento teórico do conflito claramente predominou, resumiu este interesse teórico na fórmula concisa "Quem recebe o quê e por quê?" Como Lenski e os teóricos do conflito sublinharam, há razões para que as mercadorias sejam distribuídas de forma tão desigual nas sociedades. Mas há razões diferentes daquelas mencionadas no estrutural-funcionalismo. Parsons certamente também tinha estudado estratificação ou desigualdade social. Sua tese sempre foi que, por exemplo, a diferente estrutura de remuneração nas sociedades industriais modernas foi em grande parte uma expressão dos valores sociais fundamentais, de modo que os médicos, com responsabilidade crucial para o valor estimado da saúde, também estão localizados no alto do sistema de estratificação. Isto é exatamente o que os teóricos do conflito contestam com sua tese de que a desigualdade social, a distribuição desigual de bens em uma sociedade, *não pode* ser explicada como resultado da estrutura normativa da sociedade.

2 Isto nos leva ao segundo ponto. A resposta dos teóricos do conflito à questão colocada por Lenski foi que a desigualdade social é, em última análise, uma questão de *dominação*. Lenski argumenta aproximadamente da seguinte forma: porque os bens têm um valor de *status*, bem como um valor de uso e, por

outro lado, são sempre escassos, as pessoas lutam por esses bens em toda sociedade. Por que, por diversas razões alguns que surgiram e continuam a surgir a partir desta luta como vencedores e outros como perdedores, as estruturas de dominação são estabelecidas, a fim de garantir a distribuição desigual de bens a longo prazo. Certos grupos na sociedade, então, têm o interesse ativo em manter e defender privilégios, enquanto outros se rebelam contra isso. Esta é uma resposta à pergunta de Lenski "Quem recebe o quê e por quê?", embora ele não consiga definir adequadamente ou delimitar a postura teórica do conflito. Os dois pontos seguintes nos permitem fazer exatamente isso.

3 Quando os teóricos do conflito falam dos bens e recursos, que podem ser assegurados com a ajuda das relações de dominação e que podem ser usados por sua vez para capturar posições de dominação, eles querem dizer isso em um sentido muito abrangente. Os teóricos do conflito que criticaram Parsons, por exemplo, não dizem praticamente nada sobre os recursos materiais por causa da ênfase imperativa em normas e valores evidente em sua história. Mas os marxistas também, eles afirmam, foram culpados de uma severa unilateralidade aqui, em que eles somente se referiram a *um* tipo de recurso, a saber, os recursos *econômicos*, especificamente a posse dos meios de produção. Mas de acordo com os teóricos do conflito, há significativamente mais recursos "interessantes", sobre os quais e com os quais as pessoas lutam e cuja distribuição é determinada através das relações de dominação. Os teóricos do conflito destacaram em particular a importância, por exemplo, dos recursos *políticos* (como as posições de autoridade), uma vez que estes exercem uma grande influência sobre a forma de desigualdade social. Eles também trataram os meios de violência, de armas, como recursos em seu direito próprio, na medida em que facilita a dominação e, assim, o gozo dos privilégios, sem necessariamente ser explicável em termos de recursos econômicos ou políticos: como se sabe, o papel dos meios de violência na história da humanidade não deve ser subestimado, nem sempre foram as sociedades econômica ou politicamente mais "avançadas" que foram mais bem-sucedidas em fazer a guerra. Randall Collins, um dos principais teóricos do conflito do período posterior, destacou também os recursos *imateriais*, como a "gratificação sexual" (cf. abaixo) e o que ele chamou de "energia emocional", que certos indivíduos ou grupos podem adquirir a fim de reforçar ainda mais sua dominação. Pense, por exemplo, na "moral das tropas" descrita tantas vezes na história militar, o que pode ser reforçado, entre outras coisas, por imagens "apropriadas" do inimigo, e você pode começar a ter uma noção do quão significativo um recurso de "energia emocional" pode ser. No geral, os teóricos do conflito, assim, destacam todo um conjunto de recursos que são disputados dentro das relações de dominação e que são, portanto, distribuídos de forma desigual.

4   Finalmente, para os teóricos do conflito as disputas são características *constantes* da história humana. Eles trabalham com a hipótese da onipresença das lutas sociais e, assim, afastam-se acentuadamente da noção de sociedade altamente integrada de Parsons, mas também do marxismo, na medida em que ele assume que iremos chegar ao "fim da história" e da luta de classes assim que o sistema socialista ou comunista fosse estabelecido. Os teóricos do conflito consideram isso uma superstição totalmente infundada, que decorre do fato de que os marxistas prestam atenção apenas nos recursos econômicos, negligenciando todos os outros tipos. Mesmo que a propriedade privada dos meios de produção fosse abolida e os recursos econômicos fossem distribuídos igualmente, assim os teóricos do conflito nos dizem, outros tipos de conflito (entre os sexos, entre os administradores e os administrados etc.), de modo algum desaparecem. Claro, os conflitos às vezes são levados a um fim; houve e continuará havendo períodos históricos em que os conflitos são poucos e distantes entre si. Mas os teóricos do conflito sempre interpretam essa "paz" como nada mais que um compromisso de *passagem*, um cessar-fogo *temporário*, porque, em última análise, o partido mais desfavorecido não aceitará a distribuição desigual de recursos e bens ao longo do tempo e o conflito acabará rompendo novamente.

Como resultados dessas premissas, os temas principais da sociologia parsoniana são reavaliados ou reinterpretados na sociologia do conflito; a maioria dos fenômenos sociais são vistos "realisticamente" ou "sobriamente", o que é destacado muito claramente ao contrastar os dois pontos de vista. Enquanto para Parsons as ordens sociais são baseadas em valores, para os teóricos de conflito são compromissos meramente temporários entre as partes em conflito que podem ser suspensos a qualquer momento; enquanto para Parsons os valores eram "fins últimos", que, na medida em que os atores realmente acreditam neles, não podem manipulá-los ou questioná-los, a perspectiva teórica do conflito tem uma visão bastante cínica desses valores, em geral interpretando-os como justificativas para as desigualdades sociais, como ideologia, como fachada; enquanto para Parsons o poder político é uma expressão dos compromissos de valor dos cidadãos, que confiam a determinados representantes a tarefa de governar por causa desses mesmos valores, para a perspectiva da teoria do conflito isso parece ser não mais do que um meio de manter a desigualdade social, e o Estado é considerado um meio de consolidar a estrutura de classes; enquanto as rebeliões, as revoluções e os levantes violentos foram em última análise exceções perigosas para Parsons, na visão dos teóricos do conflito eles são eventos aceitos como evidentes; ao invés de crises irracionais, são intervenções racionais destinadas a mudar a estrutura da desigualdade social.

Esta perspectiva teórica "realística", nitidamente diferente da teoria parsoniana, estimulou uma série de campos de pesquisa e deixou vestígios em um número razoável de subdisciplinas sociológicas.

A A *sociologia da educação* deve ser mencionada primeiro. Aqui, a sensibilidade ao poder consegue, de fato, produzir novas descobertas e *insights* sobre o modo de funcionamento das instituições de ensino. As investigações de Randall Collins destacam-se aqui. Nascido em 1940, e assim mais novo do que Coser, Bendix, Rex, Lockwood e Dahrendorf, foi ele quem mais clara e distintamente continuou o programa teórico do conflito. Collins, um aluno de Reinhard Bendix, demonstrou a fecundidade e, ele pensou, superioridade de uma abordagem teórica do conflito para as análises das instituições de educação em um brilhante ensaio de 1971 intitulado "Functional and Conflict Theories of Educational Stratification". Collins mostrou que as explicações e interpretações funcionalistas da tendência, observável em todas as sociedades industriais modernas, na direção de períodos cada vez mais longos de formação escolar e universitária e, assim, de níveis cada vez mais elevados de ensino entre os empregados, não são muito convincentes. Isso ocorre porque essas explicações são baseadas na suposição altamente questionável de aumentar a *demanda* (determinada tecnologicamente) de uma força de trabalho bem-instruída. Empiricamente, porém, assim Collins nos diz, não pode nem ser mostrado que as exigências de trabalho estão se tornando cada vez mais complexas nem que os trabalhadores melhor qualificados são de fato mais produtivos do que os menos qualificados. Ainda mais, a maioria das competências profissionais são aprendidas "no trabalho" e *não* na escola ou na universidade, minando ainda mais a tese de demanda. Assim, de acordo com Collins, nem as pressões econômicas nem as tecnológicas podem ser diretamente responsabilizadas pelo número cada vez maior e o nível cada vez mais alto de certificados educacionais. Em outras palavras, do ponto de vista da sociedade como um todo, o *conteúdo* do conhecimento necessário para adquirir determinado diploma escolar ou universitário não pode ser de importância crucial. Para Collins isso é, portanto, vital para chegar a uma interpretação alternativa, especialmente à luz do fato de que, mesmo no tão aparentemente igualitário século XX, o sucesso profissional ainda está intimamente ligado ao plano social. Collins afirma que a tendência para níveis cada vez maiores de educação pode ser explicada mais simplesmente com referência à *luta dos grupos de status* para obter vantagens econômicas e sociais ou para manter o *status quo*. Como devemos entender isso? Para Collins, a tarefa educacional do ensino primário é o ensinamento do "vocabulário e da inflexão, dos estilos de vestir, dos gostos estéticos, dos valores e costumes" ("Functional and Conflict Theories", p. 1.010). Diferentes tipos de escola e escolas que apreciam diferentes graus de prestígio e com diferentes meios financeiros à sua disposição, que são particularmente características do sistema de ensino americano, ensinam para diferentes grupos de *status*, pois nem todos os pais são capazes de enviar seus filhos para o topo do *ranking* ou estabelecimentos de ensino de prestígio. Esta reproduz a estrutura já existente da estratificação social, especialmente tendo em conta que os empregadores também favorecem aqueles mais acima na escala em suas práticas de recrutamento: "(a) as escolas oferecem uma formação para a cultura de elite, ou respeito por ela; (b) os empregadores usam a educação como um meio de seleção para os atributos culturais" (p. 1.011). Mas isso só explica por que não tem sido possível reduzir significativamente as desigualdades sociais através de instituições de ensino. Por que, no entanto – e esta foi a principal questão para os sociólogos funcionalistas da educação –, o nível geral da educação continua a crescer? A resposta de Collins foi a seguinte: as classes mais baixas, de fato, esforçam-se para melhorar seu *status* através da aquisição de qualificações, para subir a escala social por meio da educação, mas as classes média e alta combatem esta situação, melhorando suas próprias qualificações educacionais a fim de se distinguirem das classes mais baixas: "Liderados pelas maiores e mais prestigiadas organizações, os empregadores têm elevado suas exigências educacionais para manter o prestígio de seus próprios grupos gerenciais e a relativa respeitabilidade dos grupos intermediários" (p. 1.015). Os esforços das classes populares para aumentar sua mobilidade social por meio da educação, assim, apenas levam a um aumento geral nos níveis de ensino, mas não uma mudança substancial na estrutura de estratificação ou o desacoplamento do plano social e do sucesso profissional. Collins então lançou suas hipóteses de forma mais detalhada e as colocou em um fundamento histórico mais firme em um volume intitulado *The Credential Society: An Historical Sociology of Education and Stratification*. Nesse trabalho de 1979, como no seu ensaio anterior mencionado acima, é impressionante como fortemente as descobertas de Collins se assemelham às do teórico francês Pierre Bourdieu, com quem lidaremos em um capítulo mais adiante, na medida em que ele também mostrou a grande extensão na qual as pessoas podem utilizar os bens culturais – incluindo as qualificações educacionais e os conhecimentos adquiridos na escola – para marcar o distanciamento daqueles mais abaixo na escala social que aspiram melhorar seu estatuto, para efeitos de "distinção", nos termos de Bourdieu.

B As visões teóricas do conflito também foram colocadas para o uso produtivo em um campo de pesquisa vizinho, a *sociologia das profissões*. As profissões foram um dos temas favoritos de Talcott Parsons. Parsons estudou os profissionais (cf. Lição III), entre outras coisas, a fim de demonstrar que o desenvolvimento das sociedades modernas não pode ser interpretado em termos de aumento da retirada gradual dos aspectos normativos. Mesmo em mercados, aparentemente dominados puramente por considerações instrumentalmente racionais, mesmo em um capitalismo supostamente de raiz e ramo racionalizados, existem importantes nichos e ocupações em que a conduta profissional está sujeita a um elevado grau de regulação normativa e oposição à lógica de mercado. Assim, ao descrever e analisar as profissões, Parsons e aqueles pesquisadores associados a ele dentro da sociologia das profissões tinham sempre desenvolvido uma atenção especial ao fenômeno da ética profissional, mesmo declarando essa ética central para a definição de profissões. A chamada sociologia das profissões da Escola de Chicago, que foi influenciada pela teoria do conflito, respondeu afirmando que a chamada Escola de Harvard tinha sido tomada pela ideologia semioficial de determinados grupos profissionais. Os teóricos do conflito acreditavam que este *ethos* profissional sublinhado por Parsons e articulado pelos próprios representantes das profissões de forma alguma foi uma honesta expressão de certos valores, mas na maior parte foi apenas um meio eficaz de garantir ideologicamente as próprias posições profissionais dentro da esfera pública e a manutenção de privilégios (cf. tb. nossas observações no capítulo sobre o interacionismo simbólico). Um livro importante nesse sentido foi *The Rise of Professionalism: A Sociological Analysis*, de Magali Sarfatti Larson. Em seu estudo de 1977, Larson mostrou apenas o quanto grupos como os médicos usam seu conhecimento supostamente seguro e sua autoridade para estabelecer seu *status* como o único grupo profissional "real" e criam um monopólio, a fim de excluir os concorrentes (como naturopatas, feiticeiras e parteiras etc.), como a linguagem especialista serve para privar os pacientes do direito de decisão e, assim, aumentar o poder dos médicos especialistas e, finalmente, como e por que apenas determinadas profissões (médicos e advogados) conseguiram estabelecer-se totalmente como verdadeiras profissões com todos os privilégios que as acompanham, enquanto engenheiros, por exemplo, nunca realmente lograram essa "conquista".

C A *sociologia do comportamento desviante* também se beneficiou substancialmente dos conhecimentos teóricos de conflito; uma certa proximidade com abordagens influenciadas pelo interacionismo simbólico e pela etnometodologia é evidente aqui em certa medida. A teoria do rótulo, que nós discutimos na Lição VI, incorporou as percepções de que os processos de definição apoiados pelo poder e guiados por interesses crucialmente determinam se certos crimes são assim rotulados e se alguns criminosos são rotulados de criminosos, enquanto outros não são. Os teóricos do conflito enfatizaram ainda mais o poder do que expoentes das abordagens interpretativas.

D A visão teórica do conflito também deixou uma impressão em um campo que já encontramos em conexão com o neoutilitarismo. A abordagem da mobilização de recursos, dentro do campo da investigação relativa aos *movimentos sociais*, é baseada no pressuposto racionalista de que os movimentos sociais exigem ou são dependentes de uma política favorável para as estruturas de oportunidade, a fim de manter os custos para os participantes o mais baixo possível e as chances de ganhar tão altas quanto possível. Aqui não é o indivíduo, mas os grupos ou classes que são assumidos para ser a realização de cálculos de custo-benefício; isso também implica a ideia teórica do conflito de uma luta de poder permanente entre governantes e governados, detentores do poder e os excluídos do poder, de tal forma que não é nenhuma surpresa que o neoutilitarismo e a teoria do conflito estão intimamente entrelaçados no trabalho de alguns pesquisadores do movimento. Isto é claramente evidente, por exemplo, na obra de autores que já nos referimos, como John McCarthy (n. 1955) e Mayer N. Zald e também na obra do importante sociólogo Charles Tilly (1929-2008) (cf. as referências para alguns de seus escritos).

E A sociologia das *relações de gênero*, que vamos analisar mais de perto na Lição XVII, é outro campo enriquecido pelos argumentos dos teóricos de conflito. Um dos primeiros sociólogos do sexo *masculino* a tomar este campo seriamente na década de 1970 foi Randall Collins, que já mencionamos várias vezes. Em um estudo sistemático do campo (*Conflict Sociology*) em 1975, ele atribuiu muita importância às relações de gênero nos processos de mudança social e tentou teorizar a desigualdade entre homens e mulheres a partir de perspectivas que eram novidade na época. Em uma linguagem extremamente fria e factual, Collins descreveu a família como uma estrutura típica de dominação em que a hierarquia foi mantida por meio de relações brutais de poder e violência e que – por mais que a forma possa ter mudado – persiste até hoje. De acordo com Collins, cada ser humano foi e está disposto a coagir os outros, usar a violência, dominar a sua sexualidade etc. Mas a capacidade de fazê-lo é distribuída de acordo com o gênero. De acordo com Collins, a força física dos homens e a vulnerabilidade biologicamente determinada das mulheres (durante a gravidez, p. ex.) têm historicamente feito as mulheres a presa dos homens, seu prêmio à medida que eles lutam entre si pelo poder. Por fim, a família é o produto dessas lutas, e a família como organização é, portanto, uma forma estável de propriedade sexual, embora haja, naturalmente, grandes diferenças culturais e sociais. Assim não estão, de acordo com Collins, tratando exclusivamente da dominação sexual e da violência. As estruturas de dominação implicam relações de propriedade, enquanto as ideologias também desempenham um papel, o que explica a variabilidade histórica das relações de gênero:

> A organização familiar, como uma forma estável de dominação sexual, pode ser derivada das condições que determinam como a violência é usada. A organização política é a organização da violência, portanto, é uma variável importante aqui; quando a situação política restringe a violência pessoal e defende um tipo particular de situação econômica, os recursos econômicos resultantes, para homens e mulheres, podem mudar o equilíbrio de poder sexual e, portanto, o padrão de comportamento sexual (*Conflict Sociology*, p. 230).

Mas o próprio ato sexual – Collins nos diz – muitas vezes envolve um elemento de coerção e violência, e esta é uma das principais razões por que a divisão social do trabalho entre homens e mulheres é como é, a saber, traz desvantagem para o sexo fisicamente mais fraco.

Não é de surpreender que as ideias básicas de Collins tiveram apelo para as feministas, bem como esta abordagem rompeu com a noção funcionalista, muitas vezes vista como patriarcal, segundo a qual a família satisfaz principalmente "a necessidade humana de amor" e o papel subalterno da mulher na família e na sociedade é apenas devido às exigências funcionais. A sociologia de Parsons, com sua estrita atribuição dos aspectos instrumentais de ação ao papel de gênero masculino e dos aspectos expressivo-afetivos para o papel feminino, espelha a era de ouro da família nuclear no pós-guerra dos Estados Unidos. Mas Collins também rompeu com o "puritanismo" (Collins) da tradição marxista, na medida em que esta sempre reduziu as relações sexuais às relações de propriedade, marginalizando a dimensão sexual e a violência sexual no nível teórico. As ideias de Collins tornaram possível a modificação das teorias tradicionais sobre a "divisão sexual do trabalho" e complementam-nas com as perspectivas teóricas do conflito (cf. a colaboração de Collins com a socióloga feminista Janet Saltzman Chafetz em COLLINS et al. "Toward an Integrated Theory of Gender Stratification").

Apesar da produtividade incontestável da perspectiva teórica do conflito em um vasto número de campos de pesquisa empírica, ela, no fim, não conseguiu alcançar o avanço que teóricos como Dahrendorf e Rex tinham esperado em meados da década de 1960. Isso se deveu consideravelmente pelas dificuldades internas da teoria, ou seja, o fato de que suas raízes estavam muito difusas para consolidar a estabilidade a longo prazo, e, finalmente, pelo fato de que, na análise dos processos das sociedades modernas, tornou-se cada vez mais difícil identificar claramente os padrões fundamentais do conflito.

Vamos começar primeiro com as dificuldades teóricas, com a questão de relevância imediata para este livro, de saber se a teoria do conflito de fato representa um avanço teórico sobre a abordagem de Parsons. Nós devemos levar dois fatores em consideração aqui, que se relacionam até certo ponto. Primeiro, a perspectiva teórica do conflito parece à primeira vista particularmente "realista" ou capaz de descrever de forma convincente a realidade, na medida em que, contra Parsons, afirma que os conflitos são onipresentes, sublinhando que os períodos de calma social são quase sempre um cessar-fogo temporário na batalha incessante entre grupos e classes. No entanto, pode-se perguntar com ceticismo se esta noção não é seriamente exagerada e se ela injustamente interfere nas percepções fundamentais produzidas por ninguém menos que os autores de referência da teoria do conflito. Georg Simmel, por exemplo, também trata de como uma disputa ou um conflito pode ser transformado em um processo a longo prazo e como ele muda os envolvidos no conflito. As disputas não acabam simplesmente em um cessar-fogo temporário, "malquisto" por mais ou menos todos os envolvidos. Em vez disso, eles muitas vezes desencadeiam processos de aprendizagem como resultado, que faz com que o conflito perca sua virulência original e o que tinha sido um compromisso agora é experimentado como valioso, significativo etc.

Esta tese não tem a intenção de reviver as esperanças marxistas de um fim da história ou um fim dos conflitos em geral; ela indica apenas que, enquanto os conflitos podem se repetir várias vezes, sua estrutura pode mudar. Simmel reconheceu isso. Coser também, seguindo Simmel, referiu-se ao fato de que os conflitos "limpam o ar". Os teóricos radicais do conflito, como Dahrendorf nos anos de 1960, parecem ter esquecido rapidamente essa percepção; eles não conseguiram acompanhar o potencial dos conflitos serem transformados, embora Max Weber tivesse algumas coisas importantes para dizer aqui também. Foi, afinal, Weber quem reconheceu que os compromissos alcançados no contexto dos conflitos podem assumir uma vida própria, se, por exemplo, esses compromissos são sistematicamente "processados" e dão origem a tendências à burocratização e juridificação. A história do mundo ocidental nos séculos XIX e XX foi saturada com intensos conflitos trabalhistas, os conflitos sobre os direitos civis e a igualdade das mulheres e igualdade de direitos no casamento e na sociedade. Muitos desses conflitos foram caracterizados por fases violentas, mas foram eventualmente juridificados e assim tranquilizados até certo ponto. E aqueles compromissos alcançados através de meios legais são tudo menos efêmeros ou instáveis. Isto não é só porque a lei em si é lenta e pode, em sua maior parte, ser alterada apenas com dificuldade ou muito vagarosamente, mas também porque a forma jurídica do compromisso muitas vezes pode contar com o assentimento de grandes camadas da população, em ambos os lados do conflito original, de modo que muitas pessoas sentem uma conexão valorativa com este compromisso de natureza jurídica. Devido a isso, é difícil imaginar que os conflitos irão irromper novamente em sua forma antiga. Os conflitos sociais são, assim, fundamentalmente transformados; ao mesmo tempo, as tendências sociais (como a "juridificação") se desenvolveram, o que não teria acontecido desta forma sem esses conflitos.

Pense, por exemplo, na longa história dos movimentos das mulheres e suas lutas. Você certamente ainda pode encontrar numerosas formas de discriminação sexual nas sociedades ocidentais modernas; não é difícil identificar chauvinistas para quem a igualdade das mulheres é uma pedra no sapato. No entanto, é preciso também reconhecer que a ideia de igualdade entre os sexos tem se tornado algo evidente e carregado de valor entre amplas camadas da população, incluindo um grande número de homens, e que é atualmente impossível imaginar mudanças sociais ou políticas que conduzam a uma mudança que se afaste disso, de modo a reverter ao *status* legal que as mulheres tinham no século XVIII. Pode-se, portanto, aceitar de bom grado que a violência sexual desempenhou um papel na formação histórica da família, conforme descrito por Collins; também se pode aceitar que a sexualidade envolve um elemento de poder, sem subscrever à sua conclusão de que são esses fatores que crucialmente ou em última instância determinam a forma da divisão sexual do trabalho na família e na sociedade, especialmente à luz do fato de que – como o próprio

Collins admite – as "ideologias" moldam a relação entre os sexos. Se usamos o termo "vínculo carregado de valor" em vez da depreciativa "ideologia", torna-se evidente que os conflitos, inclusive entre os sexos, não são um dado natural apenas coberto por ideologias por um breve período. Em vez disso, fica claro que alguns aspectos desse conflito particular talvez atinjam certas formas duradouras de tal forma que ambas as partes envolvidas no conflito – homens e mulheres – podem "viver" com fórmulas de compromisso resultantes desse processo, na medida em que são produzidas normas legais capazes de formular algum consenso.

Isso nos leva diretamente para a segunda característica problemática da abordagem teórica do conflito. A teoria do conflito sempre correu o risco de exagerar o racionalismo dos atores e aproximando-se, assim, de uma postura neoutilitarista ou racional. Quando identificamos alguns campos de pesquisa em que a perspectiva do conflito foi particularmente produtiva, ressaltamos que as tentativas foram feitas ocasionalmente para atingir uma determinada simbiose entre estas duas abordagens, como no caso da abordagem de mobilização de recursos dentro da sociologia dos movimentos sociais. E isto não foi um acidente: ambas escolas teóricas tendem a ver as normas e valores com ceticismo, geralmente interpretando-as como mera camuflagem para os interesses. Isso, então, levou-os a interpretar as estruturas e as instituições políticas, por exemplo, meramente como rudes estruturas de dominação, o Estado e a lei como não mais do que um meio de obter poder, enquanto a cultura como um todo foi vista como mera ideologia, como manipulação tal como as teorias iluministas que acusavam a manipulação dos padres. Assim como a religião foi considerada uma astuta invenção dos "clérigos", projetada para manter as pessoas quietas e extorquir dinheiro delas pela barganha, a lei, os valores e as normas, os debates sobre a legitimidade do governo etc. também poderiam ser entendidos como sofisticadas construções geradas por grupos envolvidos em uma luta de poder perpétuo. Empiricamente, porém, tudo isso é bastante improvável e incorreto; tal postura *superestima* a capacidade humana para a ação instrumentalmente racional (as pessoas raramente agem da maneira estratégica e utilitariamente orientada, tal como assumido pelos teóricos do conflito e neoutilitaristas) e *subestima* o potencial de ideias e os padrões culturais de assumir uma vida própria: estes não podem nem ser facilmente manipulados nem podem ser interpretados como o resultado direto das tentativas anteriores de manipulação.

Estas dificuldades teóricas foram responsáveis, entre outras coisas, pelo fato de que a teoria do conflito falhou em realizar o avanço que seus protagonistas tinham originalmente esperado. Mas um segundo aspecto também desempenhou um papel aqui, talvez até mesmo mais relevante. Nós já entendemos que na teoria do conflito faltava tanto importantes autores fundadores quanto textos de autoridade, resultando no desenvolvimento de um paradigma cuja coerência foi problemática. Ainda mais, no campo teórico do conflito faltava unidade *política*. Seria errado afirmar (como é feito muitas vezes) que a teoria do conflito estava de alguma forma à "esquerda" do parsonianismo. As atribuições políticas simplistas desse tipo simplesmente deixam de apreciar a diversidade de motivos teóricos que conduzem à ruptura dos teóricos do conflito com Parsons. A tese de uma eterna luta pelo poder também pode ser usada como justificativa maquiavélica para a própria falta de princípios, amoralidade e da sobrevivência do mais apto. Por causa dessas diferenças políticas, foi mais difícil para essa abordagem se estabelecer como escola de pensamento estável e coerente e manter sua forma original. Em última análise, não é surpresa que Coser, Bendix, Rex, Lockwood e Dahrendorf tiveram somente poucos sucessores com ideias parecidas com as suas. De fato, a partir de 1970, quase nenhum sociólogo mais jovem defendeu a teoria do conflito como abordagem teórica válida em si mesma. Randall Collins ficou praticamente sozinho ao tentar isso seriamente – em seu livro, de 1975, *Conflict Sociology*, mencionado acima, por exemplo. É verdade que o trabalho de Collins estava apenas começando a aparecer durante esse período; ele continua a produzir estudos tematicamente diversos, em que os argumentos teóricos do conflito aparecem com frequência. Ele recentemente apresentou uma interpretação sociológica da história da filosofia (*The Sociology of Philosophies: A Global Theory of Intellectual Change*) e uma compreensiva teoria microssociológica da violência (*Violence: A Micro-Sociological Theory*). Neste sentido, pode-se afirmar que a "tocha" da teoria do conflito certamente foi passada para a próxima geração. Mas mesmo Collins não poderia deixar de desviar-se a abordagem teórica original, com um claro recorte sobre o conflito, e acabou por incorporar elementos de autores como Goffman em seu programa teórico, elementos que dificilmente podem ser descritos como base para a teoria do *conflito*. O mesmo que se aplica a ele vale também para toda a disciplina: "A abordagem do conflito clara e distinta já não é tão evidente na sociologia" (TURNER. *The Structure of Sociological Theory*, p. 162).

Em última análise, esta "indefinição" de uma abordagem de conflitos clara e distinta também tinha algo a ver com as mudanças na sociedade, o que tornava cada vez mais difícil explicar a mudança social em termos de conflitos claramente estruturados e estabelecer a superioridade da teoria do conflito nesta base. Esta foi a preocupação original de Dahrendorf e de seu projeto intelectual em meados dos anos de 1950, quando ele ainda era capaz de afirmar com confiança que os conflitos de classe se desenvolvem com base em estruturas de dominação, e, portanto, que as classes e os conflitos de classe sempre aparecem onde quer que haja associações. Mais de uma década depois, em *Konflikt und Freiheit* ("Conflict and Freedom"), de 1972, ele já estava se tornando cético sobre o escopo da aplicação da teoria: ele admite que sua formulação original da teoria poderia ser aplicada apenas aos conflitos muito específicos, ou seja, aqueles *dentro* de uma associação, e, por isso, falhou em iluminar disputas étnicas e internacionais, por exemplo. Ele também aceita que, mesmo com a teoria dos conflitos de classe maciçamente modificada, é quase impossível entender a mudança social nas sociedades contemporâneas; a realidade social tornou-se muito difusa, e as ações de vários tipos de atores coletivos e individuais, com os seus interesses altamente variáveis, estão se mostrando muito confusas para a teoria de classes originalmente dicotômica, em que Dahrendorf construiu sua abordagem teórica do conflito, para gerar genuinamente novos conhecimentos:

> Por que muitos partidos políticos no mundo moderno não representam grupos de interesse que se desenvolveram a partir de quase-grupos de interesses e posições de poder comuns, a ligação entre os acontecimentos políticos e sua base social tornou-se mais problemática. Em outras palavras, parece que a estrutura social de interesses já não nos leva diretamente para partidos e concepções de conflito político; os interesses parecem ter se perdido, ou talvez satisfeitos, antes mesmo de entrar na arena de antagonismo do grupo. Substituir a teoria de Marx por uma mais geral com base em estruturas de poder em vez de propriedade, que explicasse o ritmo e a direção da mudança, em vez de considerá-la evidente, pode ter sido suficiente para um período anterior de desenvolvimento político. Mas isso não é suficiente. A nova teoria do conflito de classes deve ser substituída a fim de explicar o que vemos ao nosso redor no mundo de hoje (DAHRENDORF. *Konflikt und Freiheit*, p. 85).

É, portanto, surpreendente que a teoria do conflito em sua "forma pura" – se este for um termo significativo – existe, no máximo, em um campo de pesquisa que nós ainda não abordamos, mas que vamos dar uma olhada mais de perto na Lição XIII, a saber, a sociologia histórica. Ao que parece, o *kit* de ferramentas teóricas da abordagem do conflito é um meio particularmente apropriado de analisar macroprocessos em sociedades *pré-modernas* ou pelo menos nas sociedades no *período anterior* ao século XX. Porque o número de atores e grupos que são levados em conta é limitado e os interesses podem ser atribuídos a várias fontes de dominação com relativa facilidade para esses períodos históricos, os conceitos de poder e conflito parecem ter um potencial inerente para dissecar os processos históricos (TURNER. *The Structure of Sociological Theories*, p. 211). Os processos de formação do Estado, estimulados por disputas entre reis e nobres ou entre estados, os processos de formação de classes, ou seja, a evolução dos camponeses ou trabalhadores em atores coletivos capazes de agir, atores de importância real no cenário político, e processos de democratização, como a luta de certos grupos para alcançar a participação no poder político, têm sido analisados com muito sucesso a partir de uma perspectiva da teoria do conflito; entre outras coisas, ela abriu novos conhecimentos sobre as origens *violentas* da modernidade europeia e norte-americana, um aspecto para o qual a teoria parsoniana de mudança e evolução não tinha dado praticamente nenhuma atenção. Assim, a teoria do conflito das décadas de 1950 e de 1960 encontrou uma "nova casa" na sociologia histórica, que, particularmente desde o final dos anos de 1970, tem registrado um aumento massivo, principalmente no mundo anglo-americano.

No geral, porém, a teoria do conflito não conseguiu se manter como escola teórica *em si*, no sentido de uma verdadeira *alternativa* às abordagens que discutimos até agora. Os desenvolvimentos teóricos na década de 1970, em um tempo em que os melhores dias da teoria do conflito já tinham ficado para trás, foram inspirados por um problema que a teoria do conflito se mostrou tão incapaz de resolver quanto a escola Parsons: a relação entre poder e cultura. A crítica da teoria do conflito havia exposto a necessidade de prestar séria atenção não só ao poder, mas também ao papel da cultura na análise dos processos conflituais. A questão de como sintetizar adequadamente a cultura e o poder provou ser um motivo significativo, o que apontou o debate teórico dentro da sociologia além daqueles entre Parsons e os expoentes do paradigma interpretativo, por um lado, e os teóricos do conflito, por outro, estimulando o desenvolvimento de teoria. A era de ouro dessas tentativas de síntese começou no final dos anos de 1970; certos sociólogos ilustres se esforçaram para manter tudo o que era valioso nas abordagens teóricas existentes e integrá-las em uma nova síntese teórica. O trabalho de Jürgen Habermas surgiu muito rapidamente no centro do debate, e é a ele que dedicamos os dois capítulos seguintes.

IX
Habermas e a teoria crítica

Qualquer tentativa de descrever a sociologia mundial de 1960 em diante deve fazer menção à palpável mudança de local de produção teórica que ocorreu durante esse período. Se a teoria sociológica moderna era inicialmente vinculada ao nome de Talcott Parsons e se as abordagens rivais do neoutilitarismo, etnometodologia, interacionismo simbólico e – com as devidas ressalvas – a teoria do conflito também foram empreendimentos fortemente influenciados pelo contexto de sua origem americana, a produção subsequente dos trabalhos teóricos passou a ser "europeizada" em uma extensão bastante impressionante. Paradoxalmente, a razão desse deslocamento deve-se sobretudo ao maior grau de profissionalização característico da sociologia norte-americana, que se estabeleceu como disciplina universitária independente com perfil claramente definido mais rapidamente do que na Europa. Como resultado disso, o ceticismo em relação à diversidade teórica que se seguiu ao fim da hegemonia parsoniana consolidou-se muito rapidamente e em extensão maior do que na Europa. Muitos sociólogos americanos interpretaram essa diversidade teórica como sinal de fragmentação da disciplina ou como expressão de uma danosa ideologização (política) que ameaçava minar a identidade profissional da sociologia, que havia sido construída a tão duras penas. Portanto, eles prefeririam ficar com as escolas teóricas já *existentes*, que pareciam ter sido "tentadas e testadas" (sobretudo as abordagens parsoniana e da escolha racional), tentando tão somente refiná-las ou modificá-las levemente – ou então apenas se afastavam inteiramente das grandes teorias, concentrando-se exclusivamente sobre as pesquisas empíricas. Em suma, o trabalho teórico passou a ser cada vez mais marginalizado. Isso foi facilitado pelo contexto americano, no qual o elevado grau de profissionalização e especialização característico da disciplina a isolou fortemente das demais disciplinas da área de humanidades nas quais estavam ocorrendo processos semelhantes, em particular a filosofia.

A divisão entre sociologia e filosofia estava muito menos marcada na Europa durante esse período, o que ajudou a manter vivo o interesse pelas questões teóricas dentro da sociologia. Em todo caso, os sociólogos europeus aproveitaram essa oportunidade para aventurar-se pelas lacunas deixadas em aberto por seus colegas americanos. Tal como enfatizado por ocasião do encerramento da última lição, a questão mais relevante que emergiu foi aquela em torno da diversidade do cenário teórico, indagando se ela poderia ser superada pelas novas *sínteses teóricas*.

Jürgen Habermas estava dentre esses pesquisadores para quem a clara conexão entre argumentos sociológicos e filosóficos constituía uma questão importante; talvez seja por causa disso que ele se tornou consciente tão rapidamente e de modo tão sensível sobre a necessidade e o potencial para uma nova síntese teórica. Sua principal obra, *A teoria do agir comunicativo*, de 1981, representa essa tentativa de síntese. Com esse livro Habermas alcançou um estatuto *internacional*; ele agora é reconhecido e respeitado em todo o mundo, tanto dentro quanto além da academia, como um dos maiores intelectuais do século XX. Mas a trajetória de Habermas na direção desse estatuto não foi nem um pouco simples. Seguindo um breve resumo biográfico, nessa lição abordaremos seus primeiros escritos; sua principal obra, mencionada acima, tomará o centro do palco apenas na próxima lição. Nossa tarefa inicial consiste em travar conhecimento com as ideias básicas que informaram o desenvolvimento da concepção teórica de Habermas.

Habermas – que assim como Lockwood e Dahrendorf nasceu em 1929 – cresceu em uma família burguesa protestante em Rhineland, cidade predominantemente católica. Sua infância e adolescência transcorreram no período de governo nazista, e Habermas nunca negou ter abraçado, em alguma medida, os supostos ideais desse regime, enquanto membro da juventude hitlerista. Ele vivenciou a queda do Terceiro Reich enquanto importante ponto de virada biográfica. Seu choque diante da extensão das atrocidades cometidas, que ele nunca concebeu como possíveis, bem como sua própria credulidade juvenil, exerceram influência decisiva por toda a sua vida. É impossível alcançar uma compreensão adequada das atividades acadêmicas e jornalísticas de Habermas sem levar esses fatores em consideração: muitos de seus argumentos centrais podem ser lidos como um processo visando chegar a termos (qualquer forma que este pudesse assumir) com esse período tenebroso da história alemã, e como uma reação defensiva às várias tentações de totalitarismo (tanto por parte da esquerda quanto da direita).

O professor mais importante de Habermas durante sua formação universitária foi seu orientador de doutorado, Erich Rothacker (1888-1965), um típico representante da antropologia filosófica e da tradição alemã das humanidades em geral. Isso, junto com sua dissertação sobre o filósofo romântico-idealista, Friedrich Wilhelm Joseph Schelling (1775-1854), aponta para o fato de que Habermas é oriundo mais da filosofia do que da sociologia. Mas dado que ele também foi muito bem-sucedido como jornalista no início da década de 1950, tratando de assuntos políticos e sociopolíticos em periódicos intelectuais, bem como em jornais e revistas semanais (cf., p. ex., alguns dos ensaios reimpressos no vol. *Philosophical-Political Profiles,* publicado originalmente em 1971), logo tornou-se evidente que sua vocação não era a de restringir-se apenas à Filosofia, e ele estava bastante disposto a abrir pontos de contato com outras disciplinas. Ainda relacionado com isso, cumpre dizer que ele tornou-se pesquisador do importante Instituto de Pesquisa Social em Frankfurt, em meados da década de 1950. Esse instituto, fundado em 1923 com a ajuda de doações e que realizou pesquisas interdisciplinares inspiradas pelo marxismo (ainda que não houvesse afiliação partidária), teve que ser realocado para fora da Alemanha durante o período nazista. Com o final da Segunda Guerra ele foi reconstruído sobretudo graças aos esforços de Max Horkheimer (1895-1973) e Theodor W. Adorno (1903-1969), que haviam retornado à Alemanha após emigrarem aos Estados Unidos.

Porém, em 1961, para poder qualificar-se como professor universitário, Habermas foi escolhido para assumir a cadeira de filosofia em Heidelberg, onde ensinou até 1964. Logo depois de assumir seu posto em Heidelberg ele completou a sua habilitação – não em Frankfurt, ao contrário do que se poderia pensar, em virtude de sua biografia e de seus interesses acadêmicos, mas em Marburg, sob a direção de ninguém menos do que o cientista político Wolfgang Abendroth (1906-1985), a única figura proeminente autodeclarada marxista escolhida para assumir uma cátedra na Alemanha Ocidental. Todavia, a decisão de completar sua habilitação em Marburg não foi inteiramente "voluntária": a aversão de Horkheimer a ele fez com que fosse quase impossível que o fizesse em Frankfurt. Horkheimer achava que Habermas era demasiadamente esquerdista e simpático ao marxismo, o que ia na direção contrária do Instituto de afastar-se de suas origens marxistas. Não obstante, Habermas sucedeu Horkheimer no Instituto em 1964, depois que este o deixou em virtude de sua idade avançada, e ainda tornou-se professor de Filosofia e Sociologia na Universidade de Frankfurt – aqui também como sucessor de Horkheimer (para mais detalhes sobre a fase inicial da carreira de Habermas, cf. WIGGERSHAUS, R. *The Frankfurt School*, p. 537ss.).

Habermas deixou a Universidade de Frankfurt em 1971, tendo como um dos motivos o fato de que ele se opunha ao caráter sempre mais radical do movimento estudantil, cujo ódio ele havia atraído por caracterizá-lo de "fascismo de esquerda". Habermas assumiu um posto mais tranquilo – ao menos em termos de seu ambiente e de seu público – como diretor do Instituto Max Planck em Starnberg, que ele dirigiu junto com Carl Friedrich von Weizsäcker (1912-2007). Durante esse período ele trabalhou em seu *magnum opus*, *A teoria do agir comunicativo*, antes de retornar para sua cadeira em Frankfurt (que era então apenas de filosofia) em 1983. Habermas aposentou-se em 1994, mas isso teve muito pouco impacto sobre seu ainda enorme volume de publicações ou ainda sobre a frequência de sua atuação como professor visitante em universidades dos Estados Unidos e em diversos outros lugares.

Paralelamente à sua ilustre carreira *acadêmica*, Habermas estabeleceu-se na Alemanha como *figura central na vida pública*, com grande influência sobre importantes debates científicos e políticos. Na década de 1960, ele desempenhou um papel muito importante em uma disputa sobre o positivismo que ocorreu na sociologia alemã. No início da década de 1970, seu enfrentamento com Niklas Luhmann causou grande comoção entre os sociólogos. Habermas também exerceu importante influência no acalorado debate historicista no começo da década de 1980, no qual alertou para o perigo de alguns historiadores desculparem retrospectivamente o nacional-socialismo; ele também influenciou o debate contemporâneo sobre a bioética e a engenharia genética.

Com isso conseguimos traçar um panorama geral sobre a biografia de Jürgen Habermas. Todavia, isso ainda não é suficiente para elucidar as fontes que o motivaram em sua tentativa de síntese realizada em *A teoria do agir comunicativo*. Nós acreditamos que é possível identificar três tradições intelectuais como formadoras do *background* do pensamento de Habermas.

1 O marxismo certamente foi uma de suas fontes. Com relação a isso é importante ressaltar o quão pouco usual era que autores da Alemanha Ocidental tivessem uma relação positiva com o marxismo entre a década de 1950 e começo da década de 1960, *antes* dos levantes estudantis. "Positiva" nesse caso quer dizer que Habermas tinha uma relação com a obra de Marx muito diferente do que aquela da maior parte dos teóricos do conflito, particularmente Dahrendorf. Enquanto Dahrendorf só considerava interessante a ideia de luta de classes, desprezando todos os outros elementos do pensamento marxista como sendo metafísicos, afirmando que não teriam qualquer valor para os sociólogos (ele considerou que a teoria da mais-valia seria equivocada, e que o conteúdo filosófico-antropológico dos escritos do jovem Marx seria inútil), Habermas via a obra de Marx com uma cabeça mais aberta, o que fica evidente em sua grande análise "Literaturbericht zur philosophischen Diskussion um Marx und den Marxismus", de 1957 e seu ensaio "Between Philosophy and Science: Marxism as Critique", de 1960. Aqui, com tremenda sensibilidade e capacidade de compreensão, Habermas debate os problemas centrais da obra de Marx, com todas as suas implicações internacionais, levando esses problemas muito a sério. Em contraste com Dahrendorf, ele não tinha qualquer intenção em estabelecer uma oposição entre o núcleo supostamente sociológico da obra de Marx e suas especulações filosóficas. Muito ao contrário: Habermas concebia o marxismo como uma articulação entre elementos científicos e filosófico-normativos, entre teoria (científica) e uma práxis capaz de mudar a sociedade e desenvolver o potencial humano, e vislumbrava nisso uma característica particularmente atraente de sua obra, pois ele via nesse tipo de fusão o único meio de criticar efetivamente as relações sociais existentes e ir para além delas. Tendo Dahrendorf em mente, Habermas coloca a questão nos seguintes termos, que não são de fácil compreensão:

> No debate sociológico recente sobre o marxismo, essa divisão entre elementos científicos e não científicos levou [...] à construção formal

de modelos ao nível da abstração reificante, que inspirou a própria objeção de Marx – de que as relações sociais são "apresentadas como se fossem governadas por leis eternas naturais que são independentes da história e, ao mesmo tempo, as relações burguesas passam clandestinamente a ser apresentadas como leis naturais irrefutáveis da sociedade *in abstracto*" ("LITERATURBERICHT, p. 415-416; cf. tb. MARX. *A Contribution to the Critique of Political Economy*, p. 192).

Em termos concretos, para Habermas isso significa que extirpar os elementos filosóficos da obra de Marx levaria, em última instância, a se elevar o conflito ao estatuto de uma lei da natureza. Com isso se abriria mão dos meios conceituais que permitiriam conceber a possibilidade de ir além do atual estado de coisas; o potencial crítico original dos escritos de Marx estaria perdido. Uma sociologia (do conflito) que se relacionasse com Marx desse modo, segundo Habermas, consistiria em mera descrição da realidade, sem nunca ser capaz de imaginar *outra* realidade.

Essa ideia de "salvaguardar" o conteúdo "emancipatório" da teoria marxista, como se dizia à época, contra Dahrendorf e outros teóricos do conflito, não implicou que Habermas tivesse lido Marx de forma acrítica, nem que aderisse ingenuamente a algumas das facções existentes do marxismo que durante décadas disputaram qual seria a interpretação "correta" de Marx. Em vez disso, Habermas seguiu seu próprio percurso, tentando distanciar-se de duas interpretações de Marx em particular, que eram altamente influentes àquela época, ainda que fossem muito diferentes em sua natureza.

a) Habermas não usou meias-palavras para se posicionar sobre o fato de que a doutrina do "marxismo-leninismo", originalmente concebida por Stalin, ou o modelo político da era stalinista e pós-stalinista, eram falhos tanto enquanto projeto filosófico quanto político:

> Finalmente, a Revolução Russa e o estabelecimento do sistema soviético são *os* fatos que causaram paralisia nas discussões sistemáticas do marxismo e com o marxismo. Tendo sido iniciada por um proletariado frágil e por pequeno-burgueses e massas de camponeses protoburgueses, o movimento antifeudal que derrubou o poder dual do parlamento e os Sovietes em Outbudor de 1917 sob a direção de revolucionários profissionais com formação leninista não tinham objetivos imediatamente socialistas. Eles estabeleceram um governo de funcionários e quadros do partido, constituindo uma base sobre a qual anos depois Stalin pôde dar início à revolução socialista, de forma burocrática a partir do topo, com a coletivização da agricultura ("Between Philosophy and Science", p. 197ss.).

O desdém de Habermas por essa leitura de Marx era bastante óbvio, bem como em relação às conclusões a que chegaram os quadros do Partido Comunista a partir dessas premissas.

b) Mas isso também não significa que ele estava de acordo com as interpretações sobre Marx defendidas por dissidentes da Europa Oriental na década de 1950. Para ele, a obra desses autores, baseada sobretudo sobre os escritos filosóficos do jovem Marx, com seu forte viés humanista, eram e são deficitários de forma antitética ao que passa no âmbito das interpretações das teorias do conflito sobre Marx. Do mesmo modo que o marxismo não poderia ser entendido como pura ciência, como pura sociologia, ele também não poderia ser entendido como *pura filosofia* ("Literaturbericht", p. 396ss.). De acordo com Habermas, uma abordagem exclusivamente filosófica sem suas correspondentes análises políticas e econômicas é impotente; é *mera* filosofia, incapaz de operar como guia para a ação política. Portanto, seria igualmente equivocado descartar os aspectos político-sociológicos dos escritos de Marx.

Todavia, e isso concerne às reservas de Habermas em relação a todas as matrizes interpretativas sobre o marxismo, esse conteúdo político-sociológico demandaria uma profunda revisão, mas se sua *direção geral* estava razoavelmente clara, sua *extensão* não poderia ainda ser determinada. Neste ponto, a única coisa que aparecia a Habermas de forma inteiramente clara é que a teoria do valor de Marx, ou em suas elaborações subsequentes, era pouco sólida, pois havia ignorado o "desenvolvimento científico das forças técnicas de produção como uma possível fonte de valor" ("Between Philosophy and Science", p. 226); o marxismo clássico partia da relação entre estrutura e superestrutura, o que também não era convincente porque o próprio Estado de Bem-estar Social intervencionista havia agido massivamente sobre o mercado; a "dependência" da superestrutura (do Estado) não podia mais ser tomada como evidente (p. 195); e finalmente, pensava Habermas, o marxismo teria falhado em apreender a tremenda força do progresso social no capitalismo, na qual o proletariado, no sentido pensado por Marx, enquanto classe materialmente *empobrecida*, não mais existia, ao menos nos países ocidentais. Com relação a este último ponto, Habermas mostrou-se avesso a todos os argumentos, encontrados em particular no marxismo, que afirmam a existência de macrossujeitos – como, por exemplo, a ideia do proletariado como portador da dinâmica histórica – sem estudar empiricamente como e se os atores coletivos capazes de ação podem ser constituídos. Segundo Habermas, quando tudo está dito e feito, o conteúdo político-econômico-sociológico do marxismo pode ser convincente de forma contundente apenas mediante ênfase na *pesquisa empírica*, que poderia revelar quantos elementos do marxismo original poderiam ser aproveitados por uma teoria "materialista" deste tipo:

> A dialética materialista tem de provar o seu poder de novo com respeito a realidades históricas, produzindo análises concretas. Ela não deve simplesmente sobrepor o esquema dialético a estas realidades ("Literaturbericht", p. 454).

Habermas conseguiu encontrar uma rota produtiva que escapava das dificuldades do marxismo, *sem jogar fora ou ignorar seus impulsos normativo-fi-*

losóficos, e isso teve, em parte, a ver com o fato de que ele foi capaz de beber de outras grandes tradições intelectuais, uma das quais ele aprendeu com seu orientador de doutorado, Rothacker.

2 Estamos nos referindo à tradição alemã da hermenêutica no âmbito das ciências humanas. Hermenêutica é a arte de *Verstehen* ou "compreensão"; são sobretudo os textos, especialmente textos particularmente importantes, que devem ser *compreendidos*. Isso pode soar um pouco misterioso, mas os problemas subjacentes são relativamente simples. Como vocês sem dúvida sabem, há textos que o leitor se esforça para entender, ou cujo significado nem sempre é óbvio. Nesses casos, o leitor enfrenta um desafio, a facilidade de leitura desaparece devido ao esforço empreendido para compreender e, de vez em quando, é ainda necessário pensar metodicamente sobre *como* e *por que* um texto deve ser entendido de uma forma particular, em vez de outra, *por que* uma interpretação pode ser melhor ou mais adequada do que outra. Esse problema de *Verstehen* concerne a uma série de fenômenos culturais cruciais ao longo da história intelectual ocidental.

O primeiro e talvez mais proeminente exemplo disso é a ideia de interpretação "correta" da Bíblia. Como texto oficial do cristianismo, a Bíblia não é de forma alguma facilmente acessível. Muitas parábolas são difíceis de compreender, e algumas histórias fazem pouco sentido para as gerações posteriores, e parecem implausíveis ou ilógicas. O problema que surge é o de como tal texto deve ser entendido e relacionado com a vida contemporânea. Pois não foi e não é satisfatório para os cristãos devotos apenas interpretar o texto como a expressão de um passado distante, cujo conteúdo se tornou insignificante para eles, nem tampouco a Bíblia pode ser interpretada exclusivamente a partir da perspectiva dos séculos posteriores, pois isso significaria pôr em causa o significado da fé de gerações anteriores; a geração atual pode sempre reivindicar para si a fé "verdadeira", o que seria claramente um absurdo. Como, então, é possível chegar a um entendimento adequado da Bíblia, como deve ser interpretada? Um problema semelhante também surgiu em relação à interpretação da poesia clássica. Em uma época em que, na Europa, por exemplo, a literatura da Grécia e Roma antigas definiam o padrão para toda a produção literária, esta linguagem poética, geralmente difícil de entender, porque as suas origens estavam em um mundo desconhecido, teve primeiro de ser decodificada. Isso também apresentou ao leitor problemas da mesma espécie. Finalmente, considerações semelhantes aplicam-se à compreensão dos textos legais ou normas legais. Na tradição jurídica europeia continental, por exemplo, há sempre a dificuldade de como se relacionar com uma norma, que pode ter sido formulada há muito tempo e cuja natureza é abstrata, a um caso específico, a uma situação concreta. Mais uma vez, se um advogado tem que decidir qual o significado da legislação e se o caso concreto em questão pode ser subsumido nos termos desta lei abstratamente formulada, ele deve praticar a arte da *Verstehen*.

É uma peculiaridade da história do conhecimento que, por várias razões, foi nas universidades da Alemanha que a arte da *Verstehen* floresceu no século XIX e início do século XX. Podemos até mesmo dizer que foi um dos pontos fortes das ciências humanas na Alemanha no momento em que os estudiosos em uma variedade de disciplinas – teologia, jurisprudência, filosofia, história – dedicando-se com muita seriedade a este problema da compreensão, elevaram o nível metodológico, isto é, o nível da compreensão sobre os fundamentos e os pré-requisitos para a pesquisa acadêmica nas humanidades, a novos patamares. Aqui o problema da *Verstehen* foi ampliado para poder contemplar a compreensão das imagens, dos grandes feitos, das ações cotidianas etc., em vez de restringir-se apenas aos textos. Ainda que a exuberância nacionalista característica da época endossasse a hermenêutica, como no caso da história, por exemplo, com seu viés elitista que tendia exaltar os feitos dos *grandes homens*, tais como Martinho Lutero, Frederico o Grande ou Bismarck (o que frequentemente incluía uma justificativa algo dúbia para tais feitos), isso não alterou o fato de que a sociologia também abraçou seus *insights*. Os argumentos defendidos pelos pais fundadores da sociologia, como Max Weber ou Georg Simmel, também estavam em sintonia com o problema da *Verstehen*.

A obra de Habermas, certamente, está em continuidade com esses desenvolvimentos. Ele foi educado nesta tradição hermenêutica e é bem consciente da importância da *Verstehen*, em particular para a formulação de uma teoria da ação; por exemplo, se quisermos produzir uma tipologia da ação, devemos primeiro compreender as ações. O estilo de argumentação de Habermas como um todo, inclusive em suas obras posteriores, está profundamente impregnado por esta tradição de pensamento hermenêutica, caracterizada pela construção de argumentos que dialogam com autores precedentes. Enquanto Talcott Parsons tentou incorporar sistematicamente outros autores, principalmente em *A estrutura da ação social*, mas logo em seguida fez o seu melhor para aperfeiçoar sua teoria com base em pesquisas de campo muito díspares, que vão da biologia à cibernética, e enquanto a etnometodologia e o interacionismo simbólico continuaram a se basear em tradições filosóficas *bastante específicas*, ao passo que ignorava todas as demais, o trabalho de Habermas é caracterizado pelo esforço hermenêutico de compreensão de uma ampla gama de problemas filosóficos e assuntos específicos à história ocidental. Habermas desenvolve a sua posição ao se envolver estreitamente com grande número de importantes autores filosóficos e sociológicos. Ele se esforça para manter "diálogo" constante com seus escritos e tenta entender seus problemas teóricos e tentativas de soluções. Apesar de seu estilo cáustico de argumentação, é sempre possível distinguir certa humildade comum a todos os hermeneutas em seu respeito às realizações (teóricas) de seus antecessores, cujos *insights* deveriam ser preservados.

3 Uma terceira tradição sem dúvida assimilada por Habermas é de natureza política. Desde o início ele foi orientado para o pensamento liberal-democrático ocidental. A experiência de ter sido seduzido pelo nacional-socialismo quando era adolescente, bem como sua igualmente ácida condenação ao marxismo soviético e todas as suas manobras políticas, levou-o a atribuir um valor extremamente elevado aos ideais democráticos, em seu formato articulado e institucionalizados na Grã-Bretanha, França e Estados Unidos. Por outro lado, talvez por razões biográficas, sempre considerou as tradições democráticas da Alemanha com algum grau de ceticismo; afinal, elas haviam sido fracas ao não conseguirem proteger o país das tentações do totalitarismo. Portanto, a Alemanha Ocidental deveria – segundo Habermas – devotar-se ao pensamento democrático ocidental, para evitar a todo custo qualquer tipo de repetição daquela terrível ruptura civilizacional. No entanto, nas décadas de 1950 e de 1960, não estava suficientemente claro como, exatamente, seu alto apreço para com o estado constitucional democrático ocidental poderia ser reconciliado com sua enfática adesão a certos aspectos do marxismo, com sua tentativa de desenvolver uma teoria "materialista" relevante do ponto de vista prático e a continuação da tradição hermenêutica, e acima de tudo o que isso significava para a sua posição política em termos concretos. Mas, sem dúvida, Habermas foi sempre consciente do valor da liberdade de investigação e, portanto, um defensor vigilante do sistema de instituições democráticas que tornarou possível. No entanto, nas décadas de 1950 e de 1960, ficou bastante claro como exatamente a sua alta consideração para o Estado constitucional democrático ocidental poderia ser reconciliada com sua adesão enfática a certos aspectos do marxismo, a sua tentativa de desenvolver uma teoria "materialista" praticamente relevante e a continuação da tradição hermenêutica, e, acima de tudo, o que isso significava para a sua posição política em termos concretos. Mas Habermas foi, sem dúvida, sempre consciente do valor da liberdade de investigação e, portanto, um defensor vigilante do sistema de instituições democráticas que tornavam isso possível.

Agora já identificamos as três tradições principais que influenciaram decisivamente o pensamento de Habermas. Todavia, a literatura secundária tende a referir-se a outra grande tradição – geralmente discutida primeiro – que, à primeira vista, nós negligenciamos por completo. Afirma-se normalmente que Habermas é um representante da teoria crítica e, por assim dizer, o sucessor legítimo de Max Horkheimer e Theodor W. Adorno. Nós somos bastante céticos de que tal categorização de Habermas esteja correta, isto é, que ele realmente foi tão influenciado pela teoria crítica, e a seguir vamos expor nossas razões para tal posição. Para este fim, devemos primeiro explicar o que se entende por "teoria crítica". O termo foi cunhado por Max Horkheimer em 1937 para se referir a uma forma particular de marxismo, aquele desenvolvido teoricamente no âmbito do Instituto de Pesquisa Social de Frankfurt, e defendido pelos seus membros no exílio. Nas décadas de 1920 e de 1930, este instituto foi o cenário para o desenvolvimento de uma ciência social interdisciplinar que incorporou a psicanálise e cuja orientação política foi decididamente revolucionária, ainda que bastante vaga. Seus expoentes tinham a esperança de serem capazes de superar a crise política, econômica e social do mundo ocidental por meio dos instrumentos teóricos do marxismo sem, no entanto, realmente serem capazes de identificar um sujeito revolucionário. Afinal, eles viam com suspeita as classes trabalhadoras alemãs, que haviam se alinhado ao reformismo do SPD, ou abraçado o nacional-socialismo, cada vez mais forte. E eles mantiveram distância do stalinista KPD, por considerarem que o marxismo soviético também foi totalmente incapaz de realizar seus ideais predominantemente humanistas.

Quando Hitler subiu ao poder, o Instituto foi deslocado para o exterior, seus membros foram forçados a imigrar. Mas isso não fez com que deixassem de publicar, ou que publicassem menos; aliás, foi somente no exílio, entre 1932 e 1939, que o periódico Zeitschrift für Sozialforschung (Revista de Pesquisa Social), o principal instrumento de publicação dos membros do Instituto e de seus simpatizantes, realmente floresceu. Outra importante publicação do período foi o relatório de pesquisa produzido coletivamente que teve como título "Autoridade e a família", de 1936. Essa obra, baseada em dados coletados durante a República de Weimar, mobilizava categorias interpretativas da psicanálise para tentar explicar a difusão de atitudes autoritárias e aspirava oferecer *insight* importante sobre as causas que estavam por trás da emergência do nacional-socialismo. A obra mais famosa do Instituto que emergiu desse contexto foi *A dialética do esclarecimento*, escrita em parceria entre Adorno e Horkheimer e que foi publicada no início dos anos de 1940. Essa obra filosófica foi marcada por um tom muito pessimista, para não dizer trágico, que levou ao extremo a tese da racionalização de Weber, e afirmou que o mundo moderno, tecnológico-racional do Esclarecimento levaria quase inevitavelmente a uma violenta barbárie (tanto a do nacional-socialismo quanto a de matriz comunista).

A afirmação de que Habermas foi particularmente influenciado por esses escritos do exílio é, em nossa opinião, pouco convincente. Ele certamente não compartilhava a visão pessimista sobre a história que era tão característica de *A dialética do esclarecimento*. O máximo que pode ser dito é que Habermas tem alguma proximidade com os escritos produzidos nos primeiros dias do Instituto de Pesquisa Social de Frankfurt no período de sua fundação, e por aqueles publicados por vários autores no *Zeitschrift für Sozialforschung*. Ainda assim, Habermas não estava realmente familiarizado com esses primeiros escritos. Quando Horkheimer reestabeleceu o Instituo na Alemanha Ocidental (que ainda era muito conservadora à época), ele estava disposto a esconder suas raízes marxistas. Os volumes do *Zeitschrift* – tratados como uma lenda institucional – estavam guardados e trancafiados no porão quando Habermas pesquisava lá, na década de 1950. Portanto seria mais acurado dizer que Habermas não foi *influenciado* por essa versão inicial da teoria crítica, mas que inconscientemente *moveu-se aos poucos na sua direção*, ainda que no início não fosse consciente de tal fato. Foi apenas na década de 1960 que Habermas começou a apresentar a si mesmo como um representante dessa teoria crítica e que outros o declararam uma figura central da assim chamada segunda geração da "Escola de Frankfurt" (outro termo para designar os representantes da teoria crítica), especialmente quando o movimento estudantil começou a depositar grandes esperanças na teoria crítica. Mas com relação à história das influências intelectuais, isso provavelmente é uma interpretação equivocada. Devemos assumir que Habermas foi influenciado pelas três primeiras tradições que mencionamos, o que também sugere que seu pensamento era muito mais autorreferido e independente do que aquilo que está implicado na afirmação de que ele foi decisivamente influenciado pela teoria crítica.

Ainda que nosso foco agora seja em três (em vez de quatro) tradições enquanto bases para o desenvolvimento do pensamento habermasiano, é imediatamente evidente que elas estão fora de sincronia e apresentam problemas de compatibilidade. No melhor dos casos, tudo o que apresentamos até o momento é um *campo de tensões*. Alguém poderia suspeitar que as grandes diferenças entre essas influências fez com que a obra de Habermas fosse altamente eclética, uma mera justaposição de ideias muito diferentes que carecem de uma unidade. Mas este não é o caso, porque todas essas influências foram articuladas ou canalizadas tendo como fio condutor uma ideia que inicialmente foi concebida apenas como intuição, mas que Habermas passou a explicar cada vez com mais clareza e sistematicidade, qual seja, *a natureza especial da linguagem humana*, *a natureza especial da comunicação*. Habermas ficou fascinado com a maravilha da linguagem, tão imensamente diferente das formas de comunicação dos animais. E seu entusiasmo por esse assunto teve uma importante consequência para seu *insight* de que a centralidade da linguagem para a vida social humana poderia ser vinculada a um grande número de tópicos de pesquisa histórica, sociológica e filosófica.

Em termos da *filosofia*, foi possível relacionar este *insight* com a ideia, frequentemente articulada na história do pensamento ocidental, que a linguagem apresenta um potencial de conciliação ou racionalização inerente. Habermas assimilou esta ideia, embora tenha enfatizado principalmente o *potencial para a racionalidade* que a linguagem implica. Conforme seu trabalho desenvolveu-se, ele conseguiu explicar em grande detalhe por que argumentos racionais exercem uma pressão característica sobre as partes em discussão, como e por que melhores argumentos levam a um consenso e, portanto, à coordenação da ação que é superior a todas as outras formas de coordenação (tais como violência ou o mercado). De um ponto de vista *histórico*, pode-se perguntar quando, como e por qual caminho este potencial de racionalização da comunicação humana desenvolveu-se, como, por exemplo, ao longo da história, certas formas de dominação perderam legitimidade em detrimento da força do melhor argumento, quando e onde o poder político passou a ser aceito como única regra *argu-*

mentativamente justificável (i. é, em última análise, legitimada por formas democráticas de discussão) e não mais como algo subtraído à discussão – por causa de premissas religiosas, por exemplo. Finalmente, esta gama diversificada de questões emergentes tocava diretamente um problema *sociológico* que havia sido uma preocupação central da teoria crítica "tradicional", e na verdade do marxismo ocidental como um todo, e até mesmo de uma crítica cultural difusa que desafia qualquer categorização política fácil: o capitalismo e a racionalidade técnica ou instrumental a ele inerente, ou pelo menos com ele relacionado, tornando tudo em mercadoria e nos levando pensar apenas em termos de fins econômicos e meios, passarão realmente a dominar a tal ponto que todas as outras formas de vida, todas as outras formas de pensar e agir serão destruídas? Será o triunfo supostamente destrutivo do capitalismo e sua racionalidade "instrumental" se mostrará irrefreável? Habermas compartilhava com a teoria crítica, mas também com os críticos culturais de linhagem política muito diferente, a ideia de que devemos resistir ao triunfo da racionalidade "técnico-instrumental"; mas ele não partilhava o tom trágico de seus argumentos, porque viu a linguagem, com seu potencial inerente abrangente (ao invés de unilateral ou limitado) para a racionalidade como um contrapeso efetivo ou ao menos potencial para contrabalançar a racionalidade "técnico-instrumental".

Mais tarde, no início de 1980, Habermas tirou proveito desta ideia acerca do potencial racional da linguagem para formular sua própria síntese teórica, que prometeu uma fusão dos pontos fortes de todas as escolas teóricas existentes dentro da sociologia. O caminho para esta síntese foi, no entanto, um pouco longo. Primeiro (e é a década de 1960 a que nos referimos na parte seguinte da lição), em uma série de estudos Habermas testou a viabilidade e a produtividade sociológica da ideia de comunicação. Para colocar de outra forma, seus livros e ensaios escritos na década de 1960 (esta fase da biografia de Habermas foi marcada pela genialidade; ele era extremamente produtivo, publicando um importante trabalho depois de outro), apesar de tratar de assuntos aparentemente díspares, são melhor analisados e compreendidos em termos desta ideia sobre a natureza especial da comunicação humana, mesmo que Habermas considere alguns desses textos, em última análise, insatisfatórios, e alguns deles realmente se mostraram becos sem saída.

1 *A mudança estrutural da esfera pública*, a tese de pós-doutorado de Habermas, publicado em 1962, é, talvez, seu livro mais atraente e mais fácil de ler, tornando-se um ponto de entrada particularmente interessante para seu trabalho. É um estudo histórico-sociológico da *ideia* (político-filosófica) da esfera pública e, particularmente, das suas *instituições* na era burguesa, em outras palavras, os séculos XVIII e XIX. Aqui, Habermas descreve como uma esfera pública desenvolvida, inicialmente em contextos não políticos, tais como casas de leitura pri-

vada e círculos de discussão, clubes e *Tischgesellschaften* (clubes de jantar), em que questões literárias, artísticas e problemas "sociais" no sentido mais amplo foram discutidos abertamente. Com a difusão de jornais e revistas, esta esfera pública tornou-se rapidamente politizada; as pessoas cada vez mais afirmavam seu direito à palavra na esfera política:

> Uma esfera pública que funcionava no âmbito político surgiu primeiro na Grã-Bretanha, na virada do século XVIII. Forças que visavam influenciar as decisões da autoridade do Estado apelavam ao público crítico, a fim de legitimar demandas antes que adentrassem este novo fórum. Em conexão com esta prática, a assembleia dos estados transformou-se no parlamento moderno – um processo que foi, naturalmente, elaborado ao longo de todo o século (*The Structural Transformation of the Public Sphere*, p. 57).

De acordo com Habermas, pelo menos nesta fase inicial (*antes* da ascensão de partidos com estruturas fixas e políticos profissionais), este Parlamento era um lugar de debate sério, em que os participantes se esforçam para mostrar que suas políticas são melhores por meio do melhor argumento; é uma reunião de representantes pensantes das classes médias, em vez de uma reunião (como frequentemente passou a ser o caso mais tarde) de figuras meramente representativas dos diferentes interesses, compelidos a defender teimosamente seus pontos de vista até o fim.

Na medida em que as pessoas refletem sobre estas *instituições* políticas e não políticas da esfera pública, a *ideia* filosófico-política da esfera pública surge, considerada como fundamental por filósofos e intelectuais, porque o que se tem é a possibilidade de poder conhecer outras visões de mundo apenas sem o espaço liberal que é a esfera pública. Somente na esfera pública é que é possível expor os próprios interesses à discussão racional, abrindo a possibilidade de que esses interesses podem ser alterados, de modo a ser possível chegar a um consenso. E como Immanuel Kant (1724-1804) já suspeitava e, como Habermas afirma na seguinte citação, só na esfera pública pode-se chegar a decisões autônomas sobre assuntos de interesse geral.

> Diante do público tinha de ser possível vincular todas as ações políticas ao fundamento das leis, que por sua vez haviam sido validadas perante a opinião pública como sendo leis universais e racionais. No quadro mais geral de um Estado governado por leis [...] a dominação como lei da natureza foi substituída pelo governo de normas legais – a política poderia, em princípio, ser transformada em moralidade (p. 108).

Embora estas lamentavelmente breves observações não possam explicitar a riqueza da reconstrução histórico-sociológica da ideia e instituições da esfera pública burguesa realizada por Habermas, deve, contudo, ser claro que seus pensamentos aqui são novamente informados por seu entusiasmo em relação à capacidade surpreendente da linguagem humana, e que a ideia da esfera pública está intimamente ligada ao fenômeno da linguagem, com seu potencial para a racionalidade no que diz respeito à troca de argumentos. Neste sentido, esta é a primeira grande tentativa de Habermas de investigar a efetividade e a importância da linguagem no que diz respeito à política e à sociedade como um todo.

Por mais brilhante e sugestivo que seja o livro, ele sofre de uma importante fraqueza, que mais tarde Habermas admitiu abertamente (cf. seu prefácio à nova edição do livro de 1990). Habermas escreveu sua análise a partir de uma perspectiva crítica que assume o declínio cultural. Ele descreve a realidade institucional dos séculos XVIII e XIX, como se a ideia filosófica e política da esfera pública realmente tivesse sido *posta em prática*, enquanto, ao mesmo tempo, com referência aos processos de comercialização e o avanço da profissionalização e partidarização da política, ele não vê mais do que uma forma adulterada da esfera pública na era contemporânea. Para colocar a questão de forma mais simples, influenciado por uma perspectiva de crítica cultural, ele apresenta um quadro excessivamente idealista do passado, de uma era burguesa na qual a razão supostamente ainda reinava inconteste e na qual toda a força da razão foi desencadeada dentro de instituições. Inevitavelmente, sua interpretação do presente era imbuída de um tom muito mais negativo. Mas, como veremos, Habermas seguiu cada vez mais na direção de conter essa postura crítica altamente problemática na medida em que seu trabalho se desenvolvia, principalmente porque a análise linguística forneceu-lhe um meio de evitar as implicações desta crítica cultural.

2 *Theory and Practice* é uma coleção de ensaios que apareceu originalmente em 1963, incluindo "Literaturbericht zur philosophischen Diskussion um Marx und den Marxismus" ("Revisão da discussão filosófica sobre Marx e o marxismo") e "Between Philosophy and Science: Marxismo as Critique", ambos mencionados anteriormente. Este volume também contém peças de natureza em grande parte teórica e sociopolítica do início dos anos de 1960; ele exerceu importante influência, em especial sobre o movimento estudantil. Nesses ensaios em que debate diretamente com o marxismo, Habermas concebeu-o como uma "filosofia empírica da história com intenção prática" ("Between Philosophy and Science", p. 212), o adjetivo "empírica" sendo concebido como crítica ao dogmático marxismo-leninismo. O marxismo pode e deve realmente abrir-se ao empírico, deve ser "empiricamente falsificável", em sintonia com uma das principais preocupações de Habermas: "compreender Marx melhor do que ele compreendia a si mesmo" (p. 212) – uma ideia monstruosa aos olhos daqueles que se viam como guardiões do marxismo ortodoxo.

É evidente – mesmo em seu título – que os argumentos de Habermas nesta coletânea de ensaios ainda são crucialmente influenciados pelo conceito de "práxis", que tem uma história complexa dentro dos debates marxistas. Ele desempenhou um papel importante no pensamento do famoso marxista italiano

Antonio Gramsci, mas também era um conceito antistalinista central para intelectuais dissidentes do Bloco do Leste – particularmente na Hungria, Checoslováquia e Iugoslávia –, que se opunham a seus regimes com ajuda das ferramentas conceituais do marxismo, e assim continuaram ligados a ele, apesar da amarga realidade do socialismo real, muito diferente do que foi concebido pelos ideólogos do partido. Esses dissidentes aferraram-se aos primeiros escritos filosófico-antropológicos de Marx e o conceito de práxis encontrado neles – conceito extraído, dentre outras fontes, da filosofia de Aristóteles (384-322 a.C.) –, que também foi permeado por elementos românticos: "práxis aqui não se refere primariamente a atividades racionais de caráter instrumental, como o trabalho direcionado para a meta de manter sua existência, mas a realização do potencial humano para a ação, derivado do mundo da arte, autoexpressão criativa em outras palavras, bem como a realização de uma vida boa e razoável, construída coletivamente e de forma consciente. Todos estes motivos encontrados no jovem Marx serviram aos intelectuais da Europa do Leste como forma de criticar seu próprio sistema político, na medida em que não encontraram nenhuma expressão institucional na realidade sombria das sociedades do bloco oriental. Habermas também continuava dependente deste conceito na década de 1960 utilizando-o ao menos para discutir o que constitui uma ordem social racional. Isso indica que neste momento a sua intuição no que respeita à importância teórica da análise linguística é ainda muito fraca e não dispõe de meios para derivar de tal análise um fôlego crítico capaz de atingir realidades existentes. Ele ainda não havia conseguido produzir uma teoria suficientemente sofisticada e sociologicamente utilizável da linguagem, de modo que não tinha outra alternativa senão usar as ferramentas conceituais do jovem Marx e da dissidência do marxismo oriental, a fim de criticar o avanço da racionalidade tecnológica como encontrada no capitalismo e, embora de uma forma muito diferente, no socialismo soviético:

> A dificuldade real na relação da teoria com a práxis [surge] [...] do fato de que já não são capazes de distinguir entre o poder prático e o técnico. No entanto, mesmo uma civilização que foi tornada científica não pode dispensar questões práticas; portanto, um perigo peculiar surge quando o processo de cientifização transgride o limite de questões técnicas, sem, contudo, sair do nível de reflexão de uma racionalidade confinada ao horizonte tecnológico. Pois nenhum esforço é feito para atingir um consenso racional por parte dos cidadãos em matéria de controle prático de seu destino (*Theory and Practice*, p. 255).

Nesta citação, Habermas critica o avanço incessante da ciência e da racionalidade técnico-científica, que "rebaixa" questões altamente políticas relacionadas com a regulação racional da vida comunitária da sociedade – questões que deveriam ser debatidas entre os cidadãos – e as transforma em meros problemas técnico-racionais; segundo ele, isso pode significar a substituição do debate político pelo governo de especialistas. A crítica à civilização contemporânea é assim desenvolvida com a ajuda do conceito de práxis – e levou ainda algum tempo até que ele renunciou a este conceito, desistindo da dicotomia entre "poder técnico e prático" em favor da distinção entre "trabalho" e "interação" (cf. mais abaixo), sendo a interação o que diz respeito à ação entre os seres humanos, que está ancorada na *linguagem*.

3 A disputa sobre o positivismo na sociologia alemã começou em 1961 na conferência da Associação Sociológica Alemã em Tübingen, e teve como seus principais protagonistas Theodor W. Adorno e Karl Raimund Popper. Este foi um dos desenvolvimentos mais controversos nas ciências sociais na Alemanha, particularmente porque a influência da Escola de Frankfurt fez com que autores pertencentes a campos dicotômicos falassem uns sobre os outros; este debate extremamente impactante fez com que gerações inteiras de estudantes tomassem o caminho errado ou pelo menos que seguissem um rumo muito problemático (cf. ADORNO. *The Positive Dispute in German Sociology*). No cerne da questão, na qual Habermas desempenhou um papel significante, está a reivindicação veementemente expressa por Adorno de que o (crescente) uso de métodos quantitativos em ciências sociais representava um grande problema na medida em que concebe o mundo social da perspectiva de sua descartabilidade e é voltado para o modelo – igualmente censurável – de dominação tecnológica da natureza; isso, Adorno afirmou, acabaria por levar à autoescravização dos seres humanos. Subjacente à visão de Adorno aqui está uma concepção normativa de ciência que pressupõe uma postura quanto ao problema de como conceber a "teoria", um problema que, conforme mencionado na Lição I, nunca foi resolvido pela sociologia. Para Adorno, o trabalho teórico não pode ser separado de questões normativas; a ciência nunca deve perder de vista o objetivo de emancipar os seres humanos. Para ele, o uso de métodos quantitativos implica precisamente este risco. Quanto ao último ponto que está em causa, Habermas *não* adotou essa postura extrema. Independentemente do fato de que ele não questionou o uso de métodos análogos, destinados a domesticar o mundo natural, no âmbito das ciências naturais, e de que ele não partilhava a perspectiva de Adorno sobre essas disciplinas, baseada em elementos da crítica cultural, Habermas certamente aceitou o uso de métodos quantitativos em ciências sociais para determinados fins. Em princípio, porém, ele defendeu o ideal emancipatório de Adorno, que o rival Karl Raimund Popper simplesmente não conseguia entender. Ele sempre insistiu que as questões normativas, "deveres", precisam ser mantidas fora do debate científico; a noção de uma "ciência emancipatória" era inevitavelmente algo estranho para Popper.

O que tornou as coisas tão confusas para muitas pessoas e que está na base da influência tão destrutiva do debate como um todo foi, primeiro, o fato de que os oponentes de Adorno e Habermas – notadamente Popper – foram caracterizados ou tachados com sucesso como positivistas, embora Popper não fosse em absoluto um positivista; na verdade, era ele quem havia abalado o edifício positivista, conforme já dissemos na primeira lição. Em segundo lugar, a julgar pelo caráter acalorado do debate, alguém poderia pensar que se tratava aqui de visões *imutáveis* sobre questões fundamentais, que tocam a autocompreensão das ciências (sociais). O que foi esquecido foi o fato de que o desacordo era, na realidade, bastante menor, na medida em que Habermas se aproximou do ideal científico de Popper, alguns anos depois, com relação a muitos, se não todos os seus aspectos.

4 O livro de 1968, *Conhecimento e interesse*, a despeito de sua brilhante linha argumentativa, foi em certo sentido uma continuação da disputa sobre o positivismo e estava destinado a ser apenas um trabalho de transição, ainda que apresente uma extensa discussão sobre o pragmatismo americano, a tradição filosófica que deu origem ao interacionismo simbólico – por isso nós mencionamos apenas de passagem, embora seja fundamental para a obra posterior de Habermas. Aqui, Habermas busca analisar amplamente a autoconcepção epistemológica de uma ampla gama de disciplinas, e expõe a tese de que nenhuma forma de conhecimento – incluindo o científico – pode ser concebida como um reflexo do mundo ao qual se chega em um vácuo, ou como uma reprodução "não adulterada" do mundo. Ao contrário, todo conhecimento se relaciona com *interesses* antropológicos muito arraigados – daí o título do livro. Ao passo que o *interesse tecnológico* vinculado ao domínio da natureza é tido como aparente nas ciências naturais, as tradições hermenêuticas almejam *ampliar a compreensão entre seres humanos*. A psicanálise e o pensamento materialista-revolucionário são considerados os únicos inspirados por um interesse *crítico-emancipatório*, a libertação dos agentes humanos da dominação e da repressão desnecessária, *bem como em apreender como toda ciência e conhecimento são vinculados a certos interesses*. Habermas coloca isso do seguinte modo:

> O processo de investigação nas ciências naturais é organizado no quadro transcendental da ação instrumental, de modo que a natureza necessariamente torna-se objeto do conhecimento do ponto de vista do possível controle técnico. O processo de investigação das ciências culturais opera no nível transcendental da comunicação, de modo que as estruturas de significado são necessariamente o assunto do ponto de vista da manutenção possível da intersubjetividade da compreensão mútua. Porque elas espelham estruturas de trabalho e interação, isto é, estruturas de vida, nós concebemos esses dois pontos de vista transcendentais como expressão cognitiva de interesses constitutivos do conhecimento. Mas é apenas mediante a autorreflexão das ciências que são abarcadas pela categoria da crítica que a conexão entre conhecimento e interesse emerge de forma convincente (*Knowledge and Human Interests*, p. 286).

O livro *Conhecimento e interesse* refletiu uma divergência em curso com Popper, na medida em que Habermas o acusou de realizar um ideal científico unilateral. Habermas acreditava que a concepção de ciência de Popper, voltada para o processo de produção de conhecimento nas ciências naturais, explicitava o fato de que as ciências naturais representam apenas um dos três interesses humanos fundamentais, ao passo que negligenciava outros dois interesses antropologicamente enraizados – aquele que concerne à "explicação de contextos de significado" ou ao aprofundamento da compreensão e aquele que diz respeito à emancipação e libertação da violência. Habermas afirma (a seu respeito, e presumidamente também em relação à teoria crítica, pois nesse ponto ele já estava alinhado a esta tradição) possuir uma concepção mais ampla de racionalidade, que inclui a razão instrumental, mas que também vai além dela.

Todavia, depois Habermas se dissociou dessa instância, ao menos no que diz respeito à sua tese quanto à existência de um interesse crítico-emancipatório; ele logo abandonou a esperança de que certas disciplinas (a Psicanálise é uma ciência social em débito com o marxismo) desempenhariam um papel revolucionário ou pré-revolucionário. Ele não conseguiu mais manter expectativas tão grandes. *Mas ele aderiu à ideia de que precisamos de outra forma de racionalidade para suplementar a racionalidade técnica.* A citação acima dá uma pista acerca do que isso poderia significar, com sua referência ao contraste entre "trabalho e interação"; é essa dicotomia conceitual que o permite dar adeus ao conceito de práxis que ele ainda utilizava nas décadas de 1950 e de 1960.

5 A primeira vez em que isso se torna claramente evidente é em um ensaio de 1967, intitulado "Trabalho e interação: considerações sobre a "Filosofia do espírito de Jena", de Hegel". Nesse texto sobre o jovem Hegel (1770-1831) e sobre Marx, Habermas tenta explicar *como o processo de formação da espécie humana pode ser compreendido como relação de conflito entre duas formas de ação*, nomeadamente, trabalho *e* interação; ele faz esse movimento recorrendo, entre outras coisas, à teoria da comunicação de George Herbert Mead e, presumivelmente, ao livro *A condição humana*, de Hannah Arendt (1906-1975), ainda que Habermas não faça referência a este. Tal como ele explica, fazendo referência positiva ao *insight* de Hegel: "Não é possível reduzir a interação ao trabalho ou a uma derivação do trabalho" ("Labour and Interaction", p. 159). Marx, por outro lado, teria fundido de forma descuidada essas duas formas de ação – com consequências altamente problemáticas para a construção de sua teoria:

> uma análise da primeira parte de *A ideologia alemã* revela que Marx de fato não explica a inter-relação entre trabalho e interação, mas, em vez disso, sob o título pouco preciso de práxis social, reduz uma à outra, isto é: a ação comunicativa à ação instrumental... Em virtude disso, o brilhante *insight* de Marx sobre a relação dialética entre forças pro-

dutivas e relações de produção poderia ser facilmente interpretada de maneira mecanicista (p. 168-169).

O ensaio de Habermas é claramente dirigido contra Marx, e sobretudo contra uma interpretação do marxismo que espera fazer progredir a raça humana apenas mediante o desenvolvimento das forças produtivas. Habermas, por outro lado, deseja apegar-se à ideia de que cada forma de ação é irredutível à outra. Para ele, a interação ou ação comunicativa não pode ser confundida com ação instrumental ou ação instrumentalmente racional; a lógica da ação em cada caso, ou, ainda, os interesses antropológicos subjacentes a essa ação, são radicalmente diferentes. Também é por isso que Habermas – lembrem aqui novamente da citação – deseja deixar para trás o conceito de práxis, pois ele implica o risco de obnubilar ou negligenciar a necessária diferenciação entre trabalho e interação.

Mas na medida em que se insiste na irredutibilidade das categorias de trabalho e interação, isso imediatamente tem consequências importantes para a interpretação do processo histórico, que contradizem inteiramente as premissas básicas do marxismo ortodoxo, isto é, aquele que interpreta a história sob o viés de um determinismo econômico. O desenvolvimento das forças produtivas não traz a garantia de progresso social: "A libertação em relação à fome e à miséria não converge necessariamente com a libertação frente à servidão e à degradação, pois não há uma relação de desenvolvimento automática entre trabalho e interação" (p. 169).

A distinção habermasiana entre "trabalho" e "interação" teve um profundo impacto sobre o desenvolvimento de sua obra; ele a mantém até os dias de hoje. Este foi um passo crítico necessário com relação ao marxismo ortodoxo, mas também em relação àquele esposado pelos dissidentes do Leste Europeu, que enfatizavam o conceito de práxis. Mas esse passo também foi associado a alguns custos teóricos: a questão correlata que então emergiu – à luz da interpretação de Habermas sobre o conceito marxista de trabalho enquanto ação puramente instrumental – foi de que modo se podia lidar com o *insight* acerca do *caráter potencialmente expressivo do trabalho*, que se depreende dos primeiros trabalhos de Marx, especialmente no conceito de práxis, isto é, o trabalho como autoexpressão do ser humano. A questão era se a tipologia da ação, expressa aqui pelos termos "trabalho" e "interação", não seria demasiadamente simplista.

6 O ensaio "Trabalho e interação" foi republicado em 1969, em um pequeno ensaio intitulado *Technik und Wissenschafl als "Ideologie"* (Ciência e técnica como "ideologia"). O ensaio de abertura, com o mesmo título do livro, é um diagnóstico sistemático inicial de sua época, portanto, fortemente sociológico. Aqui, Habermas faz uso da distinção entre "trabalho" e "interação", introduzida mais cedo, para analisar mudanças macrossociológicas nas sociedades modernas. Habermas coloca-se uma questão direta: Como explicamos a mudança

estrutural fundamental característica da maneira como o capitalismo justifica a si mesmo? Como explicamos o fato de que, como nunca antes, uma ideologia tecnocrática tenha se tornado o tropo legitimador das sociedades capitalistas contemporâneas? Para responder a esta questão, Habermas desenvolve um quadro teórico marxista, ou ao menos toma de empréstimo algumas ideias de Marx, mas que não produzem nem uma abordagem tecnológica nem economicamente determinista, e que evita a afirmação do primado da tecnologia ou da economia no quadro do desenvolvimento social. Habermas rompe com a dialética entre forças produtivas e relações de produção porque, tal como ele apontara em "Trabalho e interação", os marxistas interpretaram erradamente essa dialética, concebendo-a de forma mecanicista, em virtude de seu quadro conceitual demasiadamente simplista (mais uma vez, cf. a citação trazida aqui anteriormente). Habermas substitui esta por outra dialética, que diz respeito à relação entre sistemas ou subsistemas da ação racional instrumental, de um lado, e, de outro, o quadro institucional de uma sociedade ou *mundo da vida*, regulado por processos comunicativos (termo que já foi introduzido quando de nossa análise sobre a etnometodologia, será discutido com mais detalhe na próxima lição); portanto, a dicotomia dos conceitos de ação é repetida enquanto dicotomia entre duas esferas da sociedade. O trabalho, ou ação racional com relação a fins, é o modelo de ação que prevalece dentro dos subsistemas, enquanto o mundo da vida desenvolve-se a partir de atos interativos ou comunicativos.

> Então devo fazer uma distinção geral no nível analítico entre (1) o quadro institucional de uma sociedade ou do mundo da vida sociocultural e (2) os subsistemas de ação racional com relação a fins que estão "embutidos" nele. Na medida em que ações são determinadas pela estrutura institucional, ambos os tipos são guiados e executados por normas. Na medida em que são determinados por subsistemas de ação racional com relação a fins, eles estão em conformidade com padrões de ação instrumental ou estratégica ("Technology and Science as 'Ideology'", p. 93-94; cap. em *Toward a Rational Society*).

Este conjunto de ferramentas conceituais, emprestadas da fenomenologia e do funcionalismo sistêmico, facilita o diagnóstico da era contemporânea, que é o seguinte. Habermas refere-se à reestruturação do Estado, que ocorreu em todos os países ocidentais, que representa a transição do modelo clássico do vigia, cujas tarefas eram limitadas à manutenção da ordem e da segurança, para o Estado de Bem-estar Social intervencionista moderno. No entanto, de acordo com Habermas, isso significa que o Estado não pode mais ser tratado, como os marxistas acreditavam, como fenômeno puramente superestrutural: a crítica da sociedade já não pode ser apenas uma crítica da economia política, porque o Estado não intervém unicamente no processo de distribuição, mas também diretamente no processo de produção – via políticas de pesquisa e tecnologia, por exemplo. Mas a própria economia política clássica também se tornou irrelevante: a tese da troca justa entre os participantes do mercado, na qual um dia se pôde acreditar – pelo menos durante a era do liberalismo *laissez-faire*, embora fosse bastante implausível já naquela época (cf. as observações feitas por Parsons na Lição II) –, agora havia sido fatalmente atingida. Isso é porque tanto a troca quanto a produção são moldadas por políticas de Estado. Tornou-se absurdo falar em um mercado naturalmente justo.

Mas o que substitui essa ideologia básica de troca justa nas sociedades capitalistas? Habermas afirma que é o Estado de Bem-estar que garante a lealdade das massas. Ao mesmo tempo, porém, ele sugere, este impregna a política com uma imagem puramente negativa; no mínimo ela perde seu caráter formativo. Isso ocorre porque as políticas assistencialistas são dirigidas exclusivamente para lidar com situações disfuncionais. A única prioridade é resolver problemas técnicos e monetários; a substância prática da política, tal como novas ideias sobre como organizar racionalmente as relações sociais, são completamente varridas para fora. Para Habermas, a questão do que constitui a "boa vida", uma pergunta que sempre esteve no coração da filosofia política clássica, e acima de tudo a discussão pública deste assunto, já não desempenha qualquer papel nesse cenário. Questões prático-políticas tornaram-se tecnológicas – uma visão que Habermas já tinha adotado em *Teoria e prática*); questões políticas agora giram apenas em torno de objetivos *internos* às estruturas sociais existentes. Como resultado, a população torna-se despolitizada, o que é basicamente uma característica constitutiva do funcionamento do capitalismo de bem-estar social, que se baseia no pressuposto de que as pessoas são o *objeto passivo* de medidas bem-intencionadas elaboradas por especialistas.

Em geral, isso significa que o que Habermas acredita ser a distinção fundamental entre "trabalho" e "interação" pode escapar à consciência pública, mantendo o mesmo caráter turvo já presente na obra de Marx, porque o potencial das forças produtivas foi ampliado em grande escala e a maioria da população atingiu um bom grau de prosperidade, como resultado da intervenção assistencialista. Na consciência pública contemporânea, o desenvolvimento da sociedade parece determinado *apenas* pelo progresso tecnológico. Em outras palavras, as questões de justiça, daquilo que constitui uma sociedade racional e, acima de tudo, sobre o que é uma sociedade na qual se vale a pena viver, estão sendo todas deixadas de lado, em favor das supostas necessidades práticas. Habermas vê um perigo aqui, que ele explicou mais precisamente em suas obras posteriores, a saber, que o quadro institucional da sociedade, o mundo da vida, pode ser inteiramente marginalizado pelos subsistemas de ação racional com relação a fins, e estamos, portanto, confrontados com um mundo em que

> a estrutura de um dos dois tipos de ação, nomeadamente o sistema de comportamento da ação racional com relação a fins, não só predomina sobre o quadro institucional, mas aos poucos absorve a ação comunicativa enquanto tal (p. 106).

Habermas está, de fato, descrevendo muito bem o "espírito tecnocrático" dos anos de 1960 e de 1970, comum na política e entre amplas camadas da população; este foi um momento em que a crença na capacidade de criar e recriar relações sociais no âmbito da estrutura social existente aparentemente não conhecia limites, quando a resolução de problemas concretos era considerada a política real, e tal concepção ainda goza de prestígio. A equipe de governo de John F. Kennedy, numericamente dominada por especialistas brilhantes ("os melhores e mais brilhantes"), exalava esse ar, assim como o gabinete da Alemanha Ocidental sob o Chanceler Helmut Schmidt na década de 1970, na medida em que qualquer resistência a medidas elaboradas pelo o governo eram rapidamente derrubadas sob a acusação de ignorância ou falta de conhecimento especializado.

Essas declarações implicam claramente uma crítica ao capitalismo ocidental, mas Marx também não sai ileso. Habermas refere-se à necessidade de reformular o "quadro de categorias [...] nos pressupostos básicos do materialismo histórico" (p. 113). Para Habermas, está claro que a luta de classes, aquela categoria central do pensamento marxista, já não pode reivindicar um lugar de destaque nas análises teóricas contemporâneas da sociedade, porque o Estado de Bem-estar promoveu o fim desta luta, ou ao menos pacificou-a; como resultado, os antagonismos de classe existem, no máximo, em forma latente. Além disso, acredita Habermas, a distinção fundamental entre "trabalho" e "interação" produz análises mais adequadas sobre o perigo, com as quais as sociedades ocidentais são confrontadas, da imiscuição entre questões tecnológicas e prático-políticas do que a dialética marxista entre forças produtivas e relações de produção. Para combater a tentação de reduzir o "trabalho" à "interação" e vice-versa, Habermas novamente enfatiza que é preciso distinguir claramente entre a racionalização característica dos subsistemas de ação racional com relação a fins, e aquela típica do nível de interação. A racionalização das estruturas institucionais dependentes da comunicação não é medida pela crescente dominação da natureza, mas conforme a possibilidade e a extensão com que as sociedades permitem aos seus membros chegar livremente a acordos, reduzindo a repressão e rigidez das relações sociais. Portanto, de acordo com Habermas, o potencial racional inerente à linguagem deve ser usado para acelerar a reestruturação institucional das sociedades com vistas a organizar as estruturas sociais de forma mais racional. Mais uma vez, a sua ideia-chave no que diz respeito às funções e tarefas da linguagem se expressa muito bem aqui.

O ensaio de Habermas foi certamente um diagnóstico convincente sobre o final dos anos de 1960; mas um olhar retrospectivo inevitavelmente levanta ao menos duas questões críticas.

a) Por que a ideologia tecnocrática rapidamente tornou-se insignificante, ou melhor, por que começou a se desmanchar, a partir de meados da década de

1970? Evidentemente, não podemos esperar que Habermas tivesse previsto o futuro; por outro lado, a questão que emerge é o quão profunda essa ideologia tecnocrática realmente era, o quão importante ou necessária era para o capitalismo ocidental na década de 1960, se teve tão pouca influência na década seguinte. O consenso tecnológico chegou rapidamente ao fim como resultado dos movimentos ambientais e antinucleares que floresceram no início de 1970, quando os cidadãos das sociedades ocidentais, particularmente os mais jovens e geralmente mais escolarizados, tornaram-se cada vez mais céticos com o discurso de exequibilidade que era tão típico do *establishment* político e científico, bem como em relação ao próprio crescimento econômico enquanto tal. Além disso, esse consenso tecnocrático foi quebrado em outra frente, quando os padrões tradicionais de legitimação do capitalismo diminuíram drasticamente, especialmente na Grã-Bretanha sob Margaret Thatcher e nos Estados Unidos sob Ronald Reagan. Aos olhos de muitos eleitores britânicos e americanos, o Estado de Bem-estar Social, evidentemente, parecia ser o problema, e não mais a solução; ao contrário das expectativas, a ideia de livre-mercado e de troca justa que prevaleciam nesse contexto pareceu recuperar seu poder e capacidade de persuasão. O recuo do Estado em relação a políticas econômicas e sociais assim parecia um movimento mais do que lógico. Essa tendência também era impossível de antecipar, e muito menos prever, com base no diagnóstico de época feito por Habermas.

b) A segunda crítica é dirigida mais aos assuntos teóricos e abstratos do que a diagnósticos políticos. A noção de "subsistemas de ação com racionalidade com relação a fins" proposta por Habermas pode ser considerada excessivamente simplista. A ideia da "exclusividade" de formas de ação com motivação exclusivamente racional com relação a fins, de uma característica lógica de certas esferas da sociedade que é verdadeiramente difundida e apoia-se *exclusivamente* na racionalidade instrumental, tal como implicado no conceito de sistema, é na realidade bastante difícil de conceber. Como já sabemos a partir da Lição III, o próprio Parsons destacou que os mercados baseiam-se em normas, e, portanto, parece problemática a afirmação de Habermas de que, por exemplo, o subsistema da economia *como um todo* é moldado por formas de ação racional com relação a fins. Todos os estudos na área de sociologia industrial mostram que há toda uma gama de ações que ocorrem nas firmas, que envolvem processos de *negociação*, e que as normas, hábitos, privilégios irracionais etc. desempenham um papel enorme. A estratégia conceitual de Habermas não captura nada disso. Porém, ele rapidamente toma conhecimento desses estudos. Logo depois ele realizou uma clara distinção entre os *tipos de ação* e os *tipos de sistema de ação*, admitindo que os subsistemas da sociedade não podem ser caracterizados por um único tipo de ação. Em seu livro *Teoria do agir comunicativo* ele passou a conceber essa questão de forma muito diferente.

Até o presente momento traçamos o desenvolvimento da obra de Habermas até o final dos anos de 1960, um período de brilhantismo caracterizado por enorme produtividade. Nossa questão agora é saber qual o sentido que sua obra tomou nas décadas de 1970 e de 1980 e como ele conseguiu fazer a primeira grande tentativa à síntese teórica depois de Talcott Parsons, um esforço ao qual já nos referimos em diversas ocasiões. Afinal, a influência de Habermas sobre a sociologia foi muito limitada até o final dos anos de 1960. Seria bastante justo classificar Habermas durante esse período como um marxista ocidental, ainda que *altamente inovador*, que se diferenciava de outros autores neomarxistas principalmente em virtude da ênfase que colocou sobre a estrutura singular da intersubjetividade humana. Mas isso não foi suficiente para satisfazer as necessidades teóricas dos que tinham boas razões para desconfiar das tradições marxistas como um todo, ou dos que esperavam muito pouco delas. A noção de que a complexidade e a multidimensionalidade da obra de Parsons, bem como a animada discussão entre os teóricos do conflito, dos interacionistas simbólicos, dos etnometodólogos e dos expoentes da escolha racional poderiam ser superadas com a ajuda de uma abordagem marxista, ainda que modificada, parecia pouco plausível. Onde a jornada teórica de Habermas o levou? O que lhe permitiu realizar sua síntese teórica tão influente?

X
A "teoria do agir comunicativo" de Habermas

O ponto de virada crucial na carreira de Habermas veio no início de 1970, quando ele final e inequivocamente rompeu com os elementos-chave do legado hegeliano e marxista; foi nesse contexto que lutou com as utopias do movimento estudantil. Habermas cortou o vínculo que o ligava a esta tradição, que anteriormente ele parecia continuar, apenas introduzindo algumas modificações. Como consequência dessa ruptura, ele começou a incluir uma série de novos elementos teóricos em seu pensamento, o que lhe permitiu avançar na direção de sua própria síntese teórica.

Em primeiro lugar, Habermas abandona a ideia de que a história pode ser entendida como processo de formação da *espécie humana* como um todo. Na obra de Marx, a humanidade havia sido concebida em termos hegelianos como, por assim dizer, um macrossujeito. Após longos períodos de alienação, esse sujeito voltaria a recuperar a consciência na era pós-capitalista. Este sujeito *único* da humanidade como um todo – Habermas afirma enfaticamente – *não existe*; a noção de que as gerações posteriores como um todo são sempre capazes de subir sobre os ombros daqueles que vieram antes e que em virtude disso, portanto, podemos esperar que a humanidade, como tal, possa se desenvolver ainda mais na mesma direção é uma idealização totalmente injustificada. Não há nada que garanta que o conhecimento obtido pelos antepassados é simplesmente transferido a todos os seus descendentes, para que as gerações futuras precisem apenas construir com base naquilo que os antepassados já sabiam e sobre o que eles estabeleceram de forma fixa e imutável. Pelo contrário, devemos assumir que inicialmente são *indivíduos* que aprendem, e *indivíduos* que (no contexto da família, p. ex.) absorvem ou talvez rejeitam as experiências de seus antepassados. As pessoas sempre precisam começar de novo. Elas vêm ao mundo em um estado de "não conhecimento" e devem primeiro adquirir seu próprio estoque individual do conhecimento.

Tudo isso pode parecer relativamente pouco espetacular ou mesmo trivial, mas o passo dado por Habermas aqui é de grande importância. Implica a rejeição da ideia, não incomum na obra de pensadores marxistas, que o bem das gerações futuras justifica o sofrimento e os sacrifícios das gerações humanas anteriores, de modo que o sofrimento das gerações atuais pode ser aceito, dado que se espera que as condições de vida das gerações futuras sejam melhores – uma ideia muito perigosa, sobretudo em matéria de prática política, que repetidamente provocou consequências criminosas na história moderna. A humanidade – de acordo com Habermas – *não é um sujeito singular*; não podemos simplesmente ponderar os sofrimentos e alegrias característicos de certos momentos de desenvolvimento, de sociedades ou de pessoas à luz de outros períodos em seu suposto processo de formação. A mudança social, ele conclui, deve ser compreendida sem recorrer a esta noção tão central para a filosofia da história hegeliano-marxista. Ao invés de apressar-se em identificar os supostos processos de aprendizagem característicos *da espécie*, Habermas, portanto, começa a examinar os processos de aprendizagem que são realmente típicos de *indivíduos*. Ele começa a estudar como e em que dimensões da ação os indivíduos aprendem; pois os processos de aprendizagem começam dentro do indivíduo concreto. Claro, isso não exclui a possibilidade de que processos de aprendizagem coletiva também possam ocorrer, que os grupos ou mesmo sociedades inteiras possam aprender, mas esta aprendizagem só pode ser entendida como fusão bem-sucedida dos processos de aprendizagem individuais, determinado pela especificidade da situação, e não deve ser assumido como sendo o resultado automático de um processo de desenvolvimento que caracteriza a humanidade como tal.

Em acordo com esta ideia, os autores que estudaram esses processos individuais de aprendizagem, no campo da psicologia do desenvolvimento, passaram a ter grande importância para Habermas. O psicólogo suíço Jean Piaget (1896-1980) e o psicólogo social americano, Lawrence Kohlberg (1927-1987), que investigaram processos de aprendizagem cognitiva, e sobretudo *moral*, entre crianças e adolescentes de uma forma altamente inovadora nas décadas de 1950, 1960 e 1970, e tornaram-se autores de referência cruciais para Habermas, quando ele começou a investigar como as descobertas da psicologia do desenvolvimento poderiam ser combinadas com uma teoria da evolução. Há algum paralelo entre as fases de desenvolvimento cognitivo e moral em indivíduos e os estágios de desenvolvimento típicos da humanidade como um todo? Como a "ontogenia", o desenvolvimento do ser individual está relacionado com a "filogenia", a história de uma tribo ou espécie, e, caso exista tal relação, como exatamente podemos conceber esse paralelismo? Esta é a questão à qual Habermas *alude, mas não responde*, na seguinte citação, que exprime sua principal preocupação na década de 1970, e que ele não consegue – e isso ele percebe relativamente cedo – resolver de forma totalmente satisfatória.

> Os componentes de visões de mundo que garantem a identidade e que são eficazes na promoção da integração social – isto é, sistemas morais e as interpretações que os acompanham – seguem com crescente complexidade um padrão que tem um paralelo no nível ontogenético na lógica do desenvolvimento da consciência moral (*Legitimation Crisis*, p. 12).

Habermas, bem como todos os teóricos da evolução mais cautelosos e com boa formação, foi capaz de afirmar apenas que é possível discernir uma lógica na sequência dos estágios de desenvolvimento característicos da humanidade – que possuem um paralelo com o desenvolvimento cognitivo e moral dos indivíduos em certo sentido, mas a questão de como isso acontece permanece indefinida. *Mas é quase impossível dizer alguma coisa sobre os mecanismos causais que levam a novos estágios.* Portanto, Habermas distingue entre a *lógica* do desenvolvimento do processo histórico *e o processo histórico em si mesmo*. Os teóricos sociais e os teóricos da evolução podem reconstruir a lógica do desenvolvimento da história apenas de forma retrospectiva; contudo, nenhuma afirmação precisa pode ser feita acerca dos processos históricos concretos que estão envolvidos. A teoria evolucionária procede de forma reconstrutiva, e não mediante análise causal.

> O materialismo histórico não precisa pressupor um sujeito-espécie que passa por uma evolução. Os portadores da evolução são as sociedades e os sujeitos que agem integrados a elas; a evolução social pode ser distinguida naquelas estruturas que são substituídas por outras mais abrangentes, de acordo com um padrão que pode ser racionalmente reconstruído. No decurso desse processo de formação de estruturas, sociedades e indivíduos, juntamente com seus egos e identidades de grupo, passam por mudanças. Mesmo que a evolução social possa apontar na direção de indivíduos unidos que influenciam conscientemente o curso de sua própria evolução, disso não decorre a emergência de sujeitos de larga-escala, mas no máximo comunidades intersubjetivas autoestabelecidas e em um nível mais elevado. (A especificação do conceito de desenvolvimento é uma outra questão: Como é possível conceber a emergência de novas estruturas como um movimento? Apenas substratos empíricos estão em movimento.)

> Se separarmos a lógica da dinâmica do desenvolvimento – isto é, o *padrão* racionalmente reconstruível de uma hierarquia de estruturas cada vez mais abrangentes dos *processos* mediante os quais os substratos empíricos se desenvolvem – então não precisamos exigir da história nem unilinearidade, nem necessidade, nem continuidade ou irreversibilidade ("Toward a Reconstrution of Historical Materialism", p. 140; ênfase no original).

Para os historiadores e todos aqueles interessados em análises detalhadas de processos, isto é naturalmente insuficiente ou insatisfatório. No entanto, o marxismo especulativo hegeliano com a sua teoria altamente problemática sobre a mudança social foi substituído por uma teoria evolucionista baseada em *insights* da psicologia do desenvolvimento que, além disso, como Habermas salienta na citação acima, também é não evolucionista (cf. nossas observações sobre a distinção entre "teoria da evolução" e "evolucionista" na Lição IV). Em todo caso, esta teoria da evolução assume uma importância estratégica crucial na obra de Habermas. Independentemente da questão, certamente insolúvel, que acabamos de tocar, sobre quais os *mecanismos* concretos apoiam os supostos paralelos entre filogenia e ontogenia, a essência dos argumentos de Habermas remonta à tese de que na esfera da produção ou no âmbito das visões de mundo, os processos de aprendizagem cognitiva e moral ocorrem de forma independente, mantendo a lógica da distinção fundamental entre "trabalho" e "interação". Em outras palavras, Habermas novamente argumenta, contra Marx, que o progresso das forças produtivas não conduz automaticamente ao progresso moral, no sentido de uma forma mais racional de organizar as relações sociais. Devemos assumir que a ação moral segue uma lógica própria, o que impede a noção de que a economia é a chave explicativa da mudança social. Habermas, utilizando conceitos marxistas, mas contra Marx, coloca isso da seguinte forma:

> O desenvolvimento das forças produtivas pode, então, ser entendido como um mecanismo gerador de problemas, que *dispara, mas não produz* a transformação das relações de produção e de uma renovação evolucionária do modo de produção (p. 146; ênfase no original).

Em segundo lugar – dando mais um passo para longe do legado de Hegel e Marx, embora em alguns aspectos isso esteja ligado com o primeiro passo – Habermas evita toda a referência a macrossujeitos idealizados. Aqui, seus argumentos foram claramente dirigidos contra o teórico marxista húngaro Georg Lukács (1885-1971) e seu livro *História e consciência de classe,* de 1923, um trabalho muito influente, particularmente no movimento estudantil. *História e consciência de classe* foi um dos principais textos de referência dos críticos culturais de esquerda na década de 1970, em virtude da impressionante e sugestiva análise dos efeitos destrutivos da mercantilização capitalista feita por Lukács no capítulo "O fenômeno da reificação". O que era altamente problemático era o fato de que Lukács vinculou toda esperança de um fim desse estado de coisas reificante e reificado ao partido leninista, que ele via como a personificação de uma consciência de classe proletária objetiva, a única que poderia apontar o caminho para sair das "antinomias do pensamento burguês" e da sociedade burguesa:

> O desejo *consciente* de um reino da liberdade só pode significar tomar conscientemente as medidas que realmente conduzirão a isso. [...] Isso implica a subordinação consciente de si à vontade coletiva que está destinada a fazer existir a verdadeira liberdade, e que hoje está seriamente tomando as primeiras medidas, árduas e incertas, e tateando nessa direção. Esta vontade coletiva consciente é o Partido Comunista (LUKÁCS. *History and Class Consciousness*, p. 315; ênfase no original).

O que é alarmante nessa linha de pensamento de Lukács não foi apenas o fato de que ele tomou a iniciativa de declarar a consciência de classe empírica como sendo nula – dado que *ele* como um filósofo marxista obviamente sabia como se dá o curso da história – para contrapô-la a uma "consciência de classe objetivamente correta"; também alarmante foi o fato de que Lukács identificou sem hesitar essa consciência de classe real, e portanto o próprio progresso da humanidade, com um partido político específico e, além disso, com aquele cuja legitimidade foi tudo, menos democrática: o partido leninista de vanguarda.

Nesse momento Habermas passou a rejeitar todo pensamento que tivesse qualquer vaga lembrança disso, o que, dadas as circunstâncias do momento, significava lutar contra as seções do movimento estudantil do final dos anos de 1960 e início dos anos de 1970, quando o leninismo, surpreendente, começou a crescer em torno de um grupo de figuras obscuras que afirmavam conhecer as leis de movimento que regem a história humana e, portanto, as melhores estratégias (revolucionárias) para prosseguir em uma estratégia que hoje parece risível, mas que era dominante em algumas universidades da época. Já na época do livro *Teoria e prática* e no capítulo sobre o marxismo que está nele, Habermas havia afirmado que a análise dos processos históricos não devem ser derivadas dedutivamente a partir de um esquema dialético", mas determinado através de análises empíricas, e que isso também se aplica a suposições sobre capacidade de agir a grupos e classes (cf. Lição IX). O alarme em relação aos excessos do movimento estudantil levou Habermas a declarar com mais veemência do que nunca que a noção de sujeitos idealizados de caráter superior estava equivocada e era condenável. Ele também viu uma tendência semelhante na noção hegeliana acerca da realização da *nação* como uma "missão histórica". Sua destruição da ideia de macrossujeitos é, portanto, voltada politicamente contra os perigos do totalitarismo de esquerda e de direita.

A partir desse momento, de fato, Habermas passou a ver com enorme ceticismo todas as tentativas sistemáticas de conceber teoricamente atores coletivos – mesmo em casos em que isso poderia ser bastante justificável empiricamente. Para ele, o "macrossujeito" idealizado na história da filosofia está escondido atrás de todo "ator coletivo". No plano da teoria, ele adota uma construção que torna mais ou menos impossível a própria ideia de tais macrossujeitos. Estamos nos referindo ao conceito funcionalista de sistema. Mediante a recepção da obra de Luhmann (cf. a próxima lição), Habermas – como pode ter ficado evidente em algumas das citações apresentadas na última lição – havia adotado o conceito parsoniano de sistema no início dos anos de 1960. À luz das análises de Luhmann e Parsons, pareceu-lhe além de qualquer dúvida que todas as teorias da ação têm um potencial limitado. A ideia subjacente aqui é a seguinte: Como Luhmann tentou mostrar em seu livro de 1968, *Zweckbegriff und Systemrationalität* ("O conceito de fins e a racionalidade do sistema"), por exemplo (e como iremos explicar mais detalhadamente na próxima lição), organizações, instituições etc. não são guiadas simplesmente por objetivos predeterminados, racionais. Em outras palavras, é quase impossível estabelecer um paralelo entre o modo de funcionamento de uma empresa e os objetivos dos atores, mesmo quando se trata dos atores em cargos de gerência. Os objetivos dos diversos atores envolvidos em uma organização são demasiadamente difusos, muito diversos e envolvem um grande grau de sobreposição para que seja possível depreender deles uma meta organizacional clara e sem ambiguidade. Em vez disso, *as organizações agem de acordo com sua própria lógica funcional* – independentemente dos objetivos da ação tomados pelos indivíduos. Para Habermas, essa percepção confirma que muitos aglomerados de pessoas operam desta forma, e que é, portanto, impossível derivar o funcionamento e a lógica operacional da entidade coletiva a partir das noções concretas de ação que as pessoas têm. De acordo com Habermas, é necessário aqui o conceito de sistema. Devemos, ele acredita, aceitar o argumento dos funcionalistas de que o conceito de ação por si só é insuficiente para analisar os processos sociais.

Mas Habermas passa a usar este argumento puramente teórico para fins políticos; ele exclui a possibilidade de que os sistemas ou coletividades possam se comportar como sujeitos. Isto fica claramente evidente quando Habermas escreve: "Os sistemas não se apresentam como sujeitos" (*Legitimation Crisis*, p. 3). Para Habermas, a noção *do* proletariado ou *da* nação e de suas missões é um absurdo, porque a interligação entre ações que esses termos denotam não se somam a um todo que pode ser significativamente apreendido pelo conceito de sujeito, sob qualquer forma que este possa assumir. Nesse sentido, a introdução do conceito de sistema na obra de Habermas pode ser interpretada em parte como uma tentativa para barrar tentações totalitárias de todos os matizes.

Por mais louvável que este motivo político possa ser, e por mais que sua intenção fosse a de tomar uma posição contra todas as tentações leninistas e nacionalistas e alertar contra o uso de sujeitos coletivos *idealizados*, pode-se ponderar que coletividades e atores coletivos de fato existem. Podemos, portanto, perguntar se a aproximação de Habermas de um conceito funcionalista de sistema não foi muito precipitada, pois sua teoria não considera ou já não é capaz de considerar a constituição de atores coletivos. Essa noção de atores coletivos não repousa imediatamente em uma idealização histórica. Em vez disso, deve-se estabelecer empiricamente se e em que medida se pode descrever certos fenômenos como formas coletivas de ação. Mas em virtude de sua precaução contra as consequências absurdas das rebeliões estudantis, Habermas, um pouco como Parsons, estava disposto – e era capaz – de imaginar ordem social como um todo, *apenas em termos funcionalistas*, apenas como constituída por sistemas. Conceber a ordem social apenas como "interação" temporariamente ordenada entre diferentes atores coletivos e individuais parece-lhe uma abordagem impraticável, enquanto julgava preferível abraçar o funcionalismo em vez do *insight* interacionista sobre a fluidez das ordens sociais (Lição VI).

Política e teoricamente, isto prefigura a fusão entre funcionalismo e hermenêutica, entre teorias do sistema e da ação; Habermas tenta elaborar esta abordagem na década de 1970, que pode ser considerada como um período de busca. Habermas apresenta primeiramente suas constatações provisórias, variando entre diagnósticos do mundo contemporâneo (*Legitimation Crisis*, 1973) e análises puramente teóricas ("Toward a Reconstruction of Historical Materialism" [1976], em que – como indicado anteriormente – ele tenta reformular o marxismo por meio da teoria evolutiva). Muito mais importante, no entanto, é seu *magnum opus*, A teoria do agir comunicativo, de 1981, que levou oito anos para ser redigido, e que será nosso foco principal na maior parte do restante desta lição.

Podemos dividir *A teoria do agir comunicativo*, uma obra em dois volumes com mais de 1.100 páginas, em quatro tipos de tópicos. Ela oferece (1) uma teoria da racionalidade, (2) uma teoria da ação, (3) uma teoria da ordem social e (4) um diagnóstico da época contemporânea. De acordo com Habermas, todos os quatro campos são inseparáveis e necessariamente relacionados, um argumento que certamente pode ser contestado. Vocês ouvirão mais sobre isso mais adiante. Primeiramente desejamos sublinhar a monumental ambição de Habermas em tentar resolver um conjunto tão amplo e abrangente de tópicos. O seu objetivo é, assim, alcançar uma síntese, para unificar uma sociologia que estava dividida em diversas escolas teóricas, assumindo as reivindicações e preocupações de cada uma delas. Não é por acaso que *A teoria do agir comunicativo* é construída sobre o modelo que Talcott Parsons estabeleceu em *A estrutura de ação social*, algo que tende a ser esquecido inteiramente na recepção filosófica do trabalho de Habermas. Tal como em *A estrutura*, na grande obra de Habermas as seções de sistematização teórica são alternadas com capítulos de interpretação sobre autores específicos e, como Parsons, Habermas discute em detalhe as obras de Max Weber e Émile Durkheim. Em contraste com Parsons, no entanto, Habermas não discute os autores mais voltados para a economia, como Alfred Marshall e Vilfredo Pareto; ao contrário, ele lida com outras figuras-chave nas ciências sociais, incluindo, notadamente, George Herbert Mead, negligenciado por Parsons, bem como alguns dos principais expoentes da teoria crítica, como Max Horkheimer e Theodor W. Adorno, e inclusive o próprio Parsons. Talcott Parsons, que havia morrido pouco antes, e que – como dissemos na Lição II – fez muito para estabelecer o cânone de autores sociológicos clássicos, é ele próprio elevado à condição de figura clássica.

Enquanto o primeiro volume de *Teoria do agir comunicativo* aborda Weber e a teoria crítica, o segundo analisa a obra de Mead, Durkheim e Parsons. Há razões específicas para esse recorte, que não tem qualquer relação com a cronologia da biografia ou trabalho desses autores. Em vez disso, esse *layout* reflete uma tese bastante clara, ainda que não isenta de contra-argumentações, segundo a qual está surgindo uma mudança de paradigma dentro da sociologia, uma noção que Habermas defende vigorosamente em favor de sua obra. Deste ponto de vista, a fraqueza de uma construção teórica que supostamente coloca a *ação racional com relação a fins* no centro do palco (Weber, teoria crítica) é cada vez mais reconhecida pelos teóricos da sociologia; eles estão começando a considerar a necessidade de adotar um modelo muito diferente de ação. Segundo o autor, o debate teórico contemporâneo estaria convergindo para uma ideia de *interação simbolicamente mediada*, encontrada na obra de Mead, e em certa medida também na de Durkheim. De acordo com Habermas, podemos superar as dificuldades das abordagens teóricas atuais que existem na sociologia apenas se levarmos em consideração as ideias presentes na obra desses autores. Finalmente, Parsons é citado como uma fonte autorizada para mostrar que a teoria da ação, cujo alcance era visto com ceticismo por Habermas, requer uma teoria funcionalista de ordem, embora, de acordo com Habermas, o funcionalismo de Parsons é, em última análise, muito radical.

Isso basta para apresentar em linhas gerais o desenho do livro e sua proposta geral. Passamos agora para os temas-chave presentes em *Teoria do agir comunicativo*, o primeiro dos quais é a teoria da racionalidade de Habermas.

1 A forma mais simples de apreender a teoria da racionalidade de Habermas é pela apreciação de como ele a desenvolveu *mediante um processo de avaliação crítica* de outras duas concepções de racionalidade muito influentes. A crítica de Habermas obviamente tem como alvo todas aquelas teorias que concebem a racionalidade apenas como uma relação ponderada entre meios e fins, que estabelecem uma equivalência entre racionalidade e a otimização na escolha dos meios mais adequados para a realização de determinados fins. É claro que essa crítica se refere mais diretamente à teoria da escolha racional que – tal como fica evidente no próprio nome – advoga uma concepção de racionalidade exatamente deste tipo. Mas ele não está se referindo apenas à abordagem da escolha racional *dentro* do neoutilitarismo, mas a *todas* as teorias utilitaristas e neoutilitaristas que, de acordo com Habermas, defendem uma visão muito estreita de racionalidade, de modo que parecem tornar impossível qualquer resposta *racional* à questão sobre por que as pessoas escolhem determinados *fins* (em oposição aos meios). A partir da perspectiva de pensadores que adotam tal abordagem, os fins são arbitrários, subjetivos etc., o que inevitavelmente significaria que qualquer investigação racional poderia apenas elucidar acerca dos *meios* para a obtenção de determinados fins, e estes não poderiam ser analisados. O outro conjunto de adversários que Habermas tem em mente para desenvolver seu conceito de racionalidade, mas a quem ele se refere só muito indiretamente, são aqueles que submetem a racionalidade a uma crítica fundamental. Nós já passamos por autores como o teórico anarquista da ciência Paul Feyerabend (cf. Lição I), que se tornou um dos progenitores da crítica pós-moderna da ciência com sua extrema radicalização das teses de Kuhn; vamos encontrá-los novamente quando discutirmos o pós-estruturalismo (Lição XIV). De acordo com Habermas, eles compartilham a concepção estreita de racionalidade presente nos utilitaristas e neoutilitaristas. Mas, enquanto os utilitaristas concedem à racionalidade um papel importante, ainda que em uma esfera muito circunscrita – exclusivamen-

te no que respeita à escolha dos meios –, os pensadores pós-modernos teriam dispensado inteiramente a racionalidade. Para eles, a ciência como um todo e o pensamento racional, como tal, não têm mais direito à legitimidade do que outras formas de conhecimento (como a magia); a ciência não é mais do que outro tipo de ideologia implantada para dar suporte a reivindicações ao poder. Habermas deseja escapar a este beco sem saída. Ele não está disposto a seguir nem os (neo)utilitaristas, nem os pós-modernos, então ele tenta formular uma concepção mais abrangente de razão e de racionalidade, o que ele chama de "racionalidade comunicativa" ou "razão comunicativa". Não é grande surpresa que a intuição que está por trás desse aparato conceitual tem a ver com a linguagem. Ele pode ser expresso da seguinte forma: não há nenhum motivo convincente para adotar a concepção estreita de racionalidade, que é o ponto de partida para o utilitarismo. Pois quando falamos uns com os outros em nosso cotidiano, referimo-nos a diferentes questões e fenômenos, mas ao mesmo tempo há uma expectativa de acordo, de que *um consenso racional pode ser alcançado*. A prática diária mostra, assim, que a maioria das pessoas acredita que a razão é capaz de mais coisas do que supõem os utilitaristas. Mas Habermas não se contenta apenas em aludir à intuição de que a prática cotidiana e a linguagem humana têm um grande potencial para a racionalidade. Baseando-se fortemente sobre as descobertas da filosofia analítica, ele passa a analisar este potencial da racionalidade de forma mais precisa. A filosofia analítica, particularmente a teoria dos atos de fala do filósofo americano John Searle (n. 1932), investigou a linguagem e os discursos humanos em detalhe, analisando o que exatamente fazemos quando falamos, o que são as realizações da linguagem, o que exatamente é expresso em um ato de fala e como isso acontece. O que emergiu de sua análise foi que atos de fala podem se referir a aspectos bastante diferentes do mundo – e é essa ideia assimilada por Habermas. Ele expõe a tese, fundamental para seu conceito amplo e abrangente de racionalidade, que cada palavra e em princípio cada ação implicam precisamente três "pretensões de validade", que cada enunciado que fazemos e cada ação que tomamos produzem, por assim dizer, três formas diferentes de referência ao mundo, que estamos preparados, em princípio, para defender.

a) Em cada enunciado nos referimos a algo no mundo, afirmamos que as coisas são *desse* jeito, e não *daquele*. Na terminologia de Habermas, reclamamos uma *pretensão de validade para a verdade*. Para os utilitaristas, este é o único ponto de partida para o debate científico ou racional: nós discutimos sobre se uma declaração sobre o mundo é ou não empiricamente correta. Certamente esse aspecto está longe de ser sem importância. Uma vez que está tudo dito e feito, o trabalho e a objetivação da natureza, as ciências naturais e a tecnologia são baseadas no fato de que podemos fazer declarações sobre o mundo, mas também podemos disputar corretamente e revisá-los etc. Neste sentido, cada ação instrumental implica também esta pretensão de validade. Mas, para Habermas, a noção de que a racionalidade deve estar ancorada *apenas nessa pretensão de validade*, de que o argumento racional só é possível através de "atos de fala constatativos", é algo que constitui uma concepção profundamente inadequada da linguagem e da ação. Os motivos para isso são os seguintes:

b) Todo enunciado que fazemos e toda ação que realizamos definem uma relação social e dizem se uma ação é ou não normativamente adequada do ponto de vista social. Nas palavras de Habermas: fazemos uma *reivindicação de validade em relação à adequação normativa*. Aqui, é claro, Habermas está abordando um problema com o qual vocês já estão familiarizados quando de nossa lição sobre o interacionismo simbólico, isto é, o fato de que interações entre as pessoas não seguem um padrão fixo e estável, mas que o nível em que se fala e interage um com o outro deve primeiramente ser negociado. Às vezes nos vemos confrontados com pessoas que pensam que podem dirigir-se a nós com comandos ou que podem nos dar ordens, impor-se como se fossem nossos superiores etc. Isso envolve a afirmação de que existe um quadro normativo particular, dentro do qual eles comandam e nós obedecemos. Mas podemos, claro, rejeitar esta definição implícita ou explícita da situação; em resumo, nós podemos disputar a pretensão de validade ligada à correção normativa das ações do outro, isto é, pode-se afirmar a existência de uma norma diferente. Mas ao fazê-lo adentramos em um debate sobre esta pretensão de validade, um debate que – como Habermas o concebe – pode, em princípio, ser realizado com base em argumentos racionais. Mas Habermas vai um passo além.

c) Ele afirma que também podemos identificar *uma pretensão de validade de veracidade* em relação às nossas experiências e desejos ou a autenticidade e consistência de nossas ações em cada ato ou enunciado. Esse *insight*, derivado tanto da obra de Goffman e das teorias de arte, significa que as pessoas agem e falam não apenas com referência ao mundo externo e à forma das relações sociais normativamente regulamentadas; em vez disso, todos os seus atos (de fala) também expressam a *subjetividade* do falante ou ator. A apresentação do *self*, como Goffman mostra de modo tão impressionante em suas análises, é um componente-chave de toda interação; nós temos o cuidado de comunicar a nossa ação aos outros como sendo autêntica, em vez de artificial ou falsa. Nós gostaríamos de apresentar a nós mesmos como verdadeiros, como se estivéssemos exprimindo "nosso verdadeiro eu, e todas as nossas ações como uma expressão compreensível e consistente de nossa identidade. Aqui, novamente, podemos discutir sobre e em que medida ações e declarações são autênticas, e fazemos isso constantemente em nossas vidas diárias, quando temos dúvidas, por exemplo, se outra pessoa disse-nos o que realmente pensa, quando nós suspeitamos que está apenas encenando etc. Da mesma forma, Habermas diz-nos, artistas afirmam estar expressando-se através do seu trabalho, uma reivindicação que *críticos* de arte podem, por sua vez, submeter a um escrutínio.

Agora já delineamos o quadro em que, de acordo com Habermas, é possível envolver-se em um debate, um quadro muito mais amplo do que aquele que caracteriza outras concepções de racionalidade. Mas ouçamos do próprio Habermas:

> *As ações normativamente regulamentadas* e *as autoapresentações expressivas* têm, assim como as afirmações ou atos de fala constatativos, o caráter de expressões significativas e compreensíveis em seu contexto, que são conectadas com pretensões de validade criticáveis. Sua referência é a normas e experiências subjetivas em vez de fatos. O agente faz a alegação de que seu comportamento está correto em relação a um contexto normativo reconhecido como legítimo, ou que a narração em primeira pessoa de uma experiência a que se tem acesso privilegiado é verdadeira ou sincera. Tal como os atos de fala constatativos, essas expressões também podem dar errado. A possibilidade de reconhecimento intersubjetivo das pretensões de validade passíveis de crítica também é constitutiva desse tipo de racionalidade. No entanto, o conhecimento incorporado em ações normativamente regulamentadas ou em manifestações expressivas não se refere à existência de estados de coisas, mas à validade de normas ou da manifestação de experiências subjetivas. Com essas expressões o falante pode não se referir a algo no mundo objetivo, mas apenas a algo do mundo social compartilhado ou a seu próprio mundo subjetivo (HABERMAS. *Theory of Communicative Action*, vol. I, p. 15-16; ênfase original).

Isso não quer dizer que cada uma das três reivindicações de validade seja feita com a mesma força em cada fala ou ação. Em algumas ações, o aspecto da verdade cognitiva é certamente mais importante do que em outros, em laboratórios científicos, por exemplo, em comparação com cerimônias religiosas. No entanto, as outras duas reivindicações de validade sempre desempenham algum papel – pelo menos como condições de delimitação, porque mesmo a ciência natural está inserida em um contexto normativo, e é preciso ao menos assumir que as declarações feitas pelos cientistas envolvidos são verdadeiras. Mas, se este é o caso, um conceito mais abrangente de racionalidade deve estar aberto a *todas* as três reivindicações de validade, que são bastante diferentes. Pois todos os três critérios de validade podem ser contestados ou refutados *mediante argumentação racional*. Todos os três são, portanto, passíveis de discussão – Habermas refere-se a "discursos" – pelo menos quando as discussões acontecem sob a condição ideal ou idealizada de liberdade absoluta quanto a constrangimentos externos e internos. E justamente porque nós podemos discutir sobre essas três reivindicações de validade muito diferentes, os processos de aprendizagem são possíveis em todas essas esferas. De acordo com Habermas, agora temos um modelo de racionalidade que pode pretender abranger, e até mesmo sintetizar, os pressupostos sobre a racionalidade encontrados em outras teorias sociológicas (da ação), que eram sempre unilaterais em seus contextos originais.

A concepção de racionalidade de Habermas provou ter profundas consequências. Enquanto suas observações sobre a terceira pretensão de validade, a de veracidade, permaneceu pouco clara, por consistir na fusão de várias dimensões claramente diferentes (a veracidade quotidiana é certamente muito diferente da autenticidade na arte), a sua clara delimitação entre as reivindicações de validade, verdade e de correção normativa tiveram uma acolhida muito significativa. A teoria do discurso de Habermas sobre a verdade e a moralidade tem sido o ponto de partida central para muitos debates contemporâneos em epistemologia, filosofia da ciência e ética. Na Lição XIX, que examina o neopragmatismo, voltaremos a algumas destas questões, que são certamente mais filosóficas do que sociológicas.

2 A teoria da ação de Habermas é muito conectada, na verdade, inseparavelmente ligada, à concepção de racionalidade apresentada acima. Isso não é nenhuma surpresa, uma vez que ele desenvolveu esta teoria da ação com base em sua teoria da racionalidade. Esta é, sem dúvida, uma abordagem atraente, simples e altamente elegante. Ela atribui tipos de racionalidade a diferentes tipos de ação de modo quase automático, como veremos em breve. No entanto, tal procedimento não é isento de problemas. Pelo menos duas questões críticas surgem: primeiro, se a teoria da ação é construída sobre a base da teoria da racionalidade, isto não implica que a ação seja entendida de forma altamente racionalista, de modo a negligenciar ou mesmo recusar como parte do modelo formas de ação que não conseguem se adequar a este modelo de racionalidade? Em segundo lugar, será que a abordagem escolhida por Habermas não contradiz percepções vitais da tradição filosófica do pragmatismo americano, no que tange à relação entre pensar e agir? Aqui (cf. Lição VI), o pensamento foi concebido não como substância, não como mente ou consciência, mas como um processo que *ocorre em situações de ação*. Os pragmatistas americanos interpretaram o pensamento como sendo funcional em relação aos problemas da ação. Mas dado que Habermas começa sua construção teórica com uma teoria da racionalidade e *só depois* progride para uma teoria da ação, ele parece ter ignorado esse *insight*.

É claro que podemos ter a expectativa de responder a estas perguntas somente se estivermos familiarizados com a teoria da ação de Habermas. Que forma ela assume? Habermas distingue essencialmente três tipos de ação, ainda que ele atribua estes tipos às três reivindicações de validade mencionadas acima, que são feitas em cada declaração ou ação, e isso é feito de modo altamente idiossincrático, ou pelo menos bastante assimétrico. Poderíamos esperar que

Habermas construiria os vários tipos de ação *em paralelo com* as reivindicações de validade que ele elaborou. E ele de fato o fez quando propôs a distinção entre ação *teleológica*, que se destina a manipular o mundo externo, e a ação *normativamente regulamentada* baseada na adequação das relações sociais, e de ação *dramatúrgica*, fundamentalmente preocupada com o problema da autor-representação (HABERMAS. *Theory of Communicative Action*, vol. I, p. 85). No entanto, Habermas não avançou de modo a tornar esta forma de classificação simétrica ou paralela o ponto de partida de suas discussões da teoria da ação. Pois sua tipologia da ação é, em última análise, baseada em grande parte na distinção entre ação racional em sentido estrito, que se subdivide em "ação racional como relação a fins" e "ação estratégica", de um lado, e "ação comunicativa", de outro, que é baseada em uma concepção abrangente de racionalidade. Por que ele escolheu esta abordagem e o que exatamente significa isso?

De acordo com Habermas, *a ação racional com relação a fins* diz respeito aos objetos materiais; é uma ação que envolve a escolha de meios adequados para colocar a natureza à nossa disposição, para manipular objetos etc. Como Habermas afirma:

> O ator alcança um fim ou provoca a ocorrência de um estado de coisas desejado escolhendo os meios que carregam a promessa de serem bem-sucedidos em todas as situações e aplicando-os de forma adequada. O conceito central é o de uma decisão entre os cursos alternativos de ação, tendo em vista a realização de um fim, guiado por máximas, e com base em uma interpretação da situação (p. 85).

A *ação estratégica não* diz respeito a objetos materiais, mas a outros assuntos, embora, mais uma vez, o esquema meios-fins é o que orienta a ação. Exemplos típicos de tais situações de ação podem ser encontrados na teoria dos jogos (cf. Lição V); eles envolvem atores mutuamente imbricados que escolhem as melhores opções para a ação e tomam um ao outro como meros meios para atingir determinados fins. O modelo teleológico da ação

> é expandido para um modelo estratégico quando nesse cálculo entra pelo menos mais um ator que também é orientado segundo propósitos dessa natureza. Esse modelo geralmente é interpretado em termos utilitaristas; o ator deve escolher e calcular a relação entre meios e fins a partir do ponto de vista da maximização ou da expectativa da utilidade. É este modelo de ação que está por trás da teoria da decisão e da teoria dos jogos na economia, sociologia e psicologia social (p. 85).

A *ação comunicativa*, entretanto, contrasta acentuadamente com a ação instrumental e estratégica, mas também com a ação normativamente orientada e com a ação dramatúrgica abordadas acima. As ações normativamente reguladas, a ação dramatúrgica e a comunicativa têm certas características em comum na medida em que, em contraste com a ação instrumental e estratégica, não pressupõem um *ator isolado*, que simplesmente manipula coisas materiais ou outros sujeitos como se fossem objetos. Quando nossas ações são guiadas por normas, preenchemos as expectativas comportamentais de um *grupo*, de modo que o ponto que norteia nossas ações são normas *compartilhadas*, do mesmo modo que "estilizamos a expressão" de nossas experiências "*tendo em vista o público*", no caso de ação dramatúrgica (p. 86); e ação comunicativa é, naturalmente, alicerçada em um arcabouço idêntico, na medida em que *não* pressupõe a existência de um ator isolado. Mas a ação comunicativa difere dos tipos de ação normativamente orientada e dramatúrgica na medida em que os indivíduos que interagem aqui desejam alcançar uma *compreensão* genuína. A ação normativamente orientada baseia-se na validade *pressuposta* das normas, enquanto a ação dramatúrgica está ancorada nas convenções da autorrepresentação, que são inicialmente consideradas *isentas de problemas*. É somente a ação comunicativa que investiga os pré-requisitos não questionados e os elementos constitutivos da situação da ação que são tomados como certos; os atores discutem as várias reivindicações de validade apresentadas e tentam produzir consenso. "Os atores procuram chegar a um entendimento sobre a situação da ação e seus planos de ação, a fim de coordenar as suas ações pela via do acordo" (p. 86).

A ação comunicativa – e esta é a sua característica especial, distinguindo-a da ação normativamente orientada e da dramatúrgica – não é teleológica, isto é, não visa atingir um objetivo específico. Ela não é voltada para a obtenção de determinados fins, mediante a escolha de meios específicos, nem é orientada segundo normas inquestionavelmente *dadas*, ou tampouco para a realização de uma autoestilização *bem-sucedida*. Em vez disso, a ação comunicativa distingue-se pelo fato de que suspende a validade dos fins predeterminados, porque gira em torno da discussão franca com outras pessoas, que não podem e não devem ser destinadas a alcançar um objetivo fixo. Se eu me envolver em uma discussão desse tipo com outras pessoas, tenho que esperar que meus objetivos sejam revisados, refutados ou rejeitados de forma *convincente*. Em outros termos, esta forma de discussão exige uma abertura por parte de todos os interlocutores; eles devem ter uma mente aberta acerca do resultado da conversa. *Sob estas circunstâncias de discussão franca*, não há fins predeterminados que os envolvidos desejam realizar. E isso significa que a ação comunicativa, uma ação voltada para a compreensão, é uma ação não teleológica. Vejamos mais uma vez o que o próprio Habermas tem a dizer:

> Apenas o modelo comunicativo de ação pressupõe a linguagem como meio de comunicação não abreviado em que falantes e ouvintes, fora do contexto do seu mundo da vida pré-interpretado, referem-se simultaneamente a coisas presentes no mundo objetivo, social e subjetivo, a fim de negociar definições comuns da situação (p. 95).

Agora podemos entender por que Habermas propõe a ação comunicativa como um contraconceito à ação instrumental e estratégica: este é um tipo de ação que exige sempre, necessariamente, outros atores capazes de engajar-se em uma argumentação *e que é, ao mesmo tempo, não teleológica*. Isso pode ser apresentado em forma gráfica (p. 285) por uma tabela de quatro partes, que em um dos eixos indica a "situação de ação não social" *versus* a "situação de ação social", e no outro aponta a "orientação da ação voltada para o sucesso" *versus* a "orientação da ação voltada para obtenção da compreensão" (Figura 10.1).

Figura 10.1

Situação da ação	Orientação da ação	Orientada para o sucesso	Orientada para a obtenção da compreensão
Não social		Ação instrumental	–
Social		Ação estratégica	Ação comunicativa

Se compararmos este esquema com o quadro de referência da ação de Parsons, notamos que Habermas, de fato, rompe com o modelo teleológico da ação – por meio de sua noção de ação comunicativa. Enquanto Parsons podia apenas imaginar a ação como sendo orientada para objetivos e fins – embora ele tenha levado os valores em consideração, é claro (cf. Lição II e nossa crítica na Lição III) –, na obra de Habermas a ação comunicativa é distinguida pelo fato de que os atores não vislumbram fins ou normas *predeterminados*; em vez disso, esses fins estão à disposição dos atores envolvidos na discussão.

Finalmente, este esquema está diretamente conectado com as intenções *sintéticas* de Habermas em relação à construção da teoria. Com a sua concepção de ação, Habermas afirma abranger os modelos de ação desenvolvidos no âmbito da sociologia (na obra de Parsons ou Goffman, p. ex.), de modo a incorporar as intenções dos vários autores – para sintetizar os seus *insights* teóricos. A ideia da ação comunicativa permite Habermas ficar de pé, por assim dizer, sobre os ombros dos sociólogos anteriores. Aqui, novamente, os paralelos com as ambições de Parsons em *A estrutura da ação social* são inequívocas: ele afirmou ter reunido e conceituado com maior clareza as intuições que já aparecem na obra de Durkheim, Weber, Pareto e Marshall, por meio de seu quadro referencial da ação. Em grande medida, Habermas argumenta da mesma forma, legitimando sua própria abordagem com base nas interpretações de autores clássicos. Aqui, a sua tese ("A mudança de paradigma em Mead e Durkheim: Da atividade intencional à ação comunicativa") afirma que a mudança na direção da ação comunicativa, embora ainda não tenha sido clara ou completa, já havia ocorrido durante os primeiros anos do estabelecimento de sociologia. Para Habermas, foi acima de tudo George Herbert Mead (o progenitor do interacionismo simbólico discutido na Lição VI) e Émile Durkheim em sua última fase (principalmente em sua obra sobre a sociologia da religião), que realmente reconheceram a importância da linguagem ou da interação simbolicamente mediada, promovendo uma concepção de racionalidade e de ação mais ampla e mais abrangente do que aquelas presentes em Max Weber e sobre as quais foi construída a teoria crítica, como no caso de Adorno e Horkheimer, cujas hipóteses sobre a racionalização do mundo revelaram-se extremamente unilaterais.

É certamente possível levantar algumas dúvidas sobre este ponto de vista sobre a história da sociologia, ou seja, a interpretação de Habermas sobre os clássicos da disciplina. A interpretação hiper-racionalista da sociologia da religião de Durkheim, que Habermas apresenta sob o disfarce da "linguistificação do sagrado", tem sido alvo de críticas particularmente intensas (cf. JOAS. "The Unhappy Marriage of Hermeneutics and Functionalism"). Mas estes aspectos não são a nossa preocupação aqui; em vez disso, *criticaremos* a tipologia da ação de Habermas.

a) Vocês notarão que um campo do diagrama, o das relações não teleológicas com objetos não sociais, foi deixado vazio. Habermas estava convencido de que não existem tais relações. Isso em parte tem a ver com um argumento apresentado na lição anterior – de que ele já havia rompido com o conceito marxista da práxis por meio da dicotomia entre "trabalho" e "interação", o que significava que agora ele poderia conceber "trabalho" apenas como uma ação racional com relação a fins. Aqui já podemos ver de forma embrionária a ideia de que as relações com os objetos materiais só pode ser captada através das categorias de meios e fins. No entanto, pode-se certamente contestar a noção de que tais relações, inevitavelmente, assumem esta forma particular. Habermas poderia ter aprendido com o pragmatismo americano que existem formas de ação com relação aos objetos que escapam ao esquema meios-fins, ou com o trabalho dos artistas com várias formas de matéria, que certamente não é motivado por um objetivo fixado. Essa interação lúdica ou estética com objetos é mais do que algo apenas marginal para os pragmáticos, pois eles buscam ver a criatividade da ação humana (cf. JOAS. *The Creativity of Action.* • Lição XIX). Habermas não leva isso em consideração, de modo que se pode criticar sua tipologia da ação aparentemente abrangente por ser demasiado estreita ou por faltar certos elementos. Com isso Habermas paga o preço pela escolha de basear sua tipologia da ação em sua concepção de racionalidade em vez de produzir uma fenomenologia independente e extensa das várias formas de ação.

b) Além disso, Habermas é tão exclusivamente interessado na distinção apresentada acima, entre ação comunicativa, de um lado, e ação instrumental ou estratégica, de outro, que não consegue discutir o que é comum a toda a ação, o que, por exemplo, distingue todos os tipos de ação discutidos por ele do comportamento animal. Ele escapa, assim, de uma discussão antropológica acerca da ação humana, que é certamente possível e talvez até mesmo necessária. Isto é problemático na medida em que com isso ele renuncia à oportunidade de corrigir ou complementar sua tipologia racionalista da ação. Os *insights* acumulados pela antropologia filosófica em particular, mas também muitos estudos psicológicos e biológicos, sobre a *corporeidade* específica da ação humana, não têm impacto sobre sua teoria. Nós ao menos indicamos como este aspecto de toda ação pode ser plenamente levado em consideração em nossa discussão sobre o interacionismo simbólico e a etnometodologia. Teremos mais a dizer sobre isso em lições subsequentes (sobre Giddens, Bourdieu e o neopragmatismo).

3 A teoria da ordem formulada por Habermas também é íntima e diretamente vinculada com sua concepção de racionalidade e ação. Ele refere-se a dois tipos de ordem social, aquela de *mundo da vida,* por um lado, e a de *sistema*, por outro. Em certa medida, Habermas deriva estes dois tipos de ordem, que ele diferencia de forma dicotômica, da sua distinção teórica sobre a ação, apresentada acima, entre a ação comunicativa, de um lado e as formas instrumentais ou estratégicas de ação do outro. Como sabemos a partir da lição anterior, Habermas tinha usado os termos "mundo da vida" e "sistema", logo no final dos anos de 1960. Em seu *opus magnum*, ele reformulou esses conceitos e definiu novos caminhos, concebendo os dois tipos de ordem, de acordo com uma distinção que remonta a Parsons, com a qual vocês já estão familiarizados.

Em *A estrutura de ação social*, Parsons havia chamado a atenção para a distinção entre uma "ordem normativa" e uma "ordem factual", e, portanto, para a constatação de que podemos distinguir formas de ação conjunta, conforme os padrões ordenados de ação entre os atores que tenham surgido com base em normas compartilhadas ou simplesmente constituam um agregado aleatório de ações realizadas em conjunto – como o congestionamento de carros, os preços de ações ou o preço da manteiga no mercado – para produzir um padrão não intencional, não regulamentado normativamente. É precisamente essa ideia que Habermas agora desenvolve em suas definições (reconhecidamente inconsistente, às vezes) de sistema e mundo da vida. Em consonância com a ideia de ordem normativa de Parsons, ele vê o *mundo da vida* como um contexto ordenado o qual os indivíduos ajudam a gerar na medida em que se referem a normas comuns, a um entendimento comum, a uma cultura comum etc. Os *sistemas*, por sua vez, correspondem estruturalmente ao que Parsons chama de "ordem factual", em que os padrões de ordenamento não expressam as intenções específicas dos indivíduos envolvidos; em vez disso, esta ordem é apenas o resultado não intencional das ações de um grande número de indivíduos. Aqui são as *consequências* das ações que dão origem a padrões, como acontece com os preços de mercado que são gerados apenas *como consequência* do comportamento de consumo e produção dos participantes no mercado. Habermas deseja, portanto, distinguir

> mecanismos de coordenação de ação que harmonizam as *orientações da ação* dos participantes dos mecanismos que estabilizam interconexões de ações não intencionais por meio de *consequências da ação* funcionalmente interconectada. Em um caso, a integração de um sistema de ação é estabelecida por um consenso alcançado normativa ou comunicativamente, enquanto no outro, por uma regulamentação não normativa das decisões individuais que se estendem para além da consciência dos atores. Essa distinção entre *integração social* da sociedade, que opera nas orientações da ação, e uma *integração sistêmica*, que se obtém a despeito das orientações da ação, demandam uma diferenciação correspondente no próprio conceito de sociedade (p. 117; ênfase original).

Habermas refere-se, portanto, primeiro à *integração social* de uma sociedade, na qual seus membros são integrados através de *orientações* de ação compartilhadas – um estado de coisas elucidado através da aplicação do conceito fenomenológico de mundo da vida; segundo, ele acredita, as sociedades também apresentam *mecanismos de integração de sistemas*, em que as ações estão sendo conectadas por meio das *consequências* da ação, uma forma de vínculo que, segundo Habermas, podemos apreender apenas mediante análise funcional e que requer, portanto, o conceito de sistema.

Até agora a distinção entre estes dois tipos fundamentais de ordem parece clara. No entanto, obviamente Habermas não está satisfeito com isso: ele acrescenta mais duas distinções. Podemos nos perguntar como estas se relacionam com as duas primeiras definições, enfatizando as *consequências* da ação e as *orientações* da ação. Em primeiro lugar, Habermas afirma que sistema e mundo da vida também podem ser diferenciados conforme a existência ou não de interação entre as partes. Embora a coordenação sistêmica da ação, nos mercados capitalistas, por exemplo, aconteça mediante atos praticados por indivíduos – como o consumidor e produtor – que geralmente não se conhecem, e, portanto, ocorre de forma abstrata, a integração dentro de mundo da vida difere-se, entre outras coisas, pelo fato de que os atores enfrentam um ao outro diretamente, ou pelo menos de forma suficientemente direta, *dentro de uma situação de ação concreta*; eles estão fisicamente copresentes, permitindo-lhes coordenar suas ações com precisão.

> Uma situação é um segmento de contextos de relevância do mundo da vida [*Verweisungszusammenhänge*], que são destacados por temas e articulados por meio de metas e planos de ação; estes contextos de relevância são ordenados concentricamente e tornam-se cada vez mais anônimos e difusos conforme cresce a distância espaçotemporal e social (p. 122-123; ênfase e inserção originais).

Em segundo lugar, Habermas também apresenta a diferenciação entre sistema e mundo da vida com base nos diferentes graus de acessibilidade cognitiva.

Enquanto é possível que pelo menos um observador externo, o cientista, seja capaz de apreender a integração do sistema por meio da análise funcional, o mesmo não ocorre com o mundo da vida, que é caracterizado por uma forma de existência singular. Como sabemos a partir do que foi discutido na Lição VII, o termo se originou em contextos fenomenológicos, onde, como Habermas deixa claro, citando Schütz e Luckmann, este refere-se ao "terreno inquestionável de tudo aquilo que é dado em minhas experiências, e ao quadro inquestionável em que se situam todos os problemas com os quais eu tenho que lidar" (apud HABERMAS, vol. II, p. 131). Deste ponto de vista, o mundo da vida forma o pano de fundo parcialmente inacessível para todas as nossas ações; é o contexto tomado como evidente de nosso pensamento e atividade e não pode, portanto, ser apreendido cognitivamente da mesma forma como os mecanismos sistêmicos de coordenação da ação, que são, em princípio, objetificáveis e passíveis de compreensão intelectual.

Todas estas definições *adicionais*, através das quais Habermas tenta capturar os dois tipos dicotômicos de ordem, apontam para o fato de que ele chegou a uma fase crucial em termos de estratégia teórica; mas pode também indicar que essas definições múltiplas escondem certas dificuldades. Por que nem sempre é clara a forma como a coordenação de ações com base em orientações de ação, ou no contexto de copresença dos atores, ou com base em um pano de fundo (cultural) considerado como evidente, relacionados um ao outro. Mas não está claro se, por exemplo, a coordenação da ação é dependente de copresença, e, em caso afirmativo, em que medida; ou, ainda mais, soa peculiar que seja apenas dentro dos sistemas que as *consequências* da ação são significativas, mas não no mundo da vida, o que parece contradizer a experiência cotidiana, na medida em que somos constantemente confrontados com as consequências inesperadas de nossas ações. Mas se de fato é assim, não seria necessário implementar o uso da análise funcional para iluminar situações de copresença, uma abordagem que Habermas queria reservar para o estudo de contextos sistêmicos? E por que, afinal, a existência de consequências da ação nos compele a adotar um quadro analítico funcionalista, dado que a análise das consequências involuntárias da ação – como vimos na Lição V – é uma das principais preocupações dos neoutilitaristas, particularmente no âmbito da teoria da escolha racional, que recuperou prestígio precisamente com base na crítica bem justificada ao paradigma funcionalista de Talcott Parsons? Todos esses argumentos demandam esclarecimento e, em última instância, levam a indagar se Habermas realmente foi bem-sucedido em sua fusão dos dois conceitos de ordem oriundos de diferentes tradições – o de mundo da vida, que pode ser em alguma medida atribuído às abordagens interpretativas, e aquele de sistema, cujas origens remontam ao pensamento funcionalista – ou se ele projetou uma incompatibilidade que levou a problemas teóricos intransponíveis (cf. JOAS. "The Unhappy Marriage of Hermeneutics and Functionalism").

Qualquer que seja a questão, o fato é que Habermas passou a atribuir os dois conceitos básicos de ação aos dois conceitos de ordem. Enquanto o conceito de mundo da vida é apresentado como um "conceito complementar ao de ação comunicativa" (HABERMAS. *The Theory of Communicative Action*, vol. II, p. 119), a ação nos sistemas predominantemente (mas não exclusivamente) toma a forma de ação instrumental ou estratégica. Ele acrescenta a este conjunto de ideias a tese, que sustenta tendo como referência a teoria da evolução, do histórico "desacoplamento entre sistema e mundo da vida". Com isso Habermas quer dizer que as primeiras sociedades em termos de evolução, como as sociedades tribais "primitivas", podem ser entendidas exclusivamente como mundos da vida socioculturais. Aqui, a estrutura social foi substancial e imediatamente determinada pela interação normativamente orientada, ou seja, a coordenação das ações entre os membros da tribo decorreu exclusivamente de orientações da ação em circunstâncias de copresença; a linguagem era a chave e, de fato, o único meio através do qual os atores chegavam a um acordo, enquanto as *consequências* da ação ainda não tinham tomado forma independente. Isso, Habermas acredita, aconteceu só mais tarde, em um nível mais alto da evolução social, quando o surgimento de dominação política sob a forma de estados e – no capitalismo – o surgimento de mercados livres, deu origem a ordens que finalmente romperam o laço que as vinculavam à comunicação linguística imediata. Habermas, seguindo de perto Parsons e outros teóricos funcionalistas, afirma que se estabeleceu um processo de diferenciação, o que deu origem a sistemas tais como política e a economia que são regulados por meios de comunicação simbolicamente generalizados, tais como o poder e o dinheiro, que já não são acessíveis à compreensão intuitiva de todos os membros da sociedade:

> O desacoplamento do sistema e mundo da vida é vivido na sociedade moderna como um tipo particular de objetificação: o sistema social acontece definitivamente fora do horizonte do mundo da vida, escapa ao conhecimento intuitivo da prática comunicativa cotidiana, e é, doravante, acessível apenas para o conhecimento contraintuitivo das ciências sociais que se desenvolvem desde o século XVIII (p. 173).

A própria terminologia expõe claramente os empréstimos tomados de Parsons (cf., p. ex., o conceito de diferenciação e a adoção de sua teoria sobre os meios). A tese histórica de Habermas, descrita acima, serve acima de tudo para justificar a incorporação de argumentos funcionalistas em seu sistema de pensamento. Precisamente porque a política e o mercado surgiram como esferas distintas, de acordo com Habermas, as abordagens interpretativas são insuficientes para a análise das sociedades, assim como o é seu conceito de ordem, o mundo da vida, razão pela qual deve-se introduzir o conceito de sistema. Ao mesmo tempo, a utilização do conceito de mundo da vida e de sistema em paralelo pode ajudar a produzir um diagnóstico viável da era contemporânea, facilitando, assim, uma perspectiva crítica sobre as sociedades modernas.

4 Isso nos traz ao quarto tema principal de *Teoria do agir comunicativo*, o diagnóstico do mundo moderno. Esse tema não será nenhuma surpresa se o consideramos à luz da nossa discussão sobre os escritos de Habermas dos anos de 1960 e de 1970, em que nos propusemos apresentar – pelo menos em forma rudimentar – algumas das características básicas deste diagnóstico.

O diagnóstico de Habermas sobre o mundo contemporâneo está diretamente ligado com as reflexões evolucionistas. Habermas retratou a evolução social como um processo de dissociação entre sistema e mundo da vida que ocorre em etapas, descrevendo como sistemas especializados, particularmente o mercado e o Estado, surgiram primeiramente em pequenas sociedades, que eram em si mesmas apenas um mundo da vida; estes sistemas de ação discretos, em consonância com suas dinâmicas singulares possibilitadas pela existência de seus meios particulares – o dinheiro, em um caso, e o poder, no outro. Com sua teoria da diferenciação amparada por uma teoria da evolução, é evidente que Habermas está muito próximo do pensamento de Parsons. Como é bem sabido, Parsons também declarou ser a diferenciação a tendência dominante do desenvolvimento histórico. E também em sua teoria dos meios Habermas clara e abertamente toma muitos elementos de empréstimo da teoria parsoniana. Entretanto, ao contrário de Parsons, Habermas não é movido pela mesma necessidade de sistematização que lhe era tão característica. Ele não se engajou em uma busca por um meio comparável ao dinheiro. Muito ao contrário: Habermas avalia cuidadosamente para quais esferas da sociedade o conceito de sistema contribui para descrever as condições sociais e em quais isso não acontece. Ele chega à conclusão de que só a economia e – até certo ponto – a política tornaram-se diferenciadas com relação à interação entre os membros da sociedade ao longo do curso da evolução sociocultural e, em seguida, começaram a funcionar de uma forma cada vez mais independente com relação à comunicação cotidiana – através do uso dos meios do dinheiro e poder. São estes meios que mais ou menos substituem a compreensão comunicativa nestas esferas funcionais. Mesmo aqui, porém, Habermas é bastante hesitante e coloca os argumentos de forma aproximativa, especialmente no que diz respeito ao poder, e em qualquer caso é mais cauteloso do que Parsons, que coloca o poder ao lado do dinheiro como se fossem um par evidente, em virtude daquilo que considera ser o grau de abstração e eficiência do primeiro. Habermas observa – e isto não é apenas uma crítica a Parsons, mas muito mais a Luhmann (cf. a próxima lição) – que o poder é muito menos apartado em relação à comunicação cotidiana do que é o dinheiro, e acima de tudo é muito menos divorciado da questão acerca de sua própria *legitimidade*. Enquanto o uso do dinheiro atualmente quase não requer justificação normativa, o uso do poder depende da legitimidade:

> É apenas a referência a objetivos comuns legítimos que estabelece o equilíbrio na relação de poder construída na relação de troca típico-ideal desde o início. Enquanto nenhum acordo é necessário entre as

> partes em uma troca, para que façam um julgamento dos interesses, a questão acerca do que constitui o interesse geral demanda algum consenso entre os membros de uma coletividade, não importa se o consenso normativo é garantido previamente pela tradição ou se deve ser primeiramente promovido por processos democráticos de negociação e compreensão abrangente. [Em todo caso], a conexão com a formação de um consenso no âmbito da linguagem, apoiado apenas por razões potenciais, é evidente (HABERMAS. *The Theory of Communicative Action*, vol. II, p. 271-272; ênfase original).

Os laços que unem a política e seu meio de "poder" à comunicação cotidiana estão em forte contraste com o funcionalismo defendido em certa medida por Parsons e, posteriormente, elaborado em forma muito mais radical, especialmente por Luhmann, um funcionalismo segundo o qual os vários sistemas e subsistemas funcionam *exclusivamente* segundo uma lógica própria e são totalmente desconectados de questões e problemas cotidianos. Habermas não está disposto e não é capaz de adotar essa abordagem radical: *desde o início* ele havia se esforçado para produzir uma *síntese* entre a teoria da ação e a dos sistemas; portanto, ele não está disposto a permitir que a ação e as reivindicações de validade, tal como elaboradas em sua teoria sobre a ação e a racionalidade, sejam marginalizadas pelos requisitos funcionais dos sistemas. Pois se a linguagem e a ação estão intimamente ligadas a certas características da racionalidade, se o desenvolvimento da humanidade e da sociedade humana é medido pelo grau em que o potencial racional da linguagem é aproveitado, então esta racionalidade deve poder florescer plenamente; não devemos chegar a um ponto em que essa racionalidade abrangente seja substituída pela racionalidade altamente limitada característica dos "sistemas de ação racional", em que a eficiência é o único imperativo.

Isso aponta diretamente para o diagnóstico sobre o mundo contemporâneo feito por Habermas. Sua preocupação é determinar o que constitui uma relação razoável entre mundo da vida e os sistemas, uma relação que faz jus ao potencial racional da linguagem humana, bem como concede atenção à necessidade de eficiência característica das sociedades modernas. A tese de Habermas é a de que esse "equilíbrio saudável" atualmente não ocorre, pois fatores sistêmicos estão fazendo incursões cada vez maiores no mundo da vida, e que os sistemas e processos regulados por mecanismos políticos e econômicos cada vez mais ameaçam unilateralmente a influência do mundo da vida. Habermas capta isso através da poderosa metáfora da "colonização do mundo da vida pelos sistemas", a ideia de que contextos sistêmicos estão em vias de ganhar vantagem sobre os do mundo da vida. Tudo isso, sem dúvida, soa muito abstrato; esse argumento pode se tornar mais claro se delinearmos brevemente o que Habermas tem em mente, do ponto de vista político, com sua tese sobre a relação contemporânea entre sistema e mundo da vida.

A A meta original de Habermas ao incorporar a teoria dos sistemas era impedir, no próprio nível teórico, qualquer tentativa de se referir a sujeitos coletivos, em particular os sujeitos superordenados idealizados oriundos particularmente da tradição hegeliana ou marxista. Isso é algo que já abordamos. Ao mesmo tempo, e não é totalmente desvinculado deste objetivo, o uso de argumentos da teoria dos sistemas ajuda a capturar certos "fatos" sobre a forma como as sociedades modernas são constituídas, contra as ideias da extrema-esquerda. Afinal, Habermas defende a necessidade de sistemas desacoplados; ele aceita que a economia e – em certos aspectos, pelo menos – a política sejam diferenciados em sistemas discretos por uma boa razão: ao longo da evolução sociocultural, este era o único meio de assegurar um elevado grau de eficiência. Ao contrário dos sonhos utópicos da esquerda, ele argumenta que o dinheiro e a administração racional (política) são mecanismos indispensáveis de funcionamento das sociedades modernas e que, se os produtores tivessem que manter o poder de forma não mediada ou se o dinheiro fosse abolido, tanto a eficiência quanto a racionalidade seriam severamente prejudicadas. Enquanto a diferenciação destes dois subsistemas deu origem a campos não diretamente acessíveis à comunicação cotidiana e sua racionalidade, esses subsistemas têm desencadeado o potencial de eficiência inerente à sociedade, e isso não pode e não deve ser abandonado.

B Por outro lado, Habermas adverte quanto aos problemas de dar total liberdade aos mecanismos sistêmicos, permitindo-lhes adentrar muito longe no mundo da vida. De acordo com Habermas, isso ocorre quando as atividades cotidianas são monetarizadas quando, por exemplo, a venerável tradição de ajudar aos vizinhos é alterada de tal modo que as pessoas passam a esperar que sejam remuneradas por seus esforços, ou quando a única maneira de fazer com que os membros da família ajudem com as tarefas domésticas é pagando-lhes, quando a adorável filha ou o amado filho levam o cachorro para passear, ou lavam os pratos, cuidam dos irmãos mais jovens ou arrumam o quarto apenas mediante recompensa financeira. Habermas descreve essa monetarização de determinadas esferas como uma forma de colonização do mundo da vida, porque as transações de mercado ameaçam excluir outras formas de relacionamento humano. A validade das normas tidas como evidentes ou os processos de negociação mediante os quais as pessoas determinam o que é um estado de coisas realmente justo são simplesmente substituídos ou contornados por meio do dinheiro, que é inserido entre as ações.

Mas, de acordo com Habermas, não é só o mercado, mas também o Estado, que ameaça colonizar o mundo da vida. O próprio Estado de Bem-estar, com a sua tendência para a regulação burocrática e jurídica detalhada das relações sociais, corre o risco de expulsar as interações características do mundo da vida, quando, por exemplo, todo o tipo de situação de vida é definido em termos jurídicos precisos, a fim de determinar o direito a certas reivindicações aos benefícios do Estado, e as disputas legais ocorrem de modo que, em última análise, não são mais as pessoas "normais" que estão discutindo e se comunicando, mas os advogados nos tribunais, cujas decisões são, então, implementadas pela administração do Estado. Aqui, novamente, o mundo da vida arrisca ser empurrado para as margens, dado que intervenções apoiadas pelo poder substituem cada vez mais a comunicação cotidiana.

Para Habermas, este diagnóstico sobre os riscos para o mundo da vida implica também um prognóstico importante, dada a sua convicção de que o potencial para o protesto que é característico das sociedades modernas torna-se aparente no conflito entre sistema e mundo da vida – o movimento ambiental, por exemplo, que protesta contra o avanço incessante de tecnologias ecologicamente prejudiciais, bem como um movimento alternativo difuso que articula uma sensação de mal-estar sobre a hiper-racionalidade das sociedades modernas em que não há mais nenhum espaço para formas expressivas de ação.

Ao mesmo tempo, e aqui novamente a sua pretensão de síntese teórica é evidente, o diagnóstico de Habermas sobre a era moderna corrobora a afirmação de que ele é herdeiro dos diagnósticos produzidos por sociólogos e teóricos sociais anteriores. Ele acredita que seu aparato conceitual é superior ao de Marx, Weber ou das vertentes mais antigas da teoria crítica associadas a Adorno e Horkheimer. Sua teoria, ele alega, permite-lhe reformular as características legítimas da crítica ao capitalismo feita por Marx, relativizar a ansiedade de Max Weber em relação à objetivação encontrada nas sociedades modernas e assumir e assimilar de forma produtiva a crítica à tecnologia produzida pela Escola de Frankfurt em sua versão inicial. Para colocar de outra forma: de acordo com Habermas, a crítica necessária aos aspectos alienantes da sociedade moderna podem ser formuladas e especificadas de forma que esteja muito mais em sintonia com os tempos atuais, tornando possível assumir elementos da crítica da esquerda mais tradicional, bem como a crítica cultural que é politicamente não específica, sem adotar seu pessimismo cultural generalizado. Habermas acredita que sua teoria da racionalidade lhe permitiu chegar a um critério adequado para avaliar a razoabilidade dos processos de diferenciação nas sociedades modernas, um critério que também sustenta a esperança de resistência, de que as pessoas vão tomar medidas para se defender quando os mecanismos sistêmicos intervirem também diretamente em suas vidas cotidianas.

Tão bem-sucedido como o diagnóstico de Habermas sobre essa época foi o resultado de sua fórmula, que é cativante e, ao mesmo tempo, lugar-comum, de "colonização do mundo da vida" e, assim como seu livro da década de 1980 definiu o debate público sobre o presente e o futuro das sociedades modernas, ele também despertou numerosas críticas, com importantes objeções a seu trabalho, dentre as quais três delas serão apresentadas aqui brevemente.

A No seu diagnóstico sobre a época moderna, Habermas se concentra quase exclusivamente sobre a interação e a relação problemática entre sistema e mundo da vida, mas diz muito pouco sobre possíveis problemas internos no nível do sistema. Assim, ele praticamente ignora os problemas inerentes à economia, visíveis, por exemplo, em ciclos econômicos recorrentes, na tendência de monopolização etc., assim como faz com os problemas que caracterizam o sistema político, que, como é particularmente evidente hoje, está lutando para atender as demandas do resto da sociedade. O diagnóstico de Habermas certamente falhou em abordar os desenvolvimentos do início de 1980, quando o Estado começou a retirar-se da economia, enquanto o conservadorismo político crescia com força em muitas democracias ocidentais, e quando a Alemanha sofreu crises econômicas e um nível elevado de desemprego de longa duração.

B Em seu diagnóstico, Habermas apenas mencionou a possível fonte de movimentos sociais e atores coletivos, referindo-se à interface entre sistema e mundo da vida. Independentemente do fato de que esta referência é bastante vaga, possibilitando explicar "causalmente" praticamente qualquer movimento social, ele falha em analisar o modo como a existência de atores coletivos pode ser conciliada com o quadro conceitual dualista de sistema e mundo da vida. Para dizer de outra maneira: atores coletivos representam formas de ação conjunta que parecem resistir aos conceitos de mundo da vida e de sistema ou que são pelo menos difíceis de capturar com este *kit* de ferramentas conceituais; Habermas havia, claro, introduzido o conceito de sistema de forma bastante intencional, a fim de cortar pela raiz qualquer discurso sobre macrossujeitos. Mas isso deixa pouco claro qual a importância sistemática que atores coletivos podem ter dentro do quadro teórico de Habermas. Empiricamente, eles não podem ser interpretados apenas como *indicadores* de uma relação problemática entre sistema e mundo da vida. Seria necessário ter uma compreensão peculiar, hiperestável das sociedades, de modo a reduzir os movimentos sociais, religiosos, políticos e econômicos, que têm caracterizado a modernidade – para não mencionar outras épocas históricas –, desde o início, a esta função meramente indicativa.

C Além disso, Habermas nunca conseguiu desenvolver critérios empiricamente úteis para estabelecer o que é uma relação "correta" entre sistema e mundo da vida com base em sua teoria da racionalidade, ou para indicar como e quando exatamente mundo da vida está ameaçado pelo avanço dos mecanismos sistêmicos. Essa falta de definição torna mais fácil para ele referir-se a patologias, a relações sociais perturbadas etc. Mas diante da ausência de critérios claros, compreensíveis intersubjetivamente para determinar precisamente em que ponto um mecanismo sistêmico deve ser classificado como legítimo à luz de sua eficiência ou como algo que se expande patologicamente, Habermas parece geralmente apenas postular uma hipótese.

Evidentemente, o desenvolvimento teórico de Jürgen Habermas não estava de modo algum concluído em 1981. Como mencionado anteriormente, este teórico impressionante continua a ser extremamente produtivo ainda hoje, muito tempo após sua aposentadoria. Não há espaço aqui para listar todas as suas obras posteriores, por isso vamos nos limitar a dois livros particularmente influentes, que apareceram em 1985 e 1992, respectivamente. O primeiro, *O discurso filosófico da modernidade*, é essencialmente uma grande tentativa de chegar a um acordo com os chamados pensadores pós-modernos e pós-estruturalistas, e acima de tudo uma crítica aos filósofos franceses e sociólogos que, sob a influência de Nietzsche (1844-1900), levaram a crítica da razão tão longe que acabaram denunciando a própria razão como projeto de dominação. Habermas acusa esses pensadores de ter abandonado a racionalidade como um todo – em parte com base em críticas justificadas a um modelo excessivamente estreito de racionalidade. Para ele, este é um movimento precipitado, que impede reconhecer e valorizar o potencial racional da linguagem. Voltaremos a essas questões na Lição XIV, onde fornecemos a nossa própria abordagem sobre as escolas de pensamento sob ataque aqui. Em certo sentido, o livro de Habermas "protege os flancos" de sua teoria da racionalidade comunicativa e da ação comunicativa contra o ceticismo pós-moderno sobre a razão.

Entre facticidade e validade: contribuições para uma teoria do discurso sobre direito e democracia, o segundo livro, que vamos abordar brevemente aqui, também pode ser considerado uma continuação dos assuntos tratados em *Teoria do agir comunicativo*, e ainda mais como uma tentativa de resolver alguns dos problemas que esse livro não conseguiu articular de forma adequada. É antes de tudo um tratado de filosofia do direito que aborda a questão de qual o papel a lei desempenha nas sociedades contemporâneas. Com a sua concepção dualista de ordem, que trabalha com os conceitos de sistema e mundo da vida, Habermas nunca havia conseguido esclarecer de forma suficiente como as duas ordens *coexistem*, ou mesmo como é possível conceber a integração das sociedades. Habermas, claro, sempre insistiu na primazia do mundo da vida, que ele acredita que pode ser justificado historicamente pelo fato de que os sistemas se tornaram diferenciados *a partir* do mundo da vida. Mas não ficou muito claro em *Teoria do agir comunicativo* como se pode estabelecer uma unidade em sociedades étnica e culturalmente fragmentadas, pois o consenso não é predeterminado, nem é plausível imaginar uma discussão que acontece em toda a sociedade através da qual um consenso geral é finalmente alcançado. Por quais meios, então, as sociedades modernas são integradas? Habermas desconfia profundamente da resposta óbvia – por meio de certos valores, por meio, por exemplo, da *crença*, ancorada na religião ou outros fatores de motivação, na validade dos direitos humanos consagrados na constituição, a *crença* na validade de princípios revolucionários, a *convicção* de superioridade cultural ou política de um grupo étnico etc. – porque ele considera todos os valores como particularistas, como realmente não passíveis de discussão racional e, portanto, em última análise, incapazes de produzir um consenso. No livro em discussão, ele chega à solução de atribuir esse papel integrador ao *direito*, porque ele ocupa uma posição estratégica entre sistema e mundo da vida e, em sua opinião, tem um efeito integrativo justamente por isso: "Como o direito é tão vinculado com o dinheiro e o poder administrativo, como o é com a solidariedade, seus próprios efeitos integrativos assimilam imperativos de origens diversas" (*Facts and Norms*, p. 40). Para Habermas, o prodigioso potencial racional da razão comunicativa preservado no direito torna-o um meio apto a reunir os diferentes interesses presentes nas fragmentadas sociedades modernas. A identidade coletiva, Habermas nos diz, não é garantida por valores compartilhados – as sociedades modernas são demasiado complexas e não é plausível esperar que as pessoas cheguem a acordos sobre valores específicos –, mas pelo compromisso das pessoas com a racionalidade da constituição e dos procedimentos legais racionais baseados nela. Hoje em dia, Habermas acredita, podemos ser patrióticos e racionais apenas com respeito à constituição, na medida em que estamos convencidos da racionalidade das disposições e procedimentos legais – o patriotismo constitucional em vez de patriotismo baseado em valores seria, portanto, a forma contemporânea apropriada de identidade coletiva dos alemães, americanos, russos etc.

Claramente, Habermas está atribuindo ao direito uma grande responsabilidade, e pode-se perguntar se ele está exagerando demasiadamente sua capacidade integrativa. Além disso, podemos indagar se Habermas não abandonou rápido demais a ideia de que as identidades podem ser geradas por meio de valores. Gostaríamos, portanto, de encorajá-los a reler as últimas páginas da Lição IV, sobre o trabalho posterior de Talcott Parsons. Parsons *não* distingue tão nitidamente entre valores e normas (constitucionais) como Habermas propõe, com toda a razão, que devemos fazer e como ele próprio, aliás, faz. Estendendo as ideias de Parsons, é, no entanto, possível discutir se os direitos humanos universais, como aqueles codificados nos estados constitucionais ocidentais, não estão, de fato, historicamente em dívida com seu (altamente específico) contexto religioso de origem e para explorar como, ainda hoje, estes direitos humanos, que se aplicam, em princípio, a todos os indivíduos, são cercados por uma aura de alguma forma religiosa, ainda que transformada.

A partir de uma perspectiva crítica podemos, portanto, perguntar se Habermas, como resultado de sua premissa da secularização generalizada do mundo (a "linguistificação do sagrado"), não foi muito apressado em desrespeitar ideias em relação às quais Parsons mostrou grande sensibilidade. É claro que nem todos os valores são universalizáveis, e aqueles que são podem de fato ter uma fundamentação muito frágil, e isso é ainda mais verdadeiro em relação à crença (nacionalista) na superioridade de uma nação. Mas alguns valores – incluindo alguns dos mais amplamente reconhecidos – inspiram o compromisso não por causa de sua plausibilidade racional, mas porque encapsulam experiências coletivas ou experiências individuais partilhadas por milhões de pessoas. Portanto, se alguém tem dúvidas sobre o papel do direito em estabelecer a identidade ou o consenso, deveria pelo menos considerar essas questões, centrais para a filosofia dos valores, em vez de rejeitá-las desde o início com o argumento de que os valores não são passíveis de justificação discursiva (cf. JOAS. *The Genesis of Values*).

É certo que o próprio Habermas parece recentemente estar se movendo muito cautelosamente nesse sentido – seu discurso de aceitação ao receber o *Prêmio da paz do comércio livreiro alemão* pode ser um exemplo. Por enquanto, porém, este processo de abertura expõe de forma ainda mais clara a quase total ausência de um exame sistemático e empiricamente fundamentado das questões da filosofia dos valores e da teoria da religião em seu trabalho até agora. Na era contemporânea, no entanto, essas questões (cf. nossas observações sobre o comunitarismo na Lição XVIII e sobre o neopragmatismo na Lição XIX) estão se mostrando cada vez mais difíceis de evitar.

Encerramos com alguma sugestão de leitura. Se vocês quiserem saber mais sobre a *opus magnun* de Jürgen Habermas, poderão encontrar numerosos ensaios sobre vários aspectos basilares do livro na antologia *Communicative Action: Essays on Jürgen Habermas "The Theory of Communicative Action"* editada por Axel Honneth e Hans Joas. Caso queiram familiarizar-se com a teoria de Habermas como um todo, recomendamos os capítulos 7 a 9 do livro de Axel Honneth, *Critique of Power: Reflective Stages in a Critical Social Theory* como uma boa introdução, e o livro bastante detalhado de Thomas McCarthy, *Critical Theory of Jürgen Habermas*.

XI
A radicalização do funcionalismo de Niklas Luhmann

Niklas Luhmann foi a outra grande figura dentro da sociologia alemã que, como Jürgen Habermas, não estava disposto a aceitar a diversidade teórica evidente a partir da década de 1960 que descrevemos nas lições anteriores, e se esforçaram em alcançar uma nova síntese de sua autoria. É certo que não podemos tomar a palavra "síntese" muito literalmente no caso de Luhmann. Habermas, num enorme esforço hermenêutico, fez de fato uma tentativa de compreender as diversas escolas teóricas e preservar essas percepções que eles consideravam válidas durante o desenvolvimento de sua própria construção teórica, de tal forma que certos elementos dessas "teorias de origem" mantiveram-se bastante evidentes em sua arquitetura. Luhmann, por sua vez, teve uma abordagem muito mais direta. Faltava-lhe a compreensão da hermenêutica, que é uma das principais características da obra de Habermas. Em vez disso, ele se esforçou para fugir ou reformular as principais preocupações das escolas teóricas concorrentes dentro da sociologia com a ajuda de um funcionalismo marcadamente mais radical do que o de Parsons. *Desde o início* Luhmann fez uso do método de análise funcionalista, que ele gradualmente transformou em uma espécie de "superteoria", na medida em que seu trabalho foi desenvolvido ao longo do tempo, e com a qual ele tentou fazer valer a sua pretensão de síntese ou, talvez melhor dizer, sua abrangência. Assim, em comparação com a de Habermas, a obra de Luhmann desenvolveu-se de maneira surpreendentemente simples. Embora o próprio Luhmann e os seus apoiantes tenham falado sobre uma reconstrução teórica (a "virada autopoiética", que vamos ver mais adiante) desde o início da década de 1980, as bases de sua teoria mantiveram-se inalteradas.

Niklas Luhmann nasceu em Lüneburg em 1927 e é, portanto, da mesma geração de Jürgen Habermas. Sua formação de classe média também é bastante semelhante: o avô paterno de Luhmann era senador em Lüneburg e, portanto, um membro do patriciado influente da cidade; seu pai era dono de uma pequena fábrica de cerveja, Malthouse em Lüneburg, enquanto sua mãe veio de uma família de hoteleiros suíços. Diferentemente da maioria dos membros de sua geração, Luhmann não tinha simpatia pelo nacional-socialismo e, assim, sua experiência do colapso desse regime e o fim da guerra em 1945 também foi bastante diferente. Enquanto outros experimentaram essa reviravolta histórica como um ponto de viragem profunda na sua própria biografia, abalando o núcleo de todas as convicções anteriores, Luhmann parece ter ficado apenas "surpreso" e "perplexo"; isso deu origem à sua atitude fundamentalmente "distante" com relação a eventos sociopolíticos. Recrutado como auxiliar na *Luftwaffe* aos 15 anos, ele foi capturado pelos americanos no final da guerra. Tratado por seus captores de um jeito que ele experimentou como muito injusto, permaneceu em cativeiro até setembro de 1945. Para ele, "libertação" não tinha o significado enfaticamente moral atribuído por Habermas, pois se viu confrontado com uma situação que era incapaz de interpretar através das categorias de "culpa" ou "inocência". Para ele foi uma experiência cujas origens podem ser transmitidas por um conceito teórico que viria a desempenhar um papel fundamental em sua teoria, o de "contingência". Até 8 de maio de 1945, estava estabelecido um tipo particular de ordem (nacional-socialista), e, posteriormente, instalou-se uma muito diferente – de algum modo, tudo pode ser diferente, e isso é exatamente o que aconteceu em 1945. Devido a esse fato, porque devemos assumir que os fenômenos sociais são contingentes, devemos – Luhmann concluiu – ser cautelosos com o uso de categorias morais. Voltaremos a essas ideias e aos conceitos teóricos a ela associados posteriormente.

Porém, primeiro vamos rastrear um pouco mais o caminho de Luhmann ao longo da vida. Após estudar Direito em Freiburg, Luhmann se tornou um funcionário de alto nível, inicialmente como assistente do juiz presidente do tribunal administrativo superior de Lüneburg e depois como consultor do Ministério da Cultura na Baixa Saxônia, em Hanover. Mas esta função rapidamente começou a lhe cansar; ele sentiu-se claramente sem desafios e, em 1960/1961, portanto, aproveitou a oportunidade de uma bolsa de estudos na Universidade de Harvard, onde, entre outras coisas, entrou em contato próximo com Talcott Parsons. Luhmann, que tinha estudado Direito, até então lia sociologia apenas como um passatempo durante sua passagem no Ministério da Baixa Saxônia, em parte, a fim de entender por que seu trabalho administrativo o entediava e não o desafiava, e foi, assim, nos Estados Unidos, que conseguiu aprender sociologia acadêmica.

Isto resultou em um primeiro livro brilhante, em que Luhmann colocou suas experiências profissionais a serviço da boa utilização teórica: *Funktionen und Folgen formaler Organisation* ("Funções e consequências da organização formal") de 1964 foi um estudo em grande escala na sociologia das organizações, uma discussão altamente crítica sobre o trabalho anterior neste campo de pesquisa a partir de uma perspectiva funcionalista parsoniana. Apesar desta publicação notável, no entanto, Luhmann não conseguiu constituir um espaço próprio na academia. Ele havia deixado a Baixa Saxônia em 1962, e assumiu um cargo de consultor do instituto de pesquisa ligado à Universidade de Ciência Administrativa em Speyer, e foi apenas em meados dos anos de 1960 que

Helmut Schelsky (1912-1984), o grande sociólogo conservador do pós-guerra na Alemanha, decidiu apoiá-lo, ajudando-o a ingressar no mundo acadêmico da sociologia. Com o apoio de Schelsky, Luhmann ganhou suas qualificações de doutorado e pós-doutorado em 1966 em um único ano, e foi imediatamente nomeado para um cargo na Universidade de Bielefeld, fundada por Schelsky. Enquanto a universidade em geral e o departamento de sociologia, em particular, estavam sendo construídos, um famoso incidente ocorreu, que nos diz algo sobre as ambições teóricas de Luhmann, que já estavam se tornando aparentes. Quando foi pedido a Luhmann para nomear seus projetos de pesquisa em um formulário, ele laconicamente colocou: "teoria da sociedade"; duração: 30 anos; custos: nenhum (sobre esses detalhes biográficos, cf. LUHMANN. "Biographie im Interview" ["Uma entrevista biográfica"]).

Mas, mesmo no final de 1960 e no âmbito da disciplina em si, Luhmann foi visto principalmente como um sociólogo organizacional ou jurídico, em vez de um teórico social. Isso mudou apenas em 1971 como resultado da chamada controvérsia Habermas-Luhmann, delineada brevemente na lição anterior, que foi documentada no livro *Theorie der Gesellschaft oder Sozialtechnologie* ("Teoria da sociedade ou tecnologia social"). Com sua abordagem teórica de funcionalista dos sistemas, Luhmann deixou sua marca como principal adversário de Jürgen Habermas e sua "teoria social crítica"; como resultado, na década de 1970, quando o entusiasmo pela teoria estava voando alto, muitos sociólogos alemães se juntaram a Habermas ou Luhmann, enquanto outras escolas teóricas além desta polarização corriam o risco de ser marginalizadas. Luhmann tinha, assim, conseguido seu avanço *pelo menos na Alemanha*. Acima de tudo por causa de sua produtividade fora do comum, ele conseguiu aumentar sua influência continuamente desde então, de tal forma que atualmente é maior do que a de Habermas na sociologia alemã, embora não na filosofia. A fundação da revista *Soziale Systeme* ("Sistemas sociais") em 1995, principal órgão dos seguidores de Luhmann, é uma expressão dessa tremenda influência na medida em que nenhuma outra escola teórica na Alemanha conseguiu estabelecer um periódico semelhante para promover seus interesses.

Mas foi só depois da década de 1980 que Luhmann se tornou conhecido internacionalmente. Em países como Japão e Itália, Luhmann tem agora um grande número de seguidores ou discípulos; a recepção não está limitada à sociologia, mas estende-se à jurisprudência e à ciência política em particular. Curiosamente, no entanto, sua influência tem sido sempre desprezível dentro da sociologia americana, que é, sem dúvida, ligada com o fato de, em primeiro lugar, ele não ter tido um "tradutor" altamente dotado, como Thomas McCarthy (n. 1945), que desempenhou este importante papel em relação a Jürgen Habermas, uma figura capaz de tornar o contexto discursivo alemão acessível ao público americano. Em segundo lugar, de um modo geral, a construção de uma teoria extremamente abstrata de Luhmann foi vista com desconfiança por uma sociologia americana altamente profissionalizada e muitas vezes orientada empiricamente. Além disso, enquanto a obra de Luhmann foi vista na Alemanha como uma continuação de Parsons e, por assim dizer, como uma versão mais moderna do funcionalismo estrutural, os parsonianos americanos tendiam a considerá-lo como desviando-se de Parsons e fechando suas mentes por ele.

No entanto, apesar desta "lacuna americana", nas décadas de 1980 e de 1990 Luhmann tornou-se um pensador cada vez mais na moda, uma espécie de estrela *pop* entre estudiosos, cujos escritos e ideias são frequentemente citados mesmo por aqueles que não os compreendem de fato. Depois de se aposentar da Universidade de Bielefeld em 1993, Luhmann produziu um fluxo constante de novos escritos de forma quase febril até sua morte em 1998, e desde então os seus manuscritos inéditos, terminados ou pela metade, continuaram aparecendo como livros. Vai levar algum tempo até que a obra de Luhmann atinja sua forma final.

Assim como em nossa discussão sobre Jürgen Habermas, é preciso agora investigar as tradições intelectuais nas quais a obra de Luhmann se encaixa, ou que o influenciaram. E, como no caso de Habermas, é possível identificar pelo menos três.

1 Uma das influências decisivas na carreira intelectual de Luhmann foi, sem dúvida, o seu encontro com Talcott Parsons, a quem Luhmann deve muitas ideias. No entanto, Luhmann nunca foi um parsoniano "ortodoxo"; ele era um pensador muito independente para isso. Em vez disso, Luhmann tornou suas *certas* ideias de Parsons, ignorando completamente outros argumentos centrais para o pensamento desse autor.

Luhmann não estava interessado na teoria da ação de Parsons; ele parece ter sido pouco impressionado com seus *primeiros* trabalhos como um todo. O que Luhmann tirou de Parsons foram as figuras teóricas de seu funcionalismo estrutural ou sistemático, elaboradas na fase criativa intermediária ou final de seu pensamento. Mas, mais uma vez, Luhmann seguiu seu próprio caminho, na medida em que ele cada vez mais radicalizou os componentes teóricos emprestados de Parsons, em última análise, reformulando-os. Parsons sempre tinha perguntado quais funções um fenômeno social cumpre em uma coletividade ou um todo maior, qual é o papel que, por exemplo, a família desempenha na sociedade. Assim, para Parsons, o ponto de partida foi uma estrutura (estável), cuja existência foi assegurada por certas realizações funcionais que o teórico deve identificar. Luhmann estava insatisfeito com esta abordagem do funcionalismo, com sua tendência para analisar primeiro as estruturas, e as funções em segundo lugar. Ele aceitou as críticas muitas vezes feitas à abordagem funcionalista de Parsons, como a objeção de que as ciências sociais não são capazes de determinar exatamente o que as estruturas ou sistemas requerem para sobreviver, porque – em contraste com os organismos biológicos – elas não apresentam o fenômeno empírico da morte. Essa objeção de fato representa um problema para todas as teorias que tomam estruturas e sistemas como ponto de partida, e só então se examina as funções, uma vez que se problematiza a identificação inequívoca da estabilidade ou existência de um fenômeno social.

Portanto, Luhmann decidiu reverter a estratégia analítica de Parsons e colocar especial ênfase no aspecto funcionalista da teoria dos sistemas, o que lhe permitiu avançar a uma posição bastante diferente da de Parsons. Esta foi também evidente na terminologia de Luhmann, quando ele anunciou que desejava substituir a teoria dos sistemas "funcional estrutural" de Parsons por uma teoria "funcional estrutural".

> A razão subjacente para as deficiências da teoria de sistemas estruturais-funcionais reside no seu princípio orientador, ou seja, a priorização do conceito de estrutura sobre o conceito de função. Ao fazê-lo, a teoria estrutural-funcional renuncia à oportunidade de problematizar estruturas por si só e investigar o propósito da formação da estrutura, e de fato a examinar a finalidade da própria formação do sistema. No entanto, invertendo a relação entre estes dois conceitos básicos, colocando o conceito de função antes do de estrutura, conseguimos fazer exatamente isso. A teoria funcional-estrutural pode sondar a função das estruturas do sistema, sem ter que fazer um sistema estrutural abrangente do ponto de referência para qualquer investigação (LUHMANN. "Soziologie als Theorie sozialer Systeme, p. 114).

Como consequência dessa opção teórica, o pensamento de Luhmann contrastou com o de Parsons em pelo menos três aspectos interligados. Primeiro, porque Luhmann não considera que as estruturas *existentes* devem ser mantidas a todo custo como seu ponto de partida, o problema da ordem não representa o principal problema da sociologia para ele como é para Parsons, cujo primeiro trabalho está centrado na teoria da ação. Em consonância com este aspecto, a concepção de Luhmann não é dependente de valores ou normas, que (supostamente) mantêm o sistema social em conjunto. Ele deixa, assim, automaticamente, para trás o caráter normativista da teoria parsoniana, que – como vocês devem se lembrar – levou aos subsistemas que cumprem a função de "padrão de manutenção latente", sendo identificado como o topo da hierarquia cibernética de controle em seus sistemas posteriores da fase funcionalista. Luhmann é capaz de desconsiderar o normativismo de Parsons inteiramente por razões teóricas; de um ponto de vista empírico, ele acredita que as normas e valores deixaram de desempenhar um papel integrador nas sociedades modernas.

Em segundo lugar, se os sistemas não são definidos em termos de elementos concretos necessários para sua sobrevivência e se alguém já não precisa ou não é mais capaz, em contraste com Parsons, de apontar o papel integrador dos valores e normas, os sistemas devem ser concebidos mais abstratamente, muito mais abstratamente na verdade. Luhmann empresta sua noção de como exatamente isso ocorre principalmente a partir da biologia, que observa e analisa como os organismos mantêm a sua estabilidade, regulando constantemente a temperatura do corpo, por exemplo, em um ambiente mutável que em princípio representa uma ameaça sempre presente para o organismo. Luhmann aplica este modelo originalmente biológico para conjuntos sociais e sistemas sociais definidos como ações inter-relacionadas *delimitadoras* de outras ações. Sistemas, *incluindo sistemas sociais*, são separados do seu meio, que se refere não só ao meio natural ou ecológico, mas a tudo o que não faz parte do próprio sistema.

> Os sistemas sociais só podem ser observados empiricamente se os concebemos como *sistemas de ação*. Para a teoria dos sistemas funcionais emergentes nas ciências sociais, bem como para a biologia contemporânea, a tecnologia de sistemas de controle automático e a teoria psicológica da personalidade, a estabilidade não é mais considerada a verdadeira essência de um sistema, que exclui outras possibilidades. Em vez disso, a estabilização de um sistema é entendida como um problema que deve ser resolvido em um ambiente de luz variável, sem prestar atenção às mudanças independentes do sistema e que, portanto, faz com que uma orientação seja constante em relação a outras possibilidades indispensáveis. Assim, a estabilidade não é mais entendida como uma substância imutável, mas como uma relação entre o sistema e o ambiente, como a invariância relativa da estrutura do sistema e dos limites do sistema *vis-à-vis* ao ambiente alterável (LUHMANN. "Funktionale Methode und Systemtheorie, p. 39; ênfase original).

Luhmann concebe assim sua teoria funcional-estrutural dos sistemas muito explicitamente como uma "teoria dos sistemas-ambiente" (p. 39), o que lhe permite estender a sua análise das organizações além dos seus mecanismos internos para incluir um contexto mais amplo. Isso também o permite largar uma das hipóteses centrais da teoria da organização tradicional, que afirma que são em última análise os objetivos internos da organização ou de certos valores internos que regulam o que acontece dentro dela. Luhmann mostrou que tudo é muito mais complicado e que os muitos laços que conectam os sistemas e subsistemas ao meio mais amplo descartam uma suposição tão simples.

Em terceiro lugar, Luhmann aponta que os problemas básicos dos sistemas sociais não são resolvidos de uma vez por todas nas estruturas existentes; em vez disso, eles são *apenas provisoriamente* combatidos, mais ou menos com sucesso, de uma forma particular. Esses problemas também podem ser resolvidos (novamente, provisoriamente) por diferentes formas e estruturas; aqui, Luhmann, finalmente, despede-se do funcionalismo orientado a sobrevivência exposto por Parsons, que acreditava que é possível identificar e determinar as características concretas dos sistemas. Luhmann nomeia o seu funcionalismo, logicamente, de funcionalismo de equivalência, para nos lembrar constantemente que as soluções equivalentes podem ser necessárias, sempre encontrando ou identificando (provisoriamente) o que resolve os problemas dos sistemas. A única condição é que "A estrutura do sistema deve ser organizada e institucionalizada de tal forma que permita o grau de autovariação necessário no que diz respeito à adaptação permanente ao ambiente" (LUHMANN. *Funktionen und Folgen formaler Organization*, p. 153).

A mudança de Luhmann em direção a uma teoria da equivalência funcionalista deste tipo também tem a vantagem de ser aparentemente capaz de fugir de outra crítica fundamental do funcionalismo convencional. Como discutimos na Lição IV, argumentos funcionalistas não devem ser confundidos com as afirmações causais: o fato de que uma subunidade executa uma função para um todo maior não nos diz nada sobre o porquê desta subunidade surgiu em primeiro lugar. Assim, os críticos atacaram o fato de que as teorias funcionalistas apenas nos fornecem descrições ou hipóteses causais, em vez de explicações genuínas.

Desde o início de sua carreira, Luhmann confronta estas acusações e as críticas de "pegar o touro pelos chifres" com sua perspectiva funcionalista de equivalência. Ele imediatamente reconhece que a função de uma ação não explica sua ocorrência factual. Como observa Luhmann, os funcionalistas fizeram reiteradas tentativas de produzir afirmações causais garantidas por cláusulas de natureza indireta através de uma variedade de argumentos enraizados no funcionalismo da sobrevivência, a fim de ser capaz de "explicar" a existência e estabilidade de um sistema. Mas de acordo com Luhmann, este não era defensável nem empírica nem logicamente, de modo que os funcionalistas deveriam, finalmente, compreender e aceitar que eles simplesmente não podem ser a tarefa de formular declarações causais (cf. LUHMANN. "Funktion und Kausalität" ["Função e causalidade"]). Pelo contrário, o funcionalismo da sobrevivência, aparentemente inevitável, com suas pretensões problemáticas ou falsas para identificar a causalidade, deve ser substituído por um funcionalismo de equivalência. O abandono final das afirmações causais que a reconversão implica não deve, Luhmann nos diz, ser visto como uma deficiência. Para Luhmann, deve ser admitido que em sistemas complexos de ação é extremamente difícil identificar causas e efeitos bastante claros, fazer previsões e prognósticos é quase impossível. Luhmann acredita que isso abre uma oportunidade para o funcionalismo da equivalência, porque, em vez da ocorrência factual de determinadas realizações funcionais, ele aponta para um grande número de *possibilidades*, nomeadamente realizações equivalentes, por meio do qual os sistemas podem estabilizar suas fronteiras externas vis-à-vis seu ambiente. Este pensamento em termos da categoria de *possibilidade* tornada viável pelo funcionalismo de equivalência implica que seja permitido que o teórico social possa percorrer teoricamente os efeitos de uma ampla gama de relações causais. Luhmann redefine, assim, a fraqueza do funcionalismo, nomeadamente a sua incapacidade de produzir afirmações causais claras, como uma força. O sociólogo funcionalista não está preocupado com a descoberta de relações concretas de causa e efeito, mas com possíveis relações causais; a teoria funcionalista é, portanto, uma heurística, um guia para a compreensão, o que nos permite enfrentar uma ampla gama de questões, como aquelas relacionadas aos problemas de estabilização característicos de sistemas dentro de um determinado meio, que são resolvidos em uma variedade de maneiras.

> O pensamento funcionalista, presumivelmente, nos obriga a redefinir a liberdade humana. A análise funcionalista não define o ator em termos do fim definitivo e absoluto de sua ação; ela não tenta chegar a uma concepção precisa dos seus objetivos. Nem tenta explicar a ação com base em causas e em conformidade com leis. Ele interpreta isso em termos de aspectos selecionados, abstratos e, portanto, intercambiáveis, a fim de tornar a ação compreensível como uma possibilidade entre outras. As ciências sociais podem resolver o problema da estabilidade na vida social não formulando e verificando hipóteses sobre as leis sociais; elas podem fazê-lo apenas tornando este problema o ponto central de referência analítica e procurando várias opções funcionalmente equivalentes para estabilizar as expectativas comportamentais com base nisto (LUHMANN. "Funktion und Kausalität", p. 27).

2 Outras influências importantes no pensamento de Luhmann foram os desenvolvimentos teóricos e empíricos no âmbito da investigação biológica, pela qual teve um grande interesse. Já vimos a extensão com que sua teoria funcionalista do sistema-ambiente baseou-se em dados da biologia, mas em seu trabalho mais tardio ele também continuou a buscar elementos desse campo.

Mais importante, no entanto, foi o fato de que, em vários aspectos, Luhmann seguiu o fio condutor de uma "disciplina" muito além – ainda que de forma altamente seletiva. Estamos nos referindo à assim chamada "antropologia filosófica". Esta escola de pensamento entende (entendia) a si mesma como uma filosofia interdisciplinar "empírica", que se esforça para elaborar as características específicas da existência humana e da ação humana com a ajuda dos resultados e ferramentas de compreensão da biologia, da antropologia e da sociologia. Este tipo de pesquisa e pensamento sempre provocou um grande interesse no mundo de língua alemã; em particular, pode-se identificar precursores famosos da história intelectual alemã que realizaram um trabalho pioneiro nesta matéria (cf. HONNETH & JOAS. *Social Action and Human Nature*). Nós já discutimos a antropologia expressiva herderiana do final do século XVIII, na Lição III, e para o século XIX seria preciso mencionar a obra de Ludwig Feuerbach (1804-1872) e os primeiros escritos filosófico-antropológicos de Karl Marx. No século XX foram pensadores como Max Scheler e Helmuth Plessner (1892-1985) que encarnaram essa antropologia filosófica. Foi através de seus esforços que estas abordagens desenvolvidas em uma escola filosófica vigorosa tornou-se uma crítica cultural com impacto público em geral. Paralelamente a estes dois pensadores, o nome de Arnold Gehlen (1904-1976) deve ser mencionado. Um pensador brilhante, mas altamente controverso por causa de seu envolvimento no nacional-socialismo, a postura profundamente conservadora de Gehlen sobre questões sociopolíticas foi extremamente influente; ocupou cadeiras de Sociologia em Speyer e Aachen.

O *opus magnum* de Gehlen, *Homem: Sua natureza e lugar no mundo*, originalmente publicado em 1940, revisto no período pós-guerra e reimpresso muitas vezes, lançou as bases de uma antropologia filosófica que compreendeu o ser humano como um *Mängelwesen*, uma criatura que carece. Este termo pode soar estranho no início, mas a noção a que Gehlen estava se referindo é relativamente fácil de explicar. Gehlen apontou para o fato de o ser humano, em contraste com o animal, não ser realmente ligado ou limitado por instintos e inclinações. Estes impulsionam os animais para reagir mais ou menos diretamente a uma situação dada, isto é, um estímulo, e o comportamento desencadeado pelo estímulo prossegue então quase automaticamente. Os seres humanos – assim nos diz Gehlen – são *Mängelwesen* precisamente porque não têm essas inclinações ou instintos. Por outro lado, esta carência de instintos e as perspectivas de mente aberta dos seres humanos abrem certas oportunidades para eles. O comportamento humano não está determinado por esta função de servir aos impulsos instintivos, o que torna possível aprender de forma ativa e acima de tudo da forma abrangente. É somente desta maneira que a "ação" se torna possível em primeiro lugar. Como Gehlen diz, o ser humano não é "fixo"; em vez de ser controlado por seus impulsos, ele deve "determinar-se" a si mesmo. Ele pode e deve moldar o seu mundo através da aplicação de sua inteligência e por meio do contato com os outros.

A falta de aparelho instintivo do ser humano, no entanto, também obriga-o a adquirir segurança comportamental: hábitos e rotinas *aliviam o fardo* (em alemão: *entlasten*) da motivação e do controle que cada ação, em última análise, requer, permitindo basear-se sobre a aprendizagem anterior que foi bem-sucedida ou sem problemas, evitando assim sentir-se permanentemente sobrecarregado (GEHLEN. *Man: His Nature and Place in the World*, p. 57ss.). Nós já apresentamos o conceito de *Entlastung*, alívio ou desoneração, que teve importância fundamental para a teoria das instituições de Gehlen e foi, finalmente, uma grande influência na construção da teoria de Luhmann. Pois não só rotinas individuais e hábitos aliviam a pressão sobre os seres humanos, mas também instituições e tradições. Instituições

> são as entidades que permitem a um ser, a um ser em risco, instável e afetivamente sobrecarregado pela natureza, reunir-se com os seus semelhantes e consigo mesmo, com base no qual se pode contar e confiar em si mesmo e em outros. Por um lado, os objetivos humanos são abordados em conjunto e perseguidos dentro destas instituições; por outro, as pessoas preparam-se no sentido de certezas definitivas de fazer e de não fazer dentro delas, com o benefício extraordinário que sua vida interior é estabilizada, de modo que eles não têm que lidar

com problemas emocionais profundos ou tomar decisões fundamentais toda vez (GEHLEN. "Mensch und Institutionen", p. 71).

É fácil chegar a conclusões conservadoras com base em tais argumentos. O argumento de Gehlen que o ser humano *Mängelwesen* necessita de alívio das tensões da vida e que as instituições fornecem isso o levou a defender um estado forte. Isto inspirou sua visão favorável ao Terceiro Reich. Ele viu todas as críticas das estruturas sociais estabelecidas como ameaça, como contribuição para a "queda do Ocidente". Sua postura fez dele uma figura-chave na crítica conservadora da cultura nas décadas de 1950 e de 1960 na Alemanha.

Luhmann assumiu algumas das ideias-chave de Gehlen. Vamos deixar de lado a questão de se ele o fez com base em motivos políticos ou culturalmente críticos semelhantes; é uma tarefa difícil de responder, porque Luhmann, um estudioso notavelmente arredio, só raramente expressa uma posição política clara; em vez disso, ele permitiu que esta surgisse em seu trabalho, muitas vezes apenas de forma velada. Em qualquer caso, Luhmann utilizou o conceito de *Entlastung* de Gehlen, em parte por razões teóricas, convertendo-o para a linguagem da teoria de sistemas na forma da frase "redução da complexidade", que se tornou tão popular e com o qual vocês estão sem dúvida familiarizados. Este processo de tradução, no entanto, estava vinculado ao próprio projeto de Luhmann, muito diferente daquele de Gehlen. Enquanto Gehlen, como todos os expoentes da antropologia filosófica, colocou o ser humano no centro de suas reflexões, definiu o ser humano como um ser agindo e foi, assim, um teórico da ação, Luhmann foi, em vez disso, desinteressado na ação como tal.

Portanto, não é surpresa que Luhmann tenha usado a ideia de *Entlastung* principalmente para fins de sua *teoria dos sistemas*. Luhmann, como vimos, reforçou os elementos funcionalistas dentro do edifício original da teoria de sistemas de Parsons, e com base na figura do pensamento de Gehlen lhe ofereceu oportunidades específicas ao respeito. Luhmann responde a suas próprias perguntas: "Qual é a função dos sistemas ou estruturas como tal?" "Qual é a função da produção da própria estrutura?" – ao que Parsons não prestou atenção, apontando para "a redução da complexidade". Instituições, estruturas ou sistemas estáveis, prescrever certas formas de interação, limitar as opções de ação abertas para as partes em interação, reduzindo seu número, que é, em princípio, ilimitado, e, assim, não só garantir a segurança comportamental individual, mas também ordenar a interação entre seres humanos. Assim como Gehlen argumentou que a capacidade humana para a ação é dependente de facilitar rotinas, hábitos e, finalmente, instituições, Luhmann argumenta que "à luz da extensão inalteravelmente escassa da atenção humana, o aumento da eficiência só é possível através da formação de sistemas, que assegura que a informação é processada dentro de uma estrutura significativa" (LUHMANN. "Soziologische Aufklärung", p. 77). O sistema social e outros sistemas reduzem o meio ambiente infinitamente complicado, estabelecendo opções relativamente limitadas para a ação, tornando, assim, "o aumento da eficiência" possível. Mas, ao mesmo tempo, isso os diferencia do meio ambiente de outros sistemas, por exemplo, que por sua vez privilegiam opções altamente específicas para ação. Sistemas, para repetir, reduzem a complexidade do ambiente, mas constroem, por sua vez estruturas internas complexas, como será bem conhecido para quem já teve relação com o poder público ou uma grande empresa industrial, cujas estruturas organizacionais podem ser alta e internamente diferenciadas.

3 Finalmente, Luhmann também foi influenciado pela fenomenologia de Edmund Husserl. Discutimos esta tradição filosófica já na Lição VII, sobre a etnometodologia, com a qual vocês estão familiarizados. Mas, enquanto os etnometodólogos estavam interessados em primeiro lugar no conceito de vida de Husserl encontrado em sua fase tardia, Luhmann pegou o fio de seus estudos em psicologia da percepção. Husserl, muito parecido com os pragmatistas americanos, havia mostrado que, ao invés de um processo passivo, a percepção é necessariamente dependente de realizações ativas da consciência. No contexto destas investigações em psicologia da percepção, Husserl cunhou termos como "intencionalidade", "horizonte", "mundo" e "significado", para demonstrar que a nossa ação e percepção não estão preocupadas com o mundo inteiro, mas são focadas e, portanto, sempre se refere apenas a uma parte deste mundo, de tal forma que o significado e o sentido surgiram no contexto de um horizonte perceptual específico. Luhmann aplicou essas ideias e categorias fenomenológicas, obtidas com base em estudos de percepção individual, aos sistemas sociais, que ele trata e entende como quase-sujeitos: sistemas em geral e sistemas sociais em particular – como vimos – reduzem a complexidade infinita do mundo; é essa complexidade que se torna o ponto de referência preeminente para a análise funcional, porque é apenas por meio de tal redução que o significado pode ser produzido. Já não é a *existência* de sistemas como no trabalho de Parsons que constitui o ponto de partida para todas as análises funcionais, mas a complexidade do mundo, porque é só nesta base que podemos compreender a função dos sistemas. Sem a redução prevista pelos sistemas, nós afundamos em um mar infinito e, assim, fundamentalmente incompreensível de percepções; é apenas a construção de sistemas que faz com que seja possível conferir significado, em primeiro lugar, porque os sistemas nos forçam a concentrar-nos em uma parte relativamente pequena e, portanto, em princípio controlável do mundo. Sistemas psicológicos e sociais produzem, assim, significados, que estabelecem o que pode e não pode ser pensado e dito. No subsistema social da economia, por exemplo, os pagamentos (monetários) e o "lucro" constituem o principal ponto de referência de toda a comunicação e ação, ao invés de prazer estético, da elegância atlética ou de um caráter reto. Os sistemas inscrevem apenas uma parte do mundo. Eles funcionam no contexto de um horizonte altamente específico

e, portanto, bastante diferenciado dos sistemas encontrados em seu ambiente. Sistemas, de acordo com a tese mais ou menos implícita de Luhmann, são estruturados da mesma forma que a cognição de indivíduos, na obra de Husserl: a sua percepção é sempre limitada, e pode-se compreender a sua lógica interna somente se se apreender como percebem o mundo e produzem significado.

Temos agora identificadas as três influências que moldaram decisivamente o pensamento de Luhmann. É difícil dizer se essas três influências são mais ou menos heterogêneas do que aquelas às quais nos referimos ao discutir o desenvolvimento da obra de Habermas. Mas isso não precisa preocupar-nos aqui, porque, como com Habermas, essas influências diferentes foram ligadas por certas intuições fundamentais. As sínteses parsonianas, ideias filosóficas antropológicas e fenomenológicas básicas de Luhmann foram poderosas e persuasivas, porque ele fez uso da experiência adquirida ao longo de sua carreira na profissão de advogado de uma organização burocrática e porque suas análises teóricas de vários campos empíricos foram informadas pelos problemas característicos de autoridades administrativas ou organizações formais. Enquanto Habermas foi inspirado pelas realizações da linguagem e, portanto, desenvolveu um interesse especial na força racional de discussão sem restrições e a importância da esfera política pública, Luhmann foi fascinado pelas conquistas realizadas por instituições burocráticas e os procedimentos desenvolvidos por organizações formais, a fim de afirmar-se dentro de um ambiente e se destacar a partir dele, e para funcionar de maneira altamente rotinizada.

Isso põe a nu mais uma diferença do projeto de Habermas. Embora o trabalho de Habermas, em linha com sua intuição sobre as realizações da linguagem, apresentou uma tendência normativa clara e, enquanto ele tentou construir uma crítica bem fundamentada das estruturas sociais existentes, referindo-se à noção do potencial racional inerente à linguagem, o empreendimento de Luhmann foi decididamente não normativo; na verdade, ele era não normativo e antinormativo. Luhmann não tinha qualquer sonho de se engajar na crítica social. No máximo, ele permitiria perguntar-se como funciona tal crítica, ou, de modo muito mais geral, se a invocação de valores e normas é possível numa sociedade moderna. A postura fundamentalmente não normativa de Luhmann está provavelmente relacionada com sua experiência particular, à qual já aludimos, sobre as condições vigentes em 1945. Mas não é exatamente seu pano de fundo biográfico que é crucial aqui. Em vez disso, o que é importante é que o conceito de "contingência" sempre desempenhou um papel fundamental na estrutura teórica de Luhmann. Ele sempre foi fascinado pela "contingência" de fenômenos e ordens sociais, com a ideia de que tudo pode ser diferente; define como "contingente" que é "nem necessário nem impossível", enfatizando o fato de que algo é "apenas o que é (ou foi ou será), mas também poderia ser de outra forma" (LUHMANN. *Social Systems*, p. 106).

A definição de Luhmann vem do filósofo pragmatista e psicólogo William James. James usa esse conceito em seu livro *Pragmatismo: um novo nome para algumas velhas maneiras de pensar*, de 1907 (cf. esp. p. 137ss.). Para sublinhar uma posição política particular, ou seja, um reformismo cauteloso antiutópico (James se refere a "melhorismo"), que está ciente das limitações de toda ação política, cujos resultados são "contingentes" e que não podem, portanto, realmente ser previstos, um reformismo que pretendia alertar quem está no poder a adotar uma política de pequenos passos. Luhmann também se refere à contingência radical de toda ordem social, que pode sempre ser bastante diferente, mas, geralmente, tira conclusões muito diferentes de James a partir disso.

Esta tese não serve apenas para justificar sua abstenção de afirmações causais claras, descritas acima, e seu uso do método funcionalista da equivalência. A tese da contingência fundamental de fenômenos sociais também molda crucialmente o *estilo* argumentativo de Luhmann: porque as ordens sociais não são necessárias nem impossíveis", deve abster-se de fazer julgamentos morais, porque a moralidade sempre pressupõe que as ações específicas necessariamente dão origem a efeitos específicos. Como resultado dessa atitude o trabalho de Luhmann alcança efeitos literários; seus escritos são notáveis, e isto é certamente algo com o qual o leitor "normal" não está muito acostumado, por sua abstenção sistemática e consistente de enunciar juízos morais. Isto tem um significativo efeito de estranhamento, ainda mais intensificado pela linguagem altamente abstrata de Luhmann, com a qual ele descreve até mesmo as circunstâncias mais triviais. O próprio Luhmann se refere a isto em termos de teoria, que está em questão:

> Não é um interesse em reconhecer e curar, nem interesse em preservar o que já existe, mas antes de tudo um interesse analítico: romper a ilusão de normalidade, ignorar a experiência e o hábito (LUHMANN. *Social Systems*, p. 114).

Efeitos deste tipo também têm desempenhado um papel importante na literatura – na obra de Bertolt Brecht, por exemplo, que promoveu um "estranhamento" em relação a fenômenos cotidianos no palco, a fim de pôr a nu a sua mutabilidade. Mas enquanto um impulso profundamente moral e político estava presente no trabalho de Brecht, isso não era absolutamente o caso de Luhmann. Os efeitos de estranhamento que ele alcança são mais uma reminiscência de formas de ironia, como implementado pelos românticos, tais como E.T.A. Hoffmann ou Ludwig Tieck, a fim de dar uma expressão literária, por exemplo, para o conhecimento da dicotomia inevitável entre ideal e realidade.

Como certos ironistas românticos, Luhmann também é em certa medida "distante". Enquanto o teórico social mostra por que as pessoas na sociedade acreditam em normas, valores, religião etc., ele evita abraçar essas crenças, e pode, portanto, reagir aos fatos que observa apenas com ironia mais ou menos mitigada. É impossível apontar o lugar de Luhmann na sociedade; em certo sentido, ele é um analista que resiste a uma definição. É como se ele falasse informalmente, sem fazer parte dos registros públicos oficiais. E é esta posição que produz boa parte do fascínio do pensamento de Luhmann; é certamente a razão pela qual sua teoria tem atraído tantos seguidores, especialmente a partir da década de 1980. Assim como o marxismo e o neoutilitarismo (cf. Lição V) que recrutaram seus adeptos por sua capacidade de desvelamento, Luhmann adquiriu seus "discípulos" da mesma maneira. Mas, enquanto o fator da verdade foi decisivo no caso de marxistas e neoutilitaristas (que tentaram revelar as realidades econômicas egoístas e orientadas para a utilidade por trás da fachada agradável "normativa"), Luhmann conscientemente se abstém de situar-se desta forma. Embora o fato de salientar que tudo poderia ser bem diferente tem um efeito de desmascaramento, a busca da verdade é considerada algo vão desde o início, por causa do problema da contingência. O que resta é o ar de observação irônica, distante, de um ponto de vista que implica superioridade e que pode, portanto, tornar-se particularmente atraente em determinados momentos. O próprio Luhmann se referiu a esta ironia romântica em seu último grande trabalho, por exemplo, mas, normalmente, sem indicar explicitamente se ele se vê como tal ironista:

> Alguém pode sempre optar por formas de representação que expressam choque e simpatia, que quase inevitavelmente significa tomar partido em relação a determinado assunto, ou a pessoa pode apresentar as reflexões por meio da ironia (romântica), que, apesar de tudo, expressa um distanciamento em relação ao assunto em questão (LUHMANN. *Die Gesellschaft der Gesellschaft*, p. 1.129).

À luz dessa referência (indireta) à ironia romântica, é provavelmente correto interpretar a Luhmann como um representante altamente singular da geração "cética" do pós-guerra, descrita em um estudo sociológico influente do patrono de Luhmann, Helmut Schelsky, a quem mencionamos anteriormente. Esta foi uma geração que – tendo sido seduzida especialmente pelo nacional-socialismo – perdeu todos os seus grandes ideais e portanto já não estava mais disposta a lutar batalhas morais e políticas. As hordas de seguidores de Luhmann, no entanto, eram e são mais jovens; eles não podem ser categorizados como parte da geração da *guerra*. Muitos são da geração da década de 1980, muitas vezes descrita como cínica ou hedonista; após o aparente fracasso das lutas de seus pais nos anos de 1960 e de 1970, eles também perderam a fé em grandes ideais e adotaram uma atitude "cética" como resultado.

Isso é o mais importante em relação à formação intelectual de Luhmann e suas ideias-chave. Considerando sua tremenda produtividade e, portanto, o grande número de seus escritos publicados, a seguinte discussão não pode esperar fornecer uma visão abrangente de como seu trabalho como um todo tem se desenvolvido ao longo do tempo. Em vez disso, vamos tentar descrever brevemente as obras particularmente importantes ou as que nos permitem acessar o pensamento de Luhmann com relativa facilidade, bem como a identificação das fases mais importantes no seu desenvolvimento intelectual. No que segue vamos tentar fazer isso em três etapas.

A A grande maioria dos escritos de Luhmann publicados na década de 1960 lidam com tópicos da sociologia organizacional, jurídica e política e, nesse sentido, parecem ser de interesse apenas para um público especializado de pequeno porte. No entanto, concentrar-se exclusivamente em estudos empíricos de Luhmann seria negligenciar o fato de que os indícios de sua perspectiva teórica mais ampla já aparecem em seus primeiros trabalhos, que, de fato, lançaram as bases para a sua grande teoria posterior. É, portanto, imperativo que nosso olhar teórico se volte para este período durante o qual Luhmann foi tão produtivo.

Três monografias desse período tornaram-se particularmente bem conhecidas e influentes: o estudo *Funktionen und Folgen formaler Organisation* ("Funções e consequências da organização formal"), de 1964, mencionado acima, o livro *Zweckbegriff und Systemrationalität – Über die Funktion von Zwecken em sozialen Systemen* ("O conceito dos fins e sistema de racionalidade: na função dos fins nos sistemas sociais") publicado em 1968 e, finalmente, *Legitimation durch Verfahren* (Legitimação através de procedimento), de 1969, cujos argumentos-chave queremos apresentar a seguir. Nosso objetivo aqui é elucidar o modo de pensar de Luhmann e as principais diferenças em relação aos outros teóricos da sociologia e das principais áreas de sua investigação empírica.

Funktionen und Folgen formaler Organisation era basicamente um exame crítico repleto de evidência empírica dos pressupostos fundamentais da sociologia organizacional tradicional. As figuras clássicas desta área, como o sociólogo ítalo-alemão Robert Michels (1876-1936) e Max Weber, tentaram descrever e explicar as organizações, particularmente burocracias, através dos conceitos de dominação e de obediência, meios e fins. Ambos tinham pressuposto uma afinidade eletiva entre o modelo instrumental racional de ação, que pode ser aplicado a atores individuais em determinadas circunstâncias, e os fins perseguidos pelas organizações. Para colocar de um modo um pouco diferente, tanto Michels como Weber entenderam as burocracias como organismos que promovem a ação racional em grande escala, quase como máquinas programadas para cumprir determinados objetivos e que efetivamente funcionam dessa forma. A descrição de Max Weber em seus escritos políticos, entre outros textos, reflete isso: a burocracia administrativa é um instrumento de submissão nas mãos de vários ministros e deve ser assim; ela tem que realizar intenções dos políticos. As burocracias são, portanto, compreendidas como organizações hierárquicas chefiadas por indivíduos que formulam metas, enquanto os subordinados, conselheiros, funcionários ministeriais, especialistas administrativos etc., fazem o trabalho preparatório para eles.

Luhmann duvida que as organizações e burocracias podem ser adequadamente descritas deste modo, e aponta uma variada gama de estudos empíricos, publicados desde o tempo de Michels e Weber. Entre outras coisas, estes mostraram o enorme papel que as relações informais desempenham na burocracia, destacaram o quão importante é, por exemplo, uma relação positiva e de confiança entre chefe e secretários, como as amizades são importantes dentro de burocracias ou como podem ser úteis os canais "inexistentes" de informação entre os departamentos. Agir através dos canais semioficiais, como um telefonema informal curto, frequentemente resolve problemas muito mais rapidamente do que os canais prescritos lentos e árduos, envolvendo um grande número de funcionários formalmente responsáveis. Se alguém considerar a ideia típica de Weber sobre organizações formais e burocracias como base de suas investigações, tais processos informais não seriam mais do que uma "pedra no meio do caminho"; seria preciso descrevê-los como distúrbios, ou pelo menos como algo sem importância real. No entanto, isso implicaria um completo fracasso em capturar a realidade do funcionamento das organizações.

Esses resultados de pesquisa em sociologia das organizações, que demonstram que as motivações para a ação dos membros de modo algum combinam o tempo todo com os objetivos da liderança, também apontam para o fato de que os pressupostos fundamentais da sociologia organizacional clássica devem ser tomados com grande desconfiança, enquanto a noção típico-ideal de burocracia e organização deve sofrer modificações substanciais. Essa percepção também está presente, por exemplo, em estudos do interacionismo simbólico, na medida em que estes sublinharam a fluidez dos processos sociais, mesmo em instituições altamente reguladas, por meio do conceito de "ordem negociada" (cf. Lição VI).

Mas Luhmann deseja ir mais além. Ele não quer apenas complementar ou, em alguns casos, rever a investigação existente, mas sim questionar profundamente essas premissas clássicas e contestar a noção de que burocracias ou organizações podem ser entendidas com referência a um objetivo organizacional preestabelecido em primeiro lugar. Este – afirma Luhmann – simplesmente não é o caso; os objetivos não desempenham nenhum papel, ou apenas um papel secundário na análise das organizações:

> Na maioria dos casos, as pessoas certamente se unem por motivos dos quais são conscientes ou mesmo para alcançar objetivos específicos: para satisfazer necessidades ou resolver problemas. Desta forma, está colocada a fundação para uma ideologia formal que sustente sua associação. Estas razões são uma coisa, os problemas que surgem quando as pessoas vivem e trabalham juntas por um período de tempo são outra completamente diferente. Nem as necessidades que surgem, nem todos os impulsos e oportunidades significativos podem ser inclusos sob a égide da estrutura fundacional, nem mesmo se esta estrutura for

modificada e ajustada aqui e ali. Um sistema social que se desenvolve deve preencher requisitos complexos e deve ser defendido em várias frentes (LUHMANN. *Funktionen und Folgen*, p. 27).

Você deve se lembrar da Lição IX que Jürgen Habermas considera esta declaração de Luhmann um argumento muito convincente e importante; Habermas aceitou que a teoria da ação é incapaz de lançar luz suficiente sobre contextos macrossociológicos, porque as metas de indivíduos não aparecem neste nível de agregação. Este foi o fator teórico fundamental que o levou a adotar o conceito de sistema e a incorporá-lo em sua teoria.

Assim, para Luhmann, manter uma organização ou um sistema requer mais do que a realização de um objetivo fixado em um momento ou outro. Se aceitarmos isso, então as várias partes e subdivisões da organização ou sistema também devem fazer mais do que simplesmente servir a este alegado objetivo (p. 75). A diferenciação do sistema ou organização em subunidades e subdivisões não pode, em nenhum caso, derivar do mais alto objetivo da organização ou sistema. Isto limitaria profundamente o funcionamento do sistema ou organização, conduzindo a uma má adaptação ao seu ambiente:

> Em primeiro lugar, nem todas as tarefas necessárias ao sistema podem estar relacionadas a um único objetivo do sistema ou a vários objetivos delicadamente interligados do sistema. Isso exigiria um ambiente perfeitamente ordenado, estável, que mantém o sistema por causa de suas metas. Como este requisito nunca poderá ser inteiramente preenchido, todos os sistemas devem desenvolver estratégias de autopreservação ao lado de seus objetivos. Apenas se tais mecanismos de autopreservação estiverem presentes fará sentido falar de um sistema. Em segundo lugar, ações concretas não podem estar relacionadas exclusivamente a um objetivo. Isso seria ignorar seus efeitos colaterais. Ações sempre têm uma ampla gama de consequências que afetam diversos problemas do sistema tanto de forma vantajosa como desvantajosa. Cada ação eficaz, cada subestrutura concreta de um sistema é, nesse sentido, multifuncional (p. 75-76).

Se aceitarmos isso também, deve-se concluir que os sistemas não podem "ser racionalizados de acordo com um critério único, como um objetivo"; eles devem, de fato, ser "organizados multifuncionalmente" (p. 134-135). A sociologia das organizações deve prestar atenção a isso e já não deve mais assumir que consistência e estabilidade total são imperativos absolutos de um sistema; em vez disso, deve aceitar que os sistemas *precisam* de inconsistências para que possam existir em um ambiente que nunca pode ser totalmente controlado (p. 269).

Olhando retrospectivamente para o primeiro grande livro de Luhmann, é surpreendente que ele ainda estivesse interessado em problemas da teoria da ação; pelo menos, ele os discute. Ele aponta, por exemplo, para o fato de que não é apenas no nível das organizações ou burocracias que críticas justificadas têm sido e continuam sendo constituídas pelas categorias meios-fins mais frequentemente utilizadas, mas também no nível dos atores individuais. De forma reveladora, ele novamente cita Arnold Gehlen (p. 100, n. 20), neste caso, o livro *Urmensch und Spätkultur*, em que Gehlen, com base no pragmatismo americano, explica que, em vez de interpretar a ação sempre como a mera realização de metas, ela também pode ser vista como uma atividade sem um objetivo específico, caso em que a ação se torna um fim em si mesmo (cf. nossa crítica a Parsons na Lição III; cf. tb. Lição VI). Isso pode ter levado Luhmann a olhar para a teoria da ação, a perguntar se os problemas do modelo weberiano ou michelsiano da burocracia se devem a uma teoria da ação que é em si problemática, uma teoria que, por várias razões, sempre privilegiou a racionalidade instrumental, tendendo inevitavelmente a considerar outras formas de ação como deficientes ou incapazes de elaboração teórica. Nessa perspectiva, Weber (e Michels) tinha produzido noções ideal-típicas de ordens como organizações e burocracias no nível macro, que, mais uma vez, colocavam a ação racional instrumental no centro do palco e que, como resultado, não eram capazes de capturar a realidade dos processos que ocorrem dentro das organizações e burocracias. Interacionistas simbólicos argumentaram o mesmo, ou quase o mesmo, quando tentaram – na "abordagem da ordem negociada" – ir além da noção, tão firmemente entranhada na sociologia, de organizações hiperestáveis. Aqui, uma teoria pragmatista de ação, bastante diferente da de Weber, foi usada para produzir um entendimento de como as organizações funcionam que estivesse mais próximo da realidade empírica (novamente, consulte a Lição VI).

Luhmann *não* opta por esta abordagem. Ele não se dedicou a corrigir as problemáticas noções de ação fundamentais à sociologia organizacional tradicional para então ascender a níveis cada vez mais "altos" de agregação com base em uma teoria da ação melhorada. Em vez disso, sua estratégia foi a de "converter" imediatamente para a teoria dos sistemas.

Ainda mais claramente do que em *Funktionen und Folgen formaler Organisation*, Luhmann finalmente se afasta da teoria da ação em outro livro famoso da década de 1960, informado principalmente pela sociologia das organizações, nomeadamente *Zweckbegriff und Systemrationalität – Über die Funktion von Zwecken em sozialen Systemen* (O conceito de fins e a racionalidade do sistema – Sobre a função dos fins nos sistemas sociais). O título e o subtítulo do livro encarnam suas preocupações principais, literalmente.

Neste trabalho, Luhmann lida ainda mais diretamente e, sobretudo, de uma forma mais detalhada do que no livro discutido anteriormente com o problema teórico do conceito de fins da teoria da *ação*. Luhmann cita, assim, entre outras figuras, John Dewey e os pragmatistas americanos, captando sua crítica da ideia de ação como um processo sempre guiado por objetivos e fins particulares, bem como sua crítica ao "modelo teleológico da ação" (cf. *Zweckbegriff*, p. 18ss.).

Dewey, por exemplo, a quem Gehlen também fez referência, não compreendia o fluxo da ação humana de forma causal, não assumindo a existência de uma causa específica que desencadeia a ação, que determina automaticamente o ato em si. Porque isso – como os interacionistas simbólicos e os etnometodologistas sublinhariam tão frequentemente – falharia inteiramente em trazer à tona a reflexividade dos atores, suas realizações de deliberação, e sua criatividade em lidar com novas situações (cf. JOAS. *The Creativity of Action*, p. 152ss. • Lições VI e VII).

Luhmann concorda com isso, mas não se dedicou a produzir uma teoria aperfeiçoada, não teleológica da ação; em vez disso, ele imediatamente vai *perguntar*, do ponto de vista da teoria dos sistemas, *que funções, fins e valores preenchem*, ou que funções são servidas quando atores alegam estar agindo de acordo com certos valores e fins. Luhmann sabe, ou parece saber, que é quase impossível identificar cadeias claras de causalidade no âmbito das ciências naturais e sociais. Com relação à aplicabilidade do esquema causal, ele afirma que "não pode haver previsões precisas dos efeitos necessários de determinados fatores causais, apenas probabilidades que dependem da distribuição de causas possíveis dentro de contextos causais necessários para efetivamente acarretar em um determinado efeito" (*Zweckbegriff*, p. 26, n. 7). Praticamente o mesmo pode ser dito dos valores, que na realidade nunca fornecem instruções claras no que diz respeito à ação; na verdade, é inconcebível que eles pudessem nos fornecer um guia inequívoco à ação. Mas, então, por que as pessoas constantemente se referem a objetivos, a valores supostamente orientadores, tanto em situações do cotidiano como nas organizações e burocracias? A resposta de Luhmann é que os objetivos e valores servem apenas para reduzir a complexidade para o ator. Objetivos, ou a ideia subjacente a eles de que os atores podem de fato produzir efeitos causais calculáveis e previsíveis, como valores, estruturam o horizonte de ação do ator para a resolução racional de problemas. Luhmann apresenta a tese de que

> o potencial humano para a complexidade, a capacidade de compreender e processar fatos complexos reside principalmente em processos subconscientes de percepção, ao passo que as mais elevadas, conscientes realizações da cognição são capazes de compreender apenas um limitado número de variáveis ao mesmo tempo. Apesar de não ter problemas para escolher entre duas cestas de frutas, se uma contém quatro laranjas e a outra cinco, é muito mais difícil escolher entre cestas que contêm uma variedade de frutas, mesmo que a diferença de valor seja significativamente maior. Eu tenho que decidir com base em uma preferência muito forte, dominante – valorizar bananas acima de tudo, por exemplo – ou comparar preços; em qualquer caso, devo tomar uma rota indireta a fim de primeiro reduzir a complexidade. Pela mesma razão perdemos rapidamente de vista as conexões causais se temos que lidar com uma cadeia de fatores causais, como variáveis, ao mesmo tempo. Em grande parte, da mesma forma que a abordagem simplifica delineada no exemplo das cestas de frutas, distinguir entre

causas e efeitos nos ajuda a escapar deste problema. Porque torna possível variar um fator apenas em função da constância dos outros, e, em seguida, tendo acabado de refletir sobre isso, aplicar o mesmo esquema para fatores inteiramente ou um pouco diferentes (p. 31-32).

Suposições de causa e efeito, como valores, têm, portanto, a função de reduzir a complexidade. Isto implica a afirmação de que uma *ciência* epistemologicamente informada não pode trabalhar significativamente com essas categorias. Se é impossível fazer afirmações causais inquestionáveis, as ciências devem, então, encontrar uma outra maneira de pensar; se diversos conjuntos de argumentos nos levaram a abandonar o conceito de ação, porque nem o conceito de fins, nem o de valores são particularmente úteis na estruturação da ação, então – assim Luhmann sugere – é lógico adotar um novo aparato conceitual. E, claro, ele propõe que a teoria dos sistemas nos forneça um, *a sua* teoria dos sistemas, que, é verdade, apenas se propõe a identificar equivalentes funcionais, mas que, não obstante, é capaz de esclarecer a *função* dos objetivos e valores, bem como das alegações de causalidade.

O título do livro deveria, portanto, ser entendido como: racionalidade instrumental *versus* racionalidade do sistema. Essa fraqueza epistemológica e outras fraquezas da teoria (teleológica) da ação, com a sua referência a fins, levam-nos – assim Luhmann acredita – a recorrer à teoria dos sistemas. E, como veremos, conforme sua obra progride e ele desenvolve sua teoria dos sistemas, Luhmann passa, em última análise, a considerar a ação como produzida pelos sistemas: o ponto de referência para a ação e para os atores apenas estrutura a comunicação e atribui comunicação a um determinado sistema pessoal ou social. Dentro do fluxo incessante da comunicação, a noção de ação ajuda a estruturar o contexto e a demarcar o presente do passado. Para Luhmann, devemos implantar a teoria dos sistemas para entender a "ação".

A teoria dos sistemas desenvolvida por Luhmann a essa altura, que acabamos de delinear, é marcadamente diferente da de Talcott Parsons, apesar de toda a influência deste grande sociólogo americano. Na década de 1960, nenhuma outra obra expressava isso tão claramente quanto o terceiro livro que discutimos aqui, *Legitimation durch Verfahren*. Mesmo a teoria dos sistemas tardia de Parsons tinha assumido que sociedades são integradas por valores; o termo "hierarquia cibernética do controle" de Parsons (cf. Lição IV) implicava a noção de que os sistemas sociais ou sociedades são, em última análise, integrados por meio de valores e são mantidos via "manutenção latente de padrões". A teoria normativista de Parsons, assim, tomava como dado que sociedades apresentam um centro de controle identificável.

Tudo isso muda completamente no trabalho de Luhmann. Luhmann leva a cabo a afirmação de que as sociedades modernas são funcionalmente diferenciadas, de que as esferas funcionais da ciência, da economia, da política etc.

seguem a sua própria lógica, sem serem ordenadas hierarquicamente por um sistema superior ou por valores. Isso não significa que não resta nada de "estratificação" ou de outras formas de diferenciação: classes continuam existindo, diferenças entre ricos e pobres, entre os centros de uma sociedade e suas margens etc. Mas a divisão das sociedades modernas em várias esferas *funcionais* tornou-se tão dominante e difusa que agora é impossível identificar posições "acima" e "abaixo", um princípio ordenador.

Luhmann demonstra este ponto de vista de forma muito clara em sua análise da política democrática e do sistema jurídico. De acordo com Luhmann, eleições democráticas e processos judiciais não estão vinculados a um valor supremo, à verdade ou à justiça, de modo que pudéssemos afirmar que a legitimidade do sistema político ou judiciário depende de alcançar políticas verdadeiras ou corretas por meio de eleições ou de dar sentenças justas com base em um código processual, ou seja, obedecendo ou executando determinados valores. Isso foi o que pensou Parsons, e grande parte da mesma premissa está presente na obra de Jürgen Habermas, que atribui à lei normativamente baseada – e apenas a ela – um efeito integrador tremendo, em seus mais recentes escritos sobre filosofia do direito (cf. lição anterior). Luhmann, por sua vez, rompe completamente com esta suposição tão mergulhada na tradição; para ele, verdade e justiça são termos que não se referem a qualquer coisa tangível:

> Até agora [...] num processo ligado ao desenvolvimento das ciências, o pensamento moderno tem definido o conceito de verdade de modo mais preciso, ligando-o a pré-requisitos metodológicos muito rigorosos; tem, assim, minado a ideia de lei natural e positivado a lei, isto é, refundado a lei em termos de procedimentos de tomada de decisão. À luz de tudo isso, é difícil ver como, a não ser através de *preconceito*, alguém pode aderir à noção de que o verdadeiro conhecimento e a verdadeira justiça são o objetivo e, portanto, a essência dos procedimentos legalmente regulados, e, se é assim, como se pode alcançar tal objetivo (LUHMANN. *Legitimation durch Verfahren*, p. 20; ênfase adicionada).

Claro, nós ainda ouvimos muito sobre verdade e justiça hoje em dia, mas para Luhmann esse discurso apenas cumpre certas funções que aliviam o fardo dos seres humanos reduzindo a complexidade. Mas a legitimidade hoje já não é alcançada, pois os cidadãos realmente acreditam em valores tão nobres e esperam que decisões corretas ou verdadeiras sejam tomadas. Agora, a legitimidade é produzida dentro do próprio sistema político ou legal, quando as pessoas participam de eleições livres ou de procedimentos legais e, unicamente por tomar parte neles, ganham a sensação de que, de alguma forma, podem aceitar o veredicto, independentemente do seu conteúdo específico. Procedimentos tais como eleições e processos judiciais transformam, assim, questões de verdade e justiça de modo que, em última análise, tudo o que está em jogo é a *aceitação psicológica* dos vários procedimentos por aqueles afetados. E essa aceitação é alcançada com base no fato de que pessoas são integradas ao sistema político ou legal pela concessão de diferentes papéis, de que, porque elas têm os seus papéis a desempenhar, há pressão sobre elas para aceitar as regras do procedimento. No que diz respeito aos processos judiciais, Luhmann descreve isso como segue:

> Submetendo-se a um certo código de conduta e adaptando seu comportamento ao sistema processual em desenvolvimento com a finalidade de atingir seus objetivos, as partes do conflito reconhecem os papéis umas das outras enquanto partes. Isto é possível porque a decisão em si não é determinada antecipadamente. Cada uma das partes dá à outra, por assim dizer, carta branca para se opor a ela, sem influenciar o resultado do conflito. Neste sentido, o princípio da igualdade das partes é um princípio processual-chave (p. 103-104).

Isso não tem nada a ver – assim Luhmann afirma – com questões de verdade ou justiça. É a participação nestes procedimentos que determina a legitimidade das decisões e, portanto, a legitimidade dos subsistemas em geral; é tanto inconcebível como impossível que essas decisões sejam ancoradas em valores ou normas compartilhados pela sociedade como um todo. Mas isso significa que Luhmann se desvencilhou de todos os vestígios do normativismo, incluindo aquela característica da teoria dos sistemas parsoniana, e desferiu um golpe contra todas as análises socialmente críticas, que necessariamente trabalham com conceitos como verdade e justiça. É unicamente a lógica dos subsistemas e dos seus procedimentos específicos que, em última instância, determina a sua estabilidade e dinâmica. Enquanto esses subsistemas são, em princípio, dependentes de seu ambiente, eles apresentam uma dinâmica própria; eles não podem nem ser controlados de fora por objetivos ou valores, nem são dependentes de tais valores externos. Luhmann foi posteriormente radicalizar ainda mais essa ideia da dinâmica e lógica próprias aos vários subsistemas sociais, bem como fundamentá-la teoricamente de novas maneiras.

B Na década de 1970 e no início dos anos de 1980 Luhmann continuou a demonstrar a sua tremenda produtividade, publicando numerosos livros sobre tópicos teóricos e empíricos muito variados. Enquanto a sociologia do direito, das organizações e da administração manteve-se a preocupação central de Luhmann, breves volumes teóricos sobre *confiança* e *poder* (cada tópico inicialmente objeto de livros separados em alemão, publicados em 1968 e 1975, embora amalgamados na edição em inglês, *Trust and Power*) e um grande estudo de 1981 sobre teoria política no Estado de Bem-estar Social (*Political Theory in The Welfare State*) também se tornaram influentes. E foi em torno dessa época que Luhmann começou seus estudos em sociologia do conhecimento, que acabou abrangendo vários volumes (*Gesellschaftsstruktur und Semantik* ["Estrutura social e semântica"]), nos quais ele descreveu como o significado de alguns termos cruciais, isto é, a semântica, mudava na sociedade moderna, que já não é estruturada hierarquicamente, mas funcionalmente diferenciada. Um bom exemplo é o estudo de 1982 sobre a ascensão da "semântica do amor" romântico (*Love as Passion: The Codification of Intimacy*).

Tão produtivo quanto fosse, não deixa de ser justo dizer que a abordagem de Luhmann permaneceu essencialmente a mesma. Ele trabalhou com a mesma teoria, apenas aplicando-a a novos campos. À luz deste quadro teórico imutável, os críticos alegavam que os resultados de seus estudos, tão interessantes quanto alguns dos detalhes pudessem ser, ofereciam poucas surpresas.

Os primeiros sinais de inovação teórica só apareceram no início dos anos de 1980, tornando-se particularmente evidentes na obra *Sistemas sociais [Fundamentos para uma teoria geral]*, obra-prima de 1984, que foi em parte concebida como uma resposta à *Teoria da ação comunicativa*, de Jürgen Habermas, publicada três anos antes. Para ser mais preciso, o "giro" de Luhmann aqui, na verdade, não é nada deste tipo, mas meramente uma maior radicalização da teoria dos sistemas. Em primeiro lugar, Luhmann se desvencilha da ideia, presente em Parsons e em seus próprios trabalhos anteriores, de que a referência a "sistemas" era meramente analítica, de que os sociólogos utilizavam essa caixa de ferramentas teórica apenas para obter um acesso melhor ou mais adequado à realidade. Seu novo entendimento dos sistemas é realista, ou seja, ele assume que os fenômenos sociais realmente são tipicamente sistêmicos, como é inconfundível nas primeiras linhas do primeiro capítulo de *Sistemas sociais*:

> As seguintes considerações assumem que existem sistemas. Assim, elas não começam com dúvida epistemológica. Elas também não defendem a "relevância puramente analítica" para a teoria dos sistemas. A interpretação mais estreita da teoria de sistemas como um simples método de análise da realidade é deliberadamente evitada. Claro, nunca se deve confundir declarações com seus objetos; é preciso perceber que declarações são apenas declarações e que afirmações científicas são apenas afirmações científicas. Mas, ao menos na teoria dos sistemas, elas se referem ao mundo real. Deste modo, o conceito de sistema refere-se a algo que é na realidade um sistema e, assim, incorre na responsabilidade de testar suas declarações contra a realidade (LUHMANN. *Social Systems*, p. 12).

O que Luhmann quer dizer exatamente nesta última frase, quando se refere a testar a teoria dos sistemas contra a realidade, e acima de tudo como devemos descobrir se algo é realmente um sistema, permanece um tanto confuso e parece uma afirmação bastante dogmática. Em qualquer caso, este é o passo dado por Luhmann, que afirma, ao mesmo tempo, que sua teoria dos sistemas é capaz de englobar todos os problemas teóricos com os quais a sociologia tem se confrontado até aqui. Sua aspiração a gerar uma síntese teórica encontra, assim, expressão no cerne da teoria dos sistemas. A teoria dos sistemas – o confiante

Luhmann nos diz – se tornou uma "superteoria com pretensões à universalidade (ou seja, a incluir tanto a si mesma como a seus oponentes)" (p. 4).

Em segundo lugar, Luhmann monta sua teoria dos sistemas, como ele mesmo afirma, sobre uma nova base. Ele observa que o pensamento teórico sistêmico, que agora já está estabelecido com sucesso, particularmente nas ciências naturais, há várias décadas, passou por um desenvolvimento constante; em sua opinião, já é tempo das ciências sociais abraçarem este avanço em sua compreensão. Luhmann distingue três fases do pensamento teórico sistêmico (cf. *Social Systems*, p. 5ss.): a primeira, e ainda muito imatura, fase foi distinguida por uma compreensão dos sistemas como uma relação entre parte e todo. Mas, por várias razões, esta versão do conceito de sistema, a noção de que o todo é de alguma forma mais do que a soma de suas partes, se mostrou improdutiva e imprecisa; o próximo passo no desenvolvimento da teoria dos sistemas envolveu, assim, colocar o problema sistema-meio ambiente, em vez do problema parte-todo, no centro. Os sistemas, nesta visão, são distintos do seu ambiente, mas, ao mesmo tempo, abertos o suficiente para se adaptarem a ele. Como você já deve ter notado, esta é uma posição à qual Luhmann subscreveu nas décadas de 1960 e de 1970, quando ele deu ênfase particular às "realizações de adaptação" performadas pelos sistemas no que diz respeito ao seu ambiente. Mas agora, de acordo com Luhmann, desenvolvimentos recentes têm ocorrido na teoria dos sistemas, especialmente na biologia e na neurofisiologia, os quais lançaram dúvidas sobre o modelo sistema-ambiente que havia dominado até então e que, alternativamente, apontam para uma teoria dos sistemas autorreferenciais. O que isto significa?

Para colocar em termos muito simples, essa perspectiva sugere que organismos vivos são melhor compreendidos se, ao invés de seu intercâmbio com o meio ambiente, colocarmos sua *autonomia operacional* no centro da análise. Esses organismos podem ser *fisicamente* abertos na medida em que eles tomam certos materiais do ambiente. Mas a forma em que eles processam esse material segue uma lógica totalmente interna ao sistema, assim como a informação que flui para este organismo adere à lógica do organismo e não é dependente do meio. Isso foi transmitido em forma particularmente convincente e vívida nos estudos neurofisiológicos produzidos por dois cientistas latino-americanos, Humberto R. Maturana (n. 1928) e Francisco J. Varela (1946-2001), que formaram o principal ponto de referência de Luhmann. Ao investigar a percepção da cor, Maturana e Varela fizeram a descoberta surpreendente de que claramente não há nenhuma conexão direta entre as atividades de determinadas células nervosas do olho por trás da retina e as qualidades físicas da luz. Assim, não há relações causais claras entre a fonte de luz e o sistema nervoso (para mais detalhes, cf. KNEER & NASSEHI. *Niklas Luhmann Theorie sozialer Systeme* ["Teoria dos sistemas sociais de Niklas Luhmann"], p. 47ss. • IRRGANG. *Lehrbuch der evolutionären Erkenntnistheorie* ["Manual de epistemologias evolucionárias"], p. 147ss.). Se este é de fato o caso, pode-se concluir, como Maturana e Varela, que o sistema nervoso é um sistema *autossuficiente*, ou seja, sistemas nervosos ou organismos perceptivos não produzem uma cópia perfeita do seu ambiente, mas constroem *seu próprio mundo singular* por meio *de sua própria lógica operacional*.

Os organismos vivos funcionam como sistemas autogeradores que referem apenas a si mesmos. Maturana e Varela falam de *sistemas autopoiéticos* (*autos* = próprio; *poiein* = criação), sistemas que são organizacionalmente fechados e, portanto, autônomos, pelo menos no sentido de que os componentes de um sistema são reproduzidos dentro do próprio sistema. É claro que há contato com o ambiente; existe, para usar a terminologia específica, uma "ligação estrutural". Ainda assim, não há elementos relevantes para o sistema que sejam fornecidos pelo ambiente: sistemas são apenas estimulados pelo mundo exterior, mas eles respondem a esse estímulo de acordo com sua própria lógica e com seus próprios métodos. Além disso, as qualidades dos sistemas vivos não podem ser determinadas por referência aos seus componentes, mas apenas pela organização destes componentes, ou seja, pelos processos que ocorrem entre os componentes. O sistema nervoso, por exemplo, não pode ser definido em termos de neurônios, mas pela análise da maneira pela qual a informação é transmitida entre os neurônios, que respondem às irritações transmitidas a eles, por exemplo, pela retina, de seu próprio modo.

Luhmann agora aplica essas descobertas da biologia e da neurofisiologia para os sistemas sociais, sem prestar atenção ao fato de que Maturana e Varela expressaram ceticismo sobre a aplicabilidade de sua teoria às ciências sociais. Luhmann concebe sistemas psicológicos e, de particular interesse para os sociólogos, sistemas sociais como sistemas autopoiéticos. Ele explica o que ele espera alcançar com esta "virada autopoiética" como segue:

> Na teoria geral dos sistemas, esta segunda mudança de paradigma [distanciando-se da teoria sistema/ambiente para a teoria dos sistemas autorreferenciais] provoca alterações notáveis, por exemplo, do interesse no *design* e no controle para um interesse na autonomia e na sensibilidade ambiental, do planejamento para a evolução, da estabilidade estrutural para a estabilidade dinâmica (LUHMANN. *Social Systems*, p 10; inserções nossas).

Aqui, Luhmann está expressando sua intenção de radicalizar ainda mais o seu funcionalismo, de levar a ideia de diferenciação funcional tão longe quanto possível. E essa nova caixa de ferramentas teóricas de fato o capacita a abandonar completamente qualquer noção de um todo social, como discutiremos detalhadamente mais adiante. Como Luhmann vê, os subsistemas funcionalmente diferenciados, tais como a ciência, a economia, a religião, a arte, a lei, a educação e a política, agora seguem a sua própria lógica. Eles funcionam de acordo com o seu próprio código (neste caso, com certeza há paralelos claros com a teoria dos meios de comunicação simbolicamente generalizados de Parsons, cf. Lição IV), são programados de forma específica e, por isso, não podem ser regulados ou controlados de fora. De fora, esses subsistemas só podem ser estimulados. O que eles fazem com esses estímulos depende do programa específico do subsistema. Qualquer noção de planejamento no que diz respeito à sociedade como um todo ("do planejamento para a evolução") é, portanto, supérflua. Luhmann não cede a ninguém quanto ao seu pessimismo sobre planejamento e tira sarro de tentativas políticas de intervir na economia; para ele, porém, o mesmo se aplica à intervenção do Estado nos sistemas científico, legal etc. de forma mais geral.

> Tal como acontece com a dança da chuva dos índios Hopi, a referência ao estímulo da economia, garantindo o status da Alemanha como um bom lugar para fazer negócios e criando empregos, parece desempenhar uma função importante, pelo menos dando a impressão de que algo está sendo feito e de que [o governo] não está simplesmente esperando que as coisas mudem por si mesmas (LUHMANN. *Die Politik der Gesellschaft*).

Luhmann não tem dúvidas de que não importa o que os políticos dizem ou fazem, eles não vão impressionar ou influenciar a economia. "O lugar para a economia é a economia" – Luhmann não hesitaria em se inscrever para este credo de um ex-ministro liberal alemão para assuntos econômicos, embora ele acrescentaria que o mesmo se aplica à arte, à ciência etc. A arte é feita no sistema da arte, a ciência, no sistema científico. As sociedades modernas são funcionalmente diferenciadas; as várias esferas funcionais não são mais estruturadas hierarquicamente. De acordo com Luhmann, a noção de planejamento ou controle é, portanto, equivocada desde o início. Sistemas e subsistemas evoluem. Eles não podem ser planejados. Esta é claramente uma forma particular de diagnosticar a era moderna também, e olharemos mais de perto para isso na última parte desta lição.

A abordagem de Luhmann em relação à tese da primazia da diferenciação funcional nas sociedades modernas tornou-se certamente mais radical desde a assim chamada "virada autopoiética"; ainda assim, por outro lado, para Luhmann, esta inovação teórica obviamente não implicou na necessidade de rever de forma significativa ou mesmo de rejeitar suas descrições anteriores das sociedades ou subdivisões sociais. Neste sentido, a virada autopoiética pode ser vista como não mais do que uma outra volta do parafuso funcionalista.

No presente contexto, contudo, o que é interessante é uma consequência teórica da virada autopoiética, da qual o próprio Luhmann trata, a saber, a "temporalização radical da noção de elemento":

> A teoria dos sistemas autoprodutores, autopoiéticos, pode ser transferida para o domínio dos sistemas de ação apenas se se começasse com o fato de que os elementos que compõem o sistema não podem ter qualquer duração, e, portanto, devem ser constantemente reproduzidos pelo sistema que estes elementos formam (LUHMANN. *Social Systems*, p. 11).

E na aplicação do modelo autopoiético a contextos sociais, Luhmann de fato implementa essa temporalização de elementos. Luhmann, que distingue entre máquinas, organismos, sistemas psicológicos e sistemas sociais, estando seu foco principal neste último, enquanto objeto da sociologia, destaca que a teoria dos sistemas rompe, e deve romper, com aquilo que ele chama de conceito de sujeito "europeu tradicional", colocando outros elementos no centro do edifício teórico inspirado por Maturana e Varela, elementos que "não podem ter duração e, portanto, devem ser constantemente reproduzidos pelo sistema que esses elementos formam" (cf. citação acima). Para Luhmann, isso significa que os sistemas sociais não são construídos com base em seres humanos e não são compostos de ações, mas de comunicação. Atos de comunicação são as unidades elementares dos sistemas sociais; é através de tais atos que o significado é produzido e a referência ao significado é constantemente feita. Luhmann, com o objetivo de chocar e desfamiliarizar tanto quanto for capaz, diz que o ser humano não é parte do sistema social, e que não são as pessoas que comunicam, mas a comunicação em si mesma (LUHMANN. *Die Gesellschaft der Gesellschaft*, p. 29s., 103ss.). Enquanto a comunicação é realmente dependente de sistemas psicológicos, da consciência dos seres humanos, não podemos olhar dentro das mentes dos outros, e a comunicação só pode, portanto, se relacionar àquilo que é comunicado.

Como consequência, sistemas sociais (e psicológicos) são definidos não por unidades fixas, mas pela reprodução constante de significado; a teoria da diferenciação do sistema refere-se à forma do ato de comunicação em particular, não à filiação de pessoas ou atos. O sistema da ciência, por exemplo, forma um todo unificado e é capaz de se reproduzir constantemente porque é feito de referência à verdade, porque funciona em consonância com a distinção entre "verdadeiro" e "falso". Na ciência é feita uma referência constante a afirmações verdadeiras ou falsas, a correção de hipóteses é testada, e é precisamente isto, então, que caracteriza o sistema da ciência: uma forma muito especial de comunicação tem lugar aqui, um "código binário" particular é implantado. Assim, o sistema de ciência não é um todo unificado porque certas pessoas pertencem a ele – como é bem sabido, cientistas são mais do que cientistas; eles são, ao mesmo tempo, cidadãos que estão na política, ganham dinheiro, fazem valer os seus direitos, são artisticamente inclinados etc. Portanto, é impossível, de acordo com Luhmann, determinar a existência de um sistema com referência a indivíduos específicos, ou a ações específicas, porque um indivíduo e a mesma ação podem aparecer na gama mais diversificada de contextos, em contextos artísticos ou científicos; mas qual significado é produzido depende do código particular envolvido.

> Não podemos atribuir as pessoas aos sistemas funcionais, de tal forma que cada indivíduo é membro de apenas um sistema, isto é, participa apenas da lei, mas não da economia, ou apenas da política, mas não do sistema de ensino. A consequência final disso é que já não podemos alegar que a sociedade é composta de pessoas, pois as pessoas

claramente não podem ser colocadas dentro de um subsistema da sociedade, isto é, elas já não podem ser colocadas em nenhum lugar na sociedade (LUHMANN. *Die Gesellschaft der Gesellschaft*, p. 744).

Sistemas sociais, e os sistemas sociais mais extensos são sociedades, são definidos, portanto, assim nos diz Luhmann, através de fluxos incessantes de comunicação. A sociedade termina onde quer que a comunicação termine, é por isso que, em uma época em que a comunicação se estende pelo mundo, devemos falar de uma sociedade global. Na Idade Moderna, o Estado-nação parece, para Luhmann, um ponto de partida totalmente antiquado para a análise dos processos sociais.

Comunicação e significado, ao invés de "atores" ou "ação", são, portanto, o núcleo, os conceitos elementares na sociologia de Luhmann. A referência a "ação" ou "sujeito" é, para Luhmann, apenas um exemplo de atribuição: sistemas psicológicos referem-se a ações, isto é, processos claramente definidos que são atribuídos a um indivíduo a fim de reduzir a complexidade. Mas é claro que Luhmann "sabe" que as ações, como tal, não existem, pelo menos não como uma descrição praticável de processos reais:

> As ações são constituídas por processos de atribuição. Elas se dão apenas se, por qualquer motivo, em quaisquer contextos, e com a ajuda de qualquer semântica ("intenção", "motivo", "interesse"), seleções podem ser atribuídas a sistemas. Obviamente, este conceito de ação não fornece uma explicação causal adequada do comportamento porque ele ignora o psíquico (LUHMANN. *Social Systems*, p. 165-166).

Os resquícios de qualquer possível problema da teoria da ação foram, assim, erradicados, e – pelo menos no que tange aos pressupostos teóricos de sua teoria dos sistemas – Luhmann agora pode afirmar que sua superteoria funcionalista engloba o estoque de conhecimento e achados da teoria sociológica.

C Nós já discutimos o fato de que a tese radical da diferenciação funcional das sociedades modernas e do pessimismo igualmente radical sobre planejamento de Luhmann são uma expressão de um diagnóstico específico da era contemporânea, da postura desapegada do observador que há muito abandonou qualquer fé na possibilidade de mudança das condições sociais e só pode lançar um olhar irônico sobre os esforços fúteis de ativistas socialmente engajados.

Luhmann raramente expandiu esse elemento de diagnóstico em seus escritos, e por isso é útil aqui, ao concluirmos esta lição, examinar brevemente um fino volume de 1986, em que ele faz isso abertamente. Estamos nos referindo a *Ecological Communication*. Esse livro – como o título sugere – é uma resposta ao movimento ambiental, que se tornou cada vez mais importante a partir da década de 1970 e que teve uma influência política ou sociopolítica significativa desde a fundação do partido político Die Grünen [Os verdes], na Alemanha. A resposta de Luhmann aqui é bastante reveladora.

Luhmann começa seu livro – e isso faz que seja a mais acessível de suas obras mesmo para os sociólogos principiantes – com uma introdução bastante compacta e de fácil compreensão à sua teoria. Ele explica mais uma vez que as sociedades modernas (tanto quanto se pode falar de nações isoladas nos dias de hoje) consistem em diferentes subsistemas – a política, a economia, a lei, a ciência, a religião, a educação (coincidentemente, Luhmann dedicaria uma série de livros, em grande parte altamente abrangentes, a cada um desses subsistemas nos anos de 1980 e de 1990). Todos esses subsistemas, por assim dizer, falam sua própria língua, usam um "código binário" por meio do qual a informação de dentro do sistema é processada. A economia, por exemplo, que Luhmann entende como "todas aquelas operações efetuadas através do pagamento de dinheiro" (*Ecological Communication*, p. 51), trabalha com o código ter/não ter ou pagar/não pagar; a ciência, com o código verdadeiro/falso; o sistema político moderno atual, com o código governo/oposição etc. Nenhum destes subsistemas é capaz de assumir o controle dos outros subsistemas; nenhum código tem alguma forma de prioridade sobre os outros.

É claro que é possível investigar a relação entre a economia e a política, arte e religião, ou a ciência e a lei. Mas não se deve assumir que um subsistema pode orientar ou controlar os outros. A economia pode responder à política apenas por meio do código de pagar/não pagar; ela não tem nenhuma outra língua à sua disposição. A arte pode responder às influências religiosas somente com a ajuda do código estético, enquanto a religião pode responder a influências legais somente através do código transcendência/imanência. Os diversos códigos não podem ser facilmente convertidos um no outro.

A perspectiva de Luhmann é certamente interessante. Tal como acontece com a teoria dos sistemas de Parsons, esta é uma heurística de pesquisa que ajuda a trazer à tona a lógica específica de acordo com a qual os diversos subsistemas sociais funcionam e a natureza dos processos de troca entre os subsistemas, caso haja algum. Isso provavelmente nos fornece – e é isso o que Parsons afirmou ter feito em relação ao seu esquema AGIL – uma sensação mais realista para a análise dos processos sociais do que a oferecida, por exemplo, pelo bruto teorema base-superestrutura marxiano.

Mas a construção teórica de Luhmann, nomeadamente a tese de que (sub) sistemas sociais são sistemas autopoiéticos que funcionam exclusivamente de acordo com a sua própria lógica sistêmica e que podem ser estimulados, mas não controlados de fora, exclui qualquer prospecto de planejamento ou regulação. Os subsistemas podem apenas observar um ao outro e só poderão traduzir tentativas externas de influenciá-los em sua própria linguagem – e não podem fazer mais do que isso. Estas restrições também se aplicam ao sistema político, que tantas vezes experimenta a inacessibilidade fundamental de outros sistemas, de acordo com o lema que encontramos anteriormente: o lugar para a economia é a economia. E a questão de saber o quanto uma suposição tão radical é realista inevitavelmente surge.

Mas vamos nos voltar à questão colocada por Luhmann no subtítulo do livro: as sociedades modernas podem se adaptar a ameaças ecológicas, aos perigos do poder nuclear, por exemplo, como tão contundentemente demonstrado por Chernobyl? A resposta de Luhmann – e isso certamente não será nenhuma surpresa – é "não". Nas sociedades modernas, altamente diferenciadas, simplesmente não há mais qualquer ponto de vista a partir do qual indivíduos ou grupos podem obter uma visão geral do todo que lhes dê direito a advertir a "sociedade" sobre vários perigos, e muito menos que lhes permita proteger a sociedade desses perigos. Para Luhmann, qualquer tentativa de construir uma macrointenção global supostamente representativa da sociedade como um todo – incluindo as tentativas feitas com respeito à prevenção de supostas ameaças ecológicas – é simplesmente ridícula e fadada ao fracasso. Ele então passa a interpretar o movimento ambiental a partir dessa perspectiva, com uma rudeza e aspereza surpreendentes para um representante da ironia romântica; ele se refere à "enfadada presunção moral observada no movimento "Verde"" (LUHMANN. *Ecological Communication*, p. 126).

Luhmann certamente não é cego aos perigos enfrentados pelas sociedades modernas. Na última grande obra publicada antes de sua morte, ele afirma:

> As consequências reais da exploração excessiva do meio ambiente ainda estão dentro de limites razoáveis; mas é preciso muito pouca imaginação para perceber que não podemos continuar assim (LUHMANN. *Die Gesellschaft der Gesellschaft*, p. 805).

Mas Luhmann é radicalmente pessimista em relação à nossa capacidade de influenciar o que acontece. Várias medidas serão tomadas, é claro, para proteger o meio ambiente, as emissões serão limitadas, estações nucleares serão desativadas etc. Mas ninguém deve acreditar que este sistema político pode verdadeiramente ser influenciado ou controlado a partir do exterior, de modo que medidas genuinamente "efetivas" possam ser tomadas; o sistema político pode, no máximo, ser estimulado, e ele vai então reagir a esses estímulos com a sua própria lógica de comunicação. Para Luhmann, isso significa que "os novos movimentos sociais não têm teoria" – o que lhes falta é, obviamente, a teoria dos sistemas de Luhmann e, portanto, a visão da primazia da diferenciação funcional. E é por isso que ele sente tanto desprezo por esses movimentos:

> Assim, em grande parte, objetivos e postulados são determinados de forma muito simples e específica, e a distinção entre apoiadores e opositores e a avaliação moral típica apresentadas tendem a ser correspondentemente simplistas (LUHMANN. *Ecological Comunication*, p. 125).

É a postura moral que ele parece achar particularmente insuportável; na sociedade moderna funcionalmente diferenciada, simplesmente não há mais qualquer ponto de vista que pode representar o todo, e moralizar está, portanto, totalmente fora de lugar, especialmente à luz do fato de que as cadeias de causalidade são impossíveis de identificar na esfera ambiental e de que questões de culpa e inocência são, portanto, insolúveis. A superioridade moral apresentada pelos ambientalistas deve ser julgada exatamente da mesma forma que qualquer protesto público contra os imigrantes (cf. *Die Gesellschaft der Gesellschaft*, p. 850, n. 451): ambas as posições são estúpidas e arrogantes aos olhos de Luhmann. Protestos e movimentos deste tipo só podem ser prejudiciais à diferenciação funcional, tão constitutiva da sociedade moderna. Aqui, Luhmann parece querer adotar a posição de uma sociedade moderna personificada, que ou louva atores, como os partidos políticos estabelecidos, ou os repreende, como os insuportavelmente moralizantes "Verdes". Porque Luhmann, apesar dessa posição que já não é mais irônica, mas extremamente cínica ou mesmo fatalista ("como se uma melhoria racional definitiva pudesse ser alcançada por meio do fechamento das plantas nucleares ou por meio de reformas constitucionais que efetuassem uma mudança nas regras majoritárias". *Ecological Communication*, p. 131), se tornou um autor popular entre setores do movimento verde alemão e seus intelectuais, é muito difícil de compreender, e, provavelmente, só pode ser entendido à luz da complexa gênese histórica desse movimento.

No entanto, isso pode ser – e a crítica de Luhmann aos ambientalistas tem um ar de ataque conservador tradicional aos intelectuais – magistralmente exemplificado pelo patrono de Luhmann, Helmut Schelsky, que encontramos anteriormente, em sua famosa, mas bastante ressentida e às vezes reacionária polêmica, intitulada *Die Arbeit tun die anderen – Klassenkampf und Priesterherrschaft der Intellektuellen* ("Someone else does the work – Class Struggle and the Intellectuals" Priestly Hegemony), de 1975. Incidentalmente, Luhmann a considerou uma "notável observação crítica" e ficou, por esse motivo, perplexo quanto à razão pela qual ela foi considerada "conservadora" (LUHMANN. *Die Gesellschaft der Gesellschaft*, p. 1.108, n. 382).

Mas a crítica de Luhmann ao movimento ecológico é problemática principalmente por razões teóricas (opiniões diferirão amplamente em sua avaliação política), porque ele combina um aviso (ecológico) sobre *formas específicas* de diferenciação funcional com críticas da diferenciação funcional *como tal*. Luhmann age como se as advertências sobre as ameaças ecológicas enfrentadas pela sociedade industrial moderna viessem principalmente daqueles que gostariam idealmente de voltar a uma sociedade *pré-moderna*, funcionalmente indiferenciada. Mas isso não é apenas empiricamente falso, porque os protestos vieram e continuam vindo de grupos muito diferentes, mas também corta teoricamente pela raiz qualquer possibilidade até mesmo de pensar sobre uma sociedade que é *diferentemente* constituída, que é *diferenciada de uma nova ma-*

neira. Mesmo nas sociedades industriais ocidentais existentes, uma comparação transnacional revela grandes diferenças na forma como a diferenciação social é institucionalizada: a estrutura institucional econômica, religiosa, política, jurídica etc. apresenta grandes diferenças de um país para outro. Mas, certamente, há razões para isso, e isso poderia sugerir que, no passado, houve conflitos sobre *formas* de diferenciação, conflitos que diferiram de uma sociedade para outra, e que sempre haverá tais conflitos. Decisões sobre essas formas de diferenciação são feitas no processo político ou democrático; elas não são determinadas por teóricos sociais (luhmannianos). Hans Joas resumiu isso na frase "democratização da questão da diferenciação". Neste sentido, o pessimismo radical de Luhmann sobre o controle parece exagerado; os resultados das lutas sobre a forma das instituições não podem, de fato, ser previstos, mas é insuficiente falar de meros "estímulos", porque certamente é possível distinguir, enquanto os atores lutam por uma estrutura institucional específica, entre frentes de batalha dentro desses conflitos, assim como entre "vencedores" e "perdedores". Teremos mais a dizer sobre o fato de que uma outra perspectiva teórica é inteiramente possível, qual seja, uma perspectiva que leve em conta esse fator, particularmente no que diz respeito à interpretação dos movimentos ecológicos, ao longo desta série de lições, quando discutirmos as obras de Alain Touraine e Ulrich Beck.

Finalmente, há três textos que nós gostaríamos de recomendar ao leitor. Existem inúmeras introduções à obra ou à teoria dos sistemas de Luhmann, que, no entanto, geralmente têm uma séria desvantagem: elas são quase exclusivamente escritas a partir de uma perspectiva teórica dos sistemas e, portanto, muitas vezes se abstêm completamente de criticar ou, pelo menos, relativizar o edifício teórico que descrevem. No entanto, gostaríamos de destacar três pequenos volumes, em particular: *Niklas Luhmann*, de Detlef Horster, deve ser recomendado não apenas porque fornece uma introdução concisa, mas também porque contém uma entrevista biográfica interessante, realizada alguns anos antes da morte de Luhmann; *Niklas Luhmann Theorie sozialer Systeme* ("Niklas Luhman's Thepry of Social Systems"), de Georg Kneer e Armin Nassehi, é talvez a introdução mais compacta ao trabalho de Luhmann; por sua vez, *Systemtheorie de Helmut Willke – Eine Einführung em Grundprobleme die* ("Systems Theory – An Introduction to the Basic Issues") é, como o título sugere, uma introdução mais abrangente à teoria dos sistemas em geral.

Isso nos leva ao fim da nossa lição sobre Luhmann. Até aqui, já examinamos duas grandes tentativas de síntese feitas na Alemanha nos anos de 1970 e de 1980. Mas, como já propusemos indiretamente, não foi a sociologia alemã, mas a sociologia *europeia ocidental* como um todo que começou a transição para a produção de teoria sociológica durante este período, em uma disciplina na qual os "Estados Unidos" tinham anteriormente definido o tom. Tentativas de síntese também foram feitas em outros lugares, na Grã-Bretanha, por exemplo, onde um nome em particular começou a dominar o debate a partir da década de 1970, o de Anthony Giddens.

XII
A teoria da estruturação de Anthony Giddens e a nova sociologia do poder britânica

Enquanto foi essencial examinar as biografias dos dois "grandes teóricos" alemães considerados nas lições anteriores em um grau razoável de detalhe, de modo a destacar as ideias centrais das suas teorias, este não é necessariamente o caso com respeito a Anthony Giddens. É possível explicar a tentativa de síntese de Giddens em função das tendências que emergem nos anos de 1960, particularmente na sociologia britânica, sem divagar sobre sua história pessoal. A chave, aqui, é a teoria do conflito, que examinamos na Lição VIII; em particular, dois desenvolvimentos desempenhariam um papel importante para Giddens.

1 Nos anos de 1950 e início dos anos de 1960, a teoria Britânica do conflito estava intimamente associada aos nomes de John Rex e David Lockwood, que – em contraste com o significativamente mais radical Ralf Dahrendorf – nunca tinham rompido inteiramente com a abordagem teórica de Parsons, mas apenas desejavam ver a teoria do conflito estabelecida em igualdade de condições com o funcionalismo parsoniano. No entanto, a mera "coexistência" nunca poderia satisfazer inteiramente os protagonistas da teoria do conflito, e finalmente o teoricamente ambicioso Lockwood claramente tentou quebrar a rígida oposição entre as abordagens teóricas do poder e do conflito, de um lado, e as abordagens funcionalistas (bem como interpretativas), de outro. Em outras palavras, ele tentou produzir um tipo de síntese. Um trabalho de base tinha sido assim completado, o que ajudou a abrir caminho para tentativas posteriores de "grande" síntese – aquelas de Habermas, Luhmann e do próprio Giddens.

O ensaio de David Lockwood, "Social Integration and System Integration", de 1964, apontou o caminho a ser seguido em vários aspectos. Lockwood – que, enfatizamos de novo, vem de uma tradição weberiano-marxista – analisa várias abordagens teóricas funcionalistas e do conflito em relação à fecundidade e lógica de suas declarações teóricas, a fim de elaborar, por meio do desenvolvimento de seu próprio aparato conceitual, um quadro teórico razoavelmente coerente. A posição de Lockwood aqui, como na década de 1950, era a de que o funcionalismo e a teoria do conflito não deveriam ser vistos como alternativas mutuamente excludentes: norma-consenso-ordem não devem ser considerados incompatíveis com poder-alienação-conflito; mais precisamente, no mundo social, *ambos os complexos* estão sempre ligados e entrelaçados de forma bastante específica; no entanto, isso varia muito de uma sociedade para outra. Qualquer teoria que, como a de Dahrendorf (e, até certo ponto, a de Rex), se concentre unilateralmente em poder, conflito e alienação não será capaz de capturar aspectos centrais da realidade social, porque é impossível analisar conflitos de forma adequada separadamente da forma e do desenvolvimento do sistema de valores: "Pois, dada a estrutura de poder, a natureza do sistema de valores é de notável importância para a gênese, intensidade e direção do conflito em potencial" ("Social Integration", p. 248). Como também se aplica à obra de Habermas, aqui, os holofotes estão na relação entre poder e cultura, entre o instrumental e ouras formas de racionalidade. Isso prefigura um objetivo teórico fundamental, que a maioria das tentativas posteriores de síntese tiveram em vista.

Mas, de acordo com Lockwood, uma teoria excessivamente radical do conflito é deficiente não apenas porque ignora a relação entre cultura e poder. Ela também é problemática porque suas afirmações sobre mudança social são insuficientemente sistemáticas e porque deixa de reconhecer que, apesar de a mudança social ser frequentemente associada ao conflito, nem todo conflito –, nem mesmo aqueles em grande escala – necessariamente conduzem à mudança social. "O conflito pode ser tanto endêmico como intenso em um sistema social sem causar qualquer mudança estrutural básica" (p. 249). Alguns conflitos levam, de fato, à mudança social, no sentido de uma mudança na estrutura institucional da sociedade, enquanto outros não. Evidentemente, então, devemos distinguir claramente entre dois conjuntos de problemas: uma coisa é perguntar se atores ou grupos/classes de uma sociedade lutam entre si, e outra bastante diferente é perguntar se a estrutura dessa sociedade realmente muda como resultado. Essa consideração inspira Lockwood a introduzir um par de termos com os quais o leitor já está familiarizado: *integração social* e *integração sistêmica*, termos que Habermas também utilizaria mais tarde, ainda que de forma modificada. Segundo Lockwood, temos que distinguir *entre relações entre os atores* em um sistema (integração social) e a *relação entre as partes* de um sistema (integração sistêmica). Pode muito bem ser que existam numerosas contradições ou problemas sistêmicos dentro de uma sociedade que não são necessariamente refletidos ou expressados no nível de ação – caso no qual não existem protestos visíveis, conflitos abertos, luta de classes etc. Inversamente, é bem possível que haja protestos e conflitos dentro de uma sociedade sem que isso leve a uma mudança nas relações entre seus subsistemas, na sua estrutura global. Esta distinção de Lockwood entre integração social e integração sistêmica reflete a experiência política da esquerda da Europa Ocidental, na qual crises econômicas não conduzem necessariamente a uma intensificação da luta de classes, mas na qual, inversamente, tal intensificação pode muito bem ocorrer durante os períodos de prosperidade econômica.

Na teoria radical do conflito – assim nos diz Lockwood –, falta, em última análise, essa visão na medida em que ela está interessada apenas em conflitos manifestos, e não no fenômeno da integração sistêmica: ela discute conflitos, por assim dizer, apenas superficialmente, sem perguntar se e como esses conflitos causam mudanças sistêmicas genuínas ou como estes conflitos se espalham ou afetam partes de um sistema social. Para Lockwood, utilizar o conceito de sistema e adotar ideias funcionalistas não parece apenas possível, mas também absolutamente imperativo para analisar sociedades modernas com sucesso. Apenas resolvendo os problemas da integração social e da integração sistêmica concorrentemente, podemos construir uma teoria social convincente. Este também é o ponto de partida das críticas de Lockwood ao funcionalismo (normativista) parsoniano na medida em que este último, ao assumir a primazia absoluta de integração (social) normativa, não vê tensões entre as partes do sistema porque todas as instituições e subsistemas são meramente a encarnação de complexos de valor espalhados pela sociedade e, portanto – em termos marxistas –, uma contradição entre a ordem institucional e sua "base material" é inconcebível. Lockwood, então, acusa Parsons de ter encoberto os potenciais problemas da integração sistêmica em uma sociedade por meio da noção, que tudo penetra, de integração normativa.

O merecidamente famoso ensaio de Lockwood, que brevemente delineamos aqui, já tinha assim traçado um caminho que levaria, em última instância, a uma síntese teórica. No entanto, o próprio Lockwood não conseguiu alcançar um avanço real a esse respeito; suas ideias estavam provavelmente demasiado fixadas no pensamento marxista, apesar de todas as suas críticas a Marx. Lockwood enfatiza repetidamente, por exemplo, que a ideia de que uma interação complexa entre integração social e integração sistêmica está embutida na teoria marxiana. Mas lhe faltam meios teóricos e filosóficos adequados para reter esse *insight* e, *ao mesmo tempo* – como Habermas – livrar-se de aspectos fundamentais da abordagem marxiana, sobretudo das figuras de pensamento utilitária e economicista encontradas na obra de Marx, que sugerem que há pouca probabilidade de se alcançar uma concepção sintética da relação entre poder e cultura nesses termos. Não obstante, foi possível desenvolver as ideias de Lockwood – e, no contexto britânico, isso ocorreu principalmente por meio de Anthony Giddens, que, no entanto, interpretou o conceito de "integração social *versus* integração sistêmica" de um modo bastante diferente, de tal forma que restou muito pouco das ideias originais de Lockwood e, posteriormente, de Habermas.

2 O desenvolvimento do trabalho de Giddens não deve ser visto apenas no contexto da primeira tentativa de síntese de Lockwood, que estava incompleta, mas foi muito inspiradora, mas também à luz de uma sociologia do poder que privilegiava argumentos históricos e que começou a florescer na Grã-Bretanha

na década de 1970, uma sociologia do conflito, como discutimos ao final da Lição VIII, que havia "migrado" para o campo da sociologia histórica.

Há pelo menos três razões pelas quais esta sociologia historicamente orientada do poder ou do conflito começou a se tornar popular na Grã-Bretanha (em grande parte da mesma forma como aconteceu nos Estados Unidos, mas em nítido contraste com a Alemanha Ocidental). Em primeiro lugar, historiadores marxistas não ortodoxos e intelectuais como Edward P. Thompson (1924-1993), Eric Hobsbawm (n. 1917) e Perry Anderson (n. 1938), com suas reflexões às vezes fortemente sociologizantes e estudos históricos baseados numa rica variedade de materiais, estimularam sociólogos que se sentiram compelidos a conectar suas análises do presente mais fortemente à história. A escola marxista-weberiana existente na sociologia, à qual Rex e Lockwood pertenciam, se abriu a temas históricos em um grau bastante surpreendente. Em segundo lugar, a influência de Norbert Elias foi sentida muito mais cedo na Grã-Bretanha do que na Alemanha Ocidental. Elias (1897-1990), que foi expulso da Alemanha durante o período nazista e cujo grande livro histórico-sociológico, *O processo civilizador* (1939), se tornou verdadeiramente bem conhecido na Alemanha Ocidental apenas na segunda metade dos anos de 1970, finalmente se estabeleceu na Grã-Bretanha como professor da Universidade de Leicester, em 1954, seguindo a típica odisseia de um emigrante em vários países; aqui, ele exerceu uma influência significativa na sociologia britânica, principalmente por meio do ensino. Sua macrossociologia histórica, com sua tese central do efeito disciplinador dos processos de formação do Estado, dos macroprocessos que decisivamente moldam até mesmo os sentimentos mais íntimos das pessoas ao passo que elas internalizam cada vez mais controle de si mesmas, estava destinada a estimular uma sociologia preocupada com o poder e os conflitos sociais. Em terceiro lugar, a pesquisa sociológica altamente teórica e historicamente orientada sobre o desenvolvimento do Estado de Bem-estar (britânico), associada aos nomes de Richard M. Titmuss (1907-1973) e Thomas H. Marshall (1893-1982), floresceu na Grã-Bretanha já nos anos de 1950 e de 1960. Isso formou outro ponto de contato para os sociólogos com interesses histórico-sociológicos.

Moldados por este clima intelectual, uma série de jovens sociólogos se estabeleceram no campo da sociologia histórica na década de 1970; Anthony Giddens foi um daqueles que entrou em contato com essas figuras. O nome de Michael Mann (n. 1942) deve ser mencionado aqui primeiro. Mann causou um rebuliço com seu projeto extremamente ambicioso, impresso em vários volumes, de uma história universal sociologicamente informada (*The Sources of Social Power*), e recebeu uma série de atraentes ofertas de universidades norte-americanas após a publicação do primeiro volume em 1986; agora, ele leciona na Universidade da Califórnia, em Los Angeles. Mann, que se identifica como um weberiano de esquerda e que foi, desde o princípio, igualmente cético em relação ao parsonianismo e ao marxismo, não acreditando nem na integração de sociedades inteiras por meio de valores, nem no papel fundamentalmente revolucionário do movimento operário, começou como um teórico das classes na década de 1970, publicando uma série de estudos sobre a consciência dos trabalhadores e o papel dos intelectuais nas sociedades ocidentais. Mas seus interesses mudaram rapidamente para a história, e de fato, já no final de 1970, pareceu-lhe que a análise histórico-sociológica era o único meio de chegar ao fundo de certas premissas aparentemente autoevidentes, mas altamente problemáticas e prejudiciais do pensamento sociológico. Mann insistiu na revisão das perspectivas sociológicas tradicionais em pelo menos três aspectos (sobre o que segue, cf. HAFERKAMP & KNÖBL. "Die Logistik der Macht").

a) Michael Mann foi um dos autores que tentou acabar com o conceito holístico de sociedade de uma forma bastante radical. Desde a época de sua fundação, a sociologia fez desse conceito uma categoria analítica-chave, sem levar em conta que a ideia de "sociedade" como uma unidade independente estava intimamente ligada ao Estado-nação, que se estabelecia firmemente no século XIX. Isto é, o conceito de Estado-nação foi igualado à sociedade, apesar do fato de que tais entidades independentes simplesmente não existiam na pré-modernidade ou fora da América do Norte e da Europa, porque não havia fronteiras estritamente fiscalizadas ou – como no início do moderno Império Romano – um grande número de estados territorialmente pequenos existia, uma ordem política que é impossível capturar através da ideia de uma unidade independente, muito menos de uma unidade "nacional-cultural". O conceito de sociedade não tem nenhum uso nesses contextos. Como consequência, Michael Mann define o ser humano não em termos de "sociedade" como tal, mas como um "ser social", deixando o conceito de sociedade como um conceito *basilar* no arsenal sociológico.

b) No lugar do conceito holístico da sociedade, Michael Mann agora se refere apenas a *redes de poder* parcialmente sobrepostas: os seres humanos – de acordo com a tese central de Mann – existem dentro de várias redes (ele menciona quatro: a ideológica, a econômica, a militar e a política) ou são "forçados" a cooperar de uma forma mais ou menos ordenada por essas redes. Com esta tese, ele está perseguindo pelo menos três objetivos teóricos estratégicos. Primeiro, Mann se volta contra o marxismo, que sempre tomou a primazia fundamental da economia como seu ponto de partida, por mais que ele possa cercar isso de qualificações. Isso é inaceitável para Mann. Muito alinhado com as tradições da teoria do conflito, ele insiste na existência de vários tipos de recurso ou fontes de poder sobre os quais poder haver conflito; qual das quatro fontes de poder domina em um momento particular da história, deve ser determinado empiricamente. Em segundo lugar, Mann abre a sociologia diretamente para uma análise histórica, uma vez que as seguintes questões surgem imediatamente: Por que meios foi provado possível organizar os seres humanos econômica, política, militar e ideologicamente ao longo da história? Como essas redes de poder se desenvolvem? Houve um aumento na capacidade de organização? Mann prova ser um mestre da análise histórico-sociológica a esse respeito, quando demonstra, por exemplo, quais meios de comunicação e de transporte tornaram possível integrar as pessoas a redes estáveis, e em quais conjunturas históricas tais tentativas de integração falharam repetidamente. Finalmente, a referência de Mann a fontes de poder apenas parcialmente sobrepostas previne qualquer recaída na noção holística de sociedade, pois fornece uma visão sobre o fato de que algumas redes de poder podem ter um grande escopo, enquanto outras têm apenas um pequeno raio de ação. Assim, não se pode simplesmente assumir – como faz a referência a "sociedades" (concebidas com base em estados-nação) – que redes de poder político, econômico, ideológico e militar foram e são sempre idênticas em escopo. Isso, simultaneamente, abre a porta para debates político-sociológicos atuais, tais como aqueles relacionados à frequentemente citada "globalização", pois a teoria das redes de poder de Mann nos permite avaliar com muita sofisticação quais redes são, no presente, verdadeiramente globais e quais não são.

c) Foi como resultado de sua preocupação com a história que Michael Mann se tornou atento à importância das guerras na formação de "sociedades", particularmente de "sociedades" ocidentais modernas. Os governantes ou as administrações estatais sempre desempenharam um papel fundamental na criação de relações "intrassocietais", principalmente porque os estados frequentemente entravam em guerra e a coleta de impostos para esta finalidade envolvia uma intervenção massiva na estrutura social. Assim, Mann rejeita a visão "endógena" dos processos históricos, comum na sociologia, segundo a qual as sociedades se desenvolvem predominantemente ou exclusivamente com base em uma lógica interna particular (como a teoria parsoniana da evolução assume) ou como resultado do progresso das forças de produção (como os marxistas alegam). Em vez disso, ele demonstra que foram, frequentemente, forças exógenas, como o efeito repentino da força militar, que decisivamente moldaram a natureza da formação de classes, e, portanto, a estrutura global da "sociedade". Isto pode parecer excessivo à primeira vista, mas há boas razoes pelas quais o renomado historiador alemão Thomas Nipperdey (1927-1992) começou sua história da Alemanha (1800-1918) em três volumes com a frase "No começo era Napoleão" (p. 1). Aqui, Nipperdey chama a atenção para o fato de que não se pode compreender a história da Alemanha do início do século XIX sem levar em conta o papel da máquina de dominação napoleônica e seus exércitos, porque foi apenas *em resposta a ela* que a "sociedade" alemã começou a se mobilizar e transformar – a se "modernizar" – de forma inédita. Com sua ênfase sobre o papel dos estados e das guerras desencadeadas por eles, Mann também lançou as bases para a revisão de uma visão excessivamente linear da história, comum entre os sociólogos, e de uma interpretação excessivamente harmoniosa da modernidade, que há muito predominava entre aqueles próximos a Parsons, e em muitos outros quartéis além deste, mas que seria decisivamente rejeitada em alguns dos diagnósticos da contemporaneidade produzidos nos anos de 1980 e de 1990 (cf. Lição XVIII).

Aproximadamente na mesma época, John A. Hall (n. 1949), amigo de Michael Mann, fez seu nome dentro de um campo de pesquisa histórico-comparativo que privilegiava argumentos teóricos do conflito. O livro de Hall, *Powers and Liberties: The Causes and Consequences of the Rise of the West*, de 1985, é uma comparação muito elegante entre civilizações; ele passou a lidar com questões de diplomacia internacional, guerra e paz, desde uma perspectiva sociológica (cf., p. ex., *Coertion ans Consent: Studies in the Modern State*). Seu objetivo, ao construir muitos de seus argumentos, é o mesmo que o de Michael Mann, na medida em que ele também coloca o papel militar do Estado na gênese da era moderna no centro da análise.

Giddens segue o exemplo desses autores, adotando muitas das suas figuras de pensamento. No entanto, este não foi um processo fácil, pois Giddens rapidamente vê que a macrossociologia propagada por Mann e Hall sofre de deficiências teóricas com relação à ação. O trabalho desses autores é incapaz de alcançar a síntese entre poder e cultura na qual Lockwood tinha posto seus olhos. Para dizer de forma muito simples, Mann e Hall são quase exclusivamente teóricos do conflito e do poder, em vez de da cultura. O trabalho de Michael Mann, por exemplo, simplesmente coloca as redes de poder econômico *ao lado* das redes ideológicas (culturais), sem investigar a relação *entre* as duas, para analisar se, por exemplo, a economia enquanto tal pode existir se não for ideológica e culturalmente fixada. Esta foi uma preocupação permanente não só de Max Weber, mas também de Talcott Parsons, tal como foi descrito nas lições II e III; no entanto, nem o quadro teórico de Mann, nem o de Hall lidam adequadamente com este tópico. Giddens vê a necessidade de corrigir essas abordagens, e isso só pode ser feito com base na análise profunda das questões da teoria da ação. E ele não "esqueceu" das raízes na teoria da ação de seus argumentos em suas reflexões sobre a teoria de ordem; ele foi, até aqui, muito mais consistente do que Habermas, que – ele acreditava, e isso coincide com a nossa crítica – influenciado por Luhmann e Parsons, foi muito rápido em adotar uma abordagem funcionalista e, portanto, sem ator em sua tentativa de construir uma teoria adequada da ordem.

Isso era tudo a ser dito sobre as principais influências de Giddens e o contexto disciplinar em que seus escritos se originaram. Antes de examinar a posição teórica de Giddens mais de perto, algumas breves observações sobre sua carreira irão fornecer ao leitor uma imagem mais vívida desta proeminente figura da ciência social britânica contemporânea. Giddens, que passou fases fundamentais de sua carreira acadêmica na elitista Universidade de Cambridge, na

Inglaterra, e que foi, até recentemente, diretor da famosa London School of Economics, nasceu em 1938, sendo cerca de dez anos mais jovem que seus "concorrentes" alemães, Habermas e Luhmann. Como eles, Giddens exibiu um grau surpreendente de produtividade acadêmica enquanto era ainda relativamente jovem. Ele começou como um intérprete inovador de sociólogos clássicos como Durkheim e Weber; neste contexto, ele produziu um livro intitulado *Capitalismo e moderna teoria social*, de 1971, que foi bastante influente no mundo de fala inglesa. Desde o início ele também procurou entrar em acordo com a teoria de Talcott Parsons e sua interpretação da história da sociologia, com o qual a Lição II, sobre *A estrutura da ação social*, nos familiarizou. Giddens rejeitou veementemente a teoria normativista da ordem de Parsons e sua afirmação de que o pensamento sociológico clássico surgiu por meio de um processo puramente intrateórico de luta com o utilitarismo. Giddens expôs uma interpretação *política* e concebeu a sociologia em seus primeiros dias – parcialmente em função do diagnóstico que ela faz da modernidade – como uma resposta à crise do liberalismo no final do século XIX (cf., p. ex., seu ensaio "Classical Social Theory and the Origins of Modern Sociology", de 1976).

Já em 1973, no entanto, ao lado desses estudos sobre a história da sociologia, ele produziu o livro *The Class Structure of The Advanced Societies*, que obteve grande influência internacional. Nesse livro, ele se dedica a compreender as teorias de classe de Marx e Weber, construindo a partir do trabalho desses autores, para analisar a estrutura de classe, tanto de sociedades capitalistas como de sociedades de socialistas de Estado. As tendências de desenvolvimento características das classes trabalhadora e média constituem um foco particular para ele aqui. Giddens se apresenta, aqui, como um teórico social de esquerda, mas um que, em vez de "agarrar-se" às ideias marxianas de forma ortodoxa, tenta gerar uma fusão produtiva entre ideias marxistas *e* weberianas – em linha com o marxismo weberiano mencionado anteriormente. Esse livro inclui menção a um termo que Giddens faria famoso mais tarde, "estruturação". Por esse termo, Giddens deseja destacar o fato de que, de um ponto de vista histórico e empírico, *apenas muito raramente se pode falar de classes e fronteiras de classe fixas*; a maior parte do tempo, o que encontramos são "fases" *variáveis* da formação de classes, influenciadas tanto pelo modo de produção de uma sociedade como pelo grau de mobilidade intergeracional, que está potencialmente sujeito à mudança (cf. *Class Structure*, p. 107ss.). Giddens inicialmente utiliza este conceito de estruturação unicamente no contexto da teoria de classe, mas também o aplicou a processos sociais de modo muito geral e forneceu a ele uma fundamentação na teoria da ação no final dos anos de 1970 e início dos anos de 1980, com a finalidade de abalar o aparato conceitual geralmente estático da sociologia. Giddens já não se refere a estruturas (fixadas), mas à estrutura*ção*, apontando para o fato de que processos dinâmicos estão sempre em curso nas sociedades, que estruturas aparentemente fixas vêm a existir e desaparecem e são continuamente alteradas *pelos atores*. Aqui, ele está adotando uma ideia, popularizada no início dos anos de 1960 pelo historiador social marxista inglês E.P. Thompson, que se revelaria extremamente influente, expressa no título da obra mais famosa de Thompson, *A formação da classe operária inglesa*. Thompson se referia, de modo bastante consciente, à *formação* e não ao *desenvolvimento* da classe operária a fim de indicar que a formação de classes é um processo ativamente conduzido pelos atores ao invés de um que, por assim dizer, se desenrola automaticamente. O marxista Thompson rejeitava, assim, a abordagem dos teóricos de classe marxistas que colocavam tanta ênfase nas estruturas (as relações de produção) que perdiam de vista a ação dos sujeitos. Giddens adere amplamente à abordagem de Thompson em relação a este aspecto, mas generaliza seu *insight* para a ideia, consistente com a teoria da ação, de que as estruturas são feitas *e* passíveis de construção num sentido geral, uma ideia que Thompson relaciona com processos de formação de classes; Giddens estende isso para incorporar a ideia de estrutu*ração*, que é constantemente conduzida por atores, consciente *ou* inconscientemente. Este é praticamente o oposto das noções de sistemas e estruturas encontradas na obra de Luhmann, com as quais o leitor já está familiarizado, assim como das noções características do estruturalismo, as quais analisaremos na Lição XIV.

A partir de meados da década de 1970, Giddens começa a examinar e a analisar criticamente as diferentes correntes teóricas da sociologia, que vão da etnometodologia ao interacionismo simbólico (cf., p. ex., *New Rules of Sociological Method*, de 1976), do estruturalismo à teoria crítica alemã (cf., p. ex., *Problems in Social Theory: Action, Structure and Contradiction in Social Analysis*, de 1979). No início dos anos de 1980, ele publicou uma análise do materialismo histórico destinada a ter múltiplos volumes, mas que permaneceu incompleta (*A Contemporary Critique of Historical Materialism* – Vol. 1: *Power, Property and the State*), a qual revela o quão fortemente Giddens foi influenciado pela teoria histórico-sociológica do poder e do conflito que se formava na Grã-Bretanha na época.

Sua formidável produtividade no que parecia ser um número excessivo de campos, e sua recepção de abordagens teóricas muito díspares, referidas acima, garantiram-lhe uma reputação, o mais tardar a partir do final dos anos de 1970, como um mero comentador teórico altamente eclético a cujo trabalho faltava coesão interna e consistência. Mas Giddens conseguiu refutar de forma convincente essa crítica por meio da publicação de um importante e sistemático livro, *A constituição da sociedade*, publicado em 1984, três anos após a *Teoria da ação comunicativa* de Habermas e no mesmo ano que *Sistemas sociais* de Luhmann. Nesse livro, Giddens dedicou-se a vincular as várias teorias que ele havia estudado em um quadro coerente; portanto, a análise que segue de sua teoria baseia-se, em grande parte, nessa sistemática obra-prima.

Um ano depois, o segundo volume de sua análise do materialismo histórico apareceu; *The Nation-State and Violence* é um importante trabalho de sociologia histórica que desenvolve uma interpretação da modernidade em que o poder político desempenha um papel fundamental e que dedica especial atenção à guerra.

Em 1989, incomum para um teórico de alto nível, Giddens produziu um manual de sociologia de 800 páginas (*Sociologia*). No início dos anos de 1990, em seguida, foram publicados alguns volumes menores sobre a modernidade (*As consequências da modernidade*) e a identidade nas sociedades modernas (*Modernidade e identidade: a transformação da identidade*, 1992), que alcançaram um público mais amplo, mas que são muito menos sistemáticos e importantes para a teoria social do que o trabalho que ele produziu na metade da década de 1980: o sociólogo norte-americano Jeffrey Alexander cunhou o termo, bastante desagradável, "Giddens fácil". Giddens, de fato, tornou-se cada vez mais um conselheiro político. Próximo a Tony Blair, ele foi a figura-chave no delineamento da assim chamada "Terceira Via", uma social-democracia europeia renovada. Suas várias publicações são uma tentativa de refletir o curso político de uma esquerda moderada que já não acreditava no Estado (cf., p. ex., *Para além da esquerda e da direita*, de 1994. • *A terceira via: reflexões sobre o impasse político atual e o futuro da social-democracia*, de 1998). É justo dizer que, apesar da emergência de Giddens como conselheiro político ter lhe tornado ainda mais conhecido, especialmente no cenário internacional, ela fez pouco pela sua reputação acadêmica. Suas publicações mais recentes foram muito reminiscentes de panfletos políticos e demasiado parciais, enquanto seu conteúdo sociológico deixou muito a desejar. No entanto, seus livros, particularmente aqueles que surgiram nos meados dos anos de 1980, permanecem um marco no desenvolvimento de uma teoria social sintética. (Voltaremos a seus escritos posteriores e ao diagnóstico que fazem da modernidade na Lição XVIII.)

Passemos agora à sua obra-prima sistemática, *A constituição da sociedade*. No que segue, a fim de evitar repetir argumentos invocados nas lições anteriores, queremos apresentar apenas os argumentos de Giddens que vão além das posições teóricas discutidas até agora. Em termos de *teoria da ação*, pelo menos seis pontos são particularmente dignos de nota (sobre o que segue, cf. JOAS. "A Sociological Transformation of the Philosophy of Praxis: Anthony Giddens" Theory of Structuration").

1 A recepção de Giddens à etnometodologia e ao interacionismo simbólico nos anos de 1970 influenciou seu trabalho, de modo que adotou ou modificou muitas das ideias desenvolvidas por essas correntes. Crucial neste contexto é o fato de que Giddens rejeitou veementemente o primeiro pressuposto básico do quadro de referência da ação de Parsons. Este tomou o "ato-unidade" como seu ponto de partida e tentou determinar os elementos de toda ação com base nele. Giddens vê esse como o lugar errado para começar, embora tenha sido adotado pela filosofia analítica e uma série de outras escolas no âmbito das ciências so-

ciais e das humanidades. Para ele, a ação não é feita de atos individuais atomizados, como, por exemplo, uma ação descontínua que é sucedida pela próxima, como se esses atos isolados pudessem ser analisados individualmente. Em vez disso, Giddens afirma – e aqui ele consegue se apoiar em perspectivas fenomenológicas e pragmático-interacionistas – que devemos pensar na ação de forma holística, como um fluxo ininterrupto de ação.

> A ação humana ocorre como uma *durée*, um fluxo contínuo de conduta, assim como a cognição. A ação intencional não é composta de um conjunto ou de uma série de intenções, razões e motivos separados. [...] "Ação" não é uma combinação de "atos": "atos" são constituídos apenas por um momento discursivo de atenção à *durée* da experiência vivida (*The Constitution of Society*, p. 3).

Apenas retrospectivamente, a tese de Giddens sugere, podemos isolar atos individuais por meio de um esforço intelectual e nos referirmos a atos (delimitados). Mas a ação, enquanto está sendo realizada, não toma essa forma. Em vez disso, devemos tomar o fluxo contínuo de ação como nosso ponto de partida, a *durée*, termo emprestado do filósofo da vida francês, Henri Bergson (1859-1941).

Com o objetivo de resistir a uma filosofia e a uma psicologia hiper-racionalistas, Bergson usou esse termo em sua tese de doutorado, em 1889, para caracterizar os processos de nossa consciência, para descrever momentos em que "o nosso ego se deixa viver, quando se abstém de separar o seu estado atual de seu estado anterior" (BERGSON. *Time and Free Will*, p. 100). Bergson, cujo trabalho tem certos aspectos influenciados também por Edmund Husserl, o fundador da fenomenologia e progenitor filosófico da etnometodologia, e William James, um dos fundadores do pragmatismo, conceberam nossa consciência não como o encadeamento de pensamentos isolados, mas como um fluxo de experiências em que as cognições se misturam e se fundem umas com as outras, "como acontece quando lembramos das notas de uma melodia, derretendo, por assim dizer, uma na outra. Não poderia ser dito que, mesmo que essas notas se sucedam, nós as percebemos *uma na outra*...?" (p. 100; grifos nossos). Bergson estava particularmente interessado na distorção que afeta nossa consciência subjetiva do tempo quando ele é "espacializado", isto é, sujeito a um esquema objetivista, nomeadamente aquele do tempo físico. Subsequentemente e como resultado de seu trabalho, o tema do "tempo", no sentido da temporalidade subjetivamente experimentada, tornou-se um *topos* da crítica cultural pós-1900 – tanto na literatura (Marcel Proust) como na filosofia (Martin Heidegger). Giddens adotaria essa ideia (cf. citação acima) e também a aplica à ação. Segundo Giddens, precisamente porque Bergson estava certo em descrever os estados de consciência como *durée*, como um fluxo de duração pura que pode só ser quebrado e interrompido pelo esforço mental, é insuficiente limitar essa ideia a processos de consciência. A *ação* também deve ser entendida desta forma. A ação não são atos encadeados, mas um fluxo contínuo, interrompido apenas temporariamente quando os obstáculos aparecem aqui e ali e que só pode ser dividido em unidades-ato independentes retrospectivamente.

Giddens – assim como a etnometodologia e o interacionismo simbólico – rompe com a ideia de que a ação é precedida por metas claras. Esta ideia também é, naturalmente, dirigida aos quadros de referência da ação de Parsons. Mas não é apenas lá que encontramos uma concepção teleológica da ação. Parsons havia descrito a ação em termos de realização de objetivos: os atores definem objetivos que eles se põem a buscar em função de fatores situacionais, de meios disponíveis, e, acima de tudo, de normas e valores dominantes. Giddens, por sua vez, enfatiza que a maior parte da ação humana ocorre sem o estabelecimento prévio de uma intenção. A intencionalidade, portanto, não é algo externo à ação, de tal forma que as pessoas primeiro definem um objetivo e então agem para alcançá-lo. Ao contrário, as metas muitas vezes são formadas apenas enquanto *as pessoas agem*; é só quando agem que os atores se tornam conscientes das intenções que surgem dentro deles, intenções estas que são ou podem ser revisadas diversas vezes enquanto a ação se desenrola. Assim, para Giddens, a intencionalidade significa algo diferente do que para a teoria da ação convencional. Ele toma a intencionalidade como uma capacidade de autocontrole reflexivo contida no próprio processo de ação, o "monitoramento reflexivo da ação", como ele coloca (*Constitution*, p. 3). Os objetivos e intenções sobre os quais os indivíduos decidiram não são simplesmente realizados por meio da ação. Em vez disso, Giddens nos diz, as pessoas estão sempre se vigiando, e, assim, observando a si mesmas; neste processo, elas modificam seus objetivos e executam suas ações de forma diferente. Isso é graficamente expresso pela metáfora da "monitoração". Na realidade, a ação é um processo muito mais complexo do que a sequência temporal "definição de metas da ação-realização do objetivo" normalmente evocada sugere.

Esta tese de que a ação *precede* a intenção é, provavelmente, uma das razões pelas quais Giddens se abstém de construir uma tipologia da ação. É impressionante que ele, que lutou tão frequente e explicitamente com o primeiro Parsons, e também com Habermas, muito conscientemente evite tal empreendimento: a ação claramente lhe parece um processo muito fluido para que seja significativo imobilizá-la, por assim dizer, por meio de uma tipologia. Contudo, sua decisão de dispensar uma consideração sistemática dos diversos "caminhos" que a ação pode tomar também acarreta em alguns perigos, evidentes, por exemplo, em suas análises macrossociológicas. Por falta de uma tipologia sofisticada de ação, seus argumentos expressam uma teoria unidimensional do poder que parece deixar pouco espaço para a autonomia da cultura.

Giddens se afasta dos modelos "convencionais" da ação em outro, embora intimamente relacionado, aspecto. Ele afirma não apenas que a ação muitas vezes precede o desenvolvimento de uma intenção clara; mas também põe em causa uma concepção excessivamente racionalista da ação que pressupõe que os atores *conscientemente* controlam a ação. Giddens considera que a vida cotidiana é, em grande parte, governada por *rotinas*, por mecanismos pré-conscientes. A ação – como sugere a tese de Giddens – sempre se desenrola, em um grau significativo, através de rotinas, e o faz *inevitavelmente*. É uma preocupação de Giddens libertar o conceito de rotina de suas conotações negativas e afastar-se da ideia de uma oposição absoluta entre a ação autônoma, inteiramente transparente, de um lado, e a ação opaca, letárgica realizada de forma rotinizada, por outro. Ele quer escapar da ideia de que "ação autônoma" e "rotina" formam um par de opostos mutuamente excludentes. Isso é muito mais aparente (cf. *Constitution*, p. 60-64) em suas observações sobre situações de crise extrema. Relatórios sobre prisioneiros de campos de concentração descrevem como o colapso total das rotinas cotidianas provocado por condições do campo deixou muitos prisioneiros totalmente incapazes de agir, de uma maneira que não pode ser explicada apenas como o resultado de terríveis condições físicas. O choque psicológico de tal perturbação da rotina de alguém fez o já enorme sofrimento físico muito pior: a morte se devia, por vezes, tanto ao sofrimento psicológico quanto ao sofrimento físico:

> A ruptura e o ataque deliberadamente mantido às rotinas normais da vida produzem um alto grau de ansiedade, um "despojamento" das respostas socializadas associadas à segurança da gestão do corpo e a um quadro previsível da vida social. Tal aumento da ansiedade é expressado em formas regressivas de comportamento, atacando a base do sistema de segurança básico, que é fundamentado na confiança manifestada para com os outros [...]. A vida social cotidiana, em contraste, [...] envolve uma segurança ontológica fundada numa autonomia do controle corporal dentro de rotinas e encontros previsíveis (p. 63-64).

Isto significa, portanto, que as rotinas e a autonomia de ação não podem ser separadas: é apenas a manutenção de rotinas que assegura o potencial de ação. Assim, longe de serem exclusiva ou principalmente limitadoras, as rotinas na verdade apresentam um aspecto possibilitador. Apesar de Giddens não enfatizar ou reconhecer em particular, ele é muito próximo ao pragmatismo americano, a escola filosófica que formou o interacionismo simbólico, na medida em que os pragmatistas também se referem constantemente à importância dos "hábitos" para a capacidade de ação das pessoas.

2 Essa ênfase no caráter rotineiro do comportamento humano leva Giddens imediatamente para outro ponto, preterido pela maior parte das teorias da ação. Quando falamos de rotinas, de "hábitos", quase inevitavelmente acabamos (cf. citação acima) falando sobre a *corporeidade* dos seres humanos e da ação humana também. Sabemos muito bem que grande parte da ação que empreendemos

na vida cotidiana consiste de movimentos físicos quase automatizados. Quando crianças, aprendemos, em algum momento, a amarrar nossos sapatos. Quando executamos esta tarefa como adultos, já não pensamos sobre como exatamente se faz um laço. Não somos nós, mas nossas mãos que produzem o laço – esta tarefa se tornou uma segunda natureza, ou, como tão bem diz o dito alemão, ela "passou para nossa carne e nosso sangue". E a vida quotidiana possui muitas dessas atividades: não leva mais do que alguns momentos de reflexão para fazer uma longa lista delas, de andar de bicicleta ao movimento coordenado dos dedos no teclado do computador. Giddens afirma que é errado traçar uma linha divisória clara entre meros movimentos do corpo e a ação "real", como se se pudesse falar de "ação" apenas se os movimentos corporais envolvidos forem controlados *conscientemente*. Em vez disso, ele enfatiza que o controle pré-consciente do corpo e da ação deve ser inseparavelmente entrelaçado no ser humano saudável e funcional. Estudos de pacientes com lesões cerebrais mostram que eles são muitas vezes incapazes de usar seus próprios corpos de forma rotinizada; eles devem, por exemplo, comandar o braço a se esticar e pegar um objeto. Estes pacientes têm que, conscientemente, fazer que seus corpos realizem os movimentos mais comuns, gastando quantidades substanciais de energia de uma forma que a pessoa saudável não precisa. Pessoas com boa saúde, em geral, não têm esse tipo de relacionamento "instrumental" com seus corpos. Ao contrário, elas *são* corpos; para elas, a ação sempre ocorre com base em movimentos físicos rotinizados; a ação e tais movimentos rotinizados estão diretamente ligados. Como um pragmatista americano (cf. Lição VI), Giddens despreza o dualismo entre o corpo e a mente, entre "mero" movimento e ação "real"; com muita ironia, ele mostra que esse dualismo é uma descrição dos problemas de uma pessoa com danos cerebrais, mas não da ação humana cotidiana. Outro ponto segue imediatamente a partir disto.

3 Porque a consideração de Giddens acerca do conceito de rotina o colocou em contato com o tema do corpo humano, ele é significativamente mais disposto do que outros teóricos da ação a reconhecer a *centralidade do corpo na interação humana*. Giddens destaca, por exemplo, que o corpo humano não é uma unidade: estudos antropológicos e sociológicos, ele sugere, têm mostrado, de muitas maneiras diferentes, a importância do rosto humano como um meio de expressão e comunicação em comparação com outras partes do corpo. Ao mesmo tempo, expressões [em inglês] como *loose face* e *keep face* demonstram que as expressões faciais, os gestos, o comportamento expressivo etc., na medida em que dependem de feições faciais, têm implicações em parte morais, e que seria, assim, errado, em todos os aspectos, tratar essas respostas corporais como meros componentes insignificantes da comunicação. Giddens se inspirou muito no sociólogo americano Erving Goffman (cf. Lição VI), que demonstrou tremenda sensibilidade ao comportamento expressivo humano, sempre desta-

cando a centralidade da apresentação física do *self* em seus estudos. Giddens embarca plenamente nos *insights* de Goffman, repudiando, de forma mais ou menos explícita, teóricos como Habermas, que reduzem a comunicação essencialmente à expressão linguística. Os processos de comunicação – de acordo com Giddens – não ocorrem entre máquinas inteligentes que apenas vomitam certas pretensões de validade. Mais do que isso, pelo menos no caso das formas de comunicação direta, a linguagem é sempre estreitamente ligada à corporeidade, com gestos e expressões faciais; o conteúdo significativo da interação não é perfeitamente transformado em linguagem. É por isso que o conceito de "copresença" é de importância fundamental para a teoria de Giddens, porque os atores – quando se encontram em uma conversa ou em qualquer tipo de interação uns com os outros – não são apenas intelectos desencarnados, mas sempre trazem seu aspecto físico consigo. "Copresença", a consciência de estar sendo visto e saber que o seu olhar também está sendo observado por outro, é, para Giddens, a experiência básica da intersubjetividade humana, *a* experiência elementar em comparação à qual outras formas de comunicação e interação têm um *status* derivado.

4 Finalmente, Giddens, em contraste com Parsons, se esforça em destacar as dimensões cognitivas da ação. O "quadro de ação" de Parsons sempre teve uma inclinação particularmente objetiva na medida em que não investigou *como* os atores percebem as condições da ação. Parsons assumiu que todos os atores se veem como são. Giddens introduz explicitamente a distinção entre as condições reconhecidas e não reconhecidas da ação, caracterizando os atores, do mesmo modo que Garfinkel e os etnometodologistas, como "atores cognoscentes", capazes de utilizar estoques de conhecimento específicos, mas variantes na vida cotidiana. E Giddens também diferencia (cf. Lição III) entre diferentes formas de consequências não intencionais da ação humana (*Constitution*, p. 8ss.). Mas, ao contrário de certos funcionalistas (como Robert Merton), ele não usa o fato de que consequências não intencionais da ação existem como um argumento para adotar uma teoria *funcionalista* da ordem: esses autores tinham optado pelo funcionalismo, em parte, porque – assim eles alegam – a existência de efeitos colaterais indesejados em grande escala só poderia ser entendida como um processo de reprodução sem sujeito que adere ao mesmo padrão invariável. Para eles, o mercado, por exemplo, não pode ser remontado apenas a atos intencionais realizados pelos atores envolvidos; em vez disso, a fusão impenetrável entre ações pretendidas e seus inúmeros efeitos colaterais só poderia ser significativamente capturada com o auxílio do conceito de sistema. Mas, para Giddens – assim como para os teóricos da escolha racional –, este não é um argumento convincente. Ele chega a conclusões radicalmente diferentes das dos funcionalistas ou dos teóricos sistêmicos. A própria existência de efeitos impremeditados inevitáveis de toda ação – assim Giddens nos diz – nos abre um buraco na suposta

funcionalidade dos assim chamados sistemas. Porque novos efeitos colaterais surgem constantemente, a noção de *condições estáveis do sistema e, logo, toda teoria funcionalista da ordem é altamente problemática*. É claro que é possível identificar estruturas, mas estas estão num permanente estado de fluxo. Elas nunca são as mesmas, mas sim – em linha com a ideia de estruturação – estão constantemente reproduzidas sob novas formas pelos atores. Giddens se refere, então, à "dualidade da estrutura" para transmitir a noção de que, enquanto as estruturas têm um efeito restritivo, são elas que tornam a ação possível em primeiro lugar, e que enquanto elas parecem ser construções sólidas simplesmente reproduzidas pelos atores, elas são na verdade constantemente transformadas por eles.

Isso é tudo sobre a teoria da ação de Giddens e seus traços característicos. O último desses traços mencionados acima marca o ponto em que passamos de uma teoria da ação a uma teoria da ordem, à questão de que conjunto de conceitos nos permite captar a interconexão das ações de várias ou muitas pessoas. As características específicas à teoria da ordem de Giddens são as seguintes:

A Giddens, como sugerimos, é um antifuncionalista, e em um sentido radical. Ele lutou com o funcionalismo já na década de 1970 e início da de 1980, assimilando argumentos epistemológicos contra esta forma de pensar (cf. Lição III). Ele concorda com a crítica de que o funcionalismo apresenta uma fusão peculiar de causas e efeitos e sugere relações causais onde elas não existem (GIDDENS. "Commentary on the Debate"). Mas ele não se apoia exclusivamente na epistemologia para fazer sua crítica, colocando em jogo também argumentos empíricos. Na sua opinião, o funcionalismo está errado porque assume que as relações sociais são estáveis e que os atores não podem fazer nada a respeito delas. A noção de estruturação de Giddens é baseada na observação contrária, de que os atores não só reproduzem as estruturas, mas também as produzem e as transformam. A noção funcionalista de sistemas – sua crítica afirma – pressupõe que as estruturas sociais são hiperestáveis de uma maneira altamente questionável, uma suposição que parece totalmente injustificada e que torna a análise dos *processos de mudança* histórica desnecessariamente difícil.

Isso não significa que Giddens rejeita inteiramente o conceito de "sistema" e seu uso nas ciências sociais. Ele reconhece plenamente que também existem padrões altamente estáveis de ação no mundo social, que os atores ou mesmo gerações de atores executam as mesmas ações repetidamente, produzindo assim estruturas altamente estáveis que apontam para a necessidade do conceito de sistema e justificam seu uso. Mas isso não deve nos levar a concluir que *todas* as estruturas e processos sociais exibem essa estabilidade. Em contraste com Parsons, que usava um conceito *analítico* de sistema, e Luhmann, que simplesmente assumiu de forma *essencialista* que existem sistemas e, portanto, trabalha com sua caixa de ferramentas teóricas funcionalista sem justificação adicional, Giddens tem uma compreensão *empírica* dos sistemas: nesta visão, o conceito de sistema é aplicável somente se as condições empíricas são tais que se pudesse supor um elevado "grau de sistematicidade" quando se observa um fenômeno social. Em outras palavras, apenas se se observar com precisão e certeza absolutas que a interação produz consequências que afetam, através de ciclos de retroalimentação, as condições iniciais da ação levada a cabo pelos atores, e que desencadeiam as mesmas formas de ação repetidamente, pode-se verdadeiramente falar de um "sistema". Tais sistemas raramente ocorrem na realidade social. Mas mesmo quando eles ocorrem:

> Sistemas sociais devem ser considerados como amplamente variáveis em termos do grau de "sistematicidade" que exibem, e raramente têm o tipo de unidade interna que pode ser encontrada em sistemas físicos e biológicos (*Constitution*, p. 377).

Se é impossível para Giddens abraçar uma teoria da ordem de caráter teórico funcionalista ou sistêmico, se em vários pontos da sua obra ele critica Habermas por incorporar em sua arquitetura teórica uma teoria funcionalista da ordem de forma grosseiramente acrítica, simplesmente justapondo-a à sua concepção alternativa de ordem baseada no "mundo da vida", a questão que imediatamente surge é a do que Giddens pode oferecer como "alternativa" teórica ao funcionalismo. É uma "marca" de Giddens que ele se esforça com grande consistência em desenvolver uma teoria da ordem social com base na teoria da ação, que ele não tenta complementar ou mesmo substituir a teoria da ação com uma teoria dos sistemas sem sujeito. Ele é protegido de tais tentações por seu conceito de poder, embora este seja um conceito cujo significado não está de acordo nem com a compreensão cotidiana, nem com a de muitos outros sociólogos.

B Temos que começar mencionando que Giddens associa o conceito de poder diretamente ao de ação. Isso, como veremos, não é a abordagem mais óbvia; mas está em linha com os argumentos de Giddens, consistentemente ancorados na teoria da ação. Se alguém deseja tomar atores individuais e suas ações como seu ponto de partida, "ascendendo" sobre essa base a entidades cada vez mais complexas, este alguém se torna quase automaticamente ciente do fenômeno do poder, porque alguns ou muitos atores podem estar ligados ou integrados por meio do poder. Isto parece muito abstrato à primeira vista; devemos, portanto, avançar passo a passo, a fim de ajudar o leitor a apreciar o pensamento de Giddens.

A primeira coisa a notar é que Giddens considera o conceito do poder de Max Weber inadequado. Weber (*Economy and Society*, p. 53) definiu poder da seguinte forma: "'Poder' [*Macht*] é a probabilidade de que, em uma relação social, um ator estará em posição de levar a cabo a sua própria vontade apesar da resistência, independentemente da base sobre a qual repousa essa probabilidade". Isso significa que Weber – para colocar em termos da teoria dos jogos – percebe o poder como um jogo de soma zero: a soma do poder permanece sempre a mesma; tanto quanto poder alguém perder, outro ganha a mesma quantidade, e vice-versa. Cientistas sociais que trabalham com esse conceito de poder quase inevitavelmente desenvolvem um interesse intenso, e às vezes quase exclusivo, na *distribuição* do poder. Na história da sociologia, no entanto, tal conceito de poder encontrou críticas, sendo considerado inadequado. Esse mal-estar foi mais claramente articulado por Talcott Parsons, que, como o leitor sabe da Lição IV, entendia o poder como uma espécie de meio. Independentemente de se considerar essa terminologia oportuna ou não, Parsons certamente estava certo ao alegar que o poder também pode ser *acumulado ou produzido, sem que qualquer um dos envolvidos na relação necessariamente perca poder*. Poder, como o capital, pode aumentar quando, por exemplo, as pessoas em um grupo cooperam, conseguindo significativamente mais do que qualquer indivíduo poderia conseguir por si próprio. Neste caso, o poder é produzido, foi acumulado, apesar do fato de que nenhum "perdedor" pode ser destacado.

Giddens retoma essa ideia parsoniana, que pode ser encontrada na mesma forma na filosofia política – na obra de Hannah Arendt, por exemplo (cf., p. ex., *On Violence*) – e desenvolve um interesse especial na *produção* do poder. Ele sublinha, num movimento genuinamente giddensiano, que *toda* ação está ligada ao poder. Isso, ele sugere, é evidente, mesmo no nível da etimologia, na medida em que há uma identidade entre as palavras "poder" e "fazer" em determinadas línguas. Em francês, "*pouvoir*" significa tanto "poder" como "ser capaz (de fazer)"; em inglês, "*power*" se refere tanto à capacidade de influenciar o curso dos acontecimentos como a "força" física e "habilidades". Assim, "agir" e "ter poder" – Giddens nos diz – referem-se ambos à capacidade de "intervir no mundo" (*Constitution*, p. 14).

> A ação depende da capacidade do indivíduo de "fazer a diferença" em um estado preexistente, de coisas ou curso de eventos. Um agente deixa de ser um agente se ele ou ela perde a capacidade de "fazer a diferença", isto é, de exercer algum tipo de poder. [...] Expressando estas observações de outra maneira, podemos dizer que a ação envolve logicamente poder, no sentido de capacidade transformativa. Neste sentido, o mais abrangente significado de "poder", poder é logicamente anterior à subjetividade, à constituição do monitoramento reflexivo da conduta (p. 14-15).

Esta equação entre ação e poder também significa que as situações de impotência absoluta são praticamente inconcebíveis. Aqui, Giddens produziu uma visão que muitas análises sociológicas do poder e da dominação arriscam ignorar, qual seja, o fato de que os subordinados e aqueles sujeitos ao poder também têm um espaço de manobra substancial e que os governantes são dependentes da cooperação dos governados se desejarem realizar seus objetivos. Neste sentido, os governados também sempre têm poder; eles podem "fazer a diferença" por meio de sua ação, no mínimo, empurrando o governante, que em alguma medida depende deles, em uma direção particular. Assim, o poder do governante para controlar as pessoas nunca é absoluto, e Giddens refere-se justamente a uma "dialética do controle" ou a uma "dialética da dominação", para captar a maneira pela qual "os menos poderosos gerenciam recursos de modo a exercer controle sobre os mais poderosos em relações de poder estabelecidas" (p. 374).

Esta ideia, que também sempre desempenhou um papel especial na literatura e na filosofia (basta pensar no romance de Diderot, *Jacques, o fatalista e seu amor*, ou na dialética entre escravo e mestre descrita por Hegel em *Fenomenologia do espírito*), certamente não deve ser exagerada, porque a noção de poder do governado pode muito facilmente talvez nos tentar a descrever instituições totais, como a prisão e, particularmente, os campos de concentração, de maneiras normativamente problemáticas. Por outro lado, sabemos a partir das análises de Goffman e dos interacionistas simbólicos, que a vida em instituições, mesmo em instituições totais, é sempre "negociada" em algum grau ("ordem negociada" – cf. novamente Lição VI), e, portanto, que duas partes estão sempre envolvidas na organização concreta das instituições e nos processos que ocorrem nelas; os governados também têm pelo menos algum espaço de manobra à sua disposição – embora limitado, eles têm de "poder".

Não é de se estranhar que Giddens – muito na tradição da teoria do conflito e de forma muito próxima à de Michael Mann – acredita que o poder está baseado em mais do que apenas a economia. Diferentemente, Giddens usa um conceito multidimensional de poder, reconhecendo que as posições de poder podem repousar em vários tipos de recursos (ele distingue entre recursos "alocativos" e "autoritativos" como tipos ideais), que podem, evidentemente, ser econômicos, mas também políticos, militares ou, devemos ter em mente, baseados em conhecimento. Giddens dá muita importância a esse último ponto, que certamente deve muito ao trabalho do teórico francês Michel Foucault (cf. Lição XIV); em vez de ver conhecimento e estoques de conhecimento, modos de falar etc. como neutros ou "inocentes", Giddens, como Foucault, os vê como possíveis meios de estruturar relações entre pessoas, e isso pode significar estruturá-los de forma *desigual*.

Isso é tudo sobre os contornos da ideia de "poder" de Giddens, que ainda é muito abstrata. Enfatizamos antes que o conceito de poder de Giddens foi definido como foi e equiparado à ação, em parte, porque ele tentou desenvolver uma teoria de ordem *a partir de uma perspectiva consistente de teoria da ação*. O que exatamente isso significa?

A forma como Giddens aborda este problema causa um estranhamento inicial em alguns aspectos, porque ao mesmo tempo em que ele se afasta do estilo tradicional de teorização, com o qual nos familiarizamos nas lições anteriores, ele usa termos que você já encontrou, mas cujo significado foi, muitas vezes, mudado radicalmente. Isso se aplica principalmente à dupla conceitual "integração social" *versus* "integração sistêmica" à qual Habermas e Lockwood já haviam aludido, um conjunto de ferramentas conceituais de importância crucial para a teoria da ordem de Giddens. Enquanto Habermas e Lockwood, tão diferentes quanto suas definições possam ser a esse respeito, estão de acordo pelo menos sobre a ideia de que esses dois aspectos devem ser entendidos com a ajuda de diferentes ferramentas teóricas (questões de integração social com ferramentas da teoria da ação, e questões de integração sistêmica com ferramentas funcionalistas), Giddens resiste a esses dualismos teóricos. Em sua opinião, não há necessidade de recorrer à análise funcionalista para desenvolver um quadro teórico da ordem. Pelo contrário, é possível construir um argumento de teoria da ação consistente somente se se faz uso adequado das visões sobre a conexão entre a ação e poder.

Giddens ligou seu conceito da ação, em contraste com outros teóricos da ação, sobretudo Habermas, à corporeidade humana de forma muito forte, enfatizando em particular o comportamento expressivo, as expressões faciais e a autoapresentação, à luz das ideias de Goffman. Ele atribui, assim, uma importância especial à interação "face a face" imediata, porque essa corporeidade tem um impacto direto nela. Por "integração social" Giddens entende a ligação entre os atos de atores que compartilham o mesmo espaço e que estão, assim, observando um ao outro, ou seja, a ligação entre os atos em circunstâncias de *copresença*. Neste contexto temático, Giddens retoma em grande parte as ideias teóricas de ordem da etnometodologia e do interacionismo simbólico. Ele não considera necessário se referir a normas, como Parsons, ou à modificação mútua das pretensões de validade, como Habermas, para explicar a coexistência estável em circunstâncias de copresença. Concepções teóricas de ordem deste tipo parecem-lhe demasiado superficiais (como no caso de Parsons) ou excessivamente racionalistas (como no caso de Habermas). Em contraste, ele enfatiza que a ordem é estabelecida em um nível mais profundo, por meio da inteligibilidade da expressão simbólica (tanto linguística como física) e da confiança na racionalidade do mundo cotidiano (cf. novamente nossas observações sobre os argumentos teóricos dos etnometodologistas na Lição VII).

As coisas se tornam interessantes e verdadeiramente inovadoras somente quando Giddens se volta para a articulação das ações além da *distância espaço-temporal* – ações realizadas em situações em que os atores *não* estão copresentes. Aqui temos o que Giddens chama de problema da "integração sistêmica". Ele não é mais capaz de usar as teorias convencionais da ordem, porque os etnometodologistas e os interacionistas, com sua orientação predominantemente microssociológica, dão poucas soluções convincentes, enquanto Habermas, para não mencionar os "genuínos" teóricos dos sistemas, empregou a altamente problemática caixa de ferramentas funcionalista, que Giddens rejeita. Como ele procede?

O espaço e o tempo desempenham um papel fundamental na distinção de Giddens entre "integração social" e "integração sistêmica". Mas apesar da natureza da ligação ser diferente porque os atores agem (devem agir) de maneira diferente em circunstâncias de copresença do que em circunstâncias de ausência, isso não nos obriga a abandonar a teoria da ação. Muito pelo contrário – e aqui as reflexões de Giddens seguem as de Michael Mann. É necessário apenas examinar historicamente como a capacidade de ação de pessoas ou grupos mudou ao longo do tempo, que tecnologias se desenvolveram para associar as pessoas, mesmo através de grandes distâncias espaçotemporais, que capacidades de poder – e aqui a ideia de *produção* ou *acumulação* de poder entra em jogo – se desenvolveram em diferentes culturas a esse respeito. O conceito de poder, que está ligado à ação, é perfeitamente suficiente para elucidar realidades macrossociológicas; de acordo com Giddens, nenhum argumento funcionalista é requerido aqui.

Giddens desenvolve sua abordagem de forma particularmente gráfica em *O Estado-nação e a violência*, um livro mencionado anteriormente e que foi publicado um ano após *A constituição da sociedade*. Nesse trabalho, cujos principais argumentos são de natureza histórica, Giddens analisa os pré-requisitos técnicos e tecnológicos para as primeiras formações do Estado em configurações como a Mesopotâmia, dando especial ênfase ao papel dos registros escritos ou da escrita, o que tornou possível estabelecer o domínio de longo prazo inicialmente. Para ele, a invenção da escrita foi uma condição básica da integração baseada no poder de um grande número de pessoas, porque o armazenamento de informações foi vital para o funcionamento da administração do Estado.

> A escrita fornece um meio de codificação da informação, que pode ser usado para expandir a gama de controle administrativo exercido por um aparelho de Estado tanto sobre os objetos como sobre as pessoas. Como um dispositivo mnemônico, mesmo as formas mais simples de marcação de sinais possibilitam a ordenação regular de eventos e atividades que, de outro modo, não poderiam ser organizados. O armazenamento de informação permite a padronização de uma certa gama de acontecimentos e, ao mesmo tempo, permite que eles sejam coordenados de forma mais efetiva. Uma lista é uma fórmula que calcula objetos ou pessoas e que pode ordená-los uns em relação aos outros. Este é, talvez, o sentido mais elementar em que a escrita, mesmo em sua aparência mais simples, aumenta o distanciamento tempo-espacial, ou seja, possibilita o alongamento das relações sociais em intervalos de tempo e espaço maiores do que os que podem ser alcançados em culturas orais (*The Nation-State and Violence*, p. 44-45).

A capacidade de registrar informações por escrito facilitou um grau significativo de "vigilância" – um termo que Giddens toma emprestado de Foucault; a formação do Estado se tornou concebível pela primeira vez. E o desenvolvimento do armazenamento e do processamento de informações – de acordo com a percepção de que conhecimento é poder – viria a desempenhar um papel crucial na história subsequente. Como Giddens mostra, com relação ao desenvolvimento inicial do Estado moderno europeu, a impressão, por exemplo, facilitou mais um passo importante na produção de poder. Os governantes do Estado absolutista emergente eram, mais do que nunca, capazes de coletar informações, de controlar e de construir administrações centralizadas de uma forma totalmente nova para governar seus súditos. Na era dos estados-nação – com base em uma tecnologia que já era essencialmente conhecida – tudo isso foi aperfeiçoado.

Neste contexto pode-se, naturalmente, questionar quais podem ser as consequências da propagação da *tecnologia informática* para as estruturas de poder nos estados contemporâneos. Giddens não enfrenta esse tópico sistematicamente, mas – seguindo sua tese da "dominação dialética" – ele certamente rejeitaria a noção de um aumento *unilateral* da dominação. Apesar do fato de que o poder do Estado centralizado certamente aumentou na era do absolutismo e na era dos estados-nação, as capacidades de grupos religiosos e políticos também cresceram (basta pensar nos dissidentes ingleses ou nos círculos intelectuais do Iluminismo europeu com sua crítica da dominação); esses grupos também fizeram pleno uso do poder da palavra impressa, e foram, assim, capazes de produzir contrapoder. Em muito da mesma forma, também é possível discernir uma "dialética" contemporânea entre o poder da administração estatal assistida por computador e um contrapoder detido por grupos sociais, baseado na internet, que nunca poderão ser totalmente controlados.

Assim, é perfeitamente possível – de acordo com Giddens – descrever o entrelaçamento de ações levadas a cabo por um grande número de pessoas através do espaço e do tempo com base na teoria da ação. E não há necessidade de uma teoria da ordem sem ator, tal como a que o funcionalismo produziu para fazê-lo. Com efeito, tal teoria funcionalista da ordem é exatamente o que não precisamos, pois ela é incapaz de captar a fluidez das estruturas sociais e a realidade da dialética da dominação e do controle, que nada mais é do que um processo sempre precário de negociação entre diversos atores e grupos de atores. Esse fato simplesmente não pode ser conciliado com a ideia de estruturas e sistemas sólidos.

Estas observações sobre a concatenação espaçotemporal de longo prazo de ações, o entrelaçamento de micro e macroestruturas com o auxílio do conceito de poder, apontam para uma teoria especial da ordem por meio da qual Giddens claramente se distancia das ideias de Parsons, por exemplo. A ordem *macrossocial* não é produzida pela pacificação dos conflitos de interesse pela via das normas e valores. Para Giddens, o problema da ordem surge em um nível mais fundamental. Neste ponto, seu pensamento se assemelha ao de Garfinkel e ao de Luhmann. No entanto, o fato de que Giddens, em seu apelo para que a dimensão temporal dos processos sociais seja levada em conta, conceitualmente confunde a experiência subjetiva do tempo e a temporalidade objetiva de processos (como a variabilidade dos fluxos de tráfico urbano em momentos diferentes do dia) pode ser considerado bastante lamentável. Em todo o caso, Giddens, muito parecido com Michael Mann, presta especial atenção aos mecanismos e recursos tecnológicos, aos meios de transporte e comunicação, que tornam possível unir um grande número de pessoas em primeiro lugar. As normas, entretanto, embora tenham importância, são, em última análise, uma preocupação secundária, porque normas ou valores podem ser compartilhados *apenas na condição* de que as pessoas estejam ligadas de forma extensiva (uma ligação dependente de certas tecnologias). Valores, ideologias, padrões culturais etc. só podem ser disseminados em conformidade com certas capacidades de poder, de tal maneira que afetem não apenas algumas pessoas e grupos, mas a maioria da população.

Logicamente, Giddens, como Mann, despede-se do conceito de sociedade como central ou fundamental para a sociologia, porque é preciso primeiro estudar a história empiricamente para determinar como redes estáveis se formaram entre pessoas em termos de meios específicos de transporte e comunicação, se diferentes redes se sobrepuseram, de tal forma que estruturas sociais se desenvolveram com limites espaciais genuínos, bem-definidos etc. Como Mann, ele adverte contra qualquer suposição de que as estruturas políticas pré-modernas foram constituídas de alguma forma como o Estado-nação moderno, com sua cultura relativamente homogênea, suas fronteiras policiadas etc. Impérios e sistemas de dominação anteriores eram bastante diferentes. Não se pode falar em uma cultura relativamente homogênea, se não por outra razão, pelo fato de que não havia meios de comunicação capazes de disseminar essa cultura a um grande número de pessoas, e também não havia limites claramente desenhados: impérios pré-modernos tendem a "brigar" em suas bordas. As redes de poder tornaram-se cada vez mais fracas na periferia, longe do centro do núcleo político. Mesmo nos tempos antigos, é claro, havia estruturas políticas em que o poder era altamente concentrado, as cidades-estado sendo um excelente exemplo. Mas a transição do Estado absolutista ao Estado-nação moderno trouxe consigo um aumento ainda maior na capacidade de poder, determinado em parte pelo desenvolvimento dos mercados, da tecnologia industrial, pelo aumento da capacidade administrativa do Estado, isto é, da sua capacidade de administrar e monitorar um grande número de pessoas e, acima de tudo, pela interação de todos esses fatores:

> O Estado moderno, como Estado-nação, torna-se, em muitos aspectos, a forma preeminente de contentor de poder, como uma unidade administrativa territorialmente delimitada (embora interna e altamente regionalizada) (*The Nation-State and Violence*, p. 13).

A referência à "sociedade" e sua fusão implícita ao Estado-nação moderno – assim Giddens nos diz – apenas obscurece a questão de quais atributos específicos caracterizam esse Estado-nação e o diferenciam de "formas de sociação" anteriores.

Aqui, porém, Giddens deseja se afastar não só do conceito de "sociedade"; mas também quer se despedir, como de fato ele deve fazer, da noção de uma lógica uniforme e que tudo permeia, à qual os processos que se desenrolam dentro de macroestruturas estão supostamente sujeitos. No que diz respeito a estados-nação (ocidentais) modernos, ele considera, por exemplo, a interpretação marxiana das "sociedades" ocidentais modernas como "sociedades capitalistas" equivocada, simplesmente porque essa caracterização implica que a vida social possui apenas uma fonte de poder da qual todas as outras dependem – nomeadamente, a economia. Segundo Giddens, no entanto, é empiricamente inválido conceber o funcionamento desses estados-nação modernos exclusivamente em termos de uma lógica econômica e, assim, reduzir todas as outras formas de poder a essa lógica particular. Em vez disso, Giddens considera que a modernidade e, portanto, os estados-nação foram e são tipificados por um campo de tensão formado por vários complexos institucionais. Em linha com sua distinção entre várias formas de poder, que são baseadas em recursos e regras específicos, ele diferencia entre os complexos do "capitalismo, do industrialismo e do sistema do Estado" (p. 287ss.): a dinâmica do *capitalismo* foi, com certeza, um ponto de partida importante na ascensão da Idade Moderna, mas esta dinâmica foi e é diferente da *tecnologia*, que levou à *modernidade industrial*, como evidencia o fato de que a industrialização também foi possível em um contexto *não* capitalista, como a União Soviética e sua esfera de influência. Mais uma vez, o sistema de estados-nação não pode ser retraçado ao industrialismo ou ao capitalismo, mas sim se desenvolveu por sua própria dinâmica dual. Em primeiro lugar, desde o mais tardar, a Revolução Francesa, dentro do conjunto europeu emergente de estados-nação (no plural), surgiu uma tremenda *dinâmica militar*, que moldou a Idade Moderna no nível mais fundamental. Giddens – novamente da mesma forma que Michael Mann – desenvolveu um entendimento muito mais forte do papel da violência macrossocial do que Habermas ou Luhmann, em cujas teorias este aspecto não desempenha qualquer papel, um fato especialmente estranho para os teóricos *alemães*, tendo em vista o enorme papel desempenhado pela violência de Estado na história de "sua sociedade". Em segundo lugar, os aparelhos administrativos e suas técnicas de vigilância, que possibilitaram significativamente as formas totalitárias de dominação típicas do século XX, também desenvolveram sua própria dinâmica, uma dinâmica que, mais uma vez, não pode ser reduzida a processos industriais, capitalistas ou militares.

Repetidamente, de acordo com Giddens, indivíduos e grupos se defenderam contra o perigo de a sociedade civil ser dominada por um Estado onipotente, de modo que movimentos democráticos podem ser entendidos, em primeiro lugar, como uma consequência da penetração administrativa do Estado-nação moderno nas relações sociais. No entanto, os críticos podem questionar se a democracia pode ser entendida apenas à luz de uma dialética entre poder e contrapoder. Afinal – e o fato de que Giddens optou por não formular uma tipologia da ação se prova problemático aqui –, as ideias de igualdade de direitos, equidade, o direito de contribuir para as decisões políticas, justiça etc. certamente também têm suas raízes culturais, e apesar de os processos de democratização serem dependentes de estruturas de poder, eles não podem ser adequadamente explicados *apenas por elas*. É evidente aqui que a síntese entre poder e cultura de Giddens provavelmente não é mais do que meio-sucedida, que seu foco de análise – por toda sua sofisticação teórica em relação à ação – está muito voltado ao poder como um aspecto da ação, mas não o suficiente à sua incorporação na cultura.

E, no entanto, enquanto Giddens se baseia fortemente em Foucault no seu uso do conceito de "vigilância", tão importante para a sua macrossociologia, ele está sempre se esforçando para rejeitar a concepção de teoria sem ator de Foucault – e por isso ele merece crédito. As análises de Foucault, que iremos discutir na Lição XIV, nunca identificaram os atores que usam ou fazem avançar as técnicas de poder; em outras palavras, na obra de Foucault, o poder "transita" pela história, mas não é definido e classificado, o que é inaceitável para teóricos da ação consistentes como Giddens. Além disso, em suas análises do poder, Foucault sempre correu o risco de exagerar massivamente a eficácia do poder, porque, pelo menos até seu trabalho final, ele não tinha um interesse teórico real nos atores e suas ações. Como Foucault vê, o corpo era e é apenas o objeto de técnicas de poder, um objeto profundamente moldado por técnicas de poder e pela disciplina, e que carece de qualquer subjetividade real. Giddens, entretanto, não vai tão longe; para ele, os atores sempre têm capacidade de ação, e podem, portanto – muito em linha com a "dialética da dominação" –, sempre se rebelar, protestar e lutar (cf. *Constitution*, p. 289). Giddens capta esse contraste com Foucault declarando memoravelmente que os "corpos" de Foucault não tinham "faces" – nada neles olha para trás, mostrando a irredutível "subjetividade" desses "objetos".

A diferença entre Giddens e Luhmann é novamente aparente aqui. Pode ter ocorrido a você que a referência de Giddens às tensões entre complexos institucionais apresenta uma certa semelhança com a tese radical de Luhmann da diferenciação funcional das sociedades modernas, segundo a qual os subsistemas individuais funcionam exclusivamente de acordo com sua própria lógica, não existe nenhum código ou linguagem comum e eles só podem, portanto, ser perturbados ou estimulados. A diferença entre os dois teóricos, no entanto, é que Giddens considera essa separação radical entre os complexos institucionais ou (sub)sistemas empiricamente implausível. Além disso, e este é o ponto crucial, ele faz da definição das fronteiras entre os complexos uma questão *dos atores*: são os atores que, não importa o quão consciente ou inconscientemente, o quão acurada ou equivocadamente, determinam a lógica interna dos complexos institucionais e as fronteiras entre eles.

Isso nos traz ao final desta lição, bem como às ideias de Giddens sobre mudança social. Em nossa discussão sobre sua teoria da ordem, mencionamos que Giddens defende uma abordagem radicalmente antifuncionalista. No que diz respeito às teorias da mudança, o pensamento funcionalista foi muito inspirado pela teoria evolutiva. Há, no entanto, diferentes versões da teoria evolutiva, independentemente do fato de que o seu desenvolvimento posterior ocorreu em uma variedade de disciplinas. As reflexões evolutivas de Parsons (cf. Lição IV), por exemplo, foram guiadas pela ideia de um suposto processo predominante de "diferenciação"; no entanto, de acordo com seu esquema das quatro funções, ele também identificou outros aspectos da mudança, como o "aprimoramento adaptativo", a "generalização de valor" e a "inclusão". Pode ser afirmado com justiça que teorias sociológicas da evolução subsequentes pouco acrescentaram a isso; pode-se, de fato, questionar se a tese evolutiva de Luhmann sobre mudança social constituiu um retrocesso em relação às ideias de Parsons, dado que a insistência exclusiva de Luhmann sobre o tema da diferenciação funcional tendeu a apagar esses outros aspectos da teoria parsoniana. Além disso, continua sendo nada claro, na obra de Luhmann, quem ou o que impulsiona a diferenciação funcional – que não a lógica única da comunicação intrassistema, que ele descreve em termos estranhamente vagos.

Porque Giddens rompe radicalmente com o funcionalismo e está, no máximo, disposto a tolerar um conceito empírico de sistema, afirmando várias vezes que os efeitos colaterais reconhecidos e não reconhecidos, intencionais e não intencionais das ações perturbam a funcionalidade de quase todos os sistemas, ele tem pouco tempo para a ideia de "evolução" dos sistemas (sociais) impulsionada por mecanismos endógenos. Ele está ciente de que os atores são "atores cognoscentes" que usam vários recursos do poder para alcançar seus objetivos de formas específicas e em constante mudança. Ele é, portanto, cético com relação à ideia de que a história pode ser amontoada em uma narrativa (evolucionista) linear. Precisamente por causa da recursividade dos atores e, acima de todos os efeitos colaterais de suas ações, que nunca podem ser previstos, a história sempre apresentará pontos de inflexão e novos começos, a partir dos quais pode ser possível observar um desenvolvimento contínuo – *por um tempo*. Mas porque descontinuidades radicais podem sempre ocorrer, Giddens defende uma concepção de história e mudança que ele chama de "episódica". Segundo ele, episódios ou períodos são tudo o que pode ser delineado com um bom grau de clareza e coerência, mas não a história da humanidade como um todo, no sentido de uma narrativa unificada guiada pela teoria evolutiva. É impossível identificar "processos predominantes" específicos (tal como a diferenciação) ou exemplos inequívocos de causalidade (tal como a noção marxista da luta de classes) capazes de capturar adequadamente essa história humana complexa:

> Não há chaves que irão desbloquear os mistérios do desenvolvimento social humano, reduzindo-os a uma fórmula unitária, ou que irão explicar as principais transições entre tipos sociais de tal forma (cf. *Constitution*, p. 243).

A mudança social é, portanto, um processo muito complicado para descrevermos, muito menos para explicarmos, por meio de fórmulas simples. Isto também se aplica ao processo de globalização, debatido tão intensamente desde o início dos anos de 1990, tanto na esfera pública como na academia. Giddens, de acordo com sua concepção teórica, entende globalização não primariamente como econômica, mas sim como um processo multidimensional a ser captado com a ajuda de categorias espaçotemporais:

> O conceito de globalização é melhor compreendido como uma expressão de aspectos fundamentais do distanciamento tempo-espaço. Globalização refere-se à intersecção de presença e ausência, ao entrelaçamento de eventos sociais e relações sociais "a distância" com contextos locais. Devemos compreender a disseminação global da modernidade em termos de uma relação permanente entre o distanciamento e a mutabilidade crônica das circunstâncias e compromissos locais (*Modernity and Self-Identity*, p. 21-22).

Não são apenas estruturas econômicas globais se defrontando com contextos locais que mudam o mundo e como as pessoas afetadas percebem esse mundo. Imigrantes e refugiados, turismo de longa distância e os meios de comunicação também reúnem contextos que costumavam ser mais ou menos "confiavelmente" separados – com consequências incalculáveis para a identidade pessoal. À luz disto, Giddens desenvolve seu diagnóstico da era presente, porque suas ideias a este respeito são sensivelmente semelhantes às do sociólogo alemão Ulrich Beck; vamos discuti-las na Lição XVIII.

Levando tudo isso em consideração, é impossível negar que a concepção "episódica" da história e da mudança de Giddens produz ideias que faltam às construções evolutivas excessivamente lineares, especialmente tendo em conta que o papel da macroviolência em grande escala, que Mann e Giddens enfatizam tão frequentemente, sem dúvida, fornece mais evidências sobre o carácter *descontínuo* do processo histórico. Ao mesmo tempo, pode-se questionar a crítica geral de Giddens às teorias evolutivas, pois ele afirma que as pessoas constantemente tentam assegurar-se sobre sua história e tentam ver seu percurso de vida como significativo. Elas interpretam "o passado à luz de um futuro projetado com a finalidade de interpretar e controlar o presente" (JOAS. "A Sociological Transformation", p. 184); a continuidade histórica não é uma mera invenção de sociólogos ou teóricos, mas é "feita" por sujeitos também.

Por mais que se possa repudiar a busca por uma fórmula definitiva capaz de explicar a história, não há como fugir da necessidade de integrar vários passados em uma *única* história (cf. Lição XVI sobre Ricoeur).

Nossa descrição das tentativas de síntese teórica feitas por Habermas, Luhmann e Giddens familiarizou o leitor com os escritos mais influentes neste campo a partir dos anos de 1970 e de 1980. Mais adiante vamos olhar para outros empreendimentos teóricos que datam deste período, bem como para desenvolvimentos posteriores. Mas, primeiro, na lição seguinte, vamos nos familiarizar com o neoparsonianismo. Os autores a quem este rótulo se aplica se apoiam tanto leve como pesadamente no quadro teórico "tradicional" de Parsons, acreditando que, apesar de todas as críticas feitas a Parsons, seu trabalho representa em princípio a abordagem "correta"; ou se especializam em temas macrossociológicos de uma forma que, ao permitir uma reflexão sistemática sobre uma teoria da mudança social e talvez até mesmo sobre uma teoria da ordem social, faz o trabalho em teoria da ação parecer menos urgente do que pareceu nos escritos de Parsons e, mais tarde, nos de Habermas, Giddens e Luhmann. Uma síntese teórica contemporânea, no entanto, certamente deve manter o ritmo dos *insights* gerados por esses três teóricos.

XIII
A renovação do parsonianismo e a teoria da modernização

Nas quatro lições precedentes nós sublinhamos as tentativas de sínteses mais importantes feitas nos anos de 1970 e de 1980; essas que se destinaram a fundir diferentes tradições teóricas e avançar para uma nova grande teoria à la Parsons. Mas não deixe isso guiá-los a falsas conclusões. Sua reivindicação – que o centro de gravidade teórica deslocou-se para a Europa em torno de 1970 – não implica que a sociologia americana subsequente não desempenhou um papel teórico importante. E nossa observação, a de que Parsons foi bruscamente criticado por neoutilitaristas, interacionistas simbólicos, etnometodólogos, e teóricos do conflito, não fez com que o edifício do pensamento parsoniano perdesse todo seu apelo nos anos de 1970 e de 1980. Ao invés disso, ficou aparente que seu trabalho, altamente compreensivo, dotado de muitas camadas – algumas vezes inconsistentes – ofereceu uma boa quantidade de espaço para diferentes interpretações, habilitando os seguidores de Parsons a perseguir seus próprios caminhos, mais ou menos independentemente dos pensamentos do "mestre". Sobretudo, a teoria parsoniana *de mudança social* deixou muito espaço para a revisão compreensiva. Parsons mesmo nunca parou de desenvolver ideias nesse campo (cf. Lição IV). Além disso, dado seus argumentos evolucionistas se tornaram extremamente abstratos, ele não pôde avançar muito. A imprecisão histórica de cada uma de suas construções geralmente tinha pouco apelo para aqueles sociólogos que tinham a intenção em fazer um sério trabalho empírico.

Esse foi o ponto de partida da então chamada *teoria da modernização*, que pode ser entendida apenas à luz do trabalho de Parsons, mas com quem também teve uma discordância em alguns aspectos cruciais. O que é a teoria da modernização? Posto de maneira simples (no que se segue, cf. KNÖBL. *Spielräune der modernisierung*, p. 32ss.), foi uma teoria da mudança social que tentou captar o desenvolvimento histórico das sociedades através de análises históricas comparativas. A suposição aqui é a de que:

a) a modernização é um *processo global*, que começa com a Revolução Industrial na Europa no meio do século XVIII (talvez antes), mas que afeta cada vez mais todas as sociedades e que é irreversível;

b) desenvolvimento histórico, isto é, o processo de modernização, *provém das então chamadas sociedades tradicionais e caminha na direção das sociedades modernas*, que pressupõe uma rigorosa antítese entre modernidade e tradição;

c) nas sociedades tradicionais e países do Terceiro Mundo, atitudes personalistas, valores e funções estruturais que – seguindo de perto as variáveis padrão de Parsons (cf. Lição III) – podem ser resumidas através de termos como *atribuição, particularismo e difusão funcional* e que podem ser interpretadas como obstáculos para o desenvolvimento econômico e político;

d) em contraste às sociedades modernas da Europa e da América do Norte, as áreas culturais são definidas em termos de valores *relacionados à realização de fins* e valores *universalistas*, bem como tipos de papéis *funcionalmente específicos*;

e) as mudanças sociais que levam à modernidade irão ocorrer de maneira relativamente uniforme e linear nos vários países.

Para colocar isso de maneira mais simples ainda: o objetivo da teoria da modernização foi dar uma explicação histórica para o nascimento da economia capitalista e da política democrática na Europa Ocidental e na América do Norte, enquanto verteu luz sobre os pré-requisitos para o crescimento econômico e da democratização em *outras* partes do mundo. O sistema inteiro de ideias foi projetado para produzir uma macroteoria capaz de competir com o marxismo. A teoria da modernização contrariou o rígido conceito marxista de base-superestrutura a partir de um conjunto de ferramentas significativamente mais flexíveis das "variáveis padrão". Estas seriam inerentemente *multi*dimensionais *in natura*, tornando possível capturar a ação recíproca entre os grandes complexos de economia-política-cultura de uma maneira não reducionista. Em contraste com o economicismo da abordagem de Marx, nenhum conceito básico ou suposição teórica foram feitos em relação à primazia causal da economia, política ou cultura.

Nos anos de 1950 e nos primeiros anos da década de 1960, uma construção teórica desse tipo foi atrativa por quatro razões: Primeiro, para uma sociologia concebida de forma mais estreita, em contraste com os escritos abstratos de Parsons, essa abordagem foi suficientemente concreta para prover uma base genuína para o trabalho empírico. Adicionalmente, nos anos de 1950, Parsons havia esgotado suas ideias sobre mudança social; sua teoria da evolução foi desenvolvida apenas na década seguinte. O apelo da teoria da modernização residiu, antes de tudo, no fato de que ela forneceu, pela primeira vez, uma teoria da mudança que era ao mesmo tempo universal e praticável, que poderia ter a pretensão de preservar a herança das figuras clássicas da sociologia. Como vocês lembrarão, Parsons produziu suas "variáveis padrão" de modo a fornecer um entendimento mais matizado de conceitos dicotômicos (*Gemeinschaft versus Gesellschaft*, solidariedade "mecânica" *versus* "orgânica" etc.) que surgiram tantas vezes nos trabalhos dos pais fundadores da sociologia, colocando a nu toda sua diversidade e suas contradições inerentes. Ao basear-se no modelo parsoniano das variáveis padrão, os teóricos da modernização poderiam reivindicar, aparentemente com justificativa, ter assegurado a sobrevivência dos *insights* de figuras clássicas, sem dúvida válidos dentro da "nova" teoria. O que foi negligenciado aqui foi o fato de que Parsons havia em última análise formulado seu modelo de variáveis para *ir além* dessas dicotomias, porque ele acreditava que, enquanto as figuras clássicas estavam presas em alguns pontos, a realidade social é demasiado complexa para ser entendida por significados gerados a partir de pares de oposição simples. Quando os teóricos da modernização estabeleceram que a história poderia ser descrita como um processo através do qual sociedades "'tradicionais' se tornariam 'modernas'", com atitudes difusamente adscritivas, particularistas e estruturas ligadas a papéis, sendo substituídas por estruturas vinculadas a universais, específicas e voltadas à realização de fins, eles acabaram se baseando em muitas dicotomias, justamente o que Parsons desejou evitar. Mas essas diferenciações propostas por Parsons foram geralmente esquecidas; a teoria da modernização parecia muito sedutora, muito elegante para aceitar tais objeções beligerantes. Em seu ponto de vista, a maioria dos teóricos da modernização se alinhou firmemente com a tradição de Parsons – uma visão que permaneceu inconteste por muito tempo, em parte porque Parsons se esforçou pouco para explicitar a sua distância da teoria da modernização. Em terceiro lugar, para as ciências sociais como um todo, e não apenas para a sociologia em sentido estrito, a teoria da modernização foi tão interessante porque foi inicialmente concebida como uma abordagem interdisciplinar. E sua versão particular das "variáveis padrão" fez de fato parecer ao mesmo tempo útil e inspiradora para historiadores, cientistas políticos, economistas, psicólogos e sociólogos. A teoria da modernização, assim, incentivou também a prática de pesquisa científica social verdadeiramente interdisciplinar. Em quarto lugar, essa teoria também prometeu ser altamente relevante para a prática, com a ideia de que se poderia conduzir processos de desenvolvimento no mundo não ocidental com a ajuda de seus *insights*.

As origens da teoria da modernização residem de fato em um contexto "prático" muito específico; isso foi, em um sentido, uma resposta para tentativas do governo dos Estados Unidos, sob o Presidente Truman, para combater a influência do governo da União Soviética nos países do chamado "Terceiro Mundo". Para esse fim, a administração americana produziu um plano principal destinado a estabilizar esses países em 1949; eles deviam ser mantidos economicamente para preveni-los da crescente influência do comunismo – quando isso ainda não havia acontecido. Um tipo de Plano Marshall global foi elaborado, buscando ajudar as nações pobres não europeias a avançar economicamente com a ajuda do dinheiro e do *know-how* americano. Ainda, rapidamente, ficou aparente que o trabalho sobre o desenvolvimento de trabalhadores e de especialistas na América Latina, Ásia e África não foi tão honesto como inicialmente esperado. Tentativas bem-intencionadas de ajuda frequentemente se tornaram uma aflição devido à linguística, e de um grande número de barreiras culturais e sociais, as quais de alguma maneira deviam ser superadas sem ninguém saber como. *Experts* em ciências sociais estavam então dentro dessa lógica; começaram debates sobre as causas das barreiras para o desenvolvimento, e certos modelos argumentativos, extraídos do *corpus* da teoria parsoniana, em seguida emergiram com força particular. Uma noção de desenvolvimento dinâmica baseada nas "variáveis padrão" se tornou o modelo de pensamento teórico mais capaz de descrever, e ao mesmo tempo explicar, processos de mudança social. Essa interpretação teórica imediatamente desencadeou uma pesquisa extensivamente interdisciplinar, que olhou além dos confins do mundo ocidental até os lugares nos quais a pesquisa sistemática era quase inconcebível poucos anos antes. Enquanto Max Weber e Émile Durkheim lidaram com temas não europeus – tal como a ética econômica das religiões mundiais ou os pontos de vista dos nativos da Austrália e América do Norte, eles fiaram-se inteiramente na pesquisa empírica realizada por não sociólogos. Com a teoria da modernização isso tudo mudou. As ciências sociais, a sociologia em particular, abriram-se cultural e geograficamente, estendendo a promessa de relevância para a prática: o foco passou a ser a análise dos obstáculos para o desenvolvimento nas culturas "pobres", realizada com as ferramentas da pesquisa social empírica, e oferecendo a chave para superá-los.

Um bom número de importantes estudos, dentre eles as obras-primas da teoria da modernização e da sociologia pós-guerra, foram produzidos no fim dos anos de 1950 e começo dos anos de 1960: *A religião tokugawa*, de Robert Bellah, de 1957, o *A passagem da sociedade tradicional*, de Daniel Lerner, de 1958, o *Homem político*, de Seymour Martin Lipset (1922-2006), de 1959, *Mudança social na Revolução Industrial*, de Neil J. Smelser, publicado em 1959, os *Estágios do desenvolvimento econômico*, de Walt Rostow, de 1960, *A sociedade exitosa*, de David McClelland, de 1961, e a *Cultura cívica*, de Gabriel Almond (1911-2003) e Sidney Verba (n. 1932) de 1963 – trabalhos escritos por sociólogos e cientistas políticos, economistas e psicólogos, cujos argumentos, embora divergentes nos detalhes, estavam amplamente alinhados com os cinco pontos identificados acima.

Para lhes dar uma ideia melhor do que nós sublinhamos anteriormente, que pareceu muito abstrato, nós devemos introduzi-los brevemente ao trabalho de Daniel Lerner (1917-1980), que usou o termo "modernização" no subtítulo de seu livro (o que contribuiu para sua popularização) e expôs um modelo teórico relativamente simples, talvez até simplista.

De acordo com Lerner, a vida nas sociedades modernas depende de uma vasta ordem de pré-requisitos. Para estar habilitado a desempenhar algum tipo de papel ativo na moderna sociedade, é exigido das pessoas grande grau de mobilidade psicológica (*Passing of Traditional Society*, p. 202), um estado emocional específico que Lerner chama de "empatia". Por isso ele quer dizer a capacidade de pensar e agir de acordo com um critério abstrato, de maneira a escapar dos limitados horizontes familiar e pessoal, tão típicos das sociedades tradicionais. A finalidade das sociedades modernas está alinhada com certos princípios, e a resignação com o destino é um traço muito tradicional que deve ser rompido. Aspectos limitantes – laços obstrutivos, geralmente representados pela família patriarcal e nas estruturas de parentesco – devem ser superados. Para Lerner, a "empatia" é o único modo de escapar das restrições da sociedade tradicional e de se autoperceber como *membro ativo* de uma sociedade moderna:

> A sociedade tradicional é não participante – ela organiza as pessoas por laços de parentesco em comunidades isoladas uma das outras e em relação a um centro; sem uma divisão do trabalho urbano-rural, desenvolvem-se poucas necessidades que requerem interdependência econômica; sem os laços de interdependência, os horizontes das pessoas são limitados pela localidade, e suas decisões envolvem apenas outras pessoas conhecidas em situações conhecidas. Consequentemente, não há necessidade para uma doutrina comum transpessoal formulada em termos de símbolos secundários compartilhados – uma ideologia "nacional" que habilita pessoas desconhecidas entre elas para empreender em controvérsias políticas ou para alcançar "consenso" ao comparar suas opiniões (p. 50).

Lerner, assim, elaborou em grandes detalhes as características mentais ou psicológicas das pessoas modernas ou daquelas que são receptivas à modernidade. O que ele pensou ter encontrado no meio leste nos anos de 1950 foram sociedades tradicionais que, ainda que no seu conjunto fossem relativamente estáticas, dava mostras de uma primeira agitação de um dinamismo moderno. De acordo com Lerner, tais centros dinâmicos podem ser encontrados predominantemente em conglomerados, principalmente urbanos, ou perto deles. Aqui, afirma, nós encontramos os pré-requisitos para o desenvolvimento da (moderna) mobilidade psicológica. A tese bastante simples de Lerner foi que o conhecimento que induz a empatia e os modelos de papéis correspondentes são nutridos apenas em lugares onde a mídia de massa (jornais, rádios etc.) são usados em um grau suficiente, em outras palavras, como esfera de influência das cidades maiores, dotadas de uma infraestrutura de mídia. Lerner pensou que a habilidade de ler e de escrever era uma das, senão *a*, chave para melhorar a mobilidade psicológica de uma população geral. Como o processo de desenvolvimento corre por esse curso, particularmente em cidades, formas orais e diretas de comunicação seriam cada vez mais suplementadas e, até certo ponto, substituídas pela moderna mídia de massas, fazendo dessa proliferação tanto índices quanto fator causal da mudança psicológica sofrida por membros da sociedade, bem como mudanças que afetam a sociedade inteira (p. 196).

Enquanto a teoria da modernização de Lerner foi relativamente simples, e outros autores estavam argumentando de uma maneira mais matizada, a ideia de que sociedades desenvolviam-se ao longo do tempo das "tradicionais" até as "modernas" foi constitutiva do trabalho de todos os teóricos da modernização, inclusive porque essa imagem deu credibilidade para promessas progressivas na direção do desenvolvimento de países não europeus através da inter-relação entre teoria e prática.

Mas o paradigma da teoria da modernização, como delineado acima com referência às cinco características-chave, não sobreviveu longamente. Quando tudo estava dito e feito, seu auge durou apenas por volta de quinze anos. Já no final dos anos de 1960, as críticas dirigidas a ele se tornaram muito severas, e outros paradigmas macrossociológicos ganharam destaque (cf. mais adiante), acabando com a proeminência da teoria da modernização em descrever e explicar os processos de mudança social em larga escala. Existem várias interpretações de por que a teoria da modernização tão rapidamente se tornou o alvo de críticas e foi assim marginalizada. Possivelmente a mais comum vem de Jeffrey Alexander ("Modern, Anti, Post, and Neo: How Social Theories Have Tried to Understand the 'New World' of 'Our Time'"), um estudante de Parsons a quem lançaremos um olhar mais detido em outro momento nesta lição. Ele reivindicou que a teoria da modernização foi, por assim dizer, uma vítima do *Zeitgeist*. Ela estava em boas condições para ser retrabalhada e adaptada, mas, com as rebeliões estudantis no fim dos anos de 1960, uma politização das ciências sociais acabou acontecendo, trazendo como resultado a perda do apelo da teoria da modernização para as gerações mais novas.

A teoria da modernização de fato encarnou uma visão ambígua da "modernidade"; ela foi apresentada como um sistema de instituições e valores desenvolvidos no mundo euro-americano, com suas muitas variáveis, como sendo o desejável. Alinhado com isso, a "modernização" do então chamado Terceiro Mundo foi vista como um processo, o qual deveria de alguma maneira trazê-lo mais próximo desse complexo institucional e valorativo "moderno". Mas, como enxerga Alexander, é precisamente esta a noção sobre a qual o movimento estudantil esquerdista agora volta seu olhar; perseguir essa noção no clima político das faculdades de ciências sociais das universidades (americanas) já não parecia oportuno. As manifestações e protestos contra a Guerra do Vietnã e o imperialismo americano, contra a opressão dos negros na América etc., apareceu para demonstrar que esse sistema americano ou ocidental não poderia servir como modelo de papel normativo para o Terceiro Mundo. Isto desacreditou o impulso normativo da teoria da modernização: na atmosfera febril do fim dos anos de 1960 e início dos anos de 1970, isso foi interpretado predominantemente pelos intelectuais esquerdistas como um construto *etnocêntrico* e, assim, impiedosamente atacado como uma teoria cujo objetivo foi "forçar", sobre outras nações, o sistema ocidental, altamente questionável e problemático. A teoria da modernização foi suspeita de ser imperialista, porque, de acordo com Alexander, os mais jovens ou bastante mais jovens cientistas sociais voltaram-se para a principal macroteoria competidora, o marxismo, que se tornou atraente por apresentar uma crítica aos fundamentos das sociedades ocidentais. A teoria da modernização, conclui Alexander, foi vítima do *Zeitgeist* da esquerda. Na realidade, contudo, ele pensou que suas fraquezas não eram tão severas para justificar essa renúncia total. A teoria da modernização poderia, portanto, ser proveitosamente revivida.

É certamente possível interpretar a "morte" da teoria da modernização no fim dos anos de 1960 de outras maneiras – em conexão com uma avaliação diferente de sua capacidade de renovação (cf. KNÖBL. *Spielräume der modernisierung*). Uma interpretação alternativa, rival, sugeriu que a teoria da modernização, ao invés de ter sido "morta" por fora pelo *Zeitgeist* esquerdista, desintegrou-se por dentro. A teoria da modernização foi construída sobre fundações instáveis; ela tinha pontos fracos que não poderiam ser retificados. Isso se deveria em parte ao fato de que ela adotou certas ferramentas da teoria de Parsons. Cada uma delas foi destruindo sua complexidade, desenvolvendo uma visão demasiado simplista dos processos da mudança social não encontrada nessa forma no trabalho de Parsons. Desde o princípio, muitas facetas da teoria da modernização se provaram problemáticas. Enquanto a oposição entre sociedades "tradicionais" e "modernas" pareciam persuasivas em um primeiro relance, isso cobriu o problema que a teoria da modernização aspirava ao *status* da teoria da *mudança* social, em vez de ser meramente descritiva das diferentes realidades sociais por meio de uma tipologia estática. Quem ou o que conduzir a mudança da tradição para a modernidade? Quais as relações causais estão operando aqui?

A teoria da modernização se provou incapaz de fornecer qualquer resposta real para essas questões. Em alusão aos desenvolvimentos tecnológicos – tal como a ideia de Lerner de que a mídia de massa demoliu as estruturas existentes das sociedades tradicionais e engendrou o espalhamento de variáveis padrão novas e modernas que possibilitam o dinamismo econômico – imediatamente levantando questões de *como* e *por quem* essas inovações tecnológicas foram disseminadas. Essas inovações são elas mesmas dependentes de precondições econômicas (sem crescimento econômico, o espalhamento e o uso das mídias de massa ficam bem limitados), o que rapidamente deu origem ao problema que esse modelo exploratório era tautológico. Lerner, em última análise, explicou a mudança econômica como resultante da influência da mídia, mas esta em si pode apenas ter um impacto na base da transformação econômica. Esta era, portanto, uma explicação circular: o *explanans* (aquele que explica) foi explicado em referência ao *explanandum* (aquele que requer explicação) e vice versa.

Dentro do debate sobre a teoria da modernização, isso conduziu ao *insight* de que referências a tendências no desenvolvimento tecnológico seriam insuficientes se alguém desejasse atribuir a essa teoria um genuíno potencial explanatório. Tentativas foram feitas para produzir claras afirmações causais, para identificar os *agentes* da modernização – por exemplo, *grupos sociais* – que avançam a modernização da sociedade. Aqui também, no entanto, dificuldades surgem, pois era frequentemente impossível tornar nítidas essas afirmações. Elites políticas, por exemplo, não eram sempre inclinadas a iniciar a estrada a caminho da modernidade *ocidental*, frequentemente seguiam o modelo socialista de sociedade percebido e propagado em Moscou e Pequim. Enquanto as classes médias, particularmente engenheiros e outros especialistas, pareciam ser um agrupamento mais provável de estar interessado no modelo ocidental de sociedade, havia tão poucos deles nos países do Terceiro Mundo que dificilmente poderia ser seriamente considerado um agente efetivo de modernização. Porque estudiosos, talvez corretamente, não pensaram as massas rurais como propensas a desenvolver uma sociedade na direção da modernização ocidental, ficou muito obscuro dentro da teoria da modernização qual ou quais grupos concretos deveriam de fato dirigir esse processo supostamente inescapável. A questão causal "Quem quer a modernização e quem é capaz de fazê-la acontecer" assim permaneceu não resolvida, o ajudou pouco a aumentar o impacto ou a plausibilidade da teoria.

Finalmente, a suposição central da teoria da modernização em breve começou a parecer dúbia, nomeadamente a clara distinção entre estruturas tradicionais e modernas. Em uma inspeção mais detida, isso não foi de modo algum o caso no qual características "tradicionais" foram banidas inteiramente das sociedades ocidentais. Observando a vitalidade das tradições religiosas nos Estados Unidos, aparentemente a mais moderna sociedade ocidental, um país com um patriotismo constitucional tão forte, a evocação de uma tradição política e legal de 200 anos, para a sobrevivência de estruturas monárquicas em países europeus como a Grã-Betanha, é possível apontar para numerosos fenômenos que desafiam uma caracterização fácil e inequivocamente como "moderna". Mas se essa dificuldade de uma clara distinção do "moderno" para o "tradicional" da *suposição sobre a mudança* da teoria da modernização – desde o "tradicional para o moderno" – automaticamente se tornou problemático também. A teoria da modernização incrementou as variáveis padrão de Parsons com o dinamismo histórico e pagou caro por isso. Parsons desenvolveu suas variáveis padrão com o objetivo de capturar a frequentemente confusa *complexidade* das sociedades nas quais, por exemplo, padrões de papéis funcionais específicos poderiam certamente continuar a existir ao lado de valores particularistas. A maioria dos teóricos da modernização suprimiu esse *insight* mediante a atribuição de metade das variáveis padrão à tradição (particularista, funcionalmente difusa, adscritiva etc.), e a outra parte (universalista, funcionalmente específico, conquista relacionada etc.) à modernidade. A complexidade parsoniana foi suplantada por outra construção dicotômica que foi, além disso, projetada para a apreensão de processos históricos, resultando na teoria simplista da mudança resumida na frase "da tradição para a modernidade".

Em última análise, como uma consequência dessas várias dificuldades encontradas pela teoria da modernização, sua crítica interna se tornou cada vez mais vigorosa no fim dos anos de 1960 e a teoria foi fragmentada e desintegrada por dentro. De acordo com a interpretação rival à de Alexander, ela não foi simplesmente "colocada para dormir" pelo alegado *Zeitgeist*; em vez disso, os teóricos cavaram uma grave dificuldade para sua própria teoria. A teoria da modernização se provou muito simplista para ser sustentável.

Essa interpretação é apoiada pelo fato de que certos autores próximos à teoria da modernização exerceram uma influência especial nos desenvolvimentos posteriores da teoria sociológica. Isso se refere àqueles que não apenas simplificaram a abordagem parsoniana, mas que, ao contrário, tentaram incorporar a complexidade dos argumentos de Parsons. Alguns dos melhores estudantes de Parsons tentaram fazer isso. Embora seus objetivos não fossem desenvolver o tipo de teoria universal abstrata construída por Parsons, mas em vez disso perseguir interesses teóricos *e* empíricos ao mesmo tempo, eles não saíram do *insight* parsoniano em relação à complexa intercalação entre várias estruturas ("tradicional" e "moderna") em quase todas as sociedades. Alguns deles definiram novos caminhos teóricos que os levaram longe desse parsonianismo adulterado e mais longe ainda da teoria da modernização.

A figura mais proeminente aqui é Edward A. Shils. Enquanto seus trabalhos na área de teoria não eram tão monumentais, ele produziu importantes estudos e ensaios em uma pequena escala que apontaram o caminho para um debate internacional sobre teoria ao mesmo tempo empírica e teoricamente. Shils, um estudioso tremendamente erudito que trabalhou na Universidade de Chicago, bem como em universidades de elite britânicas, onde ele influenciou um largo número de círculos intelectuais estendidos para além da disciplina da Sociologia, foi imortalizado até mesmo na literatura por ninguém menos do que Saul Bellow, ganhador do Prêmio Nobel de Literatura; ele apareceu no seu romance *Ravelstein* sob o nome "Rakhmiel Kogon" (cf. BELLOW. *Ravelstein*, p. 130ss.). Mas isso, é claro, não nos interessa mais do que a sociologia de Shils. Como você pode recordar, Shils foi coautor de certos livros com Parsons no começo dos anos de 1950, incluindo estudos tão cruciais como *Toward a General Theory of Action* (1951) e *Working Papers in the Theory of Action* (1953). Ainda assim, Shils era mais voltado em direção ao empírico do que Parsons, o que em última análise o levou a novos *insights* teóricos.

Shils se tornou famoso muito rapidamente através de um estudo em sociologia militar (cf. esse ensaio, em coautoria com Morris Janowitz [1919-1988], "Cohesion and Disintegration in the Wehrmacht in World War II", de 1948), que também inspirou um pequeno grupo de pesquisas que floresceu nos anos de 1950. O que é mais importante no contexto presente, contudo, é o fato de que ele já tinha trabalhado intensamente em assuntos na área de sociologia do conhecimento durante esse período, incluindo a sociologia dos intelectuais, que o habilitou a corrigir as deficiências da teoria da modernização. Shils foi um dos autores que reconheceu que a teoria da modernização precisava de uma ancoragem estável na teoria da ação se estivesse realmente interessada em apreender as causas da modernização. Sua proposta foi lançar um olhar mais detido nas elites dos países desenvolvidos, particularmente os intelectuais (cf. SHILS. "The Intellectuals in the Political Development of the New States"), porque cada grupo é caracterizado principalmente, senão crucialmente, por ter potencial de inovação. Enquanto esse ponto de partida não produziu resultados claros, porque o estudo de intelectuais rapidamente mostrou que seu comportamento não poderia ser previsto através da perspectiva da teoria da modernização, Shils fez muito para desenvolver e em última análise modificar a tradicional teoria da modernização (sobre o que se segue, cf. KNÖBL. *Spielräume der modernisierung*, p. 228ss.).

Mas Shils não parou por aqui. Ele tentou, através de seus próprios empreendimentos teóricos, libertar-se das dificuldades fundamentais com as quais os teóricos da modernização tiveram de lidar (assim como Parsons também teve). A chave, a tese implícita sustentando seu trabalho, foi a de que *a concepção de cultura encontrada ao mesmo tempo na teoria da modernização e em Parsons foi inadequada e que as raízes de suas dificuldades residem precisamente nisso*. Fortemente influenciado por Max Weber, bem como certos autores associados com a Escola de Chicago (cf. Lição VI) – alguns dos quais ele tinha conseguido conhecer pessoalmente –, o primeiro passo de Shils foi indagar sobre a relação entre cultura e poder. Nessa conexão, ele começou a lidar sistematicamente com o conceito weberiano de carisma – com as ferramentas conceituais de Durkheim.

Seguindo Durkheim (bem como Parsons; cf. Lição IV), a hipótese de Shils foi a de que certas ideias sobre o sagrado existem em *todas as sociedades*, incluindo a sociedade moderna. Não podemos assim, de jeito nenhum, assumir que a modernidade acarretou e continuará a acarretar um abrangente processo de secularização, resultando inevitavelmente na dissolução de tudo que é sagrado, como Weber e os teóricos da modernização acreditaram e continuam a acreditar:

> Todas as sociedades estabelecem como sagrados certos padrões de julgamento, certas regras de conduta e de pensamento, e de certas disposições para a ação. Eles variam apenas na intensidade e na autoconsciência de seu reconhecimento, do quanto os fazem parte do que é sagrado, bem como da extensão da participação nelas (SHILS. "Tradition and Liberty: Antinomy and Interdependence", p. 156).

Essa visão considera que, embora a relação com o sagrado sem dúvida mudou através do processo de modernização, tal mudança é melhor descrita mais em termos de sublimação do que desaparecimento. Para tornar essa tese mais precisa e plausível, Shils une o conceito durkheimiano de sagrado com o conceito weberiano de carisma, equiparando a atribuição de qualidades sagradas a certas coisas ou indivíduos com essas qualidades carismáticas. Aqui, Shils apoia a tese da onipresença do carisma e assim do sagrado em sociedades com a ajuda de reflexões antropológicas: ele detectou uma "necessidade de ordem" que em última análise explica a atribuição de carisma em toda sociedade. O carisma é atribuído àqueles com o poder de estabelecer e manter a ordem. Tais pessoas são vistas a partir de um tipo de respeito sagrado, o que habilita seu poder a ser usado mais eficientemente para manter a ordem.

> O gerador e o autor da ordem despertam uma reação carismática. Se isso é Lei de Deus ou lei natural ou lei científica ou lei positiva ou a sociedade como um todo, ou mesmo corpo corporativo particular ou instituição como um exército, o que quer que encarne, expressa, ou simboliza a essência de um cosmos ordenado ou qualquer setor significante, disso desperta a disposição de temor e de reverência, a disposição carismática. Homens precisam de uma ordem com a qual podem localizar eles mesmos, uma ordem que provém coerência, continuidade e justiça (SHILS. "Charisma, Order, and Status", p. 125-126).

Enquanto Weber desejou aplicar o conceito de carisma principalmente para indivíduos, Shils – como fica claro nas citações acima – também o relaciona aos poderosos políticos, instituições, símbolos e mesmo classes específicas. Seu alvo aqui foi privar o conceito weberiano de carisma de seu caráter geralmente disruptivo e não cotidiano, tornando normal o carisma ou o sagrado, um "fenômeno" diário que tem *a função de estabilizar a sociedade*, o qual até certo ponto *mantém a rotina dentro de uma sociedade* por essa razão. Seu famoso estudo sobre a cerimônia de coroação que marca a ascensão ao trono da Rainha Elisabeth II em 1952 é um exemplo primordial aqui (cf. SHILS & YOUNG. "The Meaning of the Coronation"). Shils assim interpretou carisma não em termos da dissolução, mas da estabilização da ordem.

Com essa ideia básica, Shils está perseguindo dois objetivos. Primeiramente, ele desejou explicar mais convincentemente do que o estrutural-funcionalismo a gênese e a durabilidade dos laços para valores coletivos. Parsons, e particularmente os teóricos da modernização, fizeram pouco para responder à questão de como e por que valores se tornaram obrigatórios para os membros de uma sociedade e podem ser finalmente aceitos. Em segundo lugar, Shils quer afastar-se da clássica teoria da modernização, que define tradição simplesmente como alguma coisa que está ausente nas sociedades modernas. Como Shils já tinha concebido, é impossível separar o tradicional do moderno, e é por isso que ele fundiu suas hipóteses sobre o sagrado e o carisma com o conceito de tradição. De acordo com ele, ações ou fenômenos são cercados com uma aura de tradição quando os membros de uma sociedade os associam com certas qualidades sacras ou carismáticas:

> A recepção irrefletida da tradição não é uma amoralidade, uma aceitação vegetativa. Existe uma tendência ativa, em curso, positiva na recepção da tradição. A disponibilidade em relação a uma norma tradi-

cional ou de um padrão de julgamento guia e estimula uma tendência moral espontânea no homem, uma necessidade de estar em contato com aquilo que é verdadeiro e correto, uma sensibilidade ao sagrado, que alcança e busca a orientação e disciplina da tradição (SHILS. "Tradition and Liberty: Antinomy and Interdependence", p. 155).

Assim, não é a mera repetição de certas ações que explica a vitalidade da tradição, mas, em vez disso, sua incorporação contínua em um sistema de significações centrado no sagrado ou carismático. Porque, como Shils afirma, tais significados sagrados não desapareceram nas sociedades modernas, mas são na maioria sublimados, de modo que as tradições não simplesmente cessam de existir. Tradições, Shils nos diz, não são meros lastros do passado. Elas vivem. Mesmo sociedades democráticas modernas dependem delas – apenas é preciso pensar em feriados nacionais, rituais como cerimônias inaugurais, juramentos para a constituição etc.

Enquanto tradições não desapareceram simplesmente no mundo moderno, elas, é claro, dependem de uma aquisição e continuação ativas. Aqui é onde a *teoria das elites* de Shils aparece, porquanto ele afirma que são geralmente elites sociais que satisfazem essa necessidade de ordem para explicar a atribuição de qualidades carismáticas. *Elites*, na visão de Shils, são os agentes concretos da aquisição e de continuação da tradição. Através de suas posições de poder e de autoridade, elas garantem a ordem política, social e cultural, e é por isso que se atribui a elas o carisma e são elas que mantêm a tradição viva: "Grande poder anuncia-se por seu poder sobre a ordem; descobre a ordem, cria a ordem, a mantém ou a destrói. Poder é de fato central, um evento relacionado à ordem" (SHILS. "Charisma, Order, and Status", p. 128). É dentro desse contexto que Shils introduz o par conceitual "centro" e "periferia", que ele concebe sobre o ponto de vista da sociologia cultural, ao invés da geografia ou da política econômica tal como outros autores. A tese associada é a de que todas as sociedades se caracterizam por um sistema autoritário de valores e assim então é possível identificar um sistema central de instituições apoiado por elites. Esse "centro" engloba a ordem predominante de símbolos, valores e crenças dentro de uma sociedade (SHILS. "Center and Periphery", p. 93), sua influência se estende para a "periferia", que parte da sociedade desde o centro. O carisma característico das elites é tão poderoso, e suas conquistas culturais tão impressionantes, que eles espalham seu encanto mesmo em lugares insuspeitos.

O movimento teórico de Shils foi um importante passo adiante dentro do parsonianismo. Embora ele não tenha querido desenvolver uma pesquisa consistentemente programada na base de suas reflexões, ele certamente pavimentou o caminho para tal. Porque Shils trabalhou com um novo aparato conceitual que incluía o carisma e a tradição, mas também a ideia de "centro" e "periferia". Ele não mais é compelido a entender "cultura" como o primeiro Parsons, como uma mera "ação independente de" contextos que "flutuam" amorfamente acima dos atores em uma localização não específica (cf. Lição III), ou, como o Parsons mais tardio, como um "sistema cibernético" igualmente sem atores (cf. Lição IV). Em vez disso, Shils, referindo-se aos *atores concretos* e à importância central de suas conquistas culturais, abriu a oportunidade para analisar a cultura em termos da *teoria da ação* dentro de um quadro parsoniano (sobre Shils, cf. tb. TURNER, S. "The Significance of Shils"). Não é coincidência que foi um estudante de Shils quem o sucedeu em desenvolver suas ideias, gradualmente associando consistente programa de pesquisa que ia muito além do parsonianismo, e ainda mais além da teoria da modernização, e que é ainda muito influente nos dias de hoje.

Esse estudante foi Shmuel N. Einsenstadt. Nascido na Polônia em 1923, Eisenstadt chegou na Palestina, atualmente Israel, em 1935. Em Jerusalém ele se tornou assistente do famoso sociólogo e filósofo da religião Martin Buber (1878-1965), que, tendo emigrado da Alemanha, ocupou uma cadeira de filosofia social e sociologia geral na Universidade Hebraica em Jerusalém desde 1938. Enquanto ainda um homem jovem, Einsenstadt buscou contato com os principais sociólogos da época, para forjar laços entre a sociologia israelita – que tinha sido bastante isolada – e o resto do mundo. Ele encontrou Edward Shils na London School of Economics e Talcott Parsons em Harvard, que o influenciaram profundamente, assim como o envolveram no animado debate sobre o desenvolvimento do estrutural-funcionalismo e a teoria da modernização. No fim das contas, porém, Eisenstadt seguiu seu próprio caminho. Ele foi sem dúvida influenciado profundamente pelo funcionalismo, via seus professores Shils e Parsons. Em um longo processo, que duraria décadas e que, ao que parece, ainda não está plenamente completo, ele se livrou das premissas originais do funcionalismo e o submeteu a um processo de revisão contínua. A construção teórica resultante dificilmente pode ser considerada como funcionalista. Para colocar isso em termos drásticos, Eisenstadt deixou a esfera de influência funcionalista, tendo se tornado cada vez mais consciente de suas fraquezas. A influência vitalícia de seu primeiro contato com a filosofia de Martin Buber com a sua ênfase na criatividade da ação humana foi certamente importante aqui, com Eisenstadt atestando isso em uma retrospectiva autobiográfica (cf. a introdução ao livro de Eisenstadt: *Power, Trust, and Meaning*).

Mas Eisenstadt não é apenas um teórico. Sua revisão contínua e rigorosa do funcionalismo foi sempre amarrada com a análise empírica; ele assumiu o programa de pesquisa de Max Weber, de uma sociologia comparativa das religiões mundiais e sua influência no processo da mudança social – certamente o aspecto mais impressionante de seu trabalho ao lado de muitas realizações teóricas. Nós devemos retornar para esses estudos empíricos mais adiante, mas primeiro gostaríamos de sublinhar as inovações *teóricas* de Eisenstadt, que incorporou uma crítica a Parsons, e sobretudo à teoria da modernização convencional; vocês encontrarão familiaridade com algumas dessas críticas de lições anteriores.

1   Eisenstadt abraçou a tentativa de Shils de abrir o funcionalismo para a teoria da ação. Como Shils, ele rejeitou os esforços de Parsons para radicalizar o funcionalismo com vistas a transformá-lo dentro da teoria dos sistemas, no qual atores praticamente não desempenham um papel ou não são mais considerados relevantes como unidade de análise porque eles meramente preenchem os requisitos do sistema. De acordo com Eisenstadt, é vital que a análise teórica inclua os atores, e atores *coletivos* são assim de especial interesse para o estudo de contextos macrossociológicos. Dignitários urbanos, líderes religiosos e seus seguidores, burocracias, exércitos etc. assim sempre desempenham um maior papel nos escritos de Einsenstadt, e, assim como Shils, Eisenstadt está preocupado em identificar os atores-*chave* que conduzem a mudança social ou, mais especificamente, o processo de modernização. Como Shils já havia feito, Eisenstadt deu uma atenção particular às elites.

2   A consequência imediata de assegurar a inclusão de atores é que, ao contrário de Parsons, Eisenstadt não mais se refere aos processos de troca entre sistemas ou subsistemas. Em vez disso, os processos de troca são interpretados como ações e especialmente como *lutas* entre portadores de poder sobre recursos (escassos). Argumentar desse modo, de uma perspectiva de uma teoria do conflito, significa dizer adeus a um componente crucial do pensamento funcionalista, a presunção do equilíbrio, como Eisenstadt sublinhou explicitamente em reflexões subsequentes.

3   O ponto aqui é que se o foco analítico já está sobre os atores, é difícil ver por que apenas esses atores "internos ao sistema" devem ser levados em conta. Eisenstadt é de fato receptivo ao *insight* de que alguém pode estudar processos sociais adequadamente apenas se prestar atenção ao efeito das então chamadas influências e consequências exógenas. Sociedades, afinal de contas, não são verdadeiramente entidades isoladas, não são totalmente autônomas e autárquicas, mas estão em contato com outras sociedades; elas se comunicam, comerciam e lutam guerras com elas etc. Mas se esse é o caso, torna-se difícil trabalhar com um modelo de sociedade, como aquele do funcionalismo, o qual se refere à "sociedade" como o primeiro e último ponto de referência na análise de sistemas. De repente, em vista da sempre crescente integração "internacional" de "sociedades", também pareceu dúbio que alguém pudesse falar significativamente de um equilíbrio social descritível primeiramente em termos de condições e fatores internos ao sistema. Eisenstadt fez assim um vigoroso esforço para elaborar como sociedades são interconectadas culturalmente, o que de novo acarreta uma concepção consideravelmente mais dinâmica de "sociedade" como era concebida pelo funcionalismo tradicional.

4 A inclusão de influências muito diferentes, "interna" e "externa", e de atores também significava manter uma vigilância sobre as diferentes consequências ou resultados dos processos de institucionalização e de integração. Enquanto o funcionalismo parsoniano nunca discutiu seriamente como *certos* valores são institucionalizados, e assume a integração de sociedades e sua especialização ao invés de investigá-las, para Eisenstadt isso não foi bom o suficiente. Porque ele colocou tal ênfase sobre a existência de atores (coletivos) na análise de processos sociais, ele rapidamente percebeu que a institucionalização de valores está longe de ser um processo suave e direto. Valores são suscetíveis a interpretações – e atores lutam *por* suas interpretações, e é por isso que existe sempre uma luta sobre a *correta* ou *real* institucionalização de valores. Alinhado com isso, as sociedades não são integradas de uma vez por todas através de um sistema particular de valores; em vez disso, é sempre possível formas existentes de integração para ser questionadas, porque grupos opostos avançam diferentes interpretações de valores e assim insiste em uma abordagem diferente para a institucionalizar.

Um grande ponto de interrogação é assim localizado sobre o teorema sociológico da diferenciação – pelo menos em um sentido tradicional. O conceito de diferenciação havia sido (re-)introduzido dentro do estrutural-funcionalismo para sublinhar os contornos da mudança social. A suposição aqui foi a de que existe uma inexorabilidade maior ou menor, processos lineares de diferenciação que subjazem à mudança de unidades simples para uma multiplicidade de unidades cada vez mais especializadas, que são, por sua vez, integradas com sucesso para formar uma unidade complexa, a qual aumenta a eficiência do sistema como um todo (cf. Lição IV). Eisenstadt rejeita completamente essa concepção de diferenciação. Para ele, por conta dos resultados dos processos de institucionalização e integração variarem, nós não podemos de jeito nenhum tomar por garantido que a institucionalização dos valores e a integração das sociedades são sempre exitosas. Deve existir algo como um processo de diferenciação, mas porque tais processos são dirigidos por atores, as consequências e as formas de diferenciação – ao contrário das suposições de funcionalistas e de teóricos da modernização – não podem simplesmente ser deduzidas da teoria. E não existe certamente garantia de que os processos de diferenciação serão concluídos com sucesso. Em contraste direto ao funcionalismo (parsoniano) e a teoria da modernização, Eisenstadt produziu a agora famosa tipologia das consequências da diferenciação, voltada a fornecer um entendimento mais adequado de processos sociais. Ele enfatizou que (a) a solução institucional pode falhar, (b) é sempre possível regressar para um nível mais baixo de diferenciação (desdiferenciação), e por isso não podemos pensar a diferenciação em termos de progresso, (c) a possibilidade de uma diferenciação parcial não pode ser excluída, aquelas subdivisões de uma sociedade podem se tornar mais diferenciadas enquanto outras não, quase inevitavelmente resultando em desenvolvimentos sociais "não simultâneos", e finalmente (d) que processos de diferenciação podem ser bem-sucedidos, se instituições desenvolvem são capazes de integrar as novas unidades diferenciadas (cf. EISENSTADT. "Mudança social, diferenciação e evolução", p. 111ss.). Mas tais diferenciações bem-sucedidas não são de jeito nenhum a norma.

5 À luz disso, nós devemos abrir mão da pressuposição, fundada na teoria da modernização e em certas teorias sociológicas de evolução, de desenvolvimento unilinear ou de progresso estável. O processo histórico depende de circunstâncias conflituais específicas nas quais os atores se encontram, e a diferenciação bem-sucedida não pode e não deve simplesmente ser tomada por certo: o progresso é tudo, menos garantido. E é igualmente errôneo assumir que a história de diferentes sociedades irão convergir – para o modelo ocidental de sociedade por exemplo. De acordo com Eisenstadt, nós não podemos simplesmente assumir que conflitos similares, com resultados similares, surgirão em todo lugar, como fazem aqueles que acreditam que os países irão brevemente ou mais adiante alinhar-se à modernização no estilo ocidental. Porque existem conflitos entre diferentes grupos, bem como fatores exógenos, alguém deve considerar essa contingência com processos imprevisíveis que mostram mais de uma vez como é absurda a suposição de que existe linearidade ou contingência.

6 Pode-se então concluir que a modernidade "nasce" na Europa e depois surge também na América do Norte a partir de um conjunto específico e contingente de circunstâncias, mas um desenvolvimento conjunto a esse movimento em questão não é necessário. Isso sugere que os ocidentais poderiam ser aconselhados a adotar uma visão mais modesta sobre seu passado, destruindo a autoconfiança e senso de segurança vis-à-vis a outras culturas e civilizações e também questionando a dicotomia entre tradição e modernidade. Porque uma vez que alguém adquire reconhecimento sobre essa contingência, deve considerar seriamente se a modernidade ocidental não foi a criação de uma tradição muito específica, a invenção – isto é em última análise a interpretação de Eisenstadt – de um "código" cultural específico através do qual a Europa Ocidental e a América do Norte se colocam à parte de outras civilizações desde o período da primeira modernidade em diante, sem ter um motivo para assumir que outras regiões irão simplesmente segui-las. De acordo com Eisenstadt, é necessário tomar em consideração as diferentes tradições do passado, presente e futuro, das quais a modernidade ocidental é apenas uma dentre elas – um *insight* diretamente oposto ao *da* pressuposição central da teoria da modernização.

Isso é o que temos a dizer sobre as inovações teóricas de Eisenstadt, que podem aparecer demasiadamente abstratas, a menos que se saiba alguma coisa sobre objetos de seu trabalho e seus métodos, especialmente porque o pensamento de Eisenstadt não se desenvolveu puramente dentro de um enquadramento teórico, mas através da análise de problemas empíricos.

Embora ele não fosse desconhecido nessa época, dado seu prodigioso campo de trabalho, boa parte dele publicado ao redor do mundo, foi apenas em 1963 que Eisenstadt capturou verdadeiramente a atenção da comunidade sociológica internacional. Ele o fez produzindo um livro muito ambicioso, *O sistema político dos impérios*, um estudo comparativo de impérios burocráticos incluindo o Egito, o Império Inca, a antiga China e Bizâncio; ele também combateu o absolutismo europeu. A coisa impressionante sobre esse trabalho não é o caminho pelo qual ele revisou a teoria parsoniana e a da modernização (seu forte foco nas lutas políticas entre vários atores, grupos religiosos, governantes, burocracia etc., sobre os quais nos referimos antes, foi, em essência, já evidenciado aqui). O que causou agitação foi o vasto escopo do material de Eisenstadt, sua análise comparativa do fenômeno de tempos muito diferentes e regiões e o fato de que um autor associado com a teoria da modernização houvesse examinado um *passado distante*, uma coisa que raramente ocorria com a teoria da modernização clássica. A vasta maioria dos autores nesse campo particular combateu o passado "recente", e a maioria da história europeia desde a Reforma acreditou que seu trabalho era diretamente relevante para a prática, e por isso consideravam desnecessário investigar um período tão remoto da história. Eisenstadt realizou uma abordagem bem diferente. Ele também, é claro, desejou produzir descobertas de relevância "corrente". Ao mesmo tempo, contudo, deixou claro que para ele a história é mais do que um prelúdio cansativo para uma sociologia focada no presente. Seu ponto de partida foi esses eventos-chave ocorridos *no passado distante* que definiram o curso futuro da história. Estes devem ser entendidos em um contexto comparativo se alguém deseja apreender a história da modernização, que começou e procedeu tão diferentemente sobre continentes diferentes.

Analisar períodos ocorridos há muito tempo foi a única maneira de abrir novas perspectivas, como prefigurada por Parsons com sua teoria da evolução (cf. Lição IV), embora o próprio Eisenstadt – e essa é uma sinalização de sua importância – não o seguiu em seu caminho teórico particular. Pois seu objetivo era produzir uma teoria *não evolucionista* da mudança social purificada da fraqueza de ambas as teorias clássicas da modernização e teorias sociológicas da evolução, uma teoria, em outras palavras, que começasse por apontar erros na teoria da ação, abordando conflitos entre atores e processos contingentes tomados por certo. Eisenstadt levou mais de uma década, contudo, para formular uma teoria que o satisfizesse. Ele foi auxiliado aqui por um debate que ressurgiu no meio dos anos de 1970 nos estudos da religião e na história da religião preocupada com uma ideia bastante antiga, nomeadamente a tese do filósofo alemão Karl Jaspers (1883-1969) então chamada *Achsenzeit* ou "Era Axial".

Em seu estudo em filosofia da história de 1949, *A origem e o objetivo da história*, Jaspers perguntou se é possível conceber a história como uma unidade e delinear uma estrutura subjacente à história mundial que possa ser considerada válida, independentemente de qualquer ponto de vista particular. Enquanto a Revelação Cristã foi vista como ponto de partida autoevidente e eixo da história mundial até mesmo por Hegel, no século XXI, em uma época consciente dos perigos do etnocentrismo, isso jamais pareceu possível: Jaspers corretamente enfatizou que "um eixo da história do mundo, se tal coisa existe, teria de ser descoberto [...] como um fato capaz de ser aceito por todos os homens, cristãos inclusos" (*Origin*, p. 1). Por mais improvável que possa parecer descobrir esse eixo não etnocêntrico, Jaspers surpreende ao oferecer isso ao leitor. Ele não foi o primeiro a apontar para o fato empírico de que a origem da *maioria* das religiões mundiais, e da filosofia grega antiga também, remonta ao período entre 800 e 200 a.C. ou pode ser rastreada a essa época, que ele chama de Era Axial.

> Os eventos mais extraordinários estão concentrados nesse período. Confúcio e Lao-Tse estavam vivendo na China, todas as escolas da filosofia chinesa passaram a existir [...] a Índia produziu os Upanishads e Buda e, como na China, surgiu toda uma gama de possibilidades até o ceticismo, materialismo, sofismo e niilismo; no Irã, Zaratustra proferiu uma desafiante visão do mundo como uma luta entre deus e o mal; na Palestina os profetas fizeram sua aparição, de Elijah, via Isaías e Jeremias, até Dêutero-Isaías; a Grécia testemunhou a aparição de Homero, dos filósofos – Parmênides, Heráclito e Platão –, dos trágicos, Tucídides e Arquimedes (p. 2).

Esses processos intelectuais paralelos, que ocorreram de maneira independente e assim não se influenciaram mutuamente, fizeram-se sentir nas civilizações avançadas das religiões orientais no Ocidente, e na Índia e na China. De acordo com Jaspers, elas suplantaram a idade mítica, inaugurando um período de reflexão sistemática sobre as condições básicas da existência humana. Jaspers não pode e não busca explicar por que esses eventos ocorrem em paralelo. Para ele, parece mais importante que essas civilizações da Era Axial possam fazer sentido uma para a outra, porque enquanto suas origens foram diferentes, *os problemas intelectuais que os confrontaram eram bastante similares* (p. 8).

Jaspers é vago sobre o que exatamente esses problemas envolvem – além do início de um questionamento mais intensivo do que significa ser humano. Quando historiadores da religião e teólogos de novo assumiram a ideia da Era Axial nos anos de 1970, porém, emergiu algo como um consenso sobre o fio comum correndo através de todas essas religiões e filosofias, capturado através do conceito de *transcendência*. Em outras palavras, eles eram da opinião de que pensar em termos de categorias transcendentes é (ou foi) *a* característica vital dessas culturas da Era Axial. Precisamente, qual é o significado de "transcendência"?

O ponto-chave aqui é o fato de que essas religiões e filosofias ocasionaram uma rigorosa divisão quase espacial entre o mundano e o divino e as ideias que foram desenvolvidas que afirmavam a existência de um reino *transcendental*, de um reino *transcendente*. Enquanto o divino esteve presente *no* mundo e formou *parte* do mundo na era mítica, isto é, enquanto o divino e o transcendental nunca estiveram antes verdadeiramente separados, e os espíritos e deuses poderiam ser diretamente influenciados e manipulados, precisamente porque eram parte do mundo, ou o reino dos deuses ao menos funcionava de modo muito parecido com sua contraparte terrena, com as novas religiões de salvação e filosofias da Era Axial abriu-se um golfo entre os dois. A principal ideia aqui é que o divino é o que é real e verdadeiro e inteiramente outro, uma comparação com o reino terreno sempre será deficiente.

Pensar dessa maneira envolve mais do que meramente fazer uma distinção. Uma *tensão* sem precedente surge entre o "mundano" (o terreno) e o transcendente, uma tensão com consequências significantes. Um tipo de reino divino, por exemplo, não é mais compatível com essa ideia. O governante não pode ser divino porque os deuses estão em outro lugar. E mais, existe uma crescente tendência em direção a compelir o governante a justificar suas ações à luz de imperativos divinos. O governante é desse mundo – e ele deve se justificar com uma referência ao mundo real do além. Uma nova forma de crítica (do governante) se torna possível, introduzindo uma dinâmica totalmente nova para o processo histórico no qual alguém pode sempre apontar que o governante está falhando em viver de acordo com os mandamentos divinos. Ao mesmo tempo se tornou possível também discutir sobre a verdadeira natureza de Deus ou a correta interpretação dos mandamentos divinos de uma maneira mais radical e obstinada, que levou, cedo ou tarde, a conflitos, assim como a distinção entre diferenças étnicas e religiões coletivas. Intelectuais – sacerdotes, profetas etc. – agora desempenham um papel substancialmente mais importante que cumpriram antes da Era Axial porque, entre outras coisas, tiveram a tarefa difícil de interpretar a verdade de Deus, intenções inacessíveis que já não podem ser agarradas tão facilmente através de categorias terrenas. Com a ideia de transcendência, a história se abriu, isto é, campos completamente novos de conflito se tornaram concebíveis. Para colocar isso de maneira mais abstrata: a ideia de transcendência ocasiona a ideia de necessidade fundamental de reconstruir a ordem mundana. De agora em diante torna-se possível conceber a mudança da ordem social de modo a alinhá-la com princípios divinos; pela primeira vez, é possível imaginar revoluções deliberadas. As ideias produzidas durante a Era Axial foram tão poderosas que desencadearam uma nova dinâmica social.

Eisenstadt baseou-se nesses *insights*. Seu *Revolução e a transformação das sociedades: um estudo comparativo das civilizações*, que originalmente apareceu em 1978, foi o texto central aqui. Em uma versão particular da hipótese de Jaspers, ele percebeu o ponto de partida para um projeto teórico e de pesquisa altamente ambicioso pretensioso que poderia abrir perspectivas inteiramente novas para a análise da mudança social. A tese de Eisenstadt é que a tensão entre o mundano e o transcendente em todas as religiões da Era Axial foi resolvido de diferentes maneiras em cada caso, de acordo com o ritmo de mudança nas diferentes civilizações da Era Axial. Para colocar isso em uma casca de noz, Eisenstadt acreditou que podia produzir uma tipologia detalhando os caminhos nos quais essa tensão foi resolvida. Como podemos imaginar isso?

O argumento de Eisenstadt é como se segue. Em algumas civilizações, a tensão foi resolvida por recursos *seculares*, como no caso do confucionismo (e até certo ponto na Grécia clássica e na Roma antiga) através do desenvolvimento de uma ética e de uma metafísica, que em última análise preservou e estabilizou as relações sociais:

> o impulso das orientações oficiais das civilizações confucianistas se originou da resolução dessa tensão alcançada através do cultivo da ordem social, política e cultural, como o caminho majoritário para manter a harmonia cósmica. [...] Em conformidade com isso, a orientação confucionista destacou a realização adequada dos deveres mundanos e atividades dentro da estrutura social existente – a família, grupos de parentesco mais amplos e serviços imperiais – como em última medida a resolução da tensão entre as ordens transcendentais e mundanas e da responsabilidade individual (EISENSTADT. "This Worldly Transcendentalism and the Structuring of the World", p. 171).

Essa resolução secular da tensão entre o transcendente e o mundano compreendia a salvação como uma questão *intra*mundana. Isto é, as pessoas buscam sua salvação religiosa ao cultivar a ordem social existente num tempo dado. Em outras palavras, a vontade divina é melhor servida ficando com as tarefas atribuídas *no mundo*, que devem ser ordenadamente dentro da ordem social, ao invés de se retirar desse mundo, por exemplo, tornando-se um ermitão.

Mas também foi possível resolver essa tensão *religiosamente*. Eisenstadt distinguiu entre as abordagens budistas e hindus, nas quais o reino transcendente foi concebido em termos não pessoais, e uma abordagem monoteísta, na qual um Deus personalizado está localizado fora do universo (EISENSTADT. "Cultural Traditions and Political Dynamics", p. 163-164). A antiga variante compreendia a salvação quase exclusivamente como *exterior* ao mundo, isto é, as ações dos budistas e dos hindus foram orientadas muito fortemente em direção a uma ordem transcendental que para eles *a transformação no mundo não pode ser o objetivo dos nossos esforços*. As religiões monoteístas do judaísmo, cristianismo e islã, enquanto isso, oscilaram entre um conceito de salvação puramente transcendental e um puramente imanente; *mas se uma noção imanente de salvação prevaleceu, a transformação do mundo tornou-se uma prioridade urgente*.

Tudo isso soa muito complicado, como de fato é. Deixem-nos pausar brevemente para resumir nossa discussão tão longa. O centro da tese de Eisenstadt foi que a então chamada Era Axial ocasionou a massiva aceleração do processo histórico – condicionada à tensão entre o mundano e o transcendente. Contudo, o grau de aceleração depende da maneira com a qual a tensão foi resolvida. Faz sentido que uma orientação puramente transcendental, como no budismo e no hinduísmo, ofereceu e continua a oferecer pequenos estímulos para a reorganização da política e da sociedade. Eisenstadt, assim, apresenta a tese de que essas civilizações que, como resultado de seu caráter religioso, habilitam crentes a adotar uma orientação *intramundana*, particularmente se eles estão destinados a *mudar* ao invés de cultivar a sociedade, têm o grande potencial para um extensivo e rápido processo de mudança.

A noção de processos de mudança "acelerados" ou "rápidos", alguém pode objetar, é bastante estranha. O que isso significa exatamente? Pode o ritmo da mudança social ser diretamente medido? E quais são os critérios? Eisenstadt, de fato, não tem nada para falar sobre isso; ele não pode, portanto, "medir" alguma coisa em um sentido científico natural. Contudo, ele pode finalmente apoiar sua tese de diferentes graus de mudança com evidências que a apoiam. Ele chama a nossa atenção para o fato de que apenas um especialista como ele, com um conhecimento verdadeiramente universal de história, poderia conceber. Ele nota que essas "revoluções", eventos caracterizados por mudança social rápida e completa, aconteceu por todos os lugares. "Grandes revoluções" foram de fato possíveis apenas nas civilizações da Era Axial; ou apenas nesses elas têm sido experimentadas ou refletidas.

"Grandes revoluções" (alguém poderia pensar nas revoluções Americana, Francesa ou Russa) sempre tiveram e têm – como Eisenstadt acredita – um fundo rudimentar de História das Ideias, ligado com a noção fundamental da Era Axial da necessidade de reconstruir o mundo. Nas civilizações não axiais – como mostra a história do Japão – as fundações intelectuais simplesmente não estavam presentes e atores assim não possuíam maiores objetivos. Apesar da rápida mudança econômica no século XIX, a qual parecia oferecer a perspectiva das insurreições revolucionárias ou ao menos de tentativas em direção à revolução, o Japão não conheceu revoluções reais, e não tem sequer desenvolvido os modelos ideológicos necessários. Mesmo a assim chamada Restauração Meiji ou Revolução Meiji na segunda metade do século XIX não possuía os elementos ideológicos e simbólicos, as características messiânicas e universalistas, característica das "grandes revoluções" da modernidade da América do Norte e da Europa, mas também geralmente encontrada em todas as civilizações da Era Axial (EISENSTADT. "Cultural Premises and the Limits of Convergence in Modern Societies: An Examination of Some Aspects of Japanese Society", p. 132ss.).

Mesmo se a base ideológica para revoluções estivesse presente em *todas* as civilizações da Era Axial, não significa que revoluções aconteceram em todas elas. Isso, é claro, sempre dependia de uma constelação específica de atores, bem como (e isso nos leva de novo para diferenças religiosas *entre* as religiões da Era Axial) sobre a maneira específica na qual a tensão entre o mundano e o transcendente foi resolvida em cada caso. Em relação ao último, isso significou que a natureza dessa resolução poderia "sugerir" a ideia de uma derrubada *total* da ordem existente com uma força particular ou tendem abafar essas tendências. Para Eisenstadt é, portanto, não acidental que foi nessas civilizações moldadas por religiões monoteístas, nas quais orientações para ação imanentes estavam muito difundidas, que a primeira "Grande Revolução" aconteceu. Um ativismo voltado a mudar o mundo foi uma condição muito mais favorável para um projeto revolucionário do que uma posição de afastar-se ou de preservar o mundo. Concretamente, isso significa que havia correntes importantes no judaísmo, cristianismo e islã dispostas e capazes de se apresentar com objetivos mundanos.

O fato de que, das religiões com uma orientação mundana, foi o cristianismo – em vez do islã, por exemplo, cujas raízes também estão entre as religiões axiais – que se provou um ambiente favorável para revoluções, foi ligado a um conjunto específico de atores, ou seja, condições *estruturais* específicas. Embora o islã sem dúvida tenha destacado características mais messiânicas, ainda visíveis atualmente, seu crescimento político e geográfico específico, ou seja, sua extensão para além da Península Arábica, enfraquecendo as posições das cidades e de suas pessoas. Fatores-chave que fizeram possível a dinâmica revolucionária na Europa da modernidade primeira ou na América do Norte estavam ausentes ali. O complexo cultural cristão não apenas providenciou as ideias necessárias para um grau particularmente alto de dinamismo social, mas também foi hábil para realizá-lo em um certo conjunto de circunstâncias estruturais. Na Europa da primeira modernidade, o ritmo de mudança revolucionária foi acelerado; depois de certo número de passos, isto deu origem à dominação global das civilizações que vige até hoje.

Isso é o que podemos dizer em relação ao desenho teórico de Eisenstadt. Repetindo, sua tese central é a de que as várias religiões e civilizações às quais elas deram origem ficaram marcadas por um particular ritmo de mudança fundado, entre outras coisas, no caminho específico no qual tensões transcendentes foram resolvidas. Diferentemente de Max Weber, Eisenstadt não acredita que elementos mágicos ou tradicionais em civilizações orientais, isto é, um baixo grau de racionalização das religiões encontradas nelas, explicam o fato que elas se desenvolveram mais lentamente, em última análise ficando para trás do Ocidente. Ele rejeitou essa ideia etnocêntrica, enfatizando que o potencial para a racionalização foi e está presente em todas as religiões. Isso foi usado simplesmente de diferentes maneiras para resolver a tensão entre o transcendental e o mundano. Cada civilização desenvolveu suas próprias tradições a esse respeito e na Europa e na América do Norte isso produziu um conjunto de circunstâncias que deram origem a então chamada "modernidade" ocidental.

A noção de Eisenstadt de "modernidade" ocidental tinha pouco em comum com aquela implantada pelos teóricos da modernização. As fontes dessa modernidade residem na tradição judaico-cristã da Era Axial, uma tradição que, contudo, novamente foi submetida a uma importante mudança no século XVIII, quando uma constelação específica de atores trouxe revoluções. Isso criou uma nova situação, provocando novas dinâmicas. Assim, de acordo com Eisenstadt, a modernidade ocidental não foi de maneira alguma produto inevitável de um princípio histórico. Em vez disso, suas origens foram contingentes, o que significa que outras civilizações podem encontrar dificuldade em seguir nosso exemplo tal como ele se desenvolveu. Elas têm sua própria tradição, ou melhor, suas próprias modernidades (no plural). Para Eisenstadt, a dicotomia entre tradição e modernidade não faz mais sentido. Todas as civilizações não ocidentais atuais são modernas. Elas mudaram profundamente como resultado da expansão europeia desde a modernidade primeira, se não antes. Elas foram crucialmente moldadas pela colisão com a Europa. Outras civilizações processaram e digeriram os impulsos para mudança vindas do Ocidente, fundindo-a com suas próprias tradições; elas desenvolveram *outras* modernidades na competição com o Ocidente, e é por isso que Eisenstadt consistentemente se refere a "modernidades múltiplas".

Todos os pontos referidos acima, que podem soar como mera inferência teórica, foram defendidos por Eisenstadt em "pesados tomos". Sua tremenda erudição o habilitou "digerir" grande quantidade de material histórico e penetrar processos históricos em muitas regiões do mundo. Seu monumental *Civilização japonesa: uma visão comparativa* (1996) é provavelmente a evidência mais impressionante de seus métodos de trabalho. Eisenstadt mergulhou na literatura sobre o Japão para explicar por que esse país, sem uma experiência de Era Axial, e que nunca adotou uma religião da Era Axial, durante o século XIX até a época mais recente, para alcançar economicamente o Ocidente e competir seriamente. Isto fez falhar o aparecimento de projetos revolucionários (como resultado de suas origens não axiais), o que em si mesmo o fez muito diferente do Ocidente.

Se vocês desejam ter uma imagem mais precisa dos métodos de trabalho de Eisenstadt, bem como a extensão de seus interesses histórico-sociológicos, um de seus trabalhos curtos, tais como *Die Vielfalt der moderne* ("A diversidade da modernidade"), lhes darão uma boa introdução. Aqui vocês encontrarão a análise de Eisenstadt das histórias da Europa, dos Estados Unidos e no Japão de forma condensada. Ao mesmo tempo, esse volume de 2000 provê uma explicação, adaptada à sua tese da Era Axial, da emergência de uma larga variedade de fundamentalismos religiosos na era presente (as características messiânicas das civilizações da Era Axial tendo uma importância crucial aqui), um fenômeno ao qual Eisenstadt tem devotado muita atenção nos tempos recentes.

As reflexões teóricas de Eisenstadt, como já vimos, repousam sobre um admirável conhecimento empírico sobre uma grande variedade de contextos geográficos e temporais. À luz do alcance de sua pesquisa é justo dizer que ele é a figura contemporânea que poderia reivindicar o *status* de sucessor de Max Weber. No entanto, o trabalho de Eisenstadt provocou um grande número de questões críticas, das quais nós somos obrigados a mencionar ao menos quatro.

1 Em várias publicações produzidas desde os anos de 1960 em diante, Eisenstadt apontou que diferentes atores e influências – internas e externas – devem ser considerados quando se está analisando processos de mudança social. Ainda assim pode-se perguntar se Eisenstadt, ao abraçar a noção de Era Axial, não produziu outra perspectiva basicamente endógena. É claro, Eisenstadt não nega a existência de influências externas. Mas por conta das dinâmicas civilizacionais serem explicadas com base em circunstâncias intelectuais *internas* ou religiosas específicas, os riscos de influências externas são rebaixados. O próximo ponto é diretamente ligado a isso.

2 Em nossa consideração do trabalho de Eisenstadt, imperceptivelmente introduzimos o conceito de civilização, que Eisenstadt mesmo usa. Mas esse conceito é muito difícil de definir. Einsenstadt enfatizou características culturais. Para ele, civilizações são caracterizadas por um problema especificamente religioso ou filosófico. Mas nós devemos questionar o quão coerente e homogênea essas civilizações são ou se é possível distinguir entre elas tão claramente. A crítica feita por Anthony Giddens sobre as noções de "sociedades" discretas (cf. a lição anterior) pode, é claro, ser aplicada ao conceito em grande parte de civilizações da mesma maneira. Além disso, isso significa que se civilizações não eram e não são inteiramente coerentes, a noção de dinâmica de mudanças específicas a uma civilização é também em última análise problemática.

3 Examinando os levantes da Era Axial, Eisenstadt inevitavelmente se concentrou nas elites, porque as fontes históricas para esse período em sua maioria falham em ter em conta as vidas da maioria da população. Mas Eisenstadt continua a argumentar da perspectiva de uma teoria das elites com relação à Idade Moderna. Tal como seu Professor Shils, ele focou sobre ideologias, isto é, os produtos intelectuais foram formulados e nos foram legados pelas elites. Alguém pode perguntar se a inclusão de valores e ações de estratos sociais mais amplos poderia nos levar a diferentes conclusões sobre processos históricos. Alguém poderia argumentar, por exemplo, contra Eisenstadt, que revoluções frequentemente ocorrem por razões triviais e são imbuídas com significados simbólicos, *como revoltas que aconteceram na ocasião ou mesmo depois*, significados que são todos tão fáceis de interpretar retrospectivamente, e problematicamente, como

um "projeto revolucionário" imanente e latente que pode ser atribuído a certos intelectuais.

4 O foco de Eisenstadt na Era Axial e suas agitações ideológicas correm o risco de minimizar os pré-requisitos *estruturais* para formas de mudança social em geral e processos de modernização em particular. Ele certamente argumenta de um ponto de vista estrutural quando, reiteradamente, ele aponta explicitamente para uma constelação de atores e de elites. Ainda por outro lado isso está tensionando esses fenômenos como o colonialismo e a força bruta associada implantada contra os povos da África, Austrália e Ásia que não desempenharam um papel real em suas análises. Com certeza faz a diferença dizer se a "modernização" tomou lugar sob condições de autodeterminação ou violência externa. O trabalho de Eisenstadt nos fala um pouco sobre como os problemas da Era Axial são relacionados a *essa* circunstância estrutural.

Em nosso relato da renovação do parsonianismo e a teoria da modernização nós temos nos restringido ao trabalho de Edward A. Shils e Shmuel N. Eisenstadt. Isso é justificado dado a importância teórica desses autores, mas nossa abordagem não deve inspirar falsas conclusões. Nós desejamos tratar de dois pontos que possivelmente levariam a mal-entendidos.

Em primeiro lugar, Parsons teve muitos outros estudantes além de Shils e Eisenstadt. Desde os anos de 1950, uma sociologia americana ancorada na tradição parsoniana foi associada com certos autores que continuaram desfrutando de uma excelente reputação nos dias atuais. Nós devemos mencionar duas figuras representativas aqui. Robert Bellah (n. 1927) foi um companheiro próximo de Parsons e devotou muita atenção ao processo de modernização no Japão, nos anos de 1950. Nós já citamos seu *Religião tokugawa*, de 1957, identificando-o como um texto clássico na teoria da modernização. Mas ao mesmo tempo Bellah foi muito próximo aos argumentos complexos de Parsons, do que a maioria dos outros teóricos da modernização, que trabalhavam com uma dicotomia relativamente simples entre tradição e modernidade.

Religião tokugawa foi a primeira e mais inovadora investigação de certos padrões de valores encontrados no Japão, que habilitou esse país asiático a começar a recuperar o atraso em relação ao Ocidente num momento precoce, nomeadamente, no decorrer do fim do século XIX. Ocupando-se de um problema que remonta a Weber, Bellah examinou o Japão, um país do lado de fora do complexo cultural euro-americano, para equivalentes funcionais da ética protestante, com suas consequências dinâmicas. Mas seu estudo foi também importante por outra razão. Ele mostrou que o processo de industrialização que ocorreu no Japão teve características muito diferentes das que ocorreram nos Estados Unidos. Enquanto valores econômicos foram supremos na sociedade industrial americana, eles parecem não se aplicar no caso da modernização japonesa. No

Japão, a *política* desempenhou um papel decisivo e os valores econômicos foram subordinados aos políticos. Em termos concretos, significa que o processo de industrialização e de modernização foi implementado por elites políticas, e de uma maneira que isso deve ter parecido bem estranho para um observador ocidental, particularmente anglo-saxões. A modernidade japonesa decolou tendo como base de próximos, particularistas e obrigatórios que ligavam a elite social à casa real do imperador. Valores *militaristas* engrenados em direção à eficiência, que têm sido disseminados ao longo da sociedade, particularmente no século XIX, também desempenhando um papel principal. Esse *insight* fez Bellah questionar a clara divisão em duas metades das "variáveis padrão", tomada por certo por quase todos os proponentes da teoria da modernização. Como mostra esse exemplo, valores de orientação particularista não podem ser simples e suavemente atribuídos à tradição. Isso também problematizou a tese do processo unilinear de modernização. De acordo com Bellah, a modernização não apenas leva a uma dominação inquestionada de valores racionais ou seculares. Significa também que a religião, por exemplo, não simplesmente desapareceu nos contextos modernos. Em vez disso, e aqui Bellah argumenta muito no mesmo sentido de Parsons e Shils, ela é caracterizada por *novas* formas e *novas* configurações. Bellah está assim não apenas expondo uma simples tese de secularização tal como outros teóricos da modernização, mas em vez disso uma teoria da "evolução religiosa".

Nos anos de 1960 e de 1970, Bellah elaborou mais essa tese acerca da força duradoura da religião na sociedade moderna, com os Estados Unidos como objeto "primário", porquanto demonstrou como o político foi consistentemente acompanhado por motivos religiosos – desde os pais fundadores no século XVIII a John F. Kennedy no século XX. Ele implantou o conceito de "religião civil", emprestado de Rousseau, para poder analisar essa versão particular de religião em um mundo pós-tradicional (cf. *Beyond Belief*). A identidade americana – de acordo com Bellah – ainda tem raízes profundamente religiosas, e não existe sinal de que isso está mudando de modo significativo. Nos anos de 1980 e de 1990, Bellah contribuiu muito para o diagnóstico empírico da era contemporânea na base dessas suposições. Nós lançaremos um olhar mais detido sobre suas contribuições na Lição XVIII.

Neil Smelser, o outro parsoniano que gostaríamos de mencionar aqui, desempenhou um importante papel no desenvolvimento posterior e na abertura do parsonianismo. Tendo sido coautor (com Parsons) na elaboração *Economia e sociedade*, mencionado na Lição IV, enquanto ainda estudante, Smelser subsequentemente prefigurou certos desenvolvimentos na teoria parsoniana ou ajudou a livrar o estrutural-funcionalismo de algumas deficiências. Em seu *Mudança social na Revolução Industrial*, de 1959 (cf. novamente a Lição IV), Smelsen fez muito para tornar o conceito de diferenciação como parte tomada por certo da sociologia da modernidade, um conceito sobre o qual a teoria evolucionista parsoniana foi então usada para construir, e que todos os funcionalistas até Luhman subsequentemente se fizeram centrais em seu trabalho. Smelser nunca parou de burilar o conceito de diferenciação, e ao longo de sua carreira ele revisou suas ideias, que originalmente eram muito simples. Hoje, ele não mais assume que a diferenciação é um processo unilinear. Embora ele continue a afirmar que "a diferenciação permanece como uma característica dominante na sociedade contemporânea" (SMELSER. *Problematics of Sociology*, p. 54), ele mostrou enfaticamente em um grande número de estudos os processos de diferenciação ocasionando custos psicológicos, políticos e sociais e devem portanto ser bloqueados (cf. seu *Social Paralysis and Social Change*). Fundamentalmente, isso significa que ele adotou uma posição eisenstadiana.

Smelser remediou as deficiências teóricas do parsonianismo na medida em que foi um dos primeiros funcionalistas a lidar com o fenômeno da ação coletiva, tendo como foco particular os movimentos sociais. Parsons não tinha uma teoria a respeito disso e aparentemente não teve necessidade de uma, pois ele move-se cada vez mais na direção de uma teoria dos sistemas sem ator, enfatizando as relações de troca entre subsistemas. Como Eisenstadt fez, Smelser destacou aspectos teóricos da ação dentro do estrutural-funcionalismo e assim adotou um interesse pelos atores coletivos, porque eles são claramente de especial importância para *macroprocessos*. Sua *Teoria do comportamento coletivo*, de 1962, foi uma tentativa de interpretar a ação coletiva sem recorrer à premissa de que atores individuais são inteiramente irracionais nem tampouco à que eles são totalmente racionais. Embora o modelo desenvolvido por Smelser fosse coerente (para uma crítica, cf. JOAS. *The Creativity of Action*, p. 204ss.), seu trabalho aqui abriu novos campos de pesquisa para o funcionalismo.

Em segundo lugar, se nós demos uma ênfase particular sobre o trabalho de Eisenstadt nessa lição sobre a renovação do parsonianismo, não significa que ele tenha recebido uma grande atenção nos anos de 1970 e de 1980. Ao menos nos anos de 1970, o destino decretou que todos esses autores próximos a Parsons tiveram quase sempre de operar às margens de debates sociológicos ao redor do mundo. Como mencionado antes, isso foi fortemente devido ao fato de que, desde a segunda metade dos anos de 1960, as reflexões evolucionárias de Parsons, junto com essas abordagens que se basearam em sua obra, mas que efetivamente estavam produzindo algo de novo, tais como a de Eisenstadt, eram suspeitos de incorporar uma ideologia conservadora, mesmo que essa acusação fosse injusta. Parsons foi diretamente identificado com uma teoria da modernização bastante simplista, de tal maneira que acusações de etnocentrismo continuam a "espetar" seus estudantes. Como um resultado, de 1960 em diante, a maioria dos autores com interesses macrossociológicos procuraram por outras abordagens, particularmente aquelas o mais diferente possível em todos os aspectos de uma desacreditada teoria da modernização. Pois não foi apenas a construção interna da clássica teoria da modernização que se provou problemática, como fica evidente na constante revisão que Eisenstadt fazia sobre essa teoria. A teoria da modernização também falhou em um nível prático, as esperanças nela se tornaram nulas. A vasta maioria dos países do Terceiro Mundo falhou em desenvolver-se verdadeiramente. De fato, o oposto parece se aplicar. Muitos desses países sentiram-se ainda mais para trás do Ocidente, alçando a questão se o compromisso do Terceiro Mundo deveria ser rastreado para *relações de exploração* e assim para o Ocidente. O que o Ocidente fez para os países do Terceiro Mundo, de acordo com a tese discutida nos anos de 1960, principalmente por economistas e sociólogos de esquerda especializados em América do Sul, não foi ajudá-los a se desenvolver, mas asseguraram seu subdesenvolvimento contínuo. Esses cientistas sociais reivindicavam que as sociedades da América do Sul foram sendo sistematicamente saqueadas como resultado de termos desfavoráveis de um comércio ditados pelo Ocidente, auxiliado e estimulado por uma rica e numericamente minúscula burguesia local que lucrou grandemente com essa configuração. Um trabalho de dois sociólogos brasileiros, Fernando H. Cardoso (n. 1931 e presidente do Brasil, 1995-2002) e Enzo Faletto (1935-2003), intitulado *Dependência e desenvolvimento na América Latina*, de 1969, tornou-se particularmente famoso. Um dos termos-chave no título, "dependência", foi depois usado para designar um programa teórico em larga escala, então chamado teoria da dependência. Aqui novamente, pesquisadores trabalharam com o par conceitual "centro" e "periferia", embora ao contrário daqueles do trabalho de Shils e Eisenstadt, esses conceitos não foram entendidos em termos culturais em respeito à sociedade ou civilização, mas foram predominantemente definidos em termos *econômicos* e estavam *relacionados com o mundo inteiro (economia)*. Nesta visão, o centro – essencialmente significando os países ocidentais – estaria explorando a periferia, em outras palavras o Terceiro Mundo.

Nos anos de 1970, essa abordagem foi ainda mais radicalizada, bem como seus expoentes se voltaram crescentemente para as ferramentas analíticas do marxismo. Esse movimento teórico foi associado sobretudo com o nome do americano Immanuel Wallerstein (n. 1930), originalmente um especialista na história e política africanas. Estendendo o que ele chamou de "Teoria do sistema mundo", Wallerstein perseguiu o objetivo altamente ambicioso de escrever uma história do mundo desde a época da expansão europeia no século XIX. Com esse ponto de partida a noção que a economia mundial foi e é centralmente governada por certas cidades mundiais que controlam fluxos de dinheiro e de comércio (Sevilha e Amsterdã no começo desse período, Londres nos séculos XVIII e XIX, e finalmente Nova York na era presente), Wallerstein descreveu o sistema de Estado-nação como fundamentalmente dependente de estruturas econômicas. Isso forneceu um esqueleto teórico central com o qual ele pôde dividir o mundo em "centro", "semiperiferia" e "periferia". Em seguida, passou a descrever e explicar processos macrossociológicos de mudança (cf. WALLERSTEIN. *The Modern World-System*, 3 vols.; para uma breve visão geral, cf. WALLERSTEIN. *Historical Capitalism*).

Enquanto o modelo de Wallerstein foi claramente reducionista e muitas de suas explicações eram questionáveis, ele em última análise relacionou todos os fenômenos históricos que retratavam trocas desiguais à teoria do sistema mundo e abordagens similares foram certamente o mais influente paradigma macrossociológico na sociologia mundial nos anos de 1970 e começo dos anos de 1980. A falha empírica da teoria da modernização foi muito óbvia, enquanto o destaque marxiano sobre exploração bruta parecia explicar muito mais plausível a falha do "desenvolvimento". As tentativas de renovar o parsonianismo "sofreram" com a difusão dessa visão. O debate macrossociológico internacional foi sem ambiguidade dominado pela teoria da dependência ou a teoria do sistema mundo wallersteiniano, em comparação com aquele de Eisenstadt, por exemplo, que se encontrava em uma posição muito difícil. Parsons e todos os (pós-)parsonianos ficaram na defensiva.

Existem todos os tipos de razão para que, não obstante, o parsonianismo tenha assistido a uma virada a partir de meados dos anos de 1980 em diante. Em primeiro lugar, à luz do colapso da União Soviética e seus estados satélites, o marxismo, pelo menos aquele incorporado pelos regimes comunistas, mergulhou em uma crise de uma maneira difícil de sair. Mas mesmo o marxismo ocidental à la Wallerstein, e com isso a teoria da dependência, lutava para conseguir explicar certos eventos, porque, em segundo lugar, as economias dos então chamados Tigres Asiáticos como a Coreia do Sul e Taiwan estavam claramente se desenvolvendo em caminhos que desafiavam seus princípios. Em terceiro lugar, como resultado disso tudo, mesmo a teoria da modernização, que fora anteriormente abandonada, passou e ainda está passando por algo como um reflorescimento, porque os valores e instituições ocidentais se provaram superiores no fim das contas – esse pelo menos foi o argumento implícito apresentado nos anos de 1990 por autores tais como o americano Edward A. Tiryakian, nascido em 1930, outro importante estudante de Parsons ("Modernisation: Exhumetur in Pace"), e o alemão Wolfgang Zapf (n. 1937; "Die Modernisierungstheorie und unterschiedliche Pfade der gesellschaftlichen Entwicklung" ["Teoria da modernização e os diferentes caminhos do desenvolvimento societal"]. Finalmente em quarto lugar, Parsons mesmo foi redescoberto por sociólogos no mundo todo. Pelo menos algumas partes de seu extenso e heterogêneo edifício teórico foram declaradas importantes e úteis em lugares inesperados, como por Jürgen Habermas, por exemplo, como vocês devem recordar da Lição X.

Como o resultado de tudo isso, o parsonianismo de repente retornou para o centro dos debates teóricos com renovado vigor. Uma nova geração de sociólogos, boa parte mais jovens do que Parsons, Shils, Eisenstadt, Bellah e Smelser, começou a rever o parsonianismo desde suas raízes. Na Alemanha, esse movimento teórico foi e é mais fortemente associado com o nome de Richard Münch (n. 1945). Münch, atualmente professor de Sociologia em Bamberg, publicou um tipo de produto rival do livro *Teoria do agir comunicativo*, de Jürgen Habermas, com sua obra de 1982, *Teoria da ação: em direção a uma nova perspectiva para além de Parsons* e *Compreendendo a modernidade: em direção a uma nova perspectiva para além de Durkheim e de Weber*. A afirmação-chave na análise comparativa de Münch sobre essas figuras clássicas é que Talcott Parsons é um teórico superior porque, inspirando-se em Kant, ele desenvolveu uma "teoria voluntarista da ação", uma teoria tão abrangente que requer uma pequena revisão. Dado que Parsons assumiu ideias kantianas, assim pensou Münch, ele pôde evitar todos os reducionismos que estavam por toda parte nos trabalhos de Durkheim e Weber, mas especialmente no dos teóricos contemporâneos. Embora a tese de que a obra parsoniana seja kantiana em sua essência e seja questionada por alguns autores (ao interpretar Parsons, autores tais como Charles Camic (n. 1951) colocaram substancialmente mais ênfase nas ideias econômicas que moldaram o trabalho mais antigo de Parsons, enquanto Harald Wenzel (n. 1955) apontou para a influência do filósofo americano Alfred North Whitehead), Münch contribuiu muito para reconstruir o pensamento parsoniano. A natureza dessa reconstrução, contudo, pode ser entendida apenas contra o pano de fundo de sua crítica ao trabalho de Niklas Luhmann. De acordo com Münch, Luhmann dissipou a herança de Parsons e empurrou o funcionalismo para uma direção errada. Porque Luhmann teria radicalizado desnecessariamente o funcionalismo ao afirmar que subsistemas diferenciados são incapazes de se comunicar e que podem, no máximo, romper um com outro. Ele perdeu o *insight* original de Parsons sobre a "interpenetração" de subsistemas. É verdade, Münch nos diz, que os subsistemas se tornaram largamente diferenciados na era moderna. Mas na modernidade ocidental os subsistemas *não* se tornaram inteiramente destacados uns dos outros: reiteradamente, padrões culturais e valores impactam diferentes sistemas. O desenvolvimento ocidental em particular ocasionou a *interpenetrância mútua entre ética e o mundo*. Isso, ele reivindicava, mudou muito pouco em nossos dias. Em contraste com Luhmann, mas em concordância com Parsons, Münch assim insiste que sociedades, incluindo os contemporâneos, destacam *integração normativa*. Esses componentes enfaticamente normativos da teoria de Münch também encontram clara expressão em seus estudos subsequentes, nos quais suas definições de modernidade e análise comparativas da Inglaterra e os Estados Unidos, ou França e Alemanha, ficam muito próximos do determinismo cultural (*Die Struktur der Moderne, Grundmuster und diferentielle Gestaltung des institutionellen Aufbaus der modernen Gesellschaften* ["A estrutura da modernidade: modelos básicos e diferenças no desenvolvimento das sociedades modernas"] e *Die Kultur der Moderne* ["A cultura [p. 336] da modernidade"], 2 vols.). Münch também produziu inúmeros diagnósticos da presente era em anos recentes.

Distanciando-se mais claramente do trabalho de Parsons, o americano Jeffrey C. Alexander (n. 1947) irrompeu na cena em 1983 com a publicação de quatro volumes de um trabalho intitulado *Lógica teórica em sociologia*. Aqui, ele analisou as abordagens de Marx, Durkheim e Weber; de maneira semelhante a Münch, ele elogiou o trabalho de Parsons como uma síntese teórica superior. Alexander, contudo, frequentemente "esqueceu" de seus próprios *insights* teóricos: seu construto teórico fundamentalmente multidimensional muitas vezes se torna demasiadamente limitado por causa de certo idealismo (que desconsidera os aspectos materiais da ação, p. ex.); além disso, ele frequentemente sucumbiu à tentação de simplesmente equacionar seus modelos teóricos com a realidade, e sua análise evolucionária tendeu a apresentar a sociedade americana como ponto-final da história. Alexander foi assim duramente crítico a Parsons. Mas ao mesmo tempo ele começou a reunir os funcionalistas e parsonianos remanescentes, marcando o "movimento" que resultou no "neofuncionalismo". O que estava por trás desse movimento? De acordo com Alexander, enquanto isso foi necessário para fortalecer elementos da teoria da ação no funcionalismo parsoniano, essa teoria estava basicamente em boas condições de funcionamento. De fato, de maneira mais surpreendente ainda, nos anos de 1970, um grande número de sociólogos que havia alcançado a maturidade seguia métodos de trabalho compatíveis com um parsonianismo renovado, modificado à luz da teoria da ação. O funcionalismo – assim Alexander nos fala em 1985 – não está de modo algum morto; de fato ele vive, mesmo se o *design* da teoria é levemente diferente, sendo apropriado referi-la como "neofuncionalismo". Esses neofuncionalistas, entre os quais Alexander, em uma visão mais liberal, incluiu um grande número de autores bastante diferentes (Eisenstadt, Smelser e Bellah aparecem ao lado de Luhmann e mesmo de Habermas; cf. "Introduction", 1985, p. 16), supostamente compartilhariam ao menos cinco teses centrais: (1) A sociedade é entendida como um sistema ou padrão passível de análise. (2) O foco da análise reside mais na ação do que na estrutura. (3) A tese da integração das sociedades é uma suposição teórica ao invés de uma declaração teórica. (4) É importante insistir sobre a distinção de Parsons entre personalidade, cultura e sociedade, pois este é o único caminho de prevenir reducionismos e ao mesmo tempo apreender a tensa relação entre esses três reinos. (5) Diferenciação é um modo crucial de mudança social (p. 9-10; cf. tb. ALEXANDER & COLOMY. "Toward Neo-Functionalism").

Esse último ponto parecia particularmente importante para os "neofuncionalistas", ou ao menos para quem aceitou que esse rótulo de Alexander poderia ser propriamente aplicado a eles, e é por isso que a literatura algumas vezes se refere aos "teóricos da diferenciação". Pois a teoria da diferenciação, cujas raízes residem primariamente no estrutural-funcionalismo e na teoria da modernização, precisa ser retida como a ferramenta-chave para descrever e explicar a mudança social, o que, é claro, implicava um afastamento bastante radical das noções originais de diferenciação. À luz de novos achados empíricos, especialistas nesse campo não mais tomaram os efeitos positivos de diferenciação como seu único ponto de partida, mas também discutiram aqueles negativos, como os bloqueios às diferenciações e desdiferenciações etc. (cf. COLOMY. "Recent

Developments in the Functionalist Approach to Change"). Eisenstadt, é claro, já via as coisas dessa maneira em 1960. Ainda assim, por mais positiva que possa parecer essa adoção dos *insights* de Eisenstadt, o neofuncionalismo e os (novos) teóricos da diferenciação tinham de se defrontar com uma questão óbvia: que sentido faz falar de "teoria da diferenciação" se alguém constantemente se refere às *exceções* dentro desse "processo central" de diferenciação? Se é verdade que todos os processos históricos levam para um objetivo particular, mas fenômenos contingentes constantemente brotam etc., porque tudo isso deve ser entendido através do conceito de diferenciação em primeiro lugar? A teoria da diferenciação, assim, aparece como um ponto nodal bastante pobre para a teoria neofuncionalista (cf. JOAS. *The Creativity of Action*, p. 223ss.). Igualmente, alguém pode perguntar o que exatamente significa o termo "funcionalismo" no rótulo "neofuncionalista". Esse termo se tornou demasiadamente sem significado, porque muitos autores descritos como "neofuncionalistas" não falam praticamente nada sobre sistemas e funções. É por isso que os funcionalistas "tradicionalistas" colocados entre os "neofuncionalistas", tais como Bernard Barber ("Neofuncionalismo e a teoria do sistema social"), têm reivindicado maior atenção para o conceito de sistema, pois esse seria o único caminho sensato para realizar análises funcionais – mas sem sucesso. Pois não há consenso dentro do "movimento" neofuncionalista no que diz respeito ao conceito de sistema. Existem, assim, boas razões para duvidar da coerência do "neofuncionalismo".

Isso não quer dizer que a renovação do parsonianismo não tenha produzido *insights* e encaminhamentos importantes em desenvolvimentos significativos. Contudo, sugerimos que não há quadro teórico *coerente*, que possa ser resumido em um rótulo simples, que emergiu da herança do trabalho de Parsons. Não há "neofuncionalismo"; no máximo, existem atores individuais que prestaram grandes serviços ao renovar o parsonianismo (Eisenstadt é certamente a figura excepcional aqui), mas de formas muito diferentes.

Hoje, Alexander parece ver as coisas dessa maneira também. Ele claramente abstém-se de chamar-se de "neofuncionalista", como fica implícito no título de um de seus trabalhos mais recentes, de 1998: *Neofunctionalism and After*. De fato, a importância de Alexander reside não nos termos intrigantes dos mais problemáticos que ele inventou, mas no fato de que, em companhia de outros escritores, tornou o trabalho de Parsons acessível em um aspecto crucial. Principalmente dos anos de 1990 em diante, ele imergiu no estudo de um diversificado leque de análises culturais, em um esforço de retificar uma deficiência crucial na teoria parsoniana. A análise de Parsons sobre a "cultura" exagerou seu caráter homogêneo, falhando em destacar as tensões internas. Adicionalmente, suas descrições de culturas específicas, em vez de serem baseadas em "descrição densa" (uma expressão cunhada por um dos estudantes de Parsons, o antropólogo cultural Clifford Geertz, 1923-2006), são basicamente construtos analíticos. O projeto de Alexander envolve aprendizagem com historiadores culturais e antropólogos tais como Clifford Geertz e Victor Turner (1920-1983) e chegando a processos de mudança cultural, particularmente em termos de metodologia. Seu objetivo é mostrar que discursos culturais são frequentemente estruturados de acordo com códigos binários ("amigo-inimigo", "puro-impuro" etc.) e que suas dinâmicas são ancoradas nesse binarismo (cf. "Culture and Political Crisis: Watergate and Durkheimian sociology". • Citizen and Enemy as Symbolic Classification: On the Polarizing Discourse of Civil Society; sobre a abordagem de Alexander, cf. WENZEL. "Einleitung: Neofunktionalismus und theoretisches Dilemma"). Aqui, Alexander – com a mesma intenção de Shils e Eisenstadt, mas de maneira um pouco diferente, tenta conceituar "cultura" de uma maneira mais nuançada do que a teoria parsoniana. Parsons mesmo, curiosamente, falhou largamente em analisar a cultura. Ao contrário de Parsons, a preocupação de Alexander é de novo mais com o aspecto disruptivo do carisma ou do sagrado e a abertura para situações nas quais essa disrupção se faz sentida; ao contrário de Eisenstadt, seu foco é menos no profundo processo histórico do que no passado recente e o presente, particularmente as condições necessárias para uma sociedade civil funcional e o processo de se chegar a termos com o Holocausto na era pós-Segunda Guerra Mundial. Os escritos de Alexander fornecem uma forte evidência de que inspirar-se diretamente no trabalho de Parsons pode ser um esforço frutífero e sua obra sempre atrairá especialistas que desejam interpretá-la e desenvolvê-la – não importando os rótulos que podem ser aplicados.

Ainda que tenhamos considerado os escritos do sociólogo israelense Shmuel Eisenstadt e seu colega alemão Richard Münch, essa lição estava preocupada principalmente com tradições teóricas americanas. Nas próximas três lições, entramos em um contexto nacional diferente – de fato, alguém poderia dizer que quase mundos diferentes. Aquele da França.

XIV
Estruturalismo e pós-estruturalismo

Se vocês olharem para trás e observarem as nossas lições até agora, pode ser que saiam com a impressão de que o desenvolvimento da teoria sociológica moderna limitou-se esmagadoramente aos casos americano, britânico e alemão, ao passo que as outras nações apareceram como meros coadjuvantes. A realidade, no entanto, é bem diferente. O foco geográfico da nossa descrição é devido, principalmente, ao fato de que essas tradições sociológicas dessas nações estavam muito conscientes e geralmente respondiam rapidamente umas às outras, permitindo que tenhamos procedido de forma quase cronológica nas treze lições anteriores. "Primeiro veio Parsons, depois sua crítica predominantemente americana, seguida de tentativas de síntese na Europa feitas por Habermas, Luhmann e Giddens, que, por sua vez, criticaram-se mutuamente, juntamente com certos esforços por desenvolver o legado parsoniano de forma modificada" – até agora esse foi o enredo da nossa história.

No entanto, a simples elegância desse enredo não pode ser sustentada no âmbito das nossas lições – pelo menos não se a contribuição francesa para o desenvolvimento da teoria sociológica moderna for levada em conta seriamente, como merece. Até o final dos anos de 1960, as ciências sociais e humanas na França formaram um grupo aparentemente autossuficiente. Isso se conecta ao fato de que lá existem fortes e produtivas tradições intelectuais que criaram as bases para um desenvolvimento nacional intensamente autônomo, para não dizer isolado. No caso da sociologia, isso se deu de forma particularmente evidente. Nesse caso, o trabalho de Émile Durkheim predominou em um grau desconhecido em outros países. Anterior às rupturas trazidas pelo marco histórico da Segunda Guerra Mundial, a sociologia francesa e a escola de Durkheim eram praticamente idênticas, porque até o momento de sua morte, em 1917, ele havia conseguido não somente moldar o debate sociológico, como também ocupar um grande número de influentes postos acadêmicos com seus alunos. Durkheim construía instituições de forma tremendamente bem-sucedida, e é quase que exclusivamente em função dele que a sociologia foi capaz de ganhar, tão rapidamente, uma posição de reconhecimento e legitimidade entre os cânones das disciplinas universitárias na França. A seu tempo, Max Weber não ocupou, sob nenhuma hipótese, um lugar de incontestável *status* intelectual no âmbito das ciências sociais na Alemanha, como fica implícito, nos dias de hoje, ao nos referenciarmos a ele como o grande clássico da sociologia alemã – independentemente do fato de que a institucionalização da sociologia por meio do estabelecimento de cadeiras independentes ocorreu muito mais tarde na França. Nos Estados Unidos, a bem da verdade, o assunto se estabeleceu mais ou menos ao mesmo tempo do que na França, sob o controle integral do Departamento de Sociologia e Antropologia da Universidade de Chicago. Mas não havia uma figura ilustre e absolutamente dominante em Chicago que correspondesse ao *status* de Durkheim frente à sociologia francesa como um todo. A Escola de Chicago funcionava mais como uma rede, enquanto a escola de Durkheim implicava uma clara hierarquia.

Até a Primeira Guerra Mundial, então, Durkheim e os durkheimianos, embora não desatrelados de seus rivais, eram o ponto de referência indiscutível (tanto positiva quanto negativamente) de toda e qualquer discussão sociológica na França, e o legado intelectual de Durkheim e de seus sucessores permanece vivo a tal ponto que até debates teóricos muito contemporâneos não podem ser compreendidos sem se localizarem dentro do contexto interpretativo proposto por Durkheim. Nós precisamos, portanto, olhar brevemente para o desenvolvimento da sociologia francesa no século XX antes de abordarmos especificamente o tema desta lição – estruturalismo francês e pós-estruturalismo. As raízes dessas teorias também encontram-se num espaço intelectual profundamente moldado pelo trabalho de Durkheim.

Enquanto as ideias de Durkheim, que primeiramente impactaram no final do século XIX, continuam vivas na França até o presente, com o falecimento do "mestre", a escola durkheimiana se tornou, obviamente, um pouco menos importante, o que foi reforçado por circunstâncias "externas". Alguma parte do que Durkheim tinha atingido ao estabelecer uma escola de pesquisa sociológica enraizada em suas ideias foi simplesmente dizimada pela Primeira Guerra Mundial, na medida em que um razoável número de seus mais bem-sucedidos alunos caíram no campo de batalha. Embora a escola tenha sobrevivido depois de 1918 graças aos esforços de uma ou duas figuras notáveis, a maioria dos estudantes remanescentes de Durkheim foram incapazes de injetar novos impulsos, especialmente de tipo teórico. Dentre essas figuras notáveis, Marcel Mauss (1872-1950) e Maurice Halbwachs (1877-1945) são particularmente dignos de nota; ensinados pelo próprio Durkheim, mantiveram seu legado vivo. Outras figuras importantes às quais estão inclusos Georges Bataille (1897-1962) e Roger Caillois (1913-1978), que combinaram certos temas encontrados na sociologia da religião de Durkheim com o surrealismo, a fim de criar uma mescla teórica de grande interesse, tanto literária quanto sociologicamente, durante a curta duração da Escola de Sociologia fundada em 1937; intelectuais alemães como Walter Benjamin (1822-1940) e Hans Mayer (1908-2001) estavam em contato com essas figuras (cf. MAYER. *Ein Deutscher auf Widerruf. Erinnerungen* ["A German Until Further Notice: A Memoir"], vol. I, p. 236ss.). Apesar de tudo, porém, é justo dizer que a escola durkheimiana, juntamente com a sociologia francesa como um todo, sofreu o mesmo destino, em 1920, que a Escola de Sociologia de Chicago e a sociologia na Alemanha: impulsos por inovação foram gradualmente perdendo força e esses movimentos intelectuais tornaram-se, em geral, mais estéreis.

Um novo e muito notável desenvolvimento na cena intelectual francesa, contudo – inicialmente afetando mais a filosofia do que a sociologia –, surgia como uma nova recepção ao pensamento alemão, começada no período entreguerras. Hegel e Marx, juntamente com Freud e pensadores fenomenológicos como Husserl e Heidegger, foram relidos pela primeira vez em grande escala – o emigrado russo Alexandre Kojève (1902-1968) era um dos principais intermediários nesse contexto. A assimilação de Raymond Aron a respeito do trabalho de Max Weber tinha, particularmente, consequências de longo alcance para a sociologia; depois da guerra, Aron, mencionado na Lição VIII, tornou-se um dos principais jornalistas da França e também um importante sociólogo da guerra e das relações internacionais. No contexto de um debate filosófico bastante amplo (e, até certo ponto, também sociológico), muito moldado pelo pensamento alemão, muitos intelectuais jovens estavam amadurecendo; a partir do início dos anos de 1940 em diante, enquanto a França ainda estava sob ocupação alemã, eles começaram a exercer uma influência massiva no pensamento francês. A obra de Jean-Paul Sartre, *O ser e o nada – Ensaio de ontologia fenomenológica*, de 1943, surgiu como o manifesto filosófico de um movimento que efetivamente se assumiu seguindo o fim da ocupação e do Regime Vichy, sob o rótulo de "existencialismo", e que acabou dominando o debate intelectual na França entre o final dos anos de 1940 e de 1950. Na circunstância do domínio estrangeiro e colaboração diária com os nazistas, a *magnum opus* filosófica inicial de Sartre era um chamado desesperado por autenticidade e responsabilidade, por uma moralidade do indivíduo, especialmente a do intelectual isolado em um mundo repressivo. Era – como colocado pela biógrafa de Sartre, Annie Cohen-Solal (*Sartre*, p. 187) – a "declaração da absoluta supremacia da subjetividade sobre o mundo" e, portanto, "um trabalho profundamente cartesiano".

Depois de 1945, com essa sua postura básica, Sartre impulsionou o debate filosófico, colaborando e, algumas vezes, colidindo com outros filósofos brilhantes como Maurice Merleau-Ponty. Paralelamente a isso, os próprios trabalhos literários de Sartre, bem como os romances produzidos por sua esposa, Simone de Beauvoir (1908-1986) e pelo romancista ganhador do Prêmio Nobel, Albert Camus (1913-1960) – um amigo de longa data de Sartre até se separarem, de forma espetacular, por causa da política – despertaram uma atitude em relação à vida que foi atraente para um grande público. Ao longo do tempo, o existencialismo provocou interesse massivo entre o público leitor, em parte em função das controvérsias políticas que o cercavam: durante algum tempo, Sartre expressou seu apoio ao Partido Comunista da França. Não podia ficar mais claro que seu subjetivismo teórico podia ser reconciliado com a adesão a um partido stalinista (cf. KURZWEIL. *The Age of Structuralism*, p. 2ss.).

Essa fusão entre fenomenologia, existencialismo e um radicalismo de esquerda dominou a vida intelectual da França nos anos de 1950, mas depois começou a perder influência, particularmente – e isso nos leva, de fato, ao foco da presente lição – à luz da emergência de um poderoso contramovimento na forma de "estruturalismo". É difícil determinar precisamente o porquê de o existencialismo ter desaparecido tão rapidamente na medida em que o estruturalismo deslanchou. Motivos políticos por si não são um fator-chave nesse contexto. Enquanto os confusos envolvimentos políticos de Sartre – como sua associação flutuante ao Partido Comunista – podem ter perturbado muitos de seus seguidores, os estruturalistas posteriores não eram diferentes a esse respeito. Muitos deles também eram fortemente envolvidos em políticas esquerdistas ou até mesmo agitadores doutrinários para o Partido Comunista francês. Ao invés, teremos que buscar explicar esse desenvolvimento a partir do ponto de vista filosófico, como fizeram Pierre Bourdieu e Jean-Claude Passeron ("Sociologia e filosofia na França desde 1945: Morte e ressureição de uma filosofia sem sujeito"). Sob essa perspectiva, à medida que a filosofia e a sociologia francesas se desenvolveram ao longo do tempo, elas oscilaram constantemente entre um subjetivismo exagerado e um excessivo antissubjetivismo ou objetivismo, fazendo com que o estruturalismo inevitavelmente suplantasse o subjetivismo característico da era de ouro de Sartre. Para o estruturalismo (e aqui nós apresentamos uma simples caracterização inicial, que será detalhada mais adiante) era uma crítica profunda às ideias encontradas na obra de Sartre a respeito da capacidade de escolha dos sujeitos, a capacidade individual de agir autonomamente ou a sempre ameaçada, mas sempre presente, possibilidade da autorrealização humana. Foi tão mais fácil ser crítico também porque, por tanto tempo, Sartre fez muito pouco para abrir a filosofia às disciplinas individuais dentro das ciências sociais e humanas. Isso se aplicava especialmente aos novos e florescentes assuntos. Ele era, por exemplo, tão desdenhoso ou hostil em relação à linguística quanto em relação à psicanálise freudiana, como fica muito claro em *O ser e o nada* (cf. esp. p. 458ss., 557ss.). Isso parecia insatisfatório para os filósofos que buscavam novas abordagens e elos intelectuais, e não é surpreendente que muitos deles buscaram ativamente romper com Sartre e sua forma de filosofar (cf. DOSSE. *History of Structuralism*, vol. I, p. 3). Somente em resposta a isso que Sartre buscou fazer mais pela integração das ciências sociais em suas reflexões.

Mas vamos dar um passo de cada vez. Quando falamos de "estruturalismo", vocês perceberão imediatamente que nele está contido um termo com o qual já estão familiarizados, em função de sua frequente aparição nas lições anteriores, a "estrutura". E essa parte constituinte da palavra de fato nos apresenta algo significativo a respeito das intenções dos teóricos aos quais esse termo se aplica:

> Os estruturalistas se distinguem primeira e principalmente por sua ardente, fortemente assegurada convicção de que há uma estrutura subjacente a todo comportamento e funcionamento mental humano, e sua crença de que essa estrutura pode ser descoberta por meio de uma análise ordenada, que tem coesão e significado (GARDNER. *The Quest of Mind*, p. 10).

No entanto, a caracterização expressada nessa citação não parece particularmente específica à primeira vista. Não seria possível, então, que teóricos como Parsons, Luhmann, Habermas ou Giddens, que também trabalharam com o conceito de estrutura, fossem também rotulados como "estruturalistas"? A resposta é não, porque os estruturalistas têm *uma compreensão muito específica sobre a estrutura*.

Parsons, juntamente com a maioria dos teóricos pelos quais já passamos até agora, *não* fez o esforço por esclarecer o conceito de estrutura de forma mais precisa. Quando Parsons se referia à "estrutura", geralmente não significava mais do que um tipo de plano arquitetônico, um modelo de partes, partes que se encaixam para formar um todo maior. O termo é corriqueiramente utilizado na sociologia da mesma forma vaga, desde então. Esse termo foi e é algo como um "faz-tudo", implantado a uma diversa ordem de fins em todos os contextos imagináveis, o que justifica precisamente o fato de raramente ser definido em seus pormenores. "Estruturas urbanas", "estruturas do mundo da vida", "estruturas de transporte", "estruturas organizacionais" etc. – são todas circunstâncias em que o componente "estrutura" pode significar praticamente a mesma coisa.

Estruturalistas, por outro lado, têm um entendimento mais específico das estruturas que emergiram e se desenvolveram em diferentes disciplinas (de humanas) durante a primeira metade do século XX, na medida em que seus expoentes lidavam com as características especiais da linguagem e do pensamento humano (cf. CAWS. *Structuralism: The Art of the Intelligible*, p. 11ss.). Foi, contudo, a linguística que realmente, ou, pelo menos, mais efetivamente, iniciou o movimento estruturalista nas ciências sociais. A figura notável de Ferdinand de Saussure (1857-1913), que deflagrou algo como uma revolução conceitual no interior da linguística, com suas aulas publicadas postumamente (cf. seu *Cours de linguistique générale*), que subsequentemente exerceu uma profunda influência no estruturalismo francês de 1950 e de 1960 e, assim, nas ciências sociais na França. O que havia de tão revolucionário nas ideias de Saussure? Que mudanças sua linguística sediada em Genebra pôs em marcha e por que seu pensamento atraiu tantos seguidores interdisciplinares décadas mais tarde? Precisamos, inicialmente, olhar para o trabalho de Saussure se quisermos compreender o estruturalismo científico-social baseado nele.

A pesquisa sobre a linguagem humana foi realizada pela primeira vez de forma sistemática e consistente ao final do século XVIII e início do século XIX, com estudiosos partindo de uma abordagem quase que exclusivamente histórica. A linguística era frequentemente equiparada com a filologia histórica, tendo como principal objetivo colocar o fenômeno linguístico como parte do processo histórico, e investigar como as palavras se transformaram ao longo do tempo. Como, por exemplo, palavras latinas se adaptaram à linguagem alemã, como o alto-alemão médio e o novo alto-alemão emergiram do velho alto-alemão ou como as línguas mãe e filha se desenvolveram uma da outra. Influenciados pelo Romantismo (alemão), famílias linguísticas ou "árvores genealógicas" linguísticas eram os conceitos-chave implementados pelos estudiosos, a fim de retratar a transformação histórica da(s) linguagem(ns) e apresentá-la como um processo de mudança orgânico.

Saussure, e ainda mais seus admiradores e intérpretes subsequentes, rompeu radicalmente com a filologia histórica e com a ideia de que a investigação histórica da linguagem era o principal objetivo da linguística. Em vez disso, eles se concentraram – enquanto pesquisadores estudando linguagens sem fontes escritas, tais como os nativos americanos já haviam feito – na questão de como uma linguagem específica é construída internamente e assim como ela pode ser desértica em sua *condição estável*. Um dos passos, se não o passo crucial, para estabelecer esse novo foco analítico foi a distinção proposta por Saussure entre o discurso dos indivíduos (*la parole*) e a linguagem como um sistema social abstrato (*la langue*), sendo esta última a que se tornaria o verdadeiro objeto de sua linguística. A linguagem

> é um fundo acumulado pelos membros da comunidade por meio da prática do discurso, um sistema gramatical que existe potencialmente em cada cérebro, ou, mais precisamente, nos cérebros de um grupo de indivíduos; porque a linguagem nunca se encontra completa em um indivíduo singular, mas existe perfeitamente somente no coletivo (*Course*, p. 13).

Que ideias sustentaram a distinção de Saussure entre *la parole* e *la langue*, que vocês podem achar bastante implausíveis? Grosseiramente, o pensamento de Saussure se construiu do seguinte modo: Quando eu falo, ou seja, quando eu profiro um ou vários sons, essa é uma ocorrência pontual. Minha repetição do som "árvore" nunca produz um padrão físico totalmente idêntico, o que pode ser facilmente demonstrado por um medidor de som. Isso se aplica ainda mais contundentemente quando pessoas diferentes proferem a palavra "árvore". À luz do fato de que um som vai sempre variar fisicamente desse modo, surge a questão de como sabemos que essas diferentes ondas sonoras se referem à mesma palavra, "árvore"? Nós sabemos, de acordo com Saussure, simplesmente porque nós, enquanto ouvintes, produzimos algum tipo de hipótese por meio da qual estabelecemos a conexão entre um som físico específico e um som *ideal* (o *significante*); ao mesmo tempo, nós sabemos que esse som ideal é associado à ideia de um tronco com ramos, folhas e espinhos (aqui Saussure se refere ao *significado*). Saussure atenta à ligação entre ideia e som, ou entre significante e significado, um "signo" (p. 65ss.). Um signo é, então, uma entidade imaterial que consiste em um significante e um significado (abstrato), o significante se referindo à ideia da árvore e o significado, contrariamente, ao som.

A relação entre o significante e o significado obviamente exige esclarecimento. Aqui, Saussure rejeita o então chamado modelo representativo da linguagem, *a noção de uma relação quase natural entre significante e significado*. De acordo com Saussure, é impossível inferir o sentido de uma palavra através de seu som. Ao contrário, não existem ideias preconcebidas das quais o som de uma palavra possa "naturalmente" surgir. Saussure, por sua vez, é adepto da opinião de que o significante é inteiramente independente do significado (o termo), ou, de forma mais abrangente, que o significante é randômica ou arbitrariamente atribuído ao termo. Um exemplo pode servir para ilustrar essa colocação. O som de quatro sílabas "veículo" não tem nenhuma relação com a noção abstrata de um objeto que se move sobre rodas, como evidenciado pelo fato de que o som que denota o mesmo conceito é diferente em línguas diferentes, como o alemão (*Fahrzeug*). O significante atribuído ao significado obviamente não depende do orador individual, é uma questão de convenção. Línguas têm histórias; em algum momento, um signo específico, com um significado próprio, foi assumido – a linguagem, como Saussure não cansa de enfatizar, é social na natureza.

> De todas as instituições sociais, a linguagem oferece a menor perspectiva de [iniciativa]. Ela é parte e parcela da vida de toda a comunidade, e a inércia natural da comunidade exerce uma influência conservadora sobre ela (*Course*, p. 74).

A imaterialidade do signo e o fato de que a linguagem é um sistema de signos, que se baseiam em convenções, justificam a distinção proposta por Saussure entre a linguagem (*la langue*) e o discurso dos indivíduos (*la parole*). A linguagem existe, evidentemente, independentemente dos oradores individuais; na verdade, ele atribui ao discurso a sua função, em primeiro lugar. Pois é somente por força do fato de que a linguagem é um sistema de signos estável, imaterial (Saussure afirma que a linguagem é forma, não substância) que podemos dotar sons, em suas mais diferentes permutações físicas, de um sentido fixo, que podemos falar, não importa o quão frequentemente, e ainda estarmos seguros de que estamos produzindo os mesmos significados.

À luz de todas essas considerações preliminares, particularmente a assertiva de que o significante é atribuído ao significado de forma arbitrária, Saussure conclui que os signos linguísticos não podem ser definidos em seus próprios termos, mas somente associados com outros signos. Isso se aplica tanto a palavras quanto a sons. No interior do campo de palavras de uma língua específica, aquele que diferencia, por exemplo, entre "acreditar", "ser da opinião", "saber", "assumir", "pensar", uma palavra confere significado à outra, pois se uma palavra não existisse, "seu conteúdo seria compartilhado entre suas competidoras" (*Course*, p. 114). É somente por termos alternativas à palavra "acreditar" que a essa palavra se atribui um significado específico; "acreditar" significa alguma coisa bastante diferente de "saber" ou "pensar".

Um exemplo fenomenológico faz com que essa relação fique ainda mais clara. O ser humano tem um aparato de articulação (cordas vocais, língua, boca etc.), capaz de produzir uma infinidade de variações sonoras. Mas, na verdade, cada língua usa apenas uma pequena proporção de todos os sons possíveis. Algumas línguas utilizam sons nasalados, outras usam mais o "s" mudo do que o sonoro; "th" é desconhecido na língua alemã, como todo o alemão, que frequenta aulas noturnas de inglês, está dolorosamente consciente, ao tropeçar nesse som complicado. Os habitantes do "Reino Médio" claramente lutam – essa é, pelo menos, uma das implicações das muitas piadas sobre os chineses – para pronunciar o "r" do inglês de forma correta, porque eles não estão familiarizados com a oposição entre o "l" e o "r". Nós podemos, então, declarar que na estrutura de uma língua há alguma lógica, porque somente algumas combinações de sons são possíveis em certas línguas, enquanto outras não o são, porque apenas determinadas distinções são reconhecidas. Então, as particularidades fonológicas de uma língua não podem ser reveladas por meio de um exame dos sons individuais, mas somente analisando as *diferenças* e *combinatórias* características dos fonemas individuais (de cada som portador de significado individual) (*Course*, p. 116).

Nessa visão, o significado das palavras e sons individuais não são produzidos pelo signo em si, mas sim por certas diferenças entre as palavras dentro de um grupo específico de palavras ou de oposição entre sons – tudo particular a cada língua. Nós temos que distinguir entre palavras (e sons) primeiramente para que possamos ser capazes de defini-las. Palavras ou sons assumem significado somente quando nós as delimitamos, apenas em função de sua *diferença* em relação a outras palavras ou sons. Então, na busca por entender a linguagem, precisamos pensar de forma relacional, em termos de relação, o que nos levará consequentemente ao conceito de *estrutura*, embora o próprio Saussure, que preferia se referir a um "sistema de linguagem", não utilizasse o termo dessa maneira.

A tese sobre a arbitrariedade da natureza da relação entre o significante e o significado (e, assim, a natureza arbitrária do signo em geral) e a proposição de que a linguagem é um sistema de signos que só pode assumir algum sentido se as relações entre signos forem analisadas, aparentemente abriu para a possibilidade – e isso explica, até certo ponto, o entusiasmo que as ideias de Saussure geraram tanto no interior quanto fora da linguística – de fazer da linguística (e mais tarde das ciências sociais) um tema estritamente científico. A partir dessas premissas, e porque não existe a necessidade de levarmos em conta a sempre problemática e contestável questão de como o sujeito comunica seu sentido, focando, em seu lugar, somente nas relações entre os significantes que constituem sentido, torna-se possível investigar a linguagem de forma altamente objetiva e científica. O pressuposto aqui é de que é somente por meio de uma análise objetiva da combinação dos significantes que podemos esboçar a *estrutura* da linguagem, da qual oradores ou sujeitos não estão cientes, e que podemos demonstrar como os significados são efetivamente construídos. Em outras palavras, a abordagem de Saussure enfatizou a primazia de um sistema subjacente, que precisa ser descrito de forma objetiva; enquanto a análise desse sistema certamente nos leva a significados, eles em si são meros fenômenos de superfície e, portanto, de importância secundária – uma posição de vigorosa resistência por parte de Sartre em suas lutas com a linguística (cf. novamente *Being and Nothingless*, p. 510).

Impulsionada pelas revelações de Saussure, parecia possível transformar a linguística em uma disciplina rigorosa, próxima às ciências naturais, embora tenha levado algum tempo para que os intelectuais chegassem a essa conclusão. Pois se as premissas de Saussure estivessem corretas, a linguística não precisaria mais ser uma ciência histórica marcada por todos os problemas interpretativos com os quais historiadores e intelectuais das humanidades estão sempre lidando, mas poderia produzir um conhecimento científico aparentemente objetivo e quase natural. Colocando em termos mais gerais, não parecia mais necessário que a linguística assumisse uma abordagem hermenêutica. A hermenêutica (cf. Lição IX) é, como vocês já sabem, baseada na ideia de que podemos conhecer a essência das ordens simbólicas apenas por meio de interpretações. Justamente por novas interpretações serem inevitáveis, no entanto, elas nunca conduzem a um resultado final que levaria o processo interpretativo ao seu fim. Linguistas estruturais pareceram capazes de evitar o "problema" hermenêutico do processo interpretativo interminável, acreditando que poderiam "explicar" o sistema linguístico objetivamente, de uma vez por todas. Parecia-lhes plausível realizar um sonho científico, de acordo com o qual as estruturas da linguagem podiam ser penetradas até o último detalhe, fazendo com que fosse viável alcançar a gênese do significado – *e não tendo que analisar o sujeito (linguístico) que efetivamente comunica o significado*. Isso aparentemente pavimentou o caminho da linguística em sua busca por se livrar do sujeito (que dota a palavra de sentido), trazendo-nos novamente ao esboço interpretativo mencionado anteriormente, de acordo com o qual a vida intelectual francesa oscilou constantemente entre um subjetivismo radical e um radicalismo antissubjetivista (DOSSE. *History of Structuralism*, vol. I, p. 59).

Os métodos (estruturais) de Saussure atraíram seguidores rapidamente; eles foram absorvidos por linguistas em outros países – ainda que com algumas modificações – e, em geral, despertaram amplo interesse também por sistemas de signos não linguísticos. Pois se a linguagem é apenas um entre outros sistemas de signos, por que outros sistemas (linguagem de sinais, ritos simbólicos, tratamentos formais, sinais militares) não deveriam ser atravessados por uma instrumentação científica similar? Em última análise, essa foi a noção assumida pelo próprio Saussure, que previu uma teoria geral dos signos (a qual ele chamou de *sémiologie* ou semiologia, cf. *Course*, p. 15). Era, então, somente uma questão de tempo até que os cientistas sociais – fascinados pela sua forma de pensar – também agregassem suas ideias, aplicando o método estrutural a sistemas de signos não linguísticos, a relações sociais ordenadas.

Na França, um homem em particular desempenhou um papel fundamental a esse respeito, uma figura futuramente descrita como o "pai do estruturalismo", o antropólogo e sociólogo Claude Lévi-Strauss. Ele aplicou o modelo conceitual de linguística estrutural à antropologia e à sociologia e desenvolveu um conceito de "estrutura" particularmente novo às ciências sociais. A premissa aqui é a de que os estruturalistas buscavam atingir a estrutura subjacente a todo *funcionamento mental* e comportamento humano (ênfase adicionada). Esse era, precisamente, o objetivo profundamente ambicioso de Lévi-Strauss na medida em que buscava identificar as *estruturas inconscientes da mente humana e da cultura humana*.

Claude Lévi-Strauss nasceu em 1908 em Bruxelas, Bélgica, onde cresceu em uma família intelectual judaico-francesa. Ele estudou Filosofia e Direito na Sorbonne, mas não tardou a seguir a Antropologia e a Sociologia, momento no qual lhe foi oferecida uma posição como professor de Sociologia na Universidade de São Paulo no Brasil. Lévi-Strauss aceitou a proposta em 1934. Tendo cumprido suas obrigações enquanto professor, ele organizou uma expedição ao Brasil Central em 1938-1939, durante a qual ele teve a oportunidade de realizar pesquisas de campo com os Nammikwara e Tupi-Kawahib. Em 1939, ele voltou para a França para prestar serviço militar, mas teve que deixar o país novamente na primavera de 1941 por razões políticas e "raciais" em virtude da vitória nazista. Ele foi para Nova York, onde entrou em contato com os principais antropólogos americanos, tais como Franz Boas (1858-1942), entre outros, e se tornou amigo do destacado linguista russo, Roman Jakobson (1896-1982), que foi o primeiro a usar o termo "estruturalismo", apresentando-o a um novo campo de conhecimento, o da linguística estrutural. Entre 1945 e 1947, Lévi-Strauss trabalhou como adido cultural na embaixada francesa em Washington antes de vir a público, ao final da década de 1940, em decorrência de seu trabalho de campo no Brasil, com a publicação de dois livros antropológicos, sendo um deles *As estruturas elementares do parentesco*, de 1949, texto que fundou a antropologia estrutural. Outras publicações importantes – entre elas um diário de campo altamente influente, uma obra-prima literária de 1955 a respeito de suas experiências no Brasil, intitulada *Tristes trópicos* – permitiram que ele ascendesse rapidamente na carreira acadêmica; em 1959 ele foi finalmente nomeado à cadeira de Antropologia Social no famoso Collège de France, o principal instituto de ensino superior da França. Uma série de outras publicações importantes seguiram surgindo, entre as quais muitas teriam impacto significativo nas ciências sociais vizinhas e subsequentes; Lévi-Strauss recebeu várias honras, incluindo a eleição para a Academia Francesa em 1973, antes de se tornar professor emérito no Collège de France em 1982.

Quem ler o primeiro grande livro escrito por Lévi-Strauss, que logo se tornaria famoso, *As estruturas elementares do parentesco*, poderá entender, mesmo agora, a espécie de terremoto que provocou em alguns campos das ciências sociais na França. Uma fusão de reflexão filosófica sobre a relação entre cultura e natureza, detalhadas descrições etnográficas de estruturas de parentesco altamente complexas e uma elegante teoria estruturalista que reivindicou penetrar nessa complexidade, esse texto continua transpirando uma fascinação única, ainda que o conhecimento, trazido por muitas das teses invocadas por Lévi-Strauss, agora tenha sido convincentemente refutado por antropólogos.

O próprio título do livro é uma provocação em alguns aspectos; em última análise, sugere que ao autor não exatamente falta autoconfiança. Pois, como você pode ter percebido, remete à famosa e última obra de Durkheim, *As formas elementares da vida religiosa*. Mas Lévi-Strauss não está, de forma alguma, colocando-se como um durkheimiano ortodoxo nesse sentido. Ao contrário, ele rejeita firmemente a interpretação de Durkheim a respeito do tabu do incesto, por exemplo. No entanto, Lévi-Strauss se baseia em um texto produzido por um conhecido estudante de Durkheim, Marcel Mauss, já mencionado anteriormente, cujo *Essai sur le don* (1923/1924; título em português: *Ensaio sobre a dádiva: forma e razão da troca nas sociedades arcaicas*) apontou para a imperativa e necessária importância da troca de presentes no funcionamento das sociedades. De acordo com Mauss, que também era sobrinho de Durkheim, dar, receber e retribuir reciprocamente os presentes eram os principais mecanismos para o estabelecimento da solidariedade nas sociedades arcaicas. Pois dar – em todas as suas formas possíveis – é uma oportunidade para gerar reciprocidade, porque resulta em expectativas e obrigações que criam laços entre as pessoas. Como Lévi-Strauss poderia fazer uso da ideia de Marcel Mauss, uma vez que ele estava concentrado com o aparentemente diferente tema das estruturas de parentesco?

Lévi-Strauss apresenta um argumento em duas etapas aqui. Primeiro, ele afirma que a diferença entre natureza e cultura é a de que não existem regras ou normas na natureza. É apenas o estabelecimento de regras e normas (transmitidas através da linguagem), que faz com que o desenvolvimento cultural seja possível, em primeiro lugar; o ser humano se torna um ser cultural somente através de normas e regras. "[A] ausência de regras parece fornecer o critério mais seguro para se distinguir um processo natural de um cultural" (*The Elementary Forms of Kinship*, p. 8). Lévi-Strauss segue, assim, para a afirmação de que cada humano universal é um aspecto do mundo natural, enquanto tudo que é sujeito a uma norma ou regra específica é um aspecto da cultura. Desse ponto de vista, o papel da cultura é substituir ocorrência casual pela organização (ordenada) e, portanto, garantir a existência do grupo enquanto um grupo (p. 42). No entanto, como Lévi-Strauss reconhece, esta declaração, por si só, muito clara e compreensível, levanta um problema na medida em que se aproxima de um fenômeno que há muito fascina aos antropólogos, assim como a Durkheim, o conhecido tabu do incesto. Pois esta é, sem dúvida, uma regra não observada com muito rigor no reino animal, mas é, de acordo com Lévi-Strauss, universal, ou seja, está presente em todas as culturas:

> Aqui, portanto, está um fenômeno que tem as características distintivas tanto da natureza quanto de sua contradição teórica, a cultura. A proibição do incesto tem a universalidade da inclinação e do instinto, e o caráter coercitivo do direito e da instituição. Então de onde vem, e qual é seu lugar e importância? (p. 10).

Aqui, Lévi-Strauss faz uso da ideia de Marcel Mauss a respeito das relações de troca nas sociedades arcaicas. Pois o tabu do incesto, a proibição do casamento no interior de um grupo de parentesco específico, assegura que as pessoas se casem fora do grupo. Um homem ou uma mulher é, assim, passado para outro grupo. Ele ou ela precisa casar nesse outro grupo porque o tabu do incesto proíbe o casamento no interior da comunidade. O tabu do incesto, portanto, requer e necessita de "exogamia" e garante que as pessoas sejam "trocadas" *entre grupos*. Lévi-Strauss acredita, assim, que as estruturas de parentesco, que se fundamentam no universal tabu do incesto, podem ser interpretadas da mesma forma que a dádiva ou o intercâmbio econômico. Essas estruturas sempre produzem reciprocidade e laços de solidariedade, atentando para a relevância do fato de que as pessoas, e especialmente as mulheres, representam bens econômicos como resultado de sua capacidade produtiva: ao renunciarem às mulheres de seu grupo, os homens ganham acesso a uma mais ampla "rede de casamentos". Ou seja, eles podem esperar um influxo de mulheres e, portanto, de trabalho "de fora", enquanto, concomitantemente, criam relações de solidariedade e de reciprocidade com outros grupos. Lévi-Strauss explica o que isso significa, no caso de determinadas estruturas de parentesco particularmente evidentes, caracterizadas pela chamada "troca generalizada":

> A troca generalizada estabelece um sistema operacional conduzido "a crédito". A entrega uma filha ou uma irmã a B, que entrega uma a C que, em troca, entregará outra a A. Essa é a sua fórmula mais simples. Consequentemente, a troca generalizada sempre contém um elemento de confiança (mais especialmente quando o ciclo requer mais intermediários, e quando ciclos secundários são adicionados ao ciclo principal). É preciso que haja a confiança de que o ciclo se fechará novamente, e que depois de um período de tempo uma mulher será recebida como recompensa pela mulher inicialmente entregue (p. 265).

O tabu do incesto e a regra da exogamia exibem, portanto, clara funcionalidade aos grupos. Por estabelecerem laços entre grupos diferentes, eles também produzem um efeito integrativo. Lévi-Strauss também afirma que o casamento deveria ser literalmente visto como uma forma de troca:

> Em função de o casamento ser troca, por ser o arquétipo do intercâmbio, a análise da troca pode ajudar na compreensão da solidariedade que une a dádiva à contradádiva, e um casamento com outros casamentos (p. 483).

Não apenas isso, mas o sistema de parentesco, assim como o sistema de trocas de dádivas analisado por Marcel Mauss, é um *sistema de signos*, que pode ser estudado da mesma forma que a linguagem – utilizando-se fundamentalmente dos mesmos métodos, ou seja, aqueles originalmente desenvolvidos por linguistas estruturais. Ao mesmo tempo, Lévi-Strauss afirma ser capaz de rastrear as estruturas de parentesco, bastante diferentes em cada sociedade, a princípios elementares, assim como Saussure tentou tornar transparente a complexidade da fala humana ao explicitar a estrutura ideal da linguagem (*la langue*). De fato, Lévi-Strauss dá ainda mais um passo a frente. Todos esses sistemas de signos – tanto linguagens, sistemas de parentesco ou sistemas arcaicos de trocas de dons – em última análise aderem a uma lógica específica inerente à mente humana. Se pudéssemos fixar essa lógica, então, de acordo com Lévi-Strauss, isso iria nos fornecer a chave para a análise de representações simbólicas de todo tipo. Ele estava convencido

> de que uma lógica interna direciona o funcionamento inconsciente da mente humana, mesmo naqueles de suas criações que têm sido, por muito tempo, considerada a mais arbitrária, e que os métodos adequados a serem aplicados são aqueles geralmente reservados para o estudo do mundo físico (p. 220).

Lévi-Strauss já havia deixado claro como ele acredita que a mente humana funciona em *As formas elementares do parentesco*, ainda que este aspecto seria plenamente expresso apenas em seu trabalho posterior. A mente humana é estruturada de forma "binária", que "funciona" com oposições – uma ideia de Lévi-Strauss emprestada de seu amigo, o linguista Roman Jakobson. Este último expôs a tese, uma versão modificada das ideias encontradas na obra de Saussure, de que a linguagem é caracterizada não somente por uma estrutura claramente definida, mas que se trata de uma estrutura binária. É possível desmontar a linguagem em suas partes componentes na medida em que ela é caracterizada por oposições, entre consoantes e vogais, que são brutas ou afiadas, duras ou suaves etc. e que são contrárias de acordo com regras muito específicas nas várias línguas. Em última análise – Lévi-Strauss conclui – sistemas sociais de signos, tais como os sistemas de parentesco e troca de presentes, também se fundamentam nessa oposição, como fica aparente, por exemplo, na distinção entre "dentro" e "fora" (no caso da endogamia ou exogamia) ou entre dar e receber (como ocorre com a troca de presentes e a reciprocidade a ela atribuída). Lévi-Strauss, então, pensou que, embora possa ser um pouco extremo afirmar que

> "as sociedades humanas tendem automática e inconscientemente a se desintegrarem, ao longo de linhas matemáticas rígidas, em unidades exatamente simétricas" (James G. Frazer) [...] talvez deva-se reconhecer que a *dualidade*, a *alternância*, a *oposição* e a *simetria*, seja apresentadas em formas definidas ou em formas imprecisas, não são tanto as questões a serem explicadas, como *dados básicos e imediatos da realidade mental e social, que devem ser o ponto de partida de qualquer tentativa de explicação* (p. 136; ênfase adicionada).

Dualidade, enquanto estrutura que baseia as relações de parentesco, é certamente funcional para grupos, mas é observável, na realidade, *não em função* de sua funcionalidade, mas porque expressa "as estruturas fundamentais da mente humana" (p. 75). São as estruturas da mente que inconscientemente orientam a história humana a seguir determinados caminhos. Contingentes, a saber, acontecimentos imprevisíveis, acontecem naturalmente ao longo da história humana, tais como a migração de tribos indígenas provocadas por desastres naturais, convulsões políticas, crises econômicas etc.: "No entanto [...] o resultado geral dá provas de *forças integradas que são independentes de tais condições, e sob a influência das quais a história tendeu a sistema*" (p. 76-77; ênfase adicionada).

Lévi-Strauss desenvolveu mais profundamente essa forma de análise ao longo do tempo, buscando aplicar as ideias da estrutura binária a todas as formas de cultura humana a outros "objetos", não apenas ao sistema de parentesco. Vários volumes surgidos a partir da metade da década de 1960, sob o título *Introdução a uma ciência da mitologia*, por exemplo, são dedicados à análise estrutural dos mitos; o subtítulo do primeiro volume, *O cru e o cozido*, aludindo à tese da binariedade da mente humana, especificamente a ideia de que "cozinhar" marca uma linha divisória fundamental entre natureza e cultura.

Mas não são as conclusões apresentadas nesses livros difíceis, eles mesmos cada vez mais compostos de acordo com princípios estéticos e estruturados como mitos, que são de interesse primordial aqui. Em vez disso, queremos voltar para a base teórica das ideias de Lévi-Strauss, a fim de lançar luz sobre o porquê de os contemporâneos acharem os estruturalistas tão fascinantes.

A influência de Lévi-Strauss na vida intelectual francesa se deu, em parte, em função dos temas "românticos" que surgem tão explicitamente em seu trabalho. Ele sempre reconheceu sua admiração por Jean-Jacques Rousseau e, particularmente em sua obra mais tardia, declarou o "pensamento selvagem" ou arcaico (uma noção refletida no título de seu livro *A mente selvagem*) como um tipo alternativo (e superior) à razão científica do Ocidente (sobre os elementos românticos da obra de Lévi-Strauss, cf. HONNETH, A. "Structuralist Rousseau: On the Anthropology of Claude Lévi-Strauss"). Isso, em si, inevitavelmente atraiu a atenção dos intelectuais que não suportavam a civilização ocidental e suas eventualmente problemáticas consequências. As imagens profundamente expressivas apresentadas em *Tristes trópicos*, por exemplo – seu literário diário de campo mencionado anteriormente – permitiram que os leitores vislumbrassem um outro mundo, arcaico, que em breve seria perdido para sempre, aquele que serviu a um bom número de intelectuais como uma espécie de simulacro utópico durante uma era de descolonização, quando muitos deles foram perturbados por uma crescente má consciência em relação ao colonialismo. Mas estes aspectos românticos do trabalho de Lévi-Strauss eram apenas uma parte de um todo. Ele também destacou um aspecto aparentemente contrastante e inequivocamente cientificista.

Lévi-Strauss enfatizou, em muitas ocasiões, que seu trabalho era em parte informado ou modelado sob a linguística estrutural e o trabalho de Marx. O estudo da linguagem, como o promovido por Saussure, entre outros (cf. *Structural Anthropology*, vol. II, p. 9), e os escritos de Marx o ajudaram a estimar a importância das estruturas *latentes*, vitais para a compreensão caso exista alguma chance de explicar fenômenos superficiais. No que diz respeito às ciências sociais, "latente" significa que estruturalistas como Lévi-Strauss buscaram identificar as estruturas das quais os seres humanos *não estão conscientes*. Como resultado imediato disso, torna-se possível explicar a cultura sem que se recorra a sujeitos e suas interpretações. É, na verdade, vital que se faça assim. Como Lévi-Strauss repetidamente salienta, as ideias expressas por membros da população indígena a respeito da forma de funcionamento de sua sociedade, muitas vezes é contraditória com sua organização real (cf., p. ex., *Structural Anthropology*, vol. I, p. 133). Mas isso não é um problema, uma vez sendo a descoberta das estruturas inconscientes a definição própria da antropologia, cuja "originalidade [está ancorada na] natureza inconsciente dos fenômenos coletivos" (p. 18). E é essa exumação de elementos inconscientes, por meio de uma análise estrutural, que garante o *status* científico da disciplina. A antropologia e a sociologia devem, portanto, assumir a liderança a partir da linguística estrutural, o campo dentro das ciências sociais e humanas que mais se aproxima das ciências naturais:

> De todas as ciências sociais e humanas, somente a linguística pode ser posta em pé de igualdade com as ciências exatas. E isso se dá por três motivos: (a) tem um sujeito universal, a linguagem articulada que não falta em nenhum grupo humano; (b) conta com um método homogêneo (em outras palavras, se mantém o mesmo, independente da língua específica à qual é aplicado, moderna ou arcaica, "primitiva" ou civilizada); e (c) esse método se baseia em alguns princípios fundamentais, e a validade dele é reconhecida de forma unânime pelos especialistas, apesar de algumas pequenas divergências (*Structural Anthropology*, vol. II, p. 299).

Foi esse impulso científico (natural), para muito além de seus motivos românticos, que tornaram o estruturalismo de Lévi-Strauss tão atrativo. Ele claramente influenciou no pulso da vida intelectual francesa ao utilizar-se dessa teoria para polemizar contra a fenomenologia "não científica" e o existencialismo, ambos os quais assimilaram a experiência individual como ponto de partida e – trabalhando sob a "ilusão da subjetividade" – acreditavam que ela era capaz de explicar qualquer coisa. Lévi-Strauss, por sua vez, acreditava que "para atingir a realidade, tem-se primeiro que rejeitar a experiência e, posteriormente, voltar a integrá-la em uma síntese objetiva, desprovida de qualquer sentimentalismo" (*Tristes tropiques*, p. 71). Assim ele critica o existencialismo de Sartre como uma espécie de cartesianismo extremo, que baseia todas as suas ideias no ego individual. Como resultado desse processo, ele refletia, ficava aprisionado em numerosos preconceitos (*The Savage Mind*, p. 245ss.). Há muito a ser dito a respeito da caracterização crítica de Lévi-Strauss no que tange ao trabalho de Sartre. Mas as soluções que propõe aos problemas da filosofia sartreana não caem em simplesmente se voltar para teóricos ou teorias da intersubjetividade, mas, ao invés disso – o pêndulo balançando de volta ao antissubjetivismo ao qual nos referimos antes –, negar toda a subjetividade a fim de buscar pelas estruturas objetivas da mente, estruturas cujos efeitos atravessam e impregnam os sujeitos sem que seja necessário qualquer auxílio, e que determinam a sociedade humana e seu desenvolvimento. Gerou-se uma nova forma de pensamento que continha a promessa de uma abordagem genuinamente científica, antes considerada impossível, nas análises dos mais variados reinos da vida social. A ideia de sistemas de signos não intencionais propagada pelos escritos de Lévi-Strauss emanava uma aura de objetividade rigorosa e estrita e flertava com a perspectiva de colocar as ciências humanas em uma base totalmente científica. Assim, muitos estudiosos gratamente abraçaram suas ideias. Se fosse possível compreender os sistemas de parentesco, sistemas econômicos e mitos como sistemas de signos, por que não deveria ser possível aplicar o método estrutural a *todos* os fenômenos sociais? Todas as formas de ciências sociais não têm o direito de demandar por métodos estruturais de análise?

Essa foi, na verdade, uma tentativa realizada quando o movimento estruturalista atingiu o seu ápice, na metade da década de 1960. Os estruturalistas obtiveram êxito – pelo menos em termos de seu impacto público – em empurrar não estruturalistas progressivamente para as margens, a tal ponto que figuras como Alain Touraine, um forte e confesso crítico do estruturalismo, afirmou que Paris, na década de 1960, foi "ocupada" pelos estruturalistas. Embora isso possa soar como um exagero, é notável que o estruturalismo parecesse permear tudo naquele momento. A psicanálise acompanhou o surgimento de Jacques Lacan (1901-1981) e seus seguidores, que leram a teoria freudiana de forma particularmente estruturalista; na filosofia, na sociologia e nas ciências políticas, teóricos como Louis Althusser (1918-1990) e Nicos Poulantzas (1936-1979) começaram a reinterpretar a obra de Marx, expurgando todos os elementos considerados não científicos – e isso se aplica especialmente a este último – por colocar o Marx maduro e alegadamente científico, sua crítica político-econômica e seus argumentos estruturalistas contra o jovem Marx, que tendia à filosofia e à antropologia; Roland Barthes (1915-1980) tornou-se o maior e mais sensível teórico estruturalista da cultura, analisando a cultura de massa na França (*Mitologias*, de 1957); e o estruturalista que, em última análise, tornou-se aceito até mesmo na história, o filósofo (histórico) Michel Foucault, com o qual lidaremos em breve. Essas figuras exerceram influência massiva na vida intelectual francesa. Eles dominaram o contexto discursivo na França e eventualmente se tornaram intelectuais renomados internacionalmente, no momento em que – com algum atraso – o estruturalismo "transbordou" para outros países.

No entanto, a era de ouro do estruturalismo "original" ou "clássico" não durou muito tempo. Seu estrelismo começou a diminuir, no mais tardar, à medida que chegava o final da década de 1970, o que se conectava, em parte, com as tragédias pessoais sofridas por esses indivíduos. Poulantzas cometeu suicídio ao pular de uma janela em 1979; Barthes foi atropelado por um carro e morreu em março de 1980; Althusser estrangulou sua esposa em novembro de 1980 e foi internado em uma clínica psiquiátrica; Lacan – afligido por distúrbios cerebrais e um problema de afasia parcial no centro da língua – morreu em setembro de 1981; e Foucault morreu de Aids em 1984. O fato de essas figuras terem sofrido de destinos tão trágicos, ao mesmo tempo transmitia a impressão de que a era estruturalista tinha definitivamente chegado ao seu fim (cf. DOSSE. *History of Structuralism*, vol. I, p. xx-xxi).

Observando atentamente o legado intelectual desses pensadores, é imediatamente notável – pelo menos no que concerne o envolvimento das ciências sociais – a enorme discrepância entre elas e a euforia inicial inspirada pelo estruturalismo. Pois o legado do estruturalismo não é terrivelmente impressionante. Muito pelo contrário: o marxismo perdeu espaço na França a partir do momento em que surgiu o intenso debate sobre os crimes do Gulag e foi enfraquecido criticamente pela censura política de 1989; nos casos em que se mantém intelectualmente vivo, no entanto, o estruturalismo assumiu uma forma que praticamente não se relaciona com as ideias de Poulantzas e menos ainda com as de Althusser; enquanto as análises da cultura de Barthes eram frequentemente brilhantes, elas eram demasiadamente ensaísticas e lúdicas para fazerem justiça aos requerimentos mais sistemáticos da sociologia da cultura; e as interpretações estruturalistas da psicanálise desenvolvidas por Lacan não fizeram mais do que pastar nos campos exteriores das ciências sociais, sobretudo levando em conta que, mesmo no interior da psicanálise, grandes dúvidas permaneceram a respeito da seriedade do projeto de Lacan (os críticos zombaram de seus escritos comumente difíceis de serem compreendidos, com referências cáusticas a "Lacancan").

A situação é, no entanto, bastante diferente no que concerne o legado de Michel Foucault (1926-1984), a quem nos voltamos agora, à luz da tremenda importância de seu trabalho para muitas disciplinas, incluindo a Sociologia. A aparição de Foucault na "fase estruturalista" foi notável, na medida em que se tratava de um filósofo com uma forte *orientação histórica* que adotou argumentos estruturalistas. Enquanto Lévi-Strauss sempre salientou o fato de que a antropologia estrutural certamente está, ou deveria estar, alerta ao processo histórico, sempre ficou claro, no entanto, que seu real interesse analítico residia em estruturas fixas – e isso na sociedade estabilizada, como se estivesse congelada. Ele claramente favorecia a análise sincrônica, no que se refere ao momento, em lugar da análise diacrônica ou histórica – assim como Saussure tinha se distanciado da filologia histórica, estabelecendo o ponto de vista sincrônico como central em sua linguística estrutural. Quando Foucault se propôs a examinar as culturas francesa e ocidental de forma historicamente detalhada, surgiu um novo território a partir de um ponto de vista estruturalista.

É necessário admitir que é quase um estiramento descrever Foucault como um estruturalista "clássico" à la Lévi-Strauss. Foucault sem dúvida adotou algumas ideias estruturalistas. Mas ele também usou um bom número de novos elementos teóricos, não encontrados dessa mesma forma na obra do "pai do estruturalismo", fazendo com que muitos intérpretes de Foucault passassem a descrevê-lo como um pós-estruturalista. Mas não precisamos nos preocupar (ainda) com essas caixas conceituais. No entanto, é válido mencionarmos um aspecto nessa conexão: Foucault não compartilhava da ambição de Lévi-Strauss de localizar as estruturas básicas e universais da mente humana. Seu trabalho não assume a busca científica por estruturas finais e fundamentais. Isso, em parte, deve-se ao fato de que Foucault era profundamente influenciado por Nietzsche e os autores próximos a ele, o qual não estava preparado para observar a história do Ocidente como progressiva, e que tinha se tornado fortemente cético a respeito da noção de uma racionalidade universal válida em todas as circunstâncias. Foucault estava fascinado com os filósofos "sombrios" e escritores da modernidade europeia que, ao invés de celebrar os postulados do Iluminismo e seu otimismo sobre o progresso, adotaram uma posição anti-iluminista e lutaram constantemente buscando questionar a suposta racionalidade dessa iluminação. O fato de Foucault ter traçado seu caminho nessa tradição anti-iluminista de pensamento, em si já o afastava da associação completa com o projeto científico de Lévi-Strauss.

Qualquer um que deseje olhar mais atentamente no corpo das ideias foucaultianas, precisa estar ciente de que deve começar com sua primeira grande obra, *Histoire de la folie à l'age classique*, de 1961 (Título em português: *História da loucura na Idade Clássica*). Esse livro extremamente detalhado, em função do qual Foucault vasculhou arquivos em vários países da Europa, é uma análise sobre como o Ocidente lida com a loucura e a forma como as pessoas pensaram sobre a loucura desde o Renascimento até o início do século XIX. As análises de Foucault eram fonte de uma virtualmente irresistível fascinação (para os cientistas sociais, entre outros) porque ele sugeria que a civilização europeia é caracterizada por uma dialética da racionalidade e irracionalidade ou loucura profundamente arraigada, e que a loucura é somente o outro lado da racionalidade, talvez, até mesmo, a verdade sobre a racionalidade. Pelo menos, de acordo com Foucault, a intensa preocupação com a loucura que se repete sempre ao longo da história do Ocidente, sugere que estamos lidando, aqui, com uma verdade para a qual a razão se fechou.

> O homem europeu, desde o início da Idade Média, tem uma relação com algo que ele chama, indiscriminadamente, de loucura, demência, insanidade. Talvez seja a essa presença obscura que a razão ocidental deva sua profundidade [...]. De qualquer forma, o nexo razão-loucura constitui, para a cultura ocidental, uma de suas dimensões originais (*Madness and Civilization*, p. xiii).

Em seu livro, Foucault descreve como, durante o Renascimento, o homem louco ainda estava integrado à sociedade, ou, pelo menos, como não estava separado dela. Durante essa era, a loucura era algo que se podia ver e encontrar na vida cotidiana. Na era denominada por ele de "clássica", no entanto, a forma como as pessoas lidavam com a loucura começou a se transformar. O século XVI se distinguiu pela invenção do hospital, onde os loucos, juntamente com os pobres, os fisicamente doentes e os criminosos etc. eram presos. Temos aqui o início de uma compreensível prática de internamento, através da qual o louco (juntamente com os outros reclusos) é separado, ou seja, excluído da sociedade. Foi somente com a chegada do final do século XVIII que começamos a ver a separação entre os loucos e os outros internos, na qual os "destituídos" foram separados dos "irracionais". Os manicômios e instituições psiquiátricas se tornaram o lugar onde, pela primeira vez, os loucos seriam entregues aos médicos e onde eles – separados de todos os outros – tornaram-se o objeto da medicina.

Foucault caracteriza esse processo histórico, que ocorre desde o Renascimento, como uma tentativa de amansar a loucura – mas que não pode, de nenhuma forma, ser concebido nos termos da noção de progresso do Iluminismo. Para Foucault, o fato de que a profissão médica tenha adquirido responsabilidade exclusiva em lidar com a loucura nos séculos XIX e XX, fez da loucura um mero objeto. A verdade sobre a loucura – que ainda era passível de reconhecimento pelo menos durante o Renascimento, quando o homem louco ainda estava integrado à sociedade – se perdeu para nós; nós nos tornamos "alienados" da loucura (p. 277). Foucault suspeita profundamente da forma como os reformistas viam a si mesmos, uma autoimagem que é também o principal ponto de referência daqueles que acreditam no progresso científico. O isolamento dos enfermos, criminosos e pobres dos loucos ao final do século XVIII, de acordo com Foucault, não se baseia em motivos humanísticos, o desejo de tratar os loucos de uma maneira mais efetiva e humana; o único motivo era o de proteger os doentes da loucura, encadeando os loucos ainda mais firmemente às práticas de internação encontradas nos manicômios e instituições psiquiátricas.

> É importante e, talvez, decisivo, em função do lugar que a loucura ocuparia na cultura moderna, que o *homo medicus* não fosse considerado, no mundo do confinamento, um árbitro, que dividiria o que era crime do que era loucura, o que era mal do que era doença, mas, ao contrário, deveria ser visto como um guardião, que protegeria outros do vago perigo que exalava das paredes do confinamento (p. 205; ênfase no original).

Em termos históricos, a reconstrução de Foucault é, na verdade, altamente questionável. Uma interpretação alternativa de seu material de origem pode ser a de que o louco seria tolerado enquanto não fosse considerado um ser humano como você e eu, mas sim, por assim dizer, um membro de outra espécie. Internação em um manicômio se apresentaria, então, como um primeiro passo para a inclusão ou para a integração do louco.

Em todo caso, posteriormente Foucault continuou com seu projeto intelectual, distinguido por uma visão crítica ou cética do Iluminismo, com uma série de estudos históricos, a sua história da justiça criminal, *Surveiller et punir – Naissance de la prison* de 1975 (Título em português: *Vigiar e punir – O nascimento da prisão*) sendo particularmente digno de nota. Foucault inicia esse livro com uma consideração, que seria interpretada com indiferença por poucos leitores, a respeito da brutal tortura pública e execução do regicida Damien em Paris em 1757. Para Foucault, este início é de importância programática: ele passa a mostrar como práticas de punição se transformaram maciçamente nas décadas subsequentes. Cada vez mais o comportamento ou a mente dos condenados, em lugar do corpo, se tornava alvo de punição. Penalidades físicas passaram a ser aplicadas com menos frequência, como a pena de morte, que progressivamente foi afastada do olhar público. Ao invés, o foco da atenção se voltou aos esforços em se disciplinar o prisioneiro individual, para moldá-lo de uma forma particular, para perfurar seu corpo e sua mente. O símbolo dessa nova concepção de punição foi o nascimento da prisão moderna. Calabouços e afins existiam, naturalmente, desde tempos imemoriais. Mas o que era novo sobre as prisões "modernas" era o fato de que elas eram construídas, arquitetônica e organizacionalmente de tal modo que os prisioneiros pudessem ser monitorados a qualquer momento, ou que os prisioneiros fossem levados a sentir-se constantemente vigiados. De acordo com Foucault, as ideias de vigilância e de disciplina se expressavam mais claramente nos planos concebidos por um homem com o qual vocês já se familiarizaram na Lição II. O utilitarista Jeremy Bentham era também um dos grandes reformistas penais à sua época. Ele difundiu mudanças nas táticas de punição, esquematizando planos para prisões em que o desenho das celas, ocupadas por prisioneiros isolados, garantia que os guardas pudessem observar suas ações de um ponto de vista central o tempo todo. Por meio de uma vigilância constante e ininterrupta, os prisioneiros eram disciplinados e moldados de novas maneiras, a fim de alinhá-los às normas da sociedade – uma ideia que persiste até hoje.

Mas – e isto é, novamente, típico de Foucault, bem como constituinte da mensagem-chave do livro – o "panóptico" de Bentham, uma prisão em que as celas formam um círculo e o guarda pode enxergar todas elas a partir de seu ponto de vista central (cf. *Discipline and Punish*, p. 200ss.), juntamente com as novas formas de punição associadas, não são interpretadas em termos de progresso ou humanização. De fato não há nada estranho nessa interpretação, sobretudo quando contrastada com as novas e, a princípio, técnicas de punição livres de violência, com a cena de tortura e execução descrita por Foucault no início do livro. Mas Foucault apresenta um argumento muito diferente. Para ele, a transição da justiça feita por meio de tortura para a prisão representa somente uma *reestruturação das técnicas de poder*. Enquanto o objetivo não é mais o de *destruir o corpo*, cada vez maiores esforços são feitos para *exercer poder tanto sobre a mente quanto sobre o corpo da forma mais eficaz possível e para aumentar este poder*. A ascensão da prisão é apenas um elemento no conjunto de técnicas de poder e disciplina inteiramente novas que se desenvolveram no período moderno. Seguindo as reformas no exército do início do período moderno, que resultaram nos primeiros treinamentos sistemáticos de soldados para garantir que eles pudessem recarregar seus rifles rapidamente e manter a sua posição ou formação apesar do ataque inimigo, os corpos dos trabalhadores nas manufaturas e fábricas foram treinados da mesma maneira. O nascimento da prisão era e é apenas mais um fio nessa teia de poder.

É de crucial importância que o conceito de poder de Foucault não seja centralizado, como apontamos no capítulo sobre Anthony Giddens. Foucault não considera que exista um indivíduo especialmente poderoso sentado em algum lugar, emitindo ordens e exercendo poder sobre os soldados, trabalhadores ou condenados. O poder, de acordo com Foucault, na verdade, *não está localizado; é descentralizado, silencioso, discreto, mas a tudo permeia*. A ideia de Foucault capturou perfeitamente o humor de muitos intelectuais após a fracassada rebelião de 1968. Em uma publicação posterior, Foucault expressa a qualidade particular de seu conceito de poder em uma linguagem muito obscura e minada de floreios:

> A condição de possibilidade do poder... não deve ser buscada na existência primária de um ponto central, em uma única fonte de soberania da qual as formas secundárias e descendentes emanam; é a essência em movimento das relações de força que, em virtude de sua desigualdade, constantemente geram estados de poder, mas estes são sempre locais e instáveis. A onipresença do poder: não porque ele tem o privilégio de consolidar tudo sob a sua unidade invencível, mas porque ela é

produzida a partir de um momento para o outro, em cada ponto, ou melhor, de toda relação que se forma de um ponto a outro. Poder está em toda parte; não porque ela abarca tudo, mas porque vem de todos os lugares. [...]. O poder não é uma instituição, e não é uma estrutura; tampouco é algum tipo de força da qual estamos dotados; é o nome que se atribui a uma situação estratégica complexa numa sociedade particular (FOUCAULT. *History of Sexuality*, vol. I, p. 93).

Esse poder é tão perverso e, ao mesmo tempo, não localizado em parte porque – e isso nos remete a outra marca da teoria do poder foucaultiana – está conectado diretamente com "discursos", formas de expressão específicas, incluso formas científicas. Para Foucault, baseando-se inteiramente em Nietzsche, isso, por sua vez, significa que a ciência e a busca pela verdade sempre produzem poder. Foucault desenvolve essa tese, que pode soar um tanto implausível, mais claramente no primeiro volume de sua *História da sexualidade*, que ele começou mais ao fim de sua vida. Foucault, que intitulou caracteristicamente esse volume de *La volonté de savoir* ("A vontade de saber"), aqui contesta primeiramente o Iluminismo e a hipótese repressiva predominantemente esquerdista, de acordo com a qual a sexualidade teria sido suprimida e reprimida na "obscura" Idade Média, atormentada pela inibida moralidade cristã, e libertada somente pela medicina moderna, psicanálise etc. Foucault tem uma visão muito diferente a respeito desses processos. Ao mesmo tempo em que pode ser verdade que a repressão social da sexualidade por meio de sua proibição e censura tenha diminuído no início do período moderno, isso não significa que fosse menos regulada. Muito pelo contrário. Foucault identifica um grande aumento em discursos sobre "sexo" nos séculos XVIII e XIX; sexo era examinado biológica, médica, psicanalítica e teologicamente, por filósofos da moralidade etc. Toda forma de sexualidade era registrada e descrita com máxima precisão. "Sexo" era objeto de investigação científica até o último detalhe, e as ciências também influenciavam a maneira como as pessoas viam a si mesmas no que dizia respeito a seus desejos sexuais. De acordo com Foucault, é ingênuo pensar que isso dizia respeito a uma "libertação" do ser humano ou que isso fosse, pelo menos, um efeito não intencional desses discursos (*History of Sexuality*, vol. I, p. 130). Ao invés disso, *uma nova forma de poder* era produzida, mas não podemos atribuir a responsabilidade por isso a nenhuma autoridade de controle central. Pelo contrário, esses discursos em constante expansão levaram não intencionalmente a um disciplinamento e moldagem do ser humano, a uma internalização do poder praticada por todos sem a necessidade de alguém ordenando que se aja dessa forma. A ciência, enquanto busca da verdade, é uma vontade de saber com incalculáveis efeitos de poder; a tese geral de Foucault é a de que é impossível separar verdade de poder. Uma e outra vez, por isso, os estudos de Foucault se focaram consistentemente nas seguintes perguntas: "Quais são as regras de direito que o poder implementa a fim de produzir discursos de verdade? Ou:

Que tipo de energia é essa que é capaz de produzir discursos de poder que têm, em uma sociedade como a nossa, efeitos tão poderosos?" (FOUCAULT. *Society Must be Defended*, p. 24).

A outra tese, esta ainda mais provocativa, que Foucault deriva disso é a de que esses discursos científicos na verdade constituíram o "sujeito", em primeiro lugar. Foi a incessante invasão no ser humano que fez surgir o conceito de sujeito primeiramente. Em outras palavras, nessa visão, o sujeito é um efeito do poder e, mais precisamente, *um efeito de técnicas específicas de poder*, que se desenvolveram a partir do início do período moderno e particularmente nos séculos XVIII e XIX e que submeteram o ser humano a um exame cada vez mais minucioso. O sujeito humano não é, então, algo que sempre esteve e sempre estará lá. Ao invés disso, ele foi constituído historicamente por meio de formas específicas de poder e, mudando-se as formas dominantes de poder, pode desaparecer exatamente da mesma maneira. É essa ideia que sustenta a recitada passagem em o "fim do homem" ou a "morte do sujeito", em uma das principais obras de Foucault de meados dos anos de 1960, *Les mots et les choses – Une archéologie dês sciences humaines* (Título em português: *As palavras e as coisas – Uma arqueologia das ciências humanas*).

> Uma coisa é certa em todo caso: o homem não é nem o mais antigo nem o mais constante problema que foi apresentado ao conhecimento humano. Partindo de uma amostra cronológica relativamente curta dentro de uma área geográfica restrita – cultura europeia desde o século XVI – pode-se ter a certeza de que o homem é uma invenção recente em seu interior. [...] Como a arqueologia de nosso pensamento mostra facilmente, o homem é uma invenção de data recente. E provavelmente esteja chegando ao seu fim (FOUCAULT. *The Order of Things*, p. 387).

Esta tese a respeito do "fim do homem" – e aqui a herança estruturalista de Foucault se mostra de forma evidente pela primeira vez – era, primeira e principalmente, uma intensa crítica à fenomenologia (francesa), a Sartre, certamente à filosofia do sujeito em geral (cf. ERIBON. *Michel Foucault*, p. 156. • DREYFUS & RABINOW. *Michel Foucault: Beyond Structuralism and Hermeneutics*, p. 44ss.). O sujeito não pode e não deve ser tomado como o ponto de partida em uma análise filosófica, porque ele é meramente um produto de relações de poder que dizem respeito a um período de uma fase histórica particular. O antissubjetivismo estruturalista é, assim, legitimado por Foucault de uma forma particularmente nova, a saber, historicamente.

A inclinação de Foucault a uma abordagem sincrônica dos fenômenos é outra característica estruturalista de seu pensamento; espantosamente para um filósofo que trabalhou tão intensamente com materiais históricos, é praticamente impossível gerar qualquer interesse na diacronia presente em seu trabalho. Foucault, como ele mesmo alude no prefácio à edição inglesa de *As palavras e as coisas* (p. xiii), na verdade não estava interessado em problemas de causalidade histórica. Obviamente ele não pode evitar completamente esse tipo de problema; mas seu interesse primário encontra-se na *forma* de configurações discursivas *mais do que suas origens e seu desenvolvimento*. Sua análise do "nascimento da prisão", por exemplo, frequentemente inclui breves referências a possíveis conexões com o capitalismo nascente, mas, em princípio, é tarefa do leitor contemplar essa precisa relação causal envolvida. A onipresença do poder, a impossibilidade de fixá-lo a uma localidade específica, parece evadir questões de causalidade.

O motivo subjacente a esse agrupamento consciente de questões de causalidade se torna mais aparente quando se observa mais atentamente o conceito de "arqueologia" que aparece na citação acima e no subtítulo de *As palavras e as coisas*. Com esse conceito, Foucault parece estar sugerindo que sua intenção é a de investigar quando exatamente o ser humano surgiu historicamente como objeto do conhecimento. Isso também implica uma abordagem antievolucionista. O "arqueólogo" das ciências humanas certamente estuda suas fontes históricas a fim de trazer à luz e tornar visíveis os lados obscuros e escondidos da nossa civilização moderna, aqueles pré-requisitos ao pensamento contemporâneo que foram reprimidos com o intuito de que a radiante visão sobre a iluminada Idade Moderna, com seu otimismo sobre o progresso, pudesse brilhar mais intensamente. Mas essa exposição de elementos reprimidos não tem objetivo terapêutico; não é uma cura concebida para conferir ao indivíduo moderno um melhor conhecimento sobre como ele se tornou o que é. Muito pelo contrário. Discursos – de acordo com Foucault – alternam-se, de forma aparentemente aleatória e sem rumo. Eles encontram-se um em cima do outro, como os restos de culturas passadas nas diferentes camadas da terra, sem que qualquer ligação entre eles exista necessariamente. Em um universo em que o poder não pode ser localizado, pouco pode ser dito a respeito da gênese dos discursos; e é certo que não se pode assumir que discursos possam ser convertidos uns nos outros, que eles se formem uns a partir dos outros, de forma que a história seja considerada um "desenvolvimento". A história, na verdade, consiste na reprodução aleatória de efeitos do poder. É um jogo no qual não há espaço nem para a ideia de progresso ou da busca de qualquer outro tipo de significado. Assim como a arqueologia, Foucault, seguindo Nietzsche, também se refere repetidamente à "genealogia". Esse termo diz respeito ao processo de recordação histórica preocupada não com o reforço de compromissos de valor, mas com seu desmascaramento e destruição.

O conceito de discurso de Foucault, que, a propósito, diferencia-se fundamentalmente do de Habermas (cf. Lição X), é, de fato, sincrônico por natureza. Os paralelos com a linguística estrutural são óbvios. No trabalho inicial de Foucault, "discurso" significa não mais que um sistema de declarações, que estão relacionadas umas com as outras e que formam, juntas, um padrão ordenado. Ao longo do tempo, enquanto Foucault continuamente "embeleza" o termo de tal forma que um "discurso" pode se referir tanto a um entalhamento de declarações, bem como a técnicas de poder de instituições muito específicas (a lei, o sistema de saúde etc.), nunca fica totalmente claro *de que forma esses "discursos" mudam*. Assim como Lévi-Strauss falhou em questionar de onde as estruturas da mente vêm, Foucault também evadiu sistematicamente da questão de como podemos conceber a gênese dos discursos. Foucault elucida a "origem" desses discursos somente na medida em que se refere a um estrato profundo, a chamada "episteme", que é atribuída a todas as eras históricas, mas sobre a qual ele não nos fala mais nada. Toda época é caracterizada por esse esquema epistemológico profundamente arraigado, na base do qual os discursos particulares a cada época ganham corpo. Assim como falar é a função da linguagem (Saussure) e sistemas de parentesco são uma função das estruturas básicas da mente humana (Lévi-Strauss), de acordo com Foucault, discursos, e os efeitos de poder a eles associados, precisam ser compreendidos como uma função desse estrato profundo da episteme que, enquanto claramente típicos de uma dada época, não são efetivamente submetidos a um estudo *histórico*. Sartre, repreendido tão frequentemente por estruturalistas e, implicitamente, também por Foucault, adequadamente observa que

> Foucault não nos fala sobre o que seria o mais interessante de tudo, a saber, como cada pensamento é conduzido em consonância com essas condições, ou como a humanidade passa de um pensamento a outro. Para tanto ele teria que ter incluído a práxis e, por conseguinte, a história, o que é precisamente o que ele se recusa a fazer. Claro que a sua perspectiva permanece sendo histórica. Ele difere períodos, um antes e um depois. Mas ele substitui o cinema pela lanterna mágica, movimento por uma sucessão de momentos imóveis (apud ERIBON. *Michel Foucault*, p. 163).

Observando-se o início e a fase intermediária do trabalho de Foucault, não se pode deixar de notar que suas visões se tornaram cada vez mais radicais ao longo do tempo. Ao mesmo tempo em que é verdade que ele rejeitou firmemente qualquer forma de otimismo progressista em uma de suas primeiras obras, *A história da loucura*, ele também brincou com a ideia de reconhecer uma ideia fundamentalmente "integrativa" – isso era exatamente o que suas considerações a respeito do "outro" racional buscavam expressar. Subsequentemente, no entanto, sua visão (nietzscheana) sobre a natureza universal do poder dominou de modo crescente – a verdade em si se torna inseparavelmente conectada ao poder e passa, assim, a ser desacreditada. Torna-se simplesmente impossível escapar das teias de poder, e mesmo a verdade não pode mais nos libertar.

Só resta perguntar se uma posição tão radical é plausível e teoricamente produtiva (para uma crítica um pouco diferente, cf. a lição sobre Anthony Giddens). Aparentemente há bons motivos para que se duvide que sim, e Foucault, claramente, eventualmente chegou à mesma conclusão – pelo menos essa é a nossa afirmativa. Porque mesmo se alguém compartilhasse de muitas das premissas teóricas de Foucault e aceitasse várias de suas interpretações históricas, poderia ainda questionar se é o caso de estarmos efetivamente presos em teias de poder. Seria frutífero, por exemplo, descrever lutas por direitos humanos como não mais que discursos de poder e declarar todas as noções de "libertação" meras utopias? Como essa posição teórica poderia possivelmente ser reconciliada com o engajamento político de Foucault? Ao mesmo tempo em que é verdade que ele rejeitou a ideia de uma grande luta por libertação, ele estava ativamente envolvido em muitas batalhas políticas e sociais de menor escala (cf. as referências de Eribon).

É concebível (cf. tb. DOSSE. *History of Structuralism*, vol. II, p. 336ss.) que Foucault tenha se perguntado essas mesmas questões, ou, no mínimo, questões parecidas, mais para o final de sua vida. A obra em vários tomos que ele planejara escrever sobre a história da sexualidade, que ele não conseguiu completar, tem uma característica distintiva. Enquanto o primeiro volume de *História da sexualidade* (1976) surgiu quase que ao mesmo tempo em que *Vigiar e punir* (1975), a qual discutimos antes, e pouco aplica a concepção universal de poder encontrada no último trabalho para um novo campo (sexualidade), os dois volumes seguintes, destinados a serem os últimos, têm um tom bastante diferente. Os volumes II e III de sua história da sexualidade (*L'usage des plaisirs* [título em português: *O uso dos prazeres*] e *Le souci de soi* [título em português: *O cuidado de si*]) surgiram quase oito anos depois do primeiro volume – um longo período, durante o qual Foucault tinha obviamente mudado suas percepções. Repentinamente ele passa a se referir ao "sujeito", ao "*self*" – e de uma forma totalmente em desacordo com a perspectiva um tanto cínica que tinha anteriormente, embora ele tenha nos instrumentalizado com autocrítica a esse respeito. Ao contrário, e ele descreve como, no período entre o século IV a.C. na Grécia e os primeiros séculos depois de Cristo em Roma, a sexualidade era constituída como um campo da moralidade. A moral – assim nos diz Foucault – consiste, por outro lado, de regras e códigos e de outras formas de subjetivação, práticas do *self*, ou seja, formas de trabalhar-se o *self*, como o ascetismo (cf. *The Use of Pleasure*, p. 30ss.). Com uma forma de empatia, ele traça a constituição do sujeito moral e retrata a forma como a sexualidade era vivida na antiguidade greco-romana em comparação com a subsequente rigidez do cristianismo. Aqui não há sinal de qualquer cínico conceito universal de poder, como fica aparente de forma clara no brilhante título do último volume, *O cuidado de si*, um volume no qual Foucault não somente distingue cuidadosamente entre diferentes formas de individualismo (p. 42), mas no qual ele também descreve como a intensificação do cuidado de si na filosofia estoica implicou na "valorização do outro" (p. 149). Em contraste com seus primeiros livros, Foucault aqui se refere a sujeitos que, de fato, descobriram, por si mesmos, uma existência autêntica, sujeitos que não podem ser descritos como meros efeitos de técnicas de poder.

Ainda que se possa avaliar essa surpreendente mudança final no desenvolvimento do trabalho de Foucault, que inevitavelmente provocou significativas dúvidas a respeito do quão plausível e fecunda é a intransigente visão universalista de poder, característica da maior parte de seus escritos, apesar de todas as dificuldades, o legado de Foucault tem muito a oferecer à teoria social. Embora sua versão romântica do conceito de poder, Foucault nos sensibilizou sobre o fato de que a linguagem também produz efeitos de poder, com os quais qualquer ciência social sensível com questões de poder deve lidar. Nesse sentido, o trabalho de Foucault é uma continuação da tendência que concebe as relações de poder com grande precisão, uma tendência que se iniciou com Talcott Parsons. Este último estendeu o conceito de poder puramente negativo de Weber, baseado na ideia de um jogo de soma zero (cf. lições IV e XII), de tal forma a chamar atenção aos efeitos produtivos do poder. O que permaneceu de fora no caso de Parsons, no entanto, foi a percepção de que, enquanto o poder também pode ser produtivo, isso não faz com que ele seja menos repressivo. Foucault mostrou, por exemplo, que as ciências produziram um aumento massivo no conhecimento, mas que seus efeitos (positivos) de poder foram associados com importantes mecanismos de disciplinamento e moldagem de sujeitos. Todo discurso, incluso o científico, sempre exclui alguém ou algo ao enfatizar outra coisa. É nisso que o poder se baseia. Não é necessário dar o dramático passo de transformar essa percepção em uma crítica fundamental à ciência, realçando um relativismo igualmente fundamentalista, como Foucault sugeriu e muitos de seus seguidores de fato fizeram. Uma interpretação de suas teses com menos intenção de provocar embates não reduz sua grande importância para a sociologia. Para toda uma geração de cientistas sociais, ele inaugurou uma nova forma de olhar o mundo. Teóricas feministas em particular ficaram mais alertas aos mecanismos de poder como resultado de seu trabalho, mecanismos que não têm a ver necessariamente com uma violência absoluta e brutal, mas que, justamente por estarem latentes, não são menos efetivas (cf. Lição XVII).

Foucault conquistou outro feito de sensibilização. Por mais que muitos críticos tenham atacado sua interpretação totalizante da era moderna, seus escritos formaram um contrabalanço necessário às interpretações históricas excessivamente orientadas no sentido do progresso e diagnósticos positivos da era presente, os quais caracterizaram a sociologia e especialmente as teorias da modernização até agora. Embora sua abordagem fosse controversa, Foucault, como nenhum outro antes dele, nem mesmo Adorno, chamou atenção para os lados "obscuros" da modernidade, criando espaço para uma interpretação dessa modernidade que rompesse com a fé confiante no progresso perpétuo.

Isso nos leva ao segundo tópico da presente lição, o assim chamado pós-estruturalismo ou neoestruturalismo. Embora, novamente, esse fenômeno tenha nascido na França, nenhum desses termos é utilizado comumente lá; eles são, na verdade, uma invenção alemã ou, mais ainda, americana. No entanto, é bem possível fixar esse rótulo a autores franceses que, vindos da tradição estruturalista, afastaram-se dela e desenvolveram uma orientação teórica nova. O próprio Foucault (cf. acima) foi descrito como um autor pós-estruturalista por alguns intérpretes, simplesmente porque ele trouxe elementos completamente novos às análises (sua referência a Nietzsche e o ceticismo associado à racionalidade ocidental, cara a cara com Lévi-Strauss). De outro modo, Foucault deu pouquíssima atenção ao conceito de estrutura, motivo pelo qual ele também foi descrito como um "estruturalista sem estruturas". Mas o trabalho de Foucault sempre exibiu, inquestionavelmente, grande seriedade acadêmica, no desenvolvimento de seus estudos históricos e exame de fontes diversas.

No trabalho daqueles que podemos chamar de pós-estruturalistas sem nos preocuparmos com problemas classificatórios, essa seriedade não era e não é tão evidente. Eles são *pós*-estruturalistas porque disseram adeus tanto ao conceito científico de estrutura quanto aos ideais científicos de Lévi-Strauss. O anticlímax científico está ausente em seus trabalhos, e uma relação irônica se desenvolve com o antigo sonho de colocar as ciências humanas em uma base científica firme. Ceticismo em relação ao projeto científico é a ordem do dia e "seriedade acadêmica" é cada vez mais substituída por uma abordagem lúdica dos textos.

Na filosofia, esse movimento deveria ter começado tão cedo quanto a metade da década de 1960, mas efetivamente deslanchou somente ao final da década de 1970; era fortemente associado com os nomes de Jacques Derrida (1930-2004) e Jean-François Lyotard (1924-1998). O motivo pelo qual alguns estudiosos partiram do conceito de estrutura utilizado por Saussure ou Lévi-Strauss fica mais claro e aparente numa crítica invocada pelo filósofo Derrida, que ele formulou cedo, na metade dos anos de 1960 em *L'écriture et la différence*, com seu olhar direcionado a Lévi-Strauss (Título em português: *Escritura e diferença*, esp. p. 351-370). Derrida era mais influenciado pela fenomenologia de Husserl e Heidegger, mas buscava combater o estruturalismo em seu próprio jogo. Seu ponto de partida é apresentado na análise a seguir. Uma referência a estruturas sempre nos confronta com a questão relativa à unidade dessas estruturas, uma vez que a coerência de cada estrutura depende da referência a um núcleo de significado. Em outras palavras, somente se uma ideia central existe é que se torna possível determinar o que é a estrutura, ou seja, que elementos de fato fazem parte da estrutura enquanto opostos a um fenômeno de superfície. Na ausência de qualquer tipo de ideia que estabeleça ordem, uma referência à "estrutura" é um tanto vazia. O que é, então, o centro da estrutura? Quem ou que garante sua coerência? Os estruturalistas clássicos como Lévi-Strauss eram claros a respeito do fato de que *não é* o sujeito que confere coerência à estrutura. Quem ou que estabelece essa coerência permaneceu obscuro em seus trabalhos. Mas *o fato de que* tal coerência exista, e de fato precisa existir, parecia-lhes incontestável. Esse é o ponto de partida da crítica de Derrida, ao apontar o quão internamente inconsistente é essa posição. Pois se realmente existisse algo como um centro de significado, então – levando em conta que, alinhado com as percepções da linguística, sentido e significado surgem somente por meio da diferença – tal significado somente viria a existir por meio de sua diferenciação com outras partes da estrutura. Mas se esse for o caso, então esse significado central supostamente proeminente não pode, na verdade, ser tão central, porque é um componente imediato da estrutura. Assim, de acordo com Derrida, somos confrontados com um paradoxo. É por isso que ele acredita que a noção de uma substância que estabelece unidade é metafísica e que devemos nos libertar dela. Um outro corolário é que, na falta de um centro, a estrutura não é nada além de fixa e inalterável. Manfred Frank (n. 1945), interpretando a posição de Derrida, expressa essa posição nas muito bem-escolhidas palavras a seguir:

> todo significado, toda significação, e toda visão de mundo está em fluxo, nada escapa ao jogo das diferenças, não existe interpretação de Ser e do mundo que seja válida em si e fora de si e para todos os tempos (FRANK. *What is Neostructuralism?*, p. 63).

No entanto, isso destrói todas as esperanças, nutridas anteriormente pelo estruturalismo "clássico", de evitar a constante incerteza de explanação e interpretação (históricas) ao identificar estruturas fixas e objetivas. Estruturas podem ser concebidas somente de forma descentralizada; elas, porém, também exigem interpretação, e é por isso que, de acordo com Derrida – não pode haver uma interpretação definitiva de textos (e regras sociais). Como ele coloca: "A ausência do significante transcendental estende o domínio e o jogo de significação indefinidamente" (*Writing*, p. 354). Assim, a leitura de um texto, a interpretação de um contexto social ordenado, não mais implica a identificação de um significado, mas, em seu lugar, um processo de invenção, de criação de novos, porque não existem interpretações finais. Derrida fez a releitura de um grande número de textos filosóficos, com comentários por vezes reveladores, outras vezes arbitrários e, em geral, retoricamente exagerados. É mesmo irônico que o objetivismo do estruturalismo tenha levado a tal subjetivismo interpretativo.

Percepções a respeito da subjetividade da interpretação também são típicas da filosofia hermenêutica. Em contraste com a posição adotada por Derrida e seus sucessores, reteve o pressuposto da formação de um diálogo entre o sujeito que interpreta e o texto interpretado. No entanto, é a tese proposta por Derrida que forma o ponto de partida da filosofia pós-estruturalista, e é também demasiadamente multifacetada para que possa nos fornecer uma visão geral significativa (cf. o brilhante livro de Manfred Frank: *What is Neostructuralism?*). Como vocês podem ter deduzido a partir de nossa breve explanação, o debate pós-estruturalista no interior da filosofia também gerou desafios para as ciências sociais, particularmente porque a tese da existência de múltiplos eus – que não são uniformes na natureza e constantemente transformam sua identidade entre os jogos de signos – constituíram um ataque frontal à psicologia social tradicional e às teorias da socialização. Pois uma vez que textos não admitiam mais uma interpretação uniforme e final, coloca-se a reivindicação de que não possamos mais atribuir identidades fixas a seres humanos e que eles próprios podem compreender suas próprias existências somente como um jogo de constante transformação de identidade. Empiricamente, no entanto, essas afirmações são de pouca validade (para uma crítica cf. JOAS. "The Autonomy of the Self: The Meadian Heritage and its Postmodern Challenge").

Ainda mais importante para a teoria social como um todo foi o trabalho do filósofo Jean-François Lyotard, na medida em que ele se preocupava mais em diagnosticar o presente do que Derrida. A obra de Lyotard *A condição pós-moderna*, um texto de 1979 a respeito do futuro do conhecimento, produzida por ordem do governo de Quebec, tornou-se particularmente famosa. Aqui, Lyotard apresenta algumas observações interessantes sobre as repercussões políticas das novas tecnologias de informação e comunicação e suas consequências em uma sociedade democrática. Mas esse não era o aspecto mais interessante sobre esse "relato"; em última análise, outros autores falaram mais ou menos a mesma coisa, autores que, além disso, estavam mais bem-informados sociológica e politicamente que Lyotard. O impacto do livro, o motivo pelo qual se tornou conhecido, encontrava-se em sua tese do suposto "fim das metanarrativas". Enquanto a modernidade, de acordo com Lyotard, era caracterizada pelo fato de que a ciência funcionava como o ponto de referência indisputável e inquestionável em toda discussão, hoje – na era pós-moderna – a ciência é não mais do que um jogo linguístico entre outros e não pode reivindicar mais legitimidade que outros discursos. "Conhecimento não é o mesmo que ciência, especialmente em sua forma contemporânea" (LYOTARD. *The Postmodern Condition*, p. 18). Sob essa perspectiva, não existe mais um ponto de referência imediato e claro, nenhum discurso abrangente que, enquanto autoridade máxima, englobe e mantenha unidos todos os outros discursos. Na era pós-moderna, a ciência precisa se legitimar na referência a outros discursos não científicos, narrativas não científicas, uma tendência que alegadamente se tornou ainda mais forte desde a emergência da crítica da razão, que estourou pela primeira vez tão dramaticamente no fim do século XIX – aqui Nietzsche sendo uma figura-chave (p. 39). No entanto, a morte ou o fim das metanarrativas, que colocam todas as histórias individuais no interior de uma interpretação compreensiva de larga escala da história, não afetou somente as ciências, mas também sistemas de crenças como o marxismo (é importante assinalar aqui que Lyotard era, ele mesmo, um marxista nos anos de 1950) e teorias estéticas que postularam um tipo de lógica progressiva do desenvolvimento artístico, como expressado, por exemplo, no termo "vanguarda". (O conceito de pós-modernidade, cujas raízes se encontram na mais variada gama de fontes e, em alguns casos, esticam-se muito para trás na história – cf., p. ex., WELSCH. *Unsere postmoderne Moderne* ["Nossa modernidade pós-moderna"] –, deslanchou com particular vigor no meio da arquitetura no início da década de 1970, porque observadores consideraram impossíveis novos desenvolvimentos de estilos arquitetônicos; tudo que restava era combinar estilos antigos de forma irônica. O progresso artístico genuíno parecia cada vez mais inconcebível para muitos teóricos e praticantes da arquitetura.)

O que era provocativo nas teses de Lyotard a respeito da inevitável pluralidade de jogos de linguagem, era que ele não descrevia de nenhuma forma essa "morte da metanarrativa" como um declínio, mas em termos de abertura para novas possibilidades. Na era pós-moderna, de acordo com Lyotard, as pessoas sabiam sobre o fim das metanarrativas, mas não sentiam nenhum arrependimento em relação a isso:

> A maioria das pessoas perdeu a nostalgia pela perda da narrativa. A isso de nenhuma forma se segue que sejam reduzidas à barbárie. O que lhes salva disso é seu conhecimento de que a legitimação só pode nascer de sua própria prática linguística e interação comunicacional. A ciência "sorrindo ironicamente" a todo e qualquer outro tipo de crença os ensinou a dura austeridade do realismo (LYOTARD. *Postmodern Condition*, p. 41).

Politicamente, a declaração de Lyotard aqui buscava afirmar a existência de uma grande variedade de jogos de linguagem igualmente válidos, formas de ação, valores e estilos de vida no interior de uma sociedade, uma mensagem que foi positivamente abarcada pelos movimentos de direitos homossexuais e de mulheres e que, entre outras coisas, foi um estímulo poderoso para debates sobre o multiculturalismo nas sociedades ocidentais. *Sociológica e filosoficamente*, o argumento de Lyotard era um ataque tanto a Parsons quanto a Habermas, na medida em que ambos – o primeiro com referência a valores e o último com referência a um consenso a ser atingido racionalmente – continuaram aderindo a noções tradicionais de uniformidade. A tese de Lyotard sobre a inevitável pluralidade desses "jogos de linguagem" (um termo cunhado pelo filósofo Ludwig Wittgenstein, 1889-1951) pode trazer à mente o debate descrito na primeira lição sobre o conceito de paradigmas de Thomas Kuhn e sua referência a sua "incomensurabilidade". Lyotard aumentou consideravelmente a aposta ao descrever todos os esforços em se atingir uniformidade e consenso como totalitários ou, até mesmo, como uma forma de terrorismo. Até a teoria do discurso de Habermas, que era para ser livre de dominação é, em última análise, repressiva porque tenta destruir a inegável diversidade dos jogos de linguagem por meio de uma duvidosa metanarrativa centrada no potencial racional da linguagem, que supostamente facilita consenso (p. 60ss.). A pós-modernidade – Lyotard conclui – é, no entanto, profundamente plural, efetivamente a respeito de tudo (para uma crítica a essas teses, cf. BENHABIB. "Epistemologies of Postmodernism: a Rejoinder to Jean-François Lyotard").

A tese filosófica original de Lyotard sobre a inevitável pluralidade dos jogos de linguagem e formas de vida abriu uma ampla discussão na teoria social e nos diagnósticos da era moderna. O debate sociológico na assim chamada pós-modernidade percebeu a emergência de posições radicais, não tão radicais, compreensíveis, incompreensíveis e um tanto implausíveis. Deveria ser evidente que essas proposições apresentadas tanto por Derrida quanto por Lyotard implicaram o risco de uma deterioração de padrões científicos. Pois se não pode haver mais nenhum significado ou interpretação fixa, e a ciência não é mais do que um jogo de linguagem entre muitos, estamos a um passo de distância da fusão da ciência e da ficção, da alta cultura com a popular, especialmente considerando que, sob tais premissas, podemos dispensar o exame metódico da evidência empírica. E um vasto número de autores de fato sucumbiu à tentação de abandonar padrões científicos, sendo talvez o principal exemplo disso o sociólogo Jean Baudrillard (1929-2007), cujas teses ousadas fizeram dele uma celebridade contribuinte das páginas culturais da mídia internacional. Seu livro de 1976, *L'échange symbolique et la mort* (título em português: A troca simbólica e a morte), por exemplo, expôs a tese do fim da produção, de acordo com a qual supostamente não há mais nenhuma diferença entre trabalhar ou não, entre produção e consumo. Entre os jogos de signos, todas as distinções claras já se tornaram turvas; categorias políticas e sociais há muito falharam em capturar o fenômeno para o qual foram criadas, de tal forma que o presente é caracterizado por uma simulação da realidade e não existe mais nenhuma coisa a que se possa chamar de real (um de seus livros, que surgiu em alemão, foi intitulado "A agonia do real" (*Agonie des Realen*)). Mas isso não freou sua produção de teorias atraentes, cujas origens claramente se encontram em algum tipo de crítica cultural marxista, o que explica o porquê de um grande número de ex-marxistas terem se convertido a essa forma de pensar: "A fase... em que o processo do capital em si para de ser um processo de produção, é simultaneamente a fase do desaparecimento da fábrica: a sociedade como um todo toma a aparência de uma fábrica" (*Symbolic Exchange and Death*, p. 18). É difícil dizer o que é mais surpreendente, a simplicidade e falsidade de sua proposição ou a forma arbitrária com que o Baudrillard sociólogo ignora os achados altamente minuciosos da pesquisa social empírica. Baudrillard atingiu um auge criativo com seu livro *America*, de 1987. À véspera da Guerra do Golfo de 1991, Baudrillard finalmente declarou que a guerra não aconteceria; quando aconteceu, ele não abriu nenhum espaço para uma autocrítica. Sua tese de que a guerra existiu apenas como uma simulação, na verdade, capturou, mais uma vez, um importante aspecto de como esse evento foi percebido; mas ele expressou isso de forma tão superiorizada que ao mesmo tempo em que contava com a certeza da atenção da mídia, mesmo quem outrora o apoiava passou a se voltar contra ele.

O debate do pós-modernismo, assim, foi desviado muitas vezes para territórios perigosos. Ainda assim, de forma alguma esse foi sempre o caso. O contexto marxista produziu um bom número de estudos estimulantes que valem muito a leitura, com autores como o geógrafo David Harvey (*A condição da pós-moderni-*

dade), nascido em 1935, e o teórico cultural Frederic Jameson (*Pós-modernismo ou A lógica cultural do capitalismo tardio*), nascido em 1934, que combinaram o discurso pós-moderno com a sociologia cultural marxista. Para além de debates marxistas, o autor que provavelmente tenha tomado o debate sobre a pós-modernidade de forma mais sistemática foi Zygmunt Bauman (cf. tb. Lição XVIII), que abriu uma nova discussão a respeito da tese de Lyotard sobre a pluralidade de formas de se viver e jogos de linguagem contra o pano de fundo dos debates sobre o Holocausto. Porque, muito obviamente, nem todas as formas de viver podem ser igualmente aceitas (aquelas dos nazistas convictos, p. ex., buscando aniquilar qualquer um que fosse "diferente"), Bauman buscou conduzir a discussão de volta a um lugar em que se tornasse possível discutir muito seriamente sobre um *ethos* de tolerância e desenvolver um conceito mais plausível de diferença. No interior da filosofia – embora exercendo uma forte influência em alguns sociólogos – as teses propostas por teóricos pós-modernos foram retomadas pelo neopragmatista Richard Rorty, cujas dinâmicas contribuições trouxeram o tópico da subjetividade ao jogo, algo que aqueles que participavam no debate pós-estruturalista sobre a pós-modernidade abstiveram-se por muito tempo de fazer (cf. Lição XIX).

Ao olhar para trás para o estruturalismo e o pós-estruturalismo, fica evidente que eles tiveram impacto nas ciências sociais primeira e principalmente no que diz respeito ao seu *potencial em diagnosticar o tempo presente*, particularmente por meio dos trabalhos de Foucault e Lyotard. A forma pela qual essas teorias foram construídas significa que eles não geraram afirmações sistemáticas no que concerne à *mudança social*. E, de forma suficientemente lógica, abordagens que buscam descentralizar o sujeito e que postulam um antissubjetivismo radical têm pouco a oferecer no que cabe à *teoria da ação*. É, portanto, muito complicado alojar o estruturalismo e o pós-estruturalismo no interior da história da sociologia. A nossa tese de que o desenvolvimento da teoria sociológica possa ser descrito em termos do trio conceitual de "ação social – ordem social – mudança social" parece não se aplicar a eles. Talvez seja por esse motivo que ambas abordagens teóricas tenham ficado e ainda estejam à margem do debate teórico internacional das ciências sociais mais do que em seu centro. Por um tempo, no entanto, elas praticamente dominaram as humanidades concebidas de forma mais estreita, particularmente os estudos literários. É claramente vital ir além das restrições das abordagens estruturalistas e pós-estruturalistas a fim de encontrar pontos de contato dentro da sociologia. Isso foi exatamente o que fez Pierre Bourdieu, sobre quem falaremos mais minuciosamente na próxima lição; apesar do fato de que sua formação se estabeleceu no contexto estruturalista francês, ele novamente colocou grande ênfase na teoria da ação.

Finalmente, gostaríamos de fazer algumas sugestões de futuras leituras que possam ser relevantes à presente lição. Se você deseja adquirir uma visão altamente detalhada e bem-informada sobre a "revolução" estruturalista na França, os dois volumes de *History of Structuralism*, de François Dosse, são indispensáveis. *What is Neostructuralism?*, de Manfred Frank, é uma série impressionante de lições sobre pensadores pós ou neoestruturalistas, de Lévi-Strauss a Foucault e a Derrida. O seu acompanhante aqui, um filósofo brilhante, vai lhe guiar a salvo pelo labirinto de debates pós-estruturalistas altamente complexos e frequentemente confusos. Se você buscar obter uma visão crítica do trabalho de Michel Foucault, o mais importante dentre os autores examinados aqui em termos de teoria social, os melhores lugares para se buscar são os capítulos relevantes nos livros *Critique of Power*, de Axel Honneth e *Michel Foucault: Beyond Structuralism and Hermeneutics*, de Hubert Dreyfus e Paul Rainbow. Finalmente, as biografias escritas por Didier Eribon (*Michel Foucault*) e James Miller (*A paixão de Michel Foucault*) fornecem uma janela da vida e circunstâncias pelas quais passou esse autor extraordinário.

XV
Entre estruturalismo e teoria da prática
A sociologia cultural de Pierre Bourdieu

Na presente lição examinaremos um autor que em um estágio inicial se movimentou na direção de um projeto teórico sintético, em muitos aspectos da mesma forma que Habermas, Luhmann ou Giddens, e que assim se tornou um dos mais influentes sociólogos ao redor do mudo a partir da década de 1970. Estamos nos referindo a Pierre Bourdieu, cujo trabalho foi profundamente moldado pelo meio intelectual nacional em que se desenvolveu, sendo este o da França no final dos anos de 1940 e de 1950, um meio caracterizado por disputas entre fenomenologistas e estruturalistas. Porém, não é essa dimensão nacional e cultural que distingue os escritos de Bourdieu daqueles de outros "grandes teóricos" abordados nesta série de lições. Nós vimos quanto Habermas ou Giddens, por exemplo, dominaram o contexto acadêmico ou político de seus países de origem. O que distancia a abordagem de Bourdieu de seus "rivais" alemães e britânicos foi uma comunhão significativamente mais forte de conhecimentos teóricos e empíricos. Bourdieu era primeira e principalmente um empirista, que desenvolveu e refinou constantemente seus conceitos teóricos nas bases de seu trabalho empírico – com todas as vantagens e desvantagens que uma produção teórica desse tipo implica. Nós teremos mais coisas a falar sobre isso mais adiante. Bourdieu, portanto, não pode ser compreendido primariamente como um teórico, mas como um sociólogo cultural que sistematicamente estimulou o debate teórico por meio de seu trabalho empírico.

Pierre Bourdieu nasceu em 1930 e é, então, da mesma geração de Habermas ou Luhmann. O fato de Bourdieu ter vindo de um contexto modesto e crescido nas entranhas da França provincial é de extrema importância na compreensão de seu trabalho. O próprio Bourdieu repetidamente enfatiza suas origens: "Eu passei a maior parte da minha juventude no sudoeste da França [...]. E só pude conhecer as exigências da escolaridade ao renunciar muitas das minhas experiências e conquistas primárias, e não somente a um certo sotaque" (BORDIEU & WACQUANT. *An Invitation to Reflexive Sociology*, p. 204). Apesar do claramente desfavorável começo, Bourdieu teria sucesso em ser admitido nas principais instituições educacionais na França, um fato sobre o qual muitas pessoas ficaram sabendo quando ele foi eleito para o famoso Collège de France em 1982. Esse clássico caso de ascensão social e de carreira, o fato de que Bourdieu não tinha um histórico de educação privilegiada no qual pudesse se apoiar, auxiliaram a legitimar sua impiedosa visão a respeito da educação francesa e do sistema universitário e sobre os intelectuais em geral, um grupo que ele investigou em muitos estudos ao longo de sua carreira. Dessa forma ele fez uso da clássica noção sociológica de "*outsider*", o "homem marginal", a fim de reivindicar, acima de tudo, percepções especialmente críticas sobre o funcionamento da sociedade "normal".

> Na França, vir de uma província distante, nascer ao sul do Loire, dota-lhe de uma série de propriedades que não são sem paralelo com a situação colonial. Dá-lhe um tipo de externalidade objetiva e subjetiva e o coloca em uma relação particular com as instituições centrais da sociedade francesa e portanto com a instituição intelectual. Existe formas sutis (e não tão sutis) de racismo social que não podem deixar de aguçar sua percepção (p. 209).

No entanto, o caminho de Bourdieu na produção de uma sociologia sobre as instituições culturais francesas e sua jornada na sociologia em geral foi tudo menos simples ou autoevidente – um estado de coisas com o qual estamos familiarizados por meio das biografias de outros grandes teóricos sociais, como Habermas e Luhmann, que também levaram algum tempo para estabelecer carreiras na sociologia. Um estudante extremamente dotado, Bourdieu estudou na Escola Normal Superior em Paris, onde cursou Filosofia, o tema de maior prestígio no cânone disciplinar francês. Inicialmente ele parecia ter querido se concentrar neste assunto, uma vez que trabalhou, subsequentemente, como professor de Filosofia na França provincial por um curto período, como é comum entre aqueles que buscam ter uma carreira acadêmica em humanidades na França. Mas Bourdieu se decepcionou de modo crescente com a filosofia e desenvolveu um interesse cada vez maior pela antropologia, de modo que se tornou um antropólogo autodidata empiricamente orientado e depois um sociólogo. Esse processo de virar-se contra a filosofia e na direção da antropologia e da sociologia foi parcialmente conectado ao aumento simultâneo da proeminência de Lévi-Strauss. Com sua pretensa abordagem estritamente científica, a antropologia estruturalista, passou a desafiar a tradicional proeminência da filosofia no interior do cânone disciplinar. Bourdieu foi levado na direção desse tema promissor e esperançoso. O tom antifilosófico do estruturalismo trouxe muito apelo a ele (cf. a lição anterior) e frequentemente apareceu em seu próprio trabalho, quando ele pega em armas contra a racionalidade puramente teórica da filosofia, por exemplo.

Mas a trajetória de Bourdieu para a antropologia e a sociologia também foi determinada por circunstâncias externas na medida em que ele estava localizado na estação de Argélia durante a segunda metade da década de 1950 enquanto completava o serviço militar. Lá, nas circunstâncias inquestionavelmente difíceis da guerra da independência, ele reuniu documentos para seu primeiro livro, uma Sociologia de Argélia (*Sociologie de l'Algerie*, 1958) – no qual ele manifesta intelectualmente sua experiência nesta colônia francesa (cf. ROBBINS, D. *The Work of Pierre Bourdieu*, p. 10ss.). Neste contexto, ele também realizou pesquisa de campo entre os Kabyle, um povo berbere do norte da Argélia, que levou à publicação de uma série de monografias antropológicas de ensaios que, de forma recolhida e, eventualmente, expandida, apareceram como um livro intitulado *Esboço de uma teoria da prática*. Esse trabalho, publicado na França em 1972, tendo depois expandido muito nas traduções inglesa e alemã, tornou-se tremendamente famoso e influente porque Bourdieu partiu do estruturalismo de Lévi-Strauss, cujo passado ele originalmente seguia, e desenvolveu seu próprio conjunto de conceitos, o que manteve a promessa de uma teoria sintética genuína.

Praticamente ao mesmo tempo em que realizava estes estudos basicamente antropológicos, Bourdieu começa a utilizar as percepções teóricas neles contidos para submeter a sociedade francesa a uma análise sociológica, particularmente no que concerne aos sistemas cultural, educacional e de classe. No que diz respeito ao empuxo de crítica social de seus escritos, o trabalho de Marx era, sob muitos aspectos, seu critério e modelo, e um grande número de ensaios surgiram na década de 1960, que foram mais tarde traduzidos para o inglês, como por exemplo *Fotografia – Uma arte de intermédio* ("Photography – A Middle-brow Art"). Nesses estudos, Bourdieu (e seus coautores) buscaram descrever a percepção de arte e cultura, que varia enormemente de uma classe à outra, e elucidar como a luta de classes envolve uma apropriação contrastada da arte e da cultura. As classes se diferenciam por meio de uma compreensão muito diferente de arte e cultura e assim reproduzem, mais ou menos intencionalmente, as estruturas de classe da sociedade (francesa). Bourdieu elaborou essa tese de forma particularmente espetacular em sua obra que provavelmente é a mais famosa em sociologia da cultura, *La distinction: critique sociale du jugement* (1979) [título em português: *A distinção: crítica social do julgamento*).

As publicações subsequentes de Bourdieu meramente complementaram ou completaram um conjunto de orientações teóricas e de pesquisa definidas em uma fase inicial. Em termos de sociologia da cultura, dois grandes estudos se tornaram especialmente importantes: *Homo academicus*, de 1984, uma análise do sistema universitário francês, particularmente sobre a crise que este enfrentou no final da década de 1960, e *Les règles de l'art* (título em português: *As regras da arte*), de 1992, um estudo histórico e sociológico sobre o desenvolvimento de uma cena artística autônoma na França na segunda metade do século XIX. Juntamente com esses trabalhos, Bourdieu também publicou um fluxo constante de escritos que concretizavam suas ambições teóricas, *Le sens pratique* (1980; título em português: *O senso prático*) e *Méditations pascaliennes*, de 1997 (título em português: *Meditações pascalianas*), sendo os textos-chave nesse sentido. Mas mesmo nesses estudos basicamente teóricos, é justo dizer que ele se expande sobre o aparato conceitual apresentado em *Esboço de uma teoria da prática* apenas até um grau limitado; acima de tudo, ele o defende contra críticas. É, no entanto, praticamente impossível discernir qualquer desenvolvimento teórico aqui. A teoria de Bourdieu assim se distingue daquelas de outros grandes teóricos com os quais lidamos até agora. Para implantar a linguagem da construção, novamente, não só as paredes da fundação, mas também a estrutura como um todo e até mesmo o teto estava no lugar muito rapidamente, enquanto o trabalho teórico ulterior se refere exclusivamente à fachada e à decoração. Desde que foi desenvolvida nos anos de 1960, sua teoria permaneceu, assim, praticamente a mesma.

Somente a identidade ou o papel de Bourdieu que parecem ter mudado significativamente ao longo do tempo. Enquanto Bourdieu sempre foi ativo politicamente na esquerda, isso geralmente tomava uma forma menos espetacular do que no caso de outros intelectuais franceses, ocorrendo longe da luz do dia e praticamente despercebida pela maioria das pessoas. O fato de ele ter perseguido tais atividades longe dos holofotes em parte se conectava com sua frequentemente expressa crítica a intelectuais franceses de alto perfil, como Jean-Paul Sartre, que amiúde ultrapassavam os limites de suas especialidades e afirmavam competência universal e responsabilidade pública sobre as quais tinham pouco direito. Bourdieu, no entanto, abandonou essa restrição na década de 1990, no mais tardar, até a sua morte em 2002, momento no qual ele emergiu como uma figura simbólica na crítica à globalização, o que fez com que ele se tornasse, quase que automaticamente, o intelectual dominante que ele nunca desejou ser. Seu livro de 1993, *La misère du monde* (título em português: *A miséria do mundo*), foi concebido como demonstração empírica dos efeitos negativos da globalização em diferentes esferas da vida e da cultura. É preciso que se dê crédito a Bourdieu por ter evitado, em última instância, um papel puramente panfletário. Ele era demasiadamente orientado em direção à pesquisa empírica, e sua ambição, ao estilo durkheimiano, de fortalecer a posição da sociologia no interior do cânone disciplinar da França e diferenciá-la de outros assuntos, especialmente da filosofia e da filosofia social, era forte demais para que ele pudesse assumir tal papel. Bourdieu, muito atento ao poder, tinha um interesse contínuo em desenvolver o tipo de pesquisa sociológica *empírica*, favorecida por ele em nível institucional, como demonstrado em seu papel como editor do jornal *Actes de la Recherche en Sciences Sociales*, que ele fundou em 1975 e que era acessível a um vasto número de leitores (nas referências intelectuais de Bourdieu, cf. a entrevista em *Choses Dites*, p. 3-33).

Nossa consideração sobre a teoria de Bourdieu procederá da seguinte forma. Primeiramente, vamos olhar atentamente o seu primeiro trabalho, *Esboço de uma teoria da prática*, que é de particular relevância teórica, uma vez que apresenta os elementos de sua argumentação. Embora possamos frequentemente recorrer a explicações e formulações mais precisas de seus trabalhos subsequentes, nosso objetivo principal é o de revelar por que, e com a ajuda de quais ideias, Bourdieu lidou com certos problemas em uma fase relativamente precoce (1). Mantendo este trabalho inicial sempre em mente, ao mesmo tempo em que apresentaremos os principais conceitos de Bourdieu, vamos, então, examinar criticamente o modelo de ação defendido por Bourdieu e os problemas que acarreta (2). Em seguida, passaremos a apresentar a arquitetura global da teoria bourdieusiana e identificar os pontos-chave em seu interior (3), antes de apresentar, o mais vívida e brevemente possível, alguns aspectos característicos do trabalho de sociologia da cultura de Bourdieu (4) e trazer à luz os impactos de seu trabalho (5).

1 Nós, portanto, começaremos com um estudo inicial sobre a sociedade cabila mencionada anteriormente, cujo título pragmático requer explicação: *Esboço de uma teoria da prática*. Bourdieu – como indicado em nossas observações sobre sua biografia intelectual – foi tomado por entusiasmo a respeito da antropologia de Lévi-Strauss na década de 1950 e deu início à sua pesquisa antropológica em Cabília, focando-se em tópicos-chave do estruturalismo. Estudos sobre padrões de parentesco, comportamento de matrimônio e mitologia forneciam percepções sobre a lógica do processo que ocorriam no interior dessa sociedade, sobre a forma pela qual ela continuamente se reproduz com base em determinadas regras. Mas a pesquisa de Bourdieu gerou resultados inesperados. Acima de tudo, esses fatores não confirmaram a premissa estruturalista sobre a constância das regras (de matrimônio, troca, comunicação), de acordo com as quais as pessoas, supostamente, sempre agem. Pelo contrário, Bourdieu concluiu que ou os atores desempenham as regras uns contra os outros da forma que melhor lhes couber, de maneira que dificilmente seja possível se referir ao *seguimento* das regras, ou as seguem somente a fim de disfarçar interesses concretos. Esse último caso fica particularmente aparente no primeiro capítulo do livro, no qual ele investiga a fundo o fenômeno da "honra". Na sociedade cabila, e obviamente também em outros lugares, a honra desempenha um papel muito importante; parece impossível relacioná-la com interesses econômicos de base porque um "comportamento honrável" é diretamente oposto à ação orientada no sentido do lucro. Um homem é honrável somente quando não é ganancioso e não pode ser comprado. E na sociedade cabila os rituais por meio dos quais se demonstra que a ação de alguém é honrável e que essa pessoa é honrável são particularmente nítidos. Mas Bourdieu demonstra que tais rituais de honra frequentemente apenas mascaram interesses (relacionados com lucro), que os atores veem essa conexão entre honra e interesse, ou, pelo menos, a produzem inconscientemente: as pessoas apoiam rituais de honra *porque* eles possibilitam que promovam seus próprios interesses.

> O ritual da cerimônia de apresentação do dote da noite é uma ocasião para um confronto absoluto entre os dois grupos, no qual os interesses econômicos não são mais que indicadores ou pretextos. Exigir

um grande pagamento por sua filha, ou pagar uma grande quantia a fim de casar um filho, é, em todo caso, para afirmar o próprio prestígio e, assim, adquirir prestígio. [...] Por meio de um tipo invertido de pechincha, disfarçado sob a aparência de negociação ordinária, os dois grupos tacitamente concordam em determinar o valor do pagamento por lances sucessivos, porque eles têm o interesse comum de elevar esse índice indisputável do valor simbólico de seus produtos no mercado de troca matrimonial. E nenhum feito é mais vangloriado do que a coragem do pai da noiva que, depois que uma negociação vigorosa tenha sido concluída, solenemente retorna grande parte da soma recebida. Quanto maior a proporção retornada, mais honrável é o ato proveniente dela, como se, coroando-se a transação com um ato de generosidade, a intenção real era a de fazer uma troca de honra fora da negociação, que era tão excessivamente desejosa somente porque a busca pelo máximo lucro material estava mascarada sob disputas de honra e sob a busca do máximo lucro simbólico (*Outline*, p. 56).

Rituais de honra, dessa forma, ocultam interesses muito tangíveis, que são negligenciados quando apenas se descreve a lógica das regras, como o fazem antropólogos estruturalistas. Ainda mais, precisamente por essa razão, as regras não são, de nenhuma forma, tão rígidas quanto e não tem nada como o efeito determinante sobre o comportamento que autores estruturalistas ortodoxos assumem a respeito delas. Como Bourdieu observa, as regras que não coincidem com os interesses dos atores sociais são frequentemente quebradas, levando que ele concluísse que o elemento de "imprevisibilidade" é claramente inerente à ação humana no que diz respeito a regras e padrões, rituais e regulações (*Outline*, p. 9). Isso coloca um ponto de interrogação sobre toda a terminologia estruturalista sobre regras e suas premissas subjacentes. Bourdieu apresenta o contra-argumento de que a obediência às regras está sempre associada com um elemento de conflito. Se as regras de fato não são completamente ignoradas, o que certamente acontece às vezes, cada ato de troca baseado em regras, cada conversa baseada em regras, cada casamento baseado em regras também precisa, pelo menos, proteger ou reforçar o interesse daqueles envolvidos ou melhorar a posição social das partes em interação. As regras são, portanto, instrumentalizadas de forma consciente pelos atores:

> Cada troca carrega um desafio mais ou menos dissimulado, e a lógica do desafio e da réplica é nada além do limite para o qual *todo ato de comunicação* tende. A troca generosa tende a evidenciar a generosidade; o melhor presente é, ao mesmo tempo, o presente que mais facilmente leva seu receptor à desonra, ao proibir qualquer presente em retorno. Reduzir-se à função da comunicação – embora por meio da transferência de conceitos emprestados – fenômeno tal qual a dialética do desafio e da réplica e, mais geralmente, a troca de dons, palavras ou melhores, é ignorar a ambivalência estrutural que os predispõe a cumprir a função política de dominação e por meio da *performance* da função da comunicação (p. 14, ênfase original).

Bourdieu acusa o estruturalismo de ter falhado completamente em levar em conta a forma como a ação empreendida por atores sociais está relacionada com interesses, em favor de uma descrição altamente idealizada de regras e padrões culturais. As pessoas – de acordo com Bourdieu – certamente manipulam as regras e os padrões; elas não são meramente os objetos passivos de sistemas de classificação social. Porque os atores buscam seus interesses, precisamos assumir que sempre exista uma diferença entre o "oficial" e o "habitual" (p. 38) e entre modelos (teoricamente) construídos e a *prática* dos atores. Pode ser muito útil identificar regras sociais, mas de forma alguma isso é suficiente se desejamos chegar à *prática* dos atores:

> As relações lógicas construídas pelos antropólogos são opostas às relações "práticas" – práticas porque são, prática e continuamente, mantidas e cultivadas – da mesma forma que o espaço geométrico de um mapa, uma representação imaginária de todas as estradas e rotas teoricamente possíveis, é oposta à rede de trilhas batidas, de caminhos que se tornam cada vez mais práticos pelo uso constante (p. 37).

Em última instância, essa é uma profunda crítica ao estruturalismo (como o título *Esboço de uma teoria da prática* indica), particularmente dado que Bourdieu também resiste em aplicar o paradigma da análise linguística de Saussure, tão inspirador para os estruturalistas, no mundo social (p. 24). Dessa forma, ele lança dúvidas sobre a fecundidade teórica e empírica do estruturalismo antropológico e sociológico de Lévi-Strauss.

> [A única forma pela qual] a construção saussureana [...] poderia constituir as propriedades estruturais da mensagem seria (simplesmente posicionando um remetente e um receptor indiferente) negligenciar as propriedades funcionais que a mensagem deriva de seu uso em uma determinada situação e, mais precisamente, em uma interação socialmente estruturada. Assim que se movimenta da estrutura da linguagem para as funções que ela cumpre, isto é, aos usos que os agentes realmente fazem dela, vê-se que o mero conhecimento do *código* fornece apenas um domínio imperfeito das interações linguísticas que realmente ocorrem (p. 25; ênfase original).

Um exame mais atento da efetiva característica prática dos "objetos de investigação", de acordo com Bourdieu, revela o quão inapropriada ou insuficiente é a análise estruturalista. Em termos um pouco mais abstratos, Bourdieu introduz elementos da teoria da ação em seu trabalho original e teoricamente estruturalista, ou seja, a ideia de conduta em desacordo com as regras e relacionada com interesses. Isso seria um marco de mudança no paradigma estruturalista. Como afirmaria mais tarde em outra publicação, ele criticou em particular a "estranha filosofia da ação" inerente ao estruturalismo, que "fez com que o agente desaparecesse ao reduzi-lo ao papel de amparador ou portador da estrutura" (*The Rules of Art*, p. 179).

Ainda assim, Bourdieu não rompe completamente com o estruturalismo. Ele sempre permaneceu ligado ao pensamento estruturalista, como fica evidente no fato de que ele nominou sua própria abordagem de "genética" ou "estruturalismo construtivista" (cf., p. ex., *In Other Words: Essays Toward a Reflexive Sociology*, p. 123). A natureza exata dessa ligação, no entanto, fica mais clara somente no desenvolvimento de sua obra. Isso se dá, obviamente, em função da predominância da orientação empírica do trabalho de Bourdieu, que algumas vezes faz com que parece desnecessário que ele localize e diferencie seus próprios conceitos em relação a outras abordagens teóricas. É somente no seu próximo grande trabalho teórico (*The Logic of Practice*, p. 4) que fica evidente como o estruturalismo o "influenciou" quando, por exemplo, ele o elogia pela "introdução, nas ciências sociais, ao [...] modo de pensamento relacional" e tendo rompido com o "modo de pensamento substancialista". O pensamento de Bourdieu se inclina fortemente na direção do estruturalismo (e por vezes também do funcionalismo). Assim, para ele, não é o ator individual que é o núcleo da chave analítica; pelo contrário, são as relações entre os atores ou as relações entre as posições no interior de um sistema ou – como dizia Bourdieu – no interior de "campo", que são cruciais. "Campos", para citar uma definição cunhada por Bourdieu,

> são espaços de posições (ou postos) estruturados cujas propriedades dependem de suas posições no interior desses espaços e que podem ser analisadas independentemente das características de seus ocupantes (que são em parte determinadas por elas). Existem regras gerais dos campos: campos tão diferentes quanto o campo da política, o campo da filosofia ou o campo da religião têm leis invariáveis de funcionamento [...]. Sempre que se estuda um novo campo, seja ele o campo da filologia no século XIX, moda contemporânea, ou a religião na Idade Média, se descobre propriedades específicas que são peculiares daquele campo, ao mesmo tempo em que se avança no conhecimento sobre o mecanismo universal dos campos (*Sociology in Question*, p. 72).

De acordo com Bourdieu, não é útil que se analise o comportamento de atores individuais de forma isolada, como muitos teóricos da ação fazem sem desenvolver maiores reflexões, a não ser que também se determine a posição de um ator no interior de tal "campo", na qual a ação se torne significativa em primeiro lugar. "Campos" oferecem opções para ação, mas somente *algumas* opções, o que simplesmente significa que outras opções de ação são excluídas, que os atores estão submetidos a restrições. A lógica da ação no interior do campo da religião é necessariamente diferente daquela do campo da arte, por exemplo, porque as restrições são diferentes. Essas restrições e limites influenciam como os atores predispostos – profetas e crentes, artistas e o público – podem agir, e é por isso que é inevitavelmente improdutivo que se restrinja ao exame da biografia de um ator, profeta, artista ou autor, a fim de explicar o fenômeno religioso ou o artístico (*Pascalian Meditations*, p. 115ss.).

Sob essa luz, Bourdieu conscientemente se abstém de se referir a "sujeitos"; no máximo ele fala de atores. Para ele, atores são "eminentemente ativos e atuantes" – um fato negligenciado pelo estruturalismo. No entanto, Bourdieu acredita que a provocativa noção estruturalista de Foucault sobre o "iminente final do homem" ou a "morte do sujeito" se justifica somente como uma mera forma de declarar a perspectiva (estruturalista) na significância crucial das relações e relacionamentos (entre campos) e expressa a bem fundamentada rejeição a essa ideia, encontrada no trabalho de Sartre e muitos outros filósofos e sociólogos, de um sujeito autocriado e autônomo (cf. prefácio a *Practical Reason*, p. viii). Novamente, Bourdieu defenderia essa "percepção" estruturalista com grande veemência; esta era também a base de seu ataque a certas correntes sociológicas ou filosóficas que, como ele coloca, sustentam a "ilusão biográfica". Sem piedade, Bourdieu critica qualquer noção de que as pessoas criam suas próprias biografias e que a vida é um todo que surge, por assim dizer, desde os primeiros esforços dos sujeitos que se desdobram ao longo da vida. Ele repetidamente aponta ao fato de que "o significado e o valor social de eventos biográficos" não são constituídos nas bases do sujeito, mas nas bases dos "posicionamentos" e "deslocamentos" dos atores no interior de um espaço social, o que dá significado aos eventos biográficos em primeiro lugar, o significado que eles assumem para o ator, em última instância (*Rules of Art*, p. 258ss.; cf. tb. *Pratical Reason*, p. 75ss.). Assim, ao invés de "sujeitos", as pessoas são atores em um campo pelo qual são profundamente moldados.

Mas queremos evitar que fiquemos à frente de nós mesmos na nossa discussão sobre o trabalho de Bourdieu. Voltemos novamente para seu primeiro livro *Esboço de uma teoria da prática*. Embora este texto seja um pouco prolixo em alguns momentos, e Bourdieu só viesse fornecer uma explicação mais clara sobre sua posição mais tarde, inquestionavelmente estabeleceu suas aspirações sintéticas. Pois Bourdieu deixou absolutamente claro que todas as perspectivas teóricas sobre a ação são insuficientes *de forma isolada*: nem a abordagem do interacionismo simbólico ou da fenomenologia no interior da sociologia, como a etnometodologia, são capazes de decifrar os fatos sociológicos realmente interessantes. Para ele, essas abordagens são demasiadamente apressadas em adotar a perspectiva do ator; elas assumem sua visão *ingênua* do caráter dado do mundo, esquecendo-se do quão crucial são as *posições dos atores uns em relação aos outros* e para o campo dentro do qual se movem. A fim de reforçar sua posição "objetivista", Bourdieu toma emprestado não só do estruturalismo, que para ele parece idealista demais em alguns aspectos. Ele também se baseia em um marxismo "concretamente" materialista, quando ele aponta, por exemplo, às condições de produção nas bases das quais os rituais de matrimônio ocorrem e sem as quais não podem ser compreendidos:

> Não é suficiente ridicularizar as formas mais ingênuas de funcionalismo com a intenção de dar um fim à questão das funções práticas da práti-

ca. É claro que a definição universal das funções do casamento como uma operação pretendiam assegurar a reprodução biológica do grupo, de acordo com as formas aprovadas pelo grupo, de forma alguma explica o ritual de matrimônio cabila. Mas, ao contrário do que sugerem as aparências, pouca compreensão a mais deriva de uma análise estrutural, que ignora as funções específicas das práticas rituais e falha em investigar as *condições econômicas e sociais da produção* das disposições que geram tanto essas práticas como também a definição coletiva das funções práticas a serviço das quais funcionam (Outline, p. 115; ênfase adicionada).

Crítico de uma teoria da ação que ele descreve como subjetivista, Bourdieu afirma, em última análise, a *preeminência de uma forma de análise objetivista* na qual as estruturas de um campo social são determinadas *pelo observador sociológico* – estruturas que impõem restrições aos atores, as quais eles normalmente ignoram. Loïc Wacquant, um sociólogo fortemente associado com Bourdieu, colocou isto da seguinte forma, fazendo uma comparação entre o "objetivismo" do método durkheimiano da análise e o de Bourdieu:

> Aplicações do primeiro princípio durkheimiano de "método sociológico", a rejeição sistemática das percepções, tem de vir antes da análise da apreensão prática do mundo a partir do ponto de vista subjetivo. Pois o ponto de vista dos agentes varia sistematicamente de acordo com o ponto que eles ocupam um espaço social objetivo (BOURDIEU & WACQUANT. *An Invitation to Reflexive Sociology*, p. 11).

Ao mesmo tempo, no entanto, Bourdieu se refere ao estruturalismo (objetivista) como insuficiente em si, como também faz em relação ao funcionalismo objetivista, que ignora a perspectiva dos atores. Sua abordagem sociológica busca levar absolutamente em conta a capacidade e poder dos atores em agir. Mas isso significa que Bourdieu deseja navegar, e de fato não pode evitar que isso aconteça – e ele coloca explicitamente nestes termos – entre a Cila da "fenomenologia" ou do "subjetivismo" e o Caríbdis do "objetivismo". Para ele, todas essas formas de conhecimento são deficientes *em si e fora de si*, e é por isso que ele deseja desenvolver um terceiro modo de compreensão sociológica, sua "teoria da prática", uma abordagem que vai para além do "objetivismo" e olha com seriedade para o que os atores fazem. Isso só pode ter êxito se for mostrado que existem "relações *dialéticas* entre as estruturas objetivas [dos campos] [...] e as inclinações estruturadas [dos atores]" (Outline, p. 3; ênfase original; inserções nossas), ou seja, que ação e estrutura determinam-se mutuamente por meio de sua inter-relação.

Leitores atentos da citação acima devem ter notado que o que Bourdieu estava tentando fazer nos é familiar da lição sobre Anthony Giddens; Bourdieu também se refere à "estruturação". Embora essa concepção ativa nunca tenha alcançado importância sistemática como na obra de Giddens (em parte porque Bourdieu não era "puramente" um teórico social e provavelmente não tivesse interesse em desenvolver o tipo de ontologia social presente no trabalho de Giddens), não deixa de ficar claro que Bourdieu objetivava desenvolver uma postura que, em contraste com funcionalistas e estruturalistas, assume que as estruturas são "feitas" e continuamente reproduzidas pelos atores. Mas, ao mesmo tempo – em contraste com as ideias supostamente expostas por teóricos da ação pura – ele também enfatiza o profundo impacto causal dessas estruturas.

2 Até agora, nós definimos a abordagem teórica de Bourdieu apenas vagamente; suas declarações citadas geralmente representam declarações de intenções que sublinham a necessidade por uma síntese teórica em vez de providenciar uma proposta. Quando Bourdieu declara que ele não deseja proceder nem "fenomenologicamente" e nem "objetivamente", isso é uma definição puramente negativa de seu projeto. A questão que surge é *como* ele incorpora os elementos teóricos da ação – em nível de atores – em sua abordagem, *como* ele concebe, em termos concretos, a ação realizada por atores, que dirigem o processo de estruturação, que, ao seu turno, estrutura suas ações. Existe uma necessidade evidente de escrutinar as relações de Bourdieu com o utilitarismo e a sua teoria da ação, particularmente à luz do fato de que Bourdieu frequentemente se refere aos "interesses" dos atores. E um grande número de intérpretes (cf. esp. HONNETH, A. "The Fragmented World of Symbolic Forms") de fato expôs a tese de que a abordagem de Bourdieu representa o amálgama do estruturalismo e do utilitarismo, uma hipótese de interpretação do seu trabalho a qual, considerando como ele reagiu a isso, certamente enfureceu Bourdieu como nenhum outro e foi o que ele rejeitou veementemente em numerosas ocasiões. De fato, Bourdieu oferece uma crítica áspera à abordagem utilitarista e da escolha racional em muitos dos seus escritos – e é muito difícil reconciliar aspectos-chave de seu trabalho com as suposições básicas de argumentos utilitaristas ou neoutilitaristas. Mesmo assim, isso não torna inútil a outra questão, se outros aspectos igualmente importantes de seu trabalho não são evocativos do utilitarismo. O que, então (cf. novamente Lição V) distingue os atores bourdieusianos de suas contrapartes utilitaristas?

Nós já delineamos a primeira crítica de Bourdieu ao pensamento utilitarista. Porque isso coloca o ator isolado no estágio central, ignora o método de análise relacional, o que é de acordo com Bourdieu um pré-requisito para alcançar *insights* importantes sobre o funcionamento do mundo social. Essa crítica pretende ser aplicável não apenas às teorias utilitaristas, mas em princípio a todas as abordagens teóricas da teoria da ação. Sua segunda crítica é mais específica: Bourdieu critica aproximações utilitaristas por sistematicamente falharem em endereçar a questão da origem do cálculo de utilidade e de interesses. "Porque isso deve postular *ex nihilo* a existência de um interesse universal, pré-constituído, a teoria da ação racional esquece completamente a gênese social das formas variantes historicamente de interesse" (BOURDIEU & WACQUANT. *An Invitation to Reflexive Sociology*, p. 125). Em adição, em seus estudos antropológicos, Bourdieu mostrou muitas vezes que os cálculos racionais-econômicos típicos do moderno capitalismo ocidental não são encontrados em outras sociedades. Utilitaristas, de acordo com Bourdieu, assim se afastam de cálculos para a ação que foram desenvolvidos em sociedades modernas capitalistas em relação a um ser humano universal. Mais significante e bem mais típico do que esta crítica bem conhecida é a terceira objeção, a de que utilitaristas confundem a lógica da teoria com a lógica da prática:

> O ator, como [essa teoria] constrói ele ou ela, não é nada mais do que a projeção imaginária do sujeito do conhecimento (*sujet connaissant*) dentro do sujeito da agente (*sujet agissant*), um tipo de monstro com a cabeça do pensador pensando sua prática em um estilo reflexivo e lógico montado no corpo de um homem de ação engajado em ação [...] seu "imaginário antropológico" procura encontrar ação, quer "econômica" ou não, sobre a escolha intencional de um ator que ele ou ela mesmo não é condicionado econômica e socialmente (p. 123).

Aqui, Bourdieu, antes de tudo, volta-se para o fato de que o utilitarismo tem uma falsa noção dos reais processos de ação, os quais são em maior parte não inteiramente racionais e reflexivos. O tipo de racionalidade e de reflexividade que o utilitarismo toma por certo aqui é possível apenas em circunstâncias particulares, no mundo protegido da ciência por exemplo, mas é bastante raro sob condições normais de prática. A ação realmente tem a preocupação de realizar interesses, mas apenas raramente no sentido de ter *consciência* de perseguir seus interesses. Aqui, Bourdieu está advogando posição similar àquela de Anthonny Giddens, próxima do pragmatismo americano (cf. seu conceito de "hábito"). De acordo com Bourdieu, a ação geralmente adere à lógica prática, a qual frequentemente está moldada por requisitos de rotina e que assim não tem necessidade da capacidade para reflexão, que é exigida pelos teóricos da escolha racional. Determinado pela socialização, experiências tenras etc., certas disposições para ação estão carimbadas em nossos corpos; para a maior parte, estes podem ser restaurados sem consciência e predeterminam que forma a ação toma. Bourdieu capturou essa ideia com o termo *habitus*, originalmente encontrado no trabalho de Husserl. Termo central dentro de sua teoria, ele o desenvolveu em um estágio mais tenro e foi repetidamente definindo-se à parte de outras escolas teóricas com sua ajuda.

Em *Esboço*, ele define o *habitus* como um "sistema de transposições duradouras, transponíveis, que integram experiências passadas, funções que a cada momento são como *matrizes de percepção*, *apreciações* e *ações* que torna possível a conquista de tarefas infinitamente diversificadas graças à transferência analógica de esquemas que permite a solução de problemas conformados similarmente, e graças às correções incessantes dos resultados obtidos, dialeticamente produzidas por esses resultados" (p. 82-83; grifos nossos). Isso parece complicado, mas de fato é fácil de explicar. Bourdieu assume que, da infância em diante, na família, escola e no mundo do trabalho, nós estamos ensinando certos esquemas de pensamento [p. 383], percebendo e agindo, o que geralmente nos habilita a responder tranquilamente a diferentes situações, para resolver tarefas práticas etc. Nossos movimentos físicos, nossos gostos, nossas interpretações mais banais do mundo são formados em um estágio mais anterior e então crucialmente determinando nossas opções para ação.

> Através do habitus, a estrutura que tem produzido o que rege a prática, não pelo processo de determinação mecânica, mas através da mediação das orientações e limites atribuídos às operações de invenção do habitus. Como um sistema adquirido de esquemas gerativos objetivamente ajustados às condições particulares nas quais isso se constitui, o habitus engendra todos os pensamentos, todas as percepções, e todas as ações consistentes com essas condições, e não outras. [...] Porque o habitus é uma capacidade sem fim de engendrar produtos – pensamentos, percepções, expressões, ações – de quem os limites são definidos por condições de produção situados histórica e socialmente, a liberdade condicionante e condicionada o protege vagamente de uma criação de uma novidade imprevisível, uma vez que é a partir de um simples mecanismo de reprodução dos condicionamentos iniciais (p. 95).

Como indicam essas ideias anteriores, o conceito de *habitus* não exclui um certo lugar comportamental para manobras que permitem condutas de natureza criativa e inovadora. Por outro lado, contudo, nós não podemos sair ou desobstruir esse comportamento habitual inteiramente, porque o *habitus* é um aspecto de nossa história de vida ou de nossa identidade. Um leitor atento discernirá como isso se liga com as investigações de Bourdieu, em sociologia cultural e em teoria de classe. Para isso é claro que existe não apenas um *habitus* na sociedade, mas que *diferentes* formas de percepção, pensamento e ação são inculcados em diferentes classes, através dos quais essas classes, e sobretudo as diferenças entre elas, são constantemente reproduzidas. Mas nós não estamos ainda preocupados com esse aspecto. O que é importante aqui é que Bourdieu abre o conceito de *habitus* na tentativa de afastar-se das pretensões do utilitarismo e neoutilitaristas, que são altamente racionalistas e ancoradas na filosofia da consciência.

Se, como vimos, o esforço explícito de Bourdieu para pôr-se além do utilitarismo é inequívoco e que existem elementos em seu edifício teórico que simplesmente não podem ser reconciliados com o pensamento utilitarista, por que ele muito frequentemente foi acusado de ser "próximo ao utilitarismo" – e não apenas por intérpretes maliciosos ou leitores apressados? A razão é que, enquanto Bourdieu foi certamente criticado por pensar em termos de utilidade econômica, *a natureza de suas críticas é incapaz de estabelecer uma distância clara entre a sua abordagem e a utilitarista.*

Como vimos na Lição V, o utilitarismo é bastante diferenciado internamente na medida em que os então chamados neoutilitaristas eliminaram algumas das suposições do utilitarismo tradicional. Neoutilitaristas libertaram-se, por exemplo, do conceito de utilidade, substituindo-o com o termo neutro "preferências", porque apenas poucas ações podem ser explicadas na base do cálculo (puramente) econômico de utilidade. É verdade que a crítica de Bourdieu para o utilitarismo em sua forma "original" vai mais longe que isso. O conceito de *habitus* permite-o tirar licença, sobretudo, do modelo de ator cujas ações são *conscientemente* racionais. Ainda, ao mesmo tempo, como *todos* os utilitaristas, ele continua a aderir à noção de que pessoas (consciente ou inconscientemente) sempre perseguem seus interesses – ou preferências. De acordo com Bourdieu, pessoas são socializadas dentro de um "campo", onde aprendem como se comportar adequadamente; elas entendem as normas e internalizam as "estratégias" indispensáveis para jogar o jogo *com sucesso*. E o alvo dessas "estratégias" – um conceito utilitarista usado repetidamente por Bourdieu, apesar de ele ser muito consciente do quão problemático isso é em vista de sua crítica do utilitarismo (cf. BOURDIEU & WACQUANT. *An Invitation to Reflexive Sociology*, p. 128) – é para melhorar a posição do jogador dentro de um campo particular ou até mesmo para apoiar o *status quo*.

> Não é o suficiente dizer que a história do campo é a história da luta por um monopólio da imposição de categorias legitimadas de percepção e apreciação. É na própria *luta* que a história do campo é feita; é através das lutas que isso se temporaliza (*Rules of Art*, p. 157).

A batalha sobre a realização dos interesses dos atores é assim um fator que impulsiona a mudança histórica dos campos. As estratégias desenroladas no campo não estão sempre preocupadas unicamente com alcançar benefícios econômicos – Bourdieu rejeitaria inteiramente uma perspectiva utilitarista economicista ou primitiva desse tipo. A maneira que ele coloca isso é que estratégias estão orientadas em procurar esses bens que valem a pena dentro de um campo particular. Isso *deve*, como no campo da economia, ser financeiramente lucrativo; em outros campos, enquanto isso, estratégias são orientadas em direção a melhorar a reputação ou honra de alguém (o que não pode necessária ou imediatamente ser convertido em ganho financeiro). Mas a prioridade será perceber esses interesses relevantes dentro de um campo particular – em competição com outros.

Essa linha de argumentação sem dúvida acarreta uma premissa apoiada por noções utilitaristas típicas, com as quais nós já somos familiarizados dentro do contexto da teoria do conflito e à qual Bourdieu explicitamente se refere: "O mundo social é o lugar de lutas contínuas para definir o que é o mundo social" (BOURDIEU & WACQUANT. *An Invitation to Reflexive Sociology*, p. 70). O conceito de "lutas" surge em seu trabalho frequentemente como "estratégia"; no mesmo caminho do utilitarismo e da teoria do conflito, existia frequentemente uma sugestão de um prazer cínico na observação do comportamento hipócrita dos objetos de investigação, cujos motivos subjetivos não são acreditados:

> A maioria das estratégias rentáveis são usualmente aquelas produzidas, sem qualquer cálculo, e a ilusão da maioria absoluta "sinceridade", por um habitus objetivamente ajustado para as estruturas objetivas. Essas estratégias sem cálculo estratégico adquirem uma vantagem secundária importante para aqueles que podem ser escassamente chamados seus autores: a aprovação social consegue parecer desinteressada (BOURDIEU. *The Logic of the Practice*, p. 292, n. 10).

Essa forte conexão entre utilitarismo, teoria do conflito e argumentos marxianos é ainda mais claramente aparente em outro conceito-chave bourdieusiano, de "capital", o qual complementa ou completa o conceito de "campo" e de "*habitus*".

O conceito de capital de Bourdieu deve sua existência ao problema que se segue. Bourdieu deve explicar por quais bens os atores, nos vários campos, lutam, isto é, o que eles estão tentando conquistar ao desenrolar suas várias ações estratégicas. Ele rejeitou a noção característica do utilitarismo (primitivo) de que a vida social é para ser entendida exclusivamente como uma luta por bens (econômicos). Pela mesma razão, ele também criticou o marxismo, pois esse se focou exclusivamente nas lutas sobre bens econômicos, ignorando ou negligenciando outras formas de disputa (cf., p. ex., "The Social Space and the Genesis of Groups", p. 723).

Bourdieu agora dá o passo lógico já realizado antes por teóricos do conflito. *Sua preocupação é ressaltar como as lutas sociais dizem respeito a mais coisas do que utilidade financeira e ao capital econômico*. Mas, peculiarmente suficiente, o caminho no qual ele percorre, de novo é semelhantemente à maneira que fizeram os teóricos do conflito (cf. Lição VIII) – não implica uma completa quebra com as noções utilitaristas ou marxianas. A fim de determinar mais precisamente o que está em jogo nas lutas sociais, Bourdieu utiliza o termo "capital", originado no âmbito da economia "burguesa" e marxista, mas ele amplia seu significado e distingue entre *formas diferentes* de capital. Em *Esboço de uma teoria da prática*, ele criticou o marxismo por ter negligenciado completamente o que Bourdieu chama de "capital simbólico", uma consequência de sua preocupação com o capital econômico. Bourdieu, usando uma linguagem altamente sugestiva de utilitarismo, coloca isso assim como se segue. Marx apenas reconheceu interesses econômicos imediatos e estes foram tudo que ele permitiu em seu edifício teórico, relegando todos os outros tipos de interesse para a esfera da "irracionalidade do sentimento e da paixão" (*Outline*, p. 177). Mas o que alguém deve fazer é aplicar cálculos econômicos para todos os *bens* (utilitaristas e teóricos do conflito diriam: para todos os recursos):

> contrariamente às representações idílicas ingênuas das sociedades "pré-capitalistas" (ou as da esfera "cultural" das sociedades capitalis-

tas), a prática nunca para de conformar o cálculo econômico mesmo quando ele dá toda aparência de desinteresse desde a lógica do cálculo interessado (no sentido limitado) e jogando por suportes que são imateriais e não facilmente quantificáveis (p. 177).

De acordo com Bourdieu, o marxismo desconsiderou inteiramente o fato de que ações que, à primeira vista, parecem irracionais porque elas não são guiadas em direção ao ganho financeiro imediato, devem ser um meio de adquirir benefícios substanciais *de outros tipos*, o que Bourdieu chama de "ganhos simbólicos" e os quais preparam o "capital simbólico", bem como o capital econômico. Certos atos – tal como presentes generosos, comportamento extravagante etc. – habilitam pessoas a obter todos os tipos de distinção; tais atos são um símbolo da posição (extraordinária) própria de alguém, poder, prestígio etc., permitindo distinguir-se daqueles mais abaixo na classificação. Essa forma simbólica de capital é de relevância crucial para a hierarquia de classe em uma sociedade, pois isso pode ser convertido em capital "real" em certas circunstâncias. O grande prestígio desfrutado por um indivíduo, a boa reputação de uma família particular, a ostensivamente exibida riqueza de um grande homem frequentemente fornecem a pessoas oportunidades de atingir capital econômico também, alinhado com o lema: para todos que têm capital (simbólico), capital (econômico) deve ser dado. Nesse sentido, não há nada (economicamente) irracional sobre o capital simbólico. Em vez disso, a acumulação de capital simbólico é também um caminho inteligente de salvaguardar as perspectivas de obtenção de capital econômico. Essa forma simbólica de capital é um tipo de crédito, na base do qual as oportunidades econômicas constantemente surgem. Nesse sentido, Bourdieu pode declarar que o capital simbólico representa uma "transformada e, assim, *disfarçada* forma do capital "econômico" físico" (p. 183; grifos originais).

> É, portanto, através da elaboração de um *balanço compreensivo* de lucros simbólicos, sem esquecer o caráter indiferenciado entre os aspectos simbólicos e materiais do patrimônio, que torna possível compreender a racionalidade econômica da conduta a qual o economicismo repudia como um absurdo: a decisão de comprar um segundo par de bois depois da colheita, em razão de que eles são necessários para debulhar o grão, que é uma maneira de tornar sabido que a colheita foi abundante – apenas para vendê-los novamente por falta de forro, antes do arado de outono, quando eles seriam tecnicamente necessários, parecendo economicamente aberrante apenas se alguém esquece todos os lucros materiais e simbólicos resultantes disso (embora ficcional), aumentando o capital simbólico da família no período do fim do verão, no qual casamentos são negociados. A racionalidade perfeita dessa estratégia de blefe residiu no fato de que o casamento é a ocasião para uma (no sentido mais amplo) circulação econômica que não pode ser concebida puramente em termos de bens materiais (p. 181; grifos originais).

Mas essa grande importância do capital simbólico não é, como a citada opinião referente à sociedade cabila pode nos levar a presumir, restrito a sociedades "primitivas" ou pré-capitalistas. É verdade, como Bourdieu declara, que economias pré-capitalistas têm uma "grande necessidade por violência simbólica" (p. 191) na medida em que circunstâncias de exploração autêntica e grandes desigualdades materiais eram e são sempre encobertas simbolicamente e assim ocultadas (ou, inversamente, percebido de modo brutal pelo meio da violência física). Isso, sugere Bourdieu, argumentando de maneira muito parecida com Marx, mudou no capitalismo em que a prática de dominação não mais depende de uma dissimulação simbólica, mas pode ser legitimada de uma maneira muito diferenciada (através da ideologia da troca justa de bens, dinheiro e trabalho, p. ex.). Mas não significa que o capital simbólico não desempenha nenhum papel nas sociedades modernas. Nada poderia estar mais longe da verdade. Isso viria a se tornar o centro do projeto de Bourdieu na sociologia da cultura, cujo foco seria analisar esse "capital simbólico" em sociedades modernas, particularmente na sociedade francesa moderna, de maneira sóbria e às vezes cínica. Em sua visão, uma análise convincente das sociedades modernas deve ir além das formas econômicas do capital e bem como devem prestar atenção ao capital simbólico.

Subsequentemente, quando cessou mais ou menos de realizar estudos antropológicos e se dedicou crescentemente às análises da sociedade francesa, Bourdieu tentou esclarecer mais precisamente esse ainda nebuloso conceito de "capital simbólico". Em adição ao capital econômico, ele introduziu a distinção entre capital cultural e capital social; algumas vezes ele também se refere a "capital político", alertando observadores e críticos para se referir à tendência "inflacionária" que afeta o conceito de capital em sua teoria. Não há necessidade de entendermos todas essas extensões e diferenciações em detalhes. É suficiente apontar que seus escritos mais conhecidos, Bourdieu distinguiu entre as formas econômica, simbólica, cultural e social. Como o significado do termo "capital econômico" deve estar bastante claro, nós devemos clarificar brevemente os outros três tipos:

- Sob o termo "capital cultural" ele inclui ao mesmo tempo trabalhos de arte, livros e instrumentos musicais, porquanto esse capital está presente na forma de objetos, *e* capacidades culturais e conhecimento cultural, uma vez que estes foram "absorvidos" por atores através de processos anteriores de socialização, *bem como* títulos (tais como o de doutor, junto com aqueles conferidos para outras graduações etc.), porque isso demonstra, por assim dizer, a aquisição de conhecimento cultural.
- "Capital social", enquanto isso, diz respeito aos recursos através dos quais alguém pode demonstrar pertencimento ou afiliação a um grupo, uma trajetória familiar distinta, a matrícula em uma escola particular de elite ou universidade de elite; isso se refere a redes no sentido de relacionamentos

sociais sobre os quais alguém pode descrever certos objetivos, o que é coloquialmente conhecido como a "rede dos meninos crescidos" (cf. o ensaio de Bourdieu "The Forms of Capital").

• "Capital simbólico" é algo como um termo genérico emergente de uma ação recíproca entre os diferentes tipos de capitais econômicos: todos os três tipos "originais" de capitais colocam as fundações para uma classificação geral do indivíduo, boa reputação, renome e prestígio na sociedade, assim determinando seu lugar na hierarquia.

De acordo com Bourdieu, esses conceitos de capital nos habilitam a modelar uma estrutura de sociedade de classes. Em sua visão, é preciso estar atento que as formas de capital podem algumas vezes ser trocadas ou traduzidas em termos de outras; sua conversão é frequentemente possível. Isto é, para determinar a posição de um indivíduo dentro da estrutura da sociedade de classes, é vital estudar ao mesmo tempo o *volume* de capital disponível para esse indivíduo, bem como a *estrutura* desse capital (o que mostra de quais formas de capital esse capital total individual é composto). Para mencionar um exemplo: professores seriam geralmente localizados medianamente nos *rankings* da sociedade moderna com base em seu capital econômico, mas, ao mesmo tempo, possuem grande capital cultural (eles têm um largo número de títulos, e não apenas têm muitos livros: mas ainda leram muitos deles) e frequentemente possuem um número bastante grande de relacionamentos sociais com diversos círculos de influência, de modo que avaliar sua posição social requer uma abordagem multidimensional. Para elucidar o modo de Bourdieu analisar, nós fornecemos um modelo de classes desenvolvido inteiramente com base em sua estrutura teórica, mas em uma *forma simplificada*, como mostrado por Klaus Eder ("Klassentheorie als Gesellschaftstheorie" [teoria de classe como teoria social"], p. 21, n. 6), levando em conta apenas as formas econômicas e culturais, para o antigo Ocidente Alemão (Figura 15.1). A linha vertical pretende indicar o volume absoluto de capital disponível; a horizontal a proporção *relativa* de ambas as formas de capital.

De acordo com esse diagrama, o volume de capital usufruído por doutores e membros de profissões independentes é bastante similar, embora a composição desse capital seja bem diferente: enquanto doutores possuem comparativamente uma pequena quantidade de capital econômico, seu capital cultural é relativamente grande se comparado com profissionais do setor privado. Agricultores geralmente não têm particularmente nem grande capital econômico nem cultural, enquanto no caso de artesãos se percebe de novo uma grande discrepância entre capitais culturais relativamente grande e relativamente escassos capitais econômicos etc. É claro, nós poderíamos argumentar eternamente sobre se, por exemplo, o capital cultural do artesão e professores em relação um com outro é "desigual" aqui. E teríamos que olhar mais detidamente para a abordagem metodológica para determinar o capital que subjaz a esse diagrama. Mas isso não é de nosso interesse aqui.

O que desejamos apontar é que a sutil análise da estrutura social desse tipo fornece uma teoria de classe mais convincente, e sobretudo mais em consonância com o seu tempo do que a ortodoxia marxista. Mas isso não é tudo.

Figura 15.1

	Volume de capital +
Doutores	Profissionais independentes
Grandes gerentes	Industrialistas e homens de negócio
Professores universitários	
Professores de gramática da escola	Engenheiros
Artistas artesões	Pequenos comerciantes
- capital econômico	+ capital econômico
+ capital econômico	- capital econômico
	Gerentes medianos
	Artesão
Trabalhadores de colarinho branco	Comerciantes/escritórios
Trabalhadores por conta própria	
Meio	Funcionários administrativos
	Agricultores
Trabalhadores especializados	Trabalhadores semiespecializados
	Volume de capital

A introdução de diferentes conceitos de capital remedia a óbvia falta de uma sociologia da cultura no marxismo – e essa é a razão-chave por que a teoria bourdieusiana parece tão atraente para ex-marxistas. O desenvolvimento de uma sofisticada concepção de capital os permitiu ter um grau de distância de Marx, sem requerer que entrem em territórios teóricos completamente novos.

Mas ao mesmo tempo – e isso nos leva de volta para nossa questão inicial concernente a traços de utilitarismo no edifício teórico de Bourdieu – um conceito de capital originado na economia reforça a "sensação" utilitarista (e da teoria do conflito) na teoria bourdieusiana, à qual nós nos referimos antes: o campo da cultura é descrito com o mesmo aparato conceitual daquele da economia. Em ambas esferas, o interesse dos atores desempenha um papel decisivo; é apenas os tipos de capital, e assim as formas nas quais isso se baseia, que diferem. A principal preocupação é sempre com lucros e perdas e as lutas e disputas sobre eles. O modelo de ação de Bourdieu – acoplado com seu conceito de *habitus* – sempre permanece o mesmo e toma fundamentalmente a mesma forma com respeito aos vários campos.

A teoria da ação que eu proponho (com a noção de *habitus*) pressupõe que a maioria das ações humanas têm como base alguma coisa bastante diferente da intenção, isso é, das disposições adquiridas as quais fazem com que a ação pode e deva ser interpretada como orientada em direção a um objetivo ou a outro, ninguém sendo habilitado a reivindicar que o objetivo foi um *design* consciente (*Practical Reason*, p. 97-98).

Assim não é surpresa que Bourdieu formulou sua ambição com respeito a produção de "grande teoria" em uma linguagem que faz pouco para esconder suas raízes econômicas ou utilitaristas. O objetivo primordial, e a longo prazo – como nós estávamos expressando – foi produzir uma "teoria geral da *economia* das práticas" (*The Rules of Art*, p. 183; grifo nosso), uma teoria capaz de interpretar compreensivamente a lógica das lutas baseadas em interesses sobre tipos específicos de capital em campos muito diversos.

Como resultado desses ecos do utilitarismo em sua teoria da ação, fenômenos "supraindividuais" ou coletivos são também descritos apenas sob premissas utilitaristas: para Bourdieu, "cultura" não é mais do que um jogo no qual diferentes classes aplicam suas concepções particulares de estética em uma tentativa de separar-se de outras classes. Bourdieu vê a "esfera pública", a ideia de uma troca de argumentos políticos sem constrangimento e pluralistas tão prezado por Dewey e Habermas, primariamente como algo introduzido por razões estratégicas nos séculos XVIII e XIX por uma classe de burocratas de alto-escalão, como forma de afirmarem-se contra outros competidores, tais como a aristocracia (*Practical Reason*, p. 23-24). Tal como Bourdieu vê, o que está invariavelmente em questão aqui – mas de modo algum apenas aqui – é a aquisição de capital, embora capital possa significar diferentes coisas. Alinhado com as regras que pertencem ao interior do campo específico, atores perseguem seus interesses de acordo com o modo como se relacionam com *esses campos*, embora, porque se habituaram a ele, não estão sempre conscientes desses interesses. Isso é porque, particularmente em seu trabalho mais tardio, Bourdieu também usa o termo *illusio* (de *ludus* = jogo) como uma alternativa a "interesses", para tornar claro que isso não se refere somente a interesses (conscientemente) econômicos.

> Eu prefiro muito mais usar o termo *illusio*, dado que sempre falo de interesses específicos, de interesses que são ao mesmo tempo pressupostos e produzidos pelo funcionamento de campos historicamente delimitados. Paradoxalmente, o termo interesse trouxe a instintiva acusação de economicismo. De fato, a noção como eu a uso refere-se a um reducionismo deliberado e provisório que me permite importar o modo materialista de questionar para dentro da esfera cultural da qual isso foi expulso, historicamente, quando a visão moderna de arte foi inventada e o campo da produção cultural ganhou a sua autonomia (*An Invitation to Reflexive Sociology*, p. 115-116; grifos originais).

Ao utilizar o termo *illusio*, Bourdieu acredita que se distanciou suficiente e conclusivamente do utilitarismo. Ele também pensa que pode proceder, sem uma tipologia de ação tal como aquela produzida por Jürgen Habermas, com a sua distinção entre ação intencional-racional e ação comunicativa. Uma tal distinção, de acordo com Bourdieu, meramente ignoraria a existência de diferentes formas de lucros imateriais em campos desiguais. Para ele, o capital existe em várias formas, mas a ação não; atores fazem o seu melhor para obter os diferentes tipos de capitais dentro de vários campos. A tipologia de Habermas para a ação é considerada apenas um meio idealista de disfarçar esse fato. Ainda assim, apesar de todas as críticas ao utilitarismo, Bourdieu negligencia o fato de que essa é exatamente a posição advogada por neoutilitaristas: eles também não mencionam os diferentes tipos de ação, referindo-se apenas às tentativas dos atores de perceber suas várias preferências. Eles também afirmam que uma tipologia de ação é absurda ou inútil, porque a ação em si é muito fácil de explicar, porque sempre gira em torno de obter o que alguém quer.

Mas não é apenas a proximidade de Bourdieu com o (neo)utilitarismo, que foi uma característica recorrente de seu trabalho, que é notável aqui. Também desperta a atenção o fato de que a posição de Bourdieu parece não ser consistente em si mesma. Pois, mesmo se aceitamos a sua "teoria do *habitus*", que não afirma que a ação é inteiramente determinada, teríamos ainda que enfrentar o problema de explicar o *espaço de manobra* dos atores com respeito a ação, a flexibilidade da ação *dentro das fronteiras definidos pelo habitus*. Em termos concretos, dentro de um campo que demanda um *habitus* particular, como os vários "interesses" são percebidos pelos autores? Deveria ser finalmente concebível que formas de ação normativas, afetivas etc. desempenham um papel dentro de variadas opções para ação abertas pelo *habitus*. Mas uma tipologia da ação seria muito útil, se não essencial, para lançar luz sobre esse espectro de ação, porque esse é o único caminho para se preservar contra uma concepção de ação muito estreita – possivelmente, de novo, utilitarista. Mas Bourdieu não faz nada para resolver este problema. Ele parece bastante inconsciente disso, o que sugere uma lacuna em sua teoria. Isso também fica aparente no fato de que, em seus estudos sobre a arte, por exemplo, ele apenas esclarece os esforços de escritores e pintores de estabelecerem-se por eles mesmos e obter distinção, bem como aponta os constrangimentos desse percurso, mas permanece estranhamente silencioso sobre a criatividade artística. Não quer dizer que sua criatividade não possa ser descrita sem referência à lógica dos vários "campos". A crítica de Bourdieu às noções idealistas de autocriação dos artistas é bastante justificada. Mas se o *habitus* não for entendido deterministicamente, essa teoria deve prestar alguma atenção a esses aspectos não determinados da ação, o que nós devemos chamar de "criatividade da ação".

3 Nós já havíamos delineado as premissas teóricas de Bourdieu a partir de um ângulo crítico e apresentado seus conceitos básicos de *campo, habitus* e *capital* mais ou menos isolados uns dos outros. Nossa preocupação agora é revelar como esses três conceitos se *conectam* no pensamento bourdieusiano e, assim, apresentar seu construto teórico em sua inteireza, bem como identificar as características problemáticas de sua "arquitetura".

O conceito de campo ou as referências bourdieusianas a campos (plural) forma o ponto de partida lógico dessa teoria. A realidade social é composta por vários campos, nos quais diferentes regras são aplicadas, regras as quais os atores devem seguir se desejam ter sucesso em obter lucros – formas específicas de capital – dentro desse campo. Para repetir: o campo da ciência obedece regras diferentes daquelas da política, educação ou esporte. De algum modo, esse caminho nos faz lembrar dos teoremas da diferenciação, particularmente a teoria do sistema de Luhmann. E, de fato, Bourdieu é bastante próximo da ideia advogada por Luhmann e seus apoiadores de que o mundo social é dividido em várias esferas, que pode não ser mais diretamente unificado sob as condições da modernidade. E Bourdieu é confrontado com os mesmos problemas em sua teoria. Ele não consegue explicar convincentemente *quantos campos existem* (Bourdieu parece assumir que existe um grande número de campos, que acredita poder determinar apenas por meio de investigação histórica empírica, ainda que suas referências a esses processos de determinação não sejam particularmente úteis e sua própria pesquisa se relaciona a aspectos limitados do mundo social; cf. *In Another Words*, p. 88) e *onde estão exatamente as fronteiras entre os campos*. Teóricos da diferenciação e Luhmann, em particular, fizeram detalhadas observações teóricas a esse respeito, embora estes também tenham falhado em satisfazer esse interesse. Bourdieu, por outro lado, começou a dar mais suporte teórico à noção de "campo" apenas tardiamente em sua carreira. Seus comentários sobre problemas relevantes são pouco consistentes, e estão longe de ser sistemáticos como no caso do trabalho de Luhmann. Mas uma coisa é clara: a "teoria do campo" de Bourdieu pode ser distinguida de suposições da teoria do sistema luhmanniano ao menos em dois aspectos. Primeiramente, em contraste com Luhmann, Bourdieu situa as lutas no centro do palco, isto é, seus campos são analisados em termos da teoria do conflito – um ponto que nunca foi de qualquer interesse para Luhmann na sua análise dos "sistemas".

> Se é verdade que, no campo literário ou artístico, por exemplo, pode-se tratar posturas constitutivas de um espaço de possibilidades como um sistema, eles formam um sistema de diferenças, de propriedades distintivas e antagônicas que não apenas seu próprio movimento interno (como o princípio de autorreferencialidade implica), mas via conflitos internos com o campo da produção. O campo é o *locus* de relações de força – e não apenas de significado – e as lutas destinadas a transformar isso, e portanto de mudança sem fim. A coerência que pode ser

observada em um dado estado do campo, sua orientação em direção a uma função comum [...] são nascidas de conflitos e competição, não de alguns tipos de autodesenvolvimento imanente da estrutura (*An Invitation to Reflexive Sociology*, p. 103-104).

Segundo, em contraste com Luhmann, Bourdieu não assume que os campos são radicalmente separados e de que não existe nenhuma perspectiva que estabeleça qualquer tipo de unidade. Não deve ser coincidência que o francês Bourdieu – cidadão de um país altamente centralizado – atribuiu um tipo de metafunção para o Estado. Ele entende o Estado como um "metacampo" que ainda é capaz de desempenhar o papel de árbitro entre os campos devido sua capacidade de estabelecer normas constrangedoras (*Pascalian Meditations*, p. 127; cf. tb. *Practical Reasons*, p. 33). Com esta tese, ele se colocou à parte de teóricos radicais da diferenciação e acima de tudo de Luhmann, mas sem, sublinhamos, endossar a ideia de que as sociedades são integradas por normas, como no caso do trabalho de Parsons ou Münch.

Um *habitus* especial é moldado pelas regras que se aplicam dentro de campos específicos, e aqueles que entram neles (têm de) inescapavelmente se adaptar a esse *habitus*. Cientistas, políticos, atletas etc. têm um *habitus* específico detectável em como eles falam, gesticulam, avaliam etc. Isso não significa que seu comportamento é totalmente determinado. Bourdieu, como nós já vimos, defende-se contra a acusação de determinismo tão frequentemente usadas contra ele (cf., p. ex., FERRY, L. & RENAULT, A. " French Marxism Francês (Bourdieu)", p. 153-184. In: *French Philosophy of the Sixties*); ele repetidamente enfatiza que atores adotam um *habitus* particular apenas com um certo – senão grande – grau de probabilidade, e que esse *habitus* também permite a possibilidade de variação comportamental:

> Porque o *habitus* é uma infinita capacidade de gerar produtos – pensamentos, percepções, expressões e ações – dos quais os limites fixados pelas condições histórica e socialmente sobre sua produção, a liberdade condicionada e condicionante que fornece uma criação distante de imprevisíveis novidades como isso é simples reprodução mecânica dos condicionamentos originais (*The Logic of Practice*, p. 55).

Apesar de toda a variabilidade, contudo, ação de um campo específico, bem como os campos como um todo, são bastante estáveis. Isso é porque, como esquema de percepção, pensamento e ação (e aqui Bourdieu adota os *insights* da etnometodologia), o *habitus* tende a ser constantemente confirmado e reproduzido. Porque o *habitus* entrou no corpo das pessoas e se tornou sua identidade, pessoas (inconscientemente) tendem a apoiar sua identidade. Nós desejamos ver nosso mundo familiar confirmado repetidamente e não temos interesse em destruir assim a confiança no significado do mundo cotidiano. Significa que através de "escolhas sistemáticas feitas entre os lugares, eventos e pessoas que poderiam ter frequentado, o *habitus* tende a se proteger de crises e de desafios críticos" (p. 61). Como resultado, os tipos de *habitus* formados nos campos frequentemente reconfirmam os campos em suas formas originais, e o mesmo processo de estruturação ocorre em uma base contínua.

> Porque o *habitus* [...] é o produto de uma história, os instrumentos de construção do social que isso investe no conhecimento prático do mundo e em ação são socialmente construídas, em outras palavras, estruturado pelo mundo que ele estrutura (*Pascalian Meditations*, p. 148).

No entanto, o *habitus* não é apenas a expressão de campos sociais "diferenciados", como alguém poderia dizer a partir de uma perspectiva teórica mais sistêmica. Tipos de *habitus* são também o produto de realidades específicas de *classe*, de meios sociais específicos, que reproduzem essas realidades e meios:

> Uma das funções da noção de *habitus* é a de promover a unidade de estilo, cujas unidades e práticas e bens de um agente simples ou uma classe de agentes [...] o *habitus* é um princípio gerativo e unificado para retraduzir as características intrínsecas e relacionais de uma posição dentro de um estilo de vida unitário (*Practical Reasons*, p. 8).

Uma preocupação frequente de Bourdieu com assuntos relacionados ao sistema de educação (francesa) foi, entre outras coisas, mostrar que esse *habitus* baseado em classes é quase impossível de desfazer, até mesmo mediante um sistema de educação aparentemente meritocrático. De fato, na sua visão, o oposto se aplica. O sistema de educação continuamente reforça essas formas classe-específicas de comportamento, e é porque isso contribui para a reprodução constante da desigualdade social (cf. "Reproduction") – uma tese com a qual nós estamos familiarizados em grande parte ao pôr nossa discussão sobre o teórico do conflito Randall Collins na Lição VIII.

É claro, esse tropo de reprodução das estruturas sociais é de forma semelhante associada com o conceito de *habitus*, que dá origem à questão de como Bourdieu concebe a *mudança social* – especialmente dado que ele é bastante inclinado para a tese de que ideias ou ideologias podem ter muita influência ou mudar coisas. Isso se torna particularmente claro à luz do conceito da sociologia clássica de "legitimidade da dominação". Para Bourdieu, essa figura de pensamento, que remonta a Max Weber, é problemática desde o início porque – através do conceito de dominação racional-legal, por exemplo – sugere que pode existir um tipo de discurso consciente sobre a legitimidade da dominação. Mas Bourdieu crê que as funções de dominação são bem diferentes. De acordo com ele, desde a infância em diante as pessoas se tornam acostumadas a estruturas de dominação como características tomadas como certas do mundo. Em instituições como berçários, escolas e indústrias, as classes baixas em particular têm uma aceitação autoevidente da desigualdade social "martelada" dentro delas, o que faz quase impossível para eles fazer dessas estruturas um objeto de discurso (cf. *Practical Reason*, p. 53-55). E a dominação não é mantida por meio de ideologias ou discursos legitimadores, os quais muitas pessoas poderiam considerar sem pé nem cabeça, mas pela constante prática de conformidade com as desigualdades de poder existentes.

> Se pouco a pouco passei a evitar a palavra "ideologia", não é apenas por causa da sua polissemia e suas ambiguidades resultantes. É acima de tudo porque, ao evocar a ordem das ideias, e da ação por ideias e sobre ideias, isso induz a esquecer que um dos mais poderosos mecanismos de manutenção da ordem simbólica é a *dupla naturalização* que resulta de uma inscrição do social em coisas e em corpos (tanto aqueles dos dominantes como dos dominados – em termos de sexo, etnicidade, posição social ou qualquer outro fator de discriminação), com os efeitos resultantes da violência simbólica. Como é sublinhado por noções de linguagem-ordinária tais como uma "distinção natural" ou "dada", o trabalho de legitimação da ordem estabelecida é extraordinariamente facilitado pelo fato de que isso vai quase automaticamente na realidade do mundo social (*Pascalian Meditations*, p. 181; grifos originais).

Essa postura, no entanto, implica um potencial da teoria bourdieusiana para contribuir para uma teoria da mudança, um assunto ainda mais premente, e isso inspirou alguma acusação a Bourdieu de um hiperfuncionalismo (negativo), porque, de acordo com a lógica de sua teoria, apesar das lutas contínuas dentro dos campos, as estruturas de poder desiguais (normativamente problemáticas) são constantemente reproduzidas e estabilizadas "automaticamente", fazendo parecer quase impossível engendrar uma nova situação. As ideias de Bourdieu assim oferecem poucos estímulos para uma teoria da mudança social. *As regras da arte* (p. 253), por exemplo, estabelece que processos de mudança nos campos da literatura e pintura são mais provavelmente engatilhados por aqueles que entram no campo pela primeira vez, em outras palavras, a *nova geração*. Bourdieu forneceu evidências históricas disso ao se referir a Flaubert e Baudelaire, demonstrando como, enquanto recém-chegados no campo da literatura, eles estabelecem e reforçam sua própria nova forma de estética, reestruturando o campo significativamente. Mas para uma genuína teoria da mudança social isso ajuda muito pouco. Bourdieu estabeleceu que, à luz das formas do capital disponível dentro dele, cada campo exige seu próprio modelo de mudança. Mas porque seus estudos focam em poucos campos apenas, seu trabalho inevitavelmente carece de princípios gerais sobre a mudança social.

4 O potencial da teoria de Bourdieu para elucidar a situação contemporânea é mais aparente em suas críticas à globalização e em escritos em sociologia da cultura, dos quais seu livro de 1979, *A distinção*, tornou-se particularmente famoso. Contudo, Bourdieu formulou anteriormente o programa conceitual e teórico para esse estudo. Isso é possivelmente expressado mais de forma impressionante na passagem que se segue:

> De fato, os grupos menos privilegiados e pior situados do ponto de vista econômico aparecem nesse jogo de circulação e distinção, que é o real jogo cultural, o qual é objetivamente organizado alinhado com a estrutura de classe, unicamente como meio de contraste, isto é, como o elemento necessário para realçar o outro, ou como "natureza". O jogo das distinções simbólicas é assim jogado fora e dentro desse espaço limitado, nos quais fronteiras são ditadas por constrangimentos econômicos, e permanece, a esse respeito, um jogo jogado pelos privilegiados em sociedades privilegiadas, que podem permitir conciliar as diferenças reais, nomeadamente aqueles da dominação, sob diferentes maneiras ("Zur Soziologie symbolischer Formen" ["Sobre a sociologia das formas simbólicas"], p. 72-73).

Cultura, tal como Bourdieu reivindica nesse trecho, é um jogo de distinção no qual diferenças de classe são também expressas ou visivelmente constituídas pela primeira vez. Analogicamente a esse conceito de capital cultural, que cobre uma grande quantidade de coisas, incluindo objetos tais como pinturas e livros, conhecimentos e habilidades e mesmo títulos, Bourdieu define cultura muito amplamente de fato, e isso também se refere a avaliações estéticas. Em *A distinção*, ele está primariamente preocupado em afirmar, provocativamente, que mesmo nossas predileções mais particulares – nossas opiniões sobre o gosto das coisas, a qualidade estética de um pedaço de música, a "aceitabilidade" de artigos de vestimenta etc. – são determinados por um *habitus* de classe. Sua tese simples é a de que o "gosto" ou julgamento estético classifica os muitos indivíduos ocupados em classificações, porque eles refletem oportunidades econômicas existentes ou restrições econômicas.

O que é ao mesmo tempo provocativo e fascinante aqui não é apenas o quão perturbados nós nos sentimos quando Bourdieu lança dúvida sobre nossos mais sublimes sentimentos e percepções, rastreando até realidades banais ou profanas. O livro de Émile Durkheim *O suicídio*, que interpretou o que parece ser a mais livre de todas as ações livres – tirar a própria vida – como um fenômeno *socialmente determinado*, foi ofensivo de modo muito parecido. Argumentos desse tipo contradizem completamente nossa visão de nós mesmos como seres autodeterminados, e é isso o que nos exaure tanto. Mas os escritos de Bourdieu, especialmente *A distinção*, são provocativos por outra razão também. Em última análise, ele tenta equacionar ou ao menos associar estética, a teoria do bem e da verdade (na arte), com gostos cotidianos banais. Bourdieu deseja mostrar que a teoria estética proclama como a grande música, grandes pinturas e a grande literatura é em realidade nada mais do que uma forma de percepção derivada de uma realidade econômica específica. De acordo com Bourdieu, a grande arte foi e sempre é parcialmente um produto de um conflito de classe; as classes dominantes conseguiram definir *suas* percepções estéticas como arte "legítima", concorrentemente velando ou eliminando inteiramente a percepção de como a estética é determinada pela classe. O objetivo de seu programa de uma "estética antikantiana" é assim *expor* e *demistificar*.

Nessa conexão ele estabelece a dicotomia entre a então chamada "ostentação" e o então chamado gosto "necessariamente-conduzido". O último é típico dos estratos e classes mais baixos dentro da sociedade. Isso é associado com os problemas materiais imediatos da vida, com a experiência cotidiana da falta, com o sentido da insegurança econômica etc. Sob tais circunstâncias é supostamente impossível devotar grande parte do tempo e esforço para refinar o comportamento de alguém. Alinhado com isso, as percepções estéticas e o comportamento cotidiano dos estratos mais baixos são também muito diferentes daqueles das classes dominantes, como fica aparente mesmo nos hábitos de comer.

> No confronto da nova ética da sobriedade para a busca da magreza, a qual é mais reconhecida nos níveis mais altos da hierarquia social, camponeses e principalmente trabalhadores industriais mantêm uma ética da indulgência jovial. Um *bon vivant* não é apenas alguém que aprecia comer e beber; ele é alguém capaz de entrar em um tipo de relacionamento bondoso e familiar – isto é, ao mesmo tempo simples e livre – que é encorajado e simbolizado por comer e beber juntos, em uma sociabilidade que varre restrições e reservas (*Distinction*, p. 179).

Mas é claro que não apenas como pessoas comem o que distingue seus gostos necessariamente guiados; *o que é comido* é também fundamentalmente diferente daquilo que é tipicamente consumido pelas classes dominantes. Bourdieu mobiliza uma massa de evidências estatísticas e dados nuançadamente observados para demonstrar como a cultura culinária é variável, apontando que as classes altas sempre tendem, algumas vezes conscientemente, mas mais frequentemente inconscientemente, a separar-se da cultura alimentar das classes baixas através do requinte nas experiências das horas da refeição, com o objetivo de desenvolver "distinção". Os gostos extravagantes dos estratos altos são sempre em parte uma tentativa para demarcar eles mesmos dos outros, para atingir a *distinção*, que continuamente reproduz diferenças de classes e fronteiras de classe. Intelectuais, homens de negócio, jornalistas etc. vão a restaurantes chineses, vietnamitas e birmânios como uma coisa natural, algo que um trabalhador, mesmo que pudesse se permitir a isso, nunca sonharia em fazer, porque suas noções de uma boa comida são muito diferentes (tais observações, é claro, representam instantâneos de um período histórico particular). Qualquer um nascido nas classes altas é socializado em um gosto particular em comida e um *habitus* correspondente, através do qual ele quase automaticamente se coloca à parte de indivíduos de outras classes. E não é apenas suas maneiras à mesa, mas também seus gostos aparentemente primários que distinguem o "aristocrata" dos "plebeus". Isso foi verdade no passado, e de acordo com Bourdieu é verdade no presente também.

Um padrão similar é também aparente em diferentes modos com os quais membros de diferentes classes se relacionam à arte. Gostos extravagantes e uma estética equivalente, porque eles são livres de constrangimentos econômicos, não têm um propósito específico e são aparentemente desinteressados, e é por isso que os membros das classes altas apreciam muito mais a arte *abstrata* – Braque, Delaunay, Malevich ou Duchamp – ao invés das classes baixas, que não são familiarizadas com condições desinteressadas e assim veem a arte com forte associação a tarefas práticas da vida cotidiana. Eles percebem uma pintura de Braque, por exemplo, como incompreensível ou desagradável e é mais provável que valorizem mais uma reprodução de Spitzweg ou algum trabalho de Caspar David Friedrich em sua sala de estar do que um Delaunay. "É isso o que eles chamam de arte?" – essa questão está sempre na ponta da língua de trabalhadores e de pequeno-burgueses quando olham para um Malewitsch, enquanto intelectuais artisticamente inclinados devem ver uma pintura como particularmente interessante e expressiva precisamente por ser inacessível e – como Bourdieu assumiria – alguém pode assim ganhar distinção, separando-se dos filisteus. Muito disso se aplica para o reino da música. Quando trabalhadores escutam música clássica, tende a ser *O Moldau*, de Smetana, em vez de um "barulho" não melódico de um Shostakovich.

Bourdieu nunca cansa de rastrear padrões similares nos reinos do esporte, opinião política, filme, vestimenta e atividades de lazer. Para ele, o que é sempre evidente aqui é que as classes dominantes determinam a legitimidade de uma atividade particular dentro dos vários campos culturais; são eles quem, por exemplo, afirmam as mais recentes formas de arte *avant garde* para ser arte *real* na base de sua necessidade para distinção, enquanto tudo isso que veio antes assume um ar de trivialidade, dos artistas não verdadeiros, especialmente se as classes baixas começam a se apropriar das agora "fora de moda" formas de arte.

Tomadas em conjunto, as investigações de Bourdieu levam-no a expor a tese de que o *habitus* adquirido dentro de uma classe particular – com um conjunto de esquemas de percepção, cognição e ação – define um particular "estilo de vida" por meio do qual as classes definem-se separadas das outras "culturalmente". Os diferentes tipos de estilo de vida encontrados dentro de uma sociedade apontam para os conflitos simbólicos sobre os esforços feitos por membros de diferentes classes para alcançar a distinção. De acordo com Bourdieu, isto é precisamente o que é necessário compreender, porque essa é a única maneira de descrever adequadamente a estrutura de classe de uma sociedade e sua dinâmica, algo que o marxismo ortodoxo foi incapaz de fazer como uma consequência dessa falta, ou cegueira, para uma teoria da cultura.

A consideração de Bourdieu, enraizada na sociologia cultural, é de relevância para o diagnóstico da era contemporânea em que pese a sua visão da reprodução perpétua da desigualdade baseada em classes, que parece deixar pouco prospecto de que as coisas ficarão melhor. Em certa medida, isso é em variação do papel público de Bourdieu como crítico do sistema de educação francês e da globalização, para o qual nós aludimos no começo desta lição; pode-se perguntar como essa ocupação pode ser relacionada com seu diagnóstico da aparentemente inalterada e estável natureza das estruturas sociais. Contudo, ele mesmo acredita que sua "contradição" pode ser resolvida ao apontar para o fato de que a liberdade é possível apenas se alguém conhece e reconhece as leis que governam como a sociedade é estruturada. "A sociologia liberta ao libertar da ilusão de liberdade" (Bourdieu; cf. DOSSE. *History of Structuralism*, vol. II, p. 67). A constante referência à suposta "vontade livre" das pessoas pode de fato formar parte de um discurso de poder, se isso ignora os limites do potencial de alguém de tomar uma atitude ou aqueles aplicados por "outros"; reciprocamente, a afirmação de que as relações sociais são determinadas podem ser o ponto de partida para um discurso de libertação. E Bourdieu sempre reivindicou que seu trabalho acadêmico foi como um discurso de libertação. Especialmente durante a década final de sua vida, ele tenta mobilizar os intelectuais esquerdistas a formar um contrapoder para o que ele vê como a sempre progressiva e ameaçadora economização de cada aspecto da vida humana e a hegemonia do liberalismo *laissez-faire*. Ninguém envolvido em tais atividades pode ter uma visão de mundo completamente pessimista. Apesar de todas as suas referências à constante reprodução de modelos de desigualdade social, seu diagnóstico da era moderna deve incluir um elemento de esperança.

Isso nos leva para o fim de nosso relato da teoria bourdieusiana. O que nos sobra é investigar brevemente o seu impacto.

5 Os escritos de Bourdieu foram amplamente lidos, e exerceram um efeito magnético bem além das fronteiras da sociologia, sendo que a sociologia política e a sociologia da desigualdade social se beneficiaram muito de suas ideias. Na França, por exemplo, Bourdieu reuniu um grande número de colaboradores ao seu redor, que queriam desenvolver seu modelo de pesquisas ou aplicá-lo a novos tópicos. Estudos em sociologia histórica sobre estratos específicos e grupos profissionais não fazem parte desse caso, um exemplo representativo sendo o livro de Boltanski, de 1982, *Les cadres: La formation d'un groupe sociale* (Título em português: A formação de uma classe: cadres na sociedade francesa).

Na Alemanha, sua pesquisa sobre desigualdade muito frequentemente se inspira na teoria bourdieusiana, com um foco particular sobre o conceito de estilo de vida (para uma visão geral, cf. a antologia editada por Klaus Eder: *Klassenlage, Lebbensstil und kulturelle Praxis* ["Situação de classe, estilo de vida e práxis cultural"], de 1989, e o livro de Hans-Peter Müller: *Sozialstruktur und lebensstile* [Estruturas sociais e estilos de vida], de 1992). Mas Bourdieu foi recebido de maneira algumas vezes peculiar, enquanto o conceito de estilo de vida na Alemanha (o que não é, contudo, baseado exclusivamente em suas ideias) foi crescentemente separado dos argumentos de classe. Isso criou a impressão de que pessoas podem escolher mais ou menos livremente seus estilos de vida, inspirando a afirmação dúbia de que é assim quase impossível distinguir classes "reais" na sociedade alemã (cf., p. ex., SCHULZE, G. *Die Erlebnisgesellschaft – Kultursoziologie der Gegenwart* [A sociedade empírica – Uma sociologia cultural do presente], de 1992). Isso é um argumento bastante estranho ao modo de pensar de Bourdieu.

Na América do Norte, um estudo publicado em 1992 pela franco-canadense Michèle Lamont (*Dinheiro, moral e maneiras – A cultura das classes média alta francesa e americana*) criou um grande burburinho. Foi um estudo comparativo da estrutura social executada com o espírito de Bourdieu, mas que passou a ir além dele porquanto levou a sério os discursos morais dessas classes, o que Bourdieu tendeu a negligenciar, evitando sua imediata redução a outros fatores. Lamont (n. 1957) mostrou de forma impressionante como e quanto as imagens e as ideias morais de boa vida e de conduta diferem entre classes médias altas das sociedades americana e francesa e como posições morais estão bem realçando as fronteiras entre classes.

A influência de Bourdieu na história foi muito grande. Conceitos tais como "capital", "campo" e "*habitus*" claramente ajudaram a remediar certas deficiências teóricas. Um bom exemplo disso é um trabalho que foi certamente influenciado pela teoria bourdieusiana e que aborda um tópico frequentemente subordinado das atenções de Bourdieu, que nós não estamos habilitados para lidar em grande profundidade nesta lição. Estamos nos referindo ao altamente acessível livro de Cristophe Charle, *Naissance des "intellectuels": 1880-1900* ("A emergência dos 'intelectuais': 1880-1900"), que revela vividamente como a imagem de intelectuais foi constituída durante esse período da história e as várias estratégias seguidas por esses intelectuais para se separarem de seus "competidores" e livrarem-se do Estado e da Igreja.

O cenário intelectual da França, portanto, não foi de modo algum exclusivamente definido por estruturalistas, pós-estruturalistas ou pela abordagem "genético-estruturalista" (de Bourdieu). Ali também havia sociólogos e filósofos que se concebiam como militantes antiestruturalistas; essa foi uma das razões por que se tornaram tão influentes ao redor do mundo. Nos voltaremos para eles e seus escritos na próxima lição.

XVI
Antiestruturalistas franceses (Cornelius Castoriadis, Alain Touraine e Paul Ricoeur)

Como discutido no capítulo XIV, o estruturalismo dominou a vida intelectual francesa nos anos de 1950. O declínio da importância do estruturalismo "clássico", que se estabeleceu no final da década de 1970, pouco fez para mudar isso. Pelo menos alguns dos chamados autores pós ou neoestruturalistas, que subiram tão rapidamente à proeminência, permaneceram muito endividados com o legado do estruturalismo. Isso tornava tremendamente difícil que os estudantes das humanidades não estruturalistas e para que os cientistas sociais tivessem suas vozes ouvidas dentro da França, particularmente porque tal postura foi geralmente criticada ou até denunciada como "subjetivismo". É, portanto, com alguma amargura, que os autores que estamos prestes a considerar descrevem o período de hegemonia estruturalista. Cornelius Castoriadis, por exemplo, referiu-se à "epidemia linguística", que fez com que o pensamento claro fosse algo muito difícil, como resultado de seu modelo "pseudossimplista da linguagem" (CASTORIADIS. *Crossroads in the Labyrinth*, p. 120). A "hegemonia" estruturalista significava que certos pensadores franceses não estruturalistas foram por muito tempo mais influentes fora da França do que dentro dela, porque seus escritos não enfrentavam essas enormes barreiras (estruturalistas) para a recepção em outros países. Isso tem começado a mudar recentemente. Intelectuais franceses estão agora prontos para reconhecer a importância dos pensadores antiestruturalistas (cf. tb. Lição XX).

Começamos nossa visão geral dos principais teóricos sociais e sociólogos antiestruturalistas franceses com um autor que desafia a categorização disciplinar e que não era francês, mas que liderou a disputa teórica com o estruturalismo, e com o marxismo, que foi o principal fator na sua emergência como uma figura central na vida intelectual da França, embora sua influência tenha se estendido muito além de suas fronteiras. Este foi Cornelius Castoriadis.

1 Castoriadis nasceu em Constantinopla em 1922, mas cresceu em Atenas, em um momento de grande instabilidade política, depois que sua família foi expulsa da Turquia (sobre o que segue, cf. VAN DER LINDEN. "Socialisme ou Barbarie" ["Socialismo ou Barbárie"]). Ele se juntou à ala jovem do Partido Co-

munista grego durante a ditadura do General Ioannis Metaxas, embora logo a tenha deixado quando os comunistas eleitos cooperaram com os principais partidos políticos, a fim de combater de forma mais eficaz a ocupação nazista da Grécia, que teve início em abril de 1941. Em protesto contra essa aliança, Castoriadis ingressou no grupo de resistência trotskista, que foi, claro, também perseguido pelos alemães, e depois – após o fim do regime alemão – pelos comunistas de Stalin, quando estes ganharam temporariamente o poder em 1944 e tomaram medidas drásticas contra os trotskistas, incluindo muitos assassinatos e execuções.

Castoriadis, que tinha começado a estudar Direito, Economia e Filosofia enquanto ainda estava em Atenas, foi para Paris estudar Filosofia em 1945 no meio da guerra civil grega (1944-1949), e foi logo imerso na atmosfera intelectual, descrita na Lição XIV, caracterizada pelos ardentes debates sobre o marxismo e o existencialismo. Em outra mudança política, ele rapidamente afastou-se do trotskismo neste período, embora não do projeto revolucionário de esquerda como tal, levando-o a fundar um grupo político independente, em 1949, que publicou um jornal agora lendário, *Socialisme ou Barbarie*. O jornal produzido por esse círculo, que depois incluiu intelectuais famosos, alguns dos quais nós já conhecemos, tais como Claude Lefort, Jean-François Lyotard e Edgar Morin (n. 1921), estava preocupado primariamente com a questão de como grupos revolucionários poderiam organizar-se sem cair no processo de burocratização que parece ter ocorrido tantas vezes ao longo da história, um processo com consequências terríveis, como ficou particularmente evidente durante e após a Revolução Russa.

Enquanto trabalhava oficialmente como economista, Castoriadis publicou nesse jornal numerosos textos sobre marxismo, capitalismo e o sistema de governo soviético, sob vários pseudônimos (como um estrangeiro, ele não estava autorizado a se envolver em atividades políticas); no final dos anos de 1950 seu trabalho foi marcado por uma crítica cada vez mais incisiva de Marx e no mais tardar 1963, era óbvio que ele tinha rompido, finalmente, com as ideias centrais do materialismo histórico. Apesar desse jornal ter sido interrompido em 1965, como resultado de conflitos sobre a atitude correta para com o marxismo, o seu grande impacto seria sentido apenas mais tarde. Um bom número de atores importantes nas revoltas estudantis de maio de 1968 em Paris – tais como Daniel Cohn-Bendit – foram influenciados pela abordagem revolucionária da revista (cf. VAN DER LINDEN. "Socialisme ou Barbarie", p. 1; cf. tb. GILCHER-HOLTEY. *"Die Phantasie an die Macht"*, *Mai 68 in Frankreich*, p. 47ss.).

Uma vez que *Socialisme ou Barbarie* tinha desaparecido, Castoriadis começou a se formar como psicanalista. Embora tenha se tornado um profissional sério e suas publicações estavam imersas cada vez mais em temas psicanalíticos, isso não o impediu de continuar a prosseguir ambições em relação às teorias sociais. Ao contrário, precisamente porque ele baseou-se em uma gama tão variada de disciplinas, ele foi mais bem-sucedido do que outros autores em desenvolver algo novo para além dos destroços do marxismo ocidental, como sua grande obra, em 1975, *L'institution imaginaire de la société* (título em português: *A instituição imaginária da sociedade*), mostrou de forma impressionante. Esta foi seguida por inúmeros conjuntos de ensaios (*Encruzilhadas no labirinto*, que nós já tínhamos mencionado), testemunho da produtividade inesgotável de Castoriadis. Quando faleceu em 1997, ele deixou para trás um grande número de manuscritos não publicados, que tinha formado a base para uma série de publicações póstumas; mas são esperados para aparecer no futuro.

É muito difícil colocar a obra de Castoriadis dentro de qualquer uma das abordagens teóricas examinadas até agora. Ela é simplesmente independente. É mais fácil caracterizar sua inserção teórica negativamente, identificando as teorias contra as quais polemizou mais veementemente. Para colocar em uma fórmula tripartite, Castoriadis era antiestruturalista, antifuncionalista e antimarxista; sua crítica a cada escola de pensamento foi fortemente original.

a) É claro que não é de todo surpreendente que Castoriadis tenha lidado com o estruturalismo de forma particularmente intensa; dada a sua hegemonia teórica na França, isso era inevitável. Castoriadis foi fortemente influenciado pelo pensamento de Maurice Merleau-Ponty, um teórico fenomenológico particularmente interessado na corporeidade humana e na intersubjetividade do ego. Em um grau significativamente maior do que Sartre e principalmente em sua obra posterior, Merleau-Ponty tentou entrar em acordo com as ideias estruturalistas, particularmente o fenômeno da linguagem. Ele foi uma influência fundamental na crítica de Castoriadis ao estruturalismo. Este aceitou a tese estruturalista central sobre a arbitrariedade do signo. Mas ao invés de parar por aí, ele introduz elementos em sua teoria dos signos, fundamentalmente em desacordo com as ideias estruturalistas nucleares.

Castoriadis acredita que o sistema de signos, tais como a linguagem, organiza o mundo e portanto se refere ao mundo. A linguagem não é, claro, uma reprodução do mundo. Nem é uma representação do mundo tal como ele é, tão evidente no fato de que diferentes línguas produzem diferentes percepções do mundo. Isso ainda não significa que a linguagem é inteiramente desconectada da realidade e, portanto, arbitrária. Citando Merleau-Ponty, Castoriadis afirma "o ser-assim do mundo opera a partir da natureza aparentemente arbitrária da linguagem" (CASTORIADIS. *Crossroads in the Labyrinth*, p. 125). Castoriadis deseja, assim, afastar-se do bidimensional conceito de signos tão típico do estruturalismo, da ideia de que os significados podem ser decifrados unicamente em função do modo como os significantes estão dispostos em relação um ao outro, que são, assim, exclusivamente significados em funções das relações entre significantes. Em vez disso, ele pretende avançar para um conceito tridimensional do signo que também considera os "referentes", isto é, o mundo ao qual os signos referem-se.

> A relatividade das coisas tal como aparece na cultura e na língua é indiscutível, mas nenhum apelo pode ser feito a ela sem imediatamente invocar irrelatividade obscura e indizível de coisas *sans phrase*. Se a linguagem, e o pensamento, existem, é graças a esses fatos inumeráveis e memoráveis como: existem árvores; existe uma terra; há estrelas; há dias – e noites. As árvores crescem na terra. As estrelas saem à noite. Nesse sentido [...] o que é fala através da linguagem (p. 126).

A inclusão do referente em sua teoria dos signos inevitavelmente implicava afastar-se do estruturalismo. Pois, como Castoriadis o vê, isso deixa claro que os signos não são em primeiro lugar os objetos do mundo, mas "objetos-signos", ou seja, eles se *referem a algum aspecto da realidade*. Mas se os signos não espelham simplesmente a realidade, isso só pode significar que eles foram "criados", inventados, "instituídos". "O sinal de que pode existir apenas como uma figura instituída, uma forma de normas, uma criação do imaginário social" (CASTORIADIS. *The Imaginary Institution of Society*, p. 252).

A natureza arbitrária do signo é assim o testemunho da criatividade da sociedade; ela é uma expressão dessa criatividade que a sociedade escolheu a este signo, em vez de um diferente para identificar um objeto ou estado de coisas. Castoriadis colocou, assim, o conceito de sujeito, o conceito de um sujeito coletivo, ou seja, a sociedade, no cerne de sua teoria dos signos.

Se o sistema de signos, tal como a linguagem, é uma expressão da criatividade social e a linguagem também estrutura o mundo, isso também explica por que diferentes sociedades e culturas organizam diferentes mundos com o auxílio da linguagem. Como Castoriadis afirma, toda linguagem, toda cultura, criativamente gera certos núcleos de significados em torno do qual falar, pensar e agir são organizados. E esses significados fundamentais tornam-se parte de cada mundo cultural, criando realidades distintas.

> Quer se trate de *mana, tabu, dike, chreon, sacer, Deus*; ou da *polis, da res publica, do cidadão, do partido*; ou de *einai, razão, Geschichte*; ou mesmo de *chic, bonito, gemütlich* – entidades sobre as quais tudo repousa e tudo depende, mas de que não se pode fornecer nenhuma fotografia, nem uma definição lógica – o que os une, dá forma e organiza a totalidade de uma dada cultura [...] como um referente que é irreal e mais do que real (CASTORIADIS. *Crossroads*, p. 130ss.).

Com essa tese da instituição social do sistema de signos, Castoriadis "revela as conquistas do sentido original do sujeito, apoiando-se no estruturalismo, por assim dizer" (JOAS. *Pragmatism and Social Theory*, p. 161). Mas isso não quer dizer que a noção de Castoriadis de "instituição social" relaciona-se exclusivamente aos processos de subjetividade *coletiva*. Longe disso. Ele acredita que a linguagem aponta, sobretudo, para a criatividade *individual*. Como ele vê as coisas, a linguagem não envolve o sujeito falante. Ele não coloca o sujeito à mercê de um sistema de restrições, de modo que a pessoa teria um estado, na forma típica estruturalista, de que "o sujeito é falado". Em vez disso, "a linguagem abre uma área infinita de mobilidade irrestrita. Mas dentro desta área ainda deve haver alguém que se move, e não podemos pensar o ser da linguagem sem pensar o ser do sujeito falante" (CASTORIADIS. *Crossroads in the Labyrinth*, p. 133). Novos significados aparecem e velhos significados, aparentemente há muito esquecidos, são trazidos de volta à vida apenas porque a língua é falada por sujeitos e constantemente modificada por eles. Com sua ênfase sobre a importância do sujeito para o entendimento da linguagem, também encontrado no trabalho de Merleau-Ponty, e sua ênfase sobre o papel do indivíduo e da criatividade social, Castoriadis preparou-se para iniciar um profundo ataque a todas aquelas teorias que se apressaram em minimizar a historicidade da existência humana, arruinando suas chances de alcançar uma compreensão adequada da mudança social e do caráter especial do mundo social. Isto leva-nos à sua crítica ao funcionalismo.

b) O primeiro argumento de Castoriadis contra o funcionalismo é metodológico e bastante convencional. Como é simplesmente impossível, ao contrário do pensamento funcionalista na biologia ou medicina, identificar claramente as necessidades da sociedade, de acordo com Castoriadis é também impossível determinar as instituições que satisfazem essas necessidades.

> Uma sociedade pode existir somente se uma série de funções são constantemente realizadas (produção, gravidez e educação, administrando a coletividade, resolvendo disputas e assim por diante), mas ela não é reduzida a isso, nem são as suas formas de lidar com seus problemas ditadas a ela de uma vez por todas por sua "natureza". Ela inventa e define para si mesma novas formas de responder às suas necessidades, uma vez que surgem novas necessidades (*Crossroads*, p. 116ss.).

A última frase dessa citação vai além da crítica *tradicional* ao funcionalismo. Castoriadis destaca o fato de que o mundo das instituições está sempre inseparavelmente entrelaçado com o mundo simbólico. Enquanto é verdade que as instituições não podem ser rastreadas até o próprio plano simbólico, elas não existem somente dentro dele (p. 117). A realização das instituições consiste em

> relacionar símbolos (significantes) a significados (representações, ordens, comandos ou incentivos para fazer ou não fazer alguma coisa, consequências da ação – significações, no sentido mais lato do termo) e validando-as, como tal, isto é, no sentido de tornar esta relação mais ou menos obrigatória para a sociedade ou o grupo em questão (p. 117).

Para Castoriadis, é essa dimensão simbólica das instituições que faz com que o funcionalismo falhe; os sistemas de símbolos não aderem à lógica funcionalista, porque um símbolo não pode ficar sem uma referência à realidade, nem tampouco a sua natureza surge da necessidade da referência à realidade (p. 118). Assim, uma vez que os símbolos não correspondem ao processo real, eles não podem cumprir todas as funções a esse respeito. Em vez disso, eles são uma expressão da criatividade da sociedade que constantemente cria novos símbolos, reinterpretando velhos símbolos, ligando símbolos etc. Em última análise, é claro, isso significa que o plano simbólico *não é determinado e nem o são as instituições*. Mas porque o pensamento funcionalista assume tal determinação, ele nega a criatividade da sociedade com respeito a suas instituições, entrelaçados como estão com símbolos. Em vez de se engajar em tentativas absurdas para detectar instituições para "dadas" necessidades, Castoriadis afirma que a tarefa das ciências sociais é investigar *como as necessidades são definidas cultural ou socialmente e que as instituições são criadas para satisfazer essas necessidades.*

Tudo isso soa muito espetacular, mas tem consequências significativas para uma crítica de certas premissas encontradas no marxismo, entre outras coisas. Porque, se as instituições estão sempre entrelaçadas com o simbólico e se ao mesmo tempo todas as relações sociais são definidas pelas instituições, isso significa que as relações econômicas, a chamada "base", são também instituídas (p. 124s.). Mas o corolário imediato disso é que não há nada "fora da sociedade", nada que poderia prescrever as estruturas sociais. As tentativas, típicas do marxismo, de rotular a economia como um fator quase natural que molda o reino social, é um beco sem saída. Porque se a própria economia é um produto culturalmente variável da criatividade social, os típicos argumentos marxistas que se referem à economia como determinantes "últimos" são absurdos. Aqui já estamos no meio da crítica de Castoriadis ao marxismo.

c) Castoriadis já havia formulado os fundamentos dessa crítica em 1964/1965 na revista *Socialisme ou Barbarie*, mas isso foi novamente publicado em sua grande obra *The Imaginary Institution of Society*, na primeira parte do livro, sob o título "Marxism and Revolutionary Theory". Castoriadis adota uma abordagem peculiar aqui. Ele apresenta várias leituras do marxismo ou do materialismo histórico, demonstrando que todas essas interpretações e explanações são insustentáveis teoricamente.

Uma primeira argumentativa que está presente no trabalho de Marx e Engels, bem como em muitos de seus intérpretes, é o que poderíamos chamar de uma *versão tecnologicamente determinista* do materialismo histórico. Isto quer dizer que se pode "explicar a estrutura e o funcionamento de toda a sociedade em função do estado da técnica e da transição de uma sociedade para outra por meio da evolução desta técnica" (p. 66). Essa ideia – assim nos diz Castoriadis – é sustentada pela premissa de que a tecnologia e o desenvolvimento tecnológico são fenômenos autônomos, e assim, mais uma vez, com a ideia de um fator explicativo extrassocial livre de significados culturais. Mas Castoriadis contesta vigorosamente que a tecnologia tem uma tendência inerente para tal desenvolvimento autônomo e que a tecnologia pode ser entendida como uma espécie de força motriz. Seu argumento é o seguinte. O determinismo tecnológico assume que a natureza "é apenas para ser explorada por seres humanos" (p. 19). Mas essa ideia de natureza nada mais é do que a generalização insustentável de nosso entendimento ocidental contemporâneo da natureza. Nem todas as sociedades desenvolveram esse tipo de relação instrumental com seu ambiente, assim como a ciência não foi concebida apenas como um meio de explorar o ambiente em todas as sociedades.

> Na antiguidade grega, o fato de que as técnicas aplicadas à produção mantiveram-se, certamente, muito aquém das possibilidades oferecidas pelo desenvolvimento científico já alcançado, não pode ser separado das condições sociais e culturais do mundo grego, nem, muito provavelmente, da atitude dos gregos para com a natureza, com o trabalho e com o conhecimento (p. 19).

Se a tecnologia é usada para tornar a natureza descartável e se isso leva a ininterrupta mudança tecnológica e, possivelmente, social, portanto, depende de uma atitude da sociedade para com a natureza. De acordo com Castoriadis, o capitalismo moderno é um produto cultural que está intimamente ligado a essa noção de dominar a natureza. Marx e Engels, e especialmente aqueles defensores do marxismo que argumentam a partir do ponto de vista de um determinismo tecnológico, tinham generalizado erroneamente essa ideia, que surgiu pela primeira vez com o capitalismo, aplicando-a a todas as épocas históricas e, portanto, reificando-a como um direito social. Mas Castoriadis nos fala que isso é simplesmente errado historicamente. As tecnologias são também socialmente constituídas. Elas são "escolhidas". Elas são dependentes da criatividade simbólica da sociedade e são, então, culturalmente variáveis com respeito à sua aplicação.

Mas, em segundo lugar, as ideias de Marx ou Engels também se incluem temas *utilitaristas*, que são, por sua vez, muitas vezes ligados ao determinismo tecnológico. O pressuposto aqui é que o desenvolvimento das forças de produção é o motor da história e que existe um "invariável tipo de motivação básica para todos os indivíduos, de um modo geral, uma motivação econômica" (p. 25), o que leva à utilização incessante e à exploração de pessoas e da natureza. Aqui novamente, Castoriadis acredita que a pesquisa antropológica e histórica sobre as várias formas de economia humana já há muito refutou a hipótese de tal constância motivacional supra-histórica. Qualquer exposição séria dessa versão utilitária do materialismo histórico seria extrapolar "toda a história [...] o movimento e organização da sociedade atual" (p. 26).

Uma terceira leitura do marxismo consiste em argumentar que a preocupação primária de Marx foi conceber a *economia capitalista como um sistema fechado* e tornar este sistema compreensível por meio de sua teoria do valor-trabalho.

Marx estava convencido de que ele tinha decifrado a expressão do valor das mercadorias, afirmando que a relação de troca entre mercadorias é determinada de acordo com quanto trabalho social é gasto na produção dessas mercadorias. Mas é claro que esta ideia, que parece tão convincente em si, é praticável somente se pudermos comparar o trabalho no que diz respeito à sua quantidade e qualidade. Isso é possível? E se sim, como?

> Em sua realidade atual, como "trabalho concreto" (do tecelão, do pedreiro etc.), o trabalho é heterogêneo; e o *quantum* de trabalho "contido" em um metro de tecido produzido em uma máquina é diferente do *quantum* "contido" em um pedaço de tecido em um tear. Por isso, *precisa ser uma questão*, só pode ser uma questão, de algum outro trabalho, um trabalho que, na verdade, ninguém jamais viu ou fez [...] trabalho simples, abstrato, socialmente necessário (CASTORIADIS. *Crossroads*, p. 263).

Marx assim teve a ideia de postular a existência do trabalho "simples abstrato" ou "socialmente necessário", o que lhe permite afirmar que existe um ponto de referência para a comparação do trabalho e, portanto, a possibilidade de determinar as relações de troca entre bens. Castoriadis, entretanto, considera aqui todo compromisso de Marx muito absurdo. Pois ninguém sabe, em termos concretos, o que o trabalho "socialmente necessário" significa. O valor "médio" de tempo necessário para produzir um bem não pode fornecer um ponto de referência ou de trabalho, porque isso pressupõe que não há nenhuma mudança tecnológica ou "que a concorrência, constantemente e de forma eficaz, na verdade, traz o tempo de trabalho real em conformidade com o tempo de trabalho médio" (p. 268). Mas isso só seria concebível na suposição totalmente irrealista de concorrência perfeita e mercados ideais. O que, então, é um critério adequado para a definição de trabalho socialmente necessário? Marx não oferece uma resposta clara. Sua tentativa de definir o trabalho "simples" ou "abstrato" nos leva a lugar nenhum, porque, de acordo com Castoriadis, o trabalho não é obviamente um bem como qualquer outro. A "produção" de trabalho ocorre sob condições bem diferentes das que se aplicam a bens – e é isso que Marx esqueceu ou não desejou reconhecer:

> Mas, se o "preço" da força de trabalho dos pilotos de avião é maior do que o seu "valor", é absurdo supor [...] que os garis vão tentar ganhar as qualificações necessárias, e serão capazes de fazê-lo em número suficiente para trazer o "preço" e "valor" de volta novamente. Evidentemente, se o capitalismo fosse alcançar os limites do desenvolvimento antecipado por Marx, a questão não seria resolvida, mas reprimida: se o capitalismo fosse realmente transformar o trabalho de todos os tipos no trabalho não qualificado na indústria em grande escala, não haveria mais nada além de trabalho simples [...]. Mas este não é o caso (*Crossroads*, p. 273; ênfase original).

Mas é impossível determinar o valor do trabalho por que as necessidades de subsistência do trabalhador não podem ser fixadas precisamente (p. 320), e os capitalistas não têm conhecimento seguro e certo da utilidade que poderiam obter com a compra do trabalho. Em última análise, eles não podem prever as mudanças tecnológicas nem quão cooperativos ou refratários os trabalhadores vão ser (CASTORIADIS. *The Imaginary Institution of Society*, p. 15s.). Mas se o valor do trabalho não pode ser determinado com qualquer certeza, porque o estabelecimento de seu preço é uma questão de negociação, conflito e avaliação, as outras supostas "leis de movimento" da economia capitalista formuladas por Marx não são leis, mas meramente descrições que podem ou não podem ser aplicadas em uma situação histórica específica.

O próprio Marx, como Castoriadis nos conta, estava certamente consciente das inconsistências do seu trabalho sobre a teoria do valor. Sua descrição dos recursos específicos do capitalismo tinha sempre flutuado entre três interpretações irreconciliáveis: primeiro, que é o próprio capitalismo que faz as pessoas e o trabalho realizado por elas entidades do mesmo tipo, segundo, que o capitalismo só destacou o que era, em qualquer caso sempre o mesmo, mas anteriormente oculto, e terceiro, que o capitalismo tinha de fato meramente dotado coisas diferentes com a *aparência* de igualdade (*Crossroads*, p. 276). Mas todas as três interpretações não podem ser simultaneamente corretas.

Castoriadis assim conclui seu percurso através das várias interpretações possíveis do marxismo ou do materialismo histórico com a afirmação de que nenhum deles é seriamente defensável e que a teoria de Marx como um todo deve ser rejeitada. Essa crítica intransigente de Marx é muito mais radical, teoricamente, do que a de Habermas, mas, ao contrário deste último, não leva Castoriadis a abandonar a ideia de revolução ou de um projeto radical de "autonomia da sociedade". Isso tem muito a ver com as características específicas da teoria da ação de Castoriadis, que é construída sobre bases muito diferentes do que a de Habermas. Como devemos entender isso?

Voltemo-nos primeiro para as diferentes formas que assumiu a crítica a Marx nesses dois pensadores. Habermas, como nós vimos na Lição IX, aceitou a teoria econômica de Marx ao menos nos termos de aplicabilidade ao capitalismo liberal (nos séculos XVIII e XIX). Somente com o resultado da intervenção do Estado, que se torna cada vez mais compreensivo ao longo do século XX, e o aumento da incorporação da ciência na produção industrial fez a lei marxista do valor perder a sua validade. Esta foi uma das razões pelas quais Habermas descreveu o "paradigma da produção" marxista como ultrapassado e desejava substituí-lo com sua teoria da ação comunicativa.

Castoriadis, entretanto, declara a teoria econômica de Marx fundamentalmente errada; ela ainda não conseguiu captar a realidade das relações econômicas no século XIX. Em sua opinião, o "paradigma da produção" estava sempre errado, por que, em grande parte da sua obra, pelo menos, Marx aderiu a uma teoria falsa ou unilateral da ação e, portanto, eliminava automaticamente a criatividade dos indivíduos e das sociedades. Por outro lado, entretanto, Castoriadis – e isso é bastante crucial e salienta como ele é diferente de Habermas – continuou a aderir a *determinados* conhecimentos de Marx mais fortemente que o último. Habermas, depois de romper com Marx, acreditou que poderia elaborar uma teoria plausível da ação somente se desenvolvesse uma de suas próprias teorias criticando pacientemente as teorias sociológicas da ação existentes (como o utilitarismo ou a teoria normativista de Parsons) com base na teoria de atos de fala desenvolvida no mundo anglo-americano. Essa abordagem resultou no conceito de "práxis" ou atividade criativa ou produtiva, encontrados na obra de Marx, sendo marginalizada por completo, pois não aparecia nem em teorias sociológicas existentes de ação nem nas filosofias e teorias da linguagem.

Isso é e exatamente o que Castoriadis desejava evitar. Ele desejou conservar esse conceito de práxis, encontrado principalmente nos primeiros trabalhos de Marx, fazendo dele o núcleo de sua própria teoria. A fim de fazer isso, pareceu-lhe necessário traçar novamente esse conceito historicamente – remontando a Aristóteles, cuja obra desempenha um papel fundamental. Assim, enquanto Habermas procurou ir contra as reduções de um conceito utilitarista ou normativista de ação através do desenvolvimento de uma teoria da ação comunicativa, Castoriadis faz isso através do conceito de práxis. Para ele, como para Aristóteles, a práxis é também uma ação não teleológica. Ele não adere ao esquema meios-fins ou de normas predeterminadas. A ação prática significa abrir-se para o futuro e, portanto, a incerteza; significa criar algo novo, sair de uma ordem racional ou normativamente determinada.

> Fazer alguma coisa, um livro, um filho, uma revolução, ou simplesmente não fazer, como tal, é projetar-se em uma situação futura que está aberta em todos os lados para o desconhecido, o que, portanto, não se pode possuir de antemão em pensamento (CASTORIADIS. *The Imaginary Institution of Society*, p. 87).

Castoriadis está, portanto, na tradição teórica aristotélica, que desempenhou um papel bastante secundário na filosofia do século XX e que tinha certos expoentes significativos (Michael Oakeshott, 1901-1990; Alasdair MacIntyre, n. 1929; e a mais famosa, Hannah Arendt), mas que parece ter sido submetido a um renascimento nos últimos tempos (cf., p. ex., nossas observações sobre Martha Nussbaum no próximo capítulo). Esta tradição modelou a teoria da ação predominantemente em formas de ação *situacional*, como ação educativa ou política, na medida em que os reinos da educação e da política não estão preocupados nem com o conhecimento técnico reparável nem com normas claramente estabelecidas de ação e, além disso, nem todas as condições da ação são completamente transparentes. Assim, nesses reinos, os atores devem abrir-se ao novo e desconhecido como uma questão natural.

Mais do que qualquer outro expoente dessa tradição aristotélica, mais até do que Hannah Arendt, e mais, com certeza, do que Habermas, Castoriadis enfatizou a produtividade e os aspectos criativos da ação humana. Pode-se resumir a comparação entre Habermas e Castoriadis afirmando que o primeiro procura escapar da camisa de força do modelo utilitarista ou normativista de ação através do conceito de "comunicação", este último através da "imaginação", na medida em que acredita que Castoriadis é essa capacidade criativa que orienta a ação humana ou prática humana.

Castoriadis dota assim o aristotelismo com uma concepção poderosa da imaginação criadora, como mostra o efeito impressionante em sua grande obra *The Imaginary Institution of Society*. Aqui, Castoriadis descreve natureza sempre criativa da sociedade com muita força argumentativa. Por que as instituições não podem ser rastreadas pela funcionalidade e o reino do simbólico simplesmente não é determinado, novos símbolos estão sempre sendo "criados", novos significados são sempre emergentes, que levam a novas instituições e, assim, impulsionam a mudança social em direções imprevisíveis. Esta ideia do surgimento de novos símbolos e, assim, de novas instituições, é quase necessariamente ligada a uma definição antropológica específica do ser humano. Por um lado deve-se perguntar *como* esses novos símbolos podem vir a ser, em primeiro lugar. A resposta de Castoriadis é a que se segue:

> O homem é um animal inconscientemente filosófico, que tem suscitado a questão da filosofia, na realidade, muito antes de a filosofia existir como reflexão explícita; e ele é um animal poético, que forneceu respostas a estas perguntas no imaginário (p. 147).

O imaginário, a "capacidade de evocar imagens" criativas (p. 127), é, portanto, o resultado de como funciona o psiquismo humano. O "imaginário" refere-se a algo inventado – "se este se refere a uma invenção "pura" ("uma história completamente inventada"), ou a um deslocamento, uma mudança de sentido em que símbolos disponíveis são investidos com outras significações que não o seu "normal" ou significações canônicas (p. 127). O imaginário deve ser expresso por meio do simbólico (linguagem, signos culturalmente predeterminados etc.), o que explica o caráter especial do simbólico. Enquanto ele sempre se refere a algo real, ele também está entrelaçado a elementos imaginários. E por essa razão, porque o imaginário faz uso do simbólico, e altera-o, e brinca com os seus significados etc., que o simbólico está sujeito ao processo de mudança constante. Mas isso também significa que por que as instituições são carregadas de símbolos, o mundo social nunca fica parado. Essa percepção leva Castoriadis a desenvolver uma crítica fundamental das abordagens teóricas existentes dentro das ciências sociais (e não apenas do marxismo) e produzir interpretações surpreendentes de numerosos fenômenos histórico-sociais. Ele se concentrou em cinco temas-chave.

a) Castoriadis desenvolveu sua percepção, inicialmente adquirida da sua crítica ao marxismo, dentro de uma *ontologia do indeterminado*, uma teoria não determinista do ser. Porque o simbólico repousa sobre a capacidade natural humana de imaginação, porque os significados estão inseparavelmente entrelaçados com esse aspecto irredutível da imaginação, os significados não podem ser rastreados pelos fatores casuais. O domínio histórico-social consiste em cadeias de significado que não podem ser totalmente derivadas de cadeias de causalidade (p. 46). Para colocar de forma diferente, e talvez mais radicalmente, isso significa que a história e a sociedade apresentam um número significativo de elementos não causais:

> O não causal [...] não é simplesmente imprevisível, mas criativo (no nível dos indivíduos, grupos, classes ou sociedades inteiras). Não aparece como um desvio simples em relação a um tipo existente, mas como a postulação de um novo tipo de comportamento, como a instituição de uma nova regra social, como a invenção de um novo objeto ou uma nova forma – em suma, como um surgimento ou uma produção que não pode ser deduzida a partir de uma situação anterior, como uma conclusão que vai para além das instalações ou como uma postulação de novas instalações (p. 44).

Esta declaração é, naturalmente, informada pela questão de Castoriadis para saber se é possível conceber a ação criativa, em primeiro lugar, como se o mundo fosse um espaço autossuficiente determinado por cadeias intermináveis de causalidade. Ele contesta isso e conclui que todas as teorias científicas sociais com base em tal ontologia científica causal de determinação fecharam-se a partir desses aspectos criativos da ação individual e, portanto, da criatividade social.

> A história é impossível e inconcebível fora da *imaginação produtiva ou criativa*, fora do que temos chamado de *imaginário radical*, como este é manifestado indissoluvelmente no fazer histórico e na constituição, antes de qualquer racionalidade explícita, de um universo de significações. Se [a história] inclui a dimensão que os filósofos idealistas chamam de liberdade e que é mais apropriadamente chamada de indeterminação [então isto consiste em] *fazer* [aquilo que] [...] postula e prevê para si mesmo algo diferente do que simplesmente é [...] nele habitam significações que não são nem o reflexo do que é percebido, nem a mera extensão e sublimação de tendências animais, nem o desenvolvimento estritamente racional do que é dado (p. 146; ênfase original).

Esses *insights* então incitam Castoriadis a produzir uma metáfora altamente peculiar e chegar a algumas conclusões de longo alcance: em sua opinião, o mundo histórico-social surge a partir de um fundamento fluido, de nenhuma maneira fixo e em última instância indeterminável. Tomando emprestado da linguagem de vulcanólogos, Castoriadis refere-se a "magma". Nesta base fundida de inúmeros significados ambíguos, com suas inúmeras referências em potencial, as sociedades são organizadas e instituem o estabelecimento de significados *específicos* por meio da linguagem e ações, cada uma de maneira própria. Os sistemas de símbolos desenvolvem o que pode ser chamado de "Deus", "pecado", "tabu", "dinheiro", "nação" ou "capital". Eles aparentam ser imutáveis, um indestrutível alicerce, e é por isso que os significados e ações sociais do grupo permanecem em torno deles ao longo do tempo. Mas, e Castoriadis sublinha isso reiteradamente, por isso a linguagem e a ação abrem a possibilidade de superar o que é dado, inventando novos significados ou novas formas de ação e instituindo-os por sua vez (p. 269ss.), a sociedade nunca fica imóvel. Isto também se aplica àqueles sistemas de símbolos tão invulneráveis, como aqueles acima mencionados. Assim, a sociedade deve ser entendida como uma espécie de jogo entre o instituído e o instituinte, e só desta forma podemos compreender a sua criatividade irreprimível.

b) Castoriadis também deriva uma postura normativa clara a partir deste *insight*, em que a ideia de autonomia, para a qual nenhuma razão pode ser dada, toma o centro do palco (p. 100). Em termos negativos, isto significa que as sociedades são não autônomas ou alienadas, se elas "não reconhecem no imaginário das instituições algo que é seu próprio produto" (p. 132). Tais sociedades reivindicam ser construídas em bases extrassociais, tais como "Deus", "natureza", a "razão" atemporal etc., e a tentativa por meio destes de estabelecer instituições, significados e símbolos definitivos fugindo, assim, de sua própria capacidade de organização e de ação. Em outras palavras, uma sociedade heterônoma rejeita sua própria responsabilidade para instituir o novo. Contudo, Castoriadis identifica precipitadamente a fé religiosa, tanto em nível individual e coletivo, com a heteronomia. Em contraste com Touraine e, especialmente, Ricoeur (cf. abaixo), este ateu militante não pergunta se a autonomia humana não pode ser expressa com particular vigor, através da religião, colocando-se, assim, para além da arrogância criativa.

Castoriadis está particularmente interessado naquelas épocas históricas em que a autonomia social tornou-se uma realidade, ou, colocado mais cautelosamente, foi finalmente uma possibilidade claramente reconhecível. De acordo com ele, isso não tem sido muitas vezes o caso na história da humanidade: pela primeira vez na Grécia antiga e, em seguida, na modernidade ocidental. Ele devotou árduos estudos ao surgimento da filosofia grega e da democracia, que ele acreditou que estavam intimamente ligadas (cf. CASTORIADIS. "The Greek Polis and the Creation of Democracy". • "Aeschylean Anthropogony and Sophoclean Self-Creation of Anthropos"). Em sua visão, no século V a.C., pela primeira vez, uma sociedade, como a grega, entendida como soberana propôs regulamentar e organizar seus próprios assuntos de maneira autônoma. Um processo de sociedade autoinstituinte ocorreu, ou seja, houve uma ruptura com as regras estabelecidas pelos deuses e um questionamento de todas as autoridades existentes com o objetivo de criar uma sociedade consciente. Para colocá-lo um pouco paradoxalmente, foi na Grécia antiga que a *institucionalização da institucionalização*, a vontade de questionar constantemente a velha criação associada ao novo, foi concebida e, em certa medida, realizada pela primeira vez, uma ideia fundamental de qualquer democracia, como Castoriadis a entende.

O ideal radical de autonomia e democracia de Castoriadis quase inevitavelmente leva-o a identificar certas formas políticas como normativamente superiores, em contraste marcante com a postura de Habermas por exemplo (para o que se segue, cf. ARNASON. *Praxis und Interpretation*, p. 236ss. • KALYVAS. "The Politics of Autonomy and the Challenge of Deliberation: Castoriadis Contra Habermas"). Habermas nunca investigou seriamente a gênese das normas e valores, sempre apenas a questão da sua *legitimação* dentro do sistema político. Logicamente, ele expõe uma teoria da democracia segundo a qual as decisões importantes devem ser tomadas dentro do sistema político, que é regulado de acordo com certos procedimentos, embora monitorado por uma crítica esfera pública. Sobre este ponto de vista, a política orienta os processos de mudanças incrementais, mudanças graduais. Entretanto, como uma consequência do seu entusiasmo com a criatividade social, Castoriadis tinha uma compreensão mais radical da política. Sua visão simpática das transformações radicais e das rupturas revolucionárias, em que a autoativação da sociedade encontra particularmente clara expressão, é inconfundível. Mas aqui nós estamos nos confrontando com um notável estado de coisas. Apesar de uma crítica de Marx significativamente mais dura do que a de Habermas, pois ela foi desenvolvida a partir de dentro da lógica do pensamento de Marx, Castoriadis, ao contrário de Habermas, não está disposto a abandonar o projeto revolucionário. Enquanto ele é incapaz de identificar quaisquer agentes específicos nesse projeto revolucionário, ele está disposto a abrir mão de qualquer ideia de ação revolucionária ou demanda por *igualdade econômica radical entre os seres humanos*, o que ele fez até o fim, independentemente da experiência de tais projetos utópicos até então. Castoriadis recusa a cair em conformidade com o que viu como uma teoria liberal (habermasiana) da democracia livre de elementos utópicos, porque, para ele, isso significaria desistir da ideia radical de autonomia. Mas a natureza de qualquer programa político contemporâneo que possa surgir a partir desta permaneceu surpreendentemente vaga em seus escritos. As revoltas políticas de 1989 no Leste Europeu certamente confirmaram que a história sempre é pontuada pela emergência de algo novo, mas não significa levar ao desenvolvimento de instituições que Castoriadis aceitaria como uma expressão de uma modernidade alternativa. Os novos desenvolvimentos característicos das instituições políticas da Europa, por outro lado, têm sido igualmente livres de qualquer associação com anseios utópicos.

c) Embora Castoriadis permaneça, assim, comprometido com o projeto revolucionário, é claro que ele rejeita a noção marxista da revolução (socialista) como o fim da história – porque a imaginação criativa humana significa que a história pode, em princípio, *nunca* ser levada a um impasse. Mas pela mesma razão ele acredita que prognósticos não marxistas de processos de desenvolvimento de longo prazo também estão condenados ao fracasso. Isso se aplica especialmente para tais construções sociológicas como a teoria da racionalização em Weber e a teoria da modernização, até certo ponto a ele relacionada (cf. Lição XIII). Eisenstadt afirmou que diferentes civilizações reagiram aos desafios do Ocidente com seus próprios projetos culturais, tornando improvável que essas civilizações convirjam em termos de seu desenvolvimento histórico, e Castoriadis fez a mesma afirmação, embora suas justificativas e explicações fossem diferentes. Castoriadis não retoma a ideia de Era Axial ou a tese da vitalidade das tradições religiosas, a fim de fazer da "modernidade múltipla" uma noção plausível. Para ele, essa diversidade decorre da imprevisibilidade da história, como tal, e ao fato de que o reino histórico-social inclui elementos não causais, e que, embora o imaginário recorra a símbolos existentes, ele "joga" com eles e os transforma. É a criatividade social que inibe a evolução linear a longo prazo e que permite ocorrer rupturas, tornando assim uma convergência abrangente de desenvolvimento improvável (cf. CASTORIADIS. "Reflections on 'Rationality' and 'Development'").

Mas se todas essas ideias de uma "racionalização" e "modernização" uniforme eram e são tão inverossímeis, por que elas têm ganhado tanta circulação e tantos adeptos? Para Castoriadis, essas ideias, que na sua maior parte foram desenvolvidas no Ocidente, são complexos de significados imaginários, são a expressão de uma tentativa inspirada na heteronomia para trazer a história a uma paralisação, para afirmar que ela é mais ou menos determinada e não pode ser alterada através do potencial humano da ação criativa.

d) De acordo com Castoriadis, outro fenômeno heterônomo, insuperável em suas terríveis consequências, foi o totalitarismo (cf. "Destinies of Totalitarianism"). À luz de sua própria biografia, Castoriadis estava sempre tentando chegar a um acordo com o sistema de dominação soviético; ele interpretou isso como talvez a tentativa mais radical que sempre determina a história, uma tentativa baseada na ideia imaginária do controle total da mudança histórica. De acordo com Castoriadis, a ideia de uma sequência de desenvolvimento necessário, a emergência do capitalismo seguido pelo socialismo, levou quase inevitavelmente ao assassinato em massa, a fim de reprimir contratendências – desde a erradicação paranoica de todos os dissidentes de esquerda e direita até a aniquilação de classes "não planejadas", tais como os kulaks. Embora algumas dessas interpretações fossem filosoficamente claramente exageradas e as opiniões de Castoriadis sobre a União Soviética (cf. suas afirmações a respeito de sua superioridade militar sobre o Ocidente nas décadas de 1960 e de 1970) não fossem sempre corretas, ele teve sucesso em causar um grande impacto no debate científico e filosófico social sobre o totalitarismo crescente na França a partir da década de 1970 (cf. BOSSHART, D. *Politische Intellektualität und totalitäre Erfahrung – Hauptströmungen der französischen Totalitarismuskritik* ["Intelectualidade política e experiência totalitária – Principais correntes na crítica francesa ao totalitarismo"]), um debate de que havia muito pouco sinal na Alemanha, em detrimento de suas ciências sociais, e que faz com que os teóricos alemães, como Habermas e Luhmann, sejam negligenciados quase inteiramente.

e) Castoriadis elaborou sua tese da irredutibilidade do imaginário de forma mais abrangente e com maior detalhes não no nível social, mas no nível individual, em suas inúmeras contribuições para a psicanálise. Nós apenas desejamos indicar brevemente aqui que muitas vezes ele viu a sua posição como um contraconceito em relação à psicanálise estruturalista de Jacques Lacan. O que é notável sobre a sua postura, particularmente contra o pano de fundo da psicanálise freudiana e das teorias sociológicas da socialização, é que ele opôs-se a uma concepção excessivamente racionalista do processo de se tornar um sujeito e afirmou que, assim como é impossível para a sociedade olhar para si com toda clareza, isso se aplica ao indivíduo também. O inconsciente não pode ser evadido nem pode ser totalmente elucidado. Ele era, portanto, da opinião de que a afirmação de Freud "Onde estava Id, o Ego deverá estar" (*Wo Es war, sol Ich werden*), deve ser complementada por uma segunda formulação: "Onde o Ego está, o Id deve brotar" (*Wo Ich bin, sol Es auftauchen*) (CASTORIADIS. *The Imaginary Institution of Society*, p. 104). A ligação destas duas exigências também expressa sua concepção de autonomia moral. Pois, em sua opinião, essa autonomia não existe, como reivindicado, por exemplo, dentro da filosofia moral kantiana, na qual eu posso refletir sobre questões morais apenas ignorando minhas inclinações, mas só se eu *perceber e reconhecer* meus movimentos e desejos como *meus*:

> Desejos, movimentos – seja Eros ou Thanatos – este sou eu, também, e estes têm que ser trazidos, não só para a consciência, mas à expressão e à existência. Um sujeito autônomo é aquele que conhece a si mesmo, a justificar no final: isso é verdade, e: este é realmente o meu desejo (p. 104).

O pré-requisito para tal postura é a tese central de Castoriadis sobre a naturalidade e irredutibilidade das conquistas da imaginação do ego. Pois são essas conquistas que tornam possível manter a distância tanto da realidade e dos próprios movimentos: "Eu posso aprender a aceitar declarações sobre a realidade como verdade, mesmo que contradigam os meus próprios desejos. Da mesma forma, eu posso aprender a reconhecer meus movimentos como eles são, mesmo que eu não queira segui-los" (JOAS. *Pragmatism and Social Theory*, p. 166). Isso é precisamente o que a última citação de Castoriadis diz, bem como aponta que a realidade e meus movimentos não estão diretamente acessíveis, mas só via as conquistas da minha imaginação.

Aqui novamente Castoriadis aponta-nos para um tema que permeia toda a sua obra – o potencial criativo dos indivíduos e das sociedades, que a maioria das escolas da teoria social, com exceção do pragmatismo, têm ignorado ou dado uma consideração marginal.

2 É justo dizer que Alain Touraine, ao lado de Pierre Bourdieu, talvez o mais proeminente sociólogo francês do último terço do século XX, não tem perseguido o mesmo tipo de projeto abrangente, multidisciplinar e filosoficamente ambicioso de Castoriadis. Comparado a ele, a preocupação de Touraine tem sido muito mais modesta; além de tudo, ele tem sido ativo apenas no campo da sociologia. Mas Touraine, alguém cujo trabalho foi diretamente influenciado por Castoriadis e que tem desenhado uma pesquisa filosófica similar, sempre conseguiu fazer contribuições impressionantes para a teoria social ao longo de vários períodos de sua obra.

Os primeiros trabalhos desse sociólogo, nascido em 1925, parecia ter uma clara orientação empírica. Seu primeiro campo de pesquisa foi a sociologia industrial, e ele rapidamente se tornou um de seus mais renomados expoentes franceses. Na verdade, porém, Touraine, que havia estudado com Parsons em Harvard, realizou esta pesquisa a partir de um ângulo claramente teórico, que rapidamente o levou a produzir uma crítica intransigente a Parsons. Porque, assim como a sua investigação sobre o local de trabalho mostrou, as decisões em tais contextos não são feitas sob a forma de mera aplicação de normas e valores, como seria de esperar, tendo em conta o paradigma normativista de Parsons. Em vez disso, ele demonstrou que os trabalhadores usavam valores existentes e padrões culturais como recursos para as lutas de poder que ocorrem dentro da empresa. Em contraste com Bourdieu, no entanto, esta observação não leva-o a adotar uma interpretação quase utilitarista da cultura. Em vez disso, Touraine fez sua a tarefa de resolver um problema nunca tratado satisfatoriamente no trabalho de Parsons, sobre as *origens* das orientações culturais.

Em seu primeiro importante estudo puramente teórico, *Sociologie de l'action* ["A sociologia da ação"] de 1965, ele certamente criticou Parsons *em parte* a partir de uma perspectiva da teoria do conflito, por colocar demasiada ênfase nos aspectos consensuais da ordem social. Mas ao contrário dos teóricos do conflito, Touraine não está preparado para desconsiderar inteiramente o papel dos valores e normas na análise dos processos sociais. Como ele destaca, a ação humana instrumentalmente racional e o aspecto racional do valor estão diretamente ligados um com o outro. Esta é também aplicável às ações relacionadas ao conflito, pois mesmo em lutas de classe os antagonistas lutam não só por questões puramente materiais, mas também por reivindicações normativas. O último ponto foi com certeza também uma crítica ao determinismo econômico da abordagem marxista e particularmente da análise política favorecida dentro do Partido Comunista francês, que ignorou a dimensão criativa da ação individual e coletiva.

Mas foi precisamente nessa dimensão criativa que Touraine estava interessado. Uma das influências principais aqui foi Jean-Paul Sartre, cuja filosofia da liberdade foi um dos pontos de partida de Touraine na tentativa de evitar a unilateralidade do marxismo, bem como o determinismo cultural da abordagem parsoniana. Sua sociologia era para aquela da "*liberdade*, aquela que está sempre em busca do movimento através do qual as formas de vida social são tanto constituídas quanto enfrentadas, organizadas e rejeitadas" (*Sociologie de l'action*, p. 123; ênfase original). Seu recurso às posições básicas de Sartre, no entanto, não ocorreram sem problemas. A filosofia altamente individualista ou mesmo anarquista de Sartre tornava difícil conceber a sociabilidade em primeiro lugar, e Touraine foi obrigado a tentar produzir uma espécie de síntese entre as ideias de Sartre e de Parsons. Ele teve que enfatizar a liberdade e a criatividade da ação humana, sem negar a existência de normas e valores, porque é somente através destes que a estabilidade das relações sociais é explicável em primeiro lugar.

O passo decisivo, mas não sem problemas em direção a tal síntese, consistiu no fato de que Touraine *não* atribuiu a geração de valor e a ação criativa primariamente aos indivíduos. Em vez disso, a fim de evitar as tendências anarquistas da filosofia sartreana, desde o início, ele equiparou a ação com um conceito de trabalho entendido em termos da sociedade como um todo: a ação como o trabalho "da sociedade". Com este conceito coletivista de ação, Touraine não assume que a "sociedade" poderia ser considerada como um todo homogêneo ou mesmo como um ator coerente. Ele está simplesmente apontando para o fato de que, historicamente, o novo desenvolvimento das sociedades modernas criou um enorme potencial para a direção dos processos sociais que pela primeira faz ser possível para essas sociedades se entenderem como produtoras e a reconhecer suas próprias obras e relações de produção como algo que elas mesmos criaram. Pela primeira vez na história, eles podem parar de aceitar normas e valores como dados. Em vez disso, eles podem criar e institucionalizar as suas próprias através de um processo conflituoso: "A ação social é a criação de um universo da cultura do trabalho por meio do trabalho humano; essa criação somente pode ser coletiva na natureza" (p. 60; nossa tradução).

Essa frase expressa uma ideia que Touraine colocou no título de um de seus maiores trabalhos dos anos de 1970, ou seja, a ideia de autoprodução da sociedade (*Production de la société*, 1973). A tese que Touraine apresenta e aprofunda em vários livros do final dos anos de 1960 (como *La société post-industrielle*, de 1969), é que nas sociedades "pós-industriais", em que o conhecimento e a ciência desempenham um papel cada vez mais importante, tem a possibilidade de discernir uma capacidade crescente dessas sociedades para terem um efeito sobre si mesmas. O que é notável aqui não é tanto o destaque de Touraine ao papel do conhecimento na mudança social e de qualificações educacionais na estrutura de uma forma emergente da sociedade. Um conhecido sociólogo americano, Daniel Bell (n. 1919), fez a mesma coisa em seu livro *The Coming of Post-Industrial Society*, em 1973. Embora ele tenha vindo mais tarde, ele exerceu uma influência talvez ainda maior do que Touraine no debate sobre como interpretar a era contemporânea, realizado na década de 1970. De muito maior importância é o fato de que, ao lado de seus diagnósticos sobre a época moderna, as intenções de Touraine tinham alguma relação com questões normativas; as semelhanças com a postura de Castoriadis são inconfundíveis aqui. Pois Touraine fundamenta sociologicamente aquilo que Castoriadis descreveu como a autoinstituição da sociedade e interpretou como um sinal de sua autonomia. A *possibilidade* de autonomia – como se poderia dizer na linguagem de Castoriadis – pode de fato depender de certos pré-requisitos culturais; mas só pode ser *realizada* se os meios necessários estiverem disponíveis, ou seja, a capacidade da sociedade de exercer um efeito sobre si gerado pelas ciências ou, como Touraine chama, a "historicidade" da sociedade (pós-industrial).

As esperanças de Touraine para a mudança social permitidas pelo conhecimento e as ciências não foram amparadas por uma fé positivista no progresso científico-tecnológico. Touraine não é expoente da engenharia social, e ele certamente não acreditava que os valores, por exemplo, pudessem ser demonstrados cientificamente. Em vez disso, ele tinha os olhos postos – e sua proximidade com Castoriadis é novamente aparente aqui – em *romper* com a forma capitalista contemporânea da sociedade; ele foi inspirado pela esperança de que os novos modelos sociais e culturais seriam encontrados e que iriam substituir a velha sociedade industrial capitalista baseada unicamente em avanços na produção. Sua preocupação, então, era identificar as áreas principais de conflitos e contradições das sociedades capitalistas contemporâneas, que podem fornecer pontos de partida para os atores coletivos cuja prioridade é criar e trazer novos modelos sociais e culturais.

A referência aos atores coletivos com certeza chama a atenção imediatamente para o movimento operário tradicional. Mas Touraine tinha rapidamente abandonado todas as esperanças nesse sentido. Nem as experiências com os partidos socialista e comunista na França, nem com os partidos do governo de influência na esfera soviética ou chinesa poderiam nutrir a ideia de uma futura sociedade verdadeiramente autônoma. Pelo contrário, foram os chamados "novos movimentos sociais" que tiveram lugar de destaque em suas investigações. Os anos de 1960 e de 1970 foram o tempo de maior despertar social. Com os movimentos dos estudantes, das mulheres e aqueles ambientais, novos atores coletivos apareceram na cena social e política e nutriram as esperanças de Touraine. Não foram estes os movimentos que se afastaram dos objetivos do velho movimento operário, propagando um novo modelo cultural, prevendo o controle democrático da produção e do conhecimento e, portanto, na direção consciente de mudança social?

Touraine imediatamente decidiu pesquisar esses movimentos sociais emergentes em um número de estudos empíricos. Através de suas análises sobre os movimentos estudantis, ambientais e antinuclear, bem como as pesquisas dos movimentos regionalistas na França, o Solidarnosc na Polônia e outros movimentos sociais na América Latina, ele se tornou um dos principais autores na sociologia dos movimentos sociais, publicando sua maior obra no campo, *The Voice and the Eye*, em 1978. Esse estudo demostra quão pouco se pode conceber a institucionalização como um processo pacífico, sempre bem-sucedido, como Parsons tinha alegado. De fato, os atores sociais lutam sobre cada definição de valores e cada modalidade institucional de valores. Os estudos de Touraine foram, no entanto, bastante polêmicos, sobretudo por causa de sua metodologia. Ele não apenas não estava preocupado com manter um distanciamento dos movimentos existentes; em vez disso, por meio do método chamado de "intervenção sociológica", os pesquisadores intervieram ativamente nos acontecimentos, com o objetivo de fazer com que aqueles "sob investigação" refletissem sobre ou mesmo agravassem os conflitos existentes. Isto, obviamente, implica o risco de que os pesquisadores impusessem conflitos externos e, teoricamente, definidos em seus "objetos de estudo". Esta foi a principal crítica a este método.

Quaisquer que sejam os seus resultados e conquistas, os estudos de Touraine no campo dos movimentos sociais, em última análise, foram decepcionantes para ele. Na década de 1960, Touraine se propôs a identificar as principais áreas de conflito nas sociedades pós-industriais e, portanto, o movimento social que pode encarnar um novo modelo cultural da sociedade, substituindo, por assim dizer, o velho movimento operário como ator. Mas nenhum movimento tão coerente tinha se desenvolvido. Touraine teve de admitir, ainda que muito hesitante, que é impossível identificar um conflito central na sociedade pós-industrial. Pelo contrário, é a fragmentação do campo de conflito que resulta em tais sociedades. A grande variedade de "novos movimentos sociais" não se uniu para constituir *uma* formação conjunta. Isto teve, em parte, a ver com a sua base de recrutamento problemática. A partir da década de 1980, o mais tardar, os membros das profissões liberais e acadêmicos, que representaram de fato um recrutamento socioestrutural substancial para estes novos movimentos sociais nos anos de 1970 e de 1980, mostraram-se significativamente menos homogêneos e "confiáveis" do que tinha esperado Touraine inicialmente.

Mas Touraine fez um estudo muito rápido. Posteriormente, ele se afastou da sociologia dos movimentos sociais e, a partir da década de 1990, cada vez mais se voltou para o diagnóstico historicamente fundamentado da modernidade. Aqui, novamente, no entanto, "o assunto" tão abominado pelo estruturalismo e pós-estruturalismo era tomado como centro do palco – que estabelece claramente mais uma vez suas tendências antiestruturalistas, informadas por Sartre e Castoriadis. Isso também é interessante na medida em que suas diferenças teóricas com o estruturalismo também se refletiram no campo de batalha político. Ao mesmo tempo em que Pierre Bourdieu, fortemente influenciado pelo estruturalismo (cf. lição anterior), Touraine se tornou um dos intelectuais públicos mais importantes da França nas duas últimas décadas do século XX, apesar de suas posições políticas geralmente diferirem muito das de Bourdieu, como tornou-se particularmente evidente na década de 1990. Enquanto Bourdieu se considerava crítico da globalização durante esse período e sobre esta base apoiou as grandes greves de 1995 na França, em que os trabalhadores do setor público, principalmente, lutaram para manter seus privilégios, Touraine adotou a noção de "sociedade bloqueada" de Michel Crozier (n. 1922). Desde o final dos anos de 1980, Touraine – às vezes em acordo com as políticas desenvolvidas pelo líder socialista Lionel Jospin, primeiro-ministro francês entre 1997 e 2001 – esteve mais perto de certos pontos de vista liberais, uma aproximação que Bourdieu (como Castoriadis) sempre rejeitou firmemente. Estas diferenças também foram evidentes no campo da política externa, com Touraine, em contraste com Bourdieu, claramente saindo em apoio à intervenção da Otan no Kosovo em 1999.

Mas voltemos mais uma vez ao diagnóstico historicamente fundamentado antiestruturalista do mundo contemporâneo de Touraine. Com sua *Critique of Modernity* (1992), ele produziu um livro inspirado por uma série de obras de história intelectual a partir do final da década de 1980 sobre a natureza da modernidade, incluindo *As fontes do self* (1989), maior obra do filósofo e cientista político Charles Taylor, que tentou identificar as fontes da identidade moderna e, portanto, as bases de nossa atual capacidade moderna para o julgamento moral em uma visão brilhante sobre o pensamento ocidental. O projeto de Touraine em seu livro é igualmente ambicioso, mas suas preocupações são bastante diferentes das de Taylor. Touraine deseja descobrir os *pontos de fricção* dentro da modernidade, as *questões politicamente controversas* e *conflitos* característicos dessa época e, sobretudo, as filosofias e modelos sociais que acompanham essas disputas. Neste contexto, ele desenvolve uma tese em que sua teoria do sujeito emerge claramente.

Como Touraine vê, a modernidade sempre foi caracterizada por uma *tensão irresolúvel entre racionalidade e criatividade, entre racionalização e "subjetivação"*. O que ele chama de idade "clássica" da modernidade, que atingiu o seu auge com as obras de Rousseau e Kant, representou uma nova era em que se viu a tese da unidade da humanidade e do universo, anteriormente justificado em termos religiosos, substituída por outras ideias (*Critique of Modernity*, p. 19). Porque as respostas religiosas tradicionais já não pareciam possível nesta modernidade clássica, elas foram substituídas em contextos filosóficos por argumentos que trabalhavam com conceitos como "razão" e "sociedade". De acordo com Touraine, a questão da unidade da humanidade e do universo foi respondida ou, como na obra de Kant, por referência a uma razão transubjetiva, ou, como na obra de Rousseau, por referência a uma sociedade racional e harmoniosa. Enquanto alguns críticos da época questionaram se as construções filosóficas desse tipo realmente faziam justiça à subjetividade do ser humano e ao seu potencial para a ação criativa, se as pessoas estão realmente tão incorporadas nas sociedades e podem ser entendidas através das categorias da razão, essas construções, no entanto, pareciam capazes de reivindicar um grau bastante elevado de plausibilidade no século XVIII.

Esta plausibilidade, no entanto, não se sustenta, em parte, porque a onda crescente da industrialização capitalista no século XIX estava fazendo as estruturas sociais, antes fixas, cada vez mais instáveis. A coerência anteriormente percebida finalmente entrou em colapso, embora teóricos como Marx e Durkheim tenham se recusado a aceitar isso e tentaram resgatá-la mais uma vez através de vários conceitos como o de "totalidade", "revolução" e "solidariedade orgânica" – esforços desesperados e em vão na visão de Touraine. Eles foram em vão por causa da característica de decomposição por demais evidente da modernidade. Em primeiro lugar, os fenômenos coletivos ou os atores corporativos surgiram da resistência às velhas ideias de racionalidade social; Touraine se refere à nação e ao nacionalismo e às grandes empresas interessadas unicamente em fazer lucro e em suas estratégias. Em segundo lugar, as mudanças pareciam existir em nível individual; como anteriormente se pensava, a racionalidade "composta" do cidadão foi exposta ao inquietante discurso, muitas vezes antirracional da sexualidade e à característica de publicidade de consumo de massa. A noção de unidade entre o indivíduo e a racionalidade social tão típica da "modernidade clássica", assim, entrou em colapso, e como resultado disso a ideia de uma clara correspondência entre o progresso social e a emancipação individual (p. 130). A sociologia de Parsons dos anos de 1950 e de 1960 é interpretada por Touraine como uma tentativa final, há muito tempo ultrapassada pela história, de conceber uma modernidade internamente consistente e harmoniosa e oferece isso como um ideal normativo para as ciências sociais (cf. tb. o ensaio de Touraine: "La théorie sociologique entre l'acteur et les structure").

A reconstrução de Touraine das bases intelectuais da modernidade destina-se a deixar claro que o assunto tem resistido com sucesso em todas as "tentativas de integração" realizadas desde o início da era moderna ou que não tenham sido possíveis de colocar este assunto dentro de uma razão intemporal ou em uma sociedade harmoniosa – e que as tentativas semelhantes no futuro também estão condenadas ao fracasso. Mas o que torna Touraine obstinado por esse "sujeito"? O que ele entende por "subjetivação"? Como ele explica em seus livros subsequentes (*What is Democracy?*, de 1994, e *Can We Live Together?*, de 1997), o "sujeito" só pode ser definido negativamente. De acordo com ele, o indivíduo não se torna um sujeito simplesmente por ser libertado de laços tradicionais no contexto da modernização. Ao contrário dos teóricos da individualização (cf. Lição XVIII), Touraine não iguala o conceito de sujeito com o de um indivíduo solitário e em grande parte egocêntrico. Em vez disso, para Touraine – e aqui novamente ele utiliza certos motivos de Sartre – tornar-se um sujeito é antes de tudo uma luta, uma luta sobre a possibilidade de ação autônoma. Porque, na história da modernidade, essas lutas eram raramente daqueles indivíduos discretos, mas sim eram exercidas por pessoas de espírito dentro dos vários movimentos culturais, Touraine, por vezes, vai tão longe ao ponto de equiparar o conceito de sujeito com o de o movimento social (*Critique of Modernity*, p. 235). Isso não significa, é claro, que este assunto é bem absorvido dentro desses movimentos e das identidades coletivas. Muito pelo contrário: de acordo com Touraine, a subjetivação ocorre por meio da resistência e luta contra as tendências em direção à dessubjetivação em estruturas totalitárias de dominação, em ordens sociais em que a racionalidade puramente instrumental parece ter influência e em comunidades sufocantes.

Touraine, assim, não só se coloca para além de certos teóricos da individualização, mas também se distancia da concepção do sujeito cultivada pelo interacionismo simbólico e das teorias da comunicação e socialização expostas por aqueles próximos a Habermas. De certa forma, mais uma vez altamente reminiscente de Sartre, Touraine insiste que o sujeito apresenta uma dimensão não social, que não pode tratá-lo como algo produzido a partir das relações sociais, o que, entre outras coisas, explica a sua capacidade de resistência:

> Muitos dão importância primordial para as comunicações. Eu acho que, pelo contrário, a relação com o eu determina as relações com os outros. Este é um princípio não social que determina as relações sociais. Isso significa que, agora que o longo período de tempo em que se tentou explicar o social unicamente em termos do social está acabado, podemos mais uma vez reconhecer que o social é baseado no não social, e só é definido pelo papel que dá ou se recusa a dar, para o princípio não social conhecido como sujeito (*Can We Live Together?*, p. 65).

Por que Touraine assume que os indivíduos são radicalmente diferentes, ele se recusa a aderir à noção habermasiana de uma comunidade comunicativa ideal, uma noção que parece demasiadamente harmoniosa para ele. O sujeito é, com certeza, dotado de razão – Touraine não contesta isso. Mas ele é também "liberdade, liberação e rejeição" (p. 58). Todas as tentativas de eliminar esses aspectos da ação humana e do antagonismo da comunicação humana através de um modelo harmônico de socialização e comunicação não conseguem captar – assim Touraine nos diz – as características especiais do sujeito. Essa é uma das principais razões de por que ele atribui um papel decisivo na formação da identidade à experiência da sexualidade (e não somente a sexualidade infantil), uma experiência que resiste à completa verbalização e delicada compreensão com as ferramentas da razão; e não é por acaso que Touraine também aponta para experiências transcendentais, porque evocam um sujeito que apresenta ou pode apresentar uma atitude fundamentalmente não social, insocializável e, portanto, resistente às imposições *sociais* (p. 85s.).

A reconstrução da modernidade feita por Touraine e sua tese de que a modernização é entendida como uma constante tensão entre racionalização e subjetivação leva-o a gerar *insights* dos quais pelo menos quatro merecem destaque, tendo em conta as suas diferenças em relação a outras abordagens teóricas.

a) Da mesma maneira que Giddens e Eisenstadt, mas, ao contrário de Habermas, por exemplo, Touraine *não* tenta distinguir a modernidade de outras eras em termos normativos, ao atribuir à modernidade ocidental um potencial racional mais abrangente do que outras eras ou civilizações por exemplo. Para ele, a desintegração da "modernidade clássica" descrita acima ainda é um processo *dentro* desta modernidade, como fenômenos tais como o nacionalismo ou o totalitarismo, que tanto ele como Castoriadis chamaram atenção, são uma parte dela, como é a democracia. Touraine, assim, recusa-se a ver as irrupções do nacionalismo, das guerras e da ascensão das ditaduras como percalços insignificantes dentro de um processo histórico destinado a resultar em uma racionalidade que permeia a sociedade, um processo que vai arrematar os últimos remanescentes da barbárie.

Por razões similares, ele também se abstém das tentativas de definir a modernidade *institucionalmente* com o auxílio do conceito de diferenciação, em termos, por exemplo, da economia de mercado, do sistema jurídico autônomo, da administração especializada do Estado e das instituições democráticas. Sua análise permanece, assim, aberta *a diferentes caminhos para a modernidade*, que é imperativa se quisermos evitar destacar o caminho do desenvolvimento euro-americano como o único possível. Outras partes do mundo provavelmente não veem a mesma coincidência do Estado-nação, da economia de mercado *e* da democracia tão fortuitamente característica da atual Europa e América do Norte, embora não haja dúvida sobre o fato de que essas regiões também são modernas. Touraine deseja manter sua mente aberta para essa percepção.

b) Touraine tinha agora abandonado a ideia, que ele cultivou por décadas, de uma sociedade que caracteriza *um* conflito central que substitui os conflitos de classe da sociedade industrial tradicional e em que *um* novo movimento social massivo surge para estabelecer um novo modelo de sociedade. As sociedades modernas claramente se tornaram demasiado fragmentadas para ele continuar a esperar o surgimento de um conflito central. De acordo com isso, para ele a marca da modernidade é a ambivalência em vez de conflitos bem-definidos, de tal forma que se pode apontar apenas para a diversidade de lutas em que os indivíduos estão envolvidos em várias frentes, contra vários adversários. Isso aproxima Touraine de uma posição encontrada da mesma forma nos trabalhos de Zygmunt Bauman (cf. Lição XVIII).

c) Justamente por causa da sua ênfase nas lutas dos sujeitos contra todas as formas de dessubjetivação e seus esforços associados para destacar a importância de experiências transcendentais, Touraine, ao contrário de teóricos como Habermas e Castoriadis, por exemplo, tem uma relação marcadamente mais ambivalente com processos de secularização. Em qualquer caso, para Touraine a secularização não é uma característica fundamental ou um atributo da modernidade (*Critique of Modernity*, p. 308). Enquanto ele é claramente cético em relação aos movimentos religiosos, sempre vendo encarnados neles o risco de que o sujeito será oprimido, ele também destaca que a fé em Deus e as formas religiosas da comunidade não estão em si mesmas em desacordo com a modernização. Esta é uma postura confirmada empiricamente em muitas partes do mundo e que reconhece que a teoria da secularização falhou em grande escala, quando aplicada ao mundo como um todo, pois se aplica apenas à Europa Ocidental (até certo ponto) e não pode explicar a situação na América do Norte.

d) Finalmente, as reflexões de Touraine sobre a teoria democrática também são dignas de nota, porque aqui ele luta em várias frentes contra teóricos sociais. Para passar para a primeira delas: Touraine, como um teórico dos "novos movimentos sociais", que tantas vezes articula o desejo de uma democracia direta, tem desenvolvido um notável grau de ceticismo em relação a essas demandas em sua obra posterior, e acima de tudo uma atitude de desprezo para com o projeto revolucionário – o que torna suas diferenças em relação a Castoriadis particularmente claras. Sua rejeição da democracia direta só é compreensível no contexto de sua teoria sobre o sujeito. Para ele, a democracia direta sempre corre o risco de criar a ilusão de uma integração harmoniosa do indivíduo na comunidade ou na sociedade, porque todas as decisões políticas são feitas direta e imediatamente pelo povo, ou seja, sem a interposição "prejudicial" de representantes. Isto é sugestivo da ideia do povo como um corpo uniforme. De acordo com Touraine, há um perigo à espreita aqui de que o sujeito pode ser subjugado a "imperativos sociais", razão pela qual tais ideias tendem para o totalitarismo. A democracia – assim Touraine nos diz – é, certamente, definida pelos princípios da igualdade e do governo da maioria, mas também por uma garantia dos *direitos civis* inalienáveis e uma clara *limitação* do poder do Estado (*What is Democracy?*, p. 96). A este respeito, Touraine emerge como um liberal bastante convencional, falando em favor da democracia representativa e de uma clara separação entre a sociedade civil e política (p. 37), isto é, para que os partidos políticos e o Estado sejam livres da pressão política direta e para que os indivíduos estejam protegidos contra a politização profunda de suas vidas. Em sua opinião, as estruturas diferenciadas da modernidade liberal ocidental, portanto, devem ser mantidas.

Por essa razão, ele também rejeita o projeto revolucionário defendido por Castoriadis. Touraine favorece a postura de Claude Lefort (n. 1924), um dos "antigos" companheiros de Castoriadis no círculo da revista *Socialisme ou Barbarie*, que se tornou um dos filósofos políticos mais inovadores da França. Ele se diferencia de Castoriadis politicamente em um estágio inicial, falando contra a ideia racionalista da revolução porque ele considerava impossível para a sociedade olhar para si com real clareza e, assim, pensar que muito provavelmente a revolução se transformaria em totalitarismo (cf. LEFORT. "Interpreting Revolution within the French Revolution", 1988). De acordo com Lefort, a ideia de revolução é baseada na "afirmação fantástica de que os postulados do pensamento, do discurso e da vontade coincidem com o ser do indivíduo, da sociedade, da história e da humanidade" (p. 106). Touraine concorda com sua rejeição desta fantástica noção porque, como vimos, ele considera a tensão entre sujeito e sociedade simplesmente inevitável e não acredita que ela pode ser sanada pelo projeto revolucionário.

Dado que claramente Touraine parece adotar uma posição política liberal aqui, é preciso dizer que ele é ao mesmo tempo – e esta é a segunda "frente" – tudo menos um liberal ingênuo. Ele defende reiteradamente um estado ativo cuja missão é fortalecer a capacidade de ação dos grupos de tal forma que esta capacidade pode ser exercida dentro dos conflitos sociais. Sua concepção do sujeito não é privatista; em vez disso, ele assume que as identidades dos indivíduos e seu interesse se cristalizam apenas através de lutas sociais e políticas.

Mas a teoria da democracia de Touraine também luta contra uma terceira "frente", como se verificou nas suas diferenças com relação às visões de Jürgen Habermas sobre o sujeito. Touraine é tão cético quanto Habermas em relação à noção comunitarista de que há uma necessidade de laços coletivos relativamente estáveis para garantir o funcionamento da democracia (cf. Lição XVIII para mais informações sobre o comunitarismo), porque isso minimiza as diferenças radicais entre as pessoas e implica o risco de subjugar o sujeito. Mas Touraine também critica a ideia, tão fundamental em Habermas, de que a democracia pode ser concebida somente como um projeto universalista. Touraine, ao contrário, entende a democracia como um modo de vida caracterizado pela presença inseparável do universalismo *e* dos elementos particularistas (p. 14-15). De acordo com Touraine, se a subjetivação ocorre especialmente dentro das lutas coletivas, então devemos ver os movimentos particularistas com um pouco menos de suspeita do que Habermas reivindica. Isso é evidente em sua avaliação do nacionalismo. Enquanto Habermas, ao mesmo tempo esperançoso, com expectativas e autoconfiante, refere-se à inevitável transição das formas pós-nacionais de sociação (HABERMAS. *The Postnational Constellation*; *The Inclusion of the Other: Studies in Political Theory*, p. xxxvi), Touraine encontra mais dificuldade para denunciar os nacionalismos e os processos de etnicização (TOURAINE. *Can We Live Together?*, p. 202ss.). Touraine tem certamente conhecimento da natureza ambivalente do nacionalismo, e sua condenação de seus lados obscuros é inequívoca, sobretudo tendo em conta que os movimentos nacionalistas têm, muitas vezes, subjugado o sujeito. No entanto, Touraine também sabe que os processos de etnicização podem ser processos de aprendizado político e que tais processos também oferecem oportunidades para a participação política e, assim, o surgimento de sujeitos. Para ele, portanto, estes processos não são automaticamente associados com o aumento do racismo, por exemplo, e é por isso que ele acredita que a democracia não tem que ser definida, nem empírica ou normativamente, como um projeto exclusivamente universalista.

A reorientação teórica de Touraine nos anos de 1990 é certamente impressionante. Sua teoria do sujeito, juntamente com as análises do mundo contemporâneo, que edifica sobre ele, é um corretivo importante para outras abordagens na teoria social. A fraqueza teórica, no entanto, atravessa toda a obra de Touraine. Em sua pesquisa sobre os movimentos sociais ele sempre mostra mais interesse nos processos sociais fluidos do que no estabelecimento das instituições. No entanto, estas certamente existem. E mesmo na década de 1990, que foi um tempo tão produtivo e inovador para ele, Touraine não conseguiu remediar esta relativa falta de interesse nas instituições. Touraine se refere à subjetivação e ao fato de que os sujeitos lutam com a máquina do Estado, e com os mercados, resistem a eles e assim por diante. Mas ele realmente não examina esta "máquina" ou estes mercados mais intimamente; muitas vezes, ele apenas os caracteriza pela implantação do altamente impreciso termo "antissujeito". Ele é, portanto, empiricamente negligente, isolando analiticamente os elementos que determinam, em parte, os processos de subjetivação para os quais ele deu tanta atenção. Ainda mais, ele comete o erro teórico de hipostasiar a "máquina" e as instituições, da mesma forma como fez Jürgen Habermas com seu conceito de sistema. No entanto, se se leva a tese da fluidez dos processos sociais a sério, como Touraine sempre se esforçou para fazer, não se pode restringir seus próprios interesses exclusivamente aos movimentos sociais. Os processos de mudança dentro das instituições aparentemente estáveis também devem ser levados em conta. Esta é provavelmente a maior fraqueza de suas análises.

3 Para concluir esta lição, vamos dar uma breve olhada em um pensador francês que viveu muito tempo nas sombras da vida intelectual francesa, mas que, apesar de ser um filósofo, é suscetível a desempenhar um papel cada vez mais importante na teoria sociológica ou na teoria social por causa de seu tra-

balho nas questões teóricas básicas. Nós estamos nos referindo a Paul Ricoeur (1913-2005). Um pouco como Merleau-Ponty, as primeiras raízes filosóficas de Ricoeur estavam no chamado "existencialismo cristão" da década de 1930 na França. Enquanto prisioneiro de guerra, ele mergulhou profundamente na filosofia de Husserl, em particular. No final da década de 1950, o mais tardar, ele era considerado uma estrela em ascensão no firmamento da filosofia francesa. Ele foi, no entanto, rapidamente marginalizado pelo talentoso estruturalismo de meados da década de 1960. Ricoeur certamente tratou de *temas* do estruturalismo, sobretudo dos sistemas de símbolos e linguagem. Ele também produziu algumas das mais importantes críticas ao estruturalismo, entretanto, o estruturalismo não era seu quadro teórico de referência, mas sim uma hermenêutica fortemente inspirada pela fenomenologia. Uma orientação teórica desse tipo foi, no entanto, considerada irremediavelmente ultrapassada nos anos de 1960. Esta marginalização intelectual, juntamente com as revoltas estudantis de 1968, culminou em um violento ataque a ele por estudantes extremistas de esquerda, causando a ida de Ricoeur para o estrangeiro; ele aceitou um cargo de professor na Escola de Teologia da Universidade de Chicago em 1970 como sucessor do grande teólogo protestante Paul Tillich, que faleceu em 1965 (cf. JOAS. "God in France". • DOSSE. *Paul Ricoeur – Les sens d'une vie*).

A amplitude e o alcance da obra de Ricoeur transcende o quadro desses capítulos sobre a teoria social. Seus escritos variam de uma precoce fenomenologia da vontade, passam por um simbolismo do mal até uma hermenêutica dos estudos de Freud (cf. seu conhecido estudo de 1965: *De l'interprétation – Essai sur Freud*) e o terceiro volume do trabalho *Temps et récit* de 1983. Para nossos propósitos, sua mais importante contribuição é de 1990, com sua obra-prima *Soi-même comme um autre*, em que Ricoeur pretende esclarecer o conceito do eu por meio de um exame abrangente da fenomenologia e da filosofia analítica anglófona. Com base nisso, ele finalmente procede a uma profunda discussão sobre ética.

Através da sua hermenêutica do eu, ele deseja esclarecer um conceito que aparece com muita dificuldade ou de forma pouco clara em si mesmo. O que queremos dizer quando falamos do "eu" na vida cotidiana? O que exatamente os filósofos, psicólogos e sociólogos querem dizer quando se referem ao "eu"? Será que isso significa que as pessoas sempre permanecem as mesmas, que não mudam? Dificilmente, uma vez que estamos sempre aprendendo, desenvolvendo-nos etc. Mas o que isso significa? Um número razoável de abordagens filosóficas, particularmente a filosofia analítica, que se referem à "identidade" ou ao "eu", parecem simplesmente deixar de levar em conta o fato de que "a pessoa de quem estamos falando e do agente a quem a ação depende têm uma história, são a sua própria história" (RICOEUR. *Oneself as Another*, p. 113). Ricoeur acredita que o problema subjacente pode ser resolvido apenas através de distinções terminológicas meticulosas, se isolamos, por assim dizer, termos comuns ou populares como "individualidade", "*ipséité*" ou "*Identität*", a fim de avançar para definições mais precisas. Ricoeur, em última análise, sugere que façamos a distinção entre "igualdade" ou "identidade idem" (*mêmeté*) e "egoidade" ou " identidade ipse" (*ipséité*). Os primeiros termos referem-se apenas à possibilidade de identificação de um indivíduo ao longo do tempo, enquanto "egoidade" ou "identidade ipse" aponta para a continuidade autoestabelecida do indivíduo, apesar das mudanças que ele sofreu. Em outras palavras, isso significa que, se eu afirmar de um indivíduo que ele é o mesmo, isso não implica um núcleo imutável da personalidade (p. 2). Em vez disso, Ricouer acredita que a "egoidade" é produzida *narrativamente*, que nós como indivíduos dizemos a nós mesmos e aos outros quem somos e como nos tornamos o que somos.

> A pessoa, entendida como um personagem de uma história, não é uma entidade distinta de suas "experiências". Muito pelo contrário: a pessoa compartilha a condição da identidade dinâmica peculiar à história contada. A narrativa constrói a identidade do personagem, o que pode ser chamado de sua identidade narrativa, na construção da história contada. É a identidade da história que faz a identidade do personagem (p. 147-148).

À medida que os acontecimentos na vida de uma pessoa nunca terminam, a narrativa também nunca é completa. Ricoeur refere-se à "incompletude narrativa" da vida, e ao "entrelaçamento de histórias de vida", e, finalmente, à "dialética da lembrança e antecipação" (p. 161). Este argumento, em que ele trabalhou com grande seriedade, não só torna Ricoeur um dos principais críticos de todas as posições pós-modernas que praticamente afirmam que as identidades podem ser escolhidas livremente e que o eu (pós-moderno) fragmentou-se inteiramente – posições que, como Ricoeur as vê, poderiam ser adotadas apenas por ignorar as diferenças terminológicas apresentadas por ele. Ele também nos lembra que a "narrativa" é um aspecto da formação da identidade ipse e, portanto, da vida, uma característica natural da experiência humana que inevitavelmente tem consequências diretas para a ética: "Como, de fato, poderia um sujeito de ação dar um caráter ético para a sua própria vida tomada como um todo, se esta vida não estava reunida de alguma forma, e como isso poderia ocorrer se não, precisamente, na forma de uma narrativa?" (p. 158).

No oitavo e nono ensaios do seu livro, Ricoeur apresenta uma impressionante análise densa e compreensiva dos modelos éticos contemporâneos, em última análise que avança para uma posição própria, que admiravelmente mantém o equilíbrio entre uma moralidade baseada em uma justiça universal de Kant, Rawls e Habermas (cf. tb. as lições XVII e XVIII) e uma ética da moralidade concreta ancorada no trabalho de Aristóteles e Hegel. Ricoeur é bem consciente das deficiências das concepções universalistas da justiça, na medida em que todas elas, muito facilmente, deixam de ter em conta as práticas concretas das vidas

das pessoas. Mas ele de forma alguma se alinha com o campo dos "teóricos da "Sittlichkeit" hegeliana. Como ele brilhantemente coloca:

> Se não passarmos por conflitos que abalam uma prática orientada pelos princípios da moralidade, nós poderíamos sucumbir às seduções de uma situação moral que poderia nos expressar, de forma indefesa, o domínio do arbitrário (p. 240-241).

Assim, de acordo com Ricoeur, temos grande necessidade das regras universais kantianas, a fim de chegar a conclusões praticamente consistentes; nós não podemos agir sem as ideias de Rawls e Habermas, ainda que elas sejam inadequadas. Mas a escolha não é entre a moralidade universalista e "Sittlichkeit" ou argumentos abstratos e convenções – Ricoeur considera estas falsas dicotomias. Ele prefere falar de uma "dialética entre argumentação e convicção" (p. 287), uma escolha de vocabulário, que emerge como inteiramente compreensível quando ele discute a ética do discurso habermasiano. Pois de acordo com Ricoeur, Habermas pressupõe uma mera troca de argumentos que tem como objetivo "extrair... o melhor argumento" e eliminar os outros, mas como todos os teóricos universalistas da moralidade, ele ignora o fato de que se trata de questões da vida real que estão sendo discutidas na situação discursiva. Argumentos não são meros adversários de convenções e tradições, mas sim casos críticos dentro de convicções e questões da vida real que só podem ser articuladas narrativamente (p. 288). E essas questões não podem ser descartadas:

> O que torna a convicção uma parte inescapável aqui é o fato de que ela expressa as posições a partir da qual resultam os significados, interpretações e avaliações relativas aos vários produtos que ocupam a escala da práxis, a partir de práticas e dos seus bens imanentes, passando por planos, histórias de vida, e incluindo as concepções que os seres humanos têm, isoladamente ou em conjunto, do que uma vida completa seria (p. 288).

Porque não consegue reconhecer a estreita ligação entre os argumentos e as questões da vida real, a teoria do discurso habermasiano é, portanto, também eticamente abstrata. O que nos interessa no presente contexto é, em primeiro lugar, o fato de que ocorre um distanciamento similar da ética do discurso habermasiano e, portanto, da teoria da democracia que isso implica, assim como no caso de Touraine – um distanciamento, porém, que foi realizado com significados teóricos diferentes do que no caso de Touraine. O que é ainda mais impressionante é como de forma consistente e precisa (sua precisão como um resultado de seu engajamento intensivo com a filosofia analítica) Ricoeur se move em direção a uma síntese de ética aristotélica e kantiana, assim, domina elegantemente uma série de problemas, alguns dos quais eram vistos como intransponíveis dentro do debate entre o liberalismo e comunitarismo, um debate muito enraizado em solo americano (cf. Lição XVIII).

Enquanto o trabalho de Ricoeur parece muito distante das preocupações sociológicas tradicionais e ele restringiu suas investigações metodológicas à disciplina de História, suas ideias sobre a interpretação, as conexões entre a autoformação e narrativa, e sobre a ética, abriram um grande número de pontos de contato com os debates gerais na teoria social. Em especial no contexto do declínio evidente na importância do pensamento estruturalista e pós-estruturalista na França (e além), não é de surpreender que os cada vez mais e mais sociais estão descobrindo quão relevante as ideias de Ricoeur são para eles.

XVII
Teorias sociais feministas

Referimos-nos no título desta lição às *teorias* sociais feministas, o plural indicando que estamos nos confrontando com um problema fundamental na busca por descrever esse campo – mais especificamente em função do fato de que não existe tal coisa como teoria social feminista, mas sim uma variedade de tais teorias. O campo teórico que cabe ao feminismo é tão extremamente multifacetado porque teóricos feministas, cujas metas e projetos concretos – obviamente – não estão sempre correlacionados, baseiam-se em formas teóricas muito diferentes para construir seus argumentos. Você teve contato com a vasta maioria dessas teorias nas lições precedentes. Enquanto algumas feministas se apoiam diretamente nas ideias parsonianas, um grande número faz uso de argumentos da teoria do conflito, por exemplo. E as mais fortes e mais influentes correntes no interior dos debates feministas da atualidade retomam às posições etnometodológicas, pós-estruturalistas e habermasianas. Ademais, a forte influência da psicanálise também é inequívoca.

Surge, então, a questão de como o heterogêneo campo teórico feminista encontra algum tipo de denominador comum, especialmente tendo-se em vista que os debates feministas estão aparecendo não apenas na sociologia, mas também na psicanálise, na antropologia, na história, na filosofia e na teoria política; aqui os limites entre disciplinas desempenham um papel secundário (cf., p. ex., KYMLICKA, W. *Contemporary Political Philosophy: An Introduction*, p. 238ss.). Essa é uma questão crucial, já que aponta para o risco de os debates feministas se tornarem irremediavelmente fragmentados. Contudo, de fato parece haver um consenso a respeito do que as teorias feministas têm em comum, a saber, um objetivo normativo ou político compartilhado, que pode ser rastreado nas origens históricas da construção teórica feminista, situadas no movimento de mulheres. A meta de todas as abordagens feministas, como geralmente se argumenta, é, em última instância, o de *criticar* relações de poder e dominação que discriminem ou reprimam mulheres e, nesse sentido, o de *libertar* as mulheres dessas relações. Isso aparece claramente na citação da filósofa Alison M. Jaggar (n. 1942): "A fim de oferecer guias para ações que vão subverter ao invés de reforçar a presente subordinação sistemática das mulheres, as abordagens feministas relativas à ética devem entender ações individuais no contexto de práticas sociais mais amplas, avaliando as implicações simbólicas e cumulativas de quaisquer ações, bem como suas consequências imediatas observáveis" (JAGGAR. *Feminist Ethics*, p. 98; cf. tb. PAUER-STUDER. "Moraltheorie und Geschlechterdif erenz" ["Moral Theory and Gender Difference"], p. 35ss.). Certamente o mesmo pode ser dito de teorias políticas ou sociais.

Esse ímpeto político normativo, característico da(s) teoria(s) feminista(s), oferece razões para demarcar as abordagens associadas das disciplinas de estudos de gênero, o que se tornou moda nas duas últimas décadas (cf. BECKER-SCHMIDT, R. & KNAPP, G.A. *Feministische Theorien* ["Feminist Theories"], p. 7). As abordagens feministas, assim como os estudos de gênero, compartilham interesses acadêmicos sobre como as relações políticas e sociais entre os sexos eram e são organizadas. Estudos de gênero podem, no entanto, ser encaminhados a uma direção "neutra". Um estudo sobre as *performances* de masculinidade, por exemplo, não necessariamente implica um viés crítico. Para as feministas, ao mesmo tempo, a incumbência é outra. Para elas, a preocupação central é, e continuará a ser, a de *criticar* a existência de arranjos sociais relativos ao gênero.

Contudo, gostaríamos de evidenciar, desde já, que esse impulso político normativo compartilhado pelas teorias feministas não pode obscurecer o fato de que esse objetivo é perseguido com ferramentas conceituais e teóricas muito diferentes, ameaçando acabar com essa discussão comum. É isso que torna toda descrição de teoria(s) social(ais) feminista(s) tão complicada. Essa dificuldade fica ainda mais aparente à luz dos tópicos considerados nessa série de lições. Nós afirmamos que abordagens teóricas sociais são sempre caracterizadas por uma preocupação central com problemas de ação, ordem social, mudança social e comumente por um desejo de analisar o mundo contemporâneo. Mas é óbvio que nem todas as análises feministas satisfazem esse critério de "teoria", assim como não incluímos estudos sociológicos de estrutura de classe, teorias de Estado ou a maquiagem étnica da sociedade moderna no coração da teoria social moderna. Dessa maneira, análises da situação desfavorável das mulheres e da discriminação contra elas nas sociedades (modernas), em nossa visão, não formam, por si sós, contribuições à teoria social feminista. Essa visão nos compele a negligenciar certos campos do debate feminista, assim como temos ignorado amplamente inúmeros campos e tópicos de pesquisa da sociologia convencional para poder focar nas contribuições que podem ser relacionadas de maneira significante com outros estudos teóricos apresentados nessa série de lições. Não é preciso dizer que essas abordagens seletivas não nos permitem empreender uma exaustiva análise dos escritos feministas.

Nós dividimos a presente lição em três partes. Primeiro, um breve levantamento histórico explicará por que, em nossa opinião, uma genuína teoria social feminista é um desenvolvimento relativamente recente (1). Em seguida, questionamos quais debates sobre a "natureza" do feminino defiram as décadas de 1970 e de 1980 (2), e por que as abordagens desse período abriram caminho para um intenso debate sobre a relação entre "sexo" e "gênero", isto é, a relação entre os gêneros "biológico" e "social", e quais são posições teóricas que desempenham um papel nesse debate (3).

1 Como já foi sugerido por nós, as raízes das teorias sociais feministas se encontram no movimento de mulheres. Como um movimento organizado, hoje com mais de 200 anos, e dentro do contexto da luta das mulheres pela igualdade, conceitos teóricos evidentemente foram formulados de forma constante com a intenção de apoiar essa luta (no movimento alemão de mulheres, cf., p. ex., UNERHORT. *Die Geschichte der deutschen Frauenbewegung* ["Unheard Of: The History of the German Women's Movement"]; sobre o movimento de mulheres nos Estados Unidos, cf. GIELE, J.Z. *Two Paths to Women's Equality: Temperance, Suffrage, and the Origins of Modern Feminism*; uma comparação historicamente baseada sobre diferentes feminismos nacionais é apresentada por Christine Bolt: *The Women's Movements in the United States and Britain from the 1790s to the 1920s*). No entanto, é justo dizer que a construção *sistemática* da teoria feminista começou somente na década de 1960. Isso se deu, é claro, essencialmente como resultado do fato de que a reforma educacional desse período possibilitou, pela primeira vez, o acesso à universidade a um número considerável de mulheres. É interessante notar, no entanto, que não foi a experiência de frequentar a universidade, em si, o fator determinante para o rápido desenvolvimento de uma consciência feminista e da produção teórica resultante, mas a condução dominantemente masculina do movimento estudantil no final da década de 1960, que "não ligava a mínima para o tolo movimento feminino" (FIRESTONE. *The Dialectic of Sex: The Case for Feminist Revolution*, p. 42). Muitas mulheres ativistas descobriram que seus interesses por alcançar igualdade em todas as áreas da vida – eram simplesmente ignorados num cenário discursivo influenciado principalmente por argumentos marxistas, já que as relações desiguais entre homens e mulheres eram sempre interpretadas como uma mera "contradição secundária" do capitalismo, cuja significância supostamente não poderia ser comparada com a "contradição principal" entre trabalho assalariado e capital. Para muitos homens representantes do movimento estudantil e da Nova Esquerda, essa linha argumentativa servia como uma desculpa conveniente para suas condutas tão sexistas quanto as de seus oponentes no chamado "campo burguês". Isso fez com que muitas mulheres engajadas politicamente começassem a quebrar ou estreitar ambos os laços organizacionais e teóricos com a Nova Esquerda, assim que perceberam que uma nova abordagem se fazia necessária – não menos importante no campo de pesquisa da teoria social e construção teórica.

Esse processo de ruptura por suas próprias contas tomou diversas formas. Toda uma cadeia de autoras mulheres começou a elaborar a respeito das *consequências* das relações de gênero em diferentes esferas da sociedade, a maioria por meio de uma abordagem empírica. Elas mostraram, por exemplo, como o mercado de trabalho é estruturado de maneira desigual, como e por que o trabalho doméstico, quase exclusivamente feito por mulheres, não recebe nenhum reconhecimento social nem remuneração, quais políticas de bem-estar prendem e continuam a prender as mulheres a casa e aos filhos e como elas o fazem, quais mecanismos obstruem a representação política adequada das mulheres nos dias de hoje etc.

Feministas de ambições teóricas, no entanto, rapidamente começaram a analisar também as premissas das relações de gênero, questionando se e até que ponto as teorias sociais existentes são capazes de aumentar nossa compreensão sobre esse tema. Feministas definiram isso de maneiras diversas. Apontando para as diferenças biológicas entre homens e mulheres, a ativista Shulamith Firestone (n. 1945) polemizou contra os movimentos estudantis de orientação marxista e seu reducionismo econômico em seu livro supracitado *The Dialetic of Sex* de 1970. Ela descreve o conflito entre sexos como fundamental, mais do que a luta de classes, explicando o machismo masculino a partir dessa base. Em seu livro de 1975, *Against Our Will: Men, Women and Rape*, a jornalista Susan Brownmiller (n. 1935) destacou a habilidade e o desejo masculino de se envolver em violência, especialmente violência sexual, alegando que "*todos os homens* mantêm *todas as mulheres* em estado de medo" (p. 15; ênfase original) como resultado dessa violência sexual, forçando as mulheres a uma posição social subordinada. Outras autoras mulheres, ao mesmo tempo, tentaram evitar um biologismo tão radical. Isso pareceu essencial para elas principalmente porque essas tentativas de explicação são incapazes de elucidar de forma adequada as enormes diferenças culturais das relações sempre desiguais entre os sexos, a "inacabável variedade e a monótona similaridade" como coloca a antropóloga Gayle Rubin ("The Traffic in Women", p. 10). Novamente, isso expandiu a possibilidade de usar como base o trabalho de Marx, e ainda mais o de Engels, no qual a divisão específica de gênero no trabalho, em todas as suas diversas formas, era pensada como explicação para as formas igualmente variáveis de desigualdade de gênero. Nessa visão, a relação entre os sexos é formada de maneira igual pelo capitalismo e pela família patriarcal; (homem) trabalho remunerado e (mulher) trabalho doméstico estão intimamente relacionados, reproduzindo infinitamente a desigualdade entre homem e mulher, em outras palavras, mantendo o poder dos homens (cf. WALBY. *Theorizing Patriarchy*). Contudo, na medida em que o marxismo perdeu importância nos anos de 1980, a influência dessa abordagem também diminuiu, assim como o conceito de patriarcado ou dominação masculina, usados em uma grande variedade de abordagens teóricas (não apenas pelo feminismo marxista). Esse termo, considerado o conceito-chave do feminismo ao final da década de 1970 e começo da de 1980, era claramente considerado pouco específico para gerar análises de nuança empírica e, como resultado, foi cada vez mais marginalizado (cf. KNAPP, G.-A. "Macht um Geschlecht" ["Power and Gender"], p. 298). Como Gayle Rubin concluiu precocemente:

> É importante – mesmo em face de uma história depressiva – manter uma distinção entre a capacidade e a necessidade humana de criar um mundo sexual, e as formas empiricamente opressivas com que esses mundos sexuais foram organizados. Patriarcado agrupa ambos os significados em um único termo (RUBIN. *The Traffic in Women*, p. 168).

No caminho dessa reorientação conceitual no interior da teoria social feminista, uma orientação microssociológica mais rigorosa emergida nas décadas de 1970 e de 1980 e uma teorização mais determinada das relações de gênero em geral, muitas feministas foram possibilitadas a associar seus trabalhos de forma mais intensa à teoria social "tradicional". Já não era mais a "grande" causa histórica de desigualdade entre os sexos, que pode nunca ser verdadeiramente esclarecida, que estava cada vez mais no centro da discussão feminista nos anos de 1980, mas a questão do que significa ou do que poderia significar, de fato, a igualdade entre os sexos, o que o avanço das mulheres deve implicar se de fato busca reduzir as consequências discriminatórias das diferenças entre os sexos para as mulheres, quais fenômenos que atualmente embasam as diferenças entre homens e mulheres, e como essas diferenças são reproduzidas dia a dia. Em outras palavras, enquanto autoras de inclinação biológica sempre realçaram as diferenças imutáveis entre os sexos e as defensoras da tese do patriarcado sempre enfatizaram a dominação masculina, a qual elas acreditam ter raízes históricas profundas e que seja quase impossível que chegue a um fim, mais e mais pensadoras feministas começaram a questionar como essa diferença entre os sexos é continuamente produzida e construída muito concretamente de forma cotidiana. Estavam claramente sendo abordadas, pelo menos nas margens, questões que se encontram no coração dos problemas da teoria social "tradicional". O que é ação (masculina e feminina)? O que é um sujeito feminino ou masculino? Como e por que meios se reproduz a ordem de gênero? Assim, a nossa tese é de que as teorias sociais feministas, pelo menos à medida que faz parte ou aspira a fazer parte do cânon da teoria social moderna, têm origem razoavelmente recente, suas raízes não se estendem para mais de trinta anos atrás. Nós, portanto, começamos nossa análise a partir das décadas de 1970 e de 1980 com as abordagens teóricas que definem o debate até hoje.

2 Durante esse período, o debate feminista oscilou constantemente entre dois polos, dois tipos de argumento muito diferentes. Uma postura às vezes descrita como "maximalista" tendia a enfatizar as diferenças entre homens e mulheres. Evidentemente, não necessariamente faziam referência a argumentos biológicos, mas, ao invés disso e cada vez mais, a *processos de desenvolvimento psicológicos* específicos de gênero. "Esses estudiosos em geral acreditam que

essas diferenças têm raízes profundas e resultam em abordagens diferentes do mundo, em alguns casos criando uma "cultura" distintiva das mulheres. Tais diferenças, eles pensam, beneficiam a sociedade e devem ser reconhecidas e recompensadas" (EPSTEIN. *Deceptive Distinctions*, p. 25). A chamada "posição minimalista", ao mesmo tempo, enfatizava a enorme semelhança entre os sexos e o fato de existirem diferenças não era imutável, mas historicamente variável e socialmente construído (p. 25).

Nas décadas de 1970 e de 1980, as novas perspectivas a respeito das relações de gênero, aludidas anteriormente, foram inicialmente desenvolvidas majoritariamente em vários campos da psicologia ou de uma sociologia que trabalhava, em grande medida, com argumentos psicológicos. Foi a "posição maximalista" que recebeu maior atenção. Dois atores se destacam nessa posição, cujos escritos eram muito atraentes para as vizinhas ciências sociais.

A socióloga americana Nancy Chodorow (n. 1944) tentou explicar, a partir de uma perspectiva psicanalítica, o porquê de mulheres serem continuamente afetadas por uma dinâmica psicológica que serve de base à manutenção das relações de gênero e, assim, à sua subordinação social. Sua tese (cf. *The Reproduction of Mothering: Psychoanalysis and the Sociology of Gender*, de 1978) é a de que os primeiros relacionamentos das meninas com suas mães desempenham um papel decisivo. Chodorow parte do princípio de que o desenvolvimento da identidade de gênero acontece consideravelmente cedo para ambos os sexos, tanto que uma espécie de núcleo imutável da personalidade já existe, o mais tardar, aos 5 anos de idade. Se essa tese, bastante exposta na psicanálise, for verdade e se também for verdade que, ao menos nas sociedades ocidentais, a mãe é quase sempre a principal referência individual da criança dos dois sexos, então, conforme Chodorow, também está claro que *a maneira com que a identidade de gênero é formada nos dois sexos deve ser muito diferente*:

> O modo inicial de individuação, a primeira construção do ego e seu objeto-mundo interior, os conflitos iniciais e as primeiras definições inconscientes do eu, as ameaças iniciais à individuação, e as primeiras ansiedades que acionam as defesas, tudo difere entre meninos e meninas por conta da diferença inicial no caráter da relação mãe-filho(a) para cada um (CHODOROW. *The Reproduction of Mothering*, p. 167).

Enquanto as meninas desenvolvem sua identidade de gênero muito com referência à mãe, identificando-se com ela e com suas ações, os meninos experimentam a si mesmos formando um polo oposto à mãe, classificando a si mesmos como algo diferente dela. Como apresentado por Chodorow, isso significa que o desenvolvimento masculino é muito mais uma questão de individuação, do desenvolvimento de uma fronteira, de fato demasiadamente definida, do ego. As meninas, ao contrário, assim afirma Chodorow, desenvolvem uma individualidade muito mais inclinada à "empatia" para com os outros, conferindo a elas uma habilidade de responder às necessidades e aos sentimentos dos outros. Isso também explica o porquê de homens terem mais problemas em seus relacionamentos com outras pessoas, enquanto formas rígidas de individuação são comumente estranhas às mulheres (p. 167ss.).

As análises de Chodorow apontavam, primeiramente, às premissas teóricas profundamente masculinas da psicanálise. Com base em Freud, isso elevou o desenvolvimento da criança do sexo *masculino* ao *status* de norma, à luz da qual o desenvolvimento do ego das meninas só poderia ser visto como deficiente (cf. esp. o cap. 9 de seu livro). Em segundo lugar, contudo, Chodorow também buscava explicar os motivos pelos quais as relações de gênero serem continuamente reproduzidas em todas as suas desigualdades. Para a autora, as primeiras relações das meninas com suas mães e a maneira como suas identidades de gênero se desenvolviam, sempre provoca um tipo de ação que pode ser descrita como "maternal", que se difere da *performance* masculina de várias maneiras, na medida em que se orienta fortemente em direção a relacionamentos. Essas ideias também realçam uma postura normativa específica. Chodorow e seus adeptos não acreditavam nem que a formação ou a *performance* da identidade das meninas fosse deficiente (p. 198), nem que as típicas relações familiares que pertenciam à velha América, com sua particularmente forte ênfase na "maternidade", eram as únicas possíveis, muito menos ideais, formas de parentalidade, em especial dado que essa "maternidade" reforçava as desigualdades entre os sexos.

> Problemas contemporâneos de maternidade emergem de uma potencial contradição interna nas famílias e na organização social de gênero – entre a maternidade das mulheres e o compromisso heterossexual, entre a maternidade das mulheres e a individualização das filhas, entre conexão emocional e um senso de masculinidade dos filhos. Mudanças geradas no exterior da família, particularmente na economia, apontavam para essas contradições (p. 213).

Uma divisão modificada do trabalho entre homens e mulheres (com mais mulheres trabalhando fora de casa e homens realizando mais funções domésticas) teria, de acordo com Chodorow, ao menos mitigado as maneiras com que a identidade de gênero normalmente se desenvolve, porque as mães não seriam mais a única referência de indivíduo para as crianças. Em tais circunstâncias, haveria uma chance real de desregular a incessante "reprodução da maternidade", com todas as suas consequências negativas para as mulheres autônomas.

Carol Gilligan, cujo livro *In a Different Voice* de 1982 iria exercer uma influência ainda maior que o de Chodorow, tomou um similar rumo normativo. Mas a psicóloga Gilligan (n. 1936 e também americana) adotou um enfoque teórico e psicológico muito diferente do que a socióloga Chodorow com sua abordagem *psicanalítica*. Gilligan era colega de um dos mais famosos *psicólogos do desenvolvimento* de seu tempo, Lawrence Kohlberg, que influenciou bastante as disciplinas vizinhas com suas ideias. Os achados de Gilligan, que resultaram em uma crítica a Kohlberg, quase que inevitavelmente desencadearam uma resposta imediata de filósofos e sociólogos da moralidade, considerando que Gilligan estava questionando alguns de seus principais postulados.

Kohlberg, cujo trabalho influenciou o de Jürgen Habermas (cf. Lição X), entre outros, desenvolveu uma teoria a respeito do desenvolvimento de crianças e adultos, baseando-se em estudos de Jean Piaget. Suas investigações empíricas, ele afirmou, sugerem que o desenvolvimento da consciência moral é um processo de múltiplos estágios. Ele distinguiu três diferentes níveis morais (pré-convencional, convencional e pós-convencional), subdividindo cada nível em mais dois subníveis (que não nos interessam especificamente aqui). No nível *pré*-convencional, o ator é convocado a obedecer a certas regras morais apenas porque, de uma perspectiva egocêntrica, ele deseja evitar punições. Nesse caso, algo "bom" é qualquer coisa que ajude o ator a evitá-las. Argumentos e ações são de moral *convencional* se eu, por exemplo, percebo que minhas obrigações morais consistem em satisfazer as expectativas dos outros seres humanos, porque, por exemplo, eu quero que eles me vejam como uma "pessoa de bem" e quero que eles gostem de mim ou porque quero contribuir com o bem do todo do qual faço parte. Nós alcançamos o estágio *pós*-convencional apenas quando estamos agindo de acordo com princípios éticos universais, quando as ações morais têm base em um ponto de vista formulado independente de relações particulares e comunitárias, um ponto de vista ancorado em regras que se aplicam e são aceitáveis para *todos* (cf. KOHLBERG. *Moral Stages and Moralization*, p. 170ss.).

Kohlberg acreditava que o desenvolvimento moral adere a uma lógica bastante específica: no curso de suas socializações, as pessoas passam sucessivamente por esses três níveis ou seis estágios; uma ascensão que ocorre da moralidade pré-convencional para a convencional e para a pós-convencional, com seus subníveis variados. De acordo com Kohlberg, nem todos alcançam o nível mais alto da moral ou o estágio mais alto da moral, apenas um pequeno número de adultos conseguirá alinhar seus argumentos e ações de forma consistente com o pós-convencional, a saber, princípios éticos e morais universais. O que há de mais explosivo nos estudos de Kohlberg, algo que não só foi descoberto por Gilligan, mas que também compõe sua crítica, é que, claramente, as mulheres quase nunca alcançam o nível pós-convencional da moralidade, e que, contrariamente aos homens, elas quase sempre permanecem no nível de moralidade convencional, o terceiro e – mais raramente – quarto subnível do desenvolvimento moral:

> Proeminentes entre aqueles que [...] parecem ter desenvolvimento moral deficiente quando medido pela escala de Kohlberg estão as mulheres, cujos julgamentos parecem exemplificar o terceiro estágio de sua sequência de seis estágios. Nesse estágio a moral é concebida em termos interpessoais, e bondade é equiparada a ajudar e agradar aos outros. Essa concepção de bondade é considerada, por Kohlberg [...] funcional para vida de mulheres maduras na medida em que suas vidas

acontecem no lar. Kohlberg [indica] que apenas se as mulheres entrassem no cenário tradicional das atividades masculinas elas reconheceriam a inadequação dessa perspectiva moral e progrediriam como os homens em direção a estágios mais avançados onde relações são subordinadas às regras (estágio quatro) e as regras a princípios universais de justiça (estágios cinco e seis).

No entanto, aqui existe um paradoxo, os exatos traços que definiram tradicionalmente a "bondade" da mulher, seus cuidados e a sensibilidade quanto aos problemas dos outros, são aqueles que as marcam como deficientes no desenvolvimento moral (GILLIGAN. *In a Different Voice*, p. 18).

À luz desse fato e seguindo o mesmo caminho de Chodorow a respeito da psicanálise tradicional, Gilligan concluiu, nesse momento, que o modelo teórico de psicologia do desenvolvimento proposto por Kohlberg foi construído com base em uma perspectiva profundamente masculina e ele, portanto, falhou ao capturar a maneira como as mulheres se desenvolvem moralmente. A tese dela era de que um estudo sem preconceito sobre desenvolvimento moral das mulheres iria produzir um resultado diferente. De acordo com suas próprias investigações empíricas, mulheres lidam com problemas morais de maneira muito diferente dos homens, e o caminho de seu desenvolvimento moral também deve, portanto, ser interpretado de maneira diferente. Nessa visão, enquanto homens tendem a pensar e agir de acordo com princípios abstratos, mulheres fazem julgamentos de maneira contextualizada e de forma narrativa, o que Kohlberg sempre falhou em levar em conta ao desenhar seus estudos. A maneira pela qual as mulheres formam julgamentos morais sustenta o desenvolvimento de uma moralidade "interessada em exercer cuidados". Enquanto as noções femininas de moralidade enfatizam "a compreensão da responsabilidade e das relações", homens tendem a uma moralidade abstrata de "equidade", baseada em "direitos e regras" (p. 19).

Gilligan, assim, criticou seu professor por ter produzido um modelo de desenvolvimento moral que se baseia de maneira implícita numa concepção masculina de moralidade, em uma moralidade de direitos abstratos ou uma ética de justiça. Sob essa luz era pouco surpreendente que as mulheres quase nunca alcançassem os estágios mais altos do esquema de desenvolvimento de Kohlberg, que elas em geral aparecessem como incapazes ou indispostas a agir e argumentar de acordo com regras abstratas e universalistas. Gilligan, nesse momento, contrariava a abordagem de Kohlberg com um modelo que pretendia ser mais compatível com a maneira como as mulheres se desenvolvem, um modelo de *cuidado* de múltiplos estágios, baseado em uma "ética de cuidado" sensível ao contexto e não abstrata (p. 74). Esse modelo – e este era o ímpeto normativo e político dos argumentos dela – também tinha implicações para a forma das instituições sociais, no que diz respeito ao que estas sempre devem satisfazer às diferentes noções de moral das mulheres.

Esse contraste pontual entre uma ética masculina de justiça e uma ética feminina de cuidado ou simpatia desencadeou um enorme debate dentro e para além do movimento feminista. Algumas feministas criticaram fortemente Gilligan, acusando-a, entre outras coisas, de propagar uma moralidade do cuidado que é meramente uma variante da moralidade do escravo no sentido proposto por Nietzsche. Algumas sugeriram que essa maneira de ver as coisas era a de uma feminista liberal sem nenhum entendimento das relações de poder:

> As mulheres são ensinadas a valorizar o cuidado. Talvez as mulheres valorizem o cuidado porque os homens valorizam as mulheres de acordo com os cuidados que elas dão. Mulheres são ensinadas a pensar em termos relacionais. Talvez as mulheres pensem em termos relacionais porque a existência social das mulheres é definida em relação aos homens. O idealismo liberal desses trabalhos é revelado na maneira como ele não leva determinação social e a realidade do poder a sério (MacKINNON. *Toward a Feminist Theory of the State*, p. 51-52; nesse debate, cf. BENHABIB. *Situating the Self*, p. 179s.).

Parte destas severas críticas era injusta, uma vez que Gilligan sempre enfatizou que sua moralidade do cuidado *não* implicava a rendição ou negação de uma identidade individual. No entanto, uma série de objeções plausíveis foram erguidas contra seu trabalho e, mais uma vez, amiúde por feministas. Elas atacaram as bases empíricas inadequadas do seu estudo ou sua falha interpretação dessas bases, afirmando que as diferenças de gênero aparentes na primeira infância não são, de maneira alguma, tão significantes quanto assumido por Gilligan. Para elas, o que Gilligan chamou de uma moralidade feminina do cuidado era meramente a expressão histórica de uma moralidade específica de papéis, que pode mudar como resultado do crescimento da igualdade das mulheres (Nunner-Winler, "Gibt es eine weibliche Moral?" ["Is there a Female Morality?"]). Em certas situações, homens certamente também podem tender a reflexões contextuais e narrativas. Finalmente, Gilligan foi criticada, em última análise, por deixar o fato social e histórico da diferença entre gêneros sem explicação, ou seja, por meramente pontuar a questão – muito similarmente a Chodorow (BENHABIB. *Situating the Self*, p. 178).

É de amplo acordo, contudo, que apesar de todos os elementos merecedores de crítica, o debate acionado por Gilligan abriu um enorme espaço discursivo e também impactou os debates da filosofia e da sociologia da moral. Uma vez que muito rapidamente ficou claro que teorias universalistas da moral, correspondendo ao nível pós-convencional do esquema de desenvolvimento proposto por Kohlberg, são deficientes em muitos aspectos importantes. O objetivo dessas teorias é o de trabalhar com regras não contextuais para resolver problemas morais, a fim de encontrar soluções aceitáveis para todos, ao invés de apenas para um grupo específico. A desvantagem dessas teorias é que é quase impossível usá--las para resolver problemas como os centrados nas consequências dos vínculos pessoais, da natureza da amizade e da simpatia e, de fato, da boa vida em geral (cf. PAUER-STUDER. "Moraltheorie und Geschlechterdifferenz", p. 44). Todas as teorias universalistas desse tipo, ancoradas no legado de Kant, seja a ética do discurso habermasiano ou a filosofia moral de John Rawls (cf. a próxima lição), lutam com esses pontos cegos teóricos, e é por conta disso que eles atraem críticas.

> O erro de Kant foi assumir que o Eu, como um agente puramente racional raciocinando por si mesmo, poderia alcançar uma conclusão que seria aceitável por todos, em todos os tempos e todos os lugares. Na teoria moral kantiana, agentes morais são como geômetras em diferentes espaços que, raciocinando sozinhos por eles mesmos, chegam todos à mesma solução para um problema (BENHABIB. *Situating the Self*, p. 163).

A ética do dicurso habermasiano, que afirma que a validade que pretende à correção normativa deve ser submetida ao escrutínio intersubjetivo em um contexto livre de dominação (cf. Lição X), evitou problemas por essa ética ter sido, desde o início, construída de forma dialógica e, especificamente, não assumindo um sujeito solitário. Mas mesmo esse discurso da ética é baseado em uma concepção muito limitada de moralidade e políticas, e na problemática distinção entre normas e valores, o certo e o bom, excluindo muitas questões tais como aquelas já mencionadas como impassíveis de discussão ou as não morais ou as não políticas. Uma vez que as questões de maior pressão (moral) frequentemente surgem dessa esfera contextual muito pessoal (p. 170), elas não podem ser discutidas por meio do discurso da ética habermasiano da maneira como foi originalmente concebido, porque elas fazem parte do campo de valores ou de boa vida e são, portanto impossíveis de serem discutidas a partir de uma perspectiva universalista. Ainda que alguém concorde com a distinção de Habermas entre certo e bom, entre valores e normas, isso, no entanto, resultaria em uma situação insatisfatória, pois uma teoria da moral que é, em princípio, incapaz ou relutante em dizer qualquer coisa sobre essa urgente questão moral pessoal só pode ser considerada deficiente. E os escritos de Gilligan de fato inspiraram teóricos da moral, bem como Habermas incidentalmente (cf. *Moral Consciousness and Communicative Action*, p. 175ss.), para pensar mais sobre a relação entre moralidade do cuidado e moralidade da justiça e para questionar se um depende do outro ou se – assim como Seyla Benhabib (n. 1950) pensou – as origens do cuidado e da justiça são ambas encontradas no desenvolvimento infantil.

> A respeito disso [...] Habermas e Kohlberg descartaram muito rápido uma ideia central de Gilligan e outras feministas: a saber, a de que nós somos crianças antes de sermos adultos, e que a nutrição, o cuidado e a responsabilidade dos outros é essencial para nós nos desenvolvermos em indivíduos moralmente competentes e autossuficientes (p. 188).

É possível interpretar, então, os estudos de Gilligan como algo que se difere bastante do ingênuo feminismo liberal. Sua pesquisa indubitavelmente apresenta um inerente potencial crítico, à medida que trouxe à luz o subtexto (masculino) de certas teorias da moral. Aqui, os impulsos teóricos de Gilligan (embora não necessariamente políticos) sobrepõe-se àqueles que guiam os pensadores comunitários (cf. a próxima lição). E eles eram e são inteiramente compatíveis com os esforços das teóricas feministas que, seguindo a filosofia aristotélica, criticavam a construção hiper-racionalista da maioria das filosofias da moral: flutuando na égide da experiência cotidiana, estas interpretam as emoções como meramente irracionais e, assim, as ignoram. A brilhante filósofa Martha Nussbaum (n. 1947), que leciona na Universidade de Chicago, é uma das figuras proeminentes aqui. Nussbaum, a feminista, não sugere que devamos elevar o *status* das emoções porque mulheres – como reproduzido pelo clichê – são naturalmente (em outras palavras, biologicamente) mais emocionais do que os homens. A posição de Nussbaum é bastante diferente, assumindo que as emoções são fundamentalmente influenciadas pelo contexto social, isto é, elas são construções sociais. Sem nenhuma surpresa, devemos concluir, portanto, que em uma sociedade que falta em igualdade de gênero, emoções são distribuídas de maneira desigual entre os sexos, fazendo com que as emoções sejam muitas vezes reações a situações de insegurança e dependência, às quais as mulheres sempre foram mais expostas que os homens por razões históricas. Mas – e essa é uma das teses filosóficas e sociológicas cruciais de Nussbaum – a alegação de que as emoções são distribuídas de maneira desigual *não implica* pressuposição de que as mulheres são mais irracionais. Pois mesmo se as mulheres forem supostamente mais emocionais que os homens na nossa sociedade contemporânea moderna, também é verdade que as emoções não são meros fenômenos vazios e irracionais, mas são em geral vinculadas com julgamentos sobre algum assunto específico. Em vez de o máximo da irracionalidade, emoções são, portanto, maneiras de ver o mundo (NUSSBAUM. *Emotions and Women's Capabilities*, p. 366ss.). A conclusão de Nussbaum, que é muito compatível com a tese de Gilligan, é de que a filosofia e a sociologia da moral não se ajudam ao recusarem a prestar atenção em alguns fenômenos cotidianos já que, por nenhuma boa razão, elas vão direto à conclusão que eles são irracionais. Nessa visão, a teoria feminista tem um potencial especial, contra as premissas abstratas ou formais de um debate filosófico e sociológico em geral dominado por homens, para trazer novos aspectos para o campo, o que traz também maior justiça para a realidade social (e não apenas a das mulheres).

3 Tanto para os debates alavancados por Chodorow e Gilligan na década de 1970 e início da de 1980. Por mais influentes que sejam seus escritos, é justo dizer, no entanto, que outras tradições de pesquisa tenham alcançado dominância, ao mais tardar em 1980, e colocavam a "posição maximalista" radicalmente em questão. Empregando um conjunto de ferramentas conceituais, elas vertiam para uma posição mais minimalista que enfatizava a grande similaridade

entre os sexos. A distinção, comum no mundo de língua inglesa, entre "sexo" e "gênero", tomou um lugar central aqui, por "sexo" (diferenças anatômicas e fisiológicas entre homens e mulheres e as composições hormonais e genéticas contrastantes) referindo-se ao que é biologicamente determinado e determinante, e "gênero" referindo-se a um *status* social e cultural adquirido.

Feministas e acadêmicas estudiosas das mulheres deram atenção a essa distinção, em primeiro lugar, para contrapor a típica linha argumentativa masculina a respeito da "natureza" (inferior) das mulheres e para insistir que as distinções entre os sexos são resultado da repressão e da discriminação de raízes históricas profundas, em vez de o resultado de uma suposta diferença natural ou biológica. Biologia, nessa visão, não determina a "natureza do gênero" de uma pessoa.

> Gênero é uma categoria relacional. É uma das que busca explicar a construção de um tipo de diferença entre os seres humanos. Teóricas feministas, quer sejam psicanalíticas, pós-modernas, liberais ou críticas, estão unidas pela premissa de que a constituição das diferenças de gênero é um processo social e histórico, e que gênero não é um fato natural (p. 191).

A partir dos anos de 1980, os debates teóricos mais vívidos no feminismo estavam cada vez mais preocupados em afastar "essencialismos", tanto quanto a noção, encontrada ainda no trabalho de Gilligan, de uma "essência universal chamada 'feminilidade'" (p. 192). O debate teórico parecia se distanciar de uma ênfase nas diferenças de gênero e se aproximar de uma demonstração da *construção* social e histórica dessas diferenças (GILDEMEISTER & WETTER. "Wie Geschlechter gemacht werden" ["How to Make Genders"]. p. 201). Em princípio, isso significa que os acadêmicos aderiram à distinção entre "sexo" e "gênero", e isso os permitiu descrever as razões históricas e culturais por conta das quais a identidade das mulheres se desenvolveu da maneira particular como ocorreu. Mas, com o passar do tempo, passou a ser possível, até mesmo, radicalizar o debate abolindo completamente a distinção entre "sexo" e "gênero", dessa vez adotando uma nova perspectiva radical. Poder-se-ia argumentar que "sexo" *versus* "gênero", o "biológico" *versus* o "social", envolvia uma distinção enganosa, porque mesmo o chamado "sexo biológico" não é de fato "biológico" ou "natural", mas uma construção. De acordo com essa tese surpreendente, simplesmente não existe sexo biológico natural. O debate erguido sobre essa tese, no entanto, não levou a uma teoria feminista coerente, mas, mais uma vez, a interpretações conflitantes e a conclusões normativo-políticas.

(a) Esse debate teve um começo brilhante e de grande inovação teórica graças ao livro de duas sociólogas americanas, Suzanne J. Kessler (n. 1946) e Wendy McKenna (n. 1945). *Gender: An Ethnomethodological Approach*, de 1978, não apenas esclareceu que "gênero" é uma "construção social", o que certamente não era um discernimento revolucionário naquele tempo. Acima de tudo, tornou claro que quase nenhum estudo se preocupou em *como* as pessoas são classificadas como masculinas ou femininas. Ou seja, de acordo com Kessler e McKenna, mesmo aqueles que enfatizaram a distinção entre "sexo" e "gênero" nunca analisaram de maneira séria o que realmente acontece quando se atribui um gênero social aos outros, isto é, sobre que base ocorre a "atribuição de gênero".

> Ocasionalmente [...] nós vemos pessoas cujo gênero não é óbvio [...]. É nesse momento que começamos a conscientemente buscar por pistas de gênero que indiquem o que elas são de "verdade". Em que consistem essas pistas? Ao perguntar às pessoas como diferem homens de mulheres, suas respostas quase sempre incluem "genitálias". Mas já que em interações iniciais genitais estão raramente disponíveis para inspeção, claramente essa não é a evidência realmente utilizada (KESSLER & McKENNA. *Gender*, p. viii).

Em casos tão pouco óbvios, fica claro que a interação humana se caracteriza por um processo interminável e altamente complicado, que tem como resultado a atribuição de um certo "gênero" aos envolvidos, com base em fatos que não têm, necessariamente, muito a ver com características biológicas. De acordo com essas autoras, algo que parece autoevidente e não problemático é, no entanto, um processo social baseado em múltiplos pré-requisitos. Mas não é somente a rotulação de pessoas que é complexo, "viver" ou "se comportar" como uma identidade de gênero específica também o é, o que fica particularmente aparente no fenômeno da transexualidade. Aqui, ser um homem ou ser uma mulher obviamente não depende de um fato físico dado, mas na tarefa constante e laboriosa de autoapresentação como homem ou mulher realizada pelo indivíduo em questão, cujo sexo anatômico pode ter sido alterado cirurgicamente. "Gênero" é uma "realização prática" (p. 163) ou, como os etnometodólogos colocaram mais tarde, "*Fazer gênero* significa criar diferenças entre meninas e meninos e mulheres e homens, diferenças que não são naturais, nem essenciais ou biológicas" (WEST & ZIMMERMAN. "Doing Gender", p. 137; ênfase adicionada).

Esses autores, argumentando nesse sentido, foram capazes de tomar como base os estudos produzidos pelos "descobridores" da abordagem etnometodológica na década de 1950. O livro de Garfinkel. *Studies in Ethnomethodological* (cf. Lição VII), contém um longo e interessante estudo (*Passing and the Managed Achievement of Sex Status in na "Intersexed" Person*, Part 1, p. 116-185) sobre a transexual "Agnes", um indivíduo que era considerado menino até fazer 17 anos, uma tendência reforçada pelo fato de que os atributos biológicos do sexo eram inteiramente "normais". Ainda assim, ela sentia ser uma menina ou uma mulher, queria viver de acordo e, como resultado, realizou uma operação de mudança de sexo. Garfinkel descreveu, em detalhes, as dificuldades enfrentadas por esse indivíduo na jornada por viver seu novo gênero, a forma pela qual ela teve que aprender a ser uma mulher e como e por que a "passagem", a mudança de uma identidade de gênero para outra, é uma tarefa contínua que demanda *performance* incessante, por que o "gênero" é de extrema importância em todos os aspectos da vida cotidiana. De acordo com Garfinkel, transexuais como Agnes têm de se apresentar constantemente de tal forma a fim de que ninguém descubra seu gênero "original". Como Garfinkel e, especialmente, Kessler e McKenna explicaram, não é o fenômeno relativamente raro da transexualidade em si o que é mais interessante. Estudos do comportamento de transexuais são de *interesse teórico geral* na medida em que fornecem entendimentos sobre maneira como o "gênero" é geralmente atribuído e vivido (ou deve ser vivido) por cada mulher e cada homem:

> Devemos manter em mente, contudo, que estamos estudando transexuais não porque eles criam atribuições de gênero de maneira particular ou incomum, mas porque, ao contrário, eles criam gênero das maneiras mais ordinárias, como todos nós fazemos (KESSLER & McKENNA. *Gender*, p. 127-128).

Até então, isso pode não parecer particularmente original ou provocativo. Pode parecer que essa abordagem etnometodológica de pesquisa apenas submeteu um fenômeno bastante conhecido a um exame mais atento, trazendo à tona de maneira mais detalhada como o "gênero" é socialmente construído. Na realidade, contudo, as implicações dos estudos de Kessler e McKenna são significantemente maiores – como elas deixaram bem claro. Pois se assumirmos que "gênero" é construído, também surge a questão de como a realidade social é construída dessa maneira que, ao menos em nossa sociedade, dois – e apenas dois – gêneros sempre apareçam: "Que tipos de regras aplicamos a que tipos de demonstrações, de tal modo que em toda instância concreta produzimos um senso de que existem apenas homens e mulheres, e que isso é um fato objetivo, independente da instância particular?" (p. 5-6). Se também é verdade que a atribuição de "gênero" é um processo social que não depende diretamente do sexo biológico, não seria possível imaginar atribuições de gênero que não procedem de maneira dicotômica, isto é, que não façam distinção entre homens e mulheres ou meninas e meninos? E, de fato, as autoras apontaram para estudos antropológicos que mostram que gênero não é inevitavelmente concebido em termos dicotômicos. Enquanto a biologia é vista como a base da atribuição de gênero nas sociedades ocidentais, ou seja, se assume de maneira inquestionável que a origem do gênero social tem como base o sexo biológico, que homens possuem genitálias masculinas e mulheres genitálias femininas necessariamente, esse certamente não é o caso em outras culturas. Aqui, tem-se observado que a atribuição "homem" poderia ser aplicada a uma mulher "biológica", se ela apenas exibisse um comportamento particularmente masculino. Nesses casos, fatos anatômicos, fisiológicos ou similares não desempenharam nenhum papel. Também tem-se observado que existem culturas nas quais as pessoas não assumem necessariamente a existência de dois gêneros, mas de três ou mais.

> Dizer que identidade de gênero é universal é provavelmente verdade no sentido de que todas as pessoas sabem a que categoria pertencem, mas pode estar incorreto se buscarmos saber se são homens ou mulheres (p. 37).

Embora essa tese seja provocativa o suficiente por si só, Kessler e McKenna começaram a expor outra. Elas perguntaram se a determinação biológica do ser humano enquanto homem ou mulher, feita pela ciência moderna, não possui problemas ainda maiores do que é geralmente reconhecido – uma ideia quase herética para a época. E se "sexo", como um fenômeno "biológico", for tão incerto e nebuloso quanto gênero? Não há, de fato, um critério inteiramente claro que determine o sexo. Nem mesmo a anatomia de um indivíduo, ou sua constituição hormonal ou seu código genético oferecem critérios não ambíguos para essa demarcação. Estudos sobre hermafroditismo em bebês e crianças estabeleceu isso para especialistas médicos, "o infante de cromossomo XY e genitália anômala era categorizado como menino ou menina dependendo do tamanho do pênis. Se o pênis fosse muito pequeno, a criança era categorizada como menina, e uma cirurgia de mudança de sexo era feita para construir uma vagina artificial" (LORBER. *Paradoxes of Gender*, p. 38; para uma abordagem similar, cf. HAGEMANN-WHITE. "Wir warden nicht zweigeschlechtlich geboren..." ["There Are No Males or Females at Birth..."], p. 228). Obviamente, não havia (e não há) nenhum atributo biológico distintivo e, repetidamente, a avaliação mais subjetiva do tamanho do pênis ganhou do critério, aparentemente mais objetivo, do código genético. Essa observação não é nenhuma surpresa para os acadêmicos da etnometodologia (cf. Lição VII) que influenciaram fortemente pesquisas da sociologia da ciência e cujas investigações mostraram, diversas vezes, como mesmo o trabalho de laboratório em ciências naturais é fortemente impregnado pelas do senso comum. Foi justamente isso que Kessler e McKenna apontaram, enfatizando que pesquisas na área médica e biológica também se apoiam nos preconceitos culturais da sociedade e, desse modo, sempre se esforçam – (até agora) sem sucesso – para dar crédito à tese duvidosa de que há dois, e apenas dois, gêneros (KESSLER & McKENNA. *Gender*, p. 77).

Os argumentos apresentados por Kessler e McKenna, portanto, tendem a derrubar a distinção entre "sexo" e "gênero", fundamental para muitas feministas, por meio de sua radical ou surpreendente tese de que mesmo o aparentemente tão facilmente determinável "sexo biológico" não é, afinal, tão nítido, e que, mais uma vez, eram as construções sociais que estavam obviamente em ação. A isso algumas vezes é referida a "hipótese nula", na literatura, que Carol Hagemann-White (n. 1942) define na sequência :

A "hipótese nula" ainda me parece mais aberta à diversidade da vida das mulheres, em sua visão mais radical sobre a opressão patriarcal, isto é, a de que não há binarismo de gênero prescrito pela natureza, a única diferença são as construções culturais de gênero. Afinal, sabemos que a não diferenciação e a maleabilidade dos seres humanos é extensa o suficiente para derrubar quaisquer fatores hormonais ou elementos que estejam presentes em nossa constituição física (HAGEMANN-WHITE. "Wir werden nicht zweigeschlechtlich geboren [...]", p. 230).

Kessler e McKenna, em seguida, conectaram essa "hipótese nula" a um evidente programa normativo político. Uma vez que, em suas visões, a suposição de que existem dois sexos dicotômicos, tão típica em nossa sociedade, quase inevitavelmente leva ao desenvolvimento de uma hierarquia baseada no gênero, um processo em que as mulheres são imediatamente forçadas a uma posição social subordinada, com base em relações de poder fortemente enraizadas. Se a dicotomização está intimamente ligada com a hierarquização e leva a consequências androcêntricas, então a tarefa da teoria feminista é a de demonstrar que a dicotomia entre os sexos não é dada pela natureza. Se nos desprendermos dessa dicotomia isso nos proporcionará a oportunidade de estabelecermos relações de igualdade entre os indivíduos a longo prazo:

> Onde há dicotomias é difícil evitar avaliar uma em relação à outra, uma base sólida para a discriminação e para a opressão. A menos e até que o gênero, em todas as suas manifestações, *incluindo a física*, seja visto como uma construção social, ações que mudem radicalmente as nossas proposições incorrigíveis não podem ocorrer. As pessoas devem ser confrontadas com a realidade de outras possibilidades, bem como a possibilidade de outras realidades (KESSLER & McKENNA. *Gender*, p. 164; ênfase original).

Principalmente no mundo de língua inglesa, um debate fundamental e amplo a respeito da relação entre o "sexo" e "gênero" construído sob a égide do trabalho de Kessler e McKenna, um debate que se tornou rapidamente dominante porque as antropologias britânica e americana tinham, por assim dizer, aberto o caminho para isso, com estudos sobre identidades de gênero "estranhas" (do ponto de vista ocidental) em outras culturas. O debate se desenvolveu mais lentamente em outros países (cf. BECKER-SCHMIDT & KNAPP. *Feministische Theorien*, p. 9ss.), na Alemanha, pelo menos, somente no início de 1990, onde um artigo de Regine Gildemeister (n. 1949) e Angelika Wetterer (n. 1949) desempenhou o papel central. Em "Wie Geschlechter gemacht werden" (1992), elas assumiram o debate anteriormente exercido principalmente no mundo de língua inglesa. De forma muito similar a Kessler e McKenna, a quem elas eram, de qualquer forma, próximas devido às suas orientações etnometodológicas, as alemãs assinalaram que a distinção entre "sexo" e "gênero" é apenas uma solução aparente, que se limita a levar o biologismo para outro nível. Enquanto essa distinção, de acordo com elas, não mais assume a substância social da "feminilidade", mas, pelo contrário, assume a existência de uma substância *biológica* deste tipo, é problemática porque não há critérios biológicos claros que sejam capazes de determinar o sexo claramente. Ainda mais, a pressuposta dicotomia entre homens e mulheres também implica um biologismo latente, porque, mais uma vez, a biologia é um guia bastante pobre para construções dicotômicas (GILDEMEISTER & WETTERER. "Wie Geschlechter gemacht werden", p. 205ss.).

Se este for o caso, se as ideias de Kessler e McKenna estiverem corretas, então, de acordo com Gildemeister e Wetterer, isso gera uma série de consequências para a teoria sociológica. Pois, se esse for o caso, não podemos continuar assumindo que houve, uma vez, uma categoria *pré*-social de "mulher" que, de alguma forma, trouxe uma diferenciação específica de gênero em algum momento da história, que foi então continuamente sustentada. O corpo supostamente mais fraco fisicamente da mulher, sua vulnerabilidade durante a gravidez etc., não pode, então, servir como base seminatural para a divisão sexual do trabalho. Porque, se a natureza e a cultura são ambas originárias, pode-se facilmente argumentar que a capacidade reprodutiva das mulheres explica o seu *status* (subordinado) como se os processos culturais e sociais tenham feito desta capacidade um símbolo de seu *status* social subordinado. Qualquer pessoa que identifique a capacidade reprodutiva (natural) das mulheres como a causa da divisão sexual do trabalho, no entanto, está suprimindo o fato de que

> uma construção hipotética tão complexa quanto a da "suposição da possibilidade de dar à luz" já é o resultado de uma abstração e de uma classificação que pode ser decodificada apenas se investigarmos o significado cultural do qual as características físicas são dotadas no decorrer do próprio processo de diferenciação social que supostamente explicam (p. 216).

Enquanto Gildemeister e Wetterer permaneceram nas mesmas linhas argumentativas inicialmente estabelecidas por Kessler e McKenna, apenas discutindo as implicações teóricas de tal abordagem de forma mais cuidadosa que suas homólogas americanas, elas chamam a atenção para uma consequência política bastante desagradável de seu trabalho teórico. Parece-lhes cada vez menos claro o objetivo político que uma abordagem feminista que adote uma postura tão radicalmente antiessencialista possa prosseguir – que não seja a bastante vaga esperança de abolir distinções dicotômicas, já articulada por Kessler e McKenna. Pois é difícil conciliar isso com tentativas conscientes para melhorar a situação das mulheres; pelo menos, e então um problema substancial surge, porque cada política que vise o avanço da mulher deve, primeiramente, determinar quem é uma mulher e quem não é. Mas isso, como Gildemeister e Wetterer concluem, meramente reifica e redramatiza a antiga ou tradicional distinção entre os sexos, quando na verdade o objetivo era se manter afastado dela – paradoxo do qual "parece não haver perspectiva de escape ao nível da teoria da ação" (p. 249).

Foram, de fato, essas aporias políticas que inspiraram a crítica a esta abordagem etnometodológica no interior do feminismo. Não foi apenas a imprecisão do programa político que atraiu críticas. Alguns estudiosos também perguntaram se mesmo estas vagas esperanças seriam, enfim, justificadas. Pois a tese, encontrada tanto no trabalho de Kessler e McKenna quanto no de Gildemeister e Wetterer, de que as dicotomias levam quase automaticamente à hierarquização, está certamente aberta a questionamento. Acima de tudo, devemos perguntar: O inverso se aplica? Acabar com as dicotomias em favor da noção de vários gêneros possíveis realmente bane o pensamento hierárquico? Experiências com o racismo apontam para uma resposta negativa. Os racistas não necessariamente reconhecem apenas *duas* cores de pele, mas na verdade distinguem precisamente entre "tons" de cor à medida que vivem os seus preconceitos. Neste campo, pelo menos, fica evidente "que o aumento do número de categorias não oferece nenhuma proteção contra a hierarquização, mas, ao contrário, aumenta o potencial de diferenciação e hierarquização" (BECKER-SCHMIDT & KNAPP. *Feministische Theorien*, p. 80). Assim, é bem possível que mecanismos semelhantes estejam em jogo no campo das relações de gênero, e que a esperança de uma equalização consequente da supressão da concepção dicotômica do gênero não ocorrerá.

Mas esse feminismo etnometodologicamente inspirado também foi criticado por suas deficiências teóricas internas, que já estavam evidentes na obra do "pai" da etnometodologia Harold Garfinkel, a saber, a falha em analisar contextos institucionais. A quase exclusiva preocupação com os pré-requisitos básicos da interação – críticos analisam – gerou uma análise em que as instituições, como arranjos razoavelmente estáveis e ordenados, não tinham praticamente nenhum papel, apontando para as deficiências meso e, particularmente, macrossociológicas. Isso atraiu críticas de feministas, que acusaram os autores, usando-se de argumentos etnometodológicos, de terem amplamente negligenciado os contextos institucionais em que as diferenças de gênero são produzidas (HEINTZ & NADAI. "Geschlecht und Kontext" ["Gender and Context"], p. 77). Pois se teria que investigar empiricamente *quando e em que circunstâncias institucionais concretas* as diferenças de gênero são dramatizadas, ou então, não dramatizadas. Em que contextos institucionais uma noção dicotômica do gênero desempenham um papel central, e em quais um papel menos relevante? Empiricamente, teria de assumir que as diferenças de gênero variam de acordo com o contexto, para que não fosse apenas com o "fazer gênero" que a sociologia acabaria por se preocupar. "Desfazer o gênero" também deve ser examinado (cf. tb. HIRSCHAUER. "Die soziale Fortpflanzung der Zweigeschlechtlichkeit" ["The Social Reproduction of Gender Binarism"]):

> Porque, se a filiação de gênero é realmente uma *conquista* [...] então *desfazer* o gênero é [...] pelo menos teoricamente concebível. *Desfazer o gênero* como uma realização performática é tão complexo quanto a

produção do gênero, e, assim, de nenhuma forma neutra (HEINTZ & NADAI. "Geschlecht und Kontext", p. 82; ênfase original).

No entanto, de acordo com Heintz e Nadai, a fim de analisar significativamente a dialética de "fazer" e de "desfazer" o gênero, seria necessário que se construísse bases macrossociológicas. Mas, à luz da atual predominância de "estudos de gênero" microssociológicos e uma teoria social feminista semelhantemente orientada, especialmente na Alemanha, há pouca perspectiva disso (p. 79).

(b) Este ceticismo a respeito das perspectivas do feminismo abrangente em um nível macrossociológico de grande extensão não é injustificado, levando-se em conta que há um outro ramo da construção da teoria feminista, que é extremamente influente internacionalmente e que se confunde com o debate *filosófico* sobre a pós-modernidade moldado pelo pós-estruturalismo. Nessa tradição de pensamento também, as análises macrossociológicas desempenham apenas um papel subordinado na medida em que tendem a considerar a relação entre "sexo" e "gênero" em um nível teórico básico, ainda que com o auxílio de referências de autores diversos. O porquê de o debate sobre a chamada pós-modernidade ter sido tão atraente para algumas partes do movimento feminista pode não ser imediatamente aparente, mas se torna compreensível à luz dos argumentos descritos abaixo, embora sejam, muitas vezes, altamente controversos entre as feministas.

Desde o início, as teóricas feministas discutiram se os resultados às vezes grotescamente distorcidos da ciência, que em muitos casos facilmente "provaram" a inferioridade física, social, intelectual etc. das mulheres, eram meramente a expressão de uma *prática* científica falha ou o resultado de ideia, em última análise, insustentável de ciência (cf. HARDING, S. Feminism, Science, and the Anti-Enlightment Critiques). No primeiro caso, se poderia esperar, enquanto feminista, que a penetração dos principais bastiões da ciência nas mulheres iria tornar evidente essa prática falha e proporcionar um conhecimento mais objetivo. Mas se a segunda tese estiver correta, se o projeto de "ciência" nascido no Iluminismo europeu, que supostamente produz ou, pelo menos, tem como objetivo produzir verdades eternas, for, em si, questionável? Os estímulos fundamentais para esta segunda teoria da ciência vieram dos debates sobre o conceito de paradigmas proposto por Kuhn (cf. Lição I), nos quais críticos radicais, tais como Paul Feyerabend, queriam dar adeus à racionalidade científica como tal, e das análises de Foucault (cf. Lição XIV), segundo a qual o simples fato de que a verdade (científica) está diretamente ligada ao poder significa que ele não pode reivindicar o *status* "objetivo". Estes eram precisamente os argumentos movimentados pelos teóricos da pós-modernidade, como Lyotard, que anunciou o fim de todas as metanarrativas – incluindo a da ciência. Não é surpreendente, portanto, que algumas teóricas sociais feministas tenham aderido com entusiasmo a argumentos pós-modernos, uma vez que eles pareciam fornecer explicações mais compreensíveis sobre a existência de uma ciência misógina.

Jane Flax apontou uma conexão necessária entre a pós-modernidade e o feminismo de forma particularmente veemente e radical. Ela buscou se desconectar de todo o projeto do Iluminismo europeu, porque o famoso lema de Kant, a "resposta à pergunta: O que é iluminação?", a saber, "*Sapere aude!* Atreva-se a usar a sua própria razão", parece estar atrelado a premissas androcêntricas. Isso não se dá apenas porque "filósofos iluministas, como Kant, não tinham a intenção de incluir as mulheres no seio da população daqueles capazes de alcançar a liberdade das formas tradicionais de autoridade" (FLAX. *Postmodernism and Gender Relations in Feminist Theory*, p. 42), mas também porque a posição epistemológica de Kant repousa sobre uma abordagem especificamente masculina da constituição do sujeito e da autoconsciência, que tende a excluir outras formas de pensamento e racionalidade:

> Na verdade, as feministas, como outros pós-modernistas, começaram a suspeitar que todas essas reivindicações transcendentais refletem e reificam a experiência de algumas pessoas – em sua maioria homens ocidentais e brancos. Estas reivindicações históricas parecem plausíveis para nós, em parte porque refletem aspectos importantes da experiência daqueles que dominam nosso mundo social (p. 43).

Ao mesmo tempo em que Flax está ciente dos perigos do relativismo decorrente de uma ligação demasiado estreita entre a pós-modernidade e o feminismo (se verdade ou ciência não é mais que um jogo de poder, como as teorias feministas se diferem de outros jogos de poder?), ela, no entanto, afirma que a teoria feminista deve ser considerada parte da crítica pós-moderna anti-iluminista (p. 42). Por não haver conhecimento ou verdade trans-histórica, em função de o conhecimento ser sempre contextual e o processo de tornar-se um sujeito ser relacional ao invés de monológico e discreto, a teoria feminista também deve admitir que é incapaz de produzir uma verdade inquestionável (p. 48). Isso não é fácil de aceitar, mas o caminho de volta à "modernidade" é intransponível, porque as premissas fundamentais do Iluminismo europeu, que estabeleceu as bases da modernidade, são simples e demasiadamente cheias de problemas.

> A noção de que a razão foi divorciada da existência "meramente contingente" ainda predomina no pensamento ocidental contemporâneo e agora parece mascarar o enraizamento e a dependência do *self* sobre as relações sociais, bem como a parcialidade e especificidade histórica da existência deste *self* (p. 43).

A questão, é claro, é se tal interpretação do Iluminismo, em particular, e da história da filosofia em geral, não é extremamente unilateral, uma vez que ignora uma série de correntes que visam evitar, e têm sucesso em evitar, a própria parcialidade que Flax lamenta. Como é bem conhecido, nem todas as filosofias modernas tomaram uma dúvida cartesiana radical como o seu ponto de partida, nem todas as filosofias sociais modernas têm se ancorado no sujeito discreto e nem todas as epistemologias modernas têm reivindicado a produção de verdades eternas. Essas objeções às ideias de Flax são certamente de importância crucial, mas este não é o lugar para examiná-las. Para nós, o ponto crucial é que os fundamentos do argumento de Flax foram amplamente compartilhados. E nenhum autor os articulou com maior impacto do que a filósofa e professora norte-americana de retórica Judith Butler.

Butler (n. 1956) conseguiu seu primeiro impacto internacional em 1990 com o livro *Gender Trouble*, a natureza radical de suas ideias fazendo dela uma espécie de figura emblemática para as feministas. Desde o início do livro, Butler deixou os leitores em dúvida quanto a seus autores de referência, a saber, os críticos da razão Nietzsche e Foucault (*Gender Trouble*, p. x). Isso estabeleceu o rumo para seu argumento, na medida em que a sua preocupação, como a de Foucault em suas primeiras e subsequentes obras, é a de "desconstruir" o conceito de sujeito. Butler deixa isso imediatamente claro quando ela escrutina o sujeito do feminismo, argumentando que a categoria "mulher" simplesmente não existe, porque a identidade de gênero é sempre e unicamente formada em um contexto político altamente variável culturalmente e é, portanto, fluido (p. 1) – uma postura que parecia tão plausível, em parte porque as diferenças entre mulheres brancas de classe média do Ocidente e mulheres de outras classes, etnias e regiões do mundo significam que eles raramente têm os mesmos interesses e problemas. Sob esse ponto de vista, o movimento das mulheres é agora também diferenciado, também internacional, para que seja significativo falar de "mulheres" enquanto tais.

Ao enfatizar a contextualidade da identidade de gênero, Butler inicialmente difere apenas marginalmente de autores como Kessler e McKenna com seus argumentos etnometodológicos. Pois ela também afirma que o "sexo", como uma questão de "biologia", não é pré-discursivo, anatomicamente dado, mas uma "categoria de gênero" (p. 6) e o sexo anatômico, em alguma análise, não coloca limites à identidade de gênero (p. 128s.). Mas ela se distanciou do feminismo etnometodológico convencional com duas teses principais. Em primeiro lugar, ela afirma – embora sem muita evidência empírica – que é o desejo *heteros*sexual que, em primeiro lugar, gera a fixação de dois gêneros dentro das sociedades: "A heterossexualização do desejo requer e institui a produção de oposições discretas e assimétricas entre "feminino" e "masculino", em que estes são entendidos como atributos expressivos de "masculino" e "feminino" (p. 17). Isso não parece ser particularmente convincente, porque em termos de desejo, os homossexuais também podem diferenciar claramente entre dois sexos. Em última análise, porém, Butler não está imediatamente preocupada em reabilitar ou privilegiar a identidade homossexual *vis-à-vis* com a heterossexual, mas com acabar com o conceito e o fato de uma identidade estável (pessoal) como tal. Isso a distingue das feministas etnometodológicas em outro aspecto também. Uma vez que ela afirma, em segundo lugar, que o conceito de identidade é enganoso e que o conceito de sujeito é insustentável, bem como todas as filosofias que trabalham com esse conceito de sujeito são. De acordo com Butler, simplesmente não há um sujeito estável, pois os indivíduos não "existem" em si mesmos, mas são constituídos por meio da linguagem e de jogos de linguagem, como ela explica com mais detalhes em um trabalho posterior:

> Minha pressuposição é a de que o discurso está sempre, de certa forma, fora de nosso controle. [...] Desatrelando o ato da fala do sujeito soberano funda uma noção alternativa de agência e, em última instância, de responsabilidade, uma que reconheça de forma mais completa a maneira pela qual o sujeito se constitui na linguagem, como o que cria também é o que deriva de outro lugar. [...] Aquele que age (que não é o mesmo que o sujeito soberano), age precisamente na medida em que ele ou ela se constitui como um ator e, portanto, opera dentro de um domínio linguístico de permissão de restrições desde o início (BUTLER. *Excitable Speech: A Politics of the Performative*, p. 15-16).

Não existe, portanto, Butler afirma, sujeito a ser encontrado atrás da linguagem. Somos fundamentalmente seres discursivos. Com essa ideia, que foi, em certa medida, retraída por ela mais tarde (cf. BUTLER. *The Psychic Life of Power: Theories in Subjection*, esp. p. 1-31), Butler novamente radicaliza a posição etnometodológica. Pois enquanto demonstrou os *esforços* que os indivíduos transexuais, por exemplo, devem fazer a fim de afirmarem sua identidade de gênero, incansavelmente, até o ponto em que "identidade de gênero" seja uma grande "conquista", e a centralidade da categoria "gênero" a interação cotidiana, para Butler a questão da identidade de gênero parece se transformar em um jogo relativamente desestruturado de identidades, que são, em última análise, construções linguísticas (para uma crítica, cf. SCHRÖTER. *Female*, p. 42). A categoria "mulher", por exemplo, é

> em si [...] um termo em processo, um devir, uma construção que não pode legitimamente ser considerada originária ou final. Como uma prática discursiva em curso, é aberta a intervenção e ressignificação (BUTLER. *Gender Trouble*, p. 33).

O projeto político do feminismo butleriano deriva dessa ideia. Enquanto é verdade que não há ego ou sujeito pré-discursivo, de acordo com Butler isso não significa que não exista potencial para a ação. Muito pelo contrário: precisamente porque o excesso de significados linguísticos impede a fixação de identidades de uma vez por todas, é sempre possível que novos significados sejam gerados para que sinais linguísticos possam ser interpretados de novas maneiras. Ela entende a identidade meramente como um tipo de prática variável, como uma "prática significante" (p. 144).

> Paradoxalmente, a reconceituação da identidade como um *efeito*, ou seja, como *produzido* ou *gerado*, abre possibilidades de "agência" que

são insidiosamente fechadas por posições que entendem categorias de identidade como fundacionais e fixas. Pois uma identidade ser um *efeito* significa que não é nem fatalmente determinada nem totalmente artificial e arbitrária (p 147; ênfase original).

Embora seja, novamente, muito incerto por meio de quem ou de que estas práticas significantes mudem (o conceito de "prática", certamente implica um sujeito ou, pelo menos, ação), Butler identifica a meta política do feminismo de forma relativamente simples: a tarefa do feminismo deve ser a de fugir da noção dicotômica de gênero firmemente estabelecida em nossa sociedade por meio de estratégias paródicas, para "confundir o binarismo de gênero". Não pode ser a tarefa do feminismo e seus teóricos a de forjar alianças, porque isso sempre gera o risco de codificar uma substância a que se chame "mulher" e, assim, a desejável diversidade, fragilidade e fluidez das identidades (p. 14s.); as feministas também não devem ter a pretensão de conquistar autoridades estaduais para o seu lado, a fim de, por exemplo, conseguir uma proibição sobre a pornografia. A desconfiança de Butler no estado é muito grande. Para ela, a única estratégia possível parece implicar em minar a já existente instituição da dualidade de gênero por meio do tratamento irônico e paródico de práticas linguísticas e não linguísticas. No que diz respeito à proibição da pornografia, exigida por muitas feministas, mas rejeitada por Butler, ela argumenta da seguinte maneira: "No lugar de censura patrocinada pelo Estado, uma luta social e cultural de linguagem ocorre, na qual a agência é derivada de uma lesão, e lesão combatida por meio dessa mesma derivação" (*Excitable Speech*, p. 41). Assim como discurso racista pode ser evitado por meio da ironia, é possível abordar comentários sexistas de forma muito similar, porque os significados, inclusive os racistas ou sexistas, não podem ser desapropriados de uma vez por todas. Para Butler, a luta da linguagem é, em última análise, o principal meio de levar o projeto feminista a uma conclusão bem-sucedida, isto é, de abolir a dualidade de gênero inteiramente, de tal forma que – como Butler também espera – não haveria mais qualquer tipo de hierarquização. Pois, sem identidades estáveis, hierarquias duradouras também são praticamente inconcebíveis.

O projeto feminista de Butler tem desfrutado de grande apelo, não surpreendentemente, porque teoria se apresenta "aos leitores com um mundo fascinante de modelos sociais de gênero [...] aqueles que nutrem sonhos de acabar com as fronteiras e alimentam desejos secretos. Seus textos dão origem a universos exóticos; eles evocam ideias de liberdades desconhecidas e fazem com que as restrições presentes em nossas próprias vidas pareçam superáveis" (SCHRÖTER. *Female*, p. 10). A posição de Butler, no entanto, também atraiu duras críticas, tendo os seguintes três argumentos desempenhado um papel particularmente proeminente. Em primeiro lugar, surgiram dúvidas quanto à adequação do fundamento no qual o projeto de Butler se baseia, a saber, sua intensa correlação com o trabalho de Michel Foucault, que influenciou profundamente sua linha argumentativa básica. À primeira vista, não parece realmente muito sensato que feministas invoquem Foucault, que investigou a forma como o poder funciona como poucos fizeram. No entanto, por ele afirmar que o poder transcende a ideia de lugar, existindo em toda parte e, portanto, em parte alguma, a compreensão de Foucault de poder é muito difusa para permitir o tipo de análise concreta das relações de poder que teriam efetivo de valor para a "luta por libertação" realizada por grupos específicos: "suas premissas abrem espaço somente para indivíduos abstratos, e não mulheres, homens, ou trabalhadores" (HARTSOCK. *Foucault on Power: A Theory for Women?*, p 169). Isto está, naturalmente, em parte relacionado com a concepção de subjetividade de Foucault: ele declarou abertamente que o sujeito (capaz de realizar uma ação) está *morto* (cf. Lição XIV). Com certas teóricas do feminismo em mente, incluindo Butler, críticos têm questionado se é útil declarar como o "santo padroeiro" desse movimento (KNAPP. "Macht und Geschlecht", p. 288) o próprio pensador cuja concepção universalista de poder ofuscou todas as distinções entre o poder, violência, governos legítimos e autoridade e que, portanto, se absteve de submeter as relações sociais existentes a uma crítica normativa justificável (FRASER. *Unruly Practices: Power, Discourse and Gender in Contemporary Social Theory*, p. 27s.). Foucault, de fato, questiona até mesmo a capacidade dos sujeitos em agirem, uma precondição fundamental para qualquer movimento social, incluindo, é claro, o movimento das mulheres.

Seyla Benhabib desafiou a noção de que abordagens foucaultianas ou pós-modernas possam efetivamente ser conciliadas com as prioridades das feministas, precisamente porque teóricos pós-modernos evitam as preocupações normativas do movimento das mulheres. Nessa visão, sem a capacidade de produzir críticas normativas e sem recorrer a um sujeito capaz de agir, o projeto teórico feminista vai destruir a si mesmo (BENHABIB. *Situating the Self*, p. 213ss.). Críticos às premissas foucaultianas, nietzscheanas e pós-modernas de Butler compartilham das mesmas preocupações. Porque, como adepta dessa tradição teórica, Butler abandona a noção de um sujeito autônomo capaz de agir, e acaba enredada em problemas teóricos, o que faz com que seu próprio projeto político – centrado na esperança de uma luta linguística com paródia e ironia – pareça altamente questionável. Pois, como já brevemente mencionado, ela não consegue responder à pergunta de *quem* seja capaz de se engajar em paródia ou ironia, e é impossível que ela a responda por que se recusa a se referir a sujeitos capazes de agir. Em seus escritos recentes, Butler tentou contrariar essa objeção ao examinar o conceito de sujeito de forma mais aprofundada (cf. *The Psychic Life of Power: Theories in Subjection*): ela, pelo menos, refere-se a sujeitos aqui. Mas sua teoria do sujeito, que ela claramente deriva exclusivamente da obra tardia de Foucault (cf. Lição XIV), é tão inconsistente e formalista, em comparação com a extensa literatura psicológica e sociológica sobre a formação da identidade, que questões importantes permanecem sem esclarecimento:

O que é que permite que o *self* "varie" os códigos de gênero? Para resistir a discursos hegemônicos? Que elementos psíquicos, intelectuais ou outras fontes de criatividade e resistência que devemos atribuir a sujeitos para essa variação a ser possível? (BENHABIB. *Situating the Self*, p. 218).

Em segundo lugar, e também conectado a este ponto, estão críticas à difusão do projeto político de Butler. Críticos afirmam que ela está claramente preocupada somente em incessantemente estudar discursos sem considerar como eles estão ligados a relações de poder objetivas e institucionais (KNAPP. "Macht und Geschlecht", p. 305). Nesse sentido, Butler pode diretamente colocar suas esperanças na luta linguística, a ser realizada com as ferramentas da ironia e da paródia, precisamente porque ela expele estruturas de poder internalizadas. Mas a questão se centra em entendermos se a linguagem é realmente tudo. Martha Nussbaum, uma das críticas mais radicais de Butler, coloca isso como apresentado a seguir:

> Para Butler, a resistência é sempre imaginada como individual, mais ou menos privada, envolvendo ações públicas não irônicas e organizadas para uma mudança legal ou institucional.
>
> Não é o mesmo que dizer a um escravo que a instituição escravocrata não mudará jamais, mas que ele sempre pode encontrar formas de zombar ou subvertê-la, encontrando a sua liberdade pessoal no interior de atos desafiadores cuidadosamente limitados? No entanto é um fato que a instituição escravocrata possa ser transformada, e efetivamente o foi – mas não por pessoas que tomaram uma perspectiva das possibilidades como colocado por Butler. Só mudou porque as pessoas não se limitaram a performar de forma lúdica: elas demandaram, e em alguma medida conseguiram, agitação social. É também um fato que as estruturas institucionais que moldam a vida das mulheres também mudaram (NUSSBAUM. "The Professor of Parody: The Hip Defeatism of Judith Butler", p. 43).

A crítica reside então no fato de que todo o construto teórico de Butler não é somente cego quanto às oportunidades de ação política que se abrem ao movimento de mulheres, mas também é incapaz de explicar as conquistas do passado do feminismo.

Em terceiro e último lugar (e este argumento está intimamente ligado às duas críticas mencionadas anteriormente), Butler também foi acusada de idealismo linguístico (cf. BECKER-SCHMIDT & KNAPP. *Feministische Theorien*, p. 89) na medida em que seu construtivismo radical exclui a possibilidade de que nada existe fora da linguagem. Assim como autores etnometodologicamente inclinados, Butler também afirma que "sexo" é uma "categoria de gênero" e que não existe, então, nenhuma base sólida para uma distinção biológica entre homens e mulheres. Para ela, essa dicotomia é meramente o produto do desejo heterossexual e é, em princípio, mutável. Gênero e identidade de gênero são meros construtos linguísticos e é, portanto, sempre possível evitá-los linguisticamente – por meio de ironias e paródias.

No entanto, tomando uma visão crítica não somente de Butler, mas também de Kessler e McKenna, é inteiramente possível que se questione se esse é realmente o caso. *Todos* os fenômenos são realmente construídos ou construtíveis linguística ou socialmente? Hilge Landweer (n. 1956), por exemplo, rejeitou esse construtivismo radical, uma visão compartilhada, incidentalmente, por Martha Nussbaum, embora seus argumentos sejam diferentes. Landweer afirma que cada cultura traça a caracterização do gênero humano. Nesse sentido ela também está de acordo com feministas etnometodológicas, assim como Butler. No entanto (e aqui ela começa a se diferenciar dessas posições), ela acredita que o desenvolvimento das características de gênero está intimamente conectado com o binarismo *gerador* de seres humanos. Ela reivindica que a capacidade de dar à luz é de importância fundamental para todas as culturas e é o ponto de partida para a definição do que é "ser mulher". "Enquanto é verdade que isso não significa que o gênero seja determinado pela natureza, significa que existe uma inescapável conexão entre o dualismo gerador e como conceitos culturalmente variáveis de gênero são estruturados" (LANDWEER. "Generativität und Geschlecht" ["Generativity and Gender"], p. 151). A tese de Landweer é, então, a de que nem tudo pode ser amenizado em construções arbitrárias, mas que as sociedades classificam algumas experiências, como a morte e o nascimento, que se tornam "ganchos" para construções sociais específicas. Essas experiências não podem simplesmente ser evitadas ou anuladas. Landweer, assim, considera a suposição butleriana de que "a diferença de gênero é produzida pelo discurso" apenas noção essencialista, inocente e falsa, de que "existem diferenças clara e naturalmente identificáveis no gênero" (p. 156). De acordo com Landweer, Butler falha ao desenhar um paralelo entre signos *linguísticos*, que – como já sabemos pelos escritos de Saussure – são arbitrários e randômicos, e signos ou características *físicas*. Mas os signos do sexo não são inteiramente arbitrários. Existe algo como um estado de ser físico e afetivo, como a habilidade de dar à luz, com o qual fantasias culturais e expressões linguísticas devem entrar em acordo:

> Não é o caso de agentes mais ou menos desatrelados do gênero entrarem em uma situação na qual é particularmente o jogo de signos que produz suas posições nas bases da diferença ou igualdade de gênero. [...] A afetividade corporal pode ser performada, apresentada e demonstrada e é, nesse sentido, simbólica. É obviamente possível rastrear as origens das emoções e suas expressões em situações sociais. Mas nosso envolvimento na dimensão corpo afetiva é, ainda assim, um fenômeno *sui generis* que adentra na "produção" da sociabilidade como uma precondição para processos de simbolização (p. 162).

De acordo com esta crítica, Butler persistentemente ignora essa perspectiva. À luz da suposição correta de que qualquer referência à "natureza", à "substância" ou ao "corpo" seja um evento linguístico, que tais termos sejam representações simbólicas, ela conclui que não há nada fora do sistema da linguagem. Mas a noção da construção linguística ou discursiva do mundo só tem sentido quando se assume que existe uma realidade para além da linguagem (p. 164). Esta é uma visão de grande importância para os projetos e para as teorias feministas, para teorias em que o corpo feminino era e é sempre de importância eminente. Martha Nussbaum, argumentando contra Butler, coloca isso da seguinte forma:

> Ainda mais, é demasiado simples dizer que o poder é tudo o que o corpo é. Poderíamos ter tido os corpos de pássaros ou dinossauros ou leões, mas nós não temos; e esta realidade molda nossas escolhas. A cultura pode moldar e remodelar alguns aspectos de nossa existência corporal, mas não pode moldar todos os seus aspectos. "No homem sobrecarregado pela fome e pela sede", como o Sextus Empiricus observou há muito tempo, "é impossível produzir, por argumento, a convicção de que ele não está tão sobrecarregado". Este é um fato importante também para o feminismo, uma vez que as necessidades nutricionais das mulheres (e suas necessidades especiais durante a gravidez ou lactação) são um tema feminista importante. Mesmo onde a diferença entre os sexos está em jogo, é certamente demasiado simples descrever tudo isso como cultura (NUSSBAUM. *The Professor of Parody: The Hip Defeatism of Judith Butler*, p. 42).

O que está sendo questionado aqui é se a teoria feminista faz qualquer favor a si mesma quando recai sob o tipo de pós-modernismo e caminho linguístico radicais trilhados por Butler.

c) Esta crítica é compartilhada pela última escola da teoria feminista a ser considerada aqui, autores que não estão preparados para simplesmente abandonar o legado do Iluminismo à moda pós-modernista, que reconhecem as deficiências macroestruturais de escritos etnometodológicos e butlerianos, e para quem a ingenuidade política destas abordagens é um espinho na carne. Como Regina Becker-Schmidt (n. 1937) e Gudrun-Axeli Knapp (n. 1944) mostraram (*Feministische Theorien*, p. 146s.), como resultado da intensa e fundamental discussão teórica da relação entre "sexo" e "gênero" dentro do debate feminista internacional, praticamente não houve tentativas sérias em se vincular os estudos filosóficos e microssociológicos a análises meso e macroestruturais, diminuindo o potencial explicativo da teoria feminista. Pois tanto o feminismo etonometodologicamente orientado quanto Butler foram justamente criticados por terem falhado em esclarecer de que forma "fazer" ou "desfazer" o gênero dependente de contextos institucionais superordenados, e como a linguagem se refere a esses contextos. Não é, portanto, surpreendente que as feministas busquem aderir às teorias sociológicas "mais tradicionais", ao mesmo tempo em que as reformulam em conformidade com o projeto feminista. Os escritos de Jürgen Habermas, por exemplo, têm atraído uma atenção especial não só porque eles retêm um elemento crítico concreto do qual o trabalho dos teóricos pós-modernos e etnometodológicos parece estar totalmente desprovido, mas também porque certos conceitos encontrados na teoria habermasiana, como o de esfera pública, parecem bem adequados para a análise da ação política no contexto da sociedade como um todo. A esse respeito, duas teóricas se destacam, a saber, Seyla Benhabib, uma filósofa e cientista política nascida em Istambul, em 1950, que agora leciona na Universidade de Yale, e que temos frequentemente citado nesta lição, e Nancy Fraser (n. 1947), também mencionada anteriormente, e em quem devemos nos focar brevemente para fechar esta lição.

Fraser, que também é uma filósofa e cientista política e, como Benhabib, também ensina nos Estados Unidos, tem uma visão positiva sobre o projeto teórico de Habermas em muitos sentidos, porque a sua obra teórica, desenvolvida em *The Theory of Communicative Action*, por exemplo (cf. Lição X), fornece tanto perspectiva a uma pesquisa macrossociológica quanto argumentos normativamente substanciais. No entanto, de acordo com Fraser, não há como fugir de determinadas lacunas da obra de Habermas, especialmente a partir de uma perspectiva feminista. Em primeiro lugar, a distinção rígida de Habermas entre sistema e mundo da vida, entre as esferas social e sistemicamente integradas de ação, é implausível. Nós também chamamos a atenção para os problemas teóricos fundamentais de seu trabalho em nossa segunda lição sobre Habermas. A perspectiva feminista de Fraser de ataque é, no entanto, bastante diferente na natureza. Acima de tudo, ela critica Habermas de restringir o poder e a análise do poder especialmente a contextos burocráticos, ou seja, ao sistema político. Como resultado, ele está mais ou menos fechado, em um nível conceitual básico, para o fato de que as famílias também são permeadas pelo poder (patriarcal) e devem realizar as tarefas econômicas, entre outras coisas. "Habermas faria melhor se distinguisse diferentes tipos de poder, por exemplo, poder doméstico patriarcal, por um lado, e poder burocrático patriarcal, por outro – para não mencionar vários outros tipos e combinações entre eles" (FRASER. *Unruly Practices*, p. 121). Em última análise, como Fraser observa, ainda que Habermas a entenda de uma nova maneira, ele se limita a retomar a velha divisão familiar entre a esfera doméstica ou privada, por um lado, na qual a educação dos filhos é declarada como pertencente ao domínio das mulheres, enquanto o homem domina a esfera pública (política), por outro. Isso faz com que ele não tenha que lidar com o fato de que esta divisão repousa sobre uma relação desigual entre os sexos (p. 122).

No entanto, Fraser admite que a teoria habermasiana tem "genuíno potencial crítico" (p. 123). Mas isto pode ser explorado plenamente somente se nós entendermos o que ela chama de "social" de forma diferente de Habermas. Esta esfera do social, assim diz Fraser, já não pode ser equiparada com a "esfera pública tradicional de discurso político definida por Jürgen Habermas" (p. 156). O "social" é, na verdade, a definição para o discurso sobre *todas* as necessidades problemáticas. Essa esfera fundamentalmente aberta da ação perpassa a família, a economia e o Estado; não é idêntica a eles. De acordo com Fraser, mesmo necessidades "privadas" estão sujeitas a um debate social. Assim, é apenas lógico que ela, ao contrário de Habermas, identifique pelo menos dois tipos principais de instituições, que os discursos tendem a despolitizar, a saber, o mercado *e* a família. Para Fraser, o trabalho categórico de Habermas era capaz apenas de analisar o efeito despolitizador do mercado, mas não o fato de que a família tradicional produz também tal efeito e suprimiu as necessidades das mulheres. Neste sentido, Habermas também não conseguiu ver que a esfera pública – que Fraser chama de "social" – deve efetivamente ser definida de forma muito mais ampla ou mais compreensiva. Habermas, ela afirma, assume implicitamente que o significado do político, do que deve ser negociado dentro da esfera pública, é sempre já estabelecido (ou foi estabelecido no passado e, em seguida, reprimido por mecanismos ideológicos). Ele é, então, capaz de explicar os novos movimentos sociais – e, portanto, também o movimento das mulheres – apenas apontando para a penetração de imperativos sistêmicos nos mundos da vida. Mas, para Fraser, essa suposição de causalidade é simplesmente errada, pelo menos no caso do feminismo (p. 133). Uma vez que o movimento das mulheres não se desenvolveu para além da defesa do mundo da vida contra sistemas, mas porque as mulheres exigiram direitos e fizeram das relações, anteriormente privatizadas, pertencentes à família patriarcal uma questão política. No que diz respeito à questão dos direitos das mulheres, Habermas ignora, assim, o fato de que não apenas a igualdade jurídica entre homens e mulheres, mas também a questão da responsabilidade pela criação dos filhos, a questão salarial ou a compensação pelo trabalho doméstico etc. são essencialmente assuntos políticos. De acordo com Fraser, o "social" é, portanto, também um local de luta sobre o significado do que é político, sobre *novos* direitos, não apenas sobre opções políticas ou interpretações legais *existentes*.

> Muito resumidamente, eu me alinho com quem prefere traduzir reivindicações de necessidades justificadas em direitos sociais. Como muitos críticos radicais de programas de assistência social existentes, estou empenhada em me opor às formas de paternalismo que surgem quando reivindicações de necessidades são divorciadas de reivindicações de direitos. E, ao contrário de alguns críticos comunitaristas, socialistas e feministas, eu não acredito que falas sobre direitos são inerentemente individualistas, burgueso-liberais, e androcêntricas – falar de direitos assume essas propriedades somente quando as sociedades estabelecem os direitos errados (p. 183).

O feminismo socialista de Fraser, que se baseia fortemente na teoria habermasiana, é claramente estruturado de uma forma diferente do que a exposta por autores etnometodologicamente inspirados ou por Butler. Ela expressa claramente tanto a sua perspectiva do Iluminismo e o programa político normativo, centrado em demandas por direitos sociais para as mulheres e sua luta para alcançarem esses direitos. Fraser não se refere ao jogo difuso do poder e sua onipresença, ou à ironia e à paródia como as únicas opções, mas para estruturas de poder concretas que dificultam a articulação de (mulheres) e suas necessidades e que devem ser combatidas. Isso mostra, mais uma vez, que as ideias feministas podem dar fruto somente se as feministas se familiarizarem com as abordagens gerais características da teoria social moderna.

XVIII
Uma crise da modernidade?
Novos diagnósticos (Ulrich Beck, Zygmunt Bauman, Robert Bellah, e o debate entre liberais e comunitaristas)

O discurso sobre a modernidade no âmbito das ciências sociais em todo o mundo atingiu um novo nível de intensidade desde os anos de 1980. Esse discurso foi parcialmente estimulado pelas críticas dos teóricos pós-modernos. Em certo sentido, foi o diagnóstico da "pós-modernidade" que levou os estudiosos a refletir sobre a "modernidade". A afirmação feita pelos teóricos da pós-modernidade foi que a concepção de característica de racionalidade da modernidade está inevitavelmente ligada com aspectos do poder e, portanto, não pode de forma alguma reivindicar universalidade, o que seria suficiente para inspirar contestação. Como vimos no final da Lição X, autores como Jürgen Habermas (*O discurso filosófico da modernidade*) se recusou a aceitar esta hipótese, desencadeando uma disputa filosófica complexa sobre os fundamentos da modernidade. Mas o discurso sobre a modernidade não foi exercido unicamente com argumentos filosóficos. Ele também levantou genuínas questões científico-sociais na medida em que novos problemas surgiram nas sociedades modernas ou houve uma maior consciência de determinados (antigos) problemas do que nunca. A Sociologia, pelo menos, produziu uma série de diagnósticos espetaculares sobre a era contemporânea, que foram discutidos não só dentro da disciplina, mas que mobilizaram um público amplo, demonstrando que, apesar de toda a conversa de crise disciplinar, a Sociologia ainda pode contribuir com análises altamente interessantes de sociedades contemporâneas. Nesta lição iremos lidar principalmente com três autores que produziram diagnósticos poderosos da presente era na década de 1980, cujos efeitos continuam a ser sentidos até hoje.

1 Quando Ulrich Beck (n. 1944) produziu *A sociedade de risco*, em 1986, poucos teriam previsto que estava destinado a ser um tremendo sucesso. Na época, Beck era um professor aclamado de Sociologia em Bamberg, mas não era de forma bem conhecido além das fronteiras da disciplina; naquele momento, ele havia publicado uma série de estudos sobre epistemologia e sociologia do

trabalho, que haviam sido bem recebidos dentro da disciplina, mas não tinha conseguido atrair a atenção para além dela. Em 1986, no entanto, ele conseguiu sintetizar uma ampla variedade de descobertas empíricas sobre as tendências de desenvolvimento das sociedades industriais modernas, confrontando-os a produzir uma análise da era contemporânea, que, em seguida, assumiu uma plausibilidade especial à luz de um evento histórico. O acidente na usina nuclear de Chernobyl, que também ocorreu em 1986, com suas milhares de vítimas e a contaminação radioativa de enormes áreas, parecia provar conclusivamente a tese desenvolvida por Beck nesse livro, ou seja, que não vivemos mais numa sociedade de classes, mas sim numa "sociedade de risco". A utilização de uma linguagem que evitou o jargão sociológico abstrato, típico de muitos de seus colegas, e que não escondeu o desânimo do autor ou seu envolvimento com estas questões, fez com que Beck atraísse um público enorme.

O título do livro e, particularmente, seu subtítulo (*Rumo a uma nova modernidade*) já apontando para uma das linhas do argumento de Beck, ou seja, a alegação de que uma ruptura histórica ocorreu. Sua tese forte, atenuada ou relativizada de vez em quando, é que as estruturas existentes já não operam da mesma forma, que os processos sociais e políticos anteriormente fundamentais perderam sua significância, abrindo caminho para novas dinâmicas.

Uma alegoria retórica deste tipo, que já conhecemos da obra de Jean-François Lyotard, por exemplo, está em sua afirmação de que as "metanarrativas" perderam toda a legitimidade, deve, naturalmente, ser respaldada. Beck faz isso, essencialmente, apontando para três novas tendências características da sociedade como um todo, cada uma das quais lida com as três seções principais do livro: (a) A sociedade contemporânea é uma "sociedade de risco", na qual os conflitos e as estruturas da sociedade de classes tradicionais perderam importância à luz dos riscos maciços produzidos pela indústria; (b) é também uma sociedade em que meios sociais anteriores baseados em classe desapareceram como resultado de um aumento maciço da individualização; e é (c) uma sociedade em que a relação entre política e ciência, que anteriormente estava destinada a mudar radicalmente no âmbito da chamada "modernização reflexiva". Vamos agora examinar essas três observações sobre o mundo contemporâneo mais de perto.

a) Voltemo-nos primeiro para a ideia de "sociedade de risco", a esse aspecto de argumentos de Beck, que, como resultado de Chernobyl, talvez tenha atraído a maior atenção. A afirmação contundente de Beck aqui é que a sociedade de classes do século XIX e início do século XX, com suas tendências características, já não existe, ou pelo menos não de tal maneira que as investigações e análises dos conflitos e processos tão típicos de sociedades de classes ainda possam nos dizer muito sobre as sociedades contemporâneas. Seu diagnóstico é que estamos vivendo agora em uma "sociedade de risco", na qual os velhos conflitos (classe) estão sendo deslocadas por novos conflitos à luz dos riscos enormes. Os novos riscos, que estão sendo produzidos em todas as sociedades industriais, não afetam apenas uma classe ou estrato específico, mas tendem a afetar todo mundo. Assim tornou-se impossível proteger-se contra tais riscos e perigos em nível *individual*; a única maneira eficaz de fazer frente a eles é mediante uma ação em *todas* as classes e até mesmo nações. Chernobyl atingiu funcionários do partido, bem como agricultores com a radiação; a exposição à radiação não se restringiu à Ucrânia, porque também foi detectado a mais de mil quilômetros de distância na Europa Ocidental e do Norte; acidentes químicos não são apenas uma ameaça para os trabalhadores em fábricas de produção, mas também para aqueles que vivem dentro de um raio bastante amplo. As substâncias químicas não fazem distinção entre ricos e pobres, e ninguém pode escapar do ar poluído para sempre. Eventualmente, eles vão chegar até as prósperas estâncias de saúde.

Assim, de acordo com Beck, riscos e ameaças industriais atravessam a estrutura de classes; o grau de exposição a riscos poliza sociedades muito menos do que a propriedade dos bens ou os meios de produção fizeram no passado. A tese de Beck é assim que as ferramentas científicas sociais existentes para analisar sociedades de classes já se tornaram obsoletas.

> Em uma fórmula simples: *a pobreza é hierárquica, a fumaça é democrática*. Com a expansão dos riscos da modernização, com a colocação em risco da natureza, saúde, nutrição e assim por diante, as diferenças sociais e limites são relativizados. Consequências muito diferentes resultam disso. Objetivamente, no entanto, os riscos tendem a exibir um efeito equalizador no seu âmbito e entre aqueles afetados por eles. É precisamente aí que seu novo poder político reside. Neste sentido as sociedades de risco não são as sociedades de classes; suas posições de risco não podem ser entendidas como posições de classe, ou os seus conflitos como conflitos de classe (BECK. *Risk Society*, p. 36; ênfase original).

O que é este "novo poder político" supostamente gerado pelos novos riscos industriais? Para responder a esta pergunta, Beck aponta para a natureza especial de tais riscos produzidos industrialmente. Enquanto antes era bastante simples ganhar uma consciência dos problemas característicos da sociedade capitalista ao início dos séculos XVIII e XIX, porque a miséria era visível, a pobreza era perceptível e a exploração claramente aparente, este não é certamente o caso dos riscos industriais. Ameaças contemporâneas não são realmente tangíveis. Não podemos sentir a radiação atômica. Como consumidores, nós geralmente não sabemos nada sobre os contaminantes químicos nos alimentos que consumimos e, como leigos, não sabemos quais podem ser os efeitos colaterais do cultivo de plantas geneticamente modificadas. Beck chama a atenção para o fato de que na maioria das vezes nós só percebemos ameaças contemporâneas com a ajuda do conhecimento científico. Não podemos fazê-lo nós mesmos, o que significa que, a despeito da confiança nas declarações dos cientistas, aconteça o que acontecer, nós como leigos temos que educar-nos sobre a ciência envolvida, se queremos desafiar o monopólio dos cientistas, que até agora têm dado o tom do debate. A única maneira de disputar a afirmação de que certas substâncias químicas são inofensivas, onde alguns limites para os níveis de poluição são sensíveis e uma certa dose de radiação é segura, "tanto quanto é humanamente possível" dizer é através da própria experiência científica.

A percepção científica dos riscos é sempre baseada em interpretações altamente complexas de causalidade; processos de definição sempre desempenham um papel importante em análises de risco. Isto também significa que as definições produzidas pela ciência são frequentemente disputadas, o que é evidente pelo simples fato de que as avaliações científicas muitas vezes se contradizem. Tais disputas entre os especialistas tendem a deixar o leigo perdido. Beck resume esta observação com a alegação impressionante de que, na sociedade de risco, a consciência do conhecimento determina o ser (p. 53). Em contraste com a sociedade de classes, não estamos diretamente afetados por vários perigos. Paradoxalmente, esses perigos podem ser explicados a nós apenas por meio de um conhecimento científico que nos é pouco familiar. Beck sugere que isso está começando a dar lugar a uma consciência cotidiana que nunca existiu antes desta forma:

> Pois, a fim de reconhecer os riscos em tudo e torná-los o ponto de referência do próprio pensamento e ação, é necessário, por princípio, que as relações de causalidade invisíveis entre condições objetiva, temporal e espacialmente muito divergentes, bem como projeções mais ou menos especulativas sejam acreditadas, que sejam imunizadas contra as objeções que são sempre possíveis. Mas isso significa que o invisível – mais ainda, aquilo que, por natureza, está além da percepção, que só é conectado ou calculado teoricamente – torna-se o elemento não problemático do pensamento, percepção e experiência pessoais. E a "lógica experiencial" do pensamento cotidiano é invertida. Não se parte mais da experiência pessoal às decisões gerais, mas o conhecimento bastante geral desprovido de experiência pessoal torna-se o determinante central da experiência pessoal (p. 72).

De acordo com Beck, as pessoas afetadas por riscos ou perigos não são competentes para avaliar a sua condição enquanto tal, porque são dependentes de análises científicas. Isto sujeita as ciências naturais a um profundo processo de politização. Elas já não se limitam a estabelecer fatos, mas determinam o grau em que as pessoas são afetadas por um risco particular, mediante o estabelecimento de normas máximas e mínimas por exemplo. De acordo com Beck, isto tem consequências explosivas. Como os riscos que enfrentamos são grandes de fato, o público exige que os cientistas não cometam absolutamente nenhum erro na determinação dos níveis aceitáveis de poluição, mas constantemente descobrem que eles têm feito tais erros, o que inevitavelmente aumenta a desconfiança pública sobre a racionalidade das ciências naturais. É cada vez mais evidente que, enquanto as ciências naturais implicam controle e previsão, é exatamente isso o que elas não podem fornecer, porque os efeitos colaterais que produzem não podem ser controlados, pois as cadeias de causalidade são muito extensas e complexas para fazer declarações definidas. Quem realmente pode dizer se uma determinada substância provoca o câncer, uma vez que entramos em contato com inúmeras outras substâncias na vida cotidiana, cujos efeitos a ciência ainda não sabe nada, para além do fato de que é incapaz de avaliar a forma como elas interagem com outras substâncias? Mas não é apenas a aura de controle e previsão de que, tradicionalmente, envolve ciências naturais que está sendo profundamente minada. Conceitos legais e morais tais como "responsabilidade" também estão mostrando-se problemáticos na sociedade de risco, porque no contexto de sistemas de produção técnica em grande escala com base na divisão do trabalho, que estão intimamente entrelaçados com os órgãos do Estado, tornou-se quase impossível identificar a parte culpada caso ocorra um desastre.

Beck acredita que essa crítica das ciências naturais, articulada, acima de tudo pelo movimento verde, é bastante justificada. Na verdade, os problemas emergentes apontam para um dilema muito mais profundo. Pois as ciências aplicadas, particularmente as ciências naturais, foram e estão intimamente ligadas com a ideia de aumentar a produtividade. A pesquisa é realizada em primeiro lugar a fim de criar melhores produtos, facilitar a racionalização dos processos etc. As ciências naturais estão, assim, incorporando a lógica da distribuição de riqueza e, na verdade, de tal forma que os riscos e efeitos secundários desta distribuição e produção de riqueza são vistos apenas em retrospecto. De acordo com Beck, as ciências sofrem de "miopia econômica", tornando-se sistematicamente cega a riscos. Assim, é errado referir-se a meros "acidentes" no caso de desastres ecológicos, por exemplo; estes são na verdade produzidos sistematicamente pela maneira com que são orientadas cientificamente as funções de produção.

> Considerando como as ciências são constituídas – com sua divisão superespecializada do trabalho, a sua concentração sobre a metodologia e teoria, sua abstinência em relação a práticas externas – são inteiramente *incapazes* de reagir adequadamente aos riscos civilizacionais, uma vez que são proeminentemente envolvidos na origem e crescimento dos mesmos riscos. Em vez disso – às vezes com a consciência tranquila do "método científico puro", às vezes com a consciência envolta em culpa – as ciências se tornam a *instância legitimadora* de uma poluição industrial global e contaminação do ar, água, alimentos etc., bem como da doença generalizada e morte de plantas, animais e pessoas (p 59; ênfase original).

O conhecimento dessas realidades faz aqueles que vivem na sociedade de risco tanto críticos da ciência como crentes dela. É ainda impossível dizer quais serão as consequências políticas deste. Beck atravessa vários cenários possíveis para a sociedade de risco. À luz dos riscos da modernização, que dificilmente podem ser negados, mas que também são impossíveis de interpretar de forma clara, ele refere-se ao possível aumento de "lutas doutrinárias dentro da civilização" (p. 40), como defensores e críticos da sociedade industrial contemporânea e sua(s) ciência(s) entram em conflito sobre a "via adequada para a modernidade". Podemos adentrar uma época que se assemelha "em muitos aspectos mais às lutas doutrinárias da Idade Média do que aos conflitos de classe do século XIX e início do século XX" (p. 40), especialmente tendo em conta que o próprio medo de riscos, que resistem à localização, parece estar desempenhando um papel cada vez mais importante. A penetração dos riscos e a ocorrência de grandes desastres pode levar a uma "política intervencionista do Estado de emergência" (p. 78), a um "autoritarismo científico e burocrático" (p. 79).

No entanto, Beck não é nenhum profeta da desgraça. Seu livro também apresenta elementos otimistas, e estes em última análise predominam. Ele considera possível que as sensibilizações do público para os riscos podem abrir caminho para formas mais positivas de socialização. Beck refere-se ao fato de que o caráter universal dos riscos pode derrubar as barreiras entre as áreas excessivamente especializadas de responsabilidade, que a ciência e a política, por exemplo, podem ser diferenciadas ou pelo menos diferenciadas de uma maneira diferente. Isso abriria a perspectiva de uma nova moralidade ecológica que não está mais restrita às sociedades individuais, mas que, dada a natureza global dos riscos, poderia se relacionar com o mundo como um todo. Beck evoca, assim, a "utopia de uma sociedade global", o que só se tornou possível com o fim da sociedade de classes.

> Mesmo que a consciência e as formas de organização política para isso ainda não estejam presentes, pode-se dizer que a sociedade de risco, através da dinâmica de ameaça põe em movimento as fronteiras dos estados-nação, tanto quanto alianças militares e blocos econômicos. Enquanto as sociedades de classes são capazes de se organizarem como estados nacionais, até as sociedades de risco geram semelhanças de perigo que podem finalmente ser trazidas sob controle apenas dentro da estrutura da sociedade global (p. 47).

b) No livro de Beck, estas observações sobre os traços característicos da sociedade de risco são imediatamente seguidas por outra longa seção que analisa o mundo contemporâneo. Aqui, Beck expõe a sua "tese de individualização", que, no entanto (e esta é a primeira crítica), não está realmente ligada com seus comentários sobre a sociedade de risco, além do fato de que os processos de individualização, como os grandes riscos industriais, também dissolvem as estruturas da sociedade de classes e contribuem para o desaparecimento da "classe e do estrato". Em qualquer caso, a teoria da individualização de Beck é uma variação sobre um velho tema sociológico, o do declínio (aparente) dos laços tradicionais da comunidade. Sua conclusão no que diz respeito às sociedades industriais ocidentais contemporâneas é que agora existe um "capitalismo sem classes", mas com "desigualdade social" e todos os problemas sociais e políticos relacionados (p. 88), um capitalismo no qual a própria elaboração da biografia individual está se tornando uma tarefa crucial que, além disso, está provando ser muito difícil para muitos. Pois

> as ligações com a classe social recuam misteriosamente. Ambientes e estilos de vida típicos de uma cultura de classe social baseados no *status* perdem o brilho. A tendência é a emergência de formas e condições de existência individualizadas e condições de existência, que obrigam as pessoas para o bem da sua própria sobrevivência material tornar-se o centro de seu próprio planejamento e condução da vida. Neste sentido, a individualização significa que a variação e diferenciação de estilos de vida e formas de vida, contrariando o pensamento por trás das categorias tradicionais de grupos de grandes sociedades, o que quer dizer, classes, propriedades e estratificação social (p. 88).

Esta desintegração dos modos de vida e meios sociais anteriormente estáveis foi causada, entre outras coisas, pelo desenvolvimento do Estado de Bem-estar na Alemanha e em outras sociedades ocidentais, e a expansão da educação que ocorreu nesses países a partir da década de 1960, o que facilitou o avanço coletivo de uma ampla gama de estratos sociais. Aqui, Beck refere-se a um "efeito elevador" coletivo, o que permitiu o "aumento coletivo da renda, educação, mobilidade, direitos, ciência, de consumo de massa", resultando na "individualização e diversificação de situações de vida e estilos de vida"[1].

Mas essa onda de individualização é evidente não só em termos socioeconômicos. De acordo com Beck, novas formas de convivência também se tornaram evidentes no grupo de parentes e afins na medida em que o casamento é agora entendido como uma união temporária. Os indivíduos até mesmo cultivam relações com seus parentes de forma seletiva, dependendo de quanto eles gostam deles, por exemplo. Casamento e parentesco não são mais instituições imutáveis; eles também foram infiltrados por liberdade de escolha individual. Os papéis não são mais predeterminados, ao invés disso são constantemente negociados, implicando em numerosos conflitos, que consequentemente muitas vezes são prejudiciais para os relacionamentos.

> Conforme a modernização prossegue, as decisões e restrições se multiplicam em todos os campos da tomada de decisão da ação social. Com um pouco de exagero, pode-se dizer: "qualquer coisa serve". Quem lava a louça e quando, quem muda a fralda do bebê que grita, quem cuida das compras e empurra o aspirador de pó ao redor da casa está se

---

1. Devido às diferenças entre as edições inglesa e alemã da sociedade de risco, algumas dessas citações são traduções do alemão original, *Risikogesellschaft* (cf. referências).

tornando tão claro como quem traz para casa o *bacon*, quem decide se mudar, e por que os noturnos prazeres da cama devem ser apreciados apenas com o companheiro diário devidamente nomeado e conduzido pelo registro em cartório. O casamento pode ser subtraído da sexualidade, e por sua vez da paternidade; a paternidade pode ser multiplicada pelo divórcio; e as coisas podem ser divididas por viver juntos ou separados, e elevado a uma potência maior pela possibilidade de múltiplas residências e a sempre presente potencialidade de voltar atrás nas decisões (p. 115-116; tradução modificada).

Claro, Beck não tem uma visão exclusivamente positiva desta individualização crescente. Ele certamente aprecia que as pessoas têm muito mais escolhas e liberdades do que costumavam, mas o declínio dos meios e formas estáveis de vida também dão origem a incertezas que os indivíduos têm que enfrentar. Mulheres sem qualificação profissional, que muitas vezes deslizam para a pobreza após o divórcio, experienciam isso de uma forma particularmente dolorosa.

c) Finalmente, a terceira seção do livro de Beck é dedicada à relação entre política e ciência na "sociedade de risco". Aqui, ele aborda com profundidade questões que já havia tocado na primeira seção, e desenvolve o conceito de "modernização reflexiva". Mais uma vez, Beck apresenta uma brilhante crítica unilateral da racionalidade científica (natural) e de investigação prática, tomando e elaborando argumentos articulados pelo movimento ambiental que foi tão forte na Alemanha na década de 1980. Para Beck, no entanto, esse ceticismo e as críticas socialmente difundidas sobre a racionalidade não indicam o fim da modernidade, como sugerido por Lyotard, por exemplo. Em vez disso, Beck acredita que a modernidade entrou em uma nova era, na qual os princípios da modernidade vieram à luz com mais clareza do que antes. Nós estamos vendo o surgimento de uma modernidade que não é mais "dividida ao meio". Enquanto a sociedade industrial, com a sua fé ingênua na ciência, encarna a "modernidade simples", a crítica (justificada) da ciência indica o surgimento de uma nova modernidade, uma "modernidade reflexiva". A crítica da tecnologia e da ciência "não está em contradição com a modernidade, mas é uma expressão de modernização de reflexão para além dos contornos da sociedade industrial" (p. 11). Os riscos e efeitos colaterais produzidos por sociedades industriais repercutem sobre estas sociedades quando grandes catástrofes ocorrem . Mas lidar com ameaças na sociedade de risco é o próprio processo de tornar-se consciente dos riscos, abrindo-se a oportunidade, pela primeira vez, para esta modernidade, de questionar e refletir sobre seus próprios fundamentos, com consequências incalculáveis para o processo político. Num livro posterior, Beck coloca isto da seguinte maneira. O conceito de "modernização reflexiva"

> conecta-se com as tradições de autorreflexão e autocrítica na modernidade, mas implica algo mais e diferente ao saber [...] o estado básico

de assuntos da modernização industrial nos países altamente desenvolvidos está mudando as condições gerais e fundações para a modernização industrial. A modernização não é mais concebida apenas em termos instrumentalmente racionais e lineares, mas refratada – como a regra de efeitos colaterais – está se tornando o motor da história social (BECK. *The Reinvention of Politics*, p. 3).

Como mencionamos anteriormente, a síntese destas três linhas de argumentação de Beck repercutiu tremendamente em muitas pessoas. Na Alemanha e além, a *Sociedade de risco* foi lida como uma descrição completamente convincente dos problemas das sociedades industriais ocidentais, sociólogos e teóricos sociais submetendo o conceito de risco a uma análise profunda, enquanto a tese de individualização de Beck foi entusiasticamente recebida em sua maioria. A teoria da individualização de Beck convergiu em estreita colaboração com a de Anthony Giddens, que tinha colocado ênfase especial na transformação das relações íntimas em seus livros sobre a modernidade publicados na década de 1990. Em *Modernidade e autoidentidade*, de 1991 e acima de todos *A transformação da intimidade*, de 1992, Giddens também afirmou que uma ruptura histórica ocorreu nesse respeito (Giddens refere-se à "alta modernidade" ou, sem dúvida, já influenciado por Beck, a uma "segunda modernidade"), apontando o impacto do conhecimento especializado sobre as relações entre duas pessoas e nas relações familiares. Aqui, ele distinguiu três fases históricas da formação da intimidade. Em tempos pré-modernos o amor foi entendido principalmente como paixão sexual, que as pessoas em geral evidentemente procuravam fora do casamento, e isso mudou com o advento da modernidade. Com o surgimento da noção romântica de amor no mais tardar, quando aqueles apaixonados casaram, entraram em um relacionamento emocionalmente intenso para o resto da vida, mas com a desigualdade entre os sexos, portanto, uma nítida distinção entre os papéis de gênero foi desenvolvida. Só agora, de acordo com Giddens, na "alta modernidade" e em uma época de amor como parceria, são os papéis de gênero e todas as relações familiares destradicionalizadas. Bem como Beck, Giddens também argumenta que as relações contemporâneas estão sendo constantemente negociadas. Ao mesmo tempo, os indivíduos tornaram-se altamente exigentes em relação à satisfação dos seus desejos emocionais e sexuais, levando-os a uma busca permanente de cumprimento "final", embora isso nunca possa ser totalmente alcançado, uma pesquisa demonstra que as pessoas cada vez mais seguem a orientação de especialistas. Buscando o conselho de terapeutas, de livros quase terapêuticos sobre questões de educação infantil e problemas sexuais, de acordo com Giddens, está se tornando garantido que a leitura de guias leva ao desenvolvimento de uma impressionante "personalidade". Sem dúvida, em parte por causa desse interesse comum em questões de individualização, Giddens, diretor da Escola de Economia de Londres na década de 1990, convidou Ulrich Beck para assumir um cargo lá. Giddens declarou que a análise do mundo moderno é uma das contribuições mais significativas da sociologia contemporânea de Beck. Eles começaram uma colaboração muito intensa, examinando novos campos de interesse. Ao final de 1980, Giddens tinha se voltado ao problema da globalização, que ele fez questão de apresentar como um fenômeno cultural e não apenas de natureza econômica (cf. Lição XII). Beck tem uma abordagem semelhante em seu livro de 1997 *O que é globalização?*, no qual ele pesa as oportunidades e os riscos que ela acarreta, embora ele não tire nenhuma conclusão muito clara na avaliação dos fenômenos típicos da globalização. Estes argumentos, com o seu clima predominantemente otimista, capturou o *Zeitgeist* dos anos de 1990 muito bem. Exagerando apenas ligeiramente, é justo dizer que as ideias expostas por Beck e Giddens ajudaram a definir em um grau significativo o debate sobre os riscos nas sociedades modernas, na individualização e as consequências da globalização tal como decorre nas seções de cultura dos jornais, embora estas ideias tenham sido alvo de críticas consideráveis por sociólogos. Em qualquer caso, Ulrich Beck, agora professor na Universidade de Munique e da LSE, criou e edita uma série de livros publicados pela Suhrkamp. Intitulado *Edition Zweite Moderne*, este introduziu autores próximos às suas ideias e às de Giddens a um público mais amplo.

Ao reconhecer criticamente escritos de Beck, é justo dizer que suas análises sobre os riscos envolvidos em sistemas técnicos de grande escala eram tremendamente frutíferos (cf. tb. *Política ecológica na era do risco*, de 1988), e que, na melhor tradição do Iluminismo, seu trabalho também ajudou um amplo público a apreciar os problemas enfrentados pelas sociedades industriais modernas. A abordagem de Beck também deve ser vista como uma valiosa crítica, teoricamente muito inspirada, da teoria da diferenciação, ou pelo menos daquelas variantes que passam ao largo da forma como a sociedade ocidental contemporânea é diferenciada, como mais ou menos inevitável. Porque os argumentos de Beck são verdadeiramente ancorados na teoria da ação, o seu trabalho não é caracterizado nem pela perspectiva cínico-fatalista de um Niklas Luhmann, nem dos pontos de vista dos predicados traficantes-destruidores e pessimistas históricos. Ao formular o seu diagnóstico das sociedades contemporâneas, Beck sempre faz uso de um tropo argumentativo tirado do legado de Hegel e Marx, que afirma que é sempre possível que as crises deem origem a opções de ação e soluções produtivas. Sua tese era e é que os sistemas técnicos de grande escala produzem os seus próprios opositores, que mantêm viva a perspectiva de um futuro melhor. O conceito ligado a esta esperança é a de "subpolítica", uma política "de baixo" oposta aos estilos estabelecidos e formulários para uma prática de pesquisa cega a efeitos colaterais e à negação do direito dos cidadãos à decisão por meio de sistemas técnicos de larga escala:

> Qualquer um que olhe para a política de cima e espere por resultados está ignorando a auto-organização da política, que pelo menos potencialmente pode definir muitos ou mesmo todos os setores da sociedade em movimento "subpolítico" (BECK. *The Reinvention of Politics*, p. 99).

Porque a modernização industrial sempre produz efeitos colaterais inesperados, dado que os efeitos secundários, tais como riscos e ameaças, individualização e a globalização se tornaram "o motor da história social" dentro dela (p. 3, 22-23), sempre haverá críticas desta forma de associação e tentativas de mudar de rumo. Para Beck, a modernização não é um processo linear. Pelo contrário, ela só pode ser concebida como "refratada" (p. 3). Esta não é *apenas* uma crítica à fé excessiva no progresso e na visão unilinear da história, característica de um bom número de teóricos "tradicionais" da modernização e da evolução. Beck é muito consciente de que o futuro é incerto, que os efeitos colaterais produzidos pela sociedade industrial podem se mostrar incontroláveis e, que portanto a sociedade poderia concebivelmente pegar um rumo para "contra-modernidades" de natureza normativa altamente problemática. É também uma crítica contundente da teoria de diferenciação de Niklas Luhmann, em que Beck assume, com razão, que a forma concreta da diferenciação depende de atores (coletivos). Beck está entre os assim chamados "teóricos constitutivos", como Giddens, Touraine e Eisenstadt, que "propõem fazer processos sociais inteligíveis em termos das ações dos membros da sociedade sem assumir que haja alguma tendência de desenvolvimento trans-histórica subjacente" (JOAS. *The Creativity of Action*, p. 231). Beck deixa muito claro que, na modernidade "reflexiva", ou "segunda" diferenciação da modernidade, tornou-se um problema, pois aqui os atores lutam para alcançar a forma de diferenciação mais adequada para eles. Isso inclui um tipo de diferenciação em que os subsistemas não são, como Luhmann descreveu, inteiramente separados um do outro. Pode-se dizer que o seu trabalho levanta a possibilidade de uma "democratização da questão da diferenciação". Assim, em sua teoria,

> as questões da diferenciação funcional são substituídas pelas questões de coordenação funcional, ligação cruzada, harmonização, síntese e assim por diante. Mais uma vez, [o *e*] mina o *ou*, até mesmo no reino da teoria dos sistemas. *A diferenciação em si está se tornando um problema social.* A forma como os sistemas de atividade são delineados torna-se problemática por causa das consequências que produz. Por que a ciência é delimitada de economia, economia de política ou política de ciência, desta forma, e por que elas não podem ser engendradas e "setorizadas" em *qualquer outra forma* no que diz respeito às tarefas e responsabilidades? Como subsistemas podem ser concebidos e organizados tanto funcionalmente autônomos como *coordenados*? (BECK. *The Reinvention of Politics*, p. 27; ênfase original).

No entanto, embora se possa admirar a precisão das percepções de Beck e a persuasão de sua análise da era contemporânea, aparentemente, mais uma vez na citação acima, seus argumentos exibem uma série de deficiências. Ao menos quatro críticas ou perguntas surgem.

a) A retórica da sua ruptura histórica certamente exerce um certo fascínio – isto aplica-se tanto a Beck quanto a Giddens –, nos seduzindo a produzir contrastes excessivamente crus. Podemos nos perguntar, por exemplo, se a "primeira modernidade" realmente se manifestou em ambientes sociais altamente estáveis e modos de vida rígidos que Beck, buscando apontar o contraste com a "segunda modernidade", descreve. Por outro lado, questiona-se se todos os meios têm realmente se desintegrado e a individualização está tão longe do avanço como Beck afirma. Não são ainda grandes as diferenças em como as pessoas vivem as suas vidas em diferentes estratos e classes e não continuará sendo assim? Se for o caso, isso sugeriria que as estruturas da sociedade de classes "tradicional" não desapareceram totalmente, afinal. Em última análise, essa divisão estrita entre eras leva a um tropo antigo e altamente problemático que também atormenta a teoria da modernização "convencional". A dicotomia entre "tradicional" e "moderno" nessa teoria "convencional" de modernização agora surge novamente em uma nova forma, ou seja, a dicotomia entre a "modernidade" e "alta modernidade", "primeira" e "segunda" modernidade etc. Os críticos (cf. ALEXANDER. "Reflexões críticas sobre a modernização reflexiva"), portanto, sugerem que, à luz de suas dicotomias cruas, a teoria da "modernidade reflexiva" apresentada por Beck e Giddens não é, de fato, uma teoria nova, mas uma teoria da modernização "convencional" em um novo traje.

b) A caracterização de Beck da sociedade de risco (global) e as novas dinâmicas políticas que ocorrem dentro dela têm sido muito criticadas da mesma maneira. Os riscos realmente têm tal efeito nivelador que os problemas específicos de classes já não desempenham qualquer papel? Ou foi o diagnóstico do mundo moderno a partir de 1986 não adaptado muito especificamente a uma situação muito distinta na Alemanha Ocidental, em um momento antes da reunificação, quando o Estado de Bem-estar ainda era bastante estável, quando ainda era possível acreditar que os problemas socioeconômicos e dos consequentes processos políticos desempenhariam um papel cada vez mais insignificante?

c) Paradoxalmente, a tese de individualização de Beck parece tão forte porque implanta o conceito de individualização como discutida dentro da sociologia de uma maneira bastante indiscriminada. O termo "individualização" apresenta inúmeros matizes de significado. Pode referir-se à libertação de indivíduos das formas tradicionais de associação sociais conforme as estruturas mudam, ao isolamento e aumento da solidão dos indivíduos ou à crescente autonomia das pessoas, ou à crescente capacidade de ação. Esses são apenas três significados entre vários contidos no conceito de individualização, e nenhum deles necessariamente andam juntos. Não é mais inevitável que a liberação das formas tradicionais de associação gere isolamento do que o isolamento signifique automaticamente um aumento na autonomia individual (cf., p. ex., HONNETH. *Desintegration*, p. 24ss.). Uma vez que Beck falha em conseguir diferenciar claramente entre estes níveis de significado, a sua tese de individualização tem um caráter de "mudança". Sua análise do mundo moderno é certamente sugestiva, mas na última análise é menos claro do que parece à primeira vista, porque o leitor não sabe ao certo o que exatamente se entende por "individualização".

d) Nós já aludimos à falta de qualquer ligação entre o diagnóstico da "sociedade de risco" e a tese de individualização de Beck. Isto é particularmente evidente quando Beck articula suas esperanças de uma modernidade melhor, apontando para formas subpolíticas de ação que são muito parecidas com as de Touraine no final de 1970 declarando as profissões e especialistas como agentes da subpolítica (cf. BECK. *The Reinvention of Politics*, p. 156). Aqui surge a questão de como a ação coletiva é possível em áreas profissionais cujos membros encarnam o individualismo descrito por Beck. Não podemos, é claro, excluir a possibilidade de tal ação, mas Beck não nos diz nada sobre como exatamente a individualização refere-se a formas de protesto (com boas perspectivas de sucesso). A análise do mundo moderno de Beck se mostra, portanto, mais problemática e incerta do que era e é geralmente reconhecida pelos escritores e leitores das seções de cultura de jornais, onde as suas declarações são muitas vezes interpretadas como resultados empiricamente validados (para uma tentativa de fazer um balanço das críticas teóricas e empíricas de Beck, cf. MÜNCH, R. "Die "Zweite Moderne" Realität oder Fiktion?" ["A "segunda modernidade": Fato ou ficção?"]).

2 Voltando agora para Zygmunt Bauman, que causou uma grande agitação no final de 1980 e, sobretudo, na década de 1990 com seus escritos sobre a era contemporânea, parece à primeira vista que encontramo-nos em território familiar. Pois, especialmente em seu trabalho mais recente, há um bom número de argumentos que lembram certos aspectos dos escritos de Giddens e Beck tratados acima, como a tese de individualização; Bauman afirma, por exemplo, que devemos trabalhar na suposição de um "mundo completamente individualizado" (cf. BAUMAN. *Postmodernity and its discontents*, p. 204). Essa proximidade não é muito surpreendente, visto que a obra de Bauman foi influenciada por um contato próximo com Giddens. Mas descrever os escritos de Bauman apenas como uma outra variante da análise da era contemporânea guiada pela teoria da individualização não consegue captar o seu significado. Para Bauman, o ponto de partida é diferente. Surpreendentemente, nós ainda não o encontramos desta forma ao longo dessas lições. Bauman foi um dos primeiros autores das ciências sociais em fazer do Holocausto o ponto de partida para reflexões sobre a natureza da modernidade e desenvolver seus pontos de vista sobre a era contemporânea e sobre a ética *nesta base*.

Zygmunt Bauman nasceu em 1925, filho de pais judeus-poloneses. Depois da invasão alemã da Polônia, fugiu do leste para a União Soviética, marchando em Berlim em 1945 como um soldado soviético. Após a guerra, ele teve uma carreira acadêmica na Polônia como sociólogo marxista; foi removido de seu cargo de professor em 1968 no curso de uma campanha antissemita pelos comunistas poloneses. Então foi para Israel por um curto período de tempo e ensinou em Tel Aviv, antes de acabar finalmente na Grã-Bretanha, na Universidade de Leeds, onde fez um nome para si mesmo dentro da sociologia britânica, como um especialista em marxismo e hermenêutica. Só relativamente tarde, a partir de meados dos anos de 1980, ele começou a publicar escritos sobre o mundo contemporâneo mais estreitamente concebido. *Modernidade e Holocausto* apareceu em 1989, o livro que sustentou sua ascensão repentina ao destaque internacional. Ele chegou a publicar uma série de outros escritos, seus argumentos de construção, em parte, e seu estudo sobre o assassinato dos judeus europeus. Aqui, Bauman conseguiu levantar (mais) graves questões éticas no âmbito do debate sobre a chamada pós-modernidade do que tinha aparecido até então.

A interpretação sensacional de Bauman do Holocausto é que ele não era um "crime alemão" no sentido de que foram unicamente as condições sociais e políticas específicas e únicas na Alemanha industrial que tornaram possível o assassinato em massa. Nem ele se refere, como Daniel Goldhagen, por exemplo, fez um pouco mais tarde (*Hitler's Willing Executioners: Ordinary Germans and the Holocaust*) para supostamente enraizar traços alemães antissemitas; ao contrário de teóricos clássicos da Escola de Frankfurt, como Theodor W. Adorno, ele não procura explicar o nacional-socialismo citando a presença de um grande número de figuras autoritárias na Alemanha, que tornaram possível o Holocausto acontecer: "Características pessoais não impedem de cometer crueldade quando o contexto de interação em que se encontram levam-os a serem cruéis" (BAUMAN. *Modernidade e Holocausto*, p. 154). Finalmente, ele não deriva o Holocausto a partir da dinâmica do capitalismo, como muitos marxistas tentaram e ainda tentam fazer.

A tese de Bauman é mais ambiciosa e como resultado, mais explosiva. Ele afirma que o Holocausto está intimamente ligado à civilização moderna. Não foi um acaso dentro da modernidade, nem um corpo estranho, mas acontece na verdade profundamente entrelaçado com a modernidade, e totalmente inconcebível sem ela. "O Holocausto é um subproduto do movimento moderno para um mundo completamente desenhado, completamente controlado, uma vez que o veículo está ficando fora de controle e correndo selvagemente" (p. 93). Assim, não é o antissemitismo que existe há séculos, ou mesmo milênios, que desencadeou o Holocausto. Bauman aponta corretamente que o antissemitismo não é, necessariamente, levado à violência, muito menos à violência incompreensível que ocorreu em meados do século XX.

> Sozinho, o antissemitismo não oferece nenhuma explicação do Holocausto (mas geralmente, diríamos, o ressentimento não é em si uma explicação satisfatória de qualquer genocídio). Se é verdade que o antissemitismo era funcional, e talvez indispensável, para a concepção e implementação do Holocausto, é igualmente verdade que o antissemitismo dos *designers* e dos gestores de assassinato em massa deve diferir em alguns aspectos importantes dos sentimentos antijudaicos, se houver, dos executores, colaboradores e testemunhas complacentes. Também é verdade que, para tornar possível o Holocausto, o antissemitismo de qualquer espécie teve de ser fundido com certos fatores de caráter completamente diferente (p 33; ênfase adicionada).

Bauman acredita que ele pode identificar esses fatores. Em sua opinião, o Holocausto foi o resultado de procedimentos burocráticos, e estes, por sua vez, foram a expressão de uma busca da não ambiguidade, a claridade e ordem que se tornou cada vez mais evidente dentro da modernidade, uma busca que, logo que os meios burocráticos estavam disponíveis, foi realizada da forma mais terrível. Paradoxalmente, o assassinato dos judeus europeus, bem como os milhões de mortos em campos de Stalin foram a consequência final da visão de uma sociedade melhor, mais pura, mais inequívoca. Como Bauman afirma, este assassinato em massa foi

> Não o trabalho de destruição, mas de criação. Eles foram eliminados objetivamente, de modo que resultasse um mundo humano – mais eficiente, mais moral, mais bonito – que pudesse ser estabelecido. Um mundo comunista. Ou, um mundo racialmente puro ariano. Em ambos os casos, um mundo harmonioso, livre de conflitos, dócil nas mãos de seus governantes, ordenado, controlado (p. 92).

A razão pela qual os *judeus* em particular foram alvo de "governantes" e "inspetores" modernos estava ligada à sua posição nas sociedades europeias. Ostracizados e nunca integrados – eram a própria personificação da opacidade e indefinibilidade – nas sociedades que lutam por transparência e segurança, particularmente desde o alvorecer da era moderna (p. 56). O racismo era uma expressão desse esforço moderno, na medida em que ele representava a versão mais científica da tentativa de definir pureza e impureza; que foi impulsionada pela ideia de uma sociedade perfeita, uma ideia radical concebível desta forma apenas como uma consequência do Iluminismo europeu. Pois foi o Iluminismo o primeiro quem entronizou a capacidade de objetivação sem impedimentos e plasticidade da natureza, criando assim as condições em que foi possível resolver o desconforto sobre o "impuro" e as pessoas indefiníveis e grupos de uma forma ativa e sistemática, através da chamada "solução final", ou seja, assassinato em massa burocraticamente organizado (p. 68ss.). Aqui, Bauman adota o que os historiadores chamam de uma interpretação "funcionalista" ou "estruturalista" do regime nazista e do Holocausto (embora estes termos tenham muito pouco ou nada a ver com as teorias funcionalistas e estruturalistas tratadas nestas lições), segundo a qual o fim dos resultados das políticas nazistas são explicados não na base de Hitler ou outro líder antissemita nazista, mas à luz de uma característica de um momento específico da burocracia nazista, que colocou as políticas em prática com grande consistência, de fato com maior consistência do que qualquer um tinha jamais exigido.

> Verdade, a burocracia não choca o medo de contaminação racial e a obsessão com higiene racial. Para isso precisavam visionários, uma vez que a burocracia assume onde os visionários param. Mas a burocracia fez o Holocausto. E o fez em sua própria imagem (p. 105).

Com esta interpretação do Holocausto, Bauman está avançando numa interpretação da modernidade que se concentra como laser em seu lado escuro. Assim, ele se recusa a encobrir a natureza da modernidade para salvar a sua "integridade" ao descrever o Holocausto como resultado do caminho da Alemanha em especial e, portanto, como um acidente. Bauman pertence, assim, entre os pensadores que, como Foucault, por exemplo, não acreditam na autoimagem excessivamente harmoniosa da modernidade e desejam segurar um espelho em frente a ela, como "arqueólogos" ou "genealogistas". Muitos aspectos da análise de Bauman pegam o fio de escritos em que o choque sentido sobre o Holocausto encontrou uma expressão filosófica social particularmente clara. A *Dialética do esclarecimento* produzida pelos expoentes exilados da Escola de Frankfurt, Max Horkheimer e Theodor W. Adorno, um livro que é profundamente pessimista sobre a história, é um bom exemplo. Na lição sobre Habermas, abordamos brevemente com este trabalho e suas aporias. Ecos também são encontrados em análises de Hannah Arendt em *As origens do totalitarismo*, de 1951, e, particularmente, em seu livro altamente controverso *Eichmann em Jerusalém: Um relatório sobre a banalidade do mal*, de 1963, que também expôs a tese do caráter burocrático do assassinato da massa socialista nacional. Mas, dado o que sabemos hoje, Bauman e seus precursores teriam que responder a uma série de questões críticas.

a) Será que a tese do caráter burocrático do Holocausto não subestima os aspectos emocionais e espontâneos do assassinato em massa dos judeus europeus, o prazer tomado em morte por muitos dos assassinos envolvidos e a motivação antissemita subjacente, que tornou possível o literal abate de um número incontável de pessoas além das diretivas burocráticas? Nem todos os judeus foram assassinados de forma industrial e anônima nas câmaras de gás. O assassinato ocorreu muitas vezes em contextos de interação face a face entre perpetradores e vítimas. Análises como as produzidas por Christopher Browning (*Ordinary Men: Reserve Police Battalion 101 and the Final Solution in Poland*), Wolfgang Sofsky (*The Order of terror: The Concentration Camp*) e Daniel Goldhagen, no mínimo levantam dúvidas sobre se a burocracia, e a busca moderna de ordem e a não ambiguidade que ela encarna, devem ser vistas como os fatores únicos ou até mesmo chaves do Holocausto.

b) Podemos também perguntar se a burocracia, como tal, pode, eventualmente, ter sido um fator tão decisivo. Foi o desenvolvimento crucial não apenas o caminho no qual a burocracia *se tornou uma força autônoma*, um processo que se tornou possível dentro de um contexto político particular, em outras palavras, o desencadeamento da burocracia? Isso poderia pelo menos relativizar em um nível a avaliação inflexível de Bauman da modernidade e de uma instituição profundamente moderna.

c) Podemos também perguntar se a análise de Bauman, com sua ênfase na busca de ordem expressa dentro da modernidade, a tentativa de erradicar o indeterminado, não acaba por quase inevitavelmente retratar o processo histórico de uma forma demasiadamente radical. Teorias sobre a modernidade como um todo devem ser transmitidas em detalhes, com referência aos processos históricos específicos que levaram ao Holocausto. Não teríamos então que dar mais ênfase aos processos de tomada de decisão de quem está no poder, e, uma questão particularmente importante, prestar mais atenção ao todo da guerra na análise do Holocausto, uma vez que a chamada "solução final" foi adotada na Conferência de Wannsee em Berlim, no contexto total da guerra? Isso não faria nada para mudar a visão sombria de Bauman sobre a modernidade. Muito pelo contrário: guerras, longe de serem uma ocorrência rara nos tempos modernos, deveria receber muito mais atenção como outros fenômenos "sombrios" em uma interpretação da modernidade. Mas pode ser possível explicar o Holocausto de forma mais precisa do que acontece no livro de Bauman, que quase não menciona a guerra e as suas consequências como condições de possibilidade para o Holocausto.

d) Finalmente, podemos perguntar se a visão geral de Bauman da modernidade, seu foco quase exclusivo no poder do Estado e nas burocracias, não nos tentam a empurrar os aspectos "positivos" da modernidade para o fundo, tais como as formas modernas de autonomia e o governo autodemocrático. Enquanto Bauman faz uma tentativa de superar a falta de esperança da *Dialética do esclarecimento* por Horkheimer e Adorno, sua análise do mundo contemporâneo também é excessivamente sombria em muitos aspectos; sua "escuridão" às vezes ecoa a perspectiva de Foucault sobre a modernidade e às vezes parece semelhantemente implausível (para uma análise mais detalhada, cf. JOAS. *Modernity and War*, p. 163ss.).

Mas Bauman, exibindo tremenda produtividade, não para neste diagnóstico da modernidade. Na década de 1990, ele aproveitou a oportunidade para vincular suas reflexões sobre a modernidade com o que chamou de "ética pós-moderna", uma ética destinada tanto a aprender lições específicas do Holocausto e de outros deslocamentos da modernidade e de levar em conta o que ele vê como relações sociais contemporâneas pós-modernas.

À luz das reflexões de Bauman sobre a conexão entre o Holocausto e a modernidade descrita acima, vem como uma pequena surpresa que ele não é mais capaz de acreditar na ideia de progresso moral sobre o curso da história, muito menos que as estruturas e padrões de pensamento tão típicos da modernidade poderiam promover tal progresso moral (BAUMAN. *Ética pós-moderna*, p. 229). Pelo contrário: Bauman acredita que o discurso moral da própria modernidade produziu consistentemente contradições insuperáveis. Para ele, esse discurso assume que existem prescrições éticas que são aplicáveis e que são obrigadas a fazer sentido para todos, que é possível justificar essas regras morais de uma forma consistente e que não pode haver resoluções não ambíguas de todos os impasses moralmente contestados. Mas, de acordo com Bauman, é essa mesma busca da não ambiguidade, a pureza e a segurança que, na sua forma mais consistente e radical, levou ao Holocausto. Assim, se há uma lição a ser aprendida pela história, é a de que temos que guardá-la com ambivalência e ambiguidade. Isto aplica-se em particular ao campo da ética e da moral. Devemos, portanto, aceitar que um "código infalível de ética universal e inabalavelmente fundada jamais será encontrado" (p. 10). Além disso, Bauman acredita que os fenômenos morais são inerentemente não racionais e que a moralidade *não* pode ser encontrada em organizações e instituições. Abalado profundamente pelo fato de que, sob o fascismo e o comunismo, as instituições modernas, como a burocracia alemã e soviética, poderiam eliminar todos os escrúpulos morais dos seus membros e o assassinato em massa legítimo, sem mais delongas, Bauman conclui que *é impossível localizar a moralidade dentro da esfera social*. Em vez disso, a moralidade é algo profundamente pessoal, algo *pré*-social – e termos de recapturar esse "insight" *contra* a modernidade, o que teria instituições sociais ou até mesmo a sociedade falado pela consciência do indivíduo, mas que abriu caminho para os crimes quase inconcebíveis do século XX por causa disso.

> Para deixar a moralidade fora da armadura rígida dos códigos éticos artificialmente construídos (ou abandonar a ambição de mantê-la lá), significa re-*pessoalizar*. Paixões humanas costumavam ser consideradas demasiado errantes e inconstantes, e a tarefa de garantir a segurança da convivência muito séria, para confiar o destino da convivência humana às capacidades morais das pessoas. O que passamos a entender é que esse destino não pode ser confiado a poucos; antes, esse destino não pode ser cuidado adequadamente (BAUMAN. *Postmodern Ethics*, p. 34).

A ética pós-moderna de Bauman é pessoalmente orientada e apoiada no filósofo moral Emmanuel Lévinas (1906-1995), nascido na Lituânia e naturalizado na França na década de 1930, para quem "ser para o outro" era o modo básico da subjetividade humana. Este pensador, que elaborou seus temas principais agarrando-se a Husserl e Heidegger, tinha recebido por muito tempo pouca atenção, apesar de Paul Ricoeur (cf. Lição XVI), em particular, fazer menção a ele frequentemente. Somente quando esses pensadores que inicialmente adotaram uma postura altamente relativista viraram-se para a ética, como no caso de Derrida, o trabalho de Lévinas recebeu mais atenção. Como Bauman compreende Lévinas, que estava profundamente imbuído de bolsa de estudos do Talmud, *ego* é responsável por *alter*; a experiência do outro é sempre moldada por minha obrigação moral de responsabilidade no que diz respeito ao outro, *independentemente de que este outro nunca venha a retribuir meus cuidados*.

> Em uma relação moral, Eu e o Outro não são intercambiáveis, e, portanto, não podem ser "somados" para formar um plural "nós". Em um relacionamento moral, todos os "deveres" e "regras" que podem ser concebidos estão dirigidos unicamente a mim, ligados apenas a mim, e me constituem a mim, e a mim apenas, como um "Eu". Quando dirigida a mim, a responsabilidade é moral (p. 50).

Esta responsabilidade do *ego* ou do indivíduo que caracteriza a ética pós-moderna de Bauman não conduz ao relativismo, em contraste com a postura de mais do que alguns autores pós-modernos, para quem, bastante alinhados com Nietzsche, critérios morais são meramente a expressão de interesses de poder. É verdade, Bauman nos diz, que é impossível justificar uma moral que se aplica a todos. Mas isso não conduz necessariamente a uma posição relativista, precisamente porque o *ego* é constantemente chamado para estar lá para o outro, a assumir responsabilidade por ele. Sua ética pós-moderna – de acordo com Bauman –, portanto, reflete uma atitude resumida pela frase "nada que possamos fazer a respeito disso" (p. 14).

Mas, para Bauman, uma ética pós-moderna deste tipo não só se justifica à luz das experiências (catastróficas) *passadas* das sociedades e sistemas de pensamento que têm caracterizado a modernidade, mas também porque as estruturas contemporâneas da regra social dão qualquer noção de universalidade, abrangendo a racionalidade e a não ambiguidade em qualquer caso. A fluidez e a transitoriedade das relações sociais aparentemente fixas tornaram-se demasiado óbvias para isso. Bauman afirma que os padrões sociais e culturais fundamentais mudaram maciçamente desde 1945 ou desde o colapso do Império Soviético, no mais tardar. Como Giddens e Beck, ele afirma que uma ruptura histórica fundamental tem ocorrido, e tenta dar plausibilidade a essa ideia de uma forma bastante similar. Ele também se refere ao declínio da nação e da família como as formas sociais que anteriormente acolchoavam a insegurança individual e a estabilidade assim garantida, no entanto, nada as substituiu, de modo que o indivíduo é o nosso único ponto de referência restante. A individualidade privatizada é, portanto, o cerne da pós-modernidade, que tem consequências significativas para a política (cf. BAUMAN. *In Search of Politics*, p. 38ss.). Bauman retrata essas consequências de uma forma marcadamente mais negativa do que Beck e Giddens. Em sua opinião, o avanço do mercado no levante das ideologias e políticas "neoliberais" levou ao aumento da insegurança; à luz da fragmentação fundamental das relações políticas, isso é uma ameaça tanto para a sociedade civil, bem como ao discurso crítico de intelectuais. Assim, de acordo com Bauman, ao invés de uma maior liberdade, como tal, a pós-modernidade apenas instigou uma mudança de cidadão para consumidor (BAUMAN. *In Search of Politics*, p. 78).

Sem rodeios, a tese de Bauman diz que as figuras típicas da modernidade eram o soldado e o produtor, tão firmemente integrados em organizações estatais e empresas industriais que se distinguem pela extrema dureza e estabilidade. Essas figuras, segundo ele, têm diminuído em importância nas condições contemporâneas da pós-modernidade. Eles foram substituídos pelo "turista" como a forma de realização típica do presente quadro pós-moderno, a epítome da "negação" de padrões estáveis: o turista não pertence verdadeiramente à sociedade em que ele passa a estar presente, porque ele muda rapidamente seu local de residência, nunca realmente compromete-se a qualquer coisa e busca a satisfação emocional de curto prazo ao invés de relações estáveis. Para Bauman, o "turista" é a figura que representa, por assim dizer, uma espécie de resposta à instabilidade e insegurança das estruturas sociais pós-modernas e a ambivalência irreversível da cultura pós-moderna.

> A ação humana não se tornou menos frágil e errática; é o mundo onde tenta se inscrever e se orientar que parece ter se tornado mais. Como se pode viver a vida como peregrinação se os santuários de hoje são movidos, profanados, sacralizados e depois profanados novamente em um período de tempo muito mais curto do que a jornada para os alcançar levaria? Como se pode investir em uma conquista ao longo da vida, se os valores de hoje são obrigados a ser desvalorizados e inflados amanhã? Como pode alguém se preparar para sua própria vocação da vida, se as habilidades laboriosamente adquiridas se tornam obrigações no dia seguinte a que se tornaram bens? Quando profissões e empregos desaparecem sem aviso e especialidades de ontem são artrolhos de hoje? (BAUMAN. *Postmodernity and its Discontens*, p. 88).

Em função da natureza das estruturas sociais pós-modernas como ele as vê, Bauman adota, por assim dizer, uma atitude heroica ainda que sóbria. Como pessoas afetadas pela globalização econômica, temos que lutar contra esses processos, mas não podemos mais fazê-lo com as ferramentas conceituais da modernidade. Tornou-se simplesmente impossível produzir argumentos universalistas que assumem a existência de *uma única* racionalidade etc., porque a pós-modernidade é distinguida por ambivalências insolúveis. Devemos reconhecer que vivemos em uma cultura "de arco-íris, polissêmica e multifacetada, desavergonhadamente ambígua, reticente em julgamentos de passagem, forçosamente tolerantes a outros, porque, finalmente, torna-se tolerante de si mesma, da sua própria contingência final e da inesgotabilidade de profundidades interpretativas" (BAUMAN. *Modernity and Ambivalence*, p. 159). Aqui, Bauman emerge como uma forte crítica dos autores comunitários, a quem ele acredita que desejam acabar com essa necessidade de tolerância em favor da ideia de uma comunidade estável e carregado de valor. Bauman se opõe a essa ideia. Para ele, da mesma forma que Lyotard, nem um consenso habermasiano nem a ideia de comunidade, de uma comunidade baseada em valores é concebível ou mesmo desejável. Em vez disso, Bauman defende a ideia de uma "sociedade policultural" (*In Search of Politics*, p. 199), caracterizada pelo pluralismo e pela tolerância.

Partindo destas premissas, podemos questionar como, concretamente, estamos imaginando a batalha contra os efeitos da globalização econômica, por exemplo. Enquanto Bauman sempre chama a solidariedade entre os seres humanos e a retenção ou expansão de um Estado de Bem-estar, tal como foi concebido na Grã-Bretanha no final da Segunda Guerra Mundial sob o "liberal radical" Beveridge (BAUMAN. *Postmodernity and its Discontents*, p. 205), ele não deixa claro a seus leitores sobre como essa solidariedade deve ser provocada e de onde ela vem, como a batalha sobre certas instituições do Estado de Bem-estar, como um *coletivo*, e sobre toda batalha em curso, pode ser combatida (com sucesso) em primeiro lugar, se é verdade, como Bauman afirma, que a tese da individualização deve ser o derradeiro ponto de partida de todas as análises políticas e normativas. Mas é possível questionar a ética pós-moderna de Bauman em um nível ainda mais básico. Pois é certamente perigoso, e contradiz totalmente os conhecimentos adquiridos pela sociologia em particular, conceituar os sentimentos morais como dados conhecidos *pré*-sociais, como Bauman faz em referência a Lévinas. Pode ser verdade que um bom número de instituições modernas se provaram profundamente imorais, mas isso certamente não significa que a moralidade geralmente é "aprendida" fora de todos os contextos institucionais. A teoria kohlberguiana de desenvolvimento moral, por exemplo, pode até ser excessivamente cognitivista ou racionalista (cf. Lição XVII). Por outro lado, no entanto, críticas a Kohlberg não podem nos levar a seriamente concluir que a moralidade se desenvolve para *além* dos contextos sociais. O debate entre Kohlberg e Gilligan *não* gira em torno da questão da gênese social da moralidade como tal, mas em torno da forma deste desenvolvimento social e suas consequências para o desenvolvimento da moralidade (gênero-específica) e por uma boa razão. A teoria da moralidade deve, naturalmente, ser capaz de mostrar como o encontro chocante com o "outro" penetra a moralidade socialmente adquirida; mas isso também representa uma experiência pré-social, e não social (cf. o argumento de

Bernstein com Lévinas no *The New Constellation*. • JOAS. *The Genesis of Values*, p. 103ss.). Porque Bauman não presta realmente atenção a essas questões genuinamente sociológicas e psicossociais, mas simplesmente ancora seus argumentos sem mais comentários na concepção filosófica de Lévinas (embora algumas dúvidas surjam repetidamente no seu trabalho), um dos pilares centrais da sua obra como um todo permanece teoricamente não desenvolvido.

Para uma tentativa mais séria de lidar com estas questões empíricas e teoricamente normativas, afloradas, mas nunca realmente abordadas por Bauman, temos que recorrer a um autor com quem já nos reunimos em relação à renovação do parsonianismo (Lição XIII). Estamos nos referindo a Robert Bellah, cuja análise da era contemporânea em meados dos anos de 1980 fez muito para estimular o movimento comunitário acima mencionado.

3 Para apreciar plenamente os debates, por vezes acaloradas sobre o livro de Bellah e sobre o comunitarismo, que surgiu pela primeira vez nos Estados Unidos, é preciso primeiro avaliar com algum pormenor as características especiais da paisagem científico-social dos Estados Unidos em 1970 e 1980. Já mencionamos que o *locus* do trabalho teórico no âmbito da disciplina de Sociologia mudou para a Europa por volta de 1970. Embora as abordagens teóricas, como neoutilitarismo e neoparsonianismo sempre tiveram uma posição forte nos Estados Unidos em particular, as novas e sobretudo sintéticas abordagens foram desenvolvidas na Europa, onde o grande ceticismo em relação a focos excessivamente teóricos foram muito menos evidentes do que no mundo altamente profissionalizado da sociologia americana. Mas no início de 1980, no mais tardar, partes das ciências sociais norte-americanas, pelo menos, mudaram de rumo perceptivelmente, e não menos importante, sob a influência de certos desenvolvimentos na ciência (americana) política e filosofia. Os Estados Unidos tinham de voltar a ser um terreno fértil para o desenvolvimento contínuo da teoria social. Os desenvolvimentos a que estamos nos referindo estão intimamente ligados com o nome de John Rawls (1921-2002), que iniciou uma espécie de revolução em ambas disciplinas com o seu livro de 1971 *Uma teoria da justiça*, na medida em que ele conseguiu trazer questões político-normativas de volta para o centro de debates teóricos sociais. O livro de Rawls era tão novo e inspirou tanto entusiasmo, bem como controvérsias, porque desde o renascimento o pensamento político moderno tinha circulado entre dois extremos. Para simplificar um pouco, e desconsiderando controvérsias sobre detalhes interpretativos, podemos afirmar que a obra de Nicolau Maquiavel (1469-1527) iniciou uma polarização de longo alcance do pensamento político. Como um dos primeiros pensadores políticos modernos, ele tentou eliminar os problemas éticos como preocupações centrais da filosofia política. Em sua opinião, a teorização política não deve preocupar-se com questões éticas, mas apenas com o comportamento

real dos atores políticos que lutam pelo poder ou as estratégias desenvolvidas neste jogo de poder. Escritos de Maquiavel formaram assim o ponto de partida para a divisão da antiga "filosofia prática" em uma ciência exata de racionalidade política de um lado e uma teoria da moralidade, de outro. Uma "divisão do trabalho" foi estabelecida entre uma teoria da política despida de moralidade, que atendeu ao real funcionamento das instituições ou sistemas políticos sem consideração de questões éticas, e uma teoria politicamente neutralizada de moralidade ou virtude, cuja relevância pública já não era claramente aparente (cf. HÖSSE, O. *Strategien der Humanität* ["Estratégias da humanidade"], p. 11ss.). É claro que houve uma falta de tentativas na história da filosofia moderna para colmatar esta falha; tendências opostas para a renormatização do pensamento político estiveram longe de ser incomuns. No entanto, é notável o quão fortemente esta "divisão do trabalho" foi retida e continua a impregnar a estrutura do discurso filosófico político até 1960. Particularmente na era do pós-guerra, a filosofia política normativa e a ciência política empírica existiram lado a lado nos Estados Unidos, mas quase sem conexões entre elas. Rawls em *Uma teoria da justiça* foi a primeira grande – e espetacular – tentativa de restabelecer a ligação entre as questões éticas e os processos de tomada de decisões públicas, em um período que viu pouca atividade neste aspecto em particular, e de forma tão concreta que a relevância da filosofia prática ficou imediatamente aparente. Rawls conseguiu, assim, conectar as duas correntes do pensamento político-filosófico, anteriormente separadas por um abismo quase intransponível. Seu trabalho desencadeou o retorno espetacular de questões normativas para o centro da teoria política.

A característica que distingue o trabalho de Rawls é colocar o valor da *justiça* no centro de suas reflexões teóricas, e sua tentativa de tirar dela o que é uma "justa" estrutura institucional e o poder das sociedades em uma justa distribuição dos bens, pode parecer. A filosofia prática, Rawls estava convencido, deve começar com a *estrutura institucional da sociedade como um todo*, porque isso tem uma influência decisiva sobre as chances de vida de membros da sociedade. A abordagem filosófica moral focada principalmente em indivíduos discretos, pensou ele, seria em grande parte ineficaz, dada a complexidade das sociedades modernas. De acordo com Rawls, há pouca perspectiva de enfrentar pressionando questões morais da pobreza, os desequilíbrios de poder na sociedade etc. através de uma ética focada exclusivamente na conduta individual. Uma teoria da justiça deve, portanto, começar com as estruturas sociais básicas, que ele expressa da seguinte forma em uma das primeiras frases do livro: "Justiça é a primeira virtude das instituições sociais" (RAWLS. *A Theory of Justice*, p. 3). Mas como sabemos se as instituições ou sociedades sociais existentes são justas? De acordo com Rawls, isto pode ser determinado com uma pergunta simples, que é algo como: "Iriam os seres humanos racionais realmente estabelecer as instituições ou sociedades existentes se tivéssemos a oportunidade de criar novas estruturas sociais desde o início?" Se a resposta é sim, as várias instituições ou sociedades são justas. É claro que a pergunta de Rawls, como você provavelmente deve ter prontamente notado, é muito simples, simples demais, porque podemos perguntar o que é a racionalidade, em primeiro lugar, o que deve ser considerado uma "pessoa racional" etc. Isso parece sugerir que esta questão de Rawls, que supostamente nos fornece um critério preciso para a avaliação de uma sociedade ou de suas instituições, implica tantas incertezas e tal opacidade, que resolvê-la de uma forma que satisfaça a todos os envolvidos parece bastante inconcebível. Naturalmente, Rawls estava consciente das deficiências de tal pergunta, mas não acreditava que estas tornavam-na sem sentido. Em vez disso, ele pensava que era possível remediar isso através de uma espécie de experimento de pensamento, empregada praticamente da mesma forma já existente na história da filosofia nos trabalhos dos teóricos do contrato social do Iluminismo europeu, por exemplo. O argumento de Rawls é como segue: Quando as pessoas tentam avaliar racionalmente a justiça de instituições contemporâneas ou quando tentam discutir racionalmente uma nova e justa instituição para o futuro, elas, inevitavelmente, têm diferentes desejos, necessidades, valores, planos de vida, crenças políticas e religiosas, recursos energéticos, bens etc. Tendo em vista todas estas diferenças, não podemos esperar chegar em um consenso. No entanto, e este é o experimento mental proposto por Rawls, esse consenso estaria ao alcance de uma decisão racional aceitável para todos e, portanto, justa, poderia ser tomada, se as várias pessoas envolvidas na discussão *não soubessem as suas próprias necessidades, valores, objetivos, recursos etc*. Teríamos que criar uma situação em que as partes no debate *não* estão de fato discutindo o seu próprio lugar na sociedade, de modo que eles iriam necessariamente discutir o assunto em questão de forma imparcial. Tal situação seria algo como isto:

> Primeiro que tudo, ninguém sabe o seu lugar na sociedade, sua posição de classe ou posição social; nem sabe sua fortuna na distribuição de bens e habilidades naturais, a sua inteligência e força, e assim por diante. Nem, novamente, alguém sabe a sua concepção do bem, os elementos de seu plano racional da vida, ou mesmo as características especiais da sua psicologia, como sua aversão ao risco ou tendência para o otimismo ou pessimismo (p. 137).

Nesta discussão um "véu de ignorância", para usar a metáfora de Rawls, cairia sobre os envolvidos e seu lugar como indivíduo na sociedade. E é esse véu que previne as pessoas de concordar, por exemplo, com diferenças extremas de riqueza ou poder na estrutura social básica, porque seriam confrontados com a possibilidade de estar no fundo da pirâmide social. Ninguém, por exemplo, iria votar a favor da escravidão, Rawls sugere, se corresse o risco de ser um escravo ele mesmo. Com esta experiência de pensamento, essa ideia do "véu de ignorância", Rawls acredita que ele tem agora um critério à sua disposição para avaliar se as estruturas sociais ou processos de tomada de decisões sociais são verdadeiramente justos. Eles são justos se aqueles afetados pela estrutura da sociedade ou por decisões de uma política social teriam concordado com a criação dessas estruturas ou com essas decisões em uma situação tão artificial da ignorância.

Tudo isso soa bastante abstrato e pode-se suspeitar que não tem grandes consequências políticas. Na verdade, porém, Rawls chega a conclusões sobre a base desta ideia do "véu de ignorância" que levam a exigências políticas bastante específicas. Ele afirma que, sob o véu da ignorância, as partes envolvidas na discussão concordariam em dois princípios fundamentais.

> Primeiro: cada pessoa tem um direito igual à mais extensa liberdade básica compatível com uma liberdade semelhante para os outros.
>
> Segundo: as desigualdades sociais e econômicas devem ser dispostas de modo que ambas sejam (a) razoavelmente uma vantagem para todos, e (b) atreladas a posições e cargos abertos a todos (p. 60).

O primeiro princípio afirma que em um Estado de ignorância as pessoas tendem a uma forma de sociedade em que os direitos básicos, como a liberdade de expressão, a liberdade de religião, o direito ao voto, à segurança jurídica, o direito à propriedade etc. são garantidos, porque todo mundo deseja desfrutar destes direitos e não está disposto a arriscar perdê-los em uma sociedade que defende nenhum ou apenas alguns deles. A cláusula (b) do segundo princípio visa estabelecer uma sociedade meritocrática em que a própria realização, em vez de, por exemplo, critérios de nascimento, determinam a posição, na qual as origens aristocráticas, por exemplo, não são um pré-requisito para a realização de determinadas provedorias políticas. A primeira cláusula (a), que soa bastante inofensiva em si mesma e que tem sido discutida na literatura sob o termo "princípio da diferença" tem em mente um tipo de programa sociopolítico que lembra em alguns aspectos o pensamento liberal de esquerda (no sentido alemão), porque este princípio afirma que a organização da desigualdade social que acompanha a distribuição da produção já não pode ocorrer "naturalmente" na sociedade justa futura. A expressão "em benefício de todos" exclui, por exemplo, que a riqueza de uma sociedade como um todo aumenta às custas de certos grupos. Por exemplo, sobre este ponto de vista, o argumento de que é necessário reduzir os salários dos menores grupos salariais, a fim de manter o *status* da Alemanha como um bom lugar para fazer negócios e para garantir ou aumentar a riqueza da sociedade como um todo, presumivelmente pode ser considerado injusto. De acordo com Rawls, que difere profundamente do ideal radical de Castoriadis da igualdade nesse ponto, as desigualdades sociais são muitas vezes inevitáveis; as desigualdades sociais, de fato, aumentarão muitas vezes. Mas isso é justo somente se as desigualdades são também a vantagem dos menos beneficiados. Isto é o que a expressão "em benefício de todos" significa. Ilustrando isso por meio de um exemplo: pode muito bem fazer sentido privilegiar aqueles com os mais altos salários de uma sociedade com ainda mais dinheiro pela oferta de gestão, na esperança de que eles acrescentem ainda mais para a riqueza global da sociedade através de seus esforços. Mas, de acordo com Rawls, esta abordagem é viável *numa sociedade justa* somente se os grupos salariais mais baixos, os destinatários, os desempregados ou recipientes de bem-estar também ganharem apreciavelmente dela, se esse aumento da riqueza da sociedade também beneficiar a estes, através de aumentos salariais, do aumento dos benefícios de desempregados ou através de apoios generosos ao rendimento. A filosofia política de Rawls conduz, assim, a uma concepção dinâmica de bem-estar; pode ser lida como uma chamada para as políticas sociais orientadas para o bem-estar dos mais fracos de uma sociedade, mas que também tem que ter em conta as vantagens da divisão do trabalho, da diferenciação social e da desigualdade, que também devem ser reconhecidas.

Como enfatizamos, a filosofia política de Rawls atraiu enorme interesse. Sua ideia do "véu de ignorância" incitou outros pensadores a buscar critérios para avaliar procedimentos justos e injustos da mesma maneira. Enquanto a ideia de Habermas do discurso (livre de dominação) (cf. Lição X) apresenta diferenças significativas da figura de pensamento de Rawls, ela deve a ele retrospectivas importantes, enquanto o trabalho de Habermas sempre foi orientado e tem sido sempre informado pelos pontos fortes e fracos do programa de Rawls.

Mesmo o argumento de Rawls tendo sido brilhante, não houve ausência de críticas, de uma forma específica em particular. Desde o início dos anos de 1980, o que atraiu críticas não foi tanto as consequências (socio)políticas do programa de Rawls como as instalações altamente individualistas da sua linha de argumento como um todo. De acordo com esses críticos, Rawls agarra-se a uma concepção excessivamente atomística da existência humana. Isso desencadeou uma controvérsia explosiva na teoria social.

A controvérsia a que estamos nos referindo foi iniciada de forma espetacular pelo cientista político americano Michael Sandel (n. 1953), que reuniu uma crítica brilhante da ideia de que o justo tem prioridade sobre o bem, como assumido por Rawls, em seu livro de 1982 *Liberalismo e os limites da justiça*. Assim, ele colocou o primeiro tijolo do debate entre os chamados filósofos políticos liberais e comunitários que agora estavam começando.

Rawls começou suas reflexões político-filosóficas com a afirmação de que "a justiça é a *primeira* virtude das instituições sociais". Ele estava expondo, assim, a ideia de que ela não pode ser tarefa da filosofia rotular determinados valores, certos modos de vida, certas estruturas sociais como bons em si mesmos, como Aristóteles, por exemplo, fez de uma forma completamente lida como garantida. Pois em uma sociedade pluralista, tal esforço seria quase inevitavelmente ferir noções de "boa vida" de certos indivíduos. Deste ponto de vista, a tarefa da filosofia contemporânea só pode ser a de determinar critérios *formais* para discutir sobre as decisões *justas*. É por isso que Rawls insistiu na prioridade do justo sobre o bem. Tudo que a filosofia tem que fazer é manter o seu olhar nas decisões, certificando-se que elas serão justas e equitativas; não é tarefa dela comentar sobre quais valores e modos de vida específicos as pessoas devem escolher para praticar em suas vidas. É isso que Sandel critica. Sua tese é que o ponto de partida individualista em que Rawls conceitua "o véu de ignorância" é implausível e bastante incompatível com a noção de "princípio da diferença". Não é apenas Rawls que Sandel tem em mente aqui, mas ele se concentra sobre ele porque o considera um expoente particularmente hábil de um liberalismo político-filosófico, o que é problemático ou internamente incoerente por causa de suas premissas. Ele resume as premissas liberais com as quais está insatisfeito da seguinte maneira:

> a sociedade, sendo composta por uma pluralidade de pessoas, cada uma com seus próprios objetivos, interesses e concepções do bem, é melhor organizada quando eles são governados por princípios que não pressupõem-se a qualquer concepção particular do bem; o que justifica esses princípios reguladores, acima de tudo, não é que eles maximizam o bem-estar social ou de outra forma promovem o bem, mas sim que eles estão em conformidade com o conceito de direito, uma categoria moral dada antes do bem e independente dele (SANDEL. *Liberalism and the Limits of Justice*, p. 1).

Sandel deseja resolver esta concepção básica "liberal" da filosofia moral, que apareceu na obra de Kant; ele quer desafiar a tese kantiana e de Rawls da primazia do que é certo e invés disso sublinhar os limites do princípio de justiça – e é por isso que ele chamou seu livro de *Liberalismo e os limites da justiça*. Sandel chama atenção para uma das consequências da filosofia de Rawls em particular e na premissa que ela endossa de que o direito tem prioridade sobre o bem. Isso indica que os princípios de justiça podem ser definidos independentemente de concepções do bem: "Esta prioridade fundamental permite ao direito manter afastados os valores e concepções do bem que prevaleçam" (p. 18). Mas, de acordo com Sandel, isto implica uma definição do indivíduo humano com enormes consequências. Se pegarmos as palavras de Rawls (e outros liberais), isso significa que não é o conteúdo dos nossos objetivos, valores, desejos etc., que desempenham o papel decisivo na nossa identidade, mas apenas a nossa *capacidade de escolher* (racionalmente) certos objetivos, valores e desejos. Em última análise isso significaria que o eu existe independente dos seus objetivos específicos, desejos, valores etc. Assim, o que é assumido é "um eu que deve ser anterior aos fins que escolhe" (p. 19); a sugestão é da "unidade do eu como algo antecedentemente estabelecido, formado antes das escolhas que faz ao curso de sua experiência" (p. 21).

Assim, a crítica de Sandel é que a construção teórica de Rawls como um todo pressupõe um sujeito que está radicalmente esvaziado, ou que pode ser esvaziado, de todo "conteúdo", desses desejos específicos, metas, valores etc. O conceito liberal (kantiano ou de Rawls) de pessoa é o de um "eu desimpedido" e implica que os indivíduos podem distanciar-se completamente de suas qualidades, valores e laços e escolhê-los (racionalmente). Esta é a única maneira de manter a prioridade do direito sobre o bem. Mas podemos seriamente supor que as pessoas que se sentem profundamente atraídas por determinados valores, distanciam-se destes valores, a fim de entrar em um discurso sobre a justiça que possa chamar esses mesmos valores em questão? Além disso, por que aqueles que tomam parte na discussão cumpririam suas conclusões? Os indivíduos de Rawls em sua experiência de pensamento são concebidos de forma tão abstrata, que continua não sendo claro de onde tiram a motivação moral para colocar as conclusões da discussão em prática seriamente. De acordo com Sandel, toda experiência de pensamento está baseada na noção irrealista de um eu isolado e livre, o que inevitavelmente produz inconsistências na arquitetura global teórica de Rawls.

Isto fica claramente evidente na análise de Sandel do princípio da diferença de Rawls, quando ele examina o seu apelo a políticas assistencialistas que levam em conta os grupos mais desfavorecidos dentro de uma sociedade. Pois isso chama por políticas destinadas a integrar todos os grupos dentro de uma sociedade em uma "comunidade política" e cai automaticamente em uma linguagem que reconhece metas intersubjetivas e, portanto, uma ideia particular do bem. Isto contradiz as premissas altamente individualistas da experiência de pensamento de Rawls. "Em sua discussão sobre a ideia de união social, Rawls carrega sua linguagem intersubjetiva de bens comuns para fins comuns e propósitos, e na retórica que vem perigosamente perto da teleológica, fala de seres humanos realizando sua natureza comum" (p. 81). A objeção de Sandel a Rawls aqui é o mesmo que a objeção de Parsons aos utilitaristas, sobretudo Hobbes (cf. Lição II). Contra as várias tentativas de resolver o "problema" da ordem social com meios utilitários, Parsons afirmou que agarrar os limites dessas instalações utilitárias em si era a única forma real de resolver qualquer coisa. Sandel argumenta da mesma maneira com relação a Rawls, alegando que as exigências normativas decorrentes do seu princípio da diferença são compreensíveis somente se abandonarmos as instalações altamente individualistas do seu "véu de ignorância".

Em última análise, isso só possa significar que estas argumentações são problemáticas em si mesmas, incluindo a noção de que o direito tem prioridade sobre o bem. Sandel exige, portanto, que esta relação entre o direito e o bem deve ser revertida e esta é a questão-chave na disputa entre os chamados liberais e comunitaristas. As razões para isso são as seguintes. Antropologicamente falando, é problemático assumir que as pessoas determinam seus objetivos e desejos individualmente e mais ou menos monologicamente, independentemente do fato de que tal noção, que vai contra nossa intuição diária, concebe o eu como "vazio de substância": "imaginando uma pessoa incapaz de relações constitutivas [...] é não conceber um agente idealmente livre e racional, mas imaginar uma pessoa totalmente sem caráter, sem profundidade moral" (p. 179). Sandel confronta isso com a afirmação de que as pessoas vivem em comunidades e formulam seus objetivos, valores e desejos *em associação com outros*, isto é, são integrados em determinadas instituições e estruturas sociais. Estas (intactas) estruturas sociais são necessárias se o indivíduo pode ser capaz de compreender a si mesmo em primeiro lugar. Só quando temos claro o que é "bom", e que tipo de estilo de vida queremos para nós, é que estamos em condições de discutir a justiça. Entretanto, as premissas de Rawls se abstêm das precondições coletivas para a individualidade, sem as quais, de acordo com Sandel, é impossível um assunto se constituir em primeiro lugar. E é por isso, Sandel nos diz, que a construção teórica de Rawls obstrui-se com essas tremendas dificuldades.

Mas Sandel não se contenta em criticar antropologicamente o quadro conceitual básico da teoria de Rawls. Sua crítica também se foca na hipótese de que a estabilidade política de um dado sistema político pode basear-se exclusivamente nos direitos individuais, e que caso contrário não tem base em valores. Para Sandel, uma mera "república processual" na realidade não tem bases sólidas; estas se encontram nos valores coletivos que vão além de uma mera orientação para problemas abstratos ou formais da justiça. O americano Sandel vê uma grave crise que aflige a sociedade e a política americana, um resultado do fato de que a política é agora entendida unicamente como uma batalha sobre direitos, enquanto a questão do que é o bem é negligenciada.

> Em nossa vida pública estamos mais enredados, mas menos conectados do que nunca. É como se o seu livre-pressuposto pela ética liberal tivesse começado a se tornar uma realidade – menos liberada do que desempoderada – atado em uma rede de obrigações e envolvimentos não associados com qualquer ato de vontade, e ainda por cima não mediados por essas identificações comuns ou autodefinições de expansão que as tornariam toleráveis. Como a escala da organização social e política tornou-se mais abrangente, os termos de nossa identidade coletiva tornaram-se mais fragmentados e as formas de vida política superaram o propósito comum necessário para sustentá-los (SANDEL. "The Procedural Republic", p. 124).

A sociedade americana está em crise por causa de uma escassez de valores comuns que são o único meio de fazer uma sociedade verdadeiramente estável. Enquanto o próprio Sandel não tem uma ética comum específica para oferecer, ele está convencido de que a teoria normativa de Rawls com a sua primazia do justo é bastante incapaz de resolver esta crise. Depois de algumas disputas iniciais calorosas, o debate entre liberais e comunitaristas posto em movimento por Sandel, entre outros, levou a uma aproximação gradual entre as duas posições. Autores como os filósofos e cientistas políticos Charles Taylor e Michael Walzer (n. 1935) no campo comunitarista, foram obrigados a rever a sua posição, pelo menos ligeiramente, bem como seus adversários liberais, os campeões de uma ética processual, como Rawls ou Jürgen Habermas, como dissemos no final da Lição X. A aproximação revelou que a crítica de certas formas de individualismo é compartilhada por ambos os campos. Ambos distanciam-se claramente dos individualismos "utilitarista" e "expressivista", que alcançaram alegadamente um *status* hegemônico na cultura americana (e talvez na cultura ocidental em geral). Os problemas de um individualismo utilitarista e expressivista foram analisados, não de uma maneira filosófica, mas em um estudo *sociológico* abrangente, por Robert Bellah e seus colegas, dando substância empírica para os debates filosóficos em vez das abstratas exercidas até então.

Hábitos do coração: individualismo e compromisso na vida americana por Robert N. Bellah, Richard Madsen, William M. Sullivan, Ann Swidler e Steven M. Tipton é uma das grandes análises da era contemporânea produzida na década de 1980. Para os autores desse livro, que apareceu pela primeira vez em 1985, conseguiu produzir uma crítica de um individualismo extraviado, apoiada por pesquisas sólidas. Além disso, o livro também lidou com a crise das sociedades modernas diagnosticadas por Sandel, sociedades nas quais – nesta perspectiva – a falta de uma estrutura compartilhada de valores ameaçou minar a estabilidade social. Como estudante de Parsons na década de 1960, o próprio Bellah já foi sensibilizado em relação a essas questões, tendo sublinhado em seus estudos sobre a religião civil na América (cf. Lição XIII) como os valores básicos da sociedade americana são ancorados na religião. Nesse grande estudo realizado na década de 1980, ele continuou seu trabalho anterior, ainda que agora em uma base substancialmente mais empírica e com respeito a uma questão significativamente mais ampla no escopo. O ponto de partida do livro é uma famosa tese apresentada por Alexis de Tocqueville em seu livro de 1835, *A democracia na América*, a saber, que uma relação dinâmica entre vida privada e pública é crucial para a sobrevivência de instituições livres. Nesta medida, a democracia pode ser vigorosa apenas se os cidadãos estão preparados para ir além do âmbito privado imediato (parentes e afins) e de articular as suas opiniões como indivíduos em uma esfera pública, nos círculos de amigos, associações, em reuniões políticas etc. Reservar-se à esfera privada apenas arrisca o desenvolvimento de um Estado todo-poderoso regulador de tudo e, portanto, a longo prazo, a morte de uma sociedade livre e democrática.

Bellah e seus colaboradores adotaram esta tese, usando-a como realce do seu diagnóstico e crítica do mundo contemporâneo. Eles entrevistaram cerca de 200 adultos da classe média branca americana, perguntando a eles sobre aspectos específicos das suas vidas privadas (sua relação com casamento, amor e terapia), bem como suas vidas "públicas" (sua participação em clubes e associações ou na política local). Em alguns aspectos, as descobertas confirmaram as alegações de crise de Sandel e, além disso, levou a novas perspectivas no que diz respeito às formas altamente variáveis do individualismo moderno.

Enquanto Ulrich Beck, por exemplo, fez muito pouco esforço para distinguir entre diferentes tipos de individualismo em sua teoria do individualismo, Bellah e seus colegas viram isso como sua primeira tarefa prioritária. Em suas entrevistas, bem como por meio de pesquisas históricas de figuras importantes da história intelectual norte-americana, eles identificaram um total de quatro tipos de individualismo: uma *tradição bíblica* originária de uma época de inspiração religiosa, a *tradição republicana*, que remonta ao período revolucionário e orientada para uma concepção greco-romana da política, e, finalmente, uma tradição que deve ser subdividida em duas correntes, uma de individualismo *utilitarista* e outra *expressivo*.

A análise das entrevistas sozinha, no entanto, produziu um quadro bastante unidimensional. Embora Tocqueville, que realizou as suas investigações na década de 1830, tenha observado principalmente o individualismo religioso e o republicano, e tenha pensado que estas formas de individualismo explicavam a força e a vitalidade da política americana e da democracia, há pouco sinal delas entre os entrevistados modernos. A ideia exposta, por exemplo, por John Winthrop (1588-1649), o "primeiro puritano" em solo americano, de que a liberdade humana é um bem que o obriga a respeitar a Deus e os seus mandamentos, perdeu influência na América moderna. O mesmo pode ser dito da ideia de individualidade de Thomas Jefferson (1743-1826). Como coautor da Declaração de Independência americana, ele considerava uma liberdade puramente formal como inadequada. Com base nas tradições políticas do mundo antigo, ele considerou uma política digna de respeito somente se os cidadãos realmente têm participação nas decisões e desempenham um papel ativo na vida política. A maioria dos entrevistados não tinha completamente a linguagem moral de um Winthrop ou Jefferson, e poderiam nem entender, muito menos expressar, as ideias a que eles estavam se referindo. Pois o individualismo contemporâneo, assim Bellah nos diz, ou é utilitarista, isto é, em grande parte preocupado a curto prazo e geralmente com cálculos materialistas de utilidade, ou expressivo, em outras palavras, orientado para a satisfação das necessidades emocionais e do cultivo de si mesmo. De acordo com Bellah, estes dois tipos de individualismo moderno podem ser atribuídos a dois tipos sociais que dominam a moderna cultura americana, assim como a de outros países: o gerente e o terapeuta. Isso é dito para dar corpo ao individualismo utilitarista e expressivista respectivamente, que predominam no presente.

De acordo com Bellah, a coisa mais notável sobre estes individualismos, sem dúvida radicais, é que, na maioria das vezes, as pessoas que agem dessa maneira individualista simplesmente não têm a capacidade de compreender como pode ser possível ligar os seus interesses com os dos outros. Eles frequentemente sofrem com a falta de laços sociais e relacionamentos. Além disso, eles também são incapazes de definir o que entendem como "boa vida". Os entrevistados manifestaram (consciente ou inconscientemente) um sentimento de desconforto sobre suas próprias vidas desconectadas, e expressaram oposição à hegemonia social dos gestores e terapeutas. No entanto, eles não foram capazes de expressar esta inquietação e oposição em uma linguagem moral em que transcenderiam esse individualismo utilitarista e expressivo. De acordo com Bellah, é, portanto, também importante "encontrar uma linguagem moral que irá transcender [...] o individualismo radical" (BELLAH. *Habits of the Heart*, p. 21). Isto é tanto mais premente porque obviamente nem o avanço profissional típico de individualistas utilitários nem o cultivo puramente privado das preferências pessoais característico de individualistas expressivos genuinamente satisfazem as pessoas, sobretudo tendo em conta que em ambos os casos eles são confrontados com o problema de uma vida social carente em profundidade e duração.

A tese de Bellah é que estas dificuldades podem ser resolvidas apenas se este individualismo radical for substituído ou, pelo menos, complementado por orientações culturais que anteriormente desempenharam um papel importante na história americana, as quais não desapareceram totalmente mesmo agora, e que podem facilitar a identificação com as comunidades e tradições vivas. Apenas pegando o rastro das tradições bíblicas e/ou das tradições que ainda existem nos Estados Unidos – assim Bellah nos diz – pode-se revitalizar a democracia americana a longo prazo.

> Se não somos inteiramente uma massa de fragmentos intercambiáveis dentro de um conjunto, se somos em parte membros qualitativamente distintos de um todo, é porque ainda estão operando entre nós, com todas as dificuldades, as tradições que nos dizem sobre a natureza do mundo, sobre a natureza da sociedade e sobre quem somos como pessoas. Principalmente bíblicas e republicanas, essas tradições são, como vimos, importantes para muitos americanos e significativas em algum grau para quase todos. De alguma forma, famílias, igrejas, uma variedade de associações culturais, e, mesmo que apenas nos interstícios, escolas e universidades, não conseguem comunicar uma forma de vida, uma *paideia*, no sentido de crescer em um mundo moral e intelectualmente inteligível (p. 281-282; ênfase original).

Esta é a única maneira de impedir que o governo (americano) se desintegre em um conglomerado de indivíduos atomizados ou torne-se uma coleção de "enclaves de estilo de vida", cada um dos quais consiste somente daqueles de pensamento concordante (comunidades centradas nas pessoas *gay*, a classe média branca, entusiastas da *Nova Era* etc.) e que são, portanto, totalmente incapazes de se comunicar com *outras* comunidades, muito menos de uma ação política conjunta. Assim como Tocqueville observou, existe uma necessidade de um equilíbrio razoável entre vida pública *e* privada para garantir a vitalidade e a estabilidade da democracia.

O chamado de Bellah para uma comunidade substancialmente rica em tradições não deve ser entendido como uma reversão reacionária aos modos de vida do passado distante. Muito pelo contrário: ele anseia por movimentos sociais que possam orientar uma mudança cultural no sentido de uma cultura democrática vigorosa, movimentos que, por exemplo, encontrem inspiração nos ideais do movimento dos direitos civis dos anos de 1950 e de 1960, o que não era, é claro, centrado na busca de interesses utilitaristas ou necessidades emocionais satisfatórias, mas sim na criação de uma cultura política verdadeiramente democrática com base em que negros e brancos poderiam lutar juntos pela melhor maneira de organizar sua comunidade política.

A crítica do Estado da sociedade americana expressada por Bellah e seus coautores em *Hábitos do coração* e o diagnóstico associado do mundo contemporâneo foram traduzidos em outro livro em propostas específicas sobre a forma de revitalizar o sistema político americano (BELLAH et al. *The Good Society*, de 1991). Estes variam de chamadas para desmantelar estruturas estatais militaristas (p. 78) a apresentação de propostas para a democratização do local de trabalho (p. 101). É importante sublinhar estas propostas porque a retórica de comunidade implantada por Bellah e os comunitaristas muitas vezes encontrava resistência na Alemanha, onde ele é classificado como conservador reacionário, o que é compreensível em um certo grau, dado a forma como o conceito foi usurpado pelos nazistas (com a sua *Volksgemeinschaft* ou comunidade nacional). Não há dúvida de que existem comunitaristas conservadores. Mas o conceito de comunidade tem uma ressonância bastante diferente na história intelectual norte-americana do que em seu equivalente alemão (JOAS. "Decline of Community? Comparative Observations on Germany and United States"), que é o motivo de alguns progressistas americanos ou esquerdistas o terem adotado, como é evidente em demandas políticas concretas de Bellah. É sobretudo devido aos instintos políticos e talentos organizacionais de um homem que a "Rede comunitária" surgiu a partir dessas abordagens acadêmicas, bem como da evolução política do início dos anos de 1990. Estamos nos referindo a Amitai Etzioni. Etzioni (n. 1929) é, em uma série de aspectos, uma figura interessante na vida intelectual e política dos Estados Unidos (cf. sua autobiografia *My Brother's Keeper: A Memoir and a Message*). Nascido em Colônia como Werner Falk, filho de pais judeus, emigrou para a Palestina com sua família durante o período nazista, onde participou como soldado nas batalhas para a fundação do Estado de Israel. Ele estudou Sociologia em Jerusalém com Martin Buber – que encontramos na Lição XIII como uma das inspirações principais do Shmuel Eisenstadt. Etzioni, em seguida, continuou seus estudos nos Estados Unidos, onde obteve seu Ph.D. em Berkeley, em 1958, com um estudo da sociologia das organizações. Tendo "encontrado um lar" na Universidade de Colúmbia em Nova York, ele rapidamente se tornou um dos principais sociólogos organizacionais dos Estados Unidos. Em 1968, ele produziu um trabalho altamente ambicioso de teoria social, cuja significância foi subestimada por um longo tempo. *A sociedade ativa: Uma teoria da sociedade e processos políticos* foi uma primeira tentativa de produzir uma síntese da teoria sociológica; ela pode ter surgido muito cedo, porém não foi menos significante por isso. Passaram-se mais de quinze anos antes que alguém na Europa – autores como Habermas, Luhmann e Giddens – se comprometesse a algo semelhante. Em outras palavras, Etzioni foi o primeiro a desviar do paradigma parsoniano, que também tinha uma alternativa abrangente, totalmente funcional e teórica à mão (JOAS. "Macroscopic Action"). O livro de Etzioni fundiu com sucesso elementos parsonianos, aspectos da teoria de sistemas cibernéticos, teoria do conflito e introspecções de fenomenologia e interacionismo para analisar uma questão crucial: Como podemos conceber a ação coletiva, e de fato de consenso, ao nível da sociedade como um todo? Para responder a esta pergunta, Etzioni consegue evitar numerosas "armadilhas" que têm atormentado um bom número de teóricos. Porque ele quase não equivale a estrutura em nível macro, nem a ação com o nível micro, ele não teve – como Habermas, por exemplo – a ideia problemática de lidar com contextos macroscópicos, apenas com sistemas de meios teóricos. Em grande parte, da mesma forma que Giddens fez, ele implantou o conceito de sistema (consulte a Lição XII) de uma maneira empírico-realista, ao invés de uma forma essencialista. Para ele, somente existem sistemas se for possível mostrar a retroalimentação que sustenta processos estáveis. No nível conceitual básico, o trabalho de Etzioni é assim informado pela teoria da ação. Em uma análise detalhada, apoiado em dados empíricos copiosos, em conhecimento (científico), poder e consenso, ele tenta tornar compreensível como a ação coletiva e um processo de mobilização que afeta a sociedade como um todo pode emergir. De uma forma que lembra os escritos de Alain Touraine, ele vai em busca de uma "sociedade ativa" nesse livro, perguntando como tal sociedade poderia trazer a mudança macrossocial. Embora o livro não pode, e não deseja, negar suas origens no contexto dos anos turbulentos de 1960 (que é dedicado aos estudantes de Etzioni em Berkeley e Colúmbia) e, certamente, prossegue fins normativos, deve ser sublinhado que Etzioni não toma apenas um sujeito coletivo como garantido (como em muitas escolas do marxismo). Em vez disso, ele examina *empiricamente* em que circunstâncias específicas atores coletivos e talvez até mesmo a ação macrossocial pode se desenvolver. Ele evita mutilar a resposta a esta pergunta, como fez Habermas correndo para introduzir o conceito de sistema (consulte Lição IX), e, ao invés disso, faz um esforço para manter uma mente aberta através de uma consistente abordagem ação-teórica.

Etzioni mesmo não desenvolveu mais esta abordagem teórica promissora – sem dúvida um aspecto peculiar de sua carreira. Uma certa decepção com a resposta escassa a este trabalho e um desejo incessante do autor de fazer um impacto a níveis políticos e práticos, desempenharam seu papel aqui. Ao mesmo tempo, como a realização de seus estudos em sociologia da organização, Etzioni também foi muito ativo no campo da pesquisa da paz e do conflito, antes de se tornar cada vez mais engajado na política na década de 1970; entre outras coisas, ele era um conselheiro próximo ao presidente e posteriormente vencedor do Prêmio Nobel da Paz, Jimmy Carter. Na era Reagan, Etzioni focou em criticar o paradigma da microeconomia e as teorias utilitaristas como um todo, as quais exerciam uma influência crescente sobre a vida intelectual e política dos Estados Unidos. Isso o levou a produzir *A dimensão moral*, mencionada na Lição V, um livro que se comprometeu a atualizar a crítica do utilitarismo exposta pelas figuras clássicas da sociologia e Talcott Parsons. Na década de 1990, Etzioni, em seguida, tornou-se o *rector spiritus* dos comunitaristas americanos e organizador da "Rede Comunitária", destinado a apresentar e difundir as ideias comunitárias na esfera pública e no mundo da política. Especialmente no âmbito desta última atividade, Etzioni coloca o problema da estabilidade das sociedades modernas, acima de tudo, a sociedade americana, no centro de suas reflexões, concentrando-se sobre a questão, já levantada no trabalho de Sandel e Bellah, da melhor forma de revitalizar a "infraestrutura comunicativa" de uma sociedade. Nos livros programáticos, tais como *O espírito de comunidade: a reinvenção da sociedade americana* de 1993, ele criticou a sociedade norte-americana contemporânea por sua falta de sentimento de "nós", sua ênfase excessiva nos direitos individuais, e sua desvalorização simultânea de obrigações com a comunidade. Para ele, a prioridade é estabelecer uma nova relação entre o indivíduo e a comunidade, para reforçar a infraestrutura de comunicação que facilita a produção de comunidade ou de sua revitalização. Suas propostas vão desde ideias políticas como o fortalecimento da classe da escola (p. 107s.). Através do estabelecimento de "Serviço Nacional", um ano mais ou menos obrigatório de serviço para serem realizados por jovens adultos para o benefício da comunidade (p. 113ss.), a regulamentação mais rigorosa do financiamento de campanhas.

Etzioni sempre rejeita reivindicações liberais que suas ideias propagam, em última análise, uma forma de vida reacionariamente comunitária, uma forma de comunalidade estreitamente concebida. Ele não quer laços sociais para seu próprio bem. Etzioni é bem ciente de que as comunidades podem ser repressivas, razão pela qual ele argumenta "que um atributo de uma boa sociedade é que ela é uma onde os fortes laços comunitários são equilibrados por proteções similarmente poderosas do eu" (ETZIONI. *The Monochrome Society*, p. 144). O comunitarismo, como Etzioni o entende, está muito longe de qualquer tipo de idealização ingênua ou retrógrada da comunidade como tal.

O debate sobre o comunitarismo é bastante semelhante ao debate da "sociedade civil". Este debate foi iniciado, em grande parte por dissidentes do Leste Europeu nos anos de 1970, durante a era do domínio soviético. Com este conceito normativo, eles apontaram para um espaço além do Estado e fora do alcance do Estado, mas que não era meramente privado; este seria intocado pelo controle dos partidos comunistas governantes, de modo que uma forma verdadeiramente democrática de vida poderia começar a se desenvolver. No final dos anos de 1970 e de 1980, este conceito também desempenhou um papel cada vez mais importante nos debates sobre a teoria social no Ocidente, especialmente porque poderia ser facilmente ligado ao conceito habermasiano de esfera pública (cf. Lição IX). "Sociedade civil" geralmente se refere a uma esfera da atividade dos cidadãos não regulada nem pelo Estado nem pelo mercado (cf., p. ex., COHEN, J. & ARATO, A. *Civil Society and Political Theory*). No início de 1990, o cientista político americano Robert D. Putnam desencadeou um debate com a tese do declínio do "capital social" nos Estados Unidos, um debate que implementa este conceito, bem como outras ferramentas conceituais relacionadas e que lida com um assunto semelhante, ou seja, a questão de onde a participação dos cidadãos na política ocorre e como intensiva essa participação é hoje (para uma análise da Alemanha a esse respeito, cf. JOAS & ADLOSS. "Transformations of German Civil Society: Millieu Change and Community of Spirit").

Da perspectiva de Etzioni, todas essas abordagens são importantes, mas insuficientes. Sua crítica é que a "sociedade civil" só pode ser sempre uma subdivisão ou um aspecto da "boa sociedade" como ele a entende. Para aqueles que defendem a ideia de "sociedade civil", bem como Putnam, em última análise não têm praticamente nada a dizer sobre certas formas de associação serem boas ou não. Para eles, todos os grupos sociais e os laços parecem ser de igual valor, independentemente da sua forma e objetivos. Participação em associações, clubes, partidos políticos, movimentos sociais etc. parecem ser bons em si mesmos: "uma associação voluntária é, em princípio, tão boa quanto qualquer outra" (*The Monochrome Society*, p. 198.). A visão comunitarista de Etzioni não pode e não vai resignar-se a uma posição relativista deste tipo. Pois, em sua opinião, a "boa sociedade" é sempre centrada em um núcleo de valores claramente particulares (não particularistas) definidos, razão pela qual os acadêmicos e todos os intelectuais não podem evitar declarações sobre os diversos graus de desejabilidade normativa de diferentes instituições e formas de participação.

Etzioni passa, assim, para os expoentes da concepção da sociedade civil, por assim dizer, a crítica muitas vezes feita do comunitarismo, ou seja, que é incapaz de distinguir entre as comunidades "boas" e as comunidades "más". Mas há igualmente poucas razões pelas quais isso deveria aplicar-se a eles. O conceito de esfera pública de Habermas certamente tem uma forte dimensão normativa; os dissidentes do Leste Europeu tinham ideias muito precisas sobre quais formas de sociedade civil são democráticas e quais não são; e Putnam também alterou um pouco agora a sua postura para ter mais em conta as distinções exigidas por Etzioni.

Mas Etzioni está certamente certo ao enfatizar que os valores fortes podem e devem ser articulados nos debates públicos. Se não há um consenso sobre eles, a sociedade deve ter a chance de entrar no que Etzioni chama de "megalogue", um "diálogo em nível social, que liga muitos diálogos comunitários em um dar e receber nacional" (p. 157). É a única maneira de esclarecer as divergências normativas existentes. A "boa sociedade" provocada por tal megalogue, Etzioni defende, finalmente produziria uma posição significativamente mais firme no sentido da desigualdade social do que é possível com os argumentos de Rawls. Etzioni não considera aceitável a atitude liberal de Rawls no sentido da grande desigualdade social. A boa sociedade, de acordo com Etzioni, iria reduzir as desigualdades sociais, muito mais do que o exigido pelo princípio da diferença de Rawls (p. 147). Pois não temos que julgar todas as formas de desigualdade como boas simplesmente porque os mais desfavorecidos não obstante se beneficiam delas. A atitude em relação à desigualdade social encontrada em uma determinada sociedade é baseada em avaliações fortes que não podem simplesmente ser deixadas de lado pelo princípio da diferença, por exemplo.

Os escritos políticos programáticos de Etzioni incluem um grande número de propostas conservadoras, mas também muitas ideias de esquerda ou ideias progressistas, como fica evidente na crítica de Rawls descrita acima. Como os próprios estados de Etzioni, o movimento comunitário não pode ser localizado claramente dentro do esquema da esquerda e da direita. Há semelhanças significativas nos escritos políticos de outro grande teórico social contemporâneo, a dizer, Anthony Giddens, com sua noção de uma "terceira via" para a democracia social. Os comunitários por um lado e Giddens por outro exerceram uma grande influência sobre o debate da política social-democrata na Europa na década de 1990. Seu objetivo primário é o de combater a orientação estadista, a fixação sobre o Estado, tão típica dos partidos democráticos sociais tradicionais e outros. O objetivo, neste sentido os comunitaristas e Giddens se assemelham muito ao protótipo liberal de Rawls, ajudando a remoralizar a política não de uma forma tacanha, mas através do estabelecimento de uma nova ligação entre reflexões normativas sobre o que constitui uma política desejável e o conhecimento empírico sobre o seu caráter e as tendências de desenvolvimento. Atualmente, a teoria política e a teoria social estão entrando em contato novamente com resultados produtivos para ambas. O mesmo pode ser dito da corrente intelectual que surgiu a partir do renascimento de ideias cuja importância foi rapidamente reconhecida na história das ciências sociais, em particular nos Estados Unidos, mas que foi, em seguida, objeto de uma crescente marginalização: pragmatismo e neopragmatismo nas suas várias permutações. São estas correntes que nós veremos na seguinte lição.

XIX
Neopragmatismo

Como ficou evidente, através das nossas observações sobre o interacionismo simbólico na Lição VI, a geração que fundou a sociologia americana, como George Herbert Mead e os membros da Escola de Chicago de sociologia, tinha ligações estreitas com a filosofia pragmatista americana. De fato, é justo dizer que autores como Mead desempenharam papéis cruciais no desenvolvimento de ideias pragmatistas, atrelando-as a análises de processos sociais e relacionados. Assim, não há dúvida de que a filosofia pragmatista influenciou fortemente o desenvolvimento da sociologia americana, pelo menos até a década de 1930.

Posteriormente, a influência do pragmatismo na sociologia diminuiu visivelmente. Um dos fatores-chave na crescente falta de interesse dos sociólogos pelo pensamento pragmático foi a contribuição de Parsons para o estabelecimento de um cânone sociológico, uma contribuição que resultou, com algum atraso, de seu livro *A estrutura da ação social*, publicado pela primeira vez em 1937. Nas lições II e III aludimos ao fato de que esses pensadores, a quem Parsons declarou como pais fundadores da sociologia (esp. Weber e Durkheim), eram exclusivamente europeus. Autores americanos influenciados pelo pensamento pragmático ele ignorou completamente. Dada a predominância da crescente sociologia parsoniana no final da década de 1940, não é surpreendente que o desenvolvimento da teoria sociológica tenha ocorrido *quase exclusivamente sem referências às tradições pragmáticas*. Só em 1960 isso começa a mudar em alguma medida, quando o interacionismo simbólico se posiciona como uma "nova" abordagem teórica e como uma alternativa ao parsonianismo. Embora simbólico, o interacionismo não era realmente "novo". Enquanto ainda era estudante de George Herbert Mead, Herbert Blumer tentara "salvar" ideias de seu professor durante a hegemonia parsoniana no período de 1940 e de 1950 – e teve sucesso nessa empreitada, como ficou claro na insurreição do interacionismo simbólico na década de 1960 (novamente, consulte a Lição VI). Assim, o pensamento pragmático certamente sobreviveu ao interacionismo simbólico, embora de forma bastante restrita. O autor que se tornou referência fundamental para os interacionistas simbólicos foi George Herbert Mead, enquanto os outros fundadores do pragmatismo americano, como Charles Sanders Peirce, William James e John Dewey desempenharam um papel muito menos proeminente.

Juntamente com os interacionistas simbólicos, havia, claro, dentro da sociologia norte-americana, figuras individuais que também se sentiam em débito com o pragmatismo. Autores como o teórico de conflito C. Wright Mills (cf. Lição VIII), por exemplo, que se referia a autores pragmáticos em diversas conexões (cf. sua dissertação publicada postumamente [1964]: *Sociologia e pragmatismo: o ensino superior na América*) e particularmente em sua crítica cultural, ele propaga ideias remanescentes dos projetos reformistas pragmatistas. Outro pensador importante foi o grande sociólogo norte-americano de Direito e organizações Philip Selznick (n. 1919), que utilizou os *insights* psicológico-sociais de Dewey em seu famoso *TVA e as Grass Roots: um estudo na Sociologia das Organizações Formais* de 1949 para melhorar a análise das organizações. Em uma grande obra tardia de 1992 (*A moral do bem-estar comum: teoria social e a promessa de comunidade*) ele se referiu profusamente a autores pragmatistas em sua discussão acerca de questões fundamentais da teoria social.

Um longo tempo se passou antes que o pragmatismo desempenhasse qualquer papel na sociologia europeia pós-guerra. Essa situação mudou apenas na década de 1970, quando Jürgen Habermas, influenciado por seu amigo, o filósofo Karl-Otto Apel (n. 1922), fez extensa referência a Mead, Peirce e Dewey, tanto para alcançar um conceito viável de intersubjetividade quanto para apoiar a sua ética de discurso. Todavia, apesar do enorme impacto da obra de Habermas, esta parece ter encorajado outros a olhar para o pragmatismo apenas em um nível moderado. É justo dizer que o pragmatismo desempenhou um papel muito secundário no mundo acadêmico dos Estados Unidos e da Europa entre o ano de 1945 e o final da década de 1970.

No entanto, em seguida isso rapidamente começou a mudar, e foi um filósofo americano, Richard Rorty (1931-2007), o principal "responsável". Com seu livro de 1979 *Filosofia e o espelho da natureza*, ele deu início a um espetacular renascimento do pragmatismo – embora inicialmente apenas dentro da filosofia. Este renascimento teve muito a ver com o fato de que Rorty declarou John Dewey um filósofo de posição semelhante a figuras como Ludwig Wittgenstein e Martin Heidegger de maneira muito surpreendente, descrevendo esses três pensadores como os três filósofos mais importantes do século XX (*Philosophy and the Mirror of Nature*, p. 5). Dewey, que muitos, em sua ignorância, haviam considerado como um filósofo chato de senso comum, foi logo considerado como um autor de grande relevância, como resultado do livro de Rorty, uma tendência reforçada pelo fato de que pareceu possível conectar seus escritos com o pensamento pós-estruturalista francês, que estava tão na moda no momento. Quais foram as ideias-chave de Rorty? Acima de tudo, como é que ele interpretou os pragmatistas e Dewey em particular? Nesta lição, vamos primeiro apresentar os dois representantes filosóficos mais importantes do neopragmatismo (Rorty e Hilary Putnam) e as diferenças entre eles, antes de examinar as tentativas de desenvolver uma teoria social neopragmatista de Richard Bernstein e de um dos autores do presente trabalho (Hans Joas).

Filosofia e o espelho da natureza é uma história do pensamento filosófico moderno no qual Rorty tenta compreender a gênese histórica da ideia de "processos mentais" antes de partir para criticá-la e declará-la nula e sem efeito. A linha de pensamento de Rorty, que é um grande desafio para entender, é algo como isso. A filosofia moderna tradicional desde Descartes foi em grande parte uma constante tentativa de fugir da história em que a filosofia foi encarregada de produzir verdades *trans*-históricas, atemporais. E filósofos tentaram alcançar a verdade através do apego à ideia da consciência como um espelho, a ideia de que juntamente com as coisas físicas existem processos mentais ou processos conscientes que em maior ou menor grau retratam ou "espelham" coisas físicas. A circunstância que permitiu isso foi a suposição de que as pessoas têm acesso privilegiado aos seus próprios estados mentais, que elas conhecem esses estados melhor do que qualquer outra coisa e que conhecimento "verdadeiro" ou "objetivo" devem, portanto, estar diretamente ligados com estes processos mentais internos. O pressuposto aqui é que o conhecimento correto ou a verdade pode ser obtida se a "consciência" consegue representar com precisão objetos ou naturezas. Filósofos acreditam, assim, que a "consciência" ou o "mental" deve ser declarado a base de toda a filosofia, pois esta era a única maneira de produzir um conhecimento certeiro e, assim, atemporal.

Rorty tentou mostrar que a noção de "mental", em oposição a processos físicos, é inútil ou até mesmo sem sentido e que, portanto, a distinção entre corpo e alma, a substância e o espírito também o é. O dualismo que está vinculado é insustentável, porque aquilo que é chamado de "consciência" na filosofia tradicional pode ser descrito de uma forma mais simples ou diferente. Rorty deixa isso claro em uma crítica ao filósofo e matemático alemão Gottfried Wilhelm Leibniz (1646-1716), que expôs precisamente uma posição dualista, com a sua afirmação de que em última análise é impossível ver pensamentos:

> Por que devemos nos perturbar com o argumento de Leibniz que afirma que, se o cérebro fosse assoprado até ficar do tamanho de uma fábrica, para passearmos por ele, não deveríamos ver pensamentos? Se conhecermos correlações neurais o suficiente, vamos de fato ver pensamentos – no sentido de que a nossa visão nos revelará quais pensamentos o possuidor do cérebro está tendo. Se não as conhecermos, não vamos, mas, então, se nós passearmos por qualquer fábrica sem saber de antemão sobre as suas partes e suas relações umas com as outras, não vamos ver o que está acontecendo. E mais, mesmo que não consigamos encontrar tais correlações neurais, ainda que a localização cerebral de pensamentos seja um completo fracasso, por que iríamos querer dizer que os pensamentos de uma pessoa ou suas imagens mentais eram não físicas, simplesmente porque não podemos dar conta deles em termos de suas partes? Para usar um exemplo de Hilary Putnam, não se pode afirmar por que pinos quadrados não se encaixam em furos redondos em termos das partículas elementares que consti-

tuem os pinos e os buracos, mas ninguém encontra um desconcertante *gap* ontológico entre a macroestrutura e a microestrutura (*Philosophy and the Mirror of Nature*, p. 26).

De acordo com Rorty, não há nenhuma razão para aceitarmos a existência de processos conscientes e mentais e, portanto, para perpetuar o dualismo cartesiano entre corpo e mente. É suficiente descrever os processos discretos (pensamentos) que ocorrem no cérebro como estados funcionais do complexo geral que formam o "cérebro". Assim, eles podem ser entendidos, se tanto, só se compreendermos a estrutura geral do cérebro e como ela funciona. Mas isso não exige a ideia de uma "consciência imaterial", porque os estados funcionais não podem ser descritos como "imateriais". Isto é precisamente o que a última frase da citação acima está dizendo. O simples fato de que não somos capazes de derivar pensamentos diretamente a partir das estruturas do cérebro não obriga-nos a assumir um abismo ontológico entre os dois, assim como não há necessidade de se supor que tal abismo existe entre microfísica e macroestruturas, apenas porque nós não podemos explicar, na linguagem das partículas elementares, por que peças quadradas não se encaixam em furos redondos.

A postura radical de Rorty certamente não é indiscutível, e em seus últimos escritos sua principal fonte, o filósofo pragmatista Hilary Putnam, mencionado na citação acima, e tratado mais adiante nesta lição, teria certamente questionado se "estados mentais" podem realmente ser equacionados com estados "funcionais" e se alguém pode realizar inteiramente sem a ideia do mental (cf., p. ex., PUTNAM. *Representation and Reality*, p. 1). Ao longo do tempo, o próprio Rorty também abandonou esse fisicalismo radical. Mas este não é o ponto-chave aqui, uma vez que Rorty se preocupa principalmente em reconstruir historicamente as razões pelas quais os filósofos se agarraram desesperadamente a um dualismo sem dúvida problemático. Em sua opinião, estas razões estão intimamente associadas ao nome de Descartes, que colocou, até certo ponto, o projeto da filosofia numa pista equivocada do caminho. De acordo com Rorty, a filosofia cometeu um erro crucial com a busca e identificação de seus fundamentos em uma epistemologia "inquestionável", por causa da ideia de que a chamada "consciência" é um espelho da natureza. Epistemólogos como Descartes e Locke, bem como Kant, foram incapazes ou não quiseram aceitar que o conhecimento não pode ser concebido como "verdade" atemporal a qual se pode atingir através de algum tipo de consciência, mas que o conhecimento pode ser compreendido apenas como "uma relação entre uma pessoa e uma proposição" (*Philosophy and the Mirror of Nature*, p. 141). Mas o conhecimento – de acordo com Rorty – não depende da intuição interna ou de uma representação "mental" correta da realidade, mas sim sobre a prática discursiva exercida entre dois ou mais indivíduos discutindo sobre declarações e tentando convencer um ao outro.

A posição de Rorty pode parecer bastante espetacular à primeira vista. No entanto, de fato ela tem significativas e controversas consequências. Pois Rorty escapa, assim, do conceito de verdade que a maioria das pessoas toma por garantido. Em sua opinião, não podemos nunca esperar obter uma "verdade" (trans-histórica). Quando falamos ingenuamente de "verdade" e de declarações "menos verdadeiras", no máximo estamos nos referindo às diferenças no grau de facilidade em se opor às nossas crenças" (p 157; cf. tb. RORTY. *Truth and Progress*, p. 1ss.). Assim, nem a ciência nem a filosofia preocupam-se com a produção de "verdades" (atemporais), mas apenas com a justificação de declarações específicas. Os modos como ocorrem tais justificativas são uma função da prática do discurso social (*Philosophy and the Mirror of Nature*, p. 170) e são, portanto, dependentes do contexto; elas são delimitadas no espaço-tempo, em vez de trans-históricas, e é por isso que não pode haver "conhecimento verdadeiro" definitivo, tampouco um fundamento último do conhecimento.

> Entendemos conhecimento quando compreendemos a justificação social da crença, e, portanto, não existe a necessidade de vê-lo como a precisão da representação. Uma vez que a conversa substitui o confronto, a noção da mente como *espelho da natureza* pode ser descartada. Em seguida, a noção de filosofia como a disciplina que procura representações privilegiadas entre esses que constituem o espelho se torna ininteligível. [...] Se olharmos para o conhecimento como um questão de conversa e prática social, e não como uma tentativa de espelhar a natureza, não seremos suscetíveis de prever uma metaprática que será a crítica de todas as formas possíveis de prática social (p. 170-171).

Assim, embora a filosofia esteja preocupada principalmente com a justificativa de declarações, Rorty não tenta identificar o fundamento da argumentação filosófica, uma "metapraxis", como Habermas fez através da ideia da racionalidade potencial da linguagem, por exemplo. Em vez disso, Rorty coloca-se firmemente dentro da tradição de "pensamento antifundamentalista", que (cf. sua interpretação de Dewey, Heidegger e Wittgenstein) não acredita mais que exista qualquer possibilidade de adquirir uma base inquestionável e trans-histórica para a argumentação (filosófica). Assim, para Rorty, todas as tentativas de estabelecer uma "metapraxis" (trans-histórica) ou "metarracionalidade", são um "desperdício de tempo". Ele se vê, assim, como um "contextualista" e é descrito como tal por outros (cf. HABERMAS. *Postmetaphysical Thinking: Philosophical Essays*, p. 135ss. • *Truth and Justification*, p. 116). Os argumentos de Rorty são contextualistas porque ele afirma que *as justificações são válidas apenas dentro de uma comunidade de determinada língua* e não são aceitas como racionais para além de suas fronteiras. Rorty adere a esta posição com grande consistência. Porque, da maneira como ele vê as coisas, a filosofia em si é meramente uma comunidade entre muitas, com uma linguagem específica e convenções explicativas específicas. Aqui, ele se despede da noção de que a filosofia é capaz de reivindicar uma racionalidade que seja de alguma forma superior. Em sua opinião, "a filosofia não terá mais a oferecer do que o senso comum (suplementado pela biologia, história etc.) sobre conhecimento e verdade" (*Philosophy and the Mirror of Nature*, p. 176). De fato, ele vai mais longe, a ponto de afirmar que "compreensão", "conhecimento" e "verdade", ao invés de conceitos fundamentais, representam apenas um elogio "atribuído às crenças que pensamos serem tão bem justificadas que, no momento, uma nova justificação não se faz necessária" (RORTY. "Solidarity or Objectivity?", p. 24). Se vocês lembram da Lição I, que procurou responder à pergunta "O que é teoria?", devem ter notado que nós já tocamos e discutimos brevemente problemas semelhantes, em conexão com o conceito de paradigma de Thomas Kuhn. Kuhn e o filósofo "anarquista" da ciência Paul Feyerabend são, na verdade, autores de referência fundamental para Rorty, visto que eles defendiam, em certa medida, o tipo de concepção contextualista da verdade favorecido por Rorty, com a referência destes à "incomensurabilidade" de diferentes paradigmas científicos (cf. RORTY. *Philosophy and the Mirror of Nature*, p. 330ss.). O desacoplamento da linguagem da realidade de Rorty, no entanto, estava indo longe demais para Kuhn (cf. a citação em um artigo inédito de Kuhn sobre Rorty em HASKELL, T. *Objetivity is not Neutrality*, p. 142).

Mas o que tudo isso tem a ver com o pragmatismo? Por que Rorty é descrito como um neopragmatista ou por que ele atribui o rótulo de "pragmático" a si mesmo? Vocês podem muito bem-estar se perguntando isso. A resposta de Rorty é a seguinte. Dewey, como seus outros dois heróis, Wittgenstein e Heidegger, abandonou a noção de saber específico como um objetivo central da filosofia; eles nem sequer tentam oferecer uma filosofia com uma base trans-histórica. Wittgenstein, Heidegger e, especialmente, Dewey não eram e não desejavam ser filósofos "sistemáticos". Eles eram pensadores "edificantes" ou "pragmáticos":

> Esses filósofos pragmáticos, periféricos, estão céticos principalmente em relação à filosofia sistemática, em relação a todo o projeto de comensuração universal. No nosso tempo, Dewey, Wittgenstein e Heidegger são os grandes pensadores edificantes, periféricos. Todos os três tornaram extremamente difícil tomar o seu pensamento como expressão de pontos de vista sobre os problemas filosóficos tradicionais, ou para fazer propostas construtivas para a filosofia como uma disciplina cooperativa e progressiva. Eles fazem piada da imagem clássica do homem, a imagem que pinta a filosofia sistemática, a busca por uma medida universal expressa em um vocabulário definitivo (*Philosophy and the Mirror of Nature*, p. 367ss.).

Agora, quiçá, com nossas observações sobre o pragmatismo americano na Lição VI ainda no fundo de suas mentes, vocês podem perceber que, uma vez que ele aglomera Dewey juntamente com Heidegger e Wittgenstein, o entendimento de Rorty sobre o pragmatismo é bastante impreciso, particularmente à luz do fato de que ele não menciona absolutamente nada sobre os principais aspectos do pensamento pragmático. Rorty simplesmente ignora realizações e temas cruciais do pragmatismo "clássico". Pode ser compreensível o fato de que ele não estava particularmente interessado no problema da relação entre ação e consciência com a qual os pragmatistas "clássicos" estavam tão preocupados, pois é exatamente esse conceito de consciência que ele quer deixar para trás. Mas é surpreendente que as reflexões de Dewey sobre a ação e a criatividade dos atores em situações de ações problemáticas não tenha praticamente nenhuma importância para Rorty; o mesmo pode ser dito das reflexões de Mead em uma teoria antropológica da comunicação (simbólica) e sobre a sociabilidade original dos seres humanos.

As descrições e definições de Rorty para "pragmatismo" (que para ele é meramente a visão de que "a ideia de uma representação precisa da ordem natural das coisas "não deve ser levada a sério ["É desejável amar a verdade?", p. 22]") são, inevitavelmente, de extrema formalidade e pouco convincentes. Provavelmente é relacionado à base de Rorty em filosofia analítica (da linguagem) que seu principal interesse no pragmatismo americano refira-se quase exclusivamente ao potencial desta para a crítica epistemológica e muito pouco às análises altamente originais produzidas por Dewey e Mead sobre as características específicas da experiência e ação humanas. Rorty expressa sua reação bastante unilateral às ideias pragmatistas, particularmente às de Dewey, em termos inequívocos:

> A realização máxima da filosofia de Dewey era tratar termos avaliativos como "verdadeiros" e "corretos", não como significando a relação com alguma coisa existente anteriormente – como a vontade de Deus, ou a lei moral, ou a natureza intrínseca da realidade objetiva – mas como expressões de satisfação por ter encontrado uma solução para um problema: um problema que pode algum dia parecer obsoleto, e uma satisfação que pode um dia parecer fora de lugar (RORTY. *Achieving Our Country: Left ist Thought in Twentieth-Century America*, p. 28).

Ele não parece não estar nem ciente da posição de Dewey como teórico da ação. A teoria da democracia de Rorty é também muito difícil de conciliar com os ideais participativos de John Dewey ou George Herbert Mead, um fato do qual ele é bem ciente (p. 96). Rorty emerge como um liberal bastante convencional, embora seu liberalismo assuma formas altamente estéticas ao invés de utilitárias. O ponto de partida das reflexões de Rorty sobre a teoria democrática é a sua convicção, descrita acima, de que porque não existem verdades eternas no reino dos valores e normas (políticas), uma divisão nítida entre a esfera pública e privada é necessária. Como afirma Rorty, é muito difícil conciliar a solidariedade necessária a uma comunidade (nacional) com a necessidade das pessoas de moldar suas próprias existências (*Contingency, Irony and Solidarity*, p. XIV). Mas as pessoas devem continuar a ter a oportunidade de fazê-lo; as necessidades específicas dos indivíduos devem ser protegidas – e esta é a tarefa mais premente para as instituições democráticas. Mas isto eles podem fazer somente se são incorporadas em uma cultura liberal e irônica, distinguida pelo fato de que as pessoas que vivem nela se abstêm de impor "verdades", e ao invés disso aceitam a diversidade de maneiras pelas quais os indivíduos projetam suas vidas. Rorty parece exigir pouco mais que isso da democracia (liberal). Em consonância com isso, suas definições dos termos "liberal" e "cultura liberal" também vêm a ser estranhamente parcas:

> A minha definição de "liberal", eu peguei emprestada de Judith Shklar, que diz que os liberais são as pessoas que pensam que a crueldade é a pior coisa que fazemos. Eu uso "ironista" para nomear o tipo de pessoa que confronta a contingência de suas crenças e desejos mais centrais – alguém suficientemente historicista e nominalista para ter abandonado a ideia de que as crenças e desejos centrais se referem a algo além do alcance do tempo e das possibilidades. Ironistas liberais são pessoas que incluem, entre esses desejos inalcançáveis, a sua própria esperança de que o sofrimento será diminuído, que a humilhação de seres humanos por outros seres humanos pode vir a cessar (*Contingency, Irony and Solidarity*, p. XV).

Para Rorty, a cultura liberal é então caracterizada não por valores específicos ou mesmo quaisquer tipo de *ethos* compartilhado ou agregado, como afirmou Parsons, por exemplo; nem é realizada em conjunto, como Habermas parece supor, por convicções filosóficas, mas no máximo através de um consenso de que cada cidadão dentro dessa cultura liberal deve ter a oportunidade de moldar a sua vida como lhe aprouver e que ninguém pode tratar os outros de uma maneira cruel ou humilhante (p. 84-85). Mas ele também enfatiza que o tipo de cultura liberal que ele favorece, e uma política democrática baseada nela, não podem ser realmente justificadas com respeito a outras formas de organização política; esta ordem liberal é tão precária quanto qualquer outro modelo político, e não há nenhum argumento capaz de marcar a ordem liberal como superior a qualquer outra. De acordo com Rorty, os argumentos a favor ou contra um modo de vida são sempre persuasivos apenas dentro de uma comunidade linguística. Isso parece altamente relativista, mas Rorty se defende desse rótulo. Uma posição é relativista apenas se afirma que toda concepção moral é tão boa quanto qualquer outra. Mas ele não defende tal posição. Ele está convencido de que a cultura liberal que ele favorece é muito melhor do que qualquer ordem rival, embora isso não possa ser provado.

> É falso dizer que não há nada que nos permita escolher entre nós e os nazistas. É outra coisa dizer, com razão, que não existe um terreno neutro, comum, onde um filósofo nazista experiente e eu possamos reparar, a fim de discutir as nossas diferenças (RORTY. "Trotsky and the Wild Orchids", p. 15).

A teoria da democracia de Rorty não é portanto relativista, mas sim contextualista ou, como o próprio Rorty diz: "etnocêntrica". Porque Rorty não acredita em justificações universalistas de normas e, em todo caso, vê o poder persuasivo de argumentos filosóficos como insignificantes. Ele considera a crença na possibilidade de solidariedade compartilhada sendo estendida a todos os povos e a todas as culturas como uma ilusão (*Contingency, Irony and Solidarity*, p. 191). Segundo ele, a força de sentimentos de solidariedade depende da nossa interpretação de outras pessoas como "similares" ou "diferentes", uma interpretação que surgiu de circunstâncias históricas acidentais e que não podem ser forçadas ou reforçadas por argumentos filosóficos. Isso não significa que a ampliação da solidariedade não seja desejável. Para Rorty, é na verdade um sinal de progresso moral – mas apenas a partir da perspectiva (para a qual nenhuma outra justificativa pode ser oferecida) de uma cultura liberal, que deseja evitar a crueldade tanto quanto possível (cf. tb. seu ensaio em *Truth and Progress*, p. 167ss.).

Como resultado de nossas observações sobre a teoria da democracia de Rorty, seus pontos de vista filosóficos certamente podem ser convertidos em ideias políticas. Por outro lado, não há como fugir do fato de que suas declarações sobre este assunto são tudo, menos plenamente desenvolvidas; em particular, falta-lhes completamente qualquer ligação com questões da teoria social. Rorty é certamente um dos mais conhecidos comentaristas políticos de esquerda entre os intelectuais norte-americanos, como demonstrou novamente em seu impressionante livro de 1998 *Achieving our Country: Leftist Thought in Twentieth-Century America*, mencionado anteriormente. Mas ele tampouco discute sistematicamente que papel a esfera pública tem a desempenhar em uma sociedade liberal, nem reflete sobre o fato de que a noção de prevenção necessária de "crueldade" é elástica, uma vez que o termo pode ser interpretado de maneiras muito diferentes. E Rorty não demonstra nenhum interesse no problema, tão crucial para a teoria social, das fontes ou bases da solidariedade interpessoal, algo que ele também valoriza, embora os pragmatistas "clássicos" tenham uma coisa ou duas a lhe dizer sobre isso (sobre essas críticas, cf. BERNSTEIN, R. *The New Constellation: The Ethical-Political Horizons of Modernity/Postmodernity*, p. 264ss. • McCARTHY, T. *Ideals and Illusions: On Deconstruction and Reconstruction in Contemporary Critical Theory*, p. 25ss. • JOAS, H. *The Genesis of Values*, p. 160ss.).

Não é nada surpreendente que as ideias de Rorty sobre os tópicos (restantes) da filosofia, sua despedida do conceito de verdade e sua concepção da democracia liberal, tenham inspirado protestos veementes. E que aqueles que se encontravam dentro da tradição do pragmatismo americano sentiram-se particularmente provocados. Estudiosos desse campo certamente reconheceram que Rorty tinha soprado vida nova no pragmatismo e inspirado muito mais gente a olhar para ele através de seus escritos, mas a maioria era muito cética quanto à concepção *rortyana* de o pragmatismo ter muito a ver com os projetos desenvolvidos pelos pragmáticos "clássicos". A crítica aos pontos de vista filosóficos de Rorty foi expressa com especial concisão por Hilary Putnam, certamente um dos mais conhecidos filósofos lógicos e contemporâneos americanos, que tem bastante em comum com Rorty. Assim como Rorty, Putnam vê grandes semelhanças entre autores como Wittgenstein, por um lado, e Dewey ou Peirce, de outro. E o trabalho dos dois, Rorty e Putnam, está enraizado na filosofia analítica; ambos os autores começaram a se aproximar do pensamento pragmatista de maneira gradual. Todavia, no caso de Putnam, e isto sublinha como ele difere de Rorty, isso ocorre de uma maneira que certamente se encaixa melhor nas intenções dos pragmatistas "clássicos".

Putnam (n. 1926) compartilha de pelo menos quatro premissas pragmatistas "clássicas". Primeiro, ele sempre defende uma posição anticética, adotando o argumento peirciano anticartesiano mencionado na Lição VI, ou seja, que não podemos duvidar de tudo de uma vez e que o trabalho da filosofia deve ser guiado não por um método de dúvida, mas apenas por dúvidas e problemas genuínos; segundo, Putnam compartilha a postura falibilista fundamental dos pragmatistas "clássicos", que afirma que as nossas convicções podem sempre vir a estar erradas e que não são verdades definitivas; terceiro, ele contesta a tese de que é possível manter uma clara divisão entre fatos e valores e que não podemos discutir valores por meio de bons argumentos; quarto, ele constantemente enfatiza que o pensamento humano está ligado à prática humana, com tentativas humanas de se familiarizar com o ambiente natural e social (cf. RATERS, M.-L. & WILLASCHEK, M. *Hilary Putnam und die Tradition des Pragmatismus* p. 12).

Aderindo de forma consistente a todas essas premissas pragmatistas, Putnam foi capaz de modelar uma posição distinta, particularmente com respeito à obra de Richard Rorty. Sua proximidade e distância de Rorty são imediatamente aparentes no início de uma de suas obras mais importantes, ou seja, *Razão, verdade e história*, de 1981:

> A visão que vou defender sustenta [...] que há uma conexão extremamente próxima entre as noções de *verdade* e *racionalidade*; que [...] o único critério para determinar o que um fato é, é que ele seja *racionalmente* aceitável. (Eu digo isso de forma bem literal, em todos os sentidos; assim, se pode ser racional aceitar que uma pintura é bonita, então pode ser um *fato* que a pintura seja bonita.) Podem haver *valores de fatos* nessa concepção, mas a relação entre aceitabilidade racional e verdade é uma relação entre duas noções distintas. Uma declaração pode ser racionalmente aceitável *certa vez*, mas não *verdade* (PUTNAM. *Reason, Truth and History* p. x; ênfase original).

Putnam, portanto, partilha com Rorty a ideia de que "racionalidade" não é algo trans-histórico, mas depende de argumentos cujas exigências de plausibilidade fazem sentido apenas em um contexto específico. No entanto, ele não tira conclusões radicais contextualistas ou relativistas, algo que Rorty aparentemente se sente forçado a fazer. Pois Putnam argumenta que nem toda justificação racional é "criteriosa", isto é, em relação aos critérios de racionalidade definidos dentro de um jogo de linguagem. Em vez disso, Putnam acredita (e o contraste com Rorty fica claro aqui) que as discussões sobre a natureza da racionalidade pressupõem sempre um conceito de justificação racional que transcende os contextos específicos (um argumento semelhante também é apresentado, contra Rorty, por Habermas; cf. *Truth and Justification*, p. 144ss.). Ele deixa isso particularmente claro em sua análise da "tese da incomensurabilidade" de Kuhn, à qual Rorty frequentemente se referiu com aprovação. Putnam afirma que essa tese se contradiz – e que isso é evidente na maneira internamente inconsistente com que seus defensores discutem. É impossível afirmar que dois paradigmas são "incomensuráveis" enquanto ao mesmo tempo se tenta descrever e elaborar as diferenças entre os dois. Ao fazê-lo, se abandonou a ideia de "incomensurabilidade" e admitiu-se que é possível, até certo ponto pelo menos, traduzir os dois paradigmas um dentro do outro.

> Se Feyerabend (e Kuhn no seu mais incomensurável) estivesse certo, então membros de outras culturas, incluindo cientistas do século XVII, seriam conceitualizáveis por nós apenas como animais produzindo respostas a estímulos (incluindo ruídos que curiosamente se assemelham a inglês ou italiano). Nos dizer que Galileu tinha noções "incomensuráveis" e, em seguida, descrevê-las longamente é totalmente incoerente (PUTNAM. *Truth, Reason and History*, p. 115ss.; ênfase original).

Em última análise, Putnam acredita que tanto Feyerabend e Kuhn, bem como Rorty, caíram em uma falsa interpretação da ideia de Wittgenstein de jogos de linguagem: eles interpretam Wittgenstein como se ele tivesse concebido estes jogos de linguagem – as regras de discurso e argumentos que prevalecem dentro de uma cultura específica – como fórmulas matemáticas autossuficientes ou programas de computador. Neste caso, seria de fato verdade que os jogos de linguagem não podem, de forma alguma, ser traduzidos um no outro, porque teríamos de compreendê-los como sistemas de signos inteiramente separados um do outro (cf. PUTNAM. *Pragmatism: An Open Question*, p. 33ss.). Mas nem Wittgenstein nem Dewey e os pragmatistas clássicos entendiam os jogos de linguagem desta forma, razão pela qual eles não chegaram às conclusões radicais apresentadas por Kuhn ou Rorty. Rorty ao menos, de acordo com Putnam, não pode invocar Wittgenstein e abandonar as tradições pragmatistas para respaldar sua postura aqui. Estas tradições nunca duvidaram da traduzibilidade, pelo menos parcial, dos jogos de linguagem, o que significa que eles não iriam ver a ideia de justificação racional somente como contexto-dependente (cf. PUTNAM. *Renewing Philosophy*, p. 77. • *Pragmatism: An Open Question*).

A posição ressaltada aqui, que diz respeito à traduzibilidade (pelo menos parcial) dos jogos de linguagem está ligada, entre outras coisas, à convicção de Putnam (e aqui, mais uma vez, ele se distingue claramente de Rorty) que há, *sem dúvida, coisas tais como valores objetivos* (no que se segue, cf. BERNSTEIN, R.

"Putnams Stellung in der pragmatistischen Tradition", p. 41ss.). Putnam contradiz assim a noção de que as normas e posturas éticas são puramente subjetivas ou culturalmente – ou paradigmaticamente – específicas. A ciência, por exemplo, baseia-se em valores cognitivos, tais como a coerência ou a simplicidade, por meio dos quais declarações específicas podem ser justificadas, mediante as quais, de fato, temos acesso ao mundo em primeiro lugar. De acordo com Putnam, isso não significa que sempre podemos determinar o que exatamente a coerência ou a simplicidade significam em relação a um determinado caso, mas podemos, pelo menos, discutir o significado destes valores racionalmente. Estes valores são, portanto, "objetivos", tão objetivos quanto outros valores em outras esferas sociais (não científicas):

> A crença de que não existe tal coisa como a justiça não é uma crença em fantasmas, nem é um "senso de justiça" um sentido paranormal que nos permite perceber tais *fantasmas*. [...]. A ética não entra em *conflito com* a física, como o termo "não científico" sugere; é simplesmente que "apenas" e "bom" e "senso de justiça" são conceitos em um discurso que não é *redutível* ao discurso da física. [...] Falar de "justiça" [...] pode ser não científico sem ser descientífico (PUTNAM. *Reason, Truth and History*, p. 145; ênfase original).

Os confrontos entre Rorty e Putnam (novamente, cf. a crítica a Rorty de Putnam em *Renewing Philosophy*, p. 67ss.) certamente deixaram a comunidade acadêmica mais ampla muito mais disposta a olhar para o pragmatismo. Mas, ao mesmo tempo, os debates associados não ofereceram nenhum verdadeiro ponto de contato para a teoria social. Enquanto Putnam estava marcadamente mais enraizado na tradição pragmatista do que Rorty, e enquanto ele se aproveita mais do entendimento de Dewey sobre a democracia do que faz Rorty (PUTNAM. *Renewing*, p. 180ss.), os debates que ele estimulou também foram levados ao contexto de referência filosóficas "usuais"; questões teóricas sociais foram abordadas muito raramente, e poucos estudiosos tentaram examinar as abordagens teóricas discutidas nesta série de lições. Isto é ainda mais surpreendente na medida em que Putnam, em especial, sempre se ateve à tese pragmática de que a ação e o pensamento estão intimamente ligados.

Esta abstinência em relação à teoria social não se aplica, todavia, a todos os pensadores em dívida com o pragmatismo, e menos ainda a Richard Bernstein, que foi um dos poucos filósofos pragmatistas a consistentemente tratar de problemas sociológicos. Desde o início, Bernstein (n. 1932 e, aliás, amigo de Rorty de seu tempo como estudantes na Universidade de Chicago) estava interessado no pragmatismo americano, particularmente no trabalho de John Dewey, e fez deste o ponto de partida para suas reflexões filosóficas. O que coloca Bernstein claramente separado de Rorty, mas também de Putnam, é que o seu trabalho é realmente orientado pela teoria social e, acima de tudo, a sua preocupação com as características da *ação humana*. Assim, não foram primeiramente as posições epistemológicas dos "pragmatistas clássicos" ou suas críticas da *epistemologia* que Bernstein assumiu, mas sim as suas reflexões sobre a *teoria da ação*. Esse interesse já era aparente em um de seus primeiros livros, *Práxis e ação: filosofias contemporâneas da atividade humana*, de 1971. Aqui, Bernstein examina quatro correntes filosóficas diferentes centralmente preocupadas com a ação humana ou a prática humana, ou seja, o marxismo, o existencialismo de Sartre (e de Kierkegaard, 1813-1855), a filosofia analítica, embora seu conceito de ação seja muito formalista, e o pragmatismo americano, com seus representantes Dewey e Peirce. Os pontos fortes de Bernstein já estavam evidentes nesse livro. Ele não só fornece uma impressionante demonstração de sua capacidade de mediar diferentes tradições filosóficas e de "traduzir" os vários problemas (sua principal tarefa, como ele o vê, sendo a de fazer a filosofia americana se familiarizar com desenvolvimentos intelectuais da Europa). Ele também tem sucesso em identificar o sujeito da ação como um problema básico da filosofia (contemporânea). De uma forma altamente diferenciada, ele consegue "elogiar" tanto a clareza dos estudos feitos por filósofos analíticos (da linguagem) sobre o conceito de ação, bem como a "antropologia radical" de Marx e sua tentativa de superar a dicotomia entre "ser" e "dever" (*Praxis and Action*, p. 307), prestar homenagem à ênfase de Sartre sobre a liberdade de ação humana, bem como as tentativas de Dewey e Peirce para reconstruir a "prática [...] informada pela razão e pela inteligência" (p. 313) .

A visão de Bernstein sobre a centralidade do conceito de ação o levou a comentar criticamente os debates filosóficos e sociológicos que apareciam no final da década de 1970 a partir de uma perspectiva deweyana e peirceana, como demonstrado com efeito impressionante no seu próximo livro importante, *A reestruturação da teoria social e política*, de 1976. Aqui ele lida por exemplo com o trabalho de Alfred Schütz, a principal fonte para os sociólogos fenomenológicos e etnometodológicos (cf. Lição VII) e com a de Jürgen Habermas, mas em uma base bem mais ampla do que no trabalho de Rorty ou Putnam, que eram principalmente interessados em epistemologia ou na sua crítica. Já na década de 1990, Bernstein ainda estava preocupado com o tema da ação. Em grande parte por causa de sua adesão a um conceito pragmático de ação, Bernstein tem sucesso na mediação entre posições habermasianas e pós-modernas, ao mesmo tempo trazendo à luz, de uma forma altamente instrutiva, as (ocultas) premissas éticas dos pensadores pós-modernos (*A nova constelação*).

Os debates entre Rorty e Putnam, portanto, deram ao pragmatismo ou neopragmatismo um enorme impulso, embora *predominantemente dentro da filosofia*. Curiosamente, é geralmente apenas o aspecto epistemológico do pragmatismo que é discutido, enquanto o potencial teórico de ação dos escritos de Dewey e Peirce, por exemplo, tende a ser negligenciado. Acima de tudo, apenas raramente as *consequências* para a teoria social do conceito de ação encontradas no trabalho dos pragmáticos "clássicos" são discutidas de forma sistemática ou é feita qualquer tentativa de *construir* sobre a teoria pragmatista de ação.

Neste sentido é possível falar de uma "falta de renovação pragmática na *ciência social americana*" (Alan Wolfe), uma vez que a novidade, a quase moda atual do pragmatismo, pouco afetou até agora as ciências sociais concebidas mais estreitamente. E isso se aplica não só aos Estados Unidos, mas também à Europa. Existem, no entanto, exceções. O sociólogo alemão Hans Joas (n. 1948), um dos autores do presente trabalho, percorreu um longo e original caminho para desenvolver ainda mais os aspectos sociológicos e sociais da teoria pragmatista. Tomando premissas pragmatistas "clássicas" como ponto de partida, ele tem trabalhado no sentido de uma reorientação fundamental da teoria da ação. No que se segue, o trabalho de um dos dois autores responsáveis pela presente sinopse é, por conseguinte, apresentado na terceira pessoa. Este é, sem dúvida, um assunto delicado, mas acreditamos que está em melhor acordo com o *status* deste trabalho enquanto livro de estudos.

Joas, atualmente chefe do Centro Max Weber de Cultura Avançada e Estudos Sociais da Universidade de Erfurt e professor de Sociologia na Universidade de Chicago, estabeleceu-se firmemente na tradição do pragmatismo americano desde o início de sua carreira. Sua tese *G.H. Mead: A Contemporary Re-examination of his Thought* de 1980 foi a primeira reconstrução compreensível da obra completa de Mead produzida na Europa, bem como uma tentativa de confrontar a teoria social meadiana com as tendências centrais da filosofia continental e da sociologia. Mead foi apresentado aos leitores como um pensador que, à luz de suas penetrantes análises da conexão entre ação e consciência, tinha conseguido resolver numerosos problemas teóricos de ação, nos quais os teóricos sociais europeus há muito haviam se empenhado, sempre em vão, e que também conseguiu produzir o primeiro conceito verdadeiramente viável de intersubjetividade através da sua teoria antropológica da comunicação.

Mas o objetivo deste jovem livro foi muito além da mera reconstrução de um pensador antigo. Joas estava preocupado inicialmente com o fato de que nem o interacionismo simbólico, o qual construiu o legado de Mead de forma altamente fragmentada, nem o marxismo ou a teoria crítica com as suas compreensões inequivocamente deficientes de ação, intersubjetividade e da democracia, pareciam teoricamente adequados. De acordo com isso, Joas começou a trilhar seu próprio caminho. Entre outras coisas, isso significava cada vez mais assumir e usar todo o alcance do pragmatismo "clássico". Ele trabalhou com progressiva intensidade nos escritos de Dewey e mais tarde nos de William James também. Como Joas veio a admitir autocriticamente em um prefácio para *G.H. Mead*, ele se tornou plenamente consciente da importância de Dewey somente depois de completar sua dissertação:

> Se o interesse de alguém se volta principalmente para uma teoria da intersubjetividade, Mead certamente é o autor mais importante. Mas

se o momento "prático" na minha fórmula de "intersubjetividade prática" é para ser levado a sério, então o pragmatismo de Dewey, muito melhor e muito mais elaborado de modo mais abrangente, é essencial (*Pragmatism and Social Theory*, p. 243).

Em qualquer caso, a leitura minuciosa de Dewey ajudou-o a produzir uma crítica a modelos tradicionais de teoria da ação e a formular sua própria teoria da ação no início da década de 1990, quando *A criatividade da ação* foi publicada.

A criatividade da ação intercala argumentos de caráter sistemático com aqueles relativos à história da teoria. A primeira parte do livro é dedicada a mostrar que na formulação da sua teoria da ação ou na elaboração de tipologias de ação, as figuras clássicas da sociologia tiveram tremenda dificuldade em lidar com o fenômeno da criatividade humana. Joas demonstra isso com referência aos escritos de Durkheim, Tönnies, Simmel e, não menos importante, Max Weber. Weber desenvolve uma tipologia aparentemente exaustiva da ação, que se distingue entre racional com relação a fins ou instrumental, racional com relação a valores, ação tradicional e ação afetiva, referindo-se uma vez ou outra a fenômenos históricos ou sociais que escapam claramente a uma tal tipologia em seus escritos baseados em evidências. O conceito de carisma, por exemplo, do modo que Joas nos traz, desempenha um papel de destaque na obra de Weber como um todo, particularmente na sua sociologia da dominação, mas está longe de ser claro sob que tipo de ação o "carisma" está situado. Modos carismáticos de ações claramente

> não se encaixam com tipologia da ação de Weber [...]. Naturalmente, qualquer tipologia que, como a de Weber, contém uma categoria residual mais ou menos clandestina é capaz de classificar todos os fenômenos, embora a qualidade dessa classificação deixe muito a desejar. O que é decisivo, no entanto, é que o princípio implícito dessa tipologia não faz juz a essa dimensão de ação que se revela de forma exemplar na ação carismática, ou seja, a dimensão criativa (JOAS. *The Creativity of Action*, p. 47).

Por outro lado, é uma característica do trabalho de Weber o papel proeminente desempenhado pelos fenômenos carismáticos. Uma vez que são estes que mudam o processo histórico e geram algo novo sob o sol. A dimensão criativa é claramente evidente nesses fenômenos. No entanto, é essa dimensão que a teoria da ação de Weber deixa de fora.

Mas, na percepção de Joas, Weber não é um caso isolado. Pois as figuras clássicas como um todo não conseguiram integrar harmoniosamente "os seus pensamentos sobre uma teoria da criatividade com o resto do seu trabalho" (p. 69). Ou seja, essas pessoas eram constantemente confrontadas com fenômenos que expunham esse problema da criatividade, sem, no entanto, conseguirem colocá-lo firmemente e de forma consistente dentro de uma estrutura teórica.

O fato de que esse problema da criatividade ocupa uma posição tão marginal dentro da sociologia é ainda mais surpreendente na medida em que esse tema desempenhou um papel significativo na história intelectual moderna como um todo. Como Joas tenta mostrar na segunda parte do livro, "metáforas" de criatividade, como o conceito marxista da produção e de revolução, foram o foco principal da discussão intelectual em meados do século XIX, como foi o conceito de "vida" dentro da *Lebensphilosophie* do final do século XIX e o conceito de "inteligência" (criativa) no pensamento pragmático do início do século XX. Nenhum destes fenômenos, que resistem facilmente a conceituação, poderia ser capturado através de uma teoria da ação orientada para o modelo de ação normativa ou racional; eles compeliram teóricos a produzir reflexões "esotéricas" e a formular teorias de criatividade, embora eles nunca tenham conseguido casar estas com uma teoria da ação humana plausível e, acima de tudo, sociologicamente aplicável.

Isso é apenas o que Joas procura fazer na terceira parte do livro, que esboça os fundamentos de tal teoria. Como é evidente no título do livro, seu objetivo não é nos alertar para um tipo particular de ação, o que poderíamos chamar de "ação criativa" em contraste, por exemplo, a outras formas (rotineiras) de ação. Em vez disso, ele tenta mostrar que existe um aspecto criativo inerente a *toda* ação. É por isso que ele se refere à "criatividade *da* ação". Joas a coloca assim:

> A minha intenção é, portanto, fornecer não uma mera extensão, mas em vez disso uma reestruturação fundamental dos princípios subjacentes da teoria da ação *mainstream*. Não é que as tipologias comuns da ação sejam simplesmente incompletas; pelo contrário, estou questionando o próprio princípio em que se baseiam essas tipologias. Qualquer tipologia da ação pode ser dita completa, formalmente falando, se ela aberta ou veladamente expõe uma categoria residual na qual todos esses fenômenos que não podem ser explícita e conceitualmente compreendidos caiam. Isso não quer dizer, de modo algum que, no entanto, tal tipologia realmente tenha o poder de revelar fenômenos (p. 145).

Por esta "reestruturação fundamental dos princípios subjacentes da teoria da ação dominante", Joas quer dizer que quase todas as teorias da ação, em economia, filosofia, psicologia e inclusive na sociologia, de fato tomaram a chamada "ação racional" como seu ponto de partida. Se nos limitarmos à sociologia, isto pode ser facilmente demonstrado no trabalho de autores tão distintos como Weber, Parsons e até mesmo Habermas. Pois a teoria da ação de Weber é claramente construída de uma forma que valores racionais, tradicionais e afetuosos de ação exibem deficiências racionais em comparação com a ação instrumentalmente racional. Na *estrutura da ação social*, Parsons complementa o modelo da ação racional apenas com a noção de ação normativa. Ele permanece ligado a um modelo teleológico de ação no qual interpreta metas instrumentalmente racionais ou normativas da ação como dadas, e, portanto, interpreta a realização de ações meramente como a realização de metas pré-formuladas (cf. Lição II). E mesmo Habermas constrói o seu modelo de ação de tal forma que – de acordo com as várias maneiras com que a ação se relaciona com o mundo – a ação instrumentalmente racional ou estratégica serve como ponto de partida para avançar para conceitos de ação que expõe mais maneiras de se relacionar com o mundo e nas quais um potencial maior para a racionalidade se desenvolve (cf. Lição X). Tão diferentes quanto possam ser as "teorias da ação" desses três autores, todos estão unidos por seu ponto de partida: a "ação racional". De acordo com Joas, isto é problemático por pelo menos duas razões. Em primeiro lugar, esses modelos de ação nunca são bem-sucedidos em contemplar o problema da criatividade. Seu ponto de partida em "ação racional" sempre produz automaticamente uma "contrapartida não racional" (p. 146) e, portanto, o problema, que nós já conhecemos, de categorias residuais que realmente não podem ser colocadas dentro da tipologia da ação. Em segundo lugar, o problema ainda mais básico é que essa ação racional é simplesmente posta como dada ou autoevidente, enquanto há questões a serem levantadas a respeito de que pressupostos fundamentais são próprios a essa ideia por si mesma.

A fim de evitar mal-entendidos, gostaríamos de sublinhar que Joas não pretende pôr em questão o fato de que modelos racionais de ação podem ser, e frequentemente são, empiricamente úteis. Ele simplesmente quis contestar a tendência de implantar tais modelos sem discutir sistematicamente as suas fundações. Isso pode parecer uma abordagem excessivamente profunda e até mesmo desnecessária. Na verdade, porém, é um primeiro passo vital se quisermos produzir uma crítica fundamental das teorias de ação tradicionais no caminho que Joas propõe, bem como uma versão do problema da criatividade fora do alcance dessas teorias da ação. Em outras palavras, essa é a única maneira de avançar para uma "compreensão [diferente] da racionalidade (instrumental) e da normatividade" (p. 148).

Como afirma Joas, todas as teorias da ação que trabalham com o modelo de ação racional assumem "em primeiro lugar, que o ator é capaz de ação propositada, em segundo lugar que ele tem o controle sobre seu próprio corpo, e em terceiro lugar que ele é autônomo frente aos seus companheiros seres humanos e ao meio ambiente" (p. 147). No entanto, todos os três pressupostos são tudo, menos evidentes. Nossa primeira tarefa deve ser, portanto, examiná-los sistematicamente, perguntando-nos quais as teorias que estão disponíveis para nós que podem lançar luz sobre estas premissas ainda inquestionáveis.

1 Se nos concentrarmos no primeiro pressuposto de que, via de regra, atores tentam perceber as suas intenções de acordo com os esquemas meios-fins, logo nos encontramos confrontados com uma série de críticas filosóficas e sociológicas altamente persuasivas. Estas colocam em dúvida a noção de que o

esquema meios-fins é, obviamente, a melhor maneira de interpretar a ação humana. Como vimos (Lição XI), em seus primeiros escritos Niklas Luhmann rejeitou veementemente o modelo de burocracia e organização defendido por Max Weber e Robert Michels, isto é, a ideia de que podemos entender as organizações como operacionais, em conformidade com a prioridade dos objetivos. Mas Luhmann certamente não foi o único sociólogo que tinha boas razões para questionar a utilidade do esquema meios-fins. Teóricos da ação também expressaram grandes dúvidas sobre a sua inevitabilidade: basta pensar em Jürgen Habermas e seu modelo de ação comunicativa, que ele caracterizou como não teleológica, na medida em que o discurso não tem objetivo em si, mas deve ser entendido como aberto em termos do seu resultado (cf. Lição X). Um olhar através da literatura sociológica isoladamente demonstra, assim, que não temos necessariamente que interpretar os fenômenos sociais e a ação social de uma maneira teleológica.

Joas também abarca essa visão, mas tira conclusões muito diferentes e em parte mais radicais do que Luhmann e Habermas. Enquanto Luhmann logo abandonou a teoria da ação, e começou a desenvolver uma teoria funcional-estrutural e – mais tarde – uma teoria de sistemas (autopoiéticos) altamente abstrata (como resultado, entre outras coisas, de sua crítica da teoria da organização clássica), e enquanto Habermas entende ação comunicativa apenas como não teleológica e ainda falha em analisar a ação estratégica, instrumentalmente racional ou orientada por normas, mais profundamente, Joas adota uma estratégia diferente. Em contraste com Luhmann, ele continua a ser um teórico da ação, mas, ao contrário de Habermas, ele questiona se a ação racional instrumental e orientada à norma ainda pode ser interpretada mais adequadamente sob premissas que não descrevem toda a ação como teleológica desde o início. Aqui, a sua fonte de autoridade é John Dewey, que contribuiu mais do que ninguém para minar a crença na aplicabilidade tranquila dos esquemas meios-fins para se analisar a ação humana (tendo ainda influenciado Luhmann).

De acordo com Joas, o que Dewey nos ensina é que os objetivos da ação são mais do que apenas as antecipações de estados futuros. Na verdade, eles também organizam a ação muito imediatamente em toda a sua contemporaneidade. Existe uma relação recíproca, assim, entre os objetivos e os meios de ação.

> os objetivos da ação são relativamente indefinidos, e só se tornam mais específicos como consequência da decisão de utilizar meios específicos. Reciprocidade de objetivos e significados, portanto, significa a interação da escolha dos meios com a definição das metas. A dimensão do meio em relação à dimensão das metas não é neutra de maneira nenhuma. Somente quando reconhecemos que certos meios são disponíveis para nós é que vamos descobrir metas que não nos haviam ocorrido antes (p. 154).

Desse ponto de vista, os pragmáticos e, especialmente, Dewey trouxeram de maneira convincente a fluidez ou mutabilidade de metas enquanto a *ação está sendo realizada*, objetivos que não podem, via de regra, ser interpretados como conjunto e, assim, rígidos, desde o início. A busca inteligente de metas é distinguida por uma ponderação criativa de alternativas de ação e meios disponíveis. E isto aplica-se tanto à ação instrumentalmente racional quanto à *ação moral*. Isso é extremamente importante porque tem consequências imediatas para uma teoria da moralidade. Isso também fica claro na postura ética de Dewey, na medida em que ele se distancia em termos inequívocos de teorias rígidas de moralidade que entendem ação moral como mera adesão a valores ou normas finais "preexistentes":

> Cada sacralização de um fim, como um valor *per se*, esconde do ator as outras consequências de sua definição de objetivos e escolha de meios, como se de alguma forma milagrosa estas não fossem ocorrer ou pudessem ser ignoradas (p. 155).

Assim, inspirando-se em Dewey, junto a outras tradições filosóficas, Joas é capaz de mostrar que uma análise empírica substancial da ação deve necessariamente ir além do esquema meios-fins, que "nem a ação de rotina, nem a ação permeada de significado, nem a ação criativa e a existencialmente refletida, podem ser contabilizadas usando este modelo" (p. 156). Mas, se este for o caso, surge imediatamente a pergunta de por que a fixação na ação teórica sobre o esquema meios-fins, observável ao longo da história das ciências sociais, teve espaço em primeiro lugar e, acima de tudo, por que ela manteve seu terreno por tanto tempo sem inspirar muitas formas de oposição.

De acordo com Joas, a resposta surge quando percebemos que as teorias da ação são geralmente construídas sobre o dualismo cartesiano de corpo e mente, mundo e ego. Somente sob essa premissa era plausível conceber os objetivos como racionais, planejados e separados da ação, imaginar que esses objetivos são primeiramente definidos por meio de um processo mental, antes da ação (física) e posteriormente realizados. Isso também implicou uma outra dicotomia, ou seja, aquela percepção do pensar de um lado e da ação de outro. Se, no entanto, aceitamos a crítica pragmatista do cartesianismo (novamente, consulte a Lição VI), vê-se uma relação muito diferente entre ação e percepção ou pensamento, bem como a possibilidade de driblar o modelo teleológico de ação voltado para os esquemas meios-fins.

> A alternativa a uma interpretação teleológica da ação, com a sua herança de dependência dos dualismos cartesianos, é conceber a percepção e cognição não como precedentes da ação, mas sim como uma fase da ação pela qual ela é dirigida e redirecionada em seus contextos situacionais. De acordo com essa visão alternativa, o estabelecimento de metas não se realiza por um ato do intelecto *antes* da ação real, mas, em vez disso, é o resultado de uma reflexão sobre as aspirações e

> tendências que são pré-reflexivas e já *estão sempre* em operação. Neste ato de reflexão nós tematizamos aspirações que já estão sempre operantes sem estarmos ativamente cientes delas. Mas onde exatamente estão localizadas essas aspirações? Elas estão localizados em nossos corpos. São as capacidades do corpo, os hábitos e modos de relação com o meio ambiente que formam o pano de fundo a toda definição de metas consciente, em outras palavras, para a nossa intenção. A própria intenção, então, consiste em uma autorreflexão do controle que exercemos sobre o nosso comportamento em curso (p. 158; ênfase original).

Assim, o pragmatismo sugere que a análise crítica do conceito de fins nos porá a levar a sério tanto a corporeidade da ação em geral quanto a criatividade de atos específicos. Crucial aqui é a ênfase sobre a situação, o "contexto situacional"; o "conceito de *situação* é um substituto adequado para o esquema meios-fins como a principal categoria de base de uma teoria da ação" (p. 160). Pois é *na situação específica que a ação ocorre*, na qual os processos de percepção e cognição ocorrem, em que os planos e objetivos são formulados em primeiro lugar; estes são, então, constantemente modificados ou mesmo reformulados quando novas interpretações situacionais surgem: "Nossa resposta reflexiva para o desafio apresentado a nós pela situação decide qual ação será tomada" (p 161). Estes desafios situacionais exigem, assim, novas e criativas soluções, ao invés da busca inabalável de metas e planos formulados em um determinado ponto no tempo. Motivos e planos são produtos da reflexão dentro de *situações da ação*, e não causas da ação (antecedentes).

Uma crítica pragmaticamente informada do esquema meios-fins, portanto, oferece, através do conceito de situação, uma visão sobre a criatividade de toda a ação. E também produz uma ênfase na corporeidade da ação – um aspecto que Anthony Giddens tratou da mesma forma (embora às vezes dentro de um contexto bastante diferente), mas que outras teorias da ação tendem a negligenciar inteiramente. Afinal, as pessoas não refletem sobre os desafios situacionais de uma forma altamente racional ou abstrato-intelectual. Pelo contrário, nós o fazemos porque a nossa "forma corporal-prática de nos relacionarmos com o mundo", o fluxo diário de ações, nossos hábitos basicamente inconscientes, nossas rotinas e modos de percepção naturalizados, já não podem ser mantidos, e a situação exige soluções criativas.

> Se adotarmos a compreensão de intencionalidade que estou apresentando aqui [...] a definição de metas torna-se o resultado de uma situação em que o ator se encontra impedido de continuar suas formas pré-reflexivamente conduzidas de ação. Nesta situação, ele é forçado a adotar uma postura reflexiva sobre suas aspirações pré-reflexivas (p. 162).

Mais uma vez deve ficar claro que tal concepção de intencionalidade obrigatoriamente terá consequências para uma teoria da moralidade, entre outras coisas. Pois não só a busca por objetivos instrumentalmente racionais, mas também a ação relacionada a norma ou valor pode ser compreendida de forma mais adequada do ponto de vista de uma lógica não teleológica. Novamente, é apenas em situações de ações concretas que descobrimos "o que satisfaz nossas aspirações e o que está de acordo com os nossos valores. Tanto a concretização de valores quanto a satisfação das necessidades dependem do exercício dos poderes da criatividade" (p. 163).

2 Ao analisar o segundo pressuposto inquestionável encontrados na maioria das teorias da ação, que os atores estão no controle de seus corpos, Joas aponta que devemos primeiro esclarecer através de quais estágios de desenvolvimento as pessoas atingem um controle eficaz dos seus corpos e como elas são, então, capazes de relaxar em relação a este controle novamente, pelo menos temporariamente. Não podemos supor que todas as pessoas são capazes de fazer o que quiserem com seus corpos como se fossem meros objetos, nem que este controle sobre o corpo é sempre exercido da mesma maneira. Afinal, quando se ri ou chora, perdemos esse controle até certo ponto, sem que isso seja considerado patológico. Portanto, a suposição de que os atores controlam seus corpos não é, de maneira nenhuma, honesta.

Baseando-se em análises produzidas pela antropologia filosófica e nos escritos de Maurice Merleau-Ponty e George Herbert Mead, Joas agora mostra que a capacidade de ação existe, em primeiro lugar, apenas na base de um "esquema corporal" ou de "imagem corporal" constituído na infância. "A consciência do ator da estrutura morfológica do seu próprio corpo, suas partes e sua postura, seus movimentos e seus limites" (p. 175) permite-lhe afetar ativamente o seu mundo. Aqui, porém, "consciência" não significa uma referência claramente atrelada ao próprio corpo. Pois são as realizações pré-conscientes ou pré-reflexivas do corpo nas quais necessariamente nos fiamos, a fim de sermos capazes de agir – mais uma vez, esta é uma tese com a qual já estamos familiarizados, das nossas discussões da abordagem de Giddens e das que evitam o dualismo corpo e mente.

O relato mais impressionante da importância do *significado* do esquema corporal é o de Maurice Merleau-Ponty, que se refere a membros fantasmas. Um indivíduo cujo braço foi amputado tanto sente seu braço (ausente) e constantemente se concentra nele quanto ao mesmo tempo deve ignorá-lo reiteradamente. Merleau-Ponty interpreta esse "sentimento" do braço nem como um fenômeno "físico", por já não existirem os receptores sensoriais, nem como puramente "psicológico", pois certamente não é o caso que o amputado apenas queira suprimir o fato da amputação. Em vez disso, Merleau-Ponty opta por estar fora deste dualismo corpo-mente e argumenta que:

> O braço fantasma não é uma representação do braço, mas a presença ambivalente de um braço [...]. Pois ter um braço fantasma é manter-se

aberto a todas as ações das quais o braço sozinho é capaz; é reter o campo prático do qual gozava antes da mutilação [...] O paciente, portanto, percebe sua deficiência tanto quanto a ignora, e a ignora precisamente na medida em que sabe dela (MERLEAU-PONTY. *Phenomelogy of Perception*, p. 81-82).

Assim, pelo fato de a ação ser também um fenômeno corporal, somos orientados a seguir certos aspectos do mundo. O mundo está disponível para nós pré-reflexivamente. O esquema corporal é o resultado tanto da biografia de cada indivíduo, onde essa relação prática com o mundo sempre desempenhou um papel, e é, ao mesmo tempo, um processo que nunca está completo. Uma vez que a consciência do próprio corpo necessariamente muda, através de processos de envelhecimento, gravidez, doenças ou amputações, por exemplo. O ator deve, portanto, constantemente construir e reconstruir pré-conscientemente esse esquema corporal. O corpo é pré-reflexivo e habitualmente orientado para certas relações práticas de mudança com o mundo. Isso significa que a teoria da ação não pode simplesmente assumir que nós controlamos conscientemente nossos corpos.

Enquanto Merleau-Ponty ilustrou a importância do esquema corporal muito bem, suas explicações de como ele se desenvolve, de como concebemos a gênese do esquema corporal em termos da teoria da socialização, foram altamente fragmentadas. Merleau-Ponty assinala apenas que a experiência do corpo está sempre em parte ligada à experiência do corpo do outro, e, portanto, que os fundamentos da nossa experiência (corporal) não podem ser concebidos com base no indivíduo isolado, mas só intersubjetivamente. No entanto, o pragmatismo americano, especialmente o trabalho de Mead, apresenta estudos detalhados sobre este assunto. Muito antes de Merleau-Ponty, Mead fez "da comunicação infantil pré-linguística uma parte da explicação da constituição do esquema corporal" (JOAS. *The Creativity of Action*, p. 181) e forneceu uma explicação plausível de como a relação da criança com objetos se baseia no modelo de desempenho de papéis e a capacidade de se identificar com um indivíduo. Esta forma de lidar com as coisas é mantida quando a criança cresce. Para Mead,

> a cooperação entre a mão e o olho formam as primeiras "coisas", isto é, objetos permanentes, se colocamos uma qualidade substantiva interior ao objeto, então esta exerce a pressão que experimentamos como a resistência em nossa relação com o objeto. Essa "qualidade interior" é para ser entendida como algo que não está localizado dentro do objeto, em algum lugar sob a sua superfície, mas que tem uma qualidade de resistência ativa, cujo núcleo eficaz se situa no objeto. No nosso tratamento prático do objeto assumimos que ele tem uma "qualidade interior", isto é, que por natureza, independentemente de nós, ele é capaz de oferecer resistência (p. 182).

É possível que essa noção de um interior dos objetos que nos oferece resistência surja porque a criança pequena está sempre envolvida em interações sociais e, ainda que ela não tenha consciência dos limites entre si e o mundo, ela já responde aos gestos dos pais ou de outras pessoas referentes a ela. Numa fase inicial do desenvolvimento da criança, já existe a comunicação através dos gestos, o que pressupõe a identificação com as partes em interação – os pais. E assumir esse papel fornece à criança um modelo de como lidar com objetos físicos, no qual as coisas também assumem um interior que oferece resistência. Ter um efeito sobre objetos é, assim, compreendido da mesma maneira que ter um efeito sobre aqueles com os quais se interage, o que ocorre por meio de gestos, juntamente com as reações que estes provocam, que por sua vez têm um efeito sobre a criança.

Mas, enquanto isso esclarece as origens das características específicas de ação frente a objetos físicos, não é o suficiente para explicar a gênese do próprio esquema corporal. De acordo com Mead, este surge apenas quando atingimos, através de novos processos de comunicação, uma forma de autoidentificação que reconhece a alteridade de objetos inanimados, a sua não sociabilidade. Só então se torna possível para a criança distinguir entre o corpo e outros objetos físicos ou entre seu próprio corpo e consciência (p. 182ss.). E é só então que a criança é capaz de ter o controle sobre seu próprio corpo, um fato sempre simplesmente dado como garantido nas teorias convencionais de ação.

Se é verdade que o corpo não é apenas um dado para o ator, mas só é acessível através de um esquema corporal constituído intersubjetivamente, então a relação do ator com seu corpo é profundamente moldada pelas estruturas das relações sociais em que ele cresceu.

3 Isso nos leva diretamente para a terceira suposição encontrada na maioria das teorias da ação, ou seja, que o ser humano é autônomo frente a outras pessoas e ao meio ambiente. Aqui, Joas baseia-se em sua dissertação e na sua interpretação da obra de George Herbert Mead, em que Mead fez mais do que qualquer outra pessoa para contrariar essa hipótese e enfatizar a sociabilidade primária do ator. Resumidamente, a teoria antropológica de comunicação de Mead permitiu-lhe esclarecer como um ser autocoerente se desenvolve apenas através de relações comunicativas. Para Mead, a individualidade não é biologicamente predeterminada. É um "resultado que depende de muitas condições prévias" (p. 188) – outro fato ao qual a maioria das teorias da ação não presta atenção suficiente. Mas o que está em questão aqui não é apenas a gênese da individualidade, mas também as condições sempre frágeis para a sua manutenção.

Essa reconstrução das premissas do modelo racional de ação tem consequências significativas. Deve estar claro agora que qualquer consideração de processos de ação que deixa de prestar atenção à corporeidade do ator e à sociabilidade primária corre o risco de ignorar aspectos-chave das interações. Acima de tudo, porém, a crítica do esquema meios-fins assumida por muitas teorias da ação e a ênfase nos aspectos criativos de toda ação deve ser acompanhada de uma importante reorientação analítica de campos-chave da investigação sociológica. Uma teoria da ação instruída por ideias pragmatistas, que leva a criatividade da ação a sério, deve – assim Joas afirma – ter *consequências para a macrossociologia* também. Joas discute isso na quarta seção do livro, olhando atentamente para dois campos em particular. Ele tenta mostrar que à medida que a pesquisa sobre movimentos sociais toma como ponto de partida o modelo racional de ação, ela acaba por negligenciar características cruciais da ação coletiva. Pois, por causa do seu aparato conceitual básico, ambos os teóricos da mobilização de recursos (cf. Lição VIII), cuja compreensão das origens dos movimentos sociais está ancorada na teoria do conflito ou no utilitarismo, e pesquisadores como Neil Smelser (cf. Lição XIII), que os interpretam em termos de execução ou realização de objetivos normativos predeterminados específicos, ignoram o fato de que esses movimentos – como os interacionistas simbólicos, entre outros, tentaram mostrar (cf. Lição VI) – apresentam o surgimento de novos valores e objetivos de ação que são gerados somente em situações de ação de massa. A percepção de que a ação não é determinada por cálculos e valores de utilidade chegou por meio de contemplações que se aplicam também à ação coletiva; novas definições da situação emergem conforme os atores interagem exercendo ações, definições estas que exigem uma interação criativa de meios e fins e que, assim, tornam possível a gênese de novos valores.

Uma perspectiva neopragmatista requer revisões semelhantes de teorias macrossociológicas "tradicionais" de mudança social. Se levamos a sério o modelo de ação de Joas, é impossível compreender a história como o resultado automático de processos de racionalização e de diferenciação, como os weberianos e todos os teóricos de diferenciação na tradição de Parsons sempre assumiram. Pelo contrário, ela rapidamente torna evidente que os agentes encontram-se confrontados com novas situações que os forçam a chegar a *soluções criativas* – um processo que simplesmente não pode ser capturado por uma lógica funcionalista. Aqui, a posição de Joas é muito próxima à de Castoriadis (cf. Lição XVI), que, com base em diferentes premissas teóricas, também colocou ênfase especial sobre o tema da criatividade, levando-o a criticar fortemente o funcionalismo (do tipo cujos argumentos são ancorados em teorias de diferenciação). Joas também é solidário com a crítica do funcionalismo apresentada por Giddens e Beck. De acordo com Joas, pode muito bem ser significativo falar de "diferenciação", mas devemos ter em mente que são os atores que impulsionam essa diferenciação, ao invés de qualquer lógica inerente ao sistema. Assim, definindo-se claramente para além de teóricos funcionalistas, Joas refere-se à "democratização da questão da diferenciação", a fim de sublinhar que, *contra* Luhmann, são os atores, ao invés dos teóricos, que determinam a forma concreta dos processos de diferenciação e sua inevitabilidade.

Um dos alunos de Hans Joas, Jens Beckert (n. 1967, atualmente diretor do Instituto Max Planck para o Estudo das Sociedades em Colônia), mostrou com referência a este modelo pragmático de ação que a sociologia econômica tem uma necessidade particularmente urgente para a ideia de ação criativa. Pois, em primeiro lugar, o analista de processos de mercado é constantemente confrontado com situações de tomada de decisão incertas, em que os atores devem vir com soluções criativas pela falta de qualquer base sólida sobre a qual tomar suas decisões. Em segundo lugar, a inovação, tão crucial para os processos de produção e de mercado, depende quase inevitavelmente de um modelo de ação que coloca grande ênfase na criatividade dos atores (cf. BECKERT, J. *Beyond the Market: The Social Foundations of Economic Efficiency*. • JOAS & BECKERT. "Action Theory").

Joas deu continuidade a alguns dos temas insuficientemente desenvolvidos em *Criatividade da ação* em publicações posteriores, elaborando mais precisamente ideias associadas. Isso se aplica principalmente ao campo da macrossociologia acima mencionada, no qual a preocupação principal de Joas foi a de lidar com as teorias de diferenciação e de modernização. Desde meados da década de 1980, mais ou menos da mesma maneira que Anthony Giddens, Joas prestou atenção especial ao fenômeno da guerra e da violência na era moderna. Enfrentar esse assunto soava algo tão interessante justamente porque a sociologia moderna tem, em geral, "evitado" essa questão, que também deu origem a um otimismo progressivo e altamente problemático (cf. JOAS. *War and Modernity*, esp. p. 29-42). A análise sociológica de guerras, suas causas, o desenvolvimento ao longo do tempo e suas consequências, podem fazer muito pela relativização das ideias de progresso tão comuns na sociologia e particularmente na teoria da modernização. Estudar guerras também é útil, porque elas são um bom exemplo do impacto da contingência, do não necessário, mediante a história. As guerras não são, portanto, apenas fases que tendem a ser negligenciadas porque representam um elemento "obscuro" dentro de um processo de "desenvolvimento" que é frequentemente retratado de forma muito positiva. Elas também são pontos nodais da história, porque a experiência da guerra e as consequências das guerras abrem possibilidades imprevisíveis para os atores. Isso põe em curso um grande número de novos processos, o que traz à tona o absurdo da noção popular de que a história é linear. Colocando em termos da teoria da ação, os atores respondem à "situação" de guerra, produzindo criativamente novos planos. O conceito de "criatividade", que deve ser sublinhado, não implica uma avaliação normativa. Os projetos criativos que surgiram durante e após as guerras não foram, nem forçando a imaginação, todos moralmente "bons", como é claramente evidente nas referências agora comuns ao "nascimento do fascismo do espírito da Primeira Guerra Mundial".

Assim, sujeitando as guerras a uma análise minuciosa, Joas é capaz de relativizar as teorias macrossociológicas de mudança. Seu foco crescente sobre as religiões (JOAS. *Do We Need Religion? On the Experience of Self-Transcendence*) tem uma função similar, pois a análise dos fenômenos religiosos também pode nos fornecer *insights* sobre processos macrossociológicos de mudança. A suposição simplista dos teóricos da modernização, de que a secularização é um componente necessário da modernização, tornou-se cada vez mais implausível.

Paralelamente a esse foco em áreas específicas de pesquisa social científica, Joas desenvolveu e sistematizou seus argumentos verdadeiramente teóricos. Seu livro de 1997, *A gênese dos valores*, é o exemplo-chave aqui. Assim como fez em 1992, Joas novamente liga argumentos relacionados à história da teoria e de natureza sistemática para responder a uma pergunta aparentemente simples: Como surgem os compromissos de valor?

> A minha intenção é [...] procurar esses contextos de ação e tipos de experiências em que a sensação subjetiva de que algo tem um valor se origina (JOAS. *The Genesis of Values*, p. 10).

O ponto de partida aqui é a observação de que os teóricos sociais modernos, de Parsons a Habermas, têm constantemente se referido a valores, mas principalmente sem fazer uma séria tentativa de esclarecer a gênese desses valores e, sobretudo, de analisar *como as pessoas chegam a sentir-se ligadas a certos valores*. A tese-chave de Joas, no que diz respeito à história do desenvolvimento teórico, é que este tema de fato atraiu o interesse de autores aclamados durante um período específico da história intelectual euro-americana. Joas nos diz que pensadores como Friedrich Nietzsche, William James, Émile Durkheim, Georg Simmel, Max Scheler e John Dewey tentaram investigar exatamente este problema entre o final do século XX e os anos de 1930, com variadas motivações e ferramentas conceituais – e resultados – muito diferentes. Deste ponto de vista, o debate posteriormente se esgotou, por diversas razões, antes que uma das principais figuras do debate comunitarista, o filósofo canadense Charles Taylor, levantasse a discussão novamente e de maneira sistemática na década de 1980 (p. 124). Cheios de problemas como as expressões desses pensadores sempre foram, Joas afirma que, se submetermos seus trabalhos a uma análise sistemática, e, acima de tudo, se compararmos os seus argumentos e implantarmos os pontos fortes de uns para corrigir as deficiências dos outros, veremos que a origem dos valores encontra-se "em experiências de autoformação e autotranscedência" (p. 1).

Vamos voltar à primeira parte desta tese. Valores e comprometimento com valor se desenvolvem primeiro na infância e na adolescência, quando o eu individual toma forma; quando, por exemplo, a identidade pessoal é formada através do dialógico, ou, se preferir, harmonioso processo de separação e descontinuidade do cuidado parental. Mas devemos sempre ter em mente que ambas identidades, individuais e coletivas, podem ser constituídas em resposta à experiência do poder e da exclusão, bem como podem resultar em uma vasta gama de valores. Voltando mais uma vez para o fenômeno macrossociológico discutido acima, a experiência de conflito violento pode levar a uma glorificação (militarista ou fascista) da violência ou a um profundo vínculo com valores pacifistas. Mas as origens dos valores e compromissos de valor também se encontram – e esta é a segunda parte da tese de Joas – na experiência de autotranscendência em situações extraordinárias, como em rituais religiosos ou momentos de êxtase coletivo, através da confrontação com a morte; vergonha e culpa, remorso e humildade; a abertura do eu na comunicação e experiência da natureza etc. (p. 164), como elaborado por uma série de autores discutidos por Joas, são *insights* que certamente poderíamos construir através da produção de uma fenomenologia detalhada da experiência de valores.

Esta resposta teórica para a questão da gênese de valores é o ponto de partida para um programa de pesquisa empírica. É fundamental distinguir entre vários aspectos do conceito de "gênese" se a ideia é colher frutos na sociologia histórica.

> Em primeiro lugar, pode envolver a promulgação histórica original de um valor; em segundo lugar, a defesa deste valor por um grupo pequeno, mas crescente, de discípulos; em terceiro lugar, a gênese de um novo compromisso em indivíduos (através da conversão, p. ex.) para valores que não são de forma nenhuma historicamente novos; quarto e último lugar, ressuscitar de valores que perderam a sua unidade ou caíram no esquecimento (p. 165).

É vital ter sempre em mente que as *circunstâncias contingentes* desempenham um papel decisivo na gênese de valores; valores não seguem nenhuma lógica de desenvolvimento, e o processo de conexão com valores específicos não é mais ou menos inevitável. Em vez disso, os valores "nascem", e são adotados e disseminados em situações de ação concretas. As investigações atuais de Joas centram-se sobre o estudo histórico e sociológico das origens dos direitos humanos e do ideal de dignidade humana universal, e na análise do século XX com um olhar para a contingência. O foco principal de interesse é o universalismo moral em suas diversas formas históricas concretas.

A questão que surge cheia de implicações tanto do ponto de vista social científico quanto filosófico é como conciliar o modo contingente no qual os valores se desenvolvem com reivindicações de uma moral universalista. Na tentativa de resolver este problema, Joas se aproxima da posição de Paul Ricoeur que, como dissemos na Lição XVI, antecipa a integração produtiva de abordagens comunitaristas e liberais. No entanto, a própria tentativa de Joas para mediar estas posições se baseia em argumentos diferentes daqueles utilizados por Ricoeur; mais uma vez, sua linha argumentativa deve muito às premissas pragmatistas.

Como já mencionamos em diversas ocasiões, a ética pragmatista foi consistentemente desenvolvida com a perspectiva do ator em mente. Para Dewey e Mead, isso significava a resolução de problemas de ação concretos que estavam no centro da ação, ao invés da justificação abstrata das normas. Isto conduz, em última análise, a uma crítica das teorias "tradicionais" de moralidade. Mead, por exemplo, ataca Kant porque "o imperativo categórico como tal só pode servir para submeter ações a um teste de universalização, mas não para descobrir quais ações foram adequadas em primeiro lugar" (p. 170). O objeto da crítica de Mead foi a suposição encontrada na ética kantiana de que guias específicos para a ação só poderiam ser ancorados em regras que todos devem respeitar. Para Mead, no entanto, este não é o caso, porque o ator é confrontado com uma situação concreta e é, portanto, obrigado a decidir como agir "sob condições contingentes". Para ele é, portanto, "não a justificação que é superior, mas a especificação do bem ou do correto em uma situação de ação" (p. 171).

Porque os pragmáticos argumentam consistentemente a partir da perspectiva de uma teoria da ação, o conceito de "situação" desempenha um papel crucial para eles também com respeito à teoria moral – e esta demonstra a tentativa neopragmatista de Joas de realizar uma mediação entre liberais e comunitaristas. De acordo com Joas, quando examinamos alternativas morais, não podemos fazê-lo sem o imperativo categórico kantiano, ou outra regra universalizante. Neste sentido, é claro, o justo tem sempre um lugar no discurso moral, como Mead também admitiu; como é bem sabido, ele não rejeitou a noção de imperativo categórico. Por outro lado, contudo, as próprias decisões não podem ser derivadas a partir de uma regra universalizadora, mas devem ser tomadas sob condições de contingência situacional. Isto significa que não podemos afirmar nem que o justo tem prioridade sobre o bem (a posição liberal), nem que o bem tem precedência sobre o justo (como comunitaristas afirmariam). Tudo que as pessoas podem fazer é refletir sobre cada um e tentar encontrar um equilíbrio entre eles:

> Se [...] se assume uma teoria da ação que abarca intencionalidade na reflexão situacional-específica em nossos desejos de ação pré-reflexivos, então fica claro que o certo só pode ser sempre uma autoridade examinadora [...]. Nestas situações só podemos alcançar um equilíbrio reflexivo entre nossas orientações. Certamente, a extensão à qual submetemos nossas orientações a estes testes pode variar. Por esta razão existe no ponto de vista do justo um potencial perpétuo e incansável para modificar o bem, a fim de permitir que ele passe no teste da universalização. Mas não se sugere a partir da universalidade do justo que, em situações de ação, devemos dar prioridade a ele em detrimento de todas as outras considerações como uma questão evidente – nem que não devemos fazer isso (p. 173).

Isso significa que existe uma inter-relação altamente carregada entre as normas universais e os valores particulares. Em todo o caso, é impossível obter valores específicos de normas universais. Ao mesmo tempo, no que diz respeito à teoria política, isso significa que não podemos afirmar que não há lugar para valores particulares em um estado constitucional caracterizado por normas universais, como Habermas, por exemplo, extensamente supôs. Em vez disso, devemos trabalhar com o pressuposto de que os sistemas de valores particulares das democracias ocidentais, certamente, possuem regras

> que podem ser vistas como traduções de regras morais universais em instituições políticas particulares. Estes [...] inevitavelmente permanecem particulares, e, cada vez que são exportados para outra cultura, devem ser sempre examinados a fim de avaliar se a sua particularidade é um particularismo. No entanto, a noção de que, a fim de superar o particularismo, a particularidade em si deve desaparecer, ignora o caráter necessariamente contingente dos valores (p. 175).

Aqui, então, Joas, em contraste com Habermas (cf. Lição X), está afirmando que não é nem empiricamente plausível nem argumentativamente imperativo conceber a integração das sociedades apenas em termos de normas legais universalistas. Pelo contrário, e isso expõe a sua proximidade com o comunitarismo, é perfeitamente possível (e empiricamente crível) pensar sobre a coesão das sociedades em termos de valores específicos, e, assim, particulares, sem necessariamente entrar em conflito com as normas universais destacadas pelos liberais. Uma postura como esta, que serve de intermediário entre liberais e comunitaristas, também implica uma crítica à ética do discurso habermasiana, uma vez que ela exclui dúvidas sobre valores, argumentando que eles não podem ser universalizados, o que cria enormes dificuldades. Joas tem muita simpatia pelas intenções subjacentes à ética do discurso habermasiana. Mas ele acredita que essa ética pode ser implementada de forma produtiva somente se o problema de valores, ao qual Habermas não presta atenção, for adequadamente tratado. Uma reforma ética do discurso teria, pelo menos, que levar em conta os seguintes aspectos de valores, cuja relevância empírica é claramente evidente na visão de Joas:

> Os testes do discurso, nos quais as pessoas sentem a si mesmas valorativamente avaliadas, fracassam. Sem comprometimento com valores, elas não conseguem sentir-se motivadas a participar do discurso e manter as suas regras; e sentem-se vinculadas ao resultado do discurso somente quando este surge de seu comprometimento aos valores, ou quando a experiência da sua participação produz tal comprometimento (p. 182).

O que é necessário, juntamente a uma teoria do discurso racional, é, portanto, uma lógica correspondente de comunicação sobre valores (para um esboço preliminar, cf. JOAS. "Values versus Norms: A Pragmatist Account of Moral Objectivity"). A proximidade de Joas com Ricoeur, tão evidente aqui, mais uma vez sublinha vigorosamente nossa afirmação da Lição I de que o desenvolvimento da teoria social não pode ser entendido como uma série aleatória de teorias diferentes. Pelo contrário, está claro que existem problemas comuns que, por vezes, levam à convergência. Processos de aprendizagem entre liberais e comunitaristas trouxeram uma aproximação entre posições que já foram marcadamente divididas; e uma modificação semelhante, por exemplo, do conteúdo da ética do discurso habermasiana, tendo sido possível, tanto num quadro germano-americano neopragmático e num francês antiestruturalista e hermenêutico. É errado imaginar que a internacionalização da evolução da teoria social, que tem ocorrido desde que a hegemonia de Parsons chegou a um fim, tenha levado automaticamente a um inexorável processo de fragmentação. Isso também irá tornar-se evidente na lição seguinte e final, em que voltamos a nossa atenção para o estado atual da teoria social.

XX
Como as coisas estão

Analisando-se as lições IX a XIX, não restam dúvidas de que às abordagens clássicas e escolas que evitaram ser integradas à construção da teoria parsoniana foram adicionadas novas e promissoras sínteses no campo da teoria social nas décadas de 1970 e de 1980. Estas foram, entretanto, apenas adições ao estoque de abordagens existentes. Elas não obtiveram sucesso, como sem dúvida pretendiam seus expoentes, em dominar o campo da teoria social institucionalmente ao invés de simplesmente sintetizá-lo intelectualmente. Assim, apesar do desejo geral de produzir sínteses, não é tarefa fácil resumir o estado atual da teoria social. Além disso, o passado recente testemunhou importantes eventos históricos em escala global, como o colapso do Império Soviético, que levarão tempo para ser digeridos pelos teóricos sociais. Sendo assim, neste capítulo final desejamos evitar criar a impressão de que existem respostas diretas para cada problema. Ao invés disso, oferecemos-lhes um retrato da situação atual, uma visão geral das tendências criativas mais recentes, com o intuito de orientá-los por este confuso campo e por seus estudos. Vocês devem manter sempre em mente que essas novas tendências são todas, de um jeito ou de outro, aperfeiçoamentos do trabalho de teóricos ou escolas discutidas nas lições anteriores. A situação atual compreende assim tanto os estudos mais recentes quanto todo o potencial das teorias que examinamos até agora. Esta lição final serve para complementar e atualizar o que se passou antes; este não é o ponto culminante no qual juntam-se todas as pontas. Mas essa introdução a questionamentos em aberto e acontecimentos contemporâneos talvez os encoraje a trazer suas próprias perspectivas ao campo da teoria social e assim levar essa conversa adiante, uma conversa cuja história do pós-guerra apresentamos aqui.

1 Comecemos examinando como acadêmicos contemporâneos trabalharam sobre a particularmente ambiciosa e amplamente aceita síntese teórica de Habermas, Luhmann, Giddens e Touraine. Certamente a teoria da estruturação de Giddens foi a menos desenvolvida. O próprio autor não se esforçou em desenvolver seu programa teórico, nem algum de seus estudantes o tentou seriamente, e acima de tudo sistematicamente, dar continuidade ao programa. Essa estagnação pode dever-se ao fato de que a construção teórica de Giddens, em contraste com Habermas e Luhmann, foi desde o início fracamente baseada em

um entendimento filosófico do seu campo de trabalho. Ao invés disso ele se utilizava de observações empíricas de diferentes campos para elaborar suas ideias básicas. Esta foi certamente uma vantagem em termos de como seu trabalho foi recebido, porém não abriu caminho para um possível trabalho mais sistemático. Podemos então mergulhar em seu trabalho como fonte de inspiração, mas ele fracassou em criar sua própria escola.

As coisas mudam um pouco de figura com a teoria de Luhmann. Diferente de Giddens, os alunos de Luhmann seguiram com afinco os passos do "mestre" e conseguiram influenciar significativamente a sociologia, sobretudo na Alemanha. Reconhecidamente, o projeto de Luhmann levantou a questão de se era ao menos possível "elaborar" sua teoria em um sentido literal, considerando-se a profundamente radical e consistente maneira com que ele conduzia seu trabalho teórico. "O próprio Luhmann já não disse tudo?" Não se pode negar que a escola de Luhmann apresenta certo caráter epigonal. Existem, entretanto, exceções: o principal exemplo sendo o estudante de Luhmann, Rudolf Stichweh (1951), que o sucedeu como chefe do Departamento de Sociologia da Universidade de Bielefeld e é hoje professor em Luzerna (Suíça). Ele se destacou nos círculos de debate teórico por meio de uma forte orientação histórica e focando consistentemente na sociologia da ciência e profissões por um lado, e na sociologia da chamada "sociedade global", por outro.

Utilizando-se de diversos estudos históricos, Stichweh não apenas forneceu um relato da fase inicial de diferenciação do sistema acadêmico europeu (*Der frühmoderne Staat und die europäische Universität – Zur Interaktion von Politik und Erziehungssystem im Prozess ihrer Ausdifferenzierung (16.–18. Jahrhundert)* ["O jovem Estado moderno e a universidade européia – Interações entre a política e o sistema de ensino durante seu processo de diferenciação (séculos XVI-XVIII)"]), mas, ao elaborar mais precisamente sobre a teoria da diferenciação, revelou a peculiaridade e complexidade da diferenciação de disciplinas acadêmicas, que é difícil compreender de forma convincente com os conceitos de diferenciação funcional ou fragmentária. Sitchweh, dessa forma, abre o debate teórico para um relato mais empiricamente adequado da modernidade do que era (e continua sendo) possível com o método original de Luhmann, com sua teoria geralmente exagerada da absoluta primazia da diferenciação funcional na Idade Moderna.

> Por um lado, diferenciação disciplinar difere da diferenciação funcional em que ao invés de, por exemplo, atribuir subproblemas complementares do sistema a subsistemas específicos para processamento, opera através da internalização da diferenciação de setores ambientais. Por outro lado, a diferenciação disciplinar difere da diferenciação fragmentária em que as unidades que são colocadas lado a lado não são fundamentalmente idênticas, mas são definidas pela sua não identidade com outras unidades (STICHWEH. *Wissenschaft, Universität, Professionen – Soziologische Analysen*, p. 22).

Desde meados da década de 1990, Stichweh tem também se esforçado em atualizar as ideias de Luhmann de "sociedade global" numa tentativa de reforçar a posição do sistema teórico como fonte de interpretações convincentes dentro do acalorado debate sobre a chamada globalização. Luhmann refere-se à "sociedade global" ainda em meados dos anos de 1970, um passo que ele justificou principalmente em termos da teoria da comunicação. A alegação é que a conectividade comunicacional do mundo contemporâneo, provocada por novos meios de comunicação e transporte, tornou a noção de sociedades nacionais sem sentido, tanto empírica quanto teoricamente. Podemos apenas falar significativamente de uma "sociedade global". Há dois pontos interessantes na elaboração de Stichweh sobre as ideias de Luhmann. Primeiro, ele vai mais longe que Luhmann na tentativa de explicar por que a noção de "sistema global", ancorada no marxismo de Wallerstein, e teorias sobre a "globalização" encontradas em outros contextos teóricos (cf. Beck ou Giddens) estão erradas. De acordo com Stichweh, a distinção econômica de centro-periferia – tão central para Wallerstein – repousa sobre um antigo modelo conceitual europeu que falha em captar a diferenciação funcional da modernidade (STICHWEH. *Die Weltgesellschaft*, p. 15, 199). Sob este ponto de vista, a distinção entre cidades globais e regiões rurais, entre estados centrais e periféricos etc. perde sua relevância empírica à medida que a diferenciação funcional segue em ritmo acelerado. Por motivos relacionados, o conceito de "globalização" também é inadequado "porque se concentra principalmente no fator genético da expansão ou *deslocalização* de fenômenos anteriormente limitados a um determinado local. Ele falha, no entanto, em fazê-lo a partir da perspectiva de um sistema que surge concomitantemente em um nível sistêmico superior, que usa mecanismos de globalização para desenvolver sua própria estrutura" (p. 14). Ele falha, portanto, em sondar a natureza sistêmica do mundo como tal.

Em segundo lugar, os argumentos de Stichweh a respeito da "sociedade global" são dignos de nota porque, em contraste com Luhmann, ele presta bastante atenção às estruturas normativas. O próprio Luhmann sempre mostrou uma falta de interesse quase cínica em tais assuntos. Independentemente de saber se a noção de "sociedade global" é de fato tão frutífera quanto imaginam seus defensores, ou se o distanciamento do Estado-nação que tende a acompanhá-la se mostre um movimento apressado, o que é interessante nesse ponto de vista da teoria social é a medida em que Stichweh se apoia em Parsons, afirmando que estados no âmbito da "sociedade global" são confrontados com obrigações levantadas pela modernidade. Concretamente, eles têm obrigações normativas em tomar medidas assistencialistas (p. 58). O trabalho de Stichweh é, portanto, marcado por um distanciamento cauteloso do forte antinormativismo de Luhmann, que já não parece defensável nessa forma, particularmente com respeito a análises empíricas.

Esse distanciamento de Luhmann é ainda mais evidente no trabalho de outro importante teórico de sistemas, Helmut Willke, também professor de Sociologia da Universidade de Bielefeld. À primeira vista, Willke (1954) parece partilhar os pressupostos teóricos fundamentais de Luhmann, quando afirma "que a dinâmica centrífuga da diferenciação funcional conduz uma metamorfose do princípio que sublinha a ordem social, uma mudança generalizada na direção de uma organização hierárquica, policêntrica e descentralizada dos subsistemas autônomos de sociedade" (WILLKE. *Ironie des Staates – Grundlinien Einer Staatstheorie polyzentrischer Gesellschaft*, p. 7). Como Luhmann, ele rejeita a ideia de que a política deve ser vista como uma autoridade suprema e central que orienta a sociedade, que domina ou dirige outros subsistemas. Mas Willke não endossa a noção de "sociedade global" (cf. *Supervision des Staates*, p. 9ss.), nem compartilha do radicalismo apresentado por Luhmann, que não parecia ter nada além de escárnio pela ideia de que a política poderia ser útil para conduzir qualquer coisa. Isto o coloca entre as fileiras daqueles cientistas políticos e sociólogos que se sentiam cada vez mais decepcionados com o impulso da teoria de Luhmann a partir da década de 1980. Se o programa de Luhmann ainda parecia extremamente atraente nos anos de 1970, porque a noção da lógica inerente dos subsistemas parecia lançar uma luz sobre fenômenos contemporâneos como a inabilidade das sociedades ocidentais de se reinventarem, o pessimismo cada vez mais extremo de Luhmann a respeito do impacto de políticas governamentais, que era apenas derivada logicamente e não empiricamente provada, estava fadado a encontrar resistência eventualmente, em particular no campo da sociologia política. Autores como Fritz Scharpf e Renate Mayntz do Instituto Max Planck para o Estudo de Sociedades em Colônia aos poucos foram afastando-se do programa de Luhmann com o qual trabalharam por um tempo, tentando, em contraste com Luhmann, compreender a interação de diversos atores, a fim de descrever processos políticos e, acima de tudo, explicar por que reformas conduzidas politicamente foram bem-sucedidas em algumas sociedades e em outras não (sobre as diferenças entre Luhmann e Scharpf, cf. seu embate em 1989, em *Politische Vierteljahresschrift*).

Willke acabou por seguir o mesmo caminho. Em um movimento surpreendente, ele utilizou, entre outras coisas, o grande trabalho de Amitai Etzioni, "A sociedade ativa", discutido no capítulo XVIII. Willke faz uma tentativa espirituosa de sondar o potencial para uma teoria do controle político plausível que, em contraste com o método de Luhmann, integra a teoria da ação à medida que os argumentos de Willker contemplam diferentes constelações de atores corporativos (*Systemtheorie III: Steuerungstheorie*, p. 21ss.). Willke entende política democrática como um tipo fundamental de controle social ao lado daquele promovido pelo mercado e por hierarquias. Para ele, controle democrático é hoje concebido apenas em termos de "envolvimento distanciado", isto é, em termos de controle contextual. A política (i. é, política democrática) já não pode esperar comandar ou emitir instruções para os outros subsistemas. Willke concorda com Luhmann aqui. Mas (e isso sustenta seu potencial para exercer qualquer influência) pode assumir um papel de supervisor; pode encorajar os outros sistemas funcionais a refletirem sobre si mesmos:

> A razão pela qual, dada a igualdade, em princípio, de todos os sistemas funcionais dentro de uma democracia moderna funcionalmente diferenciada, deve ser a política que assume o papel de autoridade supervisora, não é para ser encontrada em nenhuma primazia política, mesmo residual, mas na função específica da própria política: sua responsabilidade pela produção e salvaguarda dos bens coletivos indispensáveis à sociedade. Esta explicação funcional implica dois princípios elementares de supervisão política. Primeiro, apenas as decisões que tocam os elementos "essenciais" da produção e salvaguarda dos bens coletivos estão sujeitas à supervisão política. Segundo, supervisão política não substitui as decisões tomadas por suas próprias decisões – o que equivaleria a uma violação da autonomia dos sistemas funcionais. Pelo contrário, no caso em que as deficiências de uma decisão questionável foram discursivamente estabelecidas, supervisão é restrita a "reconsiderar", isto é, a apontar o sistema funcional rumo à revisão de suas opções, para uma reconsideração de suas opções políticas (*Ironie des Staates*, p. 335).

À medida que esta abertura da teoria de Luhmann para a teoria da ação estabelece um precedente, e à medida que este passo pode ser conciliado com a noção de (sub)sistemas "autopoiéticos" de Luhmann em primeiro lugar (cf. tb. as observações críticas de SCHIMANK. *Theorien gesellschaftlicher Differenzierung*, p. 196ss.), tornar-se-á aparente apenas através de futuras discussões de natureza mais abrangente e talvez mais fundamental. Mas o que já parece claro é que, caso eles falhem em abraçar a teoria da ação, a relevância empírica dos argumentos ancorados na teoria dos sistemas está propensa a diminuir acentuadamente, enquanto a teoria dos sistemas como um todo irá afundar-se em esterilidade.

A partir do final dos anos de 1980, um distanciamento cauteloso do "chefe da escola" tal como ocorrera com o "campo Luhmann" também marcou a sociologia antiestruturalista em torno de Alain Touraine. Touraine "atraiu" um grande número de talentosos colaboradores e estudantes, alguns dos quais seguiram seus próprios caminhos. Notadamente, tais colaboradores, com François Dubet (1946) e Michel Wieviorka (1946) sendo os principais exemplos, realizaram pesquisa empírica em uma área muito mais abrangente. Enquanto Touraine concentrou-se principalmente em movimentos sociais em seus estudos empíricos, que formaram a base para suas reflexões acerca da era contemporânea, seus alunos começaram a submeter uma gama mais ampla de tópicos para análise empírica em uma tentativa de tornar as ideias teóricas de Touraine mais plausíveis. O foco de pesquisa de Dubet encontra-se não apenas no campo dos movimentos sociais, mas também na sociologia urbana, sociologia da juventude, imigração, ocupações e educação (cf., p. ex., DUBET. *La galère – Jeunes en survie*, de 1987. • LAPEYRONNIE, D. & LAPEYRONNIE, D. *Les quartiers d'exil* ["Os distritos do exílio"], de 1992. • DUBET. *Le déclin de l'institution* ["O declínio da instituição"], de 2002), enquanto Michel Wieviorka tornou-se bem conhecido, entre outras coisas, pelo resultado de suas análises sobre terrorismo e racismo (cf. WIEVIORKA. *Sociétés et terrorisme* ["Sociedades e terrorismo"], 1988. • WIEVIORKA et al. *La France raciste* ["A França racista"], 1992. • *La violence* ["A violência"], 2004. • *The Lure of Anti-Semitism*, 2007).

Esta expansão da pesquisa empírica não foi acidente. Foi a expressão de um distanciamento cada vez maior das noções teóricas cultivadas por Touraine, pelo menos as da fase intermediária do desenvolvimento do seu trabalho. Enquanto ele se agarrava teimosamente, no início dos anos de 1980, à ideia de que um novo grande movimento social estava prestes a emergir e que assumiria o lugar do antigo movimento operário e nunca abandonou completamente essa visão, mesmo nos anos de 1990, Dubet e Wieviorka romperam mais radicalmente com essas ideias. Segundo eles, estruturas sociais tornaram-se demasiado heterogêneas e instáveis para justificar tal foco em um único movimento social emergente. Eles, portanto, optaram de maneira bastante consciente por estudar todo um espectro do que costumava ser chamado de "problemas sociais", embora tenham abandonado as esperanças de que estes problemas possam de alguma forma mobilizar grandes grupos de pessoas.

Dubet é quem foi mais longe na produção de observações teóricas explícitas sobre estes tópicos (cf. *Sociologie de l'expérience*, de 1994). Da mesma forma que seu professor Touraine, ele critica as ideias típicas da chamada "sociologia clássica", que sugere que os indivíduos estão perfeitamente integrados em "sociedades" pela internalização de normas, embora sua crítica seja ainda mais dura. De acordo com Dubet, não podemos mais assumir tal grau de unidade entre indivíduo e instituição, entre indivíduo e sociedade. Em vez disso, as estruturas institucionais das sociedades começaram a ruir e estão em processo de desintegração; como resultado, os atores são obrigados a aderir a lógicas de ação muito diversas, e por vezes incompatíveis. Em última análise, isso significa que a ideia (Touraine) de um conflito social central não pode mais refletir a realidade (*Sociologie de l'expérience*, p. 15), pois mesmo tal ideia, influenciada pela teoria do conflito, baseia-se na (falsa) assunção de uma unidade contra a qual atores específicos poderiam lutar. Dessa forma, Dubet sublinha mais decisivamente do que Touraine em seus últimos trabalhos (cf. novamente a Lição XVI) que a ideia de um "sujeito histórico" deve ser abandonada, e que as diferenças entre movimentos sociais (plural!), com suas diferentes formas de mobilização e projetos, devem ser consideradas normais (p. 214ss., 258).

Como Dubet tenta mostrar através de seus próprios estudos empíricos, houve uma divisão entre sistema/instituição/sociedade de um lado e atores do outro, uma divisão que não podemos compreender utilizando as ferramentas conceituais da "sociologia clássica". O indivíduo autônomo "clássico" (em um sentido weberiano ou durkheimiano) não existe mais, enquanto conceitos como "alienação", "crise" ou "contradição", cujas origens se encontram no contexto marxista, não têm mais uso na realidade (p. 58). Como Dubet deixa claro, a experiência de "alienação", por exemplo, pode ser articulada somente sob um contexto institucional estável, a partir do qual um indivíduo se sinta excluído ou alienado. Porém, isso já não se aplica porque os indivíduos estão agora preocupados apenas com a busca constante (e por vezes desesperadora) de identidade, uma identidade cuja estabilidade não pode mais ser garantida por uma instituição (p. 18).

Sob este ponto de vista, então, sistemas e instituições perderam sua (talvez meramente inferida) hiperestabilidade, seu poder de integrar indivíduos. A observação exagerada de Dubet, embora não totalmente implausível, sem dúvida direcionada a estruturalismos e sistemas teóricos de todos os tipos, é que a sociologia tem respondido de forma sensata a isso: a maioria das teorias da ação que têm chamado atenção desde os anos de 1990 (p. 79) apresenta um ceticismo justificado em relação a todas as construções hiperestáveis de estrutura e sistema. Dubet deseja apoiar este desenvolvimento, e levá-lo ainda mais longe. Ele sugere substituir o termo "ação" por "experiência social", já que este é livre dos pressupostos problemáticos da característica de racionalidade do conceito de ação:

> A experiência é uma atividade cognitiva, uma forma de construir o que é real, de "verificá-lo", de experimentar com ele. A experiência constrói esses fenômenos além das categorias da razão e da racionalidade (p. 93; ênfase original).

Entretanto, Dubet desenvolve este interessante conceito de "experiência", tão importante para o pragmatismo americano (cf. DEWEY. *Experience and Nature*), não mais nos termos desta teoria. Seu conceito de experiência permanece não mais do que um rótulo com o intuito de construir o perfil de um diagnóstico da era contemporânea que coloca grande ênfase sobre a dissolução das formas institucionais estáveis. Sem esforços sérios destinados a concretizar os conceitos de ação e experiência, no entanto, este diagnóstico nunca será inteiramente convincente. À luz disto, será interessante observar o caminho teórico percorrido por membros do "campo Touraine" no futuro.

As reorientações mais claras iniciadas por estudantes e colegas foram provavelmente as com relação a Jürgen Habermas. Axel Honneth (1949), professor de Filosofia na Universidade de Frankfurt e sucessor de Habermas como chefe de departamento, é o principal exemplo. Honneth, assistente de Habermas nos anos de 1980, encaminhou-se para uma teoria social que pode ser descrita como "conflito teórico" em um sentido bastante amplo numa fase inicial; ele tentou reforçar certos motivos encontrados nos primeiros trabalhos de Habermas que foram cada vez mais perdendo-se de vista à medida que sua obra se desenvolvia. Isso já era evidente em 1986 na dissertação de Honneth sobre teoria crítica,

Foucault e Habermas (HONNETH. *A crítica do poder: estágios reflexivos em uma teoria crítica social*). Honneth criticou a distinção entre sistema e mundo da vida feita por Habermas e a teoria evolucionária que a sustenta (cf. Lição X), porque ele oculta o fato de que a estrutura institucional da sociedade foi e é o resultado de batalhas e processos de negociação entre os grupos em todos os campos. De acordo com Honneth, a abordagem específica de Habermas em relação à teoria da evolução faz com que ele descreva as relações históricas entre sistemas e sistema e mundo da vida como um processo quase automático (de aprendizado) e, assim, arruína suas chances de alcançar "uma compreensão da ordem social como uma relação comunicativa institucionalmente mediada entre grupos culturalmente integrados que, desde que o exercício do poder seja assimetricamente distribuído, ocorre por meio da luta social" (HONNETH. *Critique of Power*, p. 303; ênfase adicionada).

Honneth desenvolveu essa teoria do conflito em sua tese de pós-doutorado de 1992 (*A luta pelo reconhecimento: A gramática moral dos conflitos sociais*), na qual, como o título sugere, o conceito de "reconhecimento" desempenhou um papel estratégico fundamental em termos teóricos. Enquanto Honneth apoia as ideias de Habermas em muitos aspectos, ele deseja entender o seu "paradigma da comunicação... não em termos de uma teoria da linguagem, mas de reconhecimento" (*Disrespect: The Normative Foundations of Critical Theory*, p. 74). O que isso significa e, acima de tudo, qual a força dos argumentos de Honneth? O que está claro é que o termo "reconhecimento", encontrado nos primeiros trabalhos de Hegel, que se destina a captar o desenvolvimento moral da humanidade como uma sequência de lutas sociais diferentes, melhor expressa as intenções de Honneth com o "conflito teórico". Como Honneth vê as coisas, existem várias vantagens associadas a esta perspectiva. O processo histórico pode assim ser interpretado, em primeiro lugar, como uma luta social entre diversos grupos sociais ou classes sobre uma determinada estrutura institucional, uma que permanecerá enquanto grupos ou classes sentirem que não têm recebido reconhecimento suficiente. Em outros textos, Honneth expressa isso da seguinte maneira:

> Hegel, antecipando uma objeção materialista às teorias cognitivas do desenvolvimento, remonta a característica do processo de aprendizagem moral da espécie humana às experiências negativas de uma luta prática exercida por indivíduos sobre o reconhecimento legal e social de sua identidade. Uma teoria social crítica ainda pode beneficiar-se de um conceito de "luta social" transformado dessa forma porque abre a possibilidade teórica de interpretar o processo histórico como uma sequência dirigida de conflitos morais e disputas (HONNETH. "Moralische Entwicklung und sozialer Kampf. Sozialphilosophische Lehren aus dem Frühwerk Hegels").

Mas o conceito de reconhecimento não só permite-nos preservar a teoria de conflito encontrada em Marx, que foi gradualmente deixada de lado na teoria de Habermas. Ao mesmo tempo, como a conclusão da citação acima sugere, o conceito de reconhecimento também nos permite escapar do economicismo marxista na medida em que Marx reduziu a luta entre as classes sociais, tanto quanto possível, à ideia de um conflito meramente econômico de interesse. "Reconhecimento" é muito mais amplo em seu escopo. A sensação de que tal reconhecimento não é presente não é apenas o resultado de desvantagens econômicas, mas também de desprezo cultural, discriminação linguística etc. Este último ponto não só faz com que seja possível ir além das teorias marxistas, mas também produzir uma bem fundamentada crítica às teorias morais universalistas, como a de Rawls, em que Honneth pode justamente apontar para o fato de que os sentimentos de desrespeito não resultam apenas da experiência da distribuição injusta de bens na sociedade. Além disso, o conceito de reconhecimento oferece fácil acesso a uma ampla gama de debates atuais em que o tema dos direitos coletivos é considerado – como discussões feministas de direitos das mulheres e debates centrados no multiculturalismo que abordam a representação política de grupos étnicos e linguísticos. Finalmente, o conceito de reconhecimento atenua o caráter racionalista do diagnóstico do mundo contemporâneo de Habermas, que sempre entende patologias sociais apenas como limitações induzidas pelo sistema em uma racionalidade comunicativa cotidiana abrangente. De acordo com Honneth, há certamente outras patologias sociais, como a dissolução do "poder vinculativo" do social, e estes podem ser melhor capturados através de uma teoria da comunicação informada pela teoria do reconhecimento do que através do instrumento teórico de Habermas (*Disrespect*, p. 73).

Se é verdade, como afirma Honneth ter demonstrado por vários estudos históricos e pela pesquisa informada pela teoria da socialização, que tanto as ações realizadas pelos grupos e classes e a conduta moral individual são guiadas por noções intuitivas de justiça; se é verdade, portanto, que as noções de justiça desempenham um papel em ambos os casos, noções ligadas ao "respeito pela própria dignidade, a honra ou a integridade", então qualquer teoria social ancorada em teorias da comunicação deve proceder de forma diferente do que Habermas sugeriu. Pois é claro, então, que "o pressuposto normativo de toda ação comunicativa é ser visto na aquisição de reconhecimento social" (p. 71; ênfase adicionada). Assim, Honneth critica Habermas por não discutir este pré-requisito, por ter deixado de fora o fundamento moral de toda a comunicação, tornando o seu diagnóstico do mundo contemporâneo muito unilateral e implausível em certos aspectos.

Este posicionamento, no entanto, como Honneth sabe muito bem, exige consideravelmente uma maior explicação. Ele precisa lidar com, pelo menos, dois problemas. Primeiro, ele é obrigado a elaborar diferentes formas de reconhecimento e desrespeito. Isto ele fez até certo ponto no livro *A luta pelo reconhecimento*, onde se estabelecem os entendimentos específicos dos conceitos de reconhecimento e desrespeito como encontrados na obra de Hegel e Mead.

Mas ele precisa ir muito além da mera exegese desses dois pensadores e, no mínimo, elaborar o que o reconhecimento e o desrespeito podem significar, em primeiro lugar, através de uma espécie de *antropologia formal*. Honneth se refere ao "problema difícil" "de substituir a pragmática universal de Habermas por uma concepção antropológica que possa explicar os pressupostos normativos da interação social" (p. 72). Honneth iniciou esse processo em seus ensaios mais recentes, particularmente aqueles em que defende seu programa dos críticos (p. 129-143; A sua exposição mais detalhada até agora é encontrada em FRASER, N. & HONNETH, A. *Redistribuição ou reconhecimento?*). Mas podemos nos perguntar se isto não é esperar muito do conceito de reconhecimento, muito além de sua tarefa original. Uma concepção orientada pelo conflito da intersubjetividade pode não necessariamente responder a todas as perguntas que surgem quando se tenta fundamentar as ciências sociais em termos de teoria da ação.

Mas parece absolutamente crucial para Honneth produzir uma fenomenologia convincente antropologicamente fundamentada de reconhecimento e desrespeito porque – e este é o segundo problema – este é o único meio de desenvolver um programa de investigação centrado sobre o que ele chama de "patologias" ou "paradoxos da modernização capitalista" (cf. HONNETH. *"Zur Zukunft des Institut für Sozialforschung"*, p. 62s.) verdadeiramente capaz de competir com outros diagnósticos do mundo contemporâneo, incluindo o de Habermas. Em princípio, Honneth deve determinar exatamente quando e onde casos genuínos de desrespeito ocorrem nas sociedades modernas. O trabalho do Instituto de Pesquisa Social em Frankfurt, que ainda existe e sempre tem sido associado à teoria crítica, e cujo atual diretor é ninguém menos que Axel Honneth, irá revelar o quão bem-sucedida essa pesquisa pode ser. Em todo caso, é claro que o impulso do trabalho teórico de Honneth representa um distanciamento do "chefe da escola" mais claro do que nos outros casos discutidos aqui. Ao invés de um sinal da má qualidade da teoria original de Habermas, isso é prova de sua abertura, que parece permitir que outros autores a desenvolvam ainda mais em uma grande variedade de maneiras.

2 No ponto 1 nos referimos à sociologia francesa e teoria social somente em relação à elaboração contemporânea da teoria de Touraine, de como seus alunos desenvolveram suas ideias. Poderíamos fazer o mesmo com o trabalho de Bourdieu, apontando estudantes interessantes como Loïc Wacquant (1960). Mas esta parece ser uma abordagem equivocada para nós, pois resultaria ignorar as mudanças mais significativas na teoria social francesa desde a década de 1990.

Estas mudanças têm visto uma geração mais jovem distanciar-se drasticamente do estruturalismo e pós-estruturalismo e voltar-se para as teorias de ação francesa (Ricoeur), alemã e anglo-saxã. O historiador da ciência François Dosse chamou esse processo de "humanização das ciências sociais". A geração mais jovem "finalmente parece ter encontrado as palavras e o aparato mental para prosseguir a sua busca de sentido sem a teleologia, para expressar a sua sensibilidade à historicidade sem historicismo, e seu gosto pela ação sem ativismo" (DOSSE. *The Empire of Meaning: The Humanization of the Social Sciences*, p. xx). Essa mudança está gerando uma riqueza de estudos importantes no presente, e nossa pesquisa seria inadequada sem uma consideração bastante detalhada da recente teoria social francesa.

Os termos usados por Dosse parecem excessivamente abstratos à primeira vista, mas tornam-se mais claros se olharmos contra quem ou o que essa geração mais jovem está se voltando. A postura mais clara a este respeito é provavelmente a adotada por Luc Boltanski (n. 1940; aluno de Bourdieu, coincidentemente) e Eve Chiapello (1965). Esses autores enfatizam que a sociologia francesa dos anos de 1960 e de 1970 – e eles estão se referindo aqui tanto ao estruturalismo genuíno quanto a Bourdieu – foi pega em uma estrutura argumentativa estranhamente contraditória. Por um lado, foi dito que a realidade social era governada por leis imutáveis. Por outro, os mesmos cientistas sociais que fizeram tais alegações emprestaram o seu apoio aos movimentos de esquerda que visavam intervir ativamente no curso dos acontecimentos, para mudar as coisas. Mas havia outra contradição evidente. Por um lado, estes estudiosos reivindicaram um rigor científico que inevitavelmente desmascarou como ideologia os valores morais e ideais dos indivíduos. No entanto, por outro lado, como cientistas, estes próprios escritores também tinham ideais críticos; sua tentativa de chegar à verdade de outra forma seria sem sentido.

> Esta tensão é particularmente evidente na sociologia da dominação de Pierre Bourdieu. Seu objetivo é revelar "mecanismos" com a ajuda dos quais a dominação é praticada em todos os lugares e em todos os momentos, uma dominação que se apresenta como uma lei de ferro e que também afirma promover a libertação de indivíduos como uma liberação da energia e interferência externas. Mas se, em última análise, todas as relações podem ser reduzidas a conflitos de relações de interesse e poder, se uma lei imanente à ordem social está atuando aqui, qual o sentido em expor essas relações com um tom crítico indignado, ao invés de identificá-las friamente, ao estilo de um entomologista que estuda a sociedade das formigas? (BOLTANSKI & CHIAPELLO. *"Die Rolle der Kritik in der Dynamik des Kapitalismus und der normative Wandel"* ["O papel da crítica na dinâmica do capitalismo e da alteração normativa"], p. 460).

Esta linha antiestruturalista de argumentação, que também é anti-Bourdieu, é elucidada por esses termos "abstratos" postos em jogo por Dosse para caracterizar os projetos teóricos perseguidos pela geração mais jovem. Pois aqueles que, como Boltanski e Chiapello, criticam os estruturalistas e Bourdieu, evitam discutir de forma "teleológica", ou seja, assumindo que a história tem um destino final, e distanciam-se do "historicismo", em outras palavras, a suposição de que processos sociais se desdobram em uma forma inevitável, de acordo com um padrão definido. Ciente das contingências históricas, esse tipo de crítico tenderá a prosseguir com cuidadosa consideração, ao invés de atuar como "ativista" profético com a consciência (falsa) de quem acredita que a história está do seu lado. Há pouco nos deparamos com um termo, "contingência", que esclarece por que a etnometodologia e o interacionismo simbólico, por exemplo, que tinham sido quase inteiramente ignorados durante décadas pelos intelectuais franceses, estão sendo adotados de bom grado por esta geração mais jovem. Entre outras coisas, são os conhecimentos fornecidos pelo chamado paradigma interpretativo (cf. lições VI e VII) que mostram que atores tomam decisões em situações muito específicas e sob circunstâncias contingentes. A tese interacionista ou etnometodológica era que a ação não pode simplesmente ser prevista ou apreendida e que os atores não agem simplesmente em conformidade com normas ou regras, mas constantemente negociam e modificam estas normas e regras em um processo altamente complexo de interpretação. Esta foi claramente uma forma eficaz de expressar com maior precisão teórica o que antes nada mais era do que um sentimento de desconforto em relação ao sistema de pensamento estruturalista.

Essa nova perspectiva teórica sobre a ação desencadeia uma reavaliação do papel dos valores e normas. Enquanto a sociologia estruturalista tende a não as levar a sério, apenas interpretando-as como uma máscara ideológica ou como expressão de uma falsa consciência, essa geração mais jovem parece estar se aproximando mais uma vez de uma questão clássica da teoria social, a saber, "a questão da ordem social e como ela é "apresentada"... sem reduzi-la *a priori* à mera interação de forças nas quais os atores são incapazes de influenciar" (p. 460). Isso também implica que se leva a sério os valores e normas dos atores, a natureza das suas críticas e justificações, não se apressando em denunciá-los como ideologias. Boltanski e Chiapello resumem isso afirmando memoravelmente que a sociologia, que supostamente é tão crítica (em outras palavras, estruturalista-determinista), acabará por ter de ser substituída por uma *sociologia da crítica* (p. 460).

Boltanski, em particular, perseguiu tal projeto em um número de publicações escritas com diversos coautores, talvez o mais impressionante sendo *Sobre a justificação: Economias de valor* (1991), uma colaboração com o economista Laurent Thévenot. Como os autores afirmam logo no início de seu estudo, eles atribuíram a si mesmos a tarefa de produzir uma tipologia das diversas lógicas de justificação desenvolvidas pelos atores em seus discursos e demonstrar empiricamente como o consenso é justificado e produzido, enquanto tentam evitar a dicotomia convencional entre consensos e conflitos (*On Justification*, p. 25). Eles primeiro fazem um levantamento histórico da filosofia política, identificando seis "regimes de justificação" frequentemente implantados em situações diferentes para legitimar ou criticar certas decisões de forma geral. Em linguagem altamente original, os autores referem-se a seis *cités* ou "cidades". Na história da filosofia política, um tipo particular de cidade formava o pano de fundo para as ambições dos indivíduos de alcançar a grandeza (*grandeur*) e, de acordo com isto, os indivíduos tinham de invocar argumentos diferentes no discurso público. O *Civitas Dei* de Santo Agostinho (354-430), por exemplo, exigiu um discurso diferente, a invocação de diferentes justificações, que o da *Cidade de mercadores*, de Adam Smith. Concretamente, Boltanski e Thévenot distinguem entre a *cité inspirée* (em que a grandeza é um atributo que é santo, isto é, as estratégias de justificação referem-se à sacralidade de circunstâncias dadas ou à santidade de um indivíduo), a *cité domestique* (a grandeza é um atributo do primeiro filho, o mais velho etc.), a *cité de l'opinion* (em que a grandeza depende da opinião de muitos outros), a *cité civique* (a grandeza é um atributo do representante político, que representa a coletividade), a *cité marchande* (grandeza é uma qualidade daqueles que sabem como tirar o máximo partido das oportunidades de mercado) e a *cité industrielle* (em que a grandeza é calculada de acordo com a eficiência de certas medidas) (p. 83ss.).

Equipados com os resultados desta análise do discurso, que pode lhes parecer estranha, Boltanski e Thévenot agora começam a estudar os processos de tomada de decisão e discussão no mundo empresarial. Este projeto, especialmente como buscado por Boltanski, leva a pelo menos três perspectivas teóricas significativas. Em primeiro lugar, é evidente que todas as seis formas de justificação são mobilizadas dentro da esfera da economia, ainda que, naturalmente, em diferentes graus, que a economia também apresenta mais de uma estratégia dominante de legitimação. Isto também significa que as várias situações de tomada de decisão são ambíguas, pois sempre envolvem um processo de negociação entre diferentes atores que, além disso, trazem argumentos muito diferentes à mesa (cf. WAGNER. *Die Soziologie der Genese sozialer Institutionen*, p. 472). Uma abordagem verdadeiramente ancorada na teoria da ação, como encontrada dentro do paradigma interpretativo, é, portanto, particularmente apropriada para o estudo dos processos de tomada de decisões econômicas. Este projeto tem, no entanto, a intenção de ir muito mais longe do que isso: Boltanski está sempre preocupado em estabelecer a forma como estes processos estão relacionados com o nível macro – e este é o segundo ponto teoricamente importante. Em suas mais recentes colaborações com Eve Chiapello ele mostrou como um novo "espírito" do capitalismo, uma nova *cité*, uma *cité par projets*, formou-se historicamente desde os anos de 1980, como os conceitos como a criatividade, a flexibilidade e a inovação substituíram o discurso capitalista de eficiência que marcou os meados do século XX (BOLTANSKI & CHIAPELLO. *Die Rolle der Kritik*, p. 463ss.; cf. tb. BOLTANSKI & CHIAPELLO. *Le Nouvel Esprit du Capitalisme*, de 1999). A fim de demonstrar isto, os autores foram obrigados a desenvolver uma tipologia das diversas fases históricas do capitalismo, isto é, envolveram-se no tipo de macroanálise que os defensores do paradigma interpretativo tenderam a hesitar. Boltanski e Chiapello salientam que a sua noção do "espírito" do capitalismo não implica uma abordagem idealista envolvendo o mero estudo de discursos sem prestar atenção às estruturas econômicas "reais". Em vez disso, eles afirmam que os discursos de justificação têm um efeito sobre essa "realidade real", que estes legitimam, em primeiro lugar, certas formas de acumulação de capital, tornando assim possível "mobilizar as forças que impedem a acumulação. Se levarmos a sério as estratégias de justificação que temos delineadas, nem todo lucro é legítimo, nem todo enriquecimento pessoal é justo e nem toda acumulação – não importa o quão importante e rápida – é admissível" (BOLTANSKI & CHIAPELLO. *Die Rolle der Kritik*, p. 463). Este último argumento é em parte uma crítica às posições marxistas e neoclássicas da economia, na medida em que estas continuam a fazer referência ao capitalismo como um fenômeno homogêneo, e à sua "lógica" livre de normas ou ao cálculo dos participantes no mercado de utilidade à exclusão de todo o resto.

Por último, em terceiro lugar, o projeto de Boltanski é também uma tentativa explícita de contribuir para uma sociologia da mudança social: ele investiga como novos regimes de justificação, novas *cités*, surgem, como eles são aplicados e qual o papel desempenhado pelas elites.

> A transformação dos regimes de justificação parece geralmente ligada ao surgimento de grupos que tentam contornar os obstáculos que estão no caminho da manutenção a longo prazo de suas vantagens ou a extensão dessas vantagens. Eles tentam encontrar novas rotas para o sucesso e o reconhecimento, que lhes permite renunciar os critérios de seleção legítimos em um determinado ponto no tempo (p. 472).

Apesar de Boltanski e Chiapello não fazerem menção explícita a isso, o seu "modelo dinâmico de mudança normativa" oferece muitos pontos de contato com o tipo de teoria da cultura exposta por pessoas próximas a Shmuel N. Eisenstadt; ao mesmo tempo, critica implicitamente teorias de diferenciação que não têm em conta os atores.

Dentro da sociologia francesa, os estudos realizados por pesquisadores próximos de Boltanski certamente se destacam. Mas um grande número de outros autores fez ouvir as suas vozes nas décadas de 1980 e de 1990, cujas preocupações em relação à estratégia teórica se assemelham às de Boltanski, mas que são ativos, algumas vezes, em campos muito diferentes de investigação. Não podemos aqui entrar em detalhes sobre todas as obras importantes, mas queremos mencionar pelo menos alguns autores conhecidos para dar-lhe uma noção do âmbito do contexto discursivo francês contemporâneo. O sociólogo Louis Quéré (1947) era originalmente um membro do círculo em torno de Alain Touraine e realizou uma pesquisa sobre os movimentos sociais, mas tem cada vez mais se dedicado ao programa de pesquisa etnometodológico. O historiador e filósofo Marcel Gauchet (1946; fundador da revista *Le Débat* juntamente com o historiador Pierre Nora) foi um dos autores profundamente envolvidos no debate filosófico sobre o totalitarismo e a democracia que popularizou-se entre aqueles próximos de Claude Lefort e Cornelius Castoriadis, especialmente na década de 1970. Na década de 1980, ele abordou o problema da continuidade e descontinuidade da história através do exemplo da experiência religiosa, perguntando qual papel a religião tem desempenhado depois de ter sido expulsa do sistema estatal oficial das instituições no século XVIII e que a substituiu – um problema que toca não só em aspectos da teoria democrática, mas também em questões de identidade individual (cf. GAUCHET. *O desencantamento do mundo*, publicado originalmente em francês em 1985). Por fim, o sociólogo Alain Caillé (1944), estudante de Claude Lefort, também é um autor muito interessante por ter se tornado a figura central de um pequeno grupo que se atribuiu a tarefa de combater a influência do utilitarismo nas ciências sociais. Para este fim, fundou um periódico na década de 1980 intitulado *La Revue du Mauss – Mouvement Anti-Utilitariste dans les Sciences Sociales*. Embora o periódico nunca tenha tido uma grande circulação, foi importante por ter se tornado um fórum de publicação para muitos desses autores franceses identificados por Dosse como a "nova geração" de antiestruturalistas. Naturalmente, não é nenhum acidente que o título faça referência à grande figura clássica da sociologia francesa, Marcel Mauss, sobrinho de Durkheim e autor do famoso *Ensaio sobre o dom* (cf. tb. Lição XIV). Em uma série de estudos, Caillé revisitou o tema tratado no âmbito desse livro. Ele tentou mostrar que o dom não é apenas uma característica distintiva das sociedades primitivas, mas que o princípio da reciprocidade inerente a ele também determina o comportamento dos atores na modernidade de maneiras importantes (GODBOUT, J. & CAILLÉ, A. *O mundo do dom*). Marcel Hénaff (1943) é quem foi mais longe no desenvolvimento destes impulsos ("*Le prix de la verité: Le don, l'argent, la philosophie*" ["O preço da verdade: o dom, dinheiro e filosofia"]).

No entanto, é o sociólogo da ciência Bruno Latour que provavelmente tornou-se mais conhecido internacionalmente. Latour (1947) é membro de uma razoavelmente grande rede de investigação internacional que estabeleceu para si própria a tarefa de produzir uma antropologia das ciências. Indo além destes estudos, que podem ser considerados ainda pertencentes à sociologia da ciência, ele chegou a uma série de conclusões interessantes tanto em termos de teoria social quanto em um sentido político e filosófico. Em *Nous n'avons jamais été modernes,* de 1991 ("Nunca fomos modernos"), Latour demonstra como o fato de que os cientistas constroem seus objetos produziu uma fusão imutável da natureza e da sociedade, que devemos considerar:

> O buraco da camada de ozônio é muito social e muito narrado para ser verdadeiramente natural; a estratégia das empresas industriais e chefes de Estado é muito cheia de reações químicas para ser reduzida

a poder e interesse; o discurso da *ecosfera* é muito real e muito social para resumir-se a efeitos significativos (LATOUR. *We Have Never Been Modern*, p. 6).

Dessa forma, a ciência criou toda uma gama de híbridos, "quase-objetos", que não são nem meramente coisas naturais, nem pessoas ou sujeitos. Se levarmos isso a sério, questões políticas surgem imediatamente. Como lidamos com esses quase-objetos que se tornaram parte da sociedade? Como podemos representá-los? A resposta de Latour é convocar um "Parlamento das Coisas" (p. 142ss.), uma espécie de democracia autorreflexiva em que os representantes do povo estão cientes de que eles estão muitas vezes referindo-se a quase-objetos, a coisas socionaturais, e em que eles estão conscientes de que devem representar essas mesmas coisas. Mais do que a mera representação de interesses, tal democracia implicaria um processo incessante de reflexão sobre esta fusão inevitável da sociedade e da natureza no parlamento e na esfera pública, uma fusão que precisamos encarar e com cujas consequências temos de conviver.

Enquanto a visão política de Latour não é muito específica, ele argumenta persuasivamente, com base em seus estudos em sociologia da ciência, que a modernidade – que foi e está intimamente ligada com a ciência – sempre foi identificada por dois grupos de práticas. Por um lado, as realizações dos cientistas constantemente criam seres híbridos, enquanto, por outro, as pessoas tentam desesperadamente negar esse hibridismo e submeter-se a uma única natureza e uma única sociedade – cada uma claramente separada da outra (p. 10). Latour demonstrou que essa ambivalência tem caracterizado as histórias científica e social modernas desde o início. O título de seu livro, *Nunca fomos modernos*, também deriva desse raciocínio. Deste ponto de vista, a modernidade nunca foi unidimensional; a ambivalência descrita por Latour sempre existiu. Tanto os teóricos da modernidade clássica quanto os da pós-modernidade estão, portanto, errados, porque todos eles trabalham com uma noção unidimensional (positiva ou negativa) da modernidade.

> Nós nunca mergulhamos em um fluxo homogêneo e global que chegasse a partir do futuro, ou das profundezas do tempo. Modernização nunca ocorreu. Não há maré, por mais demorada, que estaria fluindo novamente hoje. Nunca houve tal maré. Podemos ir para outras coisas – isto é, retornar às diversas entidades que sempre passaram de maneira diferente (p. 76).

De acordo com Latour, devemos agora reconhecer essa ambivalência e aceitar o fato de que a fusão da natureza e da sociedade na forma de objetos híbridos é inevitável. Isso não apenas nos permitirá deixar para trás os debates edificantes entre modernos e pós-modernos. Nós também poderemos obter uma visão nova e mais adequada dos problemas que nosso mundo enfrenta.

Com isso concluímos nossa breve pesquisa dos mais recentes desenvolvimentos no cenário intelectual francês, que se mostrou tão importante para nós, principalmente porque o processo emergente e em grande escala da abertura para as abordagens teóricas da ação discutidas nesta lição é uma promessa considerável para o futuro. Pois apenas através da luta contra o estruturalismo e as abordagens relacionadas à teoria social pode o potencial inerente às tradições francesas de pensamento realmente ser aproveitado – para o benefício da "comunidade científica" internacional.

3 Desde os anos de 1980, um movimento interdisciplinar tem feito sentir sua presença, o que empresta grande plausibilidade à nossa afirmação na Lição I de que há, sem dúvida, "corredores" entre os paradigmas teóricos e, portanto, que a noção de incomensurabilidade está bem longe da realidade. Estamos nos referindo ao chamado "neoinstitucionalismo". Como o próprio termo sugere, existiram teóricos institucionalistas e abordagens teóricas em um ponto anterior no tempo. Os principais exemplos são sociólogos e economistas norte-americanos, como Thorstein Veblen (1857-1929), John Commons (1862-1945) e Wesley Mitchell (1874-1948), que criticaram os pressupostos clássicos da economia e enfatizaram que os indivíduos estão integrados em instituições de uma forma que se choca com a assunção dos economistas clássicos de que eles estão interessados apenas em maximizar a sua utilidade (no mercado). Tais abordagens institucionalistas "antigas" não foram encontradas apenas nos Estados Unidos. Na Alemanha, a chamada *Jovem escola histórica de economia* perseguiu objetivos semelhantes e na verdade deu início a um modo de pensar que viria a influenciar os economistas norte-americanos mencionados acima. Os pais fundadores da sociologia também podem ser descritos como "institucionalistas", tanto Durkheim quanto Weber; ambos tinham plena consciência de que os padrões e as instituições culturais têm uma influência decisiva sobre as motivações subjacentes às ações dos indivíduos. Finalmente, Talcott Parsons também deve ser mencionado neste contexto. Lembrando-se das lições II e III, Parsons, tomando emprestado de Durkheim, colocou grande ênfase sobre os pré-requisitos não econômicos para a ação econômica, chamando a atenção, em particular, para a importância dos valores institucionalizados. Neste sentido, Parsons também era um "institucionalista".

Mas por que houve necessidade, pois manifestamente houve, de um movimento que colocou uma ênfase renovada em ideias institucionalistas? A resposta é bastante simples – e também demonstra a importância de começarmos nosso livro com Talcott Parsons. Muitas das ideias de Parsons foram perdidas nas décadas de 1960 e de 1970, assim como as percepções das figuras clássicas das ciências sociais (no que se segue, cf. DiMAGGIO, P.J. & POWELL, W.W. "Introduction". • SCOTT, W.R. "Institutions and Organizations", p. 2ss.). Na ciência política, por exemplo, o chamado behaviorismo instalou-se com o avanço de certos métodos de pesquisa empírica, uma abordagem que considerou as instituições como meramente marginais e trabalhou com a suposição de que elas não são mais do que a soma das medidas tomadas por indivíduos separados, não possuindo mais nenhuma importância. A teoria e sociologia das organizações, por sua vez, muitas vezes aderiu a um modelo conceitual utilitarista que era incapaz de compreender certos fenômenos empíricos como a necessidade das organizações de legitimidade. E em economia tornou-se cada vez mais claro que as hipóteses microeconômicas sobre as capacidades cognitivas dos atores são empiricamente falsas porque há limites para a absorção de informações, e que a confiança desempenha um papel fundamental no mercado – sem isso, seria impossível garantir que contratos sejam cumpridos de uma forma rentável. Nós não podemos compreender estes fenômenos apenas referindo-se a atores maximizadores de utilidade e tomando como base um modelo utilitarista de ação. Tornou-se assim cada vez mais evidente que as instituições devem ser trazidas de volta para a análise social científica.

A virada rumo à análise e teorização das instituições começou, assim, a partir da década de 1980, em vários campos de pesquisa, embora as abordagens adotadas pelas disciplinas fossem muito diferentes. Enquanto o vencedor do Prêmio Nobel Douglass North (1920) abordava o problema das instituições com a ajuda de uma perspectiva utilitarista dentro da economia, com particular atenção sobre a questão de por que as estruturas institucionais são responsáveis pela existência contínua de mecanismos de mercado ineficientes (NORTH. *Institutions, Institutional Change and Economic Performance*, 1990), o modelo utilitarista de ação já havia sido submetido a um exame mais minucioso nas outras ciências sociais. A sociologia econômica, organizacional, política e histórica havia colocado consideravelmente mais ênfase nas restrições normativas sobre os atores em instituições, suas visões de mundo e como estas guiavam a sua ação, seus esquemas cognitivos, suas práticas de agir e pensar como aprendidas no trabalho etc., bem como a dimensão do poder (político). Somente através da inclusão desses fenômenos poderia se explicar plausivelmente por que, por exemplo, os mercados não "obedecem" às leis do paradigma microeconômico e por que as organizações e processos políticos não podem ser analisados de forma significativa com o modelo do ator racional (cf. DiMAGGIO, P. "The New Institutionalisms: Avenues of Collaboration". • HALL, P.A. & TAYLOR, R.C.R. "Political Science and the Three New Institutionalisms").

O debate sobre o chamado "neoinstitucionalismo" ainda está em estado de desenvolvimento no presente, e não há dúvida de que forneceu e continua a fornecer pesquisa empírica com impulso significativo. No entanto, é muito improvável estabelecer-se como um movimento teórico em seu próprio direito, dado que as partes participantes do debate são provenientes de tão diferentes pontos de partida. Pressupostos de escolha racional estão sendo modificados e o modelo parsoniano das instituições está sendo estendido por ideias da teoria do conflito, a etnometodologia e a psicologia cognitiva. Isso está acontecendo, no entanto, dentro das disciplinas individuais de maneiras muito diferentes e, mesmo dentro de uma única e mesma disciplina, teóricos institucionalistas muitas vezes argumentam muito em linha com as diversas escolas teóricas que introduzimos a vocês nas lições anteriores. Não podemos, portanto, rejeitar de cara a suspeita de que este "neoinstitucionalismo" não é um movimento teórico verdadeiramente coerente, mas sim um rótulo aplicado ao que são de fato projetos de investigação muito díspares, que têm apenas uma coisa em comum, nomeadamente a sua preocupação com as instituições (isso também é involuntariamente aparente na antologia editada por Andrea Maurer e Michael Schmid, "*Neuer Institutionalismus. Zur soziologischen Erklärung von Organisation, Moral und Vertrauen*" ["Neoinstitucionalismo – Para uma explicação sociológica da organização, moral e confiança"]).

Todavia, o campo do pensamento institucionalista gerou uma teoria sociológica que está atraindo grande atenção em todo o mundo e está em concorrência com as teorias de globalização. A abordagem da "política mundial" está intimamente associada ao nome do sociólogo americano John W. Meyer. Por anos palestrante na Universidade de Stanford, desde os anos de 1970 Meyer tem desenvolvido de forma consistente um programa teórico correspondente com base em pesquisas empíricas sobre a difusão mundial e consolidação de padrões institucionais uniformes.

As preocupações da abordagem da "política mundial" podem ser esclarecidas mais simplesmente com a ajuda das ideias desenvolvidas por Meyer e seus colegas a respeito de problemas de ciência política (cf. THOMAS & MEYER. "The Expansion of State"). Se, por exemplo, olharmos para a história recente do sistema internacional de estados veremos – de acordo com Meyer – imediatamente a semelhança da forma característica dos diferentes estados: mais ou menos todos eles têm estruturas burocráticas uniformes; no nível ministerial, os campos da política são divididos de acordo com o mesmo modelo em quase toda parte; processos políticos são despachados por meios semelhantes – e tudo isto independentemente dos contextos culturais muito diferentes e conflitos nacionais.

Isto, naturalmente, constitui um problema teórico. A tese de Meyer é que este surpreendente grau de semelhança estrutural entre os estados não pode ser plausivelmente explicado com o auxílio de argumentos funcionalistas ou de poder. Pois dados os contextos nacionais muito diferentes, não pode ser devido a requisitos funcionais que estruturas burocráticas do mesmo tipo são desenvolvidas em todos os lugares; e faz igualmente pouco sentido supor que os atores com uma consciência de poder (classes, partidos políticos, sindicatos etc.), que inevitavelmente têm interesses muito diferentes nos contextos nacionais específicos, gostariam de estabelecer as mesmas estruturas de Estado em todos os lugares. Assim, a conclusão de Meyer é que a forma tomada pelos estados e o desenho específico do sistema estatal não pode ser explicado "de baixo para cima" (à luz dos interesses dos atores individuais ou coletivos, p. ex.), mas apenas "de cima para baixo": as características específicas do Estado e do sistema estatal devem ser derivadas, por assim dizer, da presença de princípios de longo alcance, a partir de uma "cultura mundial" ou política mundial em outras palavras, o que nos traz ao termo característico desta abordagem em nível macro. Só se postularmos a existência de uma tal cultura mundial, de acordo com Meyer, é possível compreender por que os estados foram estabelecidos e continuam a ser estabelecidos de acordo com características estruturais muito semelhantes ("isomórficas").

O que pode parecer não mais do que o resultado de uma dedução teórica bastante abstrata foi, no entanto, fundamentado por Meyer e seus colegas da década de 1970, em uma série de análises empíricas, principalmente na sociologia da educação e organizações. Meyer mostrou, por exemplo, que universidades com cursos pelo menos superficialmente semelhantes, graus comparáveis etc. espalharam-se por toda parte. Da mesma forma, foi possível mostrar que passagens muito semelhantes podem ser encontradas nas constituições de quase todos os estados fundados depois de 1945, referindo-se, por exemplo, aos direitos humanos e procedimentos democráticos, embora claramente essas passagens não sejam necessariamente uma expressão específica de cada cultura nacional. Na visão de Meyer, isto indica que uma cultura global agora se tornou institucionalizada e que exerce uma influência estruturadora significativa sobre os processos e tipos de processos que ocorrem em todo o mundo. Em outras palavras, é a cultura mundial que muitas vezes determina quais políticas e estruturas, organizações e estados devem adotar – que metas educacionais são buscadas, que requisitos um sistema universitário deve cumprir etc.

Como, porém, podemos descrever esta cultura mundial? De acordo com Meyer, ela consiste em diversos valores, originalmente de ordem cristã-protestante, com alguns elementos cruciais sendo a ênfase no valor intrínseco do indivíduo, aceitação da autoridade nacional e fé em um progresso alcançado através de meios racionais. Na visão de Meyer, esses valores ou princípios moldam profundamente as ações dos atores individuais e coletivos da sociedade mundial, e esses atores se referem a estes como "dados por certo" quando, por exemplo, desejam justificar suas ações. Violá-los abertamente é inaceitável e *é sancionado*. Eles são as premissas de toda a ação, o que quase ninguém mais questiona seriamente; em outras palavras, eles foram institucionalizados em toda a cultura mundial.

Meyer não afirma que esta cultura mundial, como descrita por ele – como se poderia suspeitar –, inevitavelmente conduz à paz e harmonia no mundo. Em sua opinião, conflitos continuarão a existir, não menos porque tentativas de estabelecer certas estruturas derivadas desta cultura mundial em vários contextos regionais provocaram e continuam a provocar resistência violenta (basta pensar na ideia de um Estado unificado e racionalmente estruturado, e como tentativas de instaurá-lo frequentemente inspiraram o desenvolvimento de minorias étnicas e as levaram a protestar). Mas, mesmo se conflitos graves ocorrem, os protagonistas quase sempre fazem referência aos princípios racionais da cultura mundial. Como Meyer afirma, se desejam ter suas exigências ouvidas pelo mundo em geral, mesmo os movimentos fundamentalistas ou étnicos referem-se a tais princípios racionais ou direitos específicos ancorados na cultura mundial (MEYER et al. "World Society and the Nation-State").

A abordagem institucionalista da política mundial (por vezes também conhecida como a abordagem "sociedade mundial") que sobrepõe-se a algumas das ideias que emanam do campo teórico de Luhmann, que também usa o conceito de sociedade mundial, é certamente um dos programas teóricos macrossociológicos contemporâneos mais interessantes com aspirações empíricas claras. No entanto, há certa dúvida quanto ao potencial explicativo desta abordagem. Em seus estudos em sociologia da organização, o próprio Meyer sempre sublinhou o potencial de processos organizacionais reais a serem "dissociados" de normas culturalmente exigidas de racionalidade ("Organizações institucionalizadas"). Isto, como Meyer afirma explicitamente, deve também ser levado em conta quando se examina "isomorfismos" (ou processos de adaptação estrutural) determinados pela cultura mundial: as estruturas e processos podem ser de fato muito semelhantes ou podem estar tornando-se semelhantes na superfície, mas seria isso também verdade para estruturas e processos abaixo da superfície? Os programas de sociologia e o nome de um determinado curso em uma universidade do Terceiro Mundo podem parecer muito semelhantes aos da Universidade de Chicago. Mas no geral isso nos dirá muito pouco sobre o estado da instituição em particular ou sobre os níveis que se espera que seus estudantes alcancem. Não podemos descartar a possibilidade de que a abordagem da cultura mundial de Meyer, com sua ênfase nos isomorfismos culturais do mundo, simplesmente não consegue se familiarizar com processos sociais muito mais importantes (para uma crítica, Cf. KNÖBL, W. "*Die Kontingenz der Moderne – Wege in Europa, Asien und Amerika*" ["A contingência da modernidade – Rotas na Europa, Ásia e América"], p. 30-45).

4 Ao nos aproximarmos do final do nosso livro, gostaríamos de alertá-los para três áreas problemáticas com as quais muitos cientistas sociais estão atualmente envolvidos tanto conceitual quanto teoricamente e que formam os focos de debate atual. A relevância destes problemas para o diagnóstico da era contemporânea é incontestável. Mas nossas observações aqui não devem desviar a sua atenção do fato de que as várias correntes teóricas descritas nos capítulos anteriores também têm gerado importantes estudos recentes.

a) A tese de uma modernidade que na verdade nunca aconteceu de Bruno Latour já aponta para uma dessas questões debatidas no presente, ou seja, a questão da composição cultural da modernidade ocidental. O quão coerente foi e é essa modernidade? Que tensões culturais internas ela implica? Os estudiosos que se debruçaram sobre este tema foram motivados pela noção unidimensional de modernidade implantada pelos teóricos da modernização e teóricos da pós-modernidade, dos quais eles queriam se diferenciar. Não é, portanto, nenhuma surpresa que as interpretações atualmente mais inovadoras da modernidade e sua história são as chamadas "interpretações não identitárias", isto é, aquelas em que as rupturas e contradições desta época encontram expressão clara. Sob este ponto de vista, a modernidade ocidental não foi e não é um complexo coerente, o que explica, entre outras coisas, sua história turbulenta.

Já nos familiarizamos com essas interpretações não identitárias no nosso capítulo sobre os antiestruturalistas franceses. Em sua reconstrução da modernidade ocidental, Alain Touraine chamou a atenção para o que viu como a oposição imutável entre subjetivação, de um lado, e dessubjetivação através de sistemas, por outro, desenvolvendo ainda mais uma ideia encontrada em grande parte da mesma forma na obra de Cornelius Castoriadis. Este último referiu-se à ideia de autonomia formulada pela primeira vez na Grécia antiga, que retornou com o Iluminismo europeu, mas que sempre esteve sob a ameaça da heteronomia. Castoriadis traça um contraste acentuado entre a democracia, de um lado, e um capitalismo que promove a heteronomia ou um aparelho de estado totalitário, por outro, permitindo-lhe entrar no debate muito interessante e produtivo sobre o conceito de totalitarismo.

Mas as origens da reconstrução talvez mais abrangente e persuasiva das tensões culturais características da modernidade encontram-se em um contexto diferente. Esta reconstrução foi produzida pelo filósofo comunitarista e cientista político Charles Taylor (1931), mencionado acima. Seu impressionante *Fontes do self: a construção da identidade moderna*, de 1989, é uma tentativa de identificar as fontes ou tradições que nutrem ou potencialmente alimentam a nossa identidade moderna no presente. Ele faz isso nos levando em um passeio através da história intelectual ocidental. Taylor identifica três tradições que surgiram em diferentes épocas históricas: um grande respeito pela introspecção ("interioridade") que remonta a Agostinho e Descartes, uma atitude positiva perante a vida cotidiana e do trabalho ("afirmação da vida cotidiana"), os quais em grande parte, mas não exclusivamente, devemos à Reforma, e, finalmente, a receptividade a uma interpretação romântica da natureza e um grande respeito para o criativo e o expressivo ("a voz da natureza"). Estes diferentes elementos da tradição certamente nos permitem desenvolver uma identidade rica e multifacetada se atingirmos uma relação equilibrada entre eles. Porém, ao mesmo tempo, eles são a causa de numerosas tensões que aparecem não só nos indivíduos, mas na cultura ocidental como um todo. Taylor se refere a três tensões principais ou conflitos dentro da modernidade. Em primeiro lugar, são feitas exigências universais de justiça, liberdade e igualdade, que todos estão felizes em apoiar a princípio, e que foram atingidos de forma considerável, particularmente nas democracias ocidentais. Mas existe também uma grande incerteza sobre o que constitui uma boa vida, sobre avaliações fortes e bens maiores além desses princípios com os quais todos podemos concordar (TAYLOR. *Sources*, p. 495). Em segundo lugar, existe claramente um conflito imutável entre o instrumentalismo necessário na vida cotidiana e no mundo do trabalho, e o protesto romântico contra esta forma unilateral e por vezes mortal de racionalidade. Em terceiro e último lugar, provou-se impossível alcançar um consenso sobre a questão de saber se os nossos padrões morais podem sempre ser conciliados com os nossos esforços e nosso desejo, para alcançar uma identidade rica e variada, e o que tem prioridade em casos específicos, à medida que procuramos realizar esta identidade (p. 498s.).

Taylor tem contribuído muito para o entendimento dessas extensas tensões na modernidade, que ele inicialmente discute em termos abstratos, úteis para a análise política concreta. Em uma série de ensaios ele tentou mostrar a extensão em que elas estão pelo menos parcialmente refletidas nos conflitos políticos e circunstâncias das sociedades ocidentais modernas (cf., p. ex., seu ensaio "Legitimation Crisis?" no vol. *Philosophy and the Human Sciences*, p. 248ss.).

Cosmopolis: a agenda secreta da modernidade, de Stephen Toulmin, historiador e filósofo da ciência nascido em Londres em 1922, surgiu em 1990, não muito tempo depois de *As fontes do self*, de Taylor. Seu livro retoma as ideias de Richard Rorty sobre a posição de Wittgenstein, Heidegger e Dewey na filosofia moderna. A preocupação central de Toulmin pode ser resumida da seguinte maneira. Se estes grandes filósofos do século XX têm razão e o conhecimento realmente carece de qualquer base sólida, e se, como o título de um livro famoso por John Dewey diz, a "busca de certeza" é em vão, somos obrigados a perguntar quando e em que circunstâncias esta busca começou. Portanto não é o bastante, como fez Rorty, meramente classificar os argumentos de alguém em termos da filosofia da história e apontar para a construção interna do sistema cartesiano de pensamento. Pelo contrário, a nossa tarefa deve ser a de analisar em maior detalhe a transição (filosófica) desde a Idade Média até a era moderna, que começou com Descartes – ligando a história das ideias com a história social (TOULMIN. *Cosmopolis*, p. 12).

Neste contexto, Toulmin sublinha que a modernidade se baseia em pelo menos duas tradições que surgiram em duas diferentes épocas históricas. Enquanto o Renascimento produziu a herança literária e humanista da modernidade, com Erasmo de Rotterdam (1467-1536), Michel de Montaigne (1533-1592) e William Shakespeare (1564-1616) sendo seus representantes mais impressionantes, Descartes (1596-1650) parecia pertencer a uma era inteiramente nova. Ele era um representante do pensamento científico e sistemático-filosófico que Toulmin vê como constitutivo da segunda tradição da modernidade. A pergunta de Toulmin é como, em um período relativamente curto de tempo, uma mudança cognitiva tão radical como esse distanciamento do Renascimento poderia ocorrer. Aqui, ele nos apresenta uma interpretação política surpreendente. Segundo ele, o projeto cartesiano, a investigação de Descartes para uma base firme para o conhecimento (da certeza), não se devia nem à lógica do desenvolvimento filosófico nem se limitou a surgir a partir da biografia individual do autor. Pelo contrário, é possível mostrar que a busca de Descartes pela certeza começou em uma situação de grande agitação política e incertezas. A era da Guerra dos Trinta Anos e da turbulência política na França, durante a qual os agrupamentos políticos lutaram entre si com armas, doutrinas religiosas e ideologias, inspirou um estado de espírito entre os filosoficamente interessados que Toulmin descreve da seguinte forma:

> Se os europeus quisessem evitar cair em um pântano cético, eles precisariam ter, ao que parece, algo sobre o qual ter "certeza". Quanto mais tempo durasse a luta, menos provável era que os protestantes admitem a "certeza" das doutrinas católicas, muito menos que os católicos devotos admitissem a "certeza" das heresias protestantes (p. 55-56; ênfase original).

Assim Descartes rejeita o ceticismo humanista de Montaigne, suas dúvidas quanto ao fato de se é de qualquer forma significativo buscar o verdadeiro conhecimento porque, para Descartes, em um momento de guerra civil e assassinato político, a busca filosófica da certeza parece ser a única escapatória. Como Toulmin vê as coisas, o projeto filosófico de Descartes, e a ciência natural de Newton, não foram primordialmente o resultado de considerações lógicas ou práticas. Em vez disso, suas raízes se encontram em um contexto político-religioso; é, portanto, não por acaso que a visão de mundo newtoniana, por exemplo, foi promovida e aceita mais rapidamente nos estados-nação centralizados (p. 119).

Tal interpretação é significativa por duas razões. Primeiro, ela esclarece como a modernidade sempre foi caracterizada por um grau razoável de tensão cultural, entre a busca científica pela certeza por um lado, e o esforço humanístico-literário por outro. Mas o que é mais interessante, e esta é a segunda razão, é que a análise de Toulmin subitamente lança uma sombra escura sobre a história intelectual europeia, nunca antes vista nesta forma. Pois, de acordo com ele, longe de uma partida imperturbável a novas praias, o nascimento do pensamento cartesiano e a visão de mundo científica foi um processo conturbado dependente de uma série de fatores. No que se refere a Descartes como indivíduo, esta tradição de pensamento é, de fato, estreitamente ligada à experiência da violência, da guerra e da guerra civil, que desempenhou um papel muito importante na história da Europa como um todo. Assim, é evidente que instituições-chave (basta pensar do Estado-nação) nunca teriam surgido ao longo da modernidade europeia sem guerra. Não só isso, mas o mesmo se aplica às correntes intelectuais significativas aparentemente distantes da política.

Finalmente, o cientista social alemão Peter Wagner (1956), atualmente professor em Trento (Itália), é outro contribuinte de destaque para o debate sobre as tensões culturais dentro da modernidade. Sua tese de pós-doutorado na Universidade Livre de Berlim, *Uma sociologia da modernidade: liberdade e disciplina*, de 1994, fornece uma sociologia histórica das instituições modernas. Dentro da modernidade, Wagner distingue entre diferentes épocas: a modernidade liberal do século XIX, uma modernidade organizada do início do século XX e uma crise de longo prazo desta modernidade organizada evidente a partir da década de 1960, que supostamente levou à dissolução das até então estabelecidas práticas institucionais e ao surgimento de uma pluralidade de novas. De uma forma que lembra Castoriadis e Touraine, mas também Foucault, Wagner mostra como a ideia de liberdade tão característica da modernidade tem sido constantemente frustrada pelas práticas disciplinares que também são as suas características distintivas. A força de seu livro, sem dúvida, reside no fato de ele tentar interpretar esta constelação de conflitos da modernidade, não só em termos de história intelectual ou filosófica, mas também através do prisma da teoria institucional. O que sempre faltou na obra de Touraine por exemplo, ou seja, um compromisso profundo com as instituições. Wagner ataca de cabeça a transformação dos processos políticos e de mercado, bem como aqueles que afetam a academia. Isso lhe permite produzir uma imagem sociologicamente mais substancial das rupturas e conflitos da modernidade do que os antiestruturalistas franceses até agora conseguiram fazer. No entanto, ainda podemos nos perguntar se, com sua tese da interação entre liberdade e disciplina, ele não sucumbiu a uma maneira dicotômica de pensar, da mesma forma que os autores franceses, uma maneira de pensar que está constantemente em perigo de subestimar a complexidade da modernidade e a diversidade das suas tradições. Mas em qualquer caso, sua afirmação de que a modernidade é e continuará a ser caracterizada por tensões e problemas imutáveis, para a qual não haverá soluções gerais, é de fundamental importância: "Não há fim para disputas sobre a justificação, uma vez que diferentes ordens de justificação estão em jogo" (WAGNER. *Theorizing Modernity: Inescapability and Attainability in Social Theory*, p. 10). Wagner, no entanto, vai além da mera confirmação filosófica de um pluralismo imutável de valores (p. 19ss.), ao tentar mostrar através de provas histórico-sociológicas como os diferentes atores na modernidade têm respondido a essas tensões insolúveis em diferentes épocas; sua atual pesquisa tem assim por objetivo (e uma certa proximidade com Toulmin e uma ligação direta com Joas são visíveis aqui) historicizar a busca da certeza descrita por Dewey (e Rorty) exclusivamente em termos de história das ideias.

Vocês devem ter notado que interpretações muito diversas são possíveis no âmbito do discurso sobre as tensões culturais dentro da modernidade. Queríamos mostrar a vocês que não há uma verdadeira e definitiva interpretação, quer na sociologia ou a história. Em vez disso, somos confrontados com reconstruções mais ou menos compreensíveis, cuja plausibilidade é em parte relacionada com o contexto porque, por exemplo, na interpretação da história diferentes aspectos são interessantes e importantes para diferentes autores e diferentes gerações históricas. No entanto, não estamos fadados ao relativismo absoluto. Se vocês tiverem um olhar mais atento às interpretações (históricas) da modernidade que delineamos, vocês, sem dúvida, notarão que elas não se contradizem realmente de maneira fundamental, mas na verdade são complementares. O mesmo "conflito de interpretações" também pode ser encontrado no discurso das "modernidades múltiplas" tão importante atualmente, um discurso que não pode ser considerado isoladamente do debate sobre as tensões culturais internas dentro da modernidade ocidental.

b) Vocês já encontraram o discurso das "modernidades múltiplas" na Lição XIII, onde apresentamos Shmuel N. Eisenstadt como o autor fundamental deste discurso. Nosso objetivo aqui é apresentá-los a outros importantes contribuintes a este debate e identificar alguns dos problemas que os debatedores estão atualmente enfrentando (para uma visão geral inicial, consulte a edição da revista americana *Daedalus*: WINTER, 2000, intitulado "*Multiple modernities*").

As origens do debate sobre a "diversidade da modernidade" certamente se encontram na recepção de Max Weber. O próprio Eisenstadt foi fortemente influenciado por Weber e tentou em um estágio inicial delinear um programa de pesquisa comparativa tão ambicioso quanto o realizado por Weber, em certa medida pelo menos, em seus estudos da sociologia das religiões do mundo.

No entanto, com a possível exceção do grupo em torno de Parsons e seus alunos, ao qual também pertencia Eisenstadt, o programa de estudo de Weber a este respeito não era muito conhecido internacionalmente, e nas décadas de 1960 e de 1970 era discutido essencialmente na Alemanha. Foi lá que, acima de tudo, a teoria da racionalização de Weber chamou a atenção dos estudiosos e também despertou seu interesse no contexto global das suas análises comparativas na sociologia da religião. Apontamos na Lição X que Habermas fez uso das ideias de Weber sobre a racionalização para formular uma interpretação da gênese da modernidade informada pela teoria evolutiva e para dar credibilidade a seu diagnóstico da era contemporânea, centrado na ameaça ao mundo da vida representada pelos sistemas. No entanto, teria sido quase impossível para ele tomar emprestado da teoria da racionalização de Weber, não tivesse outro sociólogo alemão o submetido a um estudo sistemático antes dele. Estamos nos referindo a Wolfgang Schluchter (1938), que interpretou a obra de Weber, principalmente, através do prisma de seus escritos em sociologia da religião e da extremamente complexa teoria da racionalização lá encontrada e que fez mais do que ninguém para introduzir o trabalho de Weber em debates teóricos, centrados na compreensão da sociedade contemporânea, como uma alternativa competitiva (SCHLUCHTER. *The Rise of Western Rationalism: Max Weber's Developmental History*).

Internacionalmente, no entanto, as interpretações da modernidade com base na teoria da racionalização ganharam relativamente pouco reconhecimento, apesar da grande influência de Jürgen Habermas. A suspeita de que esta teoria weberiana de racionalização era um legado do idealismo alemão, impregnado com a noção de que a mente se desenvolve de acordo com sua própria lógica inerente era claramente muito grande. Na verdade, muitos duvidaram se era apropriado interpretar Weber em termos de sua teoria da racionalização em primeiro lugar: sociólogos britânicos, como Anthony Giddens e Michael Mann pareciam dar mais atenção a Weber como um teórico do conflito do que como um suposto teórico da racionalização. Neste sentido, seria errado afirmar que o debate sobre a teoria da racionalização, em grande parte nativa da Alemanha, fez muito para ajudar a pavimentar o caminho para o discurso das "modernidades múltiplas". Além disso, era possível interpretar a teoria weberiana, ou de Habermas/Schluchter, da racionalização meramente como uma versão mais sofisticada da teoria da modernização, ao passo que o sentido geral do discurso das "múltiplas modernidades" está em clara contradição com a teoria da modernização.

Mas Schluchter não parou na reconstrução da obra de Weber através do prisma da teoria de racionalização; ele tentou considerar a teoria da religião de Weber, seus estudos sobre judaísmo antigo, confucionismo e taoismo, hinduísmo e budismo, islamismo e antigo cristianismo ocidental, à luz do conhecimento moderno das ciências sociais e humanas. Em uma série de conferências internacionais, em que Eisenstadt, entre outros, em geral participou e que gerou uma série de antologias de alto calibre (cf. os livros editados por Schluchter nas referências), tornou-se claro que modelos muito díspares da sociedade haviam se desenvolvido em diferentes regiões do mundo e que, como resultado do processo de modernização, assumiram também inevitavelmente uma grande variedade de formas. Neste sentido, Schluchter foi certamente um dos incitadores do debate sobre "modernidades múltiplas"; mas ele até agora fez muito mais para preparar o terreno para o debate do que para moldá-lo.

Algumas das mais importantes contribuições para o discurso sobre a diversidade da modernidade vieram de um autor cujas raízes encontram-se em uma tradição muito diferente da de Eisenstadt e Schluchter: Johann Arnason. Nascido na Islândia em 1940, estudou em Praga nos anos de 1960; após a invasão soviética da Tchecoslováquia em 1968, que trouxe brutalmente ao fim o experimento do "socialismo com um rosto humano", ele se mudou para a Alemanha, onde fazia parte do círculo em torno de Jürgen Habermas. Até recentemente, ele era professor de Sociologia na Universidade de La Trobe em Melbourne e editor de uma das mais interessantes publicações internacionais sobre teoria social, *Thesis Eleven*.

Arnason começou sua carreira acadêmica como um simples filósofo social, e sua enérgica busca de uma análise empiricamente fundamentada da modernidade decolou apenas no final dos anos de 1980. Aqui, sempre mediando entre a teoria de Habermas e os antiestruturalistas franceses, como Touraine e Castoriadis, ele aplicou as ideias que já havia vencido na teoria social à pesquisa empírica de uma forma surpreendente. Entre outras coisas, ele produziu um livro importante sobre o modelo soviético da sociedade (*The Future That Failed: Origins and Destinies of the Soviet Model*, de 1993), enquanto focava cada vez mais na análise da história e da sociedade do Japão e do leste da Ásia a partir da década de 1990 (cf. *Social Theory and Japanese Experience: The Dual Civilization from 1997*. • *The Peripheral Centre: Essays on Japanese History* e *Civilization*, de 2002). Aqui, com base nas ideias de Castoriadis sobre a criatividade, uma de suas reivindicações centrais foi que a história política destas regiões não pode ser entendida como um desenvolvimento endógeno. Em vez disso, "desenvolvimentos" na União Soviética e no Japão devem ser interpretados como criativos contraprojetos à modernidade ocidental; o modelo soviético da sociedade é melhor interpretado como uma tentativa de alcançar e ultrapassar as sociedades ocidentais, com diferentes meios, nomeadamente totalitários, que falhou da forma mais terrível.

Arnason adota a teoria da civilização de Eisenstadt em certos aspectos, pois ele também está convencido de que é vital examinar civilizações inteiras e suas tensões culturais inerentes, se alguém pretende entender a dinâmica das sociedades dentro dessas civilizações. Mas ele modifica essa abordagem em um aspecto crucial. Uma de suas críticas é que Eisenstadt entendeu a ideia da Era Axial muito como um programa cultural dentro de uma civilização que é executado de forma relativamente independente de outros eventos, de forma autônoma. Arnason, por outro lado, propõe uma teoria da civilização em "roupagem processual", que leva em conta o contato entre civilizações como uma variável-chave; ela, portanto, apresenta um teor decididamente transcivilizacional e transnacional. Esta teoria está amplamente em sintonia com os objetivos subjacentes à teoria do sistema mundial de Wallerstein, que se revelou impossível de realizar plenamente como consequência de seu economicismo. A abordagem de Arnason fornece uma visão significativamente mais dinâmica dos processos de mudança. Ao invés de atribuir erroneamente uma lógica arcaica ao desenvolvimento japonês, por exemplo, como Eisenstadt havia feito, a análise de Arnason privilegia a estratégia de adoção e transformação de padrões culturais estrangeiros implementados com tanto sucesso durante muitas fases da história do Japão (cf. tb. KNÖBL. *Spielräume der Modernisierung*, p. 330ss.).

Recentemente, Arnason também começou a investigar algo que Eisenstadt nunca conseguiu abordar diretamente, ou seja, a adequação do conceito de civilização. Eisenstadt tinha assumido que simplesmente existem civilizações, delimitadas pela evolução religiosa, e que estas são as unidades fundamentais de referência para a análise sociológica. Nós criticamos Eisenstadt por isso na Lição XIII. Nosso argumento era que o conceito de civilização não é muito mais claro do que o conceito sociológico "tradicional" de "sociedade". Embora tenha se tornado moda nos dias de hoje referir-se ao fim do Estado-nação, e um ponto de interrogação tem sido colocado com cada vez mais frequência e com razão sobre o conceito de sociedade ligada a ele, não devemos simplesmente substituí-lo por outros conceitos pouco claros ou nebulosos. Arnason aborda esta crítica e, em seu livro mais recente (*Civilizations in Dispute: Historical Questions and Theoretical Traditions*, de 2003), ele tenta, em primeiro lugar, fazer um balanço dos vários conceitos de civilização usados nas ciências sociais antes de destrinchar seus pontos fortes e fracos. O que quer que se pense sobre os resultados das análises de Arnason, deve ficar claro que a teoria da civilização pode manter o seu apelo atual dentro do debate sobre "modernidades múltiplas" somente através desses esforços teóricos e esclarecimentos conceituais.

Juntamente com a questão da adequação do conceito de civilização, o debate sobre "múltiplas modernidades" é moldado por outra controvérsia, ou seja, a avaliação de fatores culturais e estruturais na pesquisa sobre processos de mudança social. O conceito de civilização em geral pressupõe uma forte ênfase em fatores culturais, especialmente quando, como no caso de Eisenstadt e sua tese da Era Axial, é introduzido em termos da sociologia da religião. Mas pode-se perguntar se uma tal perspectiva trunca ou distorce certas coisas. Apesar de todos os argumentos economicistas que ela implica, não é a teoria do sistema mundial de Wallerstein, por exemplo, justificada na medida em que ele discute os obstáculos ao desenvolvimento econômico – e, portanto, tanto os fatores estruturais quanto exógenos – dos países que se encontram fora da América do Norte e da Europa Central ou Ocidental? O sociólogo sueco Göran Therborn (1941), atualmente professor da Universidade de Cambridge, expressou este problema de uma forma muito particular. Ele tentou mostrar que é inteiramente possível referir-se a vários caminhos para ou através da modernidade, ao estilo de Eisenstadt, sem adotar a característica perspectiva endógena de sua teoria da civilização, com sua ênfase quase exclusiva em fatores culturais, e sem partilhar do economicismo de Wallerstein. Therborn refere-se a quatro desses caminhos de modernização: modernização europeia, modernização do Novo Mundo (Américas do Norte e do Sul, Austrália, Nova Zelândia), a modernização, por exemplo, do Japão, induzida por fatores exógenos, mas implementada de forma autônoma, e a modernização violenta que teve lugar nas chamadas "áreas coloniais", isto é, o resto do mundo, onde a modernidade veio, literalmente, "a partir do cano de uma arma" com todos os consequentes traumas culturais (THER-

BORN. *European Modernity and Beyond: The Trajectory of European Societies*, 1945-2000, p. 5; cf. tb. THERBORN. "*The Right to Vote and the Four World Routes to/through Modernity*", 1992). O que quer que se pense da proposta de Therborn, parece claro que uma abordagem como esta, que leva a sério a história colonial e toda a sua violência extrema, abre os nossos olhos para outros aspectos, não menos importantes, da modernidade do que a abordagem de Eisenstadt, que é culturalista e informado pela teoria da civilização, e que trabalha principalmente com fatores endógenos. No futuro, podemos esperar, portanto, argumentos-chave dentro do debate sobre a "diversidade da modernidade" girando em torno da avaliação de fatores estruturais e culturais, endógenos e exógenos. Em uma série de ensaios penetrantes, outro sociólogo sueco e cientista político, Björn Wittrock (1945), tentou abrir novos caminhos na área, por meio de uma teoria cultural informada pela teoria do discurso e da sociologia do conhecimento, seus argumentos incorporados em uma perspectiva da história global.

c) A referência de Therborn ao "cano de uma arma" e à "modernização" violenta de muitas partes do mundo sublinha que tanto uma teoria adequada de mudança social quanto um diagnóstico plausível do mundo contemporâneo devem levar em conta a violência macrossocial. Nossa breve menção de *Cosmopolis* de Toulmin mostrou que mesmo as principais realizações culturais da modernidade são compreensíveis apenas se incluirmos a história da violência na Europa (e América) em nossas análises. Em um momento de instabilidade internacional, quando a guerra quase parece ter se tornado uma opção política "normal" mais uma vez, é absolutamente crucial que a teoria social se dedique a esta questão. Isso ainda não aconteceu em escala suficiente. Tentativas têm sido feitas, é claro, por Giddens, Joas e Toulmin, por exemplo, de prestar atenção a esse lado sombrio da modernidade. Em geral, porém, a teoria social e da sociologia carecem do aparato sensorial necessário para enfrentar o tema da guerra e da paz nas análises da era contemporânea. Isso geralmente é deixado para a disciplina vizinha da ciência política que, no entanto, muitas vezes parece um tanto desinteressada deste assunto, com exceção do campo especializado de relações internacionais. O que os estudiosos se esquecem é que vários dos fundadores da sociologia discutiram consistentemente este tema em seus vários estudos. Apenas dentro da teoria social britânica (já mencionamos, p. ex., o trabalho de Michael Mann, cujo *kit* de ferramentas teórico está centrado em quatro redes de poder e que atribui grande importância ao poder militar – cf. Lição XII) foi realizada a tentativa de produzir o tipo de aparato conceitual sistemático vital para a formulação de uma teoria da mudança social sensível à violência. No conjunto, porém, à luz da importância crescente dos conflitos armados desde o fim da Guerra Fria, isso parece insuficiente para uma teoria social que aspira lançar luz sobre a era contemporânea (cf. MANN, M. *The Incoherent Empire*).

Mas também é de grande importância estudar o tema da guerra e os outros lados obscuros da modernidade em profundidade, porque a tarefa crucial da teoria social será esclarecer que critério se aplica à história e de onde ele obtém seus critérios normativos. Porque se não é certo, como os teóricos da modernização supõem, que as conquistas normativas da modernidade irão prevalecer (JOAS. *War and Modernity*, p. 53ss.), se não é o caso de que a liberdade, o Estado de direito e a democracia, por exemplo, serão estabelecidos sem resistência ou que esses valores são seguros para sempre, mesmo no Ocidente, então a questão é saber se podemos falar de progresso social em primeiro lugar surge com vigor renovado. Até que ponto é adequado se referir a processos de aprendizagem moral com respeito a sociedades inteiras? Não somos compelidos, como os autores pós-modernos tendem a fazer, a simplesmente declarar tais perguntas como sem sentido ou, como Anthony Giddens, a adotar uma visão radicalmente descontínua da história? Ou poderia haver outro caminho para sair desta situação, pois os indivíduos interpretam sua própria história, organizando o presente no contexto de seu conceito de história e, portanto, sempre mantendo pelo menos um grau de continuidade com o passado, suas esperanças e experiências, as suas realizações e seu sofrimento? Se não podemos mais trabalhar com a suposição de que a história está se movendo em direção a um objetivo específico que incorpora tudo o que é bom, se nós já não acreditamos que o progresso moral é parte integrante da história, então a teoria social deve inevitavelmente adquirir sua postura normativa sem recorrer aos pressupostos evolucionistas e teleológicos.

De qualquer maneira, não será suficiente para a teoria social apenas descrever eventos no passado e no presente. Questões normativas irão sempre se "intrometer", exigindo uma resposta. Embora não se possa simplesmente adotar as respostas fornecidas por Parsons e as figuras clássicas da sociologia, as questões com as quais eles estavam envolvidos permanecem constitutivas para as ciências sociais. Assim, a mediação entre a normatividade e a história é e continuará a ser central para o entendimento da teoria social de si mesma e ao seu papel dentro da modernidade.

Referências

ABBOTT, A. (1988). *The system of professions*: an essay on the division of expert labor. Chicago: University of Chicago Press.

ADLER, Patricia; ADLER, Peter & FONTANA, A. (1987). Everyday Life in Sociology. *Annual Review of Sociology*, 13, p. 217-235.

ADORNO, T.W. (1969). *Der Positivismusstreit in der deutschen Soziologie*. Neuwied/Berlim: Lucherhand.

ADORNO, T.W & HORKHEIMER, M. (1986 [1944]). *Dialektik der Aufklärung* – Philosophische Fragmente. Frankfurt a. M.: Fischer.

ADORNO, T.W. et al. (1995 [1950]). *Studien zum autoritären Charakter*. Frankfurt a. M.: Suhrkamp.

ALEXANDER, J.C. (1998a). Citizen and Enemy as Symbolic Classification: On the Polarizing Discourse of Civil Society. In: DERS (ed.). *Real Civil Societies* – Dilemmas of Institutionalization. Londres: Sage, p. 96-114.

_____ (1998b). *Neofunctionalism and After*. Malden, Mass./Oxford: Basil Blackwell.

_____ (1996). Critical Reflections on "Reflexive Modernization". *Theory, Culture & Society* 13 (4), p. 133-138.

_____ (1994). Modern, Anti, Post, and Neo: How Social Theories Have Tried to Understand the "New World" of "Our Time". *Zeitschrift für Soziologie* 23 (3), p. 165-197.

_____ (1993 [1988]). Kultur und politische Krise: "Watergate" und die Soziologie Durkheims. In: JEFFREY, C.A. *Soziale Differenzierung und kultureller Wandel*. Frankfurt a. M./Nova York: Campus, p. 148-195 [org. de Harald Wenzel].

_____ (1987). *Twenty Lectures* – Sociological Theory since World War II. Londres: Hutchinson.

_____ (1985). Introduction. In: Ders. (ed.), *Neofunctionalism*. Londres: Sage, p. 7-18.

_____ (1983a). *Theoretical Logic in Sociology* – Vol. Four: The Modern Reconstruction of Classical Thought:Talcott Parsons. Berkeley/Los Angeles: University of California Press.

_____ (1983b). *Theoretical Logic in Sociology. Volume Three: The Classical Attempt at Theoretical Synthesis: Max Weber*. Berkeley/Los Angeles: University of California Press.

_____ (1982a). *Theoretical Logic in Sociology* – Vol. One: Positivism, Presuppositions, and Current Controversies. Berkeley/Los Angeles: University of California Press.

_____ (1982b). *Theoretical Logic in Sociology* – Vol. Two: The Antinomies of Classical Thought: Marx and Durkheim. Berkeley/Los Angeles: University of California Press.

ALEXANDER, J.C. & COLOMY, P. (1985). Toward Neo-Functionalism. *Sociological Theory* 3 (2), p. 11-23.

ALMOND, G. & SIDNEY, V. (1989 [1963]). *The Civic Culture* – Political Attitudes and Democracy in Five Nations. Newbury Park/Londres/Nova Delhi: Sage.

ARENDT, H. (2001 [1951]). *Elemente und Ursprünge totaler Herrschaft* – Antisemitismus, Imperialismus, Totalitarismus. Munique: Piper.

_____ (1986 [1963]). *Eichmann in Jerusalem* – Ein Bericht von der Banalität des Bösen. Munique: Piper.

_____ (1970). *Macht und Gewalt*. Munique: Piper.

ARNASON, J.P. (2003). *Civilizations in Dispute* – Historical questions and theoretical traditions. Leiden: Brill.

_____ (2002). *The Peripheral Centre* – Essays on Japanese History and Civilization. Melbourne: Transpacific.

_____ (1997). *Social Theory and Japanese Experience* – The Dual Civilization. Londres/Nova York: Kegan Paul.

_____ (1993). *The Future that Failed* – Origins and Destinies of the Soviet Model. Londres/Nova York: Routledge.

_____ (1988). *Praxis und Interpretation* – Sozialphilosophische Studien. Frankfurt a. M.: Suhrkamp.

BARBER, B. (1992). Neofunctionalism and the Theory of the Social System. In: COLOMY, P. (ed.). *The Dynamics of Social Systems*. Londres: Sage, p. 36-55.

BARTHES, R. (1981 [1957]). *Mythen des Alltags*. Frankfurt a. M.: Suhrkamp.

BAUDRILLARD, J. (1995 [1986]). *Amerika*. Munique: Matthes & Seitz.

_____ (1982 [1976]). *Der symbolische Tausch und der Tod*. Munique: Matthes & Seitz.

_____ (1978). *Agonie des Realen*. Berlim: Merve.

BAUMAN, Z. (2002 [1989]). *Dialektik der Ordnung* – Die Moderne und der Holocaust. Hamburgo: Europäische Verlagsanstalt.

_____ (2000 [1999]). *Die Krise der Politik* – Fluch und Chance einer neuen Öffentlichkeit. Hamburgo: Hamburger.

_____ (1999 [1997]). *Unbehagen in der Postmoderne*. Hamburgo: Hamburger.

_____ (1995 [1993]). *Postmoderne Ethik*. Hamburgo: Hamburger.

_____ (1992 [1991]. *Moderne und Ambivalenz* – Das Ende der Eindeutigkeit. Hamburgo: Junius.

BECK, U. (1997). *Was ist Globalisierung?* Frankfurt a. M.: Suhrkamp.

_____ (1993). *Die Erfindung des Politischen*. Frankfurt a. M.: Suhrkamp.

_____ (1988). *Gegengifte* – Die organisierte Unverantwortlichkeit. Frankfurt a. M.: Suhrkamp.

_____ (1986). *Risikogesellschaft* – Auf dem Weg in eine andere Moderne. Frankfurt a. M.: Suhrkamp.

BECKER, G.S. (1981). *A Treatise on the Family*. Cambridge/Londres: Harvard UP.

_____ (1981 [1963]). *Aussenseiter* – Zur Soziologie abweichenden Verhaltens. Frankfurt a. M.: Fischer.

BECKER-SCHMIDT, R. & GUDRUN-AXELI, K. (2001). *Feministische Theorien zur Einführung*. Hamburgo: Junius.

BECKERT, J. (1997). *Grenzen des Marktes* – Die sozialen Grundlagen wirtschaftlicher Effizienz. Frankfurt a. M./Nova York: Campus.

BELL, D. (1989 [1973]). *Die nachindustrielle Gesellschaft*. Frankfurt a. M./Nova York: Campus.

BELLAH, R. (1991 [1970]). *Beyond Belief* – Essays on Religion in a Post-Traditional World. Berkeley/Los Angeles/Londres: University of California Press.

_____ (1985 [1957]). *Tokugawa Religion* – The Cultural Roots of Modern Japan. Nova York/Londres: Anchor Books.

BELLAH, R. et al. (1991). *The Good Society*. Nova York: Knopf.

_____ (1987 [1985]). *Gewohnheiten des Herzens* – Individualismus und Gemeinsinn in der amerikanischen Gesellschaft. Colônia: Bund.

BELLOW, Saul (2000 [2000]). *Ravelstein*. Colônia: Kiepenheuer & Witsch.

BENDIX, R. (1990 [1986]). *Von Berlin nach Berkeley* – Deutsch-jüdische Identitäten. Frankfurt a. M.: Suhrkamp.

_____ (1974 [1956]). *Work and Authority in Industry* – Ideologies of Management in the Course of Industrialization. Berkeley/Los Angeles/Londres: University of California Press.

_____ (1964 [1960]). *Max Weber – Das Werk:* Darstellung – Analyse – Ergebnisse. Munique: Piper.

_____ (1963 [1952]). Social Stratification and Political Power. In: BENDIX, R. & LIPSET, S.M. (eds.), *Class, Status and Power* – A Reader in Social Stratification. Glencoe: Free Press, p. 596-609.

BENHABIB, S. (1995 [1992]). *Selbst im Kontext* – Kommunikative Ethik im Spannungsfeld von Feminismus, Kommunitarismus und Postmoderne. Frankfurt a. M.: Suhrkamp.

_____ (1986). Kritik des "postmodernen Wissens"– Eine Auseinandersetzung mit Jean-François Lyotard. In: HUYSSEN, A. & SCHERPE, K.R. (orgs.). *Postmoderne* – Zeichen eines kulturellen Wandels. Reinbek: Rowohlt, p. 103-127.

BERGER, P.L. & LUCKMANN, T. (1980 [1966]). *Die gesellschaftliche Konstruktion der Wirklichkeit* – Eine Theorie der Wissenssoziologie. Frankfurt a. M.: Fischer.

BERGSON, H. (1989 [1889]). *Zeit und Freiheit.* Frankfurt a. M.: Athenäum.

BERNSTEIN, R. (2002). Putnams Stellung in der pragmatistischen Tradition. In: RATERS, M.-L. & WILLASCHEK, M. (org.). *Hilary Putnam und die Tradition des Pragmatismus.* Frankfurt a. M.: Suhrkamp, p. 33-48.

_____ (1992). *The New Constellation* – The Ethical-Political Horizons of Modernity/Postmodernity. Cambridge, Mass: MIT Press.

_____ (1979 [1976]). *Restrukturierung der Gesellschaftstheorie.* Frankfurt a. M.: Suhrkamp.

_____ (1971 [1975]). *Praxis and Action* – Contemporary Philosophies of Human Activity. Filadélfia: University of Pennsylvania Press.

BITTNER, E. (1967). Police Discretion in Emergency Apprehension of Mentally Ill Persons. *Social Problems*, 14 (3), p. 278-292.

BLAU, P.M. (1964). *Exchange and Power in Social Life.* Nova York/Londres/Sidney: John Wiley & Sons.

BLUMER, H. (1990). *Industrialization as an Agent of Social Change.* A Critical Analysis. Nova York: Aldine de Gruyter.

_____ (1981a). George Herbert Mead, In: RHEA, B. (ed.). *The Future of the Sociological Classics.* Londres: Allen & Unwin, p. 136-169.

_____ (1981b). Der methodologische Standort des Symbolischen Interaktionismus. In: ARBEITSGRUPPE BIELEFELDER SOZIOLOGEN (org.). *Alltagswissen, Interaktion und gesellschaftliche Wirklichkeit 1 + 2.* Opladen: Westdeutscher, p. 80-146.

_____ (1975). Comment on Turner, "Parsons as a Symbolic Interactionist". *Sociological Inquiry* 45 (1), p. 59-62.

_____ (1969). *Symbolic Interactionism* – Perspective and Method. Englewood Cliffs, NJ: Prentice-Hall.

BOLT, C. (1993). *The Women's Movements in the United States and Britain from the 1790s to the 1920s*. Amherst: University of Massachusetts Press.

BOLTANSKI, L. (1990 [1982]). *Die Führungskräfte* – Die Entstehung einer sozialen Gruppe. Frankfurt a. M./Nova York: Campus.

BOLTANSKI, L. & CHIAPELLO, E. (2003 [1999]). *Der neue Geist des Kapitalismus*. Konstanz: UVK.

_____ (2001). Die Rolle der Kritik in der Dynamik des Kapitalismus und der normative Wandel. *Berliner Journal für Soziologie* 11 (4), p. 459-477.

BOLTANSKI, L. & THÉVENOT, L. (1991). *De la justification* – Les économies de la grandeur. Paris: Gallimard.

BOSSHART, D. (1992). *Politische Intellektualität und totalitäre Erfahrung* – Hauptströmungen der französischen Totalitarismuskritik. Berlim: Duncker & Humblot.

BOUDON, R. (1982). *The Unintended Consequences of Social Action*. Nova York: St. Martin's Press.

BOURDIEU, P. (2001 [1997]). *Meditationen* – Zur Kritik der scholastischen Vernunft. Frankfurt a. M.: Suhrkamp.

_____ (2001 [1993]). *Das Elend der Welt* – Zeugnisse und Diagnosen alltäglichen Leidens an der Gesellschaft. Konstanz: UVK.

_____ (1999 [1992]). *Die Regeln der Kunst* – Genese und Struktur des literarischen Feldes. Frankfurt a. M.: Suhrkamp.

_____ (1998 [1994]). *Praktische Vernunft* – Zur Theorie des Handelns. Frankfurt a. M.: Suhrkamp.

_____ (1993 [1980]). *Soziologische Fragen*. Frankfurt a. M.: Suhrkamp.

_____ (1992 [1987]). *Rede und Antwort*. Frankfurt a. M.: Suhrkamp.

_____ (1988 [1984]. *Homo academicus*. Frankfurt a. M.: Suhrkamp.

_____ (1987 [1980]). *Sozialer Sinn* – Kritik der theoretischen Vernunft. Frankfurt a. M.: Suhrkamp.

_____ (1985 [1982]). *Sozialer Raum und "Klassen"* – Zwei Vorlesungen. Frankfurt a. M.: Suhrkamp.

_____ (1983). Ökonomisches Kapital, kulturelles Kapital, soziales Kapital. In: KRECKEL, R. (org.). *Soziale Ungleichheiten* – Sonderband 2 der Sozialen Welt. Göttingen: Schwartz, p. 183-198.

_____ (1982 [1979]). *Die feinen Unterschiede* – Kritik der gesellschaftlichen Urteilskraft. Frankfurt a. M.: Suhrkamp.

_____ (1976 [1972]). *Entwurf einer Theorie der Praxis auf der ethnologischen Grundlage der kabylischen Gesellschaft.* Frankfurt a. M.: Suhrkamp.

_____ (1970). *Zur Soziologie der symbolischen Formen.* Frankfurt a. M.: Suhrkamp.

BOURDIEU, P. & PASSERON, J.-C. (1981). Soziologie und Philosophie in Frankreich seit 1945: Tod und Wiederauferstehung einer Philosophie ohne Subjekt. In: LEPENIES, W. (org.). *Geschichte der Soziologie* – Studien zur kognitiven, sozialen und historischen Identität einer Disziplin. Band 3. Frankfurt a. M.: Suhrkamp, p. 496-551.

_____ (1971). *Die Illusion der Chancengleichheit* – Untersuchungen zur Soziologie des Bildungswesens am Beispiel Frankreichs. Stuttgart: Ernst Klett.

BOURDIEU, P. & WACQUANT, J.J.D. (1996 [1992]). *Reflexive Anthropologie.* Frankfurt a. M.: Suhrkamp.

BROWNING, C.R. (1993 [1992]). *Ganz normale Männer* – Das Reserve-Polilzeibataillon 101 und die "Endlösung" in Polen. Reinbek: Rowohlt.

BROWNMILLER, S. (1992 [1975]). *Gegen unseren Willen* – Vergewaltigung und Männerherrschaft. Frankfurt a. M.: Fischer.

BUTLER, J. (2001 [1997]. *Psyche der Macht* – Das Subjekt der Unterwerfung. Frankfurt a. M.: Suhrkamp.

_____ (1998 [1997]). *Hass spricht* – Zur Politik des Performativen. Berlim: Berlim.

_____ (1991 [1990]). *Das Unbehagen der Geschlechter.* Frankfurt a. M.: Suhrkamp.

CAMIC, C. (1991). Introduction: Talcott Parsons before The Structure of Social Action. In: DERS (ed.). *Talcott Parsons* – The Early Essays. Chicago: University of Chicago Press, p. IX-LXIX.

_____ (1989). Structure after 50 Years: The Anatomy of a Charter. *American Journal of Sociology*, 95 (1), p. 38-107.

_____ (1979). The Utilitarians Revisited. *American Journal of Sociology* 85 (3), p. 516-550.

CARDOSO, F.H. & FALETTO, E. (1976 [1969]). *Abhängigkeit und Entwicklung in Lateinamerika.* Frankfurt a. M.: Suhrkamp.

CASTORIADIS, C. (2001). Aeschylean Anthropogony and Sophoclean Self--Creation. In: ARNASON, J.P. & MURPHY, P. (ed.). *Agon, Logos, Polis* – The Greek Achievement and its Aftermath. Stuttgart: Franz Steiner, p. 138-154.

_____ (1990). Die griechische polis und die Schaffung der Demokratie. In: RÖDEL, U. (org.). *Autonome Gesellschaft und libertäre Demokratie.* Frankfurt a. M.: Suhrkamp, p. 298-328.

_____ (1986). Les destinées du totalitarisme. In: DERS. *Domaines de l'homme, tome 2*: Les carrefours du labyrinthe. Paris: Seuil, p. 201-218.

_____ (1984/1985). Reflections on "Rationality" and "Development". *Thesis Eleven*, 10/11, p. 18-35.

_____ (1984 [1975]). *Gesellschaft als imaginäre Institution* – Entwurf einer politischen Philosophie. Frankfurt a. M.: Suhrkamp.

_____ (1983 [1978]). *Durchs Labyrinth* – Seele, Vernunft, Gesellschaft. Frankfurt a. M.: Suhrkamp.

CAWS, P. (1988). *Structuralism* – The Art of the Intelligible. Atlantic Highlands, NJ.: Humanities.

CHALMERS, A.F. (1986). *What is this Thing Called Science?* 2. ed. Milton Keynes/Phil.: Open UP.

CHARLE, C. (1997). *Vordenker der Moderne* – Die Intellektuellen im 19. Jahrhundert. Frankfurt a. M.: Fischer.

CHAZEL, F. (1994). Away from Structuralism and the Return of the Actor: Paradigmatic and Theoretical Orientations in Contemporary French Sociology. In: SZTOMPKA, P. (ed.). *Agency and Structure* – Reorienting Social Theory. Yverdon, Sw./Langhorn, Pa: Gordon/Breach, p. 143-163.

CHODOROW, N. (1994 [1978]). *Das Erbe der Mütter* – Psychoanalyse und Soziologie der Geschlechter. Munique: Frauenoffensive.

CICOUREL, A. (1981). Basisregeln und normative Regeln im Prozess des Aushandelns von Status und Rolle. In: ARBEITSGRUPPE BIELEFELDER SOZIOLOGEN (org.). *Alltagswissen, Interaktion und gesellschaftliche Wirklichkeit 1 + 2*. Opladen: Westdeutscher, p. 147-188.

_____ (1974 [1964]). *Methode und Messung in der Soziologie*. Frankfurt a. M.: Suhrkamp.

COHEN, J. & ARATO, A. (1992). *Civil Society and Political Theory*. Cambridge: MIT.

COHEN-SOLAL, A. (1988 [1985]). *Sartre*: 1905-1980. Reinbek: Rowohlt.

COLEMAN, J.S. (1995 [1990]). *Grundlagen der Sozialtheorie*. 3 vol. Munique/Viena: R. Oldenbourg.

_____ (1986 [1982]). *Die asymmetrische Gesellschaft* – Vom Aufwachsen mit unpersönlichen Systemen. Weinheim/Basel: Beltz.

COLLINS, R. (1998). *The Sociology of Philosophies* – A Global Theory of Intellectual Change. Cambridge, Mass./Londres: Harvard UP.

_____ (1986). *Weberian Sociological Theory*. Cambridge: Cambridge UP.

_____ (1985). *Three Sociological Traditions*. Nova York: Oxford UP.

_____ (1979). *The Credential Society*: An Historical Sociology of Education and Stratification. Nova York: Academic.

_____ (1975). *Conflict Sociology* – Toward an Explanatory Science. Nova York/São Francisco/Londres: Academic.

_____ (1971). Functional and Conflict Theories of Educational Stratification. *American Sociological Review*, 36 (6), p. 1.002-1.019.

COLLINS, R.; CHAFETZ, J.S.; BLUMBERG, L.R.; COLTRANE, S. & TURNER, J.H. (1993). Toward an Integrated Theory of Gender Stratification. *Sociological Perspectives* 36 (3), p. 185-216.

COLOMY, P.B. (1986). Recent Developments in the Functionalist Approach to Change. *Sociological Focus* 19 (2), p. 139-158.

COLOMY, P. & BROWN, D.J. (1995). Elaboration, Revision, Polemic, and Progress in the Second Chicago School. In: FINE, G.A. (ed.). *A Second Chicago School?* – The Development of a Postwar American Sociology. Chicago/Londres: University of Chicago Press, p. 17-81.

COSER, L.A. (1967). *Continuities in the Study of Social Conflict*. Nova York/Londres: Free.

_____ (1965 [1956]). *Theorie sozialer Konflikte*. Neuwied: Luchterhand.

DAHRENDORF, R. (2002). *Über Grenzen* – Lebenserinnerungen. Munique: C.H. Beck.

_____ (1994). *Der moderne soziale Konflikt* – Essay zur Politik der Freiheit. Munique: DTV.

_____ (1986a). Pfade aus Utopia – Zu einer Neuorientierung der soziologischen Analyse. In: DERS. *Pfade aus Utopia* – Zur Theorie und Methode der Soziologie. Munique/Zurique: Piper, p. 242-263.

_____ (1986b). Struktur und Funktion – Talcott Parsons und die Entwicklung der soziologischen Theorie. In: DERS. *Pfade aus Utopia* – Zur Theorie und Methode der Soziologie. Munique/Zurique: Piper, p. 213-242.

_____ (1972). *Konflikt und Freiheit* – Auf dem Weg zur Dienstklassengesellschaft. Munique: Piper.

_____ (1957). *Soziale Klassen und Klassenkonflikt in der industriellen Gesellschaft*. Stuttgart: Ferdinand Enke.

DENZIN, N.K. (1991). *Images of Postmodern Society* – Social Theory and Contemporary Cinema. Londres/Newbury Park/Nova Delhi: Sage.

_____ (1984). *On Understanding Emotion*. São Franciso/Washington/Londres: Jossey-Bass.

_____ (1977). Notes on the Criminogenic Hypothesis: A Case Study of the American Liquor Industry. *American Sociological Review* 42 (6), p. 905-920.

DERRIDA, J. (1972 [1967]). *Die Schrift und die Differenz*. Frankfurt a. M.: Suhrkamp.

DEWEY, J. (1998 [1929]). *Die Suche nach Gewissheit* – Eine Untersuchung des Verhältnisses von Erkenntnis und Handeln. Frankfurt a. M.: Suhrkamp.

_____ (1995 [1925]). *Erfahrung und Natur*. Frankfurt a. M.: Suhrkamp.

DiMAGGIO, P. (1998). The New Institutionalisms: Avenues of Collaboration. *Journal of Institutional and Theoretical Economics*, 154, p. 696-705.

DiMAGGIO, P.J. & POWELL, P.P. (1991). Introduction. In: POWELL, W.W. & DiMAGGIO, P.J. (eds.). *The New Institutionalism in Organizational Analysis*. Chicago/Londres: University of Chicago Press, p. 1-38.

DOSSE, F. (2000). *Paul Ricoeur: Les sens d'une vie*. Paris: La Découverte.

_____ (1999 [1991]). *Geschichte des Strukturalismus*. 2 vol. Frankfurt a. M.: Fischer.

_____ (1997). *L'Empire du sens*: L'humanisation de sciences humaines. Paris: La Découverte.

DOUGLAS, J.D. (1967). *The Social Meanings of Suicide*. Princeton: Princeton UP.

DREYFUS, H.L. & RABINOW, P. (1987). *Michel Foucault* – Jenseits von Strukturalismus und Hermeneutik. Frankfurt a. M.: Athenäum.

DUBET, F. (2002). *Le déclin de l'institution*: Paris: Du Seuil.

_____ (1994). *Sociologie de l'expérience*. Paris: Du Seuil.

_____ (1987). *La galère*: jeunes en survie. Paris: Fayard.

DUBET, F. & LAPEYRONNIE, D. (1994 [1992]). *Im Aus der Vorstädte* – Der Zerfall der demokratischen Gesellschaft. Stuttgart: Klett-Cotta.

EDER, K. (1989). Klassentheorie als Gesellschaftstheorie – Bourdieus dreifache kulturtheoretische Brechung der traditionellen Klassentheorie. In: DERS (org.). *Klassenlage, Lebensstil und kulturelle Praxis* – Theoretische und empirische Beiträge zur Auseinandersetzung mit Pierre Bourdieus Klassentheorie. Frankfurt a. M.: Suhrkamp, p. 15-43.

EDER, K. (org.) (1989). *Klassenlage, Lebensstil und kulturelle Praxis* – Theoretische und empirische Beiträge zur Auseinandersetzung mit Pierre Bourdieus Klassentheorie. Frankfurt a. M.: Suhrkamp.

EISENSTADT, S.N. (2000). *Die Vielfalt der Moderne*. Weilerwist: Velbrück.

_____ (1996). *Japanese Civilization* – A Comparative View. Chicago/Londres: University of Chicago Press.

_____ (1995). Introduction. In: DERS. *Power, Trust and Meaning* – Essays in Sociological Theory and Analysis. Chicago: University of Chicago Press, p. 1-40.

_____ (1992). Frameworks of the great revolutions: culture, social structure, history and human agency. *International Social Science Journal*, 133, p. 385-401.

_____ (1989). La convergence des sociétés modernes, prémises et limites – L'exemple japonais. *Diogène* 147, p. 130-152.

_____ (1987 [1978]). *Revolution und die Transformation von Gesellschaften.* Opladen: Westdeutscher.

_____ (1983). Innerweltliche Transzendenz und die Strukturierung der Welt. Max Webers Studie über China und die Gestalt der chinesischen Zivilisation. In: Wolfgang Schluchter (org.). *Max Webers Studie über Konfuzianismus und Taoismus* – Interpretation und Kritik. Frankfurt a. M.: Suhrkamp, p. 363-411.

_____ (1981). Cultural traditions and political dynamics: the origins and modes of ideological politics – Hobhouse Memorial Lecture. *British Journal of Sociology* 32 (2), p. 155-181.

_____ (1979 [1973]). *Tradition, Wandel und Modernität.* Frankfurt a. M.: Suhrkamp.

_____ (1970). Sozialer Wandel, Differenzierung und Evolution. In: ZAPF, W. (org.). *Theorien des sozialen Wandels.* Colônia/Berlim: Kiepenheuer & Witsch, p. 75-91.

_____ (1963). *The Political Systems of Empires.* Nova York: Free.

ELIAS, N. (1976 [1937]). *Über den Prozess der Zivilisation* – Soziogenetische und psychogenetische Untersuchungen. 2 vol. Frankfurt a. M.: Suhrkamp.

ELSTER, J. (1999). *Alchemies of the Mind* – Rationality and the Emotions. Cambridge: Cambridge UP.

_____ (1987). *Subversion der Rationalität.* Frankfurt a. M./Nova York: Campus.

EMERSON, R.M. (1962). Power-Dependence Relations. *American Journal of Sociology* 27 (1), p. 31-41.

EPSTEIN, C.F. (1988). *Deceptive Distinctions* – Sex, Gender, and the Social Order. New Haven/Londres: Yale UP.

ERIBON, D. (1991 [1989]). *Michel Foucault* – Eine Biographie. Frankfurt a. M.: Suhrkamp.

ERIKSON, K. (1978 [1966]). *Die widerspenstigen Puritaner* – Zur Soziologie abweichenden Verhaltens. Stuttgart: Klett-Cotta.

ESSER, H. (1999). *Soziologie* – Spezielle Grundlagen. 6 vol. Frankfurt a. M./Nova York: Campus.

_____ (1993). *Soziologie* – Allgemeine Grundlagen. Frankfurt a.M./Nova York: Campus.

ETZIONI, A. (2003). *My Brother's Keeper* – A Memoir and a Message. Lanham: Rowman & Littlefield.

_____ (2001). *The Monochrome Society*. Princeton/Oxford: Princeton UP.

_____ (1996 [1988]). *Die faire Gesellschaft* – Jenseits von Sozialismus und Kapitalismus. Frankfurt a. M.: Fischer.

_____ (1995 [1993]). *Die Entdeckung des Gemeinwesens* – Ansprüche, Verantwortlichkeiten und das Programm des Kommunitarismus. Stuttgart: Schäffer-Poeschel.

_____ (1975 [1968]). *Die aktive Gesellschaft* – Eine Theorie gesellschaftlicher und politischer Prozesse. Opladen: Westdeutscher.

FEYERABEND, P. (1981). *Erkenntnis für freie Menschen* – Veränderte Ausgabe. Frankfurt a. M.: Suhrkamp.

FIRESTONE, S. (1976 [1970]). *Frauenbefreiung und sexuelle Revolution*. Frankfurt a. M.: Fischer.

FLAX, J. (1990). Postmodernism and Gender Relations in Feminist Theory. In: NICHOLSON, L.J. (ed.). *Feminism/Postmodernism*. Nova York/Londres: Routledge, p. 39-62.

FOUCAULT, M. (2001 [1996]). *In Verteidigung der Gesellschaft* – Vorlesungen am Collège de France (1975-1976). Frankfurt a. M.: Suhrkamp.

_____ (1993a [1984]). *Die Sorge um sich* – Sexualität und Wahrheit 3. Frankfurt a. M.: Suhrkamp.

_____ (1993b [1984]). *Der Gebrauch der Lüste* – Sexualität und Wahrheit 2. Frankfurt a. M.: Suhrkamp.

_____ (1991 [1976]). *Der Wille zum Wissen* – Sexualität und Wahrheit 1. Frankfurt a. M.: Suhrkamp.

_____ (1988 [1966]). *Die Ordnung der Dinge* – Eine Archäologie der Humanwissenschaften. Frankfurt a. M.: Suhrkamp.

_____ (1977 [1975]). *Überwachen und Strafen* – Die Geburt des Gefängnisses. Frankfurt a. M.: Suhrkamp.

_____ (1973 [1961]). *Wahnsinn und Gesellschaft* – Eine Geschichte des Wahns im Zeitalter der Vernunft. Frankfurt a. M.: Suhrkamp.

FRANK, M. (1984). *Was ist Neostrukturalismus?* Frankfurt a. M.: Suhrkamp.

FRASER, N. (1994 [1989]). *Widerspenstige Praktiken* – Macht, Diskurs, Geschlecht. Frankfurt a. M.: Suhrkamp.

FRASER, N. & HONNETH, A. (2003). *Umverteilung oder Anerkennung* – Eine politisch-philosophische Kontroverse. Frankfurt a. M.: Suhrkamp.

FRASER, N. & NICHOLSON, L.J. (1990). Social Criticism without Philosophy: An Encounter between Feminism and Postmodernism. In: NICHOLSON, L.J. (ed.). *Feminism/Postmodernism*. Nova York/Londres: Routledge, p. 19-38.

FREIDSON, E. (1979 [1970]). *Der Ärztestand. Berufs- und wissenschaftssoziologische Durchleuchtung einer Profession*. Stuttgart: Ferdinand Enke.

FRIEDMAN, D. & HECHTER, M. (1988). The Contribution of Rational Choice Theory to Macrosociological Research. *Sociological Theory* 6 (2), p. 201-218.

FÜHMANN, F. (1978). Drei nackte Männer. In: Ders. *Bagatelle, rundum positiv. Erzählungen*. Frankfurt a. M.: Suhrkamp, p. 7-22.

GARDNER, H. (1976). *The Quest for Mind* – Piaget, Lévi-Strauss and the Structuralist Movement. Londres: Quartet Books.

GARFINKEL, H. (1991). Respecification: evidence for locally produced, naturally accountable phenomena of order, logic, reason, meaning, method etc. in and as of the essential haecceity of immortal ordinary society, (I) – an announcement of studies. In: BUTTON, G. (ed.). *Ethnomethodology and the Human Sciences*. Cambridge: Cambridge UP, p. 10-19.

_____ (1981). Das Alltagswissen über soziale und innerhalb sozialer Strukturen. In: ARBEITSGRUPPE BIELEFELDER SOZIOLOGEN (org.). *Alltagswissen, Interaktion und gesellschaftliche Wirklichkeit 1 + 2*. Opladen: Westdeutscher, p. 189-262.

_____ (1967). *Studies in Ethnomethodology*. Englewood Cliffs, NJ: Prentice-Hall.

_____ (1963). A Conception of, and Experiments with, "Trust" as a Condition of Stable Concerted Actions. In: HARVEY, O.J. (ed.). *Motivation and Social Interaction*. Nova York: Ronald, p. 187-238.

GARFINKEL, H. & SACKS, H. (1976). Über formale Strukturen praktischer Handlungen. In: WEINGARTEN, E.; SACK, F. & SCHENKEIN, J. (org.). *Ethnomethodologie* – Beiträge zu einer Soziologie des Alltagshandelns. Frankfurt a. M.: Suhrkamp, p. 130-175.

GAUCHET, M. (1997 [1985]). *The Disenchantment of the World* – A Political History of Religion. Princeton: Princeton UP.

GEHLEN, A. (1978). *Der Mensch* – Seine Natur und Stellung in der Welt. Wiesbaden: Akademische Verlagsgesellschaft Athenaion.

_____ (1968 [1940]). Mensch und Institutionen. In: DERS. *Anthropologische Forschung* – Zur Selbstbegegnung und Selbstentdeckung des Menschen. Reinbek: Rowohlt, p. 69-77.

GERHARDT, U. (1992). *Unerhört* – Die Geschichte der deutschen Frauenbewegung. Reinbek: Rororo.

GERHARDT, U. (ed.) (1993). *Talcott Parsons on National Socialism*. Nova York: Aldine de Gruyter.

GIDDENS, A. (2001 [1990]). *Konsequenzen der Moderne*. Frankfurt a. M.: Suhrkamp.

_____ (2000 [1998]). *Der dritte Weg*: Die Erineuerung der sozialen Demokratie. Frankfurt a. M.: Suhrkamp.

_____ (1999 [1994]). *Jenseits von Links und Rechts* – Die Zukunft der radikalen Demokratie. Frankfurt a. M.: Suhrkamp.

_____ (1999 [1989]). *Soziologie*. Graz: Nausner & Nausner.

_____ (1993 [1992]). *Wandel der Intimität* – Sexualität, Liebe und Erotik in Modernen Gesellschaften. Frankfurt a. M.: Fischer.

_____ (1991). *Modernity and Self-Identity* – Self and Society in the Late Modern Age. Cambridge: Polity.

_____ (1988 [1984]). *Die Konstitution der Gesellschaft* – Grundzüge einer Theorie der Strukturierung. Frankfurt a. M./Nova York: Campus.

_____ (1987). Structuralism, post-structuralism and the production of culture. In: DERS. *Social Theory and Modern Sociology*. Cambridge: Polity, p. 73-108.

_____ (1985). *The Nation-State and Violence* – Vol. Two of A Contemporary Critique of Historical Materialism. Cambridge: Polity.

_____ (1984 [1976]). *Interpretative Soziologie* – Eine kritische Einführung. Frankfurt a. M./Nova York: Campus.

_____ (1982). Commentary on the Debate. *Theory and Society* 11 (4), p. 527-539.

_____ (1981). *A Contemporary Critique of Historical Materialism* – Vol. 1: Power, property and the state. Londres/Basingstoke: Macmillan.

_____ (1979). *Central Problems in Social Theory* – Action, structure and contradiction in social analysis. Londres/Basingstoke: Macmillan.

_____ (1979 [1973]). *Die Klassenstruktur fortgeschrittener Gesellschaften*. Frankfurt a. M.: Suhrkamp.

_____ (1976). Classical social theory and the origins of modern sociology. *American Journal of Sociology*, 81 (4), p. 703-729.

_____ (1971). *Capitalism and Modern Social Theory*. Cambridge/Nova York: Cambridge UP.

GIELE, J.Z. (1995). *Two Paths to Women's Equality* – Temperance, Suffrage, and the Origins of Modern Feminism. Nova York: Twayne.

GILCHER-HOLTHEY, I. (1995). *Die "Phantasie an die Macht" Mai 68 in Frankreich*. Frankfurt a. M.: Suhrkamp.

GILDEMEISTER, R. & WETTERER, A. (1992). Wie Geschlechter gemacht warden – Die soziale Konstruktion der Zweigeschlechtlichkeit und ihre Reifizierung in der Frauenforschung. In: KNAPP, G.-A. & WETTERER, A. (org.). *Traditionen Brüche* – Entwicklungen feministischer Theorie. Friburgo: Kore, p. 201-254.

GILLIGAN, C. (1991 [1982]). *Die andere Stimme* – Lebenskonflikte und Moral der Frau. Munique: Piper.

GLASER, B.G. & STRAUSS, A.L. (1998 [1967]). *Grounded Theory* – Strategien qualitativer Sozialforschung. Berna/Göttingen/Toronto/Seattle: Hans Huber.

_____ (1995 [1965]). *Betreuung von Sterbenden* – Eine Orientierung für Ärzte, Pflegepersonal, Seelsorger und Angehörige. Göttingen/Zurique: Vandenhoeck & Ruprecht.

GODBOUT, J. & CAILLÉ, A. (1992). *L'esprit de don*. Paris: La Découverte.

GOFFMAN, E. (1977 [1974]). *Rahmenanalyse* – Ein Versuch über die Organisation von Alltagserfahrung. Frankfurt a. M.: Suhrkamp.

_____ (1972 [1961]). *Asyle* – Über die soziale Situation psychiatrischer Patienten und anderer Insassen. Frankfurt a. M.: Suhrkamp.

_____ (1969 [1959]). *Wir alle spielen Theater* – Selbstdarstellung im Alltag. Munique: Piper.

_____ (1967). *Interaktionsrituale* – Über Verhalten in direkter Kommunikation. Frankfurt a. M.: Suhrkamp.

_____ (1967 [1963]). *Stigma* – Über Techniken der Bewältigung beschädigter Identität. Frankfurt a. M.: Suhrkamp.

GOLDHAGEN, D.J. (1996 [1996]). *Hitlers willige Vollstrecker* – Ganz gewöhnliche Deutsche und der Holocaust. Berlim: Siedler.

GOLDSTONE, J.A. (1994). Is Revolution Individually Rational? – Groups and Individuals in Revolutionary Collective Action. *Rationality and Society*, 6 (1), p. 139-166.

GOTTSCHALL, K. (1997). Sozialkonstruktivistische Perspektiven für die Analyse von sozialer Ungleichheit und Geschlecht. In: HRADIL, S. (org.). *Differenz und Integration; Die Zukunft moderner Gesellschaften* – Verhandlungen des 28. Kongresses der Deutschen Gesellschaft für Soziologie in Dresden 1996. Frankfurt a. M./Nova York: Campus, p. 479-496.

HABERMAS, J. (1999). *Wahrheit und Rechtfertigung* – Philosophische Aufsätze. Frankfurt a. M.: Suhrkamp.

_____ (1996). *Die Einbeziehung des Anderen* – Studien zur politischen Theorie. Frankfurt a. M.: Suhrkamp.

_____ (1990 [1962]). *Strukturwandel der Öffentlichkeit* – Untersuchungen zu einer Kategorie der bürgerlichen Gesellschaft. Frankfurt a. M.: Suhrkamp.

_____ (1988). *Nachmetaphysisches Denken* – Philosophische Aufsätze. Frankfurt a. M.: Suhrkamp.

_____ (1983). *Moralbewusstsein und kommunikatives Handeln*. Frankfurt a. M.: Suhrkamp.

_____ (1981). *Theorie des kommunikativen Handelns*. 2 vol. Frankfurt a. M.: Suhrkamp.

_____ (1973). *Legitimationsprobleme im Spätkapitalismus*. Frankfurt a. M.: Suhrkamp.

_____ (1973 [1968]). *Erkenntnis und Interesse* – Mit einem neuen Nachwort. Frankfurt a. M.: Suhrkamp.

_____ (1969). *Technik und Wissenschaft als "Ideologie"*. Frankfurt a. M.: Suhrkamp.

_____ (1963a). Literaturbericht zur philosophischen Diskussion um Marx und den Marxismus. In: DERS. *Theorie und Praxis* – Sozialphilosophische Studien. Frankfurt a. M.: Suhrkamp, p. 387-463.

_____ (1963b). Zwischen Philosophie und Wissenschaft: Marxismus als Kritik. In: DERS. *Theorie und Praxis* – Sozialphilosophische Studien. Frankfurt a. M.: Suhrkamp, p. 228-289.

HABERMAS, J. & LUHMANN, N. (1971). *Theorie der Gesellschaft oder Sozialtheorie* – Was leistet die Systemforschung? Frankfurt a. M.: Suhrkamp.

HAFERKAMP, H. & KNÖBL, W. (2001). Die Logistik der Macht – Michael Manns Historische Soziologie als Gesellschaftstheorie. In: MANN, M. *Geschichte der Macht* – Die Entstehung von Klassen und Nationalstaaten. Vol. 3, t. II. Frankfurt a. M./Nova York: Campus, p. 303-349.

HAGEMANN-WHITE, C. (1988). Wir werden nicht zweigeschlechtlich geboren... In: HAGEMANN-WHITE, C. & RERRICH, M.S. (org.). *Frauenmänner-Bilder* – Männer und Männlichkeit in der feministischen Diskussion. Bielefeld: AJZ, p. 224-235.

HALL, J.A. (1985). *Powers and Liberties* – The Causes and Consequences of the Rise of the West. Oxford: Basil Blackwell.

HALL, P.A. & TAYLOR, R.C.R. (1996). Political Science and the Three New Institutionalisms, *Political Studies*, XLIV (5), p. 936-957.

HALL, P.M. (1987). Presidential Address: Interactionism and the Study of Social Organization. *The Sociological Quarterly*, 28, 1, p. 1-22.

_____ (1972). A Symbolic Interactionist Analysis of Politics. *Sociological Inquiry* 42 (3/4), p. 35-75.

HALL, P.M. & SPENCER-HALL, D.A. (1982). The Social Conditions of the Negotiated Order. *Urban Life* 11 (3), p. 328-349.

HARDING, S. (1990). Feminism, Science, and the Anti-Enlightenment Critiques. In: NICHOLSON, L.J. (ed.). *Feminism/Postmodernism*. Nova York/Londres: Routledge, p. 83-106.

HARTSOCK, N. (1990). Foucault on Power: A Theory for Women? In: NICHOLSON, L.J. (ed.). *Feminism/Postmodernism*. Nova York/Londres: Routledge, p. 157-175.

HARVEY, D. (1989). *The Condition of Postmodernity* – An Enquiry into the Origins of Cultural Change. Oxford: Basil Blackwell.

HASKELL, T. (1998). *Objectivity is not Neutrality* – Explanatory Schemes in History. Baltimore: Johns Hopkins UP.

HECHTER, M. (1987). *Principles of Group Solidarity*. Berkely/Los Angeles/Londres: University of California Press.

HEILBRON, J. (1995). *The Rise of Social Theory*. Mineápolis: University of Minnesota Press.

HEINTZ, B. & NADAI, E. (1998). Geschlecht und Kontext – De-Institutionalisierungsprozesse und geschlechtliche Differenzierung. *Zeitschrift für Soziologie* 27 (2), p. 75-93.

HÉNAFF, M. (2002). *Le prix de la vérité*: Le Don, l'argent, la philosophie. Paris: Du Seuil.

HERITAGE, J. (1984). *Garfinkel and Ethnomethodology*. Cambridge/Nova York: Polity.

HETTLAGE, R. & LENZ, K. (org.) (1991). *Erving Goffman* – Ein soziologischer Klassiker der zweiten Generation. Stuttgart: UTB.

HIRSCHAUER, S. (1994). Die soziale Fortpflanzung der Zweigeschlechtlichkeit. *Kölner Zeitschrift für Soziologie und Sozialpsychologie*, 46 (4), p. 668-692.

HIRSCHMAN, A. (1980 [1977]). *Leidenschaften und Interessen*: politische Begründungen des Kapitalismus vor seinem Sieg. Frankfurt a. M.: Suhrkamp.

HOBBES, T. (1984 [1651]). *Leviathan oder Stoff, Form und Gewalt eines kirchlichen und bürgerlichen Staates* – Herausgegeben und eingeleitet von Iring Fetscher [Leviathan]. Frankfurt a.M.: Suhrkamp.

HOCHSCHILD, A. (1990 [1985]). *Das gekaufte Herz*: Zur Kommerzialisierung der Gefühle. Frankfurt a. M./Nova York: Campus.

_____ (1979). Emotion Work, Feeling Rules, and Social Structure. *American Journal of Sociology*, 85 (3), p. 551-575.

HÖFFE, O. (1985). *Strategien der Humanität* – Zur Ethik öffentlicher Entscheidungsprozesse. Frankfurt a. M.: Suhrkamp.

HOMANS, G.C. (1968 [1961]). *Elementarformen sozialen Verhaltens*. Colônia/Opladen: Westdeutscher.

_____ (1964). Bringing Men Back In. *American Sociological Review*, 29 (5), p. 809-818.

_____ (1958). Social Behavior as Exchange. *American Journal of Sociology*, 63 (6), p. 597-606.

_____ (1950). *The Human Group*. Nova York: Harcourt, Brace & World.

HONNETH, A. (2001). Die Zukunft des Instituts für Sozialforschung. *Mitteilungen des Instituts für Sozialforschung*, 12, p. 54-63.

_____ (2000). *Das Andere der Gerechtigkeit* – Aufsätze zur praktischen Philosophie. Frankfurt a. M.: Suhrkamp.

_____ (1994). *Desintegration* – Bruchstücke einer soziologischen Zeitdiagnose. Frankfurt a. M.: Fischer.

_____ (1992). *Kampf um Anerkennung* – Zur moralischen Grammatik sozialer Konflikte. Frankfurt a. M.: Suhrkamp.

_____ (1990a). Ein strukturalistischer Rousseau – Zur Anthropologie von Claude Lévi-Strauss. In: DERS. *Die zerrissene Welt des Sozialen. Sozialphilosophische Aufsätze*. Frankfurt a. M.: Suhrkamp, p. 93-112.

_____ (1990b). Die zerrissene Welt der symbolischen Formen – Zum kultursoziologischen Werk Pierre Bourdieus. In: DERS. *Die zerrissene Welt des Sozialen* – Sozialphilosophische Aufsätze. Frankfurt a. M.: Suhrkamp, p. 156-181.

_____ (1989). Moralische Entwicklung und sozialer Kampf – Sozialphilosophische Lehren aus dem Frühwerk Hegels. In: HONNETH, A.; McCARTHY, T.; OFFE, C. & WELLMER, A. (org.), *Zwischenbetrachtungen im Prozess der Aufklärung: Jürgen Habermas zum 60. Geburtstag*. Frankfurt a. M.: Suhrkamp, p. 549-573.

_____ (1986). *Kritik der Macht* – Reflexionsstufen einer kritischen Gesellschaftstheorie. Frankfurt a. M.: Suhrkamp.

HONNETH, A. & JOAS, H. (2002). *Kommunikatives Handeln: Beiträge zu Jürgen Habermas "Theorie des kommunikativen Handelns"* – Erweiterte und aktualisierte Ausgabe. Frankfurt a. M.: Suhrkamp.

_____ (1980). *Soziales Handeln und menschliche Natur* – Anthropologische Grundlagen der Sozialwissenschaften. Frankfurt a. M./Nova York: Campus.

HORSTER, D. (1997). *Niklas Luhmann*. Munique: Beck.

HUGHES, E.C. (1994). Professions. In: DERS. *On Work, Race, and the Sociological Imagination*. Chicago/Londres: University of Chicago Press, p. 37-49 [ed. e intr. de Lewis A. Coser].

HUSSERL, E. (1996 [1936]). *Die Krisis der europäischen Wissenschaften und die transzendentale Phänomenologie*. Hamburgo Felix Meiner.

JAGGAR, A.M. (1993). Feministische Ethik – Ein Forschungsprogramm für die Zukunft. In: NAGL-DOCEKAL, H. & PAUER-STUDER, H. (org.). *Jenseits der Geschlechtermoral* – Beiträge zur feministischen Ethik. Frankfurt a. M.: Fischer, p. 195-218.

JAMES, W. (1977 [1907]). *Der Pragmatismus* – Ein neuer Name für alte Denkmethoden. Hamburgo: Felix Meiner.

JAMESON, F. (1991). *Postmodernism, or, The Cultural Logic of Late Capitalism.* Londres/Nova York: Verso.

JASPERS, K. (1956 [1949]). *Vom Ursprung und Ziel der Geschichte.* Frankfurt a. M./Hamburgo: Fischer.

JOAS, H. (2004). *Braucht der Mensch Religion?* – Über Erfahrungen der Selbsttranszendenz. Friburgo: Herder.

_____ (2003a). Max Weber und die Entstehung der Menschenrechte – Eine Studie über kulturelle Innovation. In: ALBERT, G.; BIENFAIT, A.; SIEGMUND, S. & WENDT, C. (org.). *Das Weber-Paradigma* – Studien zur Weiterentwicklung von Max Webers Forschungsprogramm. Tübingen: Mohr Siebeck, p. 252-270.

_____ (2003b). Gott in Frankreich – Paul Ricoeur als Denker der Vermittlung. *Merkur,* 57, p. 242-246.

_____ (2002). Werte und Normen – Ein Kommentar zu Hilary Putnams Kantischem Pragmatismus. In: RATERS, M.-L. & WILLASCHEK, M. (org.). *Hilary Putnam und die Tradition des Pragmatismus.* Frankfurt a. M.: Suhrkamp, p. 263-279.

_____ (2000). *Kriege und Werte* – Studien zur Gewaltgeschichte des 20. Jahrhunderts. Weilerswist: Velbrück.

_____ (1998/1999). Macroscopic Action – On Amitai Etzioni's Contribution to Social Theory. *The Responsive Community,* 9, p. 23-31.

_____ (1997). *Die Entstehung der Werte.* Frankfurt a. M.: Suhrkamp.

_____ (1994). Kreativität und Autonomie – Die soziologische Identitätskonzeption und ihre postmoderne Herausforderung. In: GÖRG, C. (org.). *Gesellschaft im Übergang* – Perspektiven kritischer Soziologie. Darmstadt: Wissenschaftliche Buchgesellschaft, p. 109-119.

_____ (1992a). Eine soziologische Transformation der Praxisphilosophie – Giddens Theorie der Strukturierung. In: DERS. *Pragmatismus und Gesellschaftstheorie.* Frankfurt a. M.: Suhrkamp, p. 205-222.

_____ (1992b). Von der Philosophie des Pragmatismus zu einer soziologischen Forschungstradition. In: DERS. *Pragmatismus und Gesellschaftstheorie.* Frankfurt a. M.: Suhrkamp, p. 23-65.

_____ (1992c). *Die Kreativität des Handelns.* Frankfurt a. M.: Suhrkamp.

_____ (1989 [1980]). *Praktische Intersubjektivität* – Die Entwicklung des Werkes von G.H. Mead. Frankfurt a. M.: Suhrkamp.

JOAS, H. & ADLOFF, F. (2002). Milieuwandel und Gemeinsinn. In: MÜNKLER, H. & BLUHM, H. (org.). *Gemeinwohl und Gemeinsinn* – Vol. 4: Zwischen Normativität und Faktizität. Berlim: Akademie, p. 153-185.

JOAS, H. & BECKERT, J. (2001). Action Theory. In: TURNER, J.H. (ed.). *Handbook of Sociological Theory*. Nova York: Kluwer Academic, p. 269-285.

KALYVAS, A. (2001). The Politics of Autonomy and the Challenge of Deliberation: Castoriadis contra Habermas. *Thesis Eleven*, 64, p. 1-19.

KESSLER, S.J. & McKENNA, W. (1978). *Gender* – An Ethnomethodological Approach. Chicago/Londres: University of Chicago Press.

KIPPENBERG, H.G. & LUCHESI, B. (org.) (1978). *Magie* – Die Sozialwissenschaftliche Kontroverse über das Verstehen fremden Denkens. Frankfurt a. M.: Suhrkamp.

KITSUSE, J.I. (1962). Societal Reaction to Deviant Behavior – Problems of Theory and Method. *Social Problems*, 9 (3), p. 247-256.

KNAPP, G.-A. (1997). Differenz und Dekonstruktion – Anmerkungen zum "Paradigmenwechsel" in der Frauenforschung. In: *Differenz und Integration: Die Zukunft moderner Gesellschaften* – Verhandlungen des 28. Kongresses der Deutschen Gesellschaft für Soziologie in Dresden 1996. Frankfurt a. M./Nova York: Campus, p. 497-513.

_____ (1992). Macht und Geschlecht – Neuere Entwicklungen in der feministischen Macht- und Herrschaftsdiskussion. In: KNAPP, G.A. & WETTERER, A. (org.). *Traditionen Brüche* – Entwicklungen feministischer Theorie. Friburgo: Kore, p. 287-325.

KNEER, G. & NASSEHI, A. *Niklas Luhmanns Theorie sozialer Systeme*. Munique: Wilhelm Fink.

KNÖBL, W. (2001). *Spielräume der Modernisierung* – Das Ende der Eindeutigkeit. Weilerswist: Velbrück.

KNORR-CETINA, K. (1984). *Die Fabrikation von Erkenntnis* – Zur Anthropologie der Naturwissenschaft. Frankfurt a. M.: Suhrkamp.

KOHLBERG, L. (1996). Moralstufen und Moralerwerb: Der kognitiv-entwicklungstheoretische Ansatz. In: DERS. *Die Psychologie der Moralentwicklung*. Frankfurt a. M.: Suhrkamp, p. 123-174.

KUHN, T.S. (1976 [1962]). *Die Struktur wissenschaftlicher Revolutionen*. Frankfurt a. M.: Suhrkamp.

KURZWEIL, E. (1980). *The Age of Structuralism* – Lévi-Strauss to Foucault. Nova York: University of Columbia Press.

KYMLICKA, W. (1997 [1990]). *Politische Philosophie heute. Eine Einführung*. Frankfurt a. M./Nova York: Campus.

LAMONT, M. (1992). *Money, Morals, and Manners* – The Culture of the French and the American Upper-Middle Class. Chicago/Londres: University of Chicago Press.

LANDWEER, H. (1994). Generativität und Geschlecht – Ein blinder Fleck in der sex/gender-Debatte. In: WOBBE, T. & LINDEMANN, G. (org.). *Denkachsen* – Zur theoretischen und institutionellen Rede vom Geschlecht. Frankfurt a. M.: Suhrkamp, p. 147-176.

LARSON, M.S. (1977). *The Rise of Professionalism – A Sociological Analysis*. Berkeley/Los Angeles/Londres: University of California Press.

LATOUR, B. (1998 [1991]). *Wir sind nie modern gewesen* – Versuch einer symmetrischen Anthropologie. Frankfurt a. M.: Fischer.

LEACH, E. (1991 [1989]). *Lévi-Strauss zur Einführung*. Hamburgo: Junius.

LEFORT, C. (1988). Interpreting Revolution within the French Revolution. In: DERS. *Democracy and Political Theory*. Oxford: Polity, p. 89-114.

LEMERT, E.M. (1975). Das Konzept der sekundären Abweichung. In: STALLBERG, F.D. (org.). *Abweichung und Kriminalität – Konzeptionen, Kritik, Analysen*. Hamburgo: Hoffmann und Campe, p. 33-46.

LENSKI, G. (1977 [1966]). *Macht und Privileg* – Eine Theorie der sozialen Schichtung. Frankfurt a. M.: Suhrkamp.

LERNER, D. (1965 [1958]). *The Passing of Traditional Society* – Modernizing the Middle East. Nova York: Free.

LÉVI-STRAUSS, C. (1997 [1958]). *Strukturale Anthropologie I*. Frankfurt a. M.: Suhrkamp.

_____ (1993 [1949]). *Die elementaren Strukturen der Verwandtschaft*. Frankfurt a. M.: Suhrkamp.

_____ (1992 [1973]). *Strukturale Anthropologie II*. Frankfurt a. M.: Suhrkamp.

_____ (1982 [1955]). *Traurige Tropen*. Frankfurt a. M.: Suhrkamp.

_____ (1973 [1962]). *Das wilde Denken*. Frankfurt a. M.: Suhrkamp.

LIDZ, V. (2000). Talcott Parsons. In: RITZER, G. (ed.). *Blackwell Companion to Major Social Theorists*. Oxford: Blackwell, p. 388-431.

LIPSET, S.M. (1988 [1959]). *Political Man* – The Social Bases of Politics. Baltimore: Johns Hopkins UP.

LOCKWOOD, D. (1992). *Solidarity and Schism* – "The Problem of Disorder" in Durkheimian and Marxist Sociology. Oxford: Clarendon.

_____ (1970). Soziale Integration und Systemintegration. In: ZAPF, W. (org.). *Theorien des sozialen Wandels*. Colônia/Berlim: Kiepenheuer & Witsch, p. 124-137.

_____ (1956). Some Remarks on the "Social System". *British Journal of Sociology*, 7, p. 134-146.

LORBER, J. (1999). *Gender-Paradoxien*. Opladen: Leske und Budrich.

LUHMANN, N. (2000). *Die Politik der Gesellschaft*. Frankfurt a. M.: Suhrkamp [Org. de André Kieserling].

_____ (1997a). Biographie im Interview. In: HORSTER, D. *Niklas Luhmann*. Munique: Beck, p. 25-45.

_____ (1997b). *Die Gesellschaft der Gesellschaft*. 2 vol. Frankfurt a. M.: Suhrkamp.

_____ (1989). Politische Steuerung: Ein Diskussionsbeitrag, *Politische Vierteljahresschrift*, 31 (1), p. 4-9.

_____ (1986). *Ökologische Kommunikation* – Kann die moderne Gesellschaft sich auf ökologische Gefährdungen einstellen? Opladen: Westdeutscher.

_____ (1984). *Soziale Systeme* – Grundriss einer allgemeinen Theorie. Frankfurt a. M.: Suhrkamp.

_____ (1983 [1969]). *Legitimation durch Verfahren*. Frankfurt a. M.: Suhrkamp.

_____ (1982). *Liebe als Passion* – Zur Codierung von Intimität. Frankfurt a. M.: Suhrkamp.

_____ (1981). *Politische Theorie im Wohlfahrtsstaat*. Munique: Olzog.

_____ (1975). *Macht*. Stuttgart: Enke.

_____ (1972 [1968]). *Zweckbegriff und Systemrationalität* – Über die Funktion von Zwecken in sozialen Systemen. Frankfurt a. M.: Suhrkamp.

_____ (1970a). Funktionen und Kausalität. In: DERS. *Soziologische Aufklärung 1. Aufsätze zur Theorie sozialer Systeme*. Opladen: Westdeutscher, p. 9-30.

_____ (1970b). Funktionale Methode und Systemtheorie. In: DERS. *Soziologische Aufklärung 1. Aufsätze zur Theorie sozialer Systeme*. Opladen: Westdeutscher, p. 31-53.

_____ (1970c). Soziologische Aufklärung. In: DERS. *Soziologische Aufklärung 1. Aufsätze zur Theorie sozialer Systeme*. Opladen: Westdeutscher, p. 66-91.

_____ (1970d). Soziologie als Theorie sozialer Systeme. In: DERS. *Soziologische Aufklärung 1. Aufsätze zur Theorie sozialer Systeme*. Opladen: Westdeutscher, p. 113-136.

_____ (1968). *Vertrauen*. Stuttgart: Enke.

_____ (1964). *Funktionen und Folgen formaler Organisation*. Berlim: Duncker & Humblot.

LUKÁCS, G. (1968 [1923]). *Geschichte und Klassenbewusstsein*. Neuwied/Berlim: Luchterhand.

LYNCH, M.; LIVINGSTON, E. & GARFINKEL, H. (1983). Temporal Order in Laboratory Work. In: KNORR-CETINA, K. & MULLER, M. (ed.). *Science Observed: Perspectives on the Social Study of Science*. Beverly Hills/Londres: Sage, p. 205-238.

LYOTARD, J.-F. (1974 [1979]). *Das postmoderne Wissen* – Ein Bericht. Viena: Passagen.

MacKINNON, C.A. (1989). *Toward a Feminist Theory of the State*. Cambridge/Londres: Harvard UP.

MAINES, D.R. (2001). *The Faultline of Consciousness* – A View of Interactionism in Sociology. Nova York: Aldine de Gruyter.

_____ (1982). In Search of Mesostructure – Studies in the Negotiated Order. *Urban Life*, 11 (3), p. 267-279.

_____ (1977). Social Organization and Social Structure in Symbolic Interactionist Thought. *Annual Review of Sociology*, 3, p. 235-259.

MANN, M. (1990 [1986]). *Geschichte der Macht* – Vier Teilbände. Frankfurt a. M./Nova York: Campus.

MARWELL, G. & Ames, R.E. (1981). Economists Free Ride, Does Anyone Else? – Experiments on the provision of public goods, IV. *Journal of Public Economics*, 15, jun., p. 295-310.

MARX, W. (1987). *Die Phänomenologie Edmund Husserls* – Eine Einführung. Munique: UTB.

MAURER, A. & SCHMID, M. (org.) (2002). *Neuer Institutionalismus* – Zur soziologischen Erklärung von Organisation, Moral und Vertrauen. Frankfurt a. M./Nova York: Campus.

MAUSS, M. (1990). *Die Gabe* – Form und Funktion des Austauschs in archaischen Gesellschaften. Frankfurt a. M.: Suhrkamp.

MAYER, H. (1982). *Ein Deutscher auf Widerruf* – Erinnerungen Band 1. Frankfurt a. M.: Suhrkamp.

McCARTHY, J. & ZALD, M. (1977). Resource Mobilization and Social Movements: A Partial Theory. *American Journal of Sociology*, 82 (6), p. 1.212-1.241.

McCARTHY, T. (1993 [1991]). *Ideale und Illusionen* – Dekonstruktion und Rekonstruktion in der kritischen Theorie. Frankfurt a. M.: Suhrkamp.

_____ (1980). *Kritik der Verständigungsverhältnisse* – Zur Theorie von Jürgen Habermas. Frankfurt a. M.: Suhrkamp.

McCLELLAND, D. (1961). *The Achieving Society*. Nova York/Londres: Free.

MEHAN, H. & WOOD, W. (1976). Fünf Merkmale der Realität. In: WEINGARTEN, E.; SACK, F. & SCHENKEIN, J. (org.). *Ethnomethodologie* – Beiträge zu einer Soziologie des Alltagshandelns. Frankfurt a. M.: Suhrkamp, p. 29-63.

MELTZER, B.N.; PETRAS, J.W. & REYNOLDS, L.T. (1975). *Symbolic Interactionism* – Genesis, varieties and criticism. Londres/Boston: Routledge & Kegan Paul.

MERLEAU-PONTY, M. (1974 [1945]). *Phänomenologie der Wahrnehmung*. Berlim: Gruyter.

MERTON, R.K. (1957). Continuities in the Theory of Reference Groups and Social Structure. In: DERS. *Social Theory and Social Structure*. Ed. rev. e ampl. Glencoe, Ill./Nova York: Free, p. 281-386.

MILL, J.S. (1992). Utilitarianism. In: DERS. *On Liberty and Utilitarianism*. Nova York: Alfred A. Knopf, p. 113-172.

MILLER, J. (1993). *The Passion of Michel Foucault*. Nova York: Simon & Schuster.

MILLS, C.W. (1964). *Sociology and Pragmatism*: The Higher Learning in America. Nova York: Paine-Whitman.

_____ (1963 [1959]). *Kritik der soziologischen Denkweise*. Neuwied: Luchterhand.

_____ (1956). *The Power Elite*. Nova York: Oxford UP.

MÜLLER, H.-P. (1992). *Sozialstruktur und Lebensstile* – Der neuere theoretische Diskurs über soziale Ungleichheit. Frankfurt a. M.: Suhrkamp.

MULLINS, N.C. & MULLINS, C.J. (1973). Symbolic Interactionism: The Loyal Opposition. In: MULLINS, N. *Theories & Theory Groups in Contemporary American Sociology*. Nova York: Harper & Row, p. 75-104.

MÜNCH, R. (2002). Die Zweite Moderne: Realität oder Fiktion? – Kritische Fragen an die "Theorie reflexiver Modernisierung". *Kölner Zeitschrift für Soziologie und Sozialpsychologie* 54 (3), p. 417-443.

_____ (1986). *Die Kultur der Moderne*. 2 vol. Frankfurt a. M.: Suhrkamp.

_____ (1984). *Die Struktur der Moderne* – Grundmuster und differentielle Gestaltung des institutionellen Aufbaus der modernen Gesellschaften. Frankfurt a. M.: Suhrkamp.

_____ (1982). *Theorie des Handelns* – Zur Rekonstruktion der Beiträge von Talcott Parsons, Émile Durkheim und Max Weber. Frankfurt a. M.: Suhrkamp.

NAGL, L. (1992). *Charles Sanders Peirce*. Frankfurt a. M./Nova York: Campus.

NAGL-DOCEKAL, H. (2000). *Feministische Philosophie* – Ergebnisse, Probleme, Perspektiven. Frankfurt a. M.: Fischer.

NIPPERDEY, T. (1983). *Deutsche Geschichte, 1800-1866* – Bürgerwelt und starker Staat. Munique: C.H. Beck.

NORTH, D.C. (1992 [1990]). *Institutionen, institutioneller Wandel und Wirtschaftsleistung.* Tübingen: J.C.B. Mohr.

NUNNER-WINKLER, G. (1991). Gibt es eine weibliche Moral? In: DIES (org.). *Weibliche Moral* – Die Kontroverse um eine geschlechtsspezifische Ethik. Frankfurt a. M./Nova York: Campus, p. 147-161.

NUSSBAUM, M.C. (1999a). *Gerechtigkeit oder Das gute Leben.* Frankfurt a. M.: Suhrkamp.

_____ (1999b). Judith Butlers modischer Defaitismus. *Leviathan* 27 (4), p. 447-468.

OFFE, C. & WIESENTHAL, H. (1980). Two Logics of Collective Action: Theoretical Notes on Social Class and Organizational Form. *Political Power and Social Theory*, 1, p. 67-115.

OLIVER, P.E. & MARWELL, G. (2001). Whatever Happened to Critical Mass Theory? – Retrospective and Assessment. *Sociological Theory* 19 (3), p. 292-311.

_____ (1988). The Paradox of Group Size in Collective Action: A Theory of the Critical Mass. II. *American Sociological Review*, 53 (1), p. 1-8.

OLSON JR., M. (1968 [1965]). *Die Logik des kollektiven Handelns* – Kollektivgüter und die Theorie der Gruppen. Tübingen: J.C.B. Mohr.

OPP, K.-D. (1994a). Der "Rational Choice" – Ansatz und die Soziologie sozialer Bewegungen. *Forschungsjournal NSB*, 2, p. 11-26.

_____ (1994b). Repression and Revolutionary Action. *Rationality and Society* 6 (1), p. 101-138.

PARSONS, T. (1986). *Aktor, Situation und normative Muster* – Eine Essay zur Theorie sozialen Handelns. Herausgegeben von Harald Wenzel. Frankfurt a. M.: Suhrkamp.

_____ (1985 [1971]). *Das System moderner Gesellschaften.* Weinheim/Munique: Juventa.

_____ (1978). *Action Theory and the Human Condition.* Nova York/Londres: Free.

_____ (1975 [1966]). *Gesellschaften.* Frankfurt a. M.: Suhrkamp.

_____ (1974). Comment on Turner, "Parsons as a Symbolic Interactionist". *Sociological Inquiry* 45 (1), p. 62-65.

_____ (1973a). Die Motivierung des wirtschaftlichen Handelns. In: DERS. *Beiträge zur soziologischen Theorie* – Herausgegeben und eingeleitet von Dietrich Rüschemeyer. Darmstadt/Neuwied: Luchterhand, p. 136-159.

_____ (1973b). Die akademischen Berufe und die Sozialstruktur. In: DERS. *Beiträge zur soziologischen Theorie* – Herausgegeben und eingeleitet von Dietrich Rüschemeyer. Darmstadt/Neuwied: Luchterhand, p. 160-179.

_____ (1973c). Demokratie und Sozialstruktur in Deutschland vor der Zeit des Nationalsozialismus. In: DERS. *Beiträge zur soziologischen Theorie* – Herausgegeben und eingeleitet von Dietrich Rüschemeyer. Darmstadt/Neuwied: Luchterhand, p. 256-281.

_____ (1969a). On the Concept of Influence. In: DERS. *Politics and Social Structure*. Nova York/Londres: Free, p. 405-438.

_____ (1969b). On the Concept of Value-Commitments. In: DERS. *Politics and Social Structure*. Nova York/Londres: Free, p. 439-472.

_____ (1968 [1937]). *The Structure of Social Action* – A Study in Social Theory with Special Reference to a Group of Recent European Writers. 2 vol. Nova York/Londres: Free.

_____ (1967). On the Concept of Political Power. In: DERS. *Sociological Theory and Modern Society*. Nova York: Free, p. 297-354.

_____ (1967). Full Citizenship for the Negro American? In: DERS. *Sociologocial Theory and Modern Sociology*. Nova York: Free, p. 422-465.

_____ (1964 [1951]). *The Social System*. Nova York/Londres: Free.

PARSONS, T.; BALES, R.F. & SHILS, E.A. (1953). *Working Papers in the Theory of Action*. Nova York/Londres: Free.

PARSONS, T. & SMELSER, N. (1956). *Economy and Society* – A Study in the Integration of Economic and Social Theory. Londres: Routledge.

PARSONS, T. et al. (1951). *Toward a General Theory of Action*. Cambridge, Mass: Harvard UP.

PAUER-STUDER, H. (1993). Moraltheorie und Geschlechterdifferenz – Feministische Ethik im Kontext aktueller Fragestellungen. In: NAGL-DOCEKAL, H. & PAUER-STUDER, H. (org.). *Jenseits der Geschlechtermoral – Beiträge zur feministischen Ethik*. Frankfurt a. M.: Fischer, p. 33-68.

PEIRCE, C.S. (1991a). Einige Konsequenzen aus vier Unvermögen. In: DERS. *Schriften zum Pragmatismus und Pragmatizismus*. Frankfurt a. M.: Suhrkamp, p. 40-87 [Org. de Karl-Otto Apel].

_____ (1991a). Die Festlegung einer Überzeugung. In: DERS. *Schriften zum Pragmatismus und Pragmatizismus*. Frankfurt a. M.: Suhrkamp, p. 149-181 [Org. de Karl-Otto Apel].

PLUMMER, K. (1991). Introduction: The Foundations of Interactionist Sociologies. In: DERS (ed.). *Symbolic Interactionism* – Vol. 1: Foundations and History. Aldershot/Brookfield: Edward Elgar, p. X-XX.

POPE, W.; COHEN, J. & HAZELRIGG, L.E. (1975). On the Divergence of Weber and Durkheim: A Critique of Parsons Convergence Thesis. *American Sociological Review*, 40 (4), p. 417-427.

POPPER, K.R. (1989). *Logik der Forschung*. 9. ed. Tübingen: Mohr.

PSATHAS, G. (1976). Die Untersuchung von Alltagsstrukturen und das ethnomethodologische Paradigma. In: GRATHOFF, R. & SPRONDEL, W. (org.). *Alfred Schütz und die Idee des Alltags in den Sozialwissenschaften*. Stuttgart: Enke, p. 178-195.

PUTNAM, H. (1999 [1988]), *Repräsentation und Realität*. Frankfurt a. M.: Suhrkamp.

_____ (1997 [1992]). *Für eine Erineuerung der Philosophie*. Stuttgart: Reclam.

_____ (1995). *Pragmatismus* – Eine offene Frage. Frankfurt a. M./Nova York: Campus.

_____ (1982 [1981]). *Vernunft, Wahrheit und Geschichte*. Frankfurt a. M.: Suhrkamp.

RATERS, M.-L. & WILLASCHEK, M. (2002). Hilary Putnam und die Tradition des Pragmatismus. In: DIES (org.). *Hilary Putnam und die Tradition des Pragmatismus*. Frankfurt a. M.: Suhrkamp, p. 9-29.

RAWLS, J. (1979 [1971]). *Eine Theorie der Gerechtigkeit*. Frankfurt a. M.: Suhrkamp.

REX, J. (1970 [1961]). *Grundprobleme der soziologischen Theorie*. Friburgo: Rombach.

RICOEUR, P. (1996 [1990]). *Das Selbst als ein Anderer*. Munique: Wilhelm Fink.

_____ (1991 [1983]). *Zeit und Erzählung*. 3 vol. Munique: Wilhelm Fink.

_____ (1969 [1965]). *Die Interpretation* – Ein Versuch über Freud. Frankfurt a. M.: Suhrkamp.

ROCK, P. (1991). Symbolic Interaction and Labelling Theory. In: PLUMMER, K. (ed.). *Symbolic Interactionism* – Vol. 1: Foundations and History. Aldershot/Brookfield: Edward Elgar, p. 227-243.

RÖDEL, U. (org.) (1990). *Autonome Gesellschaft und libertäre Demokratie*. Frankfurt a. M.: Suhrkamp.

RORTY, R. (2000). Spinoza, Pragmatismus und die Liebe zur Weisheit. In: DERS. *Philosophie & die Zukunft* – Essays. Frankfurt a. M.: Fischer, p. 101-121.

_____ (2000 [1998]). *Wahrheit und Fortschritt*. Frankfurt a. M.: Suhrkamp.

_____ (1999 [1998]). *Stolz auf unser Land* – Die amerikanische Linke und der Patriotismus. Frankfurt a. M.: Suhrkamp.

_____ (1989). *Kontingenz, Ironie und Solidarität*. Frankfurt a. M.: Suhrkamp.

_____ (1988). *Solidarität oder Objektivität?* – Drei philosophische Essays. Stuttgart: Reclam.

_____ (1981 [1979]). *Der Spiegel der Natur* – Eine Kritik der Philosophie. Frankfurt a. M.: Suhrkamp.

ROSTOW, W.W. (1971 [1960]). *The Stages of Economic Growth* – A Non-Communist Manifesto. Cambridge: Cambridge UP.

RUBIN, G. (1975). The Traffic in Women – Notes on the "Political Economy" of Sex. In: REITER, R.R. (ed.). *Toward an Anthropology of Women*. Nova York/Londres: Monthly Review, p. 157-210.

SACKS, H. (1972). Notes on Police Assessment of Moral Character. In: SUDNOW, D. (ed.). *Studies in Social Interaction*. Glencoe: Free, p. 280-293.

SANDEL, M.J. (1993). Die verfahrensrechtliche Republik und das ungebundene Selbst. In: HONNETH, A. (org.). *Kommunitarismus* – Eine Debatte über die moralischen Grundlagen moderner Gesellschaften. Frankfurt a. M./Nova York: Campus, p. 18-35.

_____ (1982). *Liberalism and the Limits of Justice*. Cambridge: Cambridge UP.

SARTRE, J.-P. (1991 [1943]). *Das Sein und das Nichts* – Versuch einer phänomenologischen Ontologie. Reinbek: Rororo.

SAUSSURE, F. (2001 [1915]). *Grundfragen der allgemeinen Sprachwissenschaft*. Berlin/Nova York: De Gruyter.

SCHARPF, F. (2000). *Interaktionsformen* – Akteurzentrierter Institutionalismus in der Politikforschung. Opladen: Leske und Budrich.

_____ (1989). Politische Steuerung und Politische Institutionen. *Politische Vierteljahresschrift*, 31 (1), p. 10-21.

SCHEGLOFF, E.A. (2001). Accounts of Conduct in Interaction: Interruption, Overlap, and Turn-Taking. In: TURNER, J.H. (ed.). *Handbook of Sociological Theory*. Nova York: Kluwer Academic, p. 287-321.

SCHELLING, T.C. (1978). *Micromotives and Macrobehavior*. Nova York/Londres: W.W. Norton.

_____ (1960). *The Strategy of Conflict*. Cambridge: Harvard UP.

SCHELSKY, H. (1984 [1957]). *Die skeptische Generation* – Eine Soziologe der deutschen Jugend. Frankfurt a. M./Berlim/Viena: Ullstein.

_____ (1977 [1975]). *Die Arbeit tun die anderen* – Klassenkampf und Priesterherrschaft der Intellektuellen. Munique: DTV.

SCHIMANK, U. (1996). *Theorien gesellschaftlicher Differenzierung*. Opladen: Leske & Budrich.

SCHIWY, G. (1978). *Der französische Strukturalismus*. Hamburgo: Reinbek.

SCHLUCHTER, W. (1998). *Die Entstehung des modernen Rationalismus* – Eine Analyse von Max Webers Entwicklungsgeschichte des Okzidents. Frankfurt a. M.: Suhrkamp.

_____ (1979). *Die Entwicklung des okzidentalen Rationalismus* – Eine Analyse von Max Webers Gesellschaftsgeschichte. Tübingen: Mohr.

SCHLUCHTER, W. (org.) (1988). *Max Webers Sicht des okzidentalen Christentums* – Interpretation und Kritik. Frankfurt a. M.: Suhrkamp.

_____ (1987). *Max Webers Sicht des Islams* – Interpretation und Kritik. Frankfurt a. M.: Suhrkamp.

_____ (1985). *Max Webers Sicht des antiken Christentums* – Interpretation und Kritik. Frankfurt a. M.: Suhrkamp.

_____ (1984). *Max Webers Studie über Hinduismus und Buddhismus* – Interpretation und Kritik. Frankfurt a. M.: Suhrkamp.

_____ (1983). *Max Webers Studie über Konfuzianismus und Taoismus* – Interpretation und Kritik. Frankfurt a. M.: Suhrkamp.

_____ (1981). *Max Webers Studie über das antike Judentum* – Interpretation und Kritik. Frankfurt a. M.: Suhrkamp.

SCHRÖTER, S. (2002). *Female* – Über Grenzverläufe zwischen den Geschlechtern. Frankfurt a. M.: Fischer.

SCHULZE, G. (1992). *Die Erlebnisgesellschaft* – Kultursoziologie der Gegenwart. Frankfurt a. M./Nova York: Campus.

SCHÜTZ, A. (1974 [1932]). *Der sinnhafte Aufbau der sozialen Welt* – Eine Einleitung in die verstehende Soziologie. Frankfurt a. M.: Suhrkamp.

SCHÜTZ, A. & LUCKMANN, T. (1979/1984). *Strukturen der Lebenswelt*. 2 vol. Frankfurt a. M.: Suhrkamp.

SCHWINGEL, M. (2000). *Pierre Bourdieu zur Einführung*. Hamburgo: Junius.

SCOTT, R.W. (1995). *Institutions and Organizations*. Thousand Oaks/Londres/Nova Delhi: Sage.

SELZNICK, P. (1992). *The Moral Commonwealth* – Social Theory and the Promise of Community. Berkeley/Los Angeles/Londres: University of California Press.

_____ (1966 [1949]). *TVA and the Grass Roots* – A Study in the Sociology of Formal Organization. Nova York: Harper [Com novo pref. do autor].

SHIBUTANI, T. (1988). Herbert Blumer's Contribution to Twentieth-Century Sociology. *Symbolic Interaction*, 11 (1), p. 23-31.

SHILS, E.A. (1982a). Center and Periphery. In: DERS. *The Constitution of Society*. Chicago/Londres: University of Chicago Press, p. 93-109 [Com nova intr. do autor].

_____ (1982b). Charisma, Order, and Status. In: DERS. *The Constitution of Society*. Chicago/Londres: University of Chicago Press, p. 119-142 [Com nova intr. do autor].

_____ (1966). The Intellectuals in the Political Development of the New States. In: FINKLE, J.L. & GABLE, R.W. (eds.). *Political Development and Social Change*. Nova York/Londres/Sidnei: John Wiley & Sons, p. 338-365.

_____ (1958). Tradition and Liberty: Antinomy and Interdependence. *Ethics* LXVIII (3), p. 153-165.

SHILS, E.A. & JANOWITZ, M. (1948). Cohesion and Disintegration in the Wehrmacht in World War II. *The Public Opinion Quarterly*, 12 (2), p. 280-315.

SHILS, E.A. & YOUNG, M. (1953). The Meaning of the Coronation. *Sociological Review*, 1 (2), p. 63-81.

SIMMEL, G. (1983 [1908]). *Soziologie* – Untersuchungen über die Formen der Vergesellschaftung. Berlim: Duncker & Humblot.

SIMON, H.A. (1959). Theories of Decision-Making in Economics and Behavioral Science. *American Economic Review*, XLIX (3), p. 253-283.

SMELSER, N.J. (1997). *Problematics of Sociology* – The Georg Simmel Lectures, 1995. Berkeley/Los Angeles/Londres: University of California Press.

_____ (1991). *Social Paralysis and Social Change*. Berkeley: University of California Press.

_____ (1962). *Theory of Collective Behavior*. Nova York/Londres: Free.

_____ (1960 [1958]). *Social Change in the Industrial Revolution* – An Application to the Lancashire Cotton Industry 1770-1840. Londres: Routledge & Kegan Paul.

SNOW, D.A. & DAVIS, P.W. (1995). The Chicago Approach to Collective Behavior. In: FINE, G.A. (ed.). *A Second Chicago School?* – The Development of a Postwar American Sociology. Chicago/Londres: University of Chicago Press, p. 188-220.

SOFSKY, W. (1993). *Die Ordnung des Terrors:* Das Konzentrationslager. Frankfurt a. M.: Fischer.

SRUBAR, I. (1988). *Kosmion* – Die Genese der pragmatischen Lebensweltheorie von Alfred Schütz und ihr anthropologischer Hintergrund. Frankfurt a. M.: Suhrkamp.

STICHWEH, R. (2000). *Die Weltgesellschaft* – Soziologische Analysen. Frankfurt a. M.: Suhrkamp.

_____ (1994). *Wissenschaft, Universität, Professionen* – Soziologische Analysen. Frankfurt a. M.: Suhrkamp.

_____ (1991). *Der frühmoderne Staat und die europäische Universität* – Zur Interaktion von Politik und Erziehungssystem im Prozess ihrer Ausdifferenzierung (16.-18. Jahrhundert). Frankfurt a. M.: Suhrkamp.

STRAUSS, A. (1982). Interorganizational Negotiation. *Urban Life*, 11 (3), p. 349-367.

_____ (1978). *Negotiations* – Varieties, Contexts, Processes, and Social Order. São Francisco/Washington/Londres: Jossey-Bass.

_____ (1974 [1959]). *Spiegel und Masken* – Die Suche nach Identität. Frankfurt a. M.: Suhrkamp.

STRAUSS, A.L. (1993). *Continual Permutations of Action*. Nova York: Aldine de Gruyter.

STRYKER, S. (1987). The Vitalization of Symbolic Interactionism. *Social Psychology Quarterly*, 50 (1), p. 83-94.

TAYLOR, C. (1999 [1989]). *Quellen des Selbst* – Die Entstehung der neuzeitlichen Identität. Frankfurt a. M.: Suhrkamp.

_____ (1988). *Negative Freiheit?* – Zur Kritik des neuzeitlichen Individualismus. Frankfurt a. M.: Suhrkamp.

_____ (1983 [1975]). *Hegel*. Frankfurt a. M.: Suhrkamp.

THERBORN, G. (2000 [1995]). *Die Gesellschaften Europas 1945-2000*. Frankfurt a. M./Nova York: Campus.

_____ (1992). The Right to Vote and the Four World Routes to/through Modernity. In: TORSTENDAHL, R. (ed.). *State Theory and State History*. Londres/Newbury Park/Nova Delhi: Sage, p. 62-92.

THOMPSON, E.P. (1987 [1963]). *Die Entstehung der englischen Arbeiterklasse*. 2 vol. Frankfurt a. M.: Suhrkamp.

TILLY, C. (2003). *The Politics of Collective Violence*. Cambridge: Cambridge UP.

TIRYAKIAN, E.A. (1991). Modernisation: Exhumetur in Pace. *International Sociology*, 6 (2), p. 165-180.

TOULMIN, S. (1994 [1990]). *Kosmopolis* – Die unerkannten Aufgaben der Moderne. Frankfurt a.M.: Suhrkamp.

TOURAINE, A. (1997). *Pourrons-nous vivre ensemble?* – Égaux et différents. Paris: Fayard.

_____ (1994). *Qu"est-ce que la démocratie?* Paris: Fayard.

_____ (1992a). *Critique de la modernité*. Paris: Fayard.

_____ (1992b). La théorie sociologique entre l'acteur et les structures. *Schweizerische Zeitschrift für Soziologie*, 18 (3), p. 533-535.

_____ (1978). *La voix et le regard*. Paris: Le Seuil.

_____ (1977). *The Self-Production of Society*. Chicago/Londres: University of Chicago Press.

_____ (1972 [1969]). *Die postindustrielle Gesellschaft*. Frankfurt a. M.: Suhrkamp.

_____ (1965). *Sociologie de l'action*. Paris: Le Seuil.

TUGENDHAT, E. (1976). *Vorlesungen zur Einführung in die sprachanalytische Philosophie*. Frankfurt a. M.: Suhrkamp.

TURNER, J. (1974). Parsons as a Symbolic Interactionist: A Comparison of Action and Interaction Theory. *Sociological Inquiry*, 44 (4), p. 283-294.

TURNER, J.H. (1998). *The Structure of Sociological Theory*. 6. ed. Belmont.: Wadsworth.

TURNER, R. (1970). *Family Interaction*. John Wiley & Sons.

_____ (1962). Role-Taking: Process versus Conformity. In: ROSE, A. (ed.). *Human Behavior and Social Processes* – An Interactionist Approach. Londres: Routledge & Kegan, p. 20-40.

TURNER, R. & KILLIAN, L.M. (1972). *Collective Behavior*. 2. ed. Englewood Cliffs, NJ: Prentice Hall.

TURNER, S. (2003). The Maturity of Social Theory. In: CAMIC, C. & JOAS, H. (eds.). *The Dialogical Turn*. Lanham, Md.: Rowman and Littlefield, p. 141-170.

_____ (1999). The Significance of Shils. *Sociological Theory*, 17 (2), p. 125-145.

VAN DER LINDEN, M. (1997). Socialisme ou Barbarie: A French Revolutionary Group (1949-1965). *Left History*, 5 (1), p. 7-37.

WAGNER, H.R. (1983). *Alfred Schutz* – An Intellectual Biography. Chicago/Londres: University of Chicago Press.

WAGNER, P. (2001). *Theorizing Modernity* – Inescapability and Attainability in Social Theory. Londres/Thousand Oaks/Nova Delhi: Sage.

_____ (1995). *Soziologie der Moderne* – Freiheit und Disziplin. Frankfurt a. M./ Nova York: Campus.

_____ (1993). Die Soziologie der Genese sozialer Institutionen – Theoretische Perspektiven der "neuen Sozialwissenschaften" in Frankreich. *Zeitschrift für Soziologie*, 22 (6), p. 464-476.

WALBY, S. (1990). *Theorizing Patriarchy*. Oxford/Cambridge: Basil Blackwell.

WALLERSTEIN, I. (1984). *Der historische Kapitalismus*. Berlim: Argument.

_____ (1974). *The Modern World-System*. 3 vols. Nova York: Academic.

WARNER, S.R. (1978). Toward a Redefinition of Action Theory: Paying the Cognitive Element Its Due. *American Journal of Sociology*, 83 (6), p. 1.317-1.367.

WEBER, M. (1988 [1908]). Die Grenznutzlehre und das "psychophysische Grundgesetz". In: WEBER, M. *Gesammelte Aufsätze zur Wissenschaftslehre*. Tübingen: J.C.B. Mohr, p. 384-399.

_____ (1985). *Wirtschaft und Gesellschaft. Grundriss der verstehenden Soziologie*. Tübingen: J.C.B. Mohr.

WEINGARTEN, E. & SACK, F. (1976). Ethnomethodologie – Die methodische Konstruktion der Realität, p. 7-26. In: WEINGARTEN, E.; SACK, F. & SCHENKEIN, J. (org.). *Ethnomethodologie* – Beiträge zu einer Soziologie des Alltagshandelns. Frankfurt a. M.: Suhrkamp.

WELSCH, W. (2002). *Unsere postmoderne Moderne*. Berlim: Akademie.

WENZEL, H. (2001). *Die Abenteuer der Kommunikation* – Echtzeitmassenmedien und der Handlungsraum der Hochmoderne. Weilerswist: Velbrück.

_____ (1993). Einleitung: Neofunktionalismus und theoretisches Dilemma. In: ALEXANDER, J.C. *Soziale Differenzierung und kultureller Wandel*. Frankfurt a. M./Nova York: Campus, p. 7-30 [Org. de Harald Wenzel].

_____ (1990). *Die Ordnung des Handelns* – Talcott Parsons Theorie des allgemeinen Handlungssystems. Frankfurt a.M.: Suhrkamp.

WEST, C. & ZIMMERMAN, D.H. (1987). Doing Gender. *Gender & Society*, 1 (2), p. 125-151.

WIEDER, D.L. & ZIMMERMANN, D.H. (1976). Regeln im Erklärungsprozess – Wissenschaftliche und ethnowissenschaftliche Soziologie. In: WEINGARTEN, E.; SACK, F. & SCHENKEIN, J. (org.). *Ethnomethodologie* – Beiträge zu einer Soziologie des Alltagshandelns. Frankfurt a. M.: Suhrkamp, p. 105-129.

WIESENTHAL, H. (1987). Rational Choice – Ein Überblick über Grundlinien, Theoriefelder und neuere Themenakquisition eines sozialwissenschaftlichen Paradigmas. *Zeitschrift für Soziologie*, 16 (6), p. 434-449.

WIEVIORKA, M. (1988). *Sociétés et terrorisme*. Paris: Fayard.

WIEVIORKA, M. et al. (org.) (1992). *La France raciste*. Paris: Du Seuil.

WILLKE, H. (1997). *Supervision des Staates*. Frankfurt a. M.: Suhrkamp.

_____ (1995). *Systemtheorie III: Steuerungstheorie* – Grundzüge einer Theorie der Steuerung komplexer Sozialsysteme. Stuttgart/Jena: Gustav Fischer.

_____ (1992). *Ironie des Staates* – Grundlinien einer Staatstheorie polyzentrischer Gesellschaft. Frankfurt a. M.: Suhrkamp.

_____ (1987). *Systemtheorie* – Eine Einführung in die Grundprobleme. Stuttgart/ Nova York: Gustav Fischer.

WILSON, R.J. (1968). *In Quest of Community*: Social Philosophy in the United States, 1860-1920. Nova York/Londres/Sidnei/Toronto: John Wiley & Sons.

ZALD, M.N. & McCARTHY, J.D. (2002). The Resource Mobilization Research Program: Progress, Challenge, and Transformation. In: BERGER, J. & Zelditch Jr., M. (eds.). *New Directions in Contemporary Sociological Theory*. Lanham: Rowman & Littlefield.

_____ (1987). *Social Movements in an Organizational Society. Collected Essays.* New Brunswick/Oxford: Transaction Books.

ZAPF, W. (1996). Die Modernisierungstheorie und unterschiedliche Pfade der gesellschaftlichen Entwicklung. *Leviathan*, 24 (1), p. 63-77.

Índice onomástico

Abbott, Andrew 169
Abendroth, Wolfgang 225
Adler, Patricia 172
Adler, Peter 172
Adloff, Frank 13
Adorno, Theodor W. 225, 231s., 238, 253, 262, 270, 394, 507, 509s.
Alchian, Armen R. 116
Alexander, Jeffrey C. 9s., 24, 32s., 63, 111, 316, 340s., 343, 364-367
Allen, William R. 116
Almond, Gabriel 338
Althusser, Louis 383s.
Ames, Ruth E. 144
Anderson, Perry 310
Apel, Karl-Otto 532
Arato, Andrew 529
Arendt, Hannah 240, 324, 442, 509
Aristóteles 237, 441, 460, 519
Arnason, Johann P. 587-589
Aron, Raymond 209, 370

Bales, Robert 95
Barber, Bernard 366
Barthes, Roland 384
Bataille, Georges 369
Baudelaire, Charles 426
Baudrillard, Jean 399
Bauman, Zygmunt 400, 456, 506-515
Beauvoir, Simone de 370
Beck, Ulrich 306, 333, 494-506, 512s., 524, 554
Becker, Gary S. 143
Becker, Howard S. 165s.

Becker-Schmidt, Regina 490
Beckert, Jens 13, 554
Bell, Daniel 450
Bellah, Robert 338, 359s., 363, 515, 523-526, 528
Bellow, Saul 343
Bendix, Reinhard 201-205, 207s., 213, 220
Benhabib, Seyla 473, 487, 491
Benjamin, Walter 369
Bentham, Jeremy 42s., 67, 114, 117, 143, 387s.
Berger, Peter L. 195
Bergson, Henri 317
Bernstein, Richard 532, 542s.
Beveridge, William 514
Bismarck, Otto von 230
Bittner, Egon 195
Blair, Tony 316
Blau, Peter M. 128s.
Blumer, Herbert 152-157, 160s., 163s., 166s., 169-171, 175, 209, 531
Boas, Franz 377
Bolt, Christine 465
Boltanski, Luc 430, 571-574
Bosshart, David 447
Boudon, Raymond 130, 141
Bourdieu, Pierre 172, 214, 371, 400, 402-431, 448, 570s.
Braque, Georges 429
Brecht, Bertolt 287
Brown, David J. 139s.
Browning, Christopher R. 509
Brownmiller, Susan 466
Buber, Martin 347, 526
Butler, Judith 484-490, 493

Caillé, Alain 575
Caillois, Roger 369
Camic, Charles 364
Camus, Albert 370
Cardoso, Fernando H. 362
Carter, Jimmy 528

Castaneda, Carlos 191
Castoriadis, Cornelius 432-448, 450, 452, 455-457, 518, 554, 575, 582, 585, 588
Caws, Peter 372
Chafetz, Janet Saltzman 217
Chalmers, A.F. 30
Charle, Christophe 431
Chiapello, Eve 571-574
Chodorow, Nancy 468s., 471s., 474
Cicourel, Aaron V. 176, 179, 190, 194
Cohen, Jean 67
Cohen, Jere 529
Cohen-Solal, Annie 370
Cohn-Bendit, Daniel 433
Coleman, James S. 142
Collins, Randall 211, 213s., 216-220, 425
Colomy, Paul B. 160, 365
Commons, John 577
Cooley, Charles Horton 35, 61s., 146
Coser, Lewis A. 199-202, 208, 213, 218, 220
Crozier, Michel 452

Dahrendorf, Ralf 206-209, 213, 217s., 220s., 224, 226s., 307
Darwin, Charles 105
Davis, Phillip W. 168
Delaunay, Robert 429
Denzin, Norman K. 170, 172
Derrida, Jacques 395-397, 399, 401, 512
Descartes, René 147-149, 182, 533s., 582-584
Dewey, John 61, 147, 149, 292s., 421, 531s., 535-537, 540-545, 548s., 556s., 583, 585
Diderot, Denis 325
DiMaggio, Paul J. 577s.
Dosse, François 401, 570s., 575
Douglas, Jack D. 194
Dreyfus, Hubert L. 401
Dubet, François 565-567
Duchamp, Marcel 429
Durkheim, Émile 12, 15s., 28, 35, 38, 41, 53, 57s., 64, 67, 91, 165, 190, 194, 200, 203 209, 253s., 261s., 314, 338, 344, 364s, 368s., 378s., 427, 453, 545, 556, 575, 577

Eder, Klaus 419
Eisenstadt, Shmuel N. 347-351, 353-359, 361-363, 366s., 446, 455, 504, 526, 574, 586-590
Elias, Norbert 310
Elster, Jon 141
Emerson, Richard M. 128
Engels, Friedrich 27, 72, 210, 437s., 466
Epstein, Cynthia Fuchs 468
Eribon, Didier 401
Erickson, Kai 166
Esser, Hartmut 33, 142
Etzioni, Amitai 115, 526-530, 564

Faletto, Enzo 362
Ferry, Luc 424
Feuerbach, Ludwig 282
Feyerabend, Paul 31, 254, 482, 536, 541
Firestone, Shulamith 466
Flaubert, Gustave 426
Flax, Jane 483s.
Foucault, Michel 325, 328, 331, 384-395, 400s., 410, 482, 484, 486s., 509s., 568, 585
Frank, Manfred 9, 396, 401
Fraser, Nancy 491-493
Freidson, Eliot 169
Freud, Sigmund 73, 78, 370, 447, 459, 469
Friedman, Debra 116
Friedrich, Caspar David 429
Fühmann, Franz 127

Galilei, Galileu 182, 541
Gardner, Howard 372
Garfinkel, Harold 173-181, 183-190, 193, 195, 209, 321, 329, 476s., 481
Gauchet, Marcel 574
Geertz, Clifford 366s.
Gehlen, Arnold 282-284, 292s.
Gerhardt, Uta 73
Giddens, Anthony 10, 68s., 172, 194, 306s., 309s., 313-334, 358, 368, 372, 388, 392, 402, 411-413, 455, 502-506, 512s., 527, 530, 550s., 554s., 561-563, 567, 590s.

Giele, Janet Zollinger 465
Gilcher-Holthey, Ingrid 433
Gildemeister, Regine 479-481
Gilligan, Carol 469-475, 514
Glaser, Barney G. 163, 169
Godbout, Jacques 575
Goffman, Erving 164s., 220, 256, 261, 320s., 325s.
Goldhagen, Daniel J. 507, 509
Goldstone, Jack A. 138
Gramsci, Antonio 237

Habermas, Jürgen 38, 103, 153, 182, 222, 224-228, 230-278, 286, 291, 295, 297, 307-309, 313-315, 318, 321, 323, 326, 330, 334, 363, 368, 372, 391, 398, 402s., 421s., 440-442, 445, 447, 454-458, 460s., 470, 473, 491s., 494, 509, 519, 523, 527, 529, 532, 535, 538, 541, 543, 546-548, 556, 558s., 561, 567-570, 586-588
Haferkamp, Heinrich 311
Hagemann-White, Carol 478
Halbwachs, Maurice 369
Hall, John A. 313
Hall, Peter A. 578
Hall, Peter M. 172
Harding, Sandra 482
Hartsock, Nancy 487
Harvey, David 399
Haskell, Thomas 536
Hazelrigg, Lawrence E. 67
Hechter, Michael 136
Hegel, Georg Wilhelm Friedrich 63, 240, 250, 325, 352, 370, 460, 503, 568s.
Heidegger, Martin 181, 370, 395, 512, 532, 535s., 583
Heilbron, Johan 64
Heintz, Bettina 482
Hénaff, Marcel 575
Herder, Johann Gottfried 64-66, 68, 157
Heritage, John 174, 178, 189
Hintze, Otto 205
Hirschauer, Stefan 481
Hirschman, Albert 46
Hitler, Adolf 40, 72, 182, 232, 509

Hobbes, Thomas 43-48, 118, 521
Hobsbawm, Eric 310
Hochschild, Arlie 163
Hoffmann, E.T.A. 287
Homans, George C. 119-129, 143
Honneth, Axel 274, 401, 567-570
Horkheimer, Max 225, 231s., 253, 262, 270, 509s.
Horster, Detlef 306
Hughes, Everett C. 164, 168s.
Husserl, Edmund 180-184, 189, 285s., 317, 370, 395, 413, 459, 512

Irrgang, Bernhard 298

Jaggar, Alison M. 463
Jakobson, Roman 377, 380
James, William 147, 287, 317, 531, 544, 556
Jameson, Frederic 400
Janowitz, Morris 343
Jaspers, Karl 351-353
Jefferson, Thomas 524
Jevons, William Stanley 43
Joas, Hans 274, 306, 544-549, 551, 553-559, 585, 590
Jospin, Lionel 452

Kalyvas, Andreas 445
Kant, Immanuel 47, 235, 364, 452s., 460, 473, 483, 520, 534, 558
Keller, Gottfried 127
Kennedy, John F. 244, 360
Kessler, Suzanne J. 475-481, 484, 489
Kierkegaard, Søren 543
Kippenberg, Hans G. 193
Kitsuse, John I. 166
Knapp, Gudrun-Axeli 490
Kneer, Georg 306
Knöbl, Wolfgang 9
Knorr Cetina, Karin 196
Kohlberg, Lawrence 248, 469-473, 514
Kojève, Alexandre 370

Kuhn, Thomas S. 26-32, 254, 398, 482, 536, 541
Kurzweil, Edith 371
Kymlicka, Will 463

Lacan, Jacques 383s., 447
Lamont, Michèle 431
Landweer, Hilge 489
Lapeyronnie, Didier 565
Larson, Magali Sarfatti 215
Latour, Bruno 575s., 582
Lavoisier, Antoine Laurent de 26
Lefort, Claude 433, 457, 575
Leibniz, Gottfried Wilhelm 533
Lemert, Edwin M. 166
Lenski, Gerhard 210s.
Lerner, Daniel 338s., 341
Lévinas, Emmanuel 512, 514s.
Lévi-Strauss, Claude 377-383, 385, 392, 395, 401, 403s., 406, 408
Lidz, Victor 111
Lipset, Seymour Martin 338
Livingston, Eric 195
Locke, John 45, 118, 534
Lockwood, David 204-209, 213, 220, 224, 307-310, 313, 326
Lorber, Judith 478
Luchesi, Brigitte 193
Luckmann, Thomas 183, 195, 265
Luhmann, Niklas 38, 102, 226, 251, 267, 275-307, 313-315, 329-332, 334, 364s., 368, 372, 402s., 423s., 447, 503s., 527, 548, 554, 561-565, 581
Lukács, Georg 250
Luther, Martin 123
Lynch, Michael 195
Lyotard, Jean-François 395, 397-400, 433, 482, 495, 501, 514

MacIntyre, Alasdair 441
MacKinnon, Catharine A. 472
Madsen, Richard 523
Maines, David R. 172
Malevich, Kazimir 429

Malinowski, Bronislaw 36, 74

Mann, Michael 310-313, 325, 327, 329s., 333, 587, 590

Mannheim, Karl 195

Maquiavel, Nicolau 515s.

Marshall, Alfred 38, 56s., 59, 62, 66, 105, 203, 253, 261, 310, 337

Marshall, Thomas H. 310

Marwell, Gerald 136, 144

Marx, Karl 27s., 35s., 63, 72, 74, 76s., 130, 136, 195, 202s., 205, 208s., 221, 226-228, 236s., 240-244, 247, 250, 270, 282, 309, 314, 336, 365, 370, 382, 384, 404, 416, 418, 420, 433, 437, 438-441, 445, 453, 466, 503, 543, 568s.

Maturana, Humberto R. 298s., 301

Maurer, Andrea 579

Mauss, Marcel 369, 378-380, 575

Mayer, Hans 369

Mayntz, Renate 564

McAdam, Doug 137

McCarthy, John D. 216

McCarthy, Thomas 274, 277

McClelland, David 338

McKenna, Wendy 475-481, 484, 489

Mead, George Herbert 12, 15, 35, 61s., 70, 146s., 150-153, 156s., 163, 170, 176, 186, 240, 253s., 261, 531s., 537, 544, 551-553, 557s., 569

Mehan, Hugh 186, 191

Meltzer, Bernard N. 165, 171

Merleau-Ponty, Maurice 181, 370, 434, 436, 459, 551s.

Merton, Robert K. 69, 84, 112, 199

Metaxas, Ioannis 433

Meyer, John W. 579-581

Michels, Robert 135, 289s., 548

Mill, John Stuart 42s.

Miller, James 401

Mills, C. Wright 112, 204, 532

Mitchell, Wesley 577

Montaigne, Michel de 583s.

Morin, Edgar 433

Mosca, Gaetano 209

Müller, Hans-Peter 129, 430

Mullins, Carolyn J. 162

Mullins, Nicolas C. 162
Münch, Richard 111, 363-365, 367, 424

Nadai, Eva 482
Nassehi, Armin 306
Newton, Isaac 584
Nietzsche, Friedrich 272, 385, 389, 391, 397, 472, 484, 512, 556
Nipperdey, Thomas 312
Nora, Pierre 575
North, Douglass C. 578
Nunner-Winkler, Gertrud 472
Nussbaum, Martha C. 474, 488-490

Oakeshott, Michael 441
Oberschall, Anthony 137
Oliver, Pamela E. 136
Olson, Mancur Jr. 130, 132-139, 209
Opp, Karl-Dieter 135

Pareto, Vilfredo 38, 57, 59, 62, 66, 69, 105, 203, 209, 253, 261
Park, Robert 61, 146, 171
Parsons, Talcott 10, 13, 34-44, 46-64, 66-74, 76-114, 119-121, 123s., 129, 145-147, 153-158, 162, 164, 168s., 173-179, 184, 190, 194, 196-201, 203-212, 214, 217, 220, 222s., 243, 245s., 251-254, 261, 263, 265-268, 273, 275s., 278-280, 284s., 292, 294s., 297, 299, 303, 307, 309, 313s., 316, 318, 321s., 324, 326, 328, 332, 334-337, 340-348, 351, 359, 398, 424, 441, 448, 453, 521, 523, 528, 531, 538, 546, 591
Passeron, Jean-Claude 371
Pauer-Studer, Herlinde 464
Peirce, Charles S. 19, 23s., 147, 180, 531s., 540, 543
Petras, John W. 165, 171
Piaget, Jean 248, 470
Plessner, Helmuth 282
Pope, Whitney 67
Popper, Karl Raimund 19-26, 30, 32s., 238-240
Poulantzas, Nicos 383s.
Powell, Walter W. 577
Proust, Marcel 317
Psathas, George 189

Putnam, Hilary 533s., 540-542
Putnam, Robert D. 529, 532

Quéré, Louis 574

Rabinow, Paul 390
Raters, Marie-Luise 540
Rawls, John 460s., 473, 515-523, 530, 569
Reagan, Ronald 245, 528
Renault, Alain 424
Rex, John 204-209, 213, 217, 220, 307, 310
Reynolds, Larry T. 165, 171
Ricardo, David 43
Ricoeur, Paul 444, 459-462, 512, 557, 559
Robbins, Derek 404
Rock, Paul 166
Roosevelt, Franklin D. 37
Rorty, Richard 400, 532-543, 583
Rostow, Walt W. 338
Rothacker, Erich 224, 229
Rotterdam, Erasmo de 583
Rousseau, Jean-Jacques 210, 360, 381, 452s.
Rubin, Gayle 466s.
Ryan, Alan 143

Sack, Fritz 184
Sacks, Harvey 184, 195
Sandel, Michael J. 519-523, 528
Sartre, Jean-Paul 181, 209, 370s., 376, 383, 390, 392, 405, 410, 434, 449, 452, 454, 543
Saussure, Ferdinand de 372-377, 380, 382, 385, 395, 408, 489
Scharpf, Fritz W. 140, 564
Schegloff, Emanuel A. 193
Scheler, Max 195, 282, 556
Schelling, Friedrich Wilhelm Joseph 224
Schelling, Thomas C. 140
Schelsky, Helmut 277, 288, 305
Schimank, Uwe 565
Schluchter, Wolfgang 586s.

Schmid, Michael 579
Schmidt, Helmut 244
Schröter, Susanne 485s.
Schulze, Gerhard 431
Schütz, Alfred 181-186, 195, 265, 543
Scott, Richard W. 577
Searle, John 255
Selznick, Philip 532
Shakespeare, William 583
Shibutani, Tamotsu 167
Shils, Edward A. 95, 343-348, 359s., 362s., 367
Shklar, Judith 538
Shostakovich, Dmitri 429
Simmel, Georg 16, 35, 62s., 70, 129, 152, 200, 202, 209, 217s., 230, 545, 556
Simon, Herbert A. 143
Skinner, B.F. 121, 123
Smelser, Neil J. 98, 104, 338, 360s., 363, 554
Smetana, Bedrich 429
Smith, Adam 35, 45, 67, 114, 118, 139s., 573
Snow, David A. 168
Sofsky, Wolfgang 509
Sombart, Werner 36
Sorokin, Pitirim 37
Spencer, Herbert 61, 66, 105, 107, 109
Spitzweg, Carl 429
Srubar, Ilja 183
Stalin, Joseph 227, 433, 508
Stichweh, Rudolf 562s.
Strauss, Anselm 158, 163, 169-172
Sullivan, William M. 523
Swidler, Ann 523

Taylor, Charles 64s., 452, 522, 556, 582s.
Taylor, Rosemary C.R. 578
Thatcher, Margaret 245
Therborn, Göran 589s.
Thévenot, Laurent 572s.
Thomas, George M. 579

Thomas, William Isaac 35, 61s., 146, 171
Thompson, Edward P. 310, 315
Tieck, Ludwig 287
Tillich, Paul 459
Tilly, Charles 216
Tipton, Steven M. 523
Tiryakian, Edward A. 363
Titmuss, Richard M. 310
Tocqueville, Alexis de 64, 202s., 523-525
Tönnies, Ferdinand 35, 91s., 545
Toulmin, Stephen 583-585, 590
Touraine, Alain 70, 306, 383, 432, 444, 448-458, 461, 504, 506, 527, 561, 565-567, 570, 574, 582, 585, 588
Truman, Harry S. 337
Tugendhat, Ernst 9
Turner, Jonathan H. 154
Turner, Ralph H. 162, 176
Turner, Stephen 12
Turner, Victor 367

van der Linden, Marcel 432s.
Varela, Francisco J. 298s., 301
Veblen, Thorstein 577
Verba, Sidney 338

Wacquant, Loïc 411, 570
Wagner, Helmut R. 183
Wagner, Peter 13, 585
Walby, Sylvia 466
Wallerstein, Immanuel 362s., 588s.
Walzer, Michael 522
Warner, Stephen R. 68
Weber, Max 7, 12, 15s., 28, 35s., 38, 41, 58s., 67, 88-90, 97, 100, 110, 117, 182, 200, 202-206, 209, 218, 230, 232, 253, 261s., 270, 289s., 292, 313s., 323s., 338, 344s., 347, 356, 358s., 364s., 368, 370, 394, 425, 446, 545s., 548, 577, 586s.
Weingarten, Elmar 184
Weizsäcker, Carl Friedrich von 225
Welsch, Wolfgang 397

Wenzel, Harald 13, 364
West, Candace 476
Wetterer, Angelika 479-481
Whitehead, Alfred North 364
Wieder, D. Lawrence 191
Wiesenthal, Helmut 134
Wieviorka, Michel 565s.
Wiggershaus, Rolf 225
Willaschek, Marcus 540
Willke, Helmut 563s.
Wilson, R. Jackson 61
Winthrop, John 524
Wittgenstein, Ludwig 398, 532, 535s., 540s., 583
Wittrock, Björn 590
Wolfe, Alan 544
Wood, Houston 186, 191

Young, Michael 345

Zald, Mayer N. 216
Zapf, Wolfgang 363
Zimmerman, Don 191, 476
Zola, Émile 50

Índice temático

Ação 43, 46-51, 53-59, 65, 69, 79, 90, 115, 149, 158-160, 186s., 197s., 258s., 283s., 292-294, 317s., 324-327, 409-411, 413s., 424, 527, 542-544, 546, 567
    afetiva 88, 545
    coletiva 130, 132s., 135-137, 167s., 202, 361, 449, 506, 527, 554
    comunicativa 240s., 243, 259-263, 266, 272, 422, 548
    estratégica 259-261
    expressiva 65, 68
    fluxo da 149, 293, 317, 550
    orientada para a utilidade 115, 118, 141
    quadro referencial da 66-71, 73, 78, 80, 87
    racional com relação a valores 88
    racional-instrumental 219, 241s., 548
    situação(ões) de 558
    social 15, 33s., 85, 106, 142, 156, 167, 170, 400, 449, 500, 548
    teoria voluntarista da 38, 56-59, 63, 67, 70, 73, 204
    tradicional 88, 545
AGIL (esquema) 95-98, 102-104, 106, 303
Antiestruturalista 431, 434, 575, 582, 585
    pensamento 434
Anti-individualista 121
Atores 48-52, 54, 58, 68s., 76, 79s., 82-84, 100s., 108, 117s., 123-125, 129s., 137s., 140s., 143s., 154s., 157, 172, 174, 177-179, 183s., 187, 189, 191s., 199, 202, 212, 219, 221, 251s., 259-261, 263-266, 271, 289, 292-294, 302, 305s., 308, 315, 318s., 321-323, 326-328, 331s., 347-351, 355-359, 361, 366, 406-412, 415s., 418, 420-424, 433, 441, 450s., 453, 468, 504, 516, 527, 537, 547, 551, 554s., 564, 566, 572-575, 578-580, 585
    constelação de 564
    corporativos 142
Autonomia 169, 299, 318s., 421, 444s., 447, 450, 505s., 510, 565, 582
Autopoiética
    virada 275, 299s.

Autopoiéticos
   sistemas 299s., 303, 548, 565
Axial, Era 351-359, 446, 588s.

Bens públicos/coletivos 130-133, 138, 565
Burocracia 108, 112, 289-293, 348, 351, 509s., 548

Capital 27, 75, 99, 324, 399, 416-423, 426, 431, 444, 465, 574
   cultural 418s., 427
   econômico 416-420
   simbólico 416-419
   social 418, 529
Capitalismo/capitalista 27, 36, 45, 72, 74-76, 117, 130, 202, 214, 228, 234, 237, 242-245, 250, 264, 266, 270, 330, 336, 391, 413, 417s., 433, 438-440, 446, 450, 453, 465s., 496, 500, 507, 571, 573s., 582
Carisma 344-346, 367, 545
Cartesianismo 148, 383, 549
Complexidade 67, 92, 111, 117, 173s., 246, 248, 285, 293, 341, 378, 380, 516, 562, 585
   redução da 284s., 293-295, 302
Comunicação 34, 150, 156, 158, 187-189, 233s., 239, 244, 266-270, 285, 294, 301s., 320s., 397, 406s., 442, 454, 537, 544, 553, 557, 569
   teoria dos sistemas 103, 269, 279s., 284, 292-294, 296-304, 306, 323, 348, 361, 504, 565
Comunitarismo 10, 274, 457, 461, 515, 528s., 559
Conflito 10, 30, 57, 82, 84, 108, 111, 123, 197-199, 201-209, 212, 217-221, 223, 296, 306-311, 328, 350s., 353, 407, 423s., 427, 429, 433, 440, 449-452, 455, 457, 461, 466, 468, 495s., 499s., 508, 527, 542, 556, 559, 566, 570-572, 579-581, 583, 585, 590
   sociologia do 197-199, 212, 227, 310
   teoria do 202, 204-210, 212, 215-217, 219-223, 228, 307, 311, 325, 348, 415s., 420, 423, 448, 463, 527, 554, 566, 568, 578s.
Consciência 147-149, 180s., 258, 285, 317, 413, 447, 498s., 533s., 537, 551, 553
   coletiva 58
   filosofia da 148s., 414
   moral 248, 470
Contingência/contingente 27, 51, 158, 160, 178, 195, 202, 276, 286-288, 350, 357, 381, 514, 538, 555, 557s., 572

Contrato 53, 128, 578
  teoria do 517
Convergência 39, 66s., 559
  tese da 38s., 41, 56, 60s., 66s., 203
Corpo 65, 74, 76, 151, 320, 331, 387s., 480, 490, 533s., 547, 549-553
Corporal
  esquema 551-564
  imagem 551
Corporeidade 186, 263, 319, 321, 326, 434, 550, 553
Criatividade 201, 262, 293, 422, 435, 437s., 441, 444, 488, 537, 545, 550s., 555, 573, 588
Cristão 229, 352
Crítica 12, 38-40, 61, 97, 111, 124, 239, 257, 262, 270, 278, 286, 322, 481, 503, 529
  Escola de Frankfurt 233, 270
  teoria 223, 231-234, 240, 253, 262, 270, 544, 567, 570

Democracia 100, 112, 134, 331, 445, 455-458, 523, 525, 538, 544, 575, 582, 591
  teoria da 445, 457, 461, 537, 539
Democratização 8, 336, 504, 526
Dependência 128, 145, 228, 362, 474, 549
  teoria da 362s.
Desdiferenciação 349
Desigualdade social 128, 210-212, 425, 430, 500, 518, 530
Dessubjetivação 454, 456, 582
Diagnóstico 33s., 110, 241s., 244s., 252s., 266-268, 270, 302, 364, 394, 494s., 567, 590
  da contemporaneidade 313
  de época 245
Diferenciação 22, 70, 85, 107s., 241, 264, 269, 291, 306, 332, 349s., 361, 365, 396, 500, 504, 554
  funcional 299s., 302, 304s., 331s., 504, 562-564
  teoria da 203, 267, 301, 365s., 503, 562
Dinheiro 82, 98-102, 122, 126, 131, 137, 219, 266s., 269, 273, 301, 303, 337, 362, 418, 444, 518, 575
Direito 107, 211, 235, 270, 273s., 301, 379, 389, 471, 492, 500, 520-522, 578
  sociologia do/sociologia jurídica 296
Disciplina 141, 387-389, 394, 403, 405, 432, 494, 585

Discurso 257, 373s., 389, 391s., 397, 453, 457, 485, 488s., 541s., 548, 559, 574
　ética do 461, 473, 532, 559s.
　teoria do 258, 398, 461, 590
Distinção 12, 49, 69, 93, 106, 129, 167, 169, 214, 241-245, 249s., 259, 262-264, 330, 353, 417s., 426-429, 460, 473, 475s., 480, 502, 533
Dominação 53, 127s., 208, 210s., 235, 289, 324, 328, 398, 425, 427, 463, 571
Dons
　troca de 380, 407
Dualismo 148s., 320, 489, 533s.
　entre corpo e mente/alma 320, 551
　experimento de ruptura 184, 193

Equivalência 75, 254
　funcional/funcionalismo da 280s.
Escola de Chicago 146s., 152, 162, 167, 171, 215, 344, 369, 531
Escolha racional 23s., 33, 118s., 129, 134-138, 140-143, 145, 223, 246, 254, 321, 412s., 578
Esfera pública 99, 134, 215, 234-236, 333, 421, 445, 491s., 523, 528s., 537, 576
Estado-nação 12s., 27, 130, 302, 311, 329-331, 362, 455, 563, 584, 589
Estrutura 35, 74, 95s., 124, 127, 133, 156, 159, 162, 171-173, 185, 200, 228, 278s., 284, 322, 341, 372, 376s., 380, 383, 392, 395s., 404, 408, 411s., 414, 419, 424, 495, 505, 511s., 523, 527, 534, 563, 580s.
Estruturação 85, 294, 314s., 322, 411
Estrutural-funcionalismo 77, 167, 203, 207, 210, 345, 347, 349, 360, 365
Estruturalismo 11, 315, 368s., 371s., 377, 383s., 395s., 400, 403, 406, 408-412, 432, 434s., 452, 459, 567, 570, 577
Etnometodologia 69, 145s., 173s., 180, 190s., 193-197, 209, 215, 223, 230, 242, 263, 285, 315-318, 326, 410, 424, 478, 481, 572, 579
Evolução 108s., 221, 248s., 266s., 299s., 504
　teoria da 105, 248s., 266s., 336, 350s., 568
Evolucionismo/evolucionista 61, 105s., 249
Existencialismo 370s., 383, 433

Falsificação/falsificacionismo 22s., 26-28, 30, 33, 76, 118
Feminismo 463, 466, 475, 481-484, 486, 488, 490, 492s.
Fenomenologia 180-182, 242, 262, 285, 317, 371, 383, 390, 410s., 459, 527, 557, 570

Funcionalismo 73, 77, 104, 111, 119-121, 124, 141, 146, 161s., 168, 170, 201, 204, 209, 252, 268, 275, 278, 280s., 299, 307, 321s., 328, 332, 347s., 361, 364-366, 409-411, 436, 554
   normativista 73, 76, 84, 87, 103

Gênero 12, 216, 464-467, 475-482, 485s., 489s.
Globalização 17, 27, 72, 312, 333, 405, 426, 430, 452, 503, 513s., 563
Guerra 40, 46s., 72, 140, 159, 211, 276, 288, 312s., 316, 399, 455, 507, 510, 555, 584, 590
   de todos contra todos 44, 179

Habitus 413-416, 420-425, 427-429, 431
Hermenêutica 229-231, 252, 275, 459, 507
Heteronomia 444, 446, 582

Identidade 46, 48, 83, 96, 151, 183, 248, 316, 459s., 485
   coletiva 273, 454, 522
   formação da 170, 454, 460, 487
Imaginário 442, 446s.
Individualismo/individualista 11, 110, 506, 523-525
Individualização 17, 454, 469, 495, 500-506
Institucionalização 80, 92, 206, 451
Instituição 120, 133, 148, 160, 345, 379, 389, 486, 517, 566s., 581
Integração 78, 95, 103, 107, 160, 264s., 272, 311s., 348s., 456, 500
Interação simbolicamente mediada 254, 261
Interacionismo simbólico 62, 70, 138, 145s., 152s., 155, 159, 162, 164-166, 168-174, 176, 180, 197, 209, 215, 223, 230, 239, 256, 261, 263, 290, 315s., 318s., 326, 410, 454, 531, 544, 572
Internalização 61, 80, 156, 161, 562
Intersubjetividade 150, 239, 246, 321, 383, 434, 532, 544s., 570

Jogos
   teoria dos 138, 140, 259, 324
Jurídico 110, 277
   sistema 165, 295, 455

Liberalismo 47, 243, 314, 430, 461, 520, 537

Linguagem 18, 23s., 76, 101, 105, 115, 129, 150s., 153s., 178, 188s., 194, 215s., 229, 233-238, 244, 255s., 260s., 266, 268, 272, 284, 286s., 303, 321, 331, 372-378, 382, 388, 392, 398-400, 405, 408, 416, 421, 426, 432, 434-436, 442-444, 450, 459, 485s., 490, 495, 521, 525, 534-537, 541-543, 573

Marxismo 27, 123, 130, 202s., 205, 209s., 212, 225-228, 231s., 234, 236s., 240s., 249, 251, 253, 288, 310s., 314, 336, 341, 362s., 384, 397, 410, 416s., 420, 429, 432-434, 437s., 440, 443, 449, 466, 507, 527, 543s., 563

Mídia 84, 170, 339, 341, 399

Meios-fins 59, 157, 292
   esquema 68, 259, 262, 441, 547-550, 553

Mobilização de recursos 137s., 167, 215, 219, 554

Modernização 93, 109, 111, 335-345, 348-351, 357, 359-361, 446, 454-456, 496, 499-502, 504s., 555s., 570, 576, 582, 587, 589-591
   reflexiva 495, 501
   teoria da 10, 92, 106, 335-345, 347-351, 359-363, 365, 394, 446, 505, 587

Movimentos sociais 84, 135-137, 167s., 197, 202, 215, 219, 271, 304, 361, 450s., 456, 458, 492, 526, 529, 554, 565s., 574

Mudança social 33s., 84s., 104, 106-109, 141, 160s., 170s., 193, 197s., 202s., 208, 216, 220s., 248-250, 308, 332s., 335s., 338, 340, 347-351, 354s., 358s., 365, 400, 425, 436, 442, 450s., 464, 554, 574, 589
   teoria da 84, 106, 141, 198, 208, 334s., 341, 426, 590

Mundo da vida 16, 182-185, 242s., 260, 263-273, 323, 372, 491s., 568, 586

Neofuncionalismo 37, 365s.

Neoinstitucionalismo 577-579

Neopragmatismo 65, 70, 158, 258, 263, 274, 530-532, 543

Neoutilitarismo 114, 127, 129, 132, 138, 143, 155-157, 159, 178, 197, 209, 215s., 223, 254, 288, 515

Normas 30, 51-55, 58, 62-65, 74, 77, 79s., 83-85, 98, 120, 124, 128s., 137, 142, 145, 154, 156s., 164, 174-179, 184, 189-192, 204-206, 211, 219, 229, 235, 242, 245, 257, 260-264, 269, 273, 279, 286s., 296, 318, 326, 329, 378, 388, 415, 424, 435, 441, 445, 448s., 473, 497, 537, 539, 542, 548s., 557-559, 566, 572, 574, 581

Normatividade 547, 591

Oponentes 72, 124, 185, 238, 298, 360, 465
Ordem 12, 33, 46, 73, 82s., 87, 119s., 129, 147, 175, 179, 190, 242, 254, 263-266, 272, 276, 279, 309, 311, 313s., 321, 325s., 328s., 338, 345s., 353, 372, 395, 397, 426, 441, 467, 508, 510, 580
   factual 51s., 205, 263
   negociada 171, 290, 292
   normativa 51s., 205, 263
   social 33s., 46-48, 50-53, 55, 67, 73, 76s., 85, 91, 93, 106, 111, 114, 118, 147, 179, 190, 197s., 205, 210, 237, 252, 263, 287, 334, 354, 400, 448, 464, 467, 521, 564, 568, 571s.
     teoria da 51, 76-78, 81, 87, 90, 94, 98, 103, 111, 193, 253, 263, 313, 322s., 325, 328, 332
Organização(ões) 119, 124, 130, 132-136, 142, 157-160, 165, 171s., 184, 203, 214, 216, 251s., 276, 280, 286, 289-293, 296, 299, 312, 325, 379, 382, 438, 444, 469, 499, 511, 518, 522, 526s., 532, 538, 548, 564, 578-581

Papéis 83-85, 90, 93, 106, 120s., 152, 157, 162, 175s., 199, 296, 336s., 339, 342, 472, 500, 502, 531, 552
   assumir 152, 176
   teoria dos 84, 176
Paradigma 96-98, 193, 204, 209, 219, 222, 265, 340, 363, 398, 408, 440, 448, 482, 527s., 536, 541, 568, 572-574, 578
   mudança de 253, 261, 299, 408
Poder 22, 29, 38, 40, 47, 55, 57s., 72, 98-102, 127s., 134, 136, 164, 166, 169, 197, 205s., 208, 212, 215s., 219, 221s., 227, 232s., 245, 266s., 273, 285, 287, 296, 310-313, 318, 323s., 328-331, 344-346, 388-394, 405, 411, 417, 433, 473, 482s., 487, 490, 496, 510, 516, 539, 546
   estruturas de 206, 328, 331, 426, 488
   relações de 128, 166, 171, 197, 390, 394, 463, 472, 479, 488
Pós-estruturalismo 254, 368s., 394, 400, 452, 482, 570
Positivismo 30, 38, 43, 49s., 58s., 63, 177, 204, 226, 238s.
   querela sobre o 226, 238s.
Pós-modernidade/pós-moderno 170, 254s., 272, 397-400, 460, 475, 482s., 487, 490s., 494, 507, 511-514, 543, 576, 582, 591
Pragmatismo 10s., 61s., 147s., 150, 152, 170, 172, 180, 197, 239, 258, 262, 292, 317, 319, 413, 448, 530-532, 536s., 542-545, 550, 552, 567

Práxis 226, 236-238, 240s., 262, 392, 430, 441, 445, 461, 543
Profissões 72, 168s., 171, 214s., 419, 451, 506, 513, 562
   sociologia das 168s., 171, 214s.

Racionalização 117, 192, 232s., 244, 262, 356, 446, 452, 455, 498, 554, 586s.
Reconhecimento 159, 169, 194, 257, 344, 350, 368, 386, 466, 568-570, 574, 587
Relações 12, 46, 58, 72, 76, 81, 99, 120, 122, 128, 158s., 171s., 197, 208, 211, 216s., 226s., 241-244, 250, 256, 259, 262, 269, 271, 281, 290, 298, 308, 312, 315, 322, 325, 327, 331, 333, 341, 354, 361s., 370, 375-379, 381, 388, 390, 408-412, 430, 434, 437, 440, 449, 454, 463-472, 479, 492, 497, 500, 502, 513, 521, 533, 552s., 568, 571, 590
Religião 109s., 199, 219, 272, 274, 287, 299, 303, 347, 351s., 357, 360, 409, 444, 518, 523, 575
   sociologia da 111, 199, 204, 261s., 369, 586, 589
Religioso 68, 104, 109s., 136, 153, 206, 271, 273, 328, 348, 351, 355, 357s., 360, 409, 452, 456, 524, 555, 557
Rotina(s) 168, 283s., 319, 550
Rotulação 166, 476

Secularização 109-111, 273, 344, 360, 456, 556
Signos 374-377, 380, 383, 396, 399, 434s., 442, 489, 541
Símbolo/simbólico/simbolização 79s., 82, 95, 100s., 138, 150, 153, 168, 254, 326, 339, 345s., 355, 358, 376s., 380, 387, 399, 405, 407, 416-419, 436-438, 442-444, 446, 454, 459, 463, 480, 489s., 537
Sistema 21, 23, 25, 34, 52, 57, 77, 84, 93, 95-97, 102, 160s., 245, 252, 263-273, 279-282, 284-286, 291s., 294, 297-304, 308s., 315, 321-233, 328, 332, 348s., 366, 527, 562, 566-569
   cultural 79-82, 90, 93, 96, 101-103, 404
   da personalidade 79-82, 90, 104
   social 77, 79-84, 90, 93s., 97, 103, 112, 200s., 266, 279s., 284s., 289, 291s., 294, 299, 301-303, 308s., 323, 373
Sistemas
   de ação 57, 78-82, 94, 102, 264, 280, 300
   teoria dos 103, 209, 279, 284, 292-294, 297s., 301-304, 306, 323, 348, 361, 504, 565
Sociedade 42, 48, 57s., 70, 80, 91, 96-99, 108, 111s., 119, 130, 151, 156, 159-161, 163, 165-167, 172s., 177s., 189, 204, 208, 210s., 217s., 220, 226, 236, 242-245, 264, 266-269, 271s., 278, 287s., 296, 300-302, 304, 309, 311s., 330, 339, 345s., 348, 355, 360, 362, 365, 382, 385s., 388, 399, 414, 419, 428, 430, 435-438,

442-445, 447, 449-451, 453, 455-457, 465, 468, 478, 491, 495, 503-505, 508, 511, 513, 517-520, 522, 525, 527, 530, 564-566, 568s., 575s., 589
 de risco 495, 497-501, 505s.
 mundial 580s.
Sociologia organizacional 128, 171, 289s., 292
Solidariedade 273, 378-380, 514, 537, 539
Subjetivação 393, 452-455, 457s., 582
Subjetividade 256, 324, 331, 370, 383, 396, 400, 453, 487, 512
Subsistemas 96-99, 102s., 242, 245, 268s., 279s., 296, 299s., 303, 308s., 348, 361, 364, 504, 562, 564

Totalitarismo/totalitário 224, 231, 251s., 398, 446s., 455-457, 575, 582, 588
Trabalho 56, 71, 73, 99, 131, 141, 146, 162s., 172s., 195, 205, 213, 216, 238-244, 250, 255, 262, 313s., 317s., 340, 351, 395, 418, 439s., 466, 469, 578, 582
 divisão do 17, 82, 107, 162, 170, 339, 498, 516, 519
 sociologia das ocupações e do 168
Tradição/tradicional 67, 72, 85, 89, 91, 106, 146, 153, 203, 246s., 265, 268, 283, 295, 336, 341-343, 345s., 350, 357, 359s., 461, 505, 525, 582
Troca 121, 128s., 142, 185, 236, 243, 245, 268, 363, 378-381, 399, 406s., 418, 421
 teoria da 128, 143, 145

Utilitarismo/utilitário 38-44, 46, 48-51, 54, 57, 59, 61, 63s., 67, 114-116, 122, 126, 138, 197, 204, 255, 314, 412-416, 420-422, 441, 554, 575

Valores 51, 53-59, 61, 63s., 68-71, 77-80, 82-85, 88-90, 94-96, 98s., 102-104, 107, 121-123, 129, 145, 154, 156s., 160, 174s., 177, 179, 200, 203s., 211-213, 215, 219, 261, 272-274, 279s., 286s., 293-296, 311, 318, 329, 336, 340, 345s., 349, 358-360, 363s., 398, 445, 448-451, 473, 513s., 517, 519-523, 529, 537s., 540-542, 545s., 549, 551, 554, 556-559, 572, 577, 580, 585, 591
Verdade 20, 22, 78, 111, 255, 258, 288, 295s., 301, 353, 386, 389, 392, 428, 447, 476, 482-484, 533-540, 571

Coleção Sociologia
Coordenador: Brasilio Sallum Jr. – Universidade de São Paulo

- *A educação moral*
  Émile Durkheim
- *A pesquisa qualitativa*
  VV.AA.
- *Sociologia ambiental*
  John Hannigan
- *O poder em movimento*
  Sidney Tarrow
- *Quatro tradições sociológicas*
  Randall Collins
- *Introdução à Teoria dos Sistemas*
  Niklas Luhmann
- *Sociologia clássica – Marx, Durkheim, Weber*
  Carlos Eduardo Sell
- *O senso prático*
  Pierre Bourdieu
- *Comportamento em lugares públicos*
  Erving Goffman
- *A estrutura da ação social – Vols. I e II*
  Talcott Parsons
- *Ritual de interação*
  Erving Goffman
- *A negociação da intimidade*
  Viviana A. Zelizer
- *Sobre fenomenologia e relações sociais*
  Alfred Schutz
- *Os quadros da experiência social*
  Erving Goffman
- *Democracia*
  Charles Tilly
- *A representação do Eu na vida cotidiana*
  Erving Goffman
- *Sociologia da comunicação*
  Gabriel Cohn
- *A pesquisa sociológica*
  Serge Paugam (coord.)
- *Sentido da dialética – Marx: lógica e política - Tomo I*
  Ruy Fausto
- *Ética econômica das religiões mundiais - Vol. I*
  Max Weber
- *A emergência da teoria sociológica*
  Jonathan H. Turner, Leonard Beeghley e Charles H. Powers
- *Análise de classe – Abordagens*
  Erik Olin Wright
- *Símbolos, selves e realidade social*
  Kent L. Sandstrom, Daniel D. Martin e Gary Alan Fine
- *Sistemas sociais*
  Niklas Luhmann
- *O caos totalmente normal do amor*
  Ulrich Beck e Elisabeth Beck-Gernsheim
- *Lógicas da história*
  William H. Sewell Jr.
- *Teoria social – Vinte lições introdutórias*
  Hans Joas e Wolfang Knöbl

Sentido da dialética
Max: lógica e política
Tomo I
Ruy Fausto

A dialética é a teoria e a prática da negação interna dos conceitos. Mesmo se ela não "vale" em todas as situações, ela tem uma legitimidade, lógica e política, que é mais ou menos universal. Este livro tenta mostrar em que ela consiste, ou antes, como ela "funciona".

"A dialética – entendamos por isso – a ideia da dialética enquanto discurso rigoroso, caiu sob os golpes do que paralelamente ao "marxismo vulgar" deveríamos chamar de "dialética vulgar" ou de "dialéticas vulgares". Pensamos em todos aqueles discursos que empregam o termo "dialética" sem fazê-lo corresponder a um objeto constituído de uma maneira rigorosa. O presente livro é um esforço de reconstituição *em ato* do que, em termos rigorosos, representaria o verdadeiro sentido da dialética. Neste volume, esse trabalho se faz principalmente através da crítica de diferentes leituras da grande obra clássica da dialética dita materialista, propostas por alguns filósofos e economistas (entre os quais Castoriadis e os althusserianos).

Ruy Fausto, *licenciado em Filosofia e Direito pela USP; doutor em Filosofia pela Universidade de Paris I; professor emérito da USP. Ensinou na universidade de Paris VIII e na Universidade Católica do Chile. Além de alguns textos literários, publicou vários livros de Filosofia e de Política, entre os quais,* Marx: Lógica e Política, investigações para uma reconstituição do sentido da dialética *(Brasiliense, três volumes, agora,* Sentido da dialética*),* Le Capital et la Logique *de Hegel (Harmattan);* Circulação simples e produção capitalista *(Brasiliense e Paz e Terra):* A Esquerda Difícil *(Perspectiva) etc.*

CULTURAL
Administração
Antropologia
Biografias
Comunicação
Dinâmicas e Jogos
Ecologia e Meio Ambiente
Educação e Pedagogia
Filosofia
História
Letras e Literatura
Obras de referência
Política
Psicologia
Saúde e Nutrição
Serviço Social e Trabalho
Sociologia

CATEQUÉTICO PASTORAL
Catequese
Geral
Crisma
Primeira Eucaristia

Pastoral
Geral
Sacramental
Familiar
Social
Ensino Religioso Escolar

TEOLÓGICO ESPIRITUAL
Biografias
Devocionários
Espiritualidade e Mística
Espiritualidade Mariana
Franciscanismo
Autoconhecimento
Liturgia
Obras de referência
Sagrada Escritura e Livros Apócrifos

Teologia
Bíblica
Histórica
Prática
Sistemática

REVISTAS
Concilium
Estudos Bíblicos
Grande Sinal
REB (Revista Eclesiástica Brasileira)
SEDOC (Serviço de Documentação)

VOZES NOBILIS
Uma linha editorial especial, com importantes autores, alto valor agregado e qualidade superior.

VOZES DE BOLSO
Obras clássicas de Ciências Humanas em formato de bolso.

PRODUTOS SAZONAIS
Folhinha do Sagrado Coração de Jesus
Calendário de mesa do Sagrado Coração de Jesus
Agenda do Sagrado Coração de Jesus
Almanaque Santo Antônio
Agendinha
Diário Vozes
Meditações para o dia a dia
Encontro diário com Deus
Guia Litúrgico

CADASTRE-SE
www.vozes.com.br

EDITORA VOZES LTDA.
Rua Frei Luís, 100 – Centro – Cep 25689-900 – Petrópolis, RJ
Tel.: (24) 2233-9000 – Fax: (24) 2231-4676 – E-mail: vendas@vozes.com.br

UNIDADES NO BRASIL: Belo Horizonte, MG – Brasília, DF – Campinas, SP – Cuiabá, MT
Curitiba, PR – Fortaleza, CE – Goiânia, GO – Juiz de Fora, MG
Manaus, AM – Petrópolis, RJ – Porto Alegre, RS – Recife, PE – Rio de Janeiro, RJ
Salvador, BA – São Paulo, SP